LEI DA DISTRIBUIÇÃO DE SEGUROS ANOTADA

LEI DA DISTRIBUIÇÃO DE SEGUROS ANOTADA

2019

Organizadores
Pedro Romano Martinez
Filipe Albuquerque Matos

Com anotações de:
Ana Raquel Gonçalves Moniz • Filipe Albuquerque Matos • Francisco Luís Alves • Francisco Rodrigues Rocha • Irene Seiça Girão • João Pinto Monteiro • José Alves de Brito • José Vasques • Luís Poças • Mafalda Miranda Barbosa • Margarida Lima Rego • Maria Inês Oliveira Martins • Paulo Câmara • Pedro Romano Martinez

ALMEDINA

LEI DA DISTRIBUIÇÃO DE SEGUROS ANOTADA
ORGANIZADORES
Pedro Romano Martinez
Filipe Albuquerque Matos
EDITOR
EDIÇÕES ALMEDINA, S.A.
Rua Fernandes Tomás, nºs 76, 78 e 80
3000-167 Coimbra
Tel.: 239 851 904 · Fax: 239 851 901
www.almedina.net · editora@almedina.net
DESIGN DE CAPA
FBA.
CAPA: EDIÇÕES ALMEDINA
PRÉ-IMPRESSÃO
EDIÇÕES ALMEDINA, S.A.
IMPRESSÃO E ACABAMENTO
PENTADRO, LDA.

Junho, 2019
DEPÓSITO LEGAL
457078/19

ALMEDINA | GRUPOALMEDINA

BIBLIOTECA NACIONAL DE PORTUGAL – CATALOGAÇÃO NA PUBLICAÇÃO
LEI DA DISTRIBUIÇÃO DE SEGUROS ANOTADA
Lei da distribuição de seguros anotada / org. Pedro Romano Martinez, Filipe Albuquerque Matos. – (Legislação anotada)
ISBN 978-972-40-7955-4
I – MARTINEZ, Pedro Romano
II – MATOS, Filipe Miguel Cruz de Albuquerque
CDU 346

NOTA PRÉVIA

A Lei nº 7/2019, de 16 de janeiro, transpondo a Diretiva (UE) 2016/97, no que essencialmente respeita a esta anotação, revogou o regime da mediação de seguros (Decreto-Lei nº 144/2006, de 31 de julho). Ainda que se possa concluir que as alterações ao regime de distribuição de seguros, constantes da Lei nº 7/2019, não são estruturais, foram estabelecidas novas exigências aos intermediários de seguros, prescritas mais competências para a autoridade de supervisão de seguros e fixadas penalizações agravadas em caso de incumprimento. Acrescendo a estas diretrizes relevantes, surgem várias soluções novas, nomeadamente no que respeita à qualificação dos distribuidores de seguros e respetivas competências, que podem suscitar certas dúvidas, até porque algumas das novas previsões legais carecem de subsequente regulamentação.

A presente anotação, feita num curto espaço de tempo, dando uma explicação normalmente perfunctória de cada norma, pretende alertar para muitas das dúvidas que se colocam, indicando por vezes algumas vias de solução. Nesta anotação optou-se por incluir, em cada norma, anotações de diferentes anotadores – apresentados por ordem alfabética – que se completam; cada anotação é da responsabilidade do anotador identificado, e nem sempre há coincidência de opinião em anotações a uma mesma norma. Nesta primeira edição há ainda artigos que não foram anotados e várias normas cujas anotações terão de ser completadas em função da regulamentação subsequente.

Março de 2019
Os organizadores

LEI Nº 7/2019, DE 16 DE JANEIRO

Aprova o regime jurídico da distribuição de seguros e de resseguros, transpondo a Diretiva (UE) 2016/97, altera a Lei nº 147/2015, de 9 de setembro, que aprova o regime jurídico de acesso e exercício da atividade seguradora e resseguradora, bem como o regime processual aplicável aos crimes especiais do setor segurador e dos fundos de pensões e às contraordenações cujo processamento compete à Autoridade de Supervisão de Seguros e Fundos de Pensões, e revoga o Decreto-Lei nº 144/2006, de 31 de julho

A Assembleia da República decreta, nos termos da alínea *c*) do artigo 161º da Constituição, o seguinte:

ARTIGO 1º – Objeto

1 – A presente lei transpõe para a ordem jurídica interna a Diretiva (UE) 2016/97 do Parlamento Europeu e do Conselho, de 20 de janeiro de 2016, sobre a distribuição de seguros.

2 – No âmbito da transposição da diretiva referida no número anterior, a presente lei aprova o regime jurídico da distribuição de seguros e de resseguros, constante em anexo, do qual faz parte integrante.

3 – A presente lei procede ainda à:

a) Primeira alteração à Lei nº 147/2015, de 9 de setembro, que aprova o regime jurídico de acesso e exercício da atividade seguradora e resseguradora, bem como o regime processual aplicável aos crimes especiais do setor segurador e dos fundos de pensões e às contraordenações cujo processamento compete à Autoridade de Supervisão de Seguros e Fundos de Pensões;

b) Terceira alteração ao regime jurídico de acesso e exercício da atividade seguradora e resseguradora, constante do anexo I da Lei nº 147/2015, de 9 de setembro, alterado pelo Decreto-Lei nº 127/2017, de 9 de outubro, e pela Lei nº 35/2018, de 20 de julho;

c) Primeira alteração ao regime processual aplicável aos crimes especiais do setor segurador e dos fundos de pensões e às contraordenações cujo processamento compete à Autoridade de Supervisão de Seguros e Fundos de Pensões, constante do anexo II da Lei nº 147/2015, de 9 de setembro.

ANOTAÇÃO *(José Vasques)*

I. A mediação de seguros e de resseguros era regulada pelo Decreto-Lei nº 144/2006, de 31 de julho, alterado pela Lei nº 46/2011, de 24 de junho de 2011, pelo Decreto-Lei nº 1/2015, de 6 de janeiro de 2015, pela Lei nº 147/2015, de 9 de setembro de 2015, e pela Lei nº 35/2018, de 20 de julho (doravante «regime jurídico da mediação de seguros e de resseguros»); a primeira regulação da mediação de seguros e de resseguros em Portugal resultou do Decreto-Lei nº 145/79, de 23 de maio, até ser revogado pelo Decreto-Lei nº 336/85, de 21 de agosto, alterado pelo Decreto-Lei nº 172-A/86, de 30 de junho, que foi complementado pelo Decreto-Lei nº 386/89 de 9 de novembro, relativo à atividade de medição de seguros exercida, em regime de livre prestação de serviços, por pessoas, singulares ou coletivas, estabelecidas num outro Estado membro da Comunidade Económica Europeia, em relação a contratos de seguro celebrados com seguradoras estabelecidas em Portugal, o qual foi, por sua vez, revogado pelo Decreto-Lei nº 388/91, de 10 de outubro, que vigorou até ser substituído pelo já referido Decreto-Lei nº 144/2006.

II. Art. 42º da Diretiva (UE) 2016/97, do Parlamento Europeu e do Conselho, de 20 de janeiro de 2016, sobre a distribuição de seguros [doravante «Diretiva (UE) 2016/97»].

III. A Diretiva (UE) 2016/97 previa que a sua transposição se fizesse até 23 de fevereiro de 2018 (art. 42º); o prazo para a adoção e publicação das necessárias medidas legislativas, regulamentares e administrativas viria a ser prolongado, pelo art. 1º da Diretiva (EU) nº 2018/411 do Parlamento Europeu e do Conselho de 14 de março de 2018, para 1 de julho de 2018, devendo os Estados membros fazer aplicar as suas disposições o mais tardar a partir de 1 de outubro de 2018, entrando esta última Diretiva retroativamente em vigor no dia 23 de fevereiro de 2018; a transposição para o ordenamento jurídico português apenas viria a ocorrer com a Lei sob anotação, e a produzir efeitos a partir de 1 de outubro de 2018 (art. 16º da Lei preambular).

A opção legislativa nacional foi no sentido de não se limitar a acolher as alterações introduzidas pela Diretiva (UE) 2016/97 no *regime jurídico da mediação de seguros e de resseguros*, aprovado pelo Decreto-Lei nº 144/2006, de 31 de julho, mas a de adotar um novo regime jurídico adaptado à nova regulamentação europeia e de modificar o anterior regime em aspetos que não resultam daquela transposição.

O que precede implicou ainda a alteração do *regime jurídico de acesso e exercício da atividade seguradora e resseguradora* (art. 2º), e do *regime processual aplicável aos crimes especiais do setor segurador e dos fundos de pensões e às contraordenações cujo processamento compete à Autoridade de Supervisão de Seguros e Fundos de Pensões* (arts. 3º e 4º), ambos aprovados pela Lei nº 147/2015, de 9 de setembro, na sua redação atual.

Uma comparação entre o *regime comunitário da distribuição de seguros e de resseguros* (isto é, a Diretiva (UE) 2016/97 e os regulamentos que a complementam, cfr., adiante, a nossa anotação ao art. 1º do *regime jurídico da distribuição de seguros e de resseguros*) e o novo *regime jurídico da distribuição de seguros e de resseguros*, torna evidente que o legislador nacional não se coibiu de, no processo de transposição, adotar um conjunto de normas, procedimentos e orientações que vão além do regime comunitário e são, eventualmente, suscetíveis de interferir com os seus objetivos (*gold-plating*).

IV. Disposições relacionadas: arts. 2º a 4º e 16º da Lei preambular.

ARTIGO 2º – Aditamento à Lei nº 147/2015, de 9 de setembro

É aditado à Lei nº 147/2015, de 9 de setembro, o artigo 33º-A, com a seguinte redação:

«Artigo 33º-A – Supervisão

As associações mutualistas que preencham os requisitos definidos no artigo 136º do Código das Associações Mutualistas, aprovado em anexo ao Decreto-Lei nº 59/2018, de 2 de agosto, findo o período transitório neste estabelecido, estão sujeitas, com as devidas adaptações:

a) Ao disposto nos artigos 5º a 7º, 13º, 14º e 17º, nos nºs 3 e 4 do artigo 20º, nos artigos 21º a 23º, 25º e 27º a 29º, nos nºs 1 e 2 do artigo 31º, nos artigos 43º a 45º, no título iii, na secção i do capítulo i do título vii e no título viii do RJASR;

b) Ao regime transitório previsto nos artigos 16º a 19º, nos nºs 1 a 3 do artigo 20º e nos artigos 24º a 28º da presente lei, equivalente ao que à data da respetiva aplicação seja aplicável às empresas de seguros;

c) À regulamentação, bem como ao direito da União Europeia, que complementem o RJASR na parte aplicável;

d) A um regime de cálculo de solvência ao nível do grupo, que tenha em conta os requisitos financeiros aplicáveis às entidades individuais incluídas no seu âmbito de consolidação e que tenha por referência os regimes aplicáveis à supervisão de grupos seguradores e conglomerados financeiros;

e) Ao regime processual aplicável às contraordenações cujo processamento compete à ASF;

f) Ao regime aplicável à distribuição de seguros nos mesmos termos em que este é aplicável às empresas de seguros, quando esteja em causa a distribuição de modalidades de benefícios de segurança social e com salvaguarda das especificidades resultantes da natureza jurídica das associações mutualistas.»

ANOTAÇÃO *(José Vasques)*

I. Sem correspondência na legislação anterior.

II. Não resulta da transposição da Diretiva (UE) 2016/97.

III. A inclusão do aditamento à Lei nº 147/2015 do artigo 33º-A, resultaria de razões de oportunidade se o referido artigo, com exceção do proémio, não replicasse substancialmente o artigo 138º, nº 1, do Código das Associações Mutualistas, aprovado pelo Decreto-Lei nº 59/2018, de 2 de agosto; desta inexplicável repetição resultam, ainda assim, a *clarificação* da data a partir da qual certas associações mutualistas ficam sujeitas às disposições enunciadas no artigo aditado, e a sanação do aparente vício de inconstitucionalidade que afetava parte do artigo 138º do referido Código.

A *clarificação* resulta da comparação dos proémios dos artigos 138º, nº 1, do Código das Associações Mutualistas e do aditado artigo 33º-A da Lei nº 147/2015:

Artigo 138º *Regime aplicável* *1 – As associações mutualistas que preencham os requisitos definidos no artigo 136.º são sujeitas, com as devidas adaptações:*	*Artigo 33º-A* *Supervisão* *As associações mutualistas que preencham os requisitos definidos no artigo 136º do Código das Associações Mutualistas, aprovado em anexo ao Decreto-Lei nº 59/2018, de 2 de agosto, findo o período transitório neste estabelecido, estão sujeitas, com as devidas adaptações:* ......

No que ao regime sob anotação importa, fica claro que o mesmo só se aplica às associações mutualistas que preencham os requisitos definidos no artigo 136º do Código das Associações Mutualistas findo o dilatado período transitório estabelecido nesse Código, isto é, 12 anos a partir da data do despacho previsto nos artigos 6º, nº 2, do Decreto-Lei nº 59/2018, e 137º, nº 2, do referido Código.

Quanto à *sanação* do aparente vício de inconstitucionalidade, tal resulta de serem agora aprovadas pela Assembleia da República matérias de natureza contraordenacional, anteriormente abrangidas pelo artigo 138º, als. *e)* e *f)*, incluídas no Decreto-Lei nº 59/2018, de 2 de agosto, que aprovou o Código das Associações Mutualistas, dado que tais matérias integram a reserva relativa de competência legislativa da Assembleia da República [art. 165º, nº 1, als. *c)* e *d)*, da Constituição da República Portuguesa] – ultrapassaria o âmbito desta anotação a mais ampla análise da competência e prazo de que o Governo dispunha para a revisão do regime jurídico aplicável às associações mutualistas [arts. 4º, al. *b)*, e 13º, nºs 1 e 2, al. *a)*, da Lei nº 30/2013, de 8 de maio, que estabelece as bases da economia social].

A al. *f)* do artigo 33º-A, ora aditada à Lei nº 147/2015, será analisada sob o artigo 1º do *regime jurídico da distribuição de seguros e de resseguros.*

IV. Disposições relacionadas: arts. 1º, e arts. 6º, nº 2, do Decreto-Lei nº 59/2018, e 136º, 137º, nº 2, e 138º do Código das Associações Mutualistas.

ARTIGO 3º – Alteração ao regime jurídico de acesso e exercício da atividade seguradora e resseguradora

Os artigos 153º, 370º e 371º do regime jurídico de acesso e exercício da atividade seguradora e resseguradora, constante do anexo I da Lei nº 147/2015, de 9 de setembro, passam a ter a seguinte redação:

«Artigo 153º – [...]

1 – ...

2 – As empresas de seguros devem definir uma política de conceção e aprovação de produtos de seguros, tendo em consideração todas as fases contratuais e assegurar que a mesma é adequadamente implementada e o respetivo cumprimento monitorizado, nos termos previstos em regulamentação e atos delegados da Diretiva (UE) 2016/97 do Parlamento Europeu e do Conselho, de 20 de janeiro de 2016.

3 – A política de conceção e aprovação de produtos de seguros prevista no número anterior deve definir os processos de conceção e aprovação dos produtos de seguros antes do início da sua distribuição aos clientes, que devem respeitar as seguintes características:

a) Ser adequados e proporcionais à natureza do produto;

b) Assegurar a identificação do perfil dos tomadores de seguros ou segurados que constituem o mercado alvo do produto;

c) Garantir que todos os riscos relevantes para o mercado alvo do produto são avaliados;

d) Garantir que a estratégia de distribuição pretendida é consistente com o mercado alvo identificado;

e) Prever todas as medidas razoáveis para garantir que o produto é distribuído no mercado alvo identificado.

4 – As empresas de seguros devem periodicamente rever técnica e juridicamente as políticas de conceção e aprovação de produtos de seguros adotadas, tendo em conta todos os acontecimentos suscetíveis de afetar significa-

tivamente o risco potencial para o mercado alvo identificado, a fim de avaliar, designadamente, se o produto em questão continua a satisfazer as necessidades do mercado alvo identificado e se a estratégia de distribuição pretendida continua a ser adequada.

5 – A política de conceção e aprovação de cada produto de seguro, incluindo o mercado alvo identificado, deve ser disponibilizada a todos os distribuidores em conjunto com todas as informações sobre o produto de seguro.

6 – ...

7 – (Anterior nº 4.)

8 – (Anterior nº 5.)

9 – O disposto nos nºs 2 a 8 não é aplicável aos contratos de seguro que cubram grandes riscos.

Artigo 370º – [...]

...

a) ...

b) ...

c) ...

d) ...

e) ...

f) ...

g) ...

h) ...

i) ...

j) ...

k) ...

l) ...

m) ...

n) ...

o) ...

p) ...

q) ...

r) ...

s) ...

t) ...

u) ...

v) O incumprimento dos deveres associados à definição, implementação, monitorização, revisão e disponibilização aos distribuidores de uma política de conceção e aprovação de produtos de seguros, nos termos previstos no artigo 153º;

w) [Anterior alínea *v*).]
x) [Anterior alínea *w*).]
y) [Anterior alínea *x*).]
z) [Anterior alínea *y*).]
aa) [Anterior alínea *z*).]
bb) [Anterior alínea *aa*).]
cc) [Anterior alínea *bb*).]
dd) [Anterior alínea *cc*).]
ee) [Anterior alínea *dd*).]
ff) [Anterior alínea *ee*).]
gg) [Anterior alínea *ff*).]
hh) [Anterior alínea *gg*).]
ii) [Anterior alínea *hh*).]
jj) [Anterior alínea *ii*).]
kk) [Anterior alínea *jj*).]
ll) [Anterior alínea *kk*).]
mm) [Anterior alínea *ll*).]
nn) [Anterior alínea *mm*).]
oo) [Anterior alínea *nn*).]

Artigo 371º – [...]

...
a) ...
b) ...
c) ...
d) ...
e) ...
f) ...
g) ...
h) ...
i) ...
j) ...
k) ...
l) ...
m) ...
n) ...
o) O incumprimento dos deveres associados à definição, implementação, monitorização, revisão e disponibilização aos distribuidores de uma política de

conceção e aprovação de produtos de investimento com base em seguros, nos termos previstos no artigo 153º».

ANOTAÇÃO (*Francisco Luís F. Ribeiro Alves*)

O artigo 153º foi introduzido, originariamente, no Regime Jurídico de Acesso e Exercício da Atividade Seguradora, extra transposição da Diretiva Solvência II, com base na primeira documentação da EIOPA de 2014 (EIOPA-BoS-14/150) que posteriormente deu origem às "Orientações preparatórias relativas a requisitos de supervisão e de governação dos produtos por empresas de seguros e distribuidores de seguros" com a referência EIOPA-BoS-16/071 PT.

Atendendo a que, com o RJDS e respetiva transposição do artigo 25º da Diretiva da Distribuição de Seguros (DDS), passou também a aplicar-se o Regulamento Delegado 2017/2358 (Requisitos de supervisão e governação de produtos aplicáveis às empresas de seguros e aos distribuidores de seguros), foi necessário adaptar a redação deste artigo ao texto daquele Regulamento Delegado.

O nº 2 do artigo 153º, que já previa a obrigação de definir e rever regularmente uma Política de conceção e aprovação de produtos, menciona agora essa obrigação por remissão para os regulamentos e atos delegados da Diretiva da Distribuição de Seguros, pelo que se deve atender ao mencionado Regulamento Delegado 2017/2358.

Este Regulamento Delegado, conforme prevê o seu artigo 1º, "estabelece regras para a manutenção, aplicação e revisão das modalidades de supervisão e governação de produtos para produtos de seguros e adaptações importantes dos produtos de seguros existentes, antes de os referidos produtos serem colocados no mercado ou distribuídos aos clientes («processo de aprovação do produto»). O regulamento estabelece ainda as regras aplicáveis aos mecanismos de distribuição dos produtos relativamente aos produtos de seguros em causa". Decorre do seu artigo 2º que se aplica aos produtores e aos distribuidores de seguros que propõem ou recomendam produtos de seguros que não são por eles produzidos. As matérias tratadas pelo Regulamento passam por quem é considerado produtor de produtos de seguros (artigo 3º); processo de aprovação dos produtos (artigo 4º); mercado-alvo (artigo 5º); teste dos produtos (artigo 6º); monitorização e revisão dos produtos (artigo 7º); canais de distribuição (artigo 8º) e a obrigação de documentação (artigo 9º). Mais centrado na distribuição e em articulação com o dever de os mediadores de seguros e de seguros a título acessório disporem de uma política de distribuição de produtos (V. artigos 24º, nº 1, *n*) e 39º deste regime) são relevantes os mecanismos de distribuição de produtos (artigo 10º); a informação ao produtor (artigo 11º) e a respetiva documentação (artigo 12º).

O nº 3 trata do conteúdo da Política, sendo que a anterior redação já tinha alguns dos elementos. A atual redação está mais estruturada e tem maior detalhe.

O nº 4 impõe a revisão da Política, o que também já resultava do anterior nº 3.

O nº 5 é, de facto, novo, mas tem uma redação que não é inequívoca. Refere que a política de conceção e aprovação de cada produto de seguro deve ser disponibilizada a todos os distribuidores. Na verdade, apenas existirá uma Política, que define os procedimentos genéricos para se conceber e aprovar um produto. Esta Política deverá ser divulgada aos distribuidores.

Situação diferente é a do processo de aprovação de cada produto, que, sendo individualizado, terá informações que são relevantes quanto a cada produto. Tal significará, no nosso entendimento, que está em causa a informação relevante para o distribuidor e que o mesmo precisa de conhecer. Será o caso, meramente, da identificação do mercado alvo e a que acresce a restante informação pré-contratual e contratual obrigatória.

Não nos parece que a disponibilização de outra informação que esteve na raiz do produto, com testes de conceito e eventualmente alguns segredos de negócio, esteja abrangida pela obrigação de disponibilização. O sentido do artigo será o de fornecer ao distribuidor a informação que lhe permita vender o produto aos clientes que integram o mercado alvo.

As alterações aos artigos 370º e 371º destinaram-se apenas a dar relevo contraordenacional ao incumprimento desta matéria, sendo que a diferença entre as alterações a estes dois artigos centra-se apenas no facto de se considerar que o incumprimento relativo aos produtos de investimento com base em seguros, previsto no artigo 371º (contraordenações muito graves), é mais grave do que o incumprimento relativo aos outros produtos, que é considerado no artigo 370º como contraordenação grave.

ANOTAÇÃO *(José Vasques)*

I. A obrigatoriedade da adoção de uma política de conceção e aprovação de produtos era já prevista pelo art. 153º do *regime jurídico de acesso e exercício da atividade seguradora e resseguradora*.

II. Cfr. art. 25º da Diretiva (UE) 2016/97.

III. A alteração do artigo 153º do *regime jurídico de acesso e exercício da atividade seguradora e resseguradora* destina-se a harmonizá-lo com a disposição da Diretiva (UE) 2016/97 que estabelece requisitos de supervisão e governação dos produtos (art. 25º, mas v. também arts. 14º, 17º e 24º); embora aquele regime tenha um âmbito de aplicação (*empresas de seguros* e *de resseguros*, sucursais dessas empresas e sociedades gestoras de participações no setor dos seguros, sociedades gestoras de participações de seguros mistas, companhias financeiras mistas e outras empresas que integrem um grupo segurador ou ressegurador, cfr. art. 2º) que não abranje os *mediadores de seguros*, o *regime jurídico da distribuição de seguros e de resseguros* impõe a estes últimos, quando concebam produtos de seguros para venda a clientes, o cumprimento dos deveres previstos naquele artigo 153º, tendo sido alterado para acomodar a remissão que para ele faz referido o artigo 24º, nº 1, al. *m)*.

Em rigor, a lógica subjacente ao que vem de descrever-se poderia ter sido adotada quanto aos *deveres de informação pré-contratual* agora consagrados no *regime jurídico da distribuição de seguros e de resseguros*; sobre este ponto v. a nossa anotação ao artigo 1º deste regime.

O quadro seguinte compara a versão original do artigo 153º e a que resulta das alterações introduzidas pelo artigo sob anotação (para facilitar a comparação, a ordem das disposições da versão original foi alterada e ajustada à versão alterada):

	Artigo 153º *Princípios gerais de conduta de mercado* *1 – ……*
2 – As empresas de seguros devem definir e rever regularmente uma política de conceção e aprovação de produtos de seguros e das correspondentes alterações significativas, quer técnicas, quer jurídicas, considerando todas as fases contratuais e assegurando que a mesma é adequadamente implementada e o respetivo cumprimento monitorizado.	*2 – As empresas de seguros devem definir uma política de conceção e aprovação de produtos de seguros, tendo em consideração todas as fases contratuais e assegurar que a mesma é adequadamente implementada e o respetivo cumprimento monitorizado, nos termos previstos em regulamentação e atos delegados da Diretiva (UE) 2016/97 do Parlamento Europeu e do Conselho, de 20 de janeiro de 2016.*

A alteração ao nº 2 consistiu fundamentalmente na associação da *política* ao regime que decorre da Diretiva (UE) 2017/97; o dever de rever regularmente a política passou a constar do novo nº 4.

3 – A política de conceção e aprovação de produtos de seguros prevista no número anterior deve incluir a identificação do perfil dos respetivos tomadores de seguros ou segurados que constituem o mercado alvo do produto e garantir que todos os riscos relevantes para esse universo são avaliados, bem como que a estratégia de distribuição é consistente com o mercado alvo identificado.	*3 – A política de conceção e aprovação de produtos de seguros prevista no número anterior deve definir os processos de conceção e aprovação dos produtos de seguros antes do início da sua distribuição aos clientes, que devem respeitar as seguintes características:* *a) Ser adequados e proporcionais à natureza do produto;* *b) Assegurar a identificação do perfil dos tomadores de seguros ou segurados que constituem o mercado alvo do produto;* *c) Garantir que todos os riscos relevantes para o mercado alvo do produto são avaliados;* *d) Garantir que a estratégia de distribuição pretendida é consistente com o mercado alvo identificado;* *e) Prever todas as medidas razoáveis para garantir que o produto é distribuído no mercado alvo identificado.*

Além da adequação e proporcionalidade [nº 3, al. *a)*] e da previsão das medidas razoáveis para garantir que o produto é distribuído no mercado-alvo identificado [nº 3, al. *e)*], as restantes caraterísticas estavam já previstas na redação original.

	4 – As empresas de seguros devem periodicamente rever técnica e juridicamente as políticas de conceção e aprovação de produtos de seguros adotadas, tendo em conta todos os acontecimentos suscetíveis de afetar significativamente o risco potencial para o mercado alvo identificado, a fim de avaliar, designadamente, se o produto em questão continua a satisfazer as necessidades do mercado alvo identificado e se a estratégia de distribuição pretendida continua a ser adequada.

A revisão periódica das políticas estava prevista na redação original do nº 2, tendo sido detalhadas as suas condicionantes.

	5 – A política de conceção e aprovação de cada produto de seguro, incluindo o mercado alvo identificado, deve ser disponibilizada a todos os distribuidores em conjunto com todas as informações sobre o produto de seguro.

O previsto no nº 5 articula-se com o dever do *mediador de seguros* e do *mediador de seguros a título acessório* definir uma política de distribuição [art. 24º, nº 1, al. *n)*, e 39º].

6 – No caso de produtos de seguros ligados a fundos de investimento, a ASF, antes de adotar uma decisão nos termos do número anterior, consulta a Comissão do Mercado de Valores Mobiliários.	6 – ……
4 – As empresas de seguros devem garantir que a forma como são concebidos os produtos de seguros e a respetiva estrutura de prémio ou de custos ou suas componentes, não induz ou contribui para agravar situações de conflito com os interesses dos tomadores de seguros, segurados ou beneficiários.	*7 – (anterior nº 4)*

5 – A ASF pode proibir ou impedir a comercialização de produtos de seguros que prejudiquem ou possam prejudicar os interesses dos tomadores de seguros, segurados ou beneficiários, designadamente por serem desadequados ao respetivo perfil ou por induzirem ou contribuírem manifestamente para agravar situações de conflito com os seus interesses.	*8 – (anterior nº 5)*
	9 – O disposto nos nºs 2 a 8 não é aplicável aos contratos de seguro que cubram grandes riscos.

O nº 9 filia-se no propósito da Diretiva (UE) 2016/97 de que as disposições que *regulam as regras de conduta da atividade dos mediadores de seguros ou de outros vendedores de produtos de seguros, aplicam-se apenas às relações «empresa-consumidor»* [considerando (43) e arts. 22º, nº 1, 25º, nº 4].

O *mercado-alvo* é o segmento do mercado a quem determinado produto é dirigido, sendo definido através de um conjunto de variáveis (*v.g.* idade e condições socioeconómicas).

O dever de definir o *mercado-alvo* de cada produto, através da identificação do perfil dos tomadores de seguros ou segurados [nº 2, al. *b)*], de garantir que todos os riscos relevantes para o *mercado-alvo* do produto são avaliados [nº 2, al. *c)*] e que a estratégia de distribuição é consistente com o mesmo [nº 2, al. *d)*], é complementado pela previsão de medidas razoáveis para garantir que o produto é distribuído no *mercado-alvo* identificado [nº 2, al. *e)*] e pela respetiva monitorização (nº 4).

O *mercado-alvo* deve ser identificado a um nível suficientemente pormenorizado, tendo em consideração as características, o perfil de risco, a complexidade e a natureza do produto de seguros; em especial no que diz respeito aos *produtos de investimento com base em seguros*, devem ser identificados os grupos de clientes cujas necessidades, características e objetivos não são, em geral, compatíveis com o produto de seguros, o que é por vezes referido como *mercado-alvo negativo* [art. 5º, nºs 1, segunda parte, e 2, do Regulamento Delegado (UE) 2017/2358].

Independentemente das medidas razoáveis para garantir que o produto é distribuído no *mercado-alvo* identificado [nº 2, al. *e)*] e da respetiva monitorização (nº 4), o *regime jurídico da distribuição de seguros e de resseguros* não impede que determinado produto possa ser distribuído fora do mercado-alvo identificado, desde que tal ocorra excecionalmente, e que o produto corresponda às exigências e necessidades do cliente e, tratando-se de *produtos de investimento com base em seguros*, que seja adequado ou apropriado; o que precede corresponde ao entendimento da EIOPA, expresso no *Final*

Report on Consultation Paper no. 16/006 on Technical Advice on possible delegated acts concerning the Insurance Distribution Directive (EIOPA 17/049), de 1 de fevereiro de 2017, pág. 10:

[...] *the insurance distributor may distribute, on an exceptional basis, insurance products to a customer, who does not belong to the identified target market, provided that the insurance distributor can prove that the respective insurance product meets the demands and needs of the individual customer, and, in the case of insurance based investment products, is appropriate or suitable for the customer.*	[...] o distribuidor de seguros pode distribuir, excecionalmente, produtos de seguros para um cliente que não pertença ao mercado alvo identificado, desde que o distribuidor de seguros possa provar que o respetivo produto de seguro atende às exigências e necessidades do cliente individual e, no caso de produtos de investimento com base em seguros, é apropriado ou adequado para o cliente.

Acresce que a monitorização do cumprimento da *política de conceção e aprovação de produtos* (nº 4) incide particularmente no dever de distribuir os produtos ao *mercado-alvo* identificado, conforme se refere no *Final Report* acima mencionado, pág. 10:

[...] *the monitoring obligation is limited to the assessment whether the distribution channels carry out their distribution activities in accordance with the product oversight and governance arrangements established by the manufacturer, in particular whether insurance products are distributed to the identified target market. The monitoring obligation does not extend to the general requirements which distributors have to fulfill when carrying out the distribution activities, in particular the conduct of business rules* [...].	[...] a obrigação de monitorização limita-se a avaliar se os canais de distribuição realizam as suas atividades de distribuição de acordo com os procedimentos de supervisão e governação estabelecidos pelo produtor, em particular se os produtos de seguro são distribuídos ao mercado alvo identificado. A obrigação de monitorização não abrange os requisitos gerais que os distribuidores têm de cumprir quando realizam as atividades de distribuição, em particular a condução das regras de negócio [...].

Este entendimento viria a ser adotado pelo artigo 7º, nº 1, do Regulamento Delegado (UE) 2017/2358:

Artigo 7º

Monitorização e revisão dos produtos

1 – Os produtores devem monitorizar de forma contínua e rever periodicamente os produtos de seguros que introduziram no mercado, a fim de identificar acontecimentos suscetíveis de afetar significativamente as principais características, a cobertura dos riscos e as garantias dos referidos produtos. Devem avaliar se os produtos de seguros con-

tinuam a ser compatíveis com as necessidades, as características e os objetivos do mercado-alvo identificado e se os produtos em causa são distribuídos no mercado-alvo ou alcançam clientes no seu exterior.

......

As medidas pertinentes adotadas pelos produtores em relação ao seu processo devem ser devidamente documentadas, conservadas para fins de auditoria e colocadas à disposição das autoridades competentes, mediante seu pedido [art. 9º do Regulamento Delegado (UE) 2017/2358].

Interessam especialmente ao artigo sob anotação o artigo 25º da Diretiva (UE) 2016/97:

Artigo 25º

Requisitos de supervisão e de governação dos produtos

1 – As empresas de seguros, bem como os mediadores que concebem produtos de seguros para venda a clientes, devem manter, aplicar e rever um processo de aprovação de cada produto de seguros ou de adaptações importantes de produtos de seguros existentes antes da sua comercialização ou distribuição aos clientes.

O processo de aprovação do produto deve ser proporcionado e adequado à natureza do produto de seguro.

O processo de aprovação do produto deve especificar um mercado-alvo identificado para cada produto e deve assegurar que todos os riscos relevantes nesse mercado-alvo sejam objeto de avaliação e que a estratégia de distribuição pretendida seja coerente com o mercado-alvo identificado, e tomar medidas razoáveis para garantir que o produto de seguros seja distribuído no mercado-alvo identificado.

As empresas de seguros devem compreender e rever periodicamente os produtos de seguros que propõem ou comercializam, tendo em conta todos os acontecimentos suscetíveis de afetar significativamente o risco potencial para o mercado-alvo identificado, a fim de avaliar, pelo menos, se o produto continua a satisfazer as necessidades do mercado-alvo identificado e se a estratégia de distribuição pretendida continua a ser adequada.

As empresas de seguros, bem como os mediadores que concebem produtos de seguros, devem colocar à disposição dos distribuidores todas as informações pertinentes sobre o produto de seguros e o processo de aprovação do produto, incluindo o mercado-alvo identificado do produto.

Caso um distribuidor de seguros proponha ou recomende produtos de seguros que não tenham sido produzidos por si, deve tomar medidas adequadas para obter as informações referidas no quinto parágrafo e para compreender as características e o mercado-alvo identificado de cada produto de seguros.

2 – A Comissão fica habilitada a adotar atos delegados, nos termos do artigo 38º, para especificar mais pormenorizadamente os princípios enunciados no presente artigo, tendo em conta, de forma proporcionada, as atividades exercidas, a natureza dos produtos de seguros vendidos e a natureza do distribuidor.

3 – As políticas, processos e medidas a que se refere o presente artigo não prejudicam a aplicação dos restantes requisitos previstos na presente diretiva, incluindo os requisitos relativos à divulgação, adequação, identificação e gestão de conflitos de interesses, bem como os incentivos.

4 – O presente artigo se não aplica a produtos de seguros que digam respeito à cobertura de grandes riscos.

e o artigo 4º do Regulamento Delegado (UE) 2017/2358:

Artigo 4º

Processo de aprovação dos produtos

1 – Os produtores devem manter, aplicar e rever um processo de aprovação do produto para os produtos de seguros recentemente desenvolvidos e para as adaptações importantes dos produtos de seguros existentes. Esse processo deve incluir medidas e procedimentos que visem a conceção, monitorização, análise e distribuição dos produtos de seguros, bem como a aplicação de medidas corretivas aos produtos de seguros que impliquem prejuízos para os clientes. As medidas e os procedimentos devem ser proporcionais ao grau de complexidade e aos riscos relacionados com os produtos, bem como à natureza, à escala e à complexidade das atividades do produtor.

2 – O processo de aprovação do produto deve constar de um documento escrito («política de supervisão e de governação dos produtos»), que deverá ser disponibilizado ao pessoal interessado.

3 – O processo de aprovação do produto deve:

a) Garantir que a conceção de produtos de seguros preencha os seguintes critérios:

i) tem em conta os objetivos, os interesses e as características dos clientes,

ii) não afeta negativamente os clientes,

iii) evita ou minimiza o risco de prejuízos para os clientes;

b) Apoiar uma gestão adequada dos conflitos de interesses.

4 – O organismo ou a estrutura dos produtores responsável pela produção de produtos de seguros deve cumulativamente:

a) Aprovar e, em última análise, ser responsável pela definição, aplicação e revisão do processo de aprovação do produto;

b) Verificar continuamente a observância desse processo a nível interno.

5 – Os produtores que designam um terceiro para conceber produtos em seu nome continuam a ser inteiramente responsáveis pela observância do processo de aprovação do produto.

6 – Os produtores devem proceder à análise periódica dos respetivos processos de aprovação do produto para assegurar que esse processo continua válido e atualizado. Caso necessário, devem introduzir alterações no processo de aprovação do produto.

Deve distinguir-se entre a *política de conceção e aprovação de produtos de seguros* e os *processos de conceção e aprovação dos produtos*; as *políticas* enunciam princípios e regras que estabelecem objetivos a atingir; os *processos* são atividades que, a partir de informações, materiais e instruções, originam produtos ou serviços (normalmente depois concretizados através de *procedimentos*, que especificam a forma de executar os *processos*), daí que no artigo sob anotação se estabeleça que a *política de conceção e aprovação de produtos de seguros deve definir os processos de conceção e aprovação dos produtos de seguros* (nº 1); a Diretiva (UE) 2016/97, ao estabelecer os *requisitos de supervisão e de governação dos produtos* refere-se expressamente a *políticas, processos e medidas* (art. 25º, nº 3).

Independentemente do que precede, o artigo sob anotação fornece elementos suficientes para uma caraterização sumária da *política de conceção e aprovação de produtos* e dos *processos de conceção e aprovação de cada produto* (art. 4º, nº 2, do Regulamento Delegado (UE) 2017/2358):

a *política de conceção e aprovação de produtos* deve	o *processo de conceção e aprovação de cada produto de seguro* deve
definir uma tipologia de produtos, tendo em consideração a respetiva natureza	ser adequado e proporcional à natureza do produto
definir os princípios e regras que devem ser seguidos pelos procedimentos de identificação do perfil dos tomadores de seguros ou segurados, por forma a integrá-los numa matriz de mercado-alvo que contemple todos os produtos	assegurar a identificação do perfil dos tomadores de seguros ou segurados que constituem o mercado-alvo do produto
definir os princípios e regras aplicáveis à avaliação dos riscos relevantes para o mercado-alvo da tipologia de produtos identificada	garantir que todos os riscos relevantes para o mercado-alvo do produto são avaliados
definir os princípios e regras da estratégia de distribuição, articulando-a com a matriz de mercado- alvo e a tipologia de produtos	garantir que a estratégia de distribuição pretendida é consistente com o mercado-alvo identificado;
definir a metodologia aplicável à monitorização da consistência da distribuição com o mercado-alvo, considerando a matriz de mercado--alvo e a tipologia de produtos	prever todas as medidas razoáveis para garantir que o produto é distribuído no mercado-alvo identificado

As alterações aos arts. 370º e 371º do *regime jurídico de acesso e exercício da atividade seguradora e resseguradora* sancionam o incumprimento do agora alterado artigo 153º desse regime.

IV. Disposições relacionadas: arts. 1º, 24º, nº 1, al. *m)*, e 113º, al. *i)*.

ANOTAÇÃO (*Margarida Lima Rego*)

1. A Diretiva (UE) 2016/97, do Parlamento Europeu e do Conselho, de 20 de janeiro de 2016, sobre distribuição de seguros («DDS»), sucedeu à Diretiva 2002/92/CE do Parlamento Europeu e do Conselho, de 9 de dezembro de 2002, relativa à mediação de seguros («DMS»). Enquanto este instrumento regulava somente a atividade de mediação de seguros, aquele viria a alargar o seu alcance a toda a distribuição de seguros, «a fim de garantir que seja aplicado um mesmo nível de proteção independentemente do canal através do qual os clientes adquirem um produto de seguros, diretamente junto de uma empresa de seguros ou indiretamente, através de um mediador» (Considerando 8 da DDS).

A DDS deveria «garantir a aplicação do mesmo nível de proteção dos consumidores e a possibilidade de todos os consumidores beneficiarem de normas comparáveis», bem como «promover a igualdade de condições e a concorrência entre os mediadores, quer estejam ligados a uma empresa de seguros quer não», porque «[é] vantajoso para os consumidores que os produtos de seguros sejam distribuídos através de diferentes canais e de mediadores com diferentes formas de cooperação com empresas de seguros, desde que apliquem regras semelhantes em matéria de proteção dos consumidores» (Considerando 16 da DDS).

Em suma, foi anunciado o intuito de unificar regimes anteriormente distintos, no pressuposto de que a manutenção de níveis distintos de proteção dos clientes de seguros seria fonte de distorções, afetando, designadamente, a livre concorrência, sempre que não se descortinem motivos de substância que justificassem essa distinção. Embora se ressalve a importância de «ter em conta as diferenças existentes segundo os tipos de canais de distribuição» para «estabelecer condições apropriadas e proporcionadas aplicáveis aos diferentes tipos de distribuição» (Considerando 17 da DDS).

Fixou-se, pois, o objetivo de proporcionar aos clientes de seguros um único standard de proteção, independente da sua via de acesso aos produtos de seguro.

Não obstante, a transposição para o direito português de um regime que se pretendia uno só em parte viria a atingir esse objetivo, mantendo-se em larga medida separados os regimes que o referido normativo europeu anunciara unir. Na sua grande maioria, as disposições constantes da DDS transitariam para o novo regime da distribuição de seguros constante do Anexo I à Lei nº 7/2019. Tal como a DDS substituíra a DMS, também este regime veio substituir o anterior regime português da mediação de seguros e resseguros constante do DL nº 144/2006, de 31 de julho.

A atividade seguradora e resseguradora já tinha o seu regime próprio, ainda para mais recente e também fortemente condicionado por normativos europeus vigentes, aprovado pela Lei nº 147/2015, de 9 de setembro. Esse regime manteve-se, com pequenos retoques. Já o regime da atividade de mediação de seguros e resseguros desapareceu por completo, sendo integralmente substituído pelo novo regime da distribuição de seguros. Não há, pois, paralelismo entre o impacto do novo regime na atividade seguradora e resseguradora e o seu impacto na atividade de mediação de seguros. Este ainda é, embora sob novas vestes, o seu regime. Houve como que uma admissão tácita de que, não obstante a intenção unificadora, no novo regime da distribuição de seguros, como no que este veio substituir, está em causa, fundamentalmente, regular todo um conjunto de atuações próprias da mediação de seguros e de resseguros.

Só assim se compreende que, muito embora o novo regime se anuncie como da distribuição no seu todo, muitas das regras nele contidas continuem a incidir mais estritamente, pelo menos de forma direta, apenas sobre os mediadores de seguros e, nalguns casos, sobre categorias específicas de mediadores de seguros. As que antes existiam teriam de encontrar algures as respetivas sucessoras, e lá estão elas. Em que pé ficou então o anunciado esforço de unificação? Encontramo-lo, designadamente, em preceitos remissivos como o art. 37º, nº 3. Há toda uma série de deveres consagrados no novo regime a propósito da atividade de mediação de seguros e resseguros que «são aplicáveis, com as devidas adaptações, à atividade de distribuição de seguros por empresas de seguros».

Não nos são dadas quaisquer pistas sobre as ditas adaptações. O intérprete fica, neste domínio, quase que por sua conta. Contudo, ditam as regras da prudência que seja muito parcimonioso em quaisquer desvios que tenha por admissíveis a estas regras, atendendo ao propósito unificador e de nivelamento da proteção do cliente de seguros que presidiu à DDS.

Se na sua maioria as regras a transpor transitaram, no ordenamento jurídico português, para um novo regime da distribuição de seguros e resseguros que, na sua essência, tem como principal enfoque a regulação da atividade de mediação de seguros, houve um aspeto das novas regras europeias em que isso não sucedeu. Refiro-me à nova exigência de criação e implementação de uma política de conceção e aprovação de produtos de seguros, que viria a transitar do art. 25º da DDS para o art. 153º da Lei da Atividade Seguradora e Resseguradora aprovada pela Lei nº 147/2015, de 9 de setembro, por efeito do disposto no art. 3º da Lei nº 7/2019, de 16 de janeiro (o preceito que ora se anota).

Quanto a este aspeto da nova regulação, o raciocínio subjacente ao novo regime foi precisamente o inverso do acima relatado: entendeu-se que a conceção e aprovação de novos produtos de seguros são tarefas próprias da atividade seguradora. Por conseguinte, seguiu-se a opção de arrumar sistematicamente a nova exigência na lei reguladora do acesso e exercício à atividade seguradora e resseguradora. Simetricamente, a nova exigência será também aplicável aos mediadores de seguros, desta feita sem adaptações, «quando conceba[m] produtos de seguros para venda a clientes» (alínea *m*) do art. 24º).

2. A nova exigência de criação e implementação de uma política de conceção e aprovação de produtos de seguros insere-se num conjunto mais amplo de medidas tendentes a prevenir situações de venda inadequada de produtos de seguros. Subjacente à nova exigência está o princípio geral de que «[o]s contratos propostos devem respeitar as exigências e as necessidades dos clientes em matéria de seguros» (art. 20º, nº 1, da DDS).

A venda inadequada de um produto de seguros tem lugar em duas espécies de circunstâncias: há venda inadequada sempre que é comercializado um seguro sem qualidade, aferindo-se esta pela insuscetibilidade de satisfazer necessidades de clientes de seguros, quaisquer que eles sejam (inadequação absoluta); e sempre que é comercializado um seguro que, independentemente da sua qualidade em abstrato, não satisfaça as necessidades do cliente a quem concretamente é fornecido (inadequação relativa). Os termos «venda» e «produto» são aqui usados em sentido amplo, não técnico-jurídico.

A nova exigência visa combater ambas as espécies de venda inadequada. Para prevenir a distribuição de produtos absolutamente inadequados, determinou-se que, na conceção de novos produtos de seguro, os seguradores devem identificar, em abstrato, o perfil dos seus potenciais destinatários – o seu mercado alvo – e garantir que todos os riscos relevantes para esse mercado são avaliados (alíneas *b*) e *c*) do nº 3).

A mensagem primordial, neste novo passo que ora se impõe para a fase de conceção e aprovação de produtos de seguro, é de que os seguradores devem procurar proporcionar aos clientes conjuntos coerentes de coberturas que deem resposta às reais necessidades e exigências de grupos identificáveis de potenciais destinatários, evitando a distribuição de produtos que, por obra de intricadíssimas delimitações de coberturas, entre riscos cobertos e riscos excluídos, proporcionem aos clientes autênticos rendilhados pejados de lacunas, suscetíveis de frustrar as legítimas expectativas de quem os procure.

Estas políticas de conceção e aprovação dos produtos devem ser periodicamente revistas, técnica e juridicamente, com vista a assegurar que continuam atualizadas em fase de quaisquer novos desenvolvimentos, independentemente da sua natureza (nº 4).

A prevenção da distribuição de produtos relativamente inadequados assenta na imposição de um novo passo na fase de comercialização dos produtos: sendo os produtos concebidos para dar resposta a determinado mercado alvo, há que garantir que os esforços de comercialização são direcionados para esse mesmo mercado alvo. Estão agora em causa potenciais destinatários concretos, e já não abstratos, e importa que os ditos partilhem das características do mercado alvo previamente identificado para cada um dos produtos. Há, pois, que delinear uma estratégia de distribuição consistente com o mercado alvo, e adotar medidas tendentes a garantir que, nos vários canais a que recorram (nº 5), os produtos são efetivamente distribuídos no mercado alvo e apenas no mercado alvo (alíneas *d*) e *e*) do nº 3).

O esforço que os seguradores deverão envidar para atingirem estes objetivos dependerá dos valores em causa, mas também do grau de complexidade dos produtos, devendo a medida do esforço ser adequada e proporcional à sua natureza (alínea *a*) do nº 3). A DDS ressalva que a nova exigência «não deverá limitar a variedade e a flexibilidade das abordagens que as empresas utilizam para desenvolver novos produtos» (Considerando 55).

3. A nova exigência só se aplica aos seguros de riscos de massa e não aos seguros de grandes riscos (nº 9). As disposições relevantes, para efeitos de determinação do que sejam uns e os outros, encontram-se nºs 2 a 4 do art. 5º do regime da atividade seguradora e resseguradora aprovado pela Lei nº 147/2015.

Se no domínio dos grandes riscos a liberdade contratual é rainha, nem a DDS, nem o normativo que a transpõe para o ordenamento jurídico português nos dão uma resposta clara à questão de saber se a nova exigência limita a autonomia dos clientes de seguros de riscos de massa. Se os seguradores não devem dirigir ativamente os seus esforços de comercialização a quem não integre o mercado alvo dos seus produtos, que dizer quando um potencial cliente que não o integre se lhes dirige, solicitando a contratação do produto? Estarão os seguradores impedidos de aceitar propostas de seguros de potenciais clientes que não integrem o mercado alvo dos seus produtos? Ou bastará a introdução de um aviso, em local e em letra que o evidenciem, permitindo-se que o tomador celebre o contrato, desde que declare que tomou conhecimento da sua não pertença ao mercado alvo, à semelhança do que já sucede noutros contextos dos mercados financeiros?

É uma questão ainda largamente em aberto. O regime atual não parece dar grande apoio a uma proibição absoluta de contratação, mas os seguradores e mediadores entram, neste campo, em terreno minado, arriscando-se a uma condenação por culpa na formação dos contratos caso facilitem a contratação de seguros por quem não integre o mercado alvo (com base no regime geral do art. 227º do Código Civil).

ARTIGO 4º – Alteração ao regime processual aplicável aos crimes especiais do setor segurador e dos fundos de pensões e às contraordenações cujo processamento compete à ASF

Os artigos 3º, 16º, 17º, 21º e 26º do regime processual aplicável aos crimes especiais do setor segurador e dos fundos de pensões e às contraordenações cujo processamento compete à Autoridade de Supervisão de Seguros e Fundos de Pensões (ASF), constante do anexo II da Lei nº 147/2015, de 9 de setembro, passam a ter a seguinte redação:

«Artigo 3º – [...]

1 – ...

a) ...

b) ...

c) ...

d) ...

e) Determinar a suspensão preventiva de alguma ou algumas atividades ou funções exercidas pelo agente suspeito da prática ilícita ou sujeitar o respetivo exercício de funções ou atividades a determinadas condições.

2 – ...

3 – ...

4 – ...

5 – ...

6 – ...

7 – A aplicação da medida cautelar a que se refere a alínea *e*) do nº 1 deve ser precedida da audição do agente, o qual dispõe, para o efeito, de cinco dias úteis para responder após ter sido notificado pela ASF.

8 – (Anterior nº 7.)

Artigo 16º – [...]

1 – ...

2 – ...

3 – A notificação por carta registada com aviso de receção considera-se efetuada na data em que for assinado o aviso ou no 3º dia útil após essa data, quando o aviso for assinado por pessoa diversa do arguido.

4 – (Anterior nº 3.)

5 – (Anterior nº 4.)

Artigo 17º – Testemunhas, peritos e demais intervenientes processuais

1 – ...

2 – ...

3 – Sem prejuízo do número seguinte, os depoimentos das testemunhas, peritos e demais intervenientes processuais são registados em auto de declarações a assinar pelo depoente e por quem o tenha ouvido em representação da ASF.

4 – Quando a ASF entender conveniente, pode proceder à gravação áudio ou audiovisual de declarações de qualquer testemunha, perito ou demais intervenientes processuais, dispensando-se nesse caso a elaboração do auto previsto no número anterior.

5 – ...

Artigo 21º – [...]

1 – ...

2 – ...

3 – ...

4 – Se decorrer o período de suspensão sem que o arguido tenha sido condenado por crime previsto na legislação aplicável às entidades sujeitas à supervisão da ASF ou por contraordenação constante do mesmo diploma em que está prevista a contraordenação que deu origem à sanção suspensa, cujo processamento seja da competência da ASF e tendo cumprido as injunções que lhe tenham sido impostas, considera-se extinta a sanção cuja execução tinha sido suspensa, procedendo-se, caso contrário, à sua execução imediata, incluindo a parte suspensa.

Artigo 26º – [...]

1 – ...

2 – ...

3 – ...

4 – As divulgações mencionadas nos números anteriores, quando realizadas no respetivo sítio na Internet da ASF, não podem ser indexadas a motores de busca.»

ANOTAÇÃO *(José Vasques)*

I. Sem correspondência na legislação anterior.

II. Não resulta da transposição da Diretiva (UE) 2016/97.

III. As alterações introduzidas no *regime processual aplicável aos crimes especiais do setor segurador e dos fundos de pensões e às contraordenações cujo processamento compete à ASF* são, em geral, independentes do *regime jurídico da distribuição de seguros e de resseguros*, parecendo corresponder apenas a um critério de oportunidade.

IV. Disposições relacionadas: artigo seguinte.

ARTIGO 5º – Aditamento ao regime processual aplicável aos crimes especiais do setor segurador e dos fundos de pensões e às contraordenações cujo processamento compete à ASF

É aditado ao regime processual aplicável aos crimes especiais do setor segurador e dos fundos de pensões e às contraordenações cujo processamento compete à ASF, constante do anexo II da Lei nº 147/2015, de 9 de setembro, o artigo 7º-A, com a seguinte redação:

«Artigo 7º-A – Direção do procedimento

O órgão competente para a decisão final pode delegar em inferior hierárquico seu o poder de direção do procedimento, nos termos do artigo 55º do Código do Procedimento Administrativo.»

ANOTAÇÃO *(José Vasques)*

I. Sem correspondência na legislação anterior.

II. Não resulta da transposição da Diretiva (UE) 2016/97.

III. O aditamento ao *regime processual aplicável aos crimes especiais do setor segurador e dos fundos de pensões e às contraordenações cujo processamento compete à ASF* operado pelo artigo sob anotação não releva da adoção do *regime jurídico da distribuição de seguros e de resseguros*, parecendo obedecer apenas a um critério de oportunidade; o artigo 55º do Código do Procedimento Administrativo tem a seguinte redação:

Artigo 55º

Responsável pela direção do procedimento

1 – A direção do procedimento cabe ao órgão competente para a decisão final, sem prejuízo do disposto nos números seguintes.

2 – O órgão competente para a decisão final delega em inferior hierárquico seu, o poder de direção do procedimento, salvo disposição legal, regulamentar ou estatutária em contrário ou quando a isso obviarem as condições de serviço ou outras razões ponderosas, invocadas fundamentadamente no procedimento concreto ou em diretiva interna respeitante a certos procedimentos.

3 – O responsável pela direção do procedimento pode encarregar inferior hierárquico seu da realização de diligências instrutórias específicas.

4 – No órgão colegial, a delegação prevista no nº 2 é conferida a membro do órgão ou a agente dele dependente.

5 – A identidade do responsável pela direção do procedimento é notificada aos participantes e comunicada a quaisquer outras pessoas que, demonstrando interesse legítimo, requeiram essa informação.

IV. Disposições relacionadas: artigo anterior.

ARTIGO 6º – Direitos adquiridos

O disposto na presente lei não prejudica os direitos adquiridos pelos distribuidores de seguros ou de resseguros com sede em Portugal ou em outros Estados-Membros que exerçam a sua atividade em território português através de sucursal ou em livre prestação de serviços.

ANOTAÇÃO *(José Vasques)*

I. Cfr. art. 101º, nº 7, do *regime jurídico da mediação de seguros e de resseguros*.

II. Não resulta da transposição da Diretiva (UE) 2016/97.

III. *Direitos adquiridos* são aqueles direitos que os distribuidores de seguros ou de resseguros tenham adquirido ao abrigo da legislação anterior ou de ato praticado pelas autoridades competentes, os quais, por se terem constituído na esfera do seu titular, não são afetados por lei posterior; o conceito é objeto de ampla discussão, que atende, designadamente, à sua proximidade com o de *expetativas jurídicas* – distinguindo-se tenuemente por os *direitos adquiridos* corresponderem a situações jurídicas com cuja continuidade seria razoavelmente legítimo e razoável contar, o que não sucederia com as *expectativas jurídicas*, em que se não verificaria a mesma razoabilidade – e à sua relação com o *princípio da confiança*, *maxime* face à retroatividade de regime legal posterior.

Embora o artigo sob anotação se refira a *sede*, expressão normalmente utilizada relativamente às pessoas coletivas por contraposição à *residência* das pessoas singulares [*v.g.* art. 1º, nº 1, e 4º, al. *j)*, subals. *i)* e *ii)*], a salvaguarda dos *direitos adquiridos* prevista deverá ser extensiva a todos os distribuidores de seguros ou de resseguros, independentemente de se tratar de pessoas coletivas ou de pessoas singulares.

A *Exposição de motivos* da Proposta de Lei nº 138/XIII, que deu origem à Lei sob anotação, referia que a alteração das categorias de mediadores por ela operada se efetuava *sem prejuízo dos direitos adquiridos dos mediadores de seguros ligados registados à data da produção de efeitos do novo regime*, isto é, independentemente da extinção dessa categoria de mediadores de seguros, o direito por esses mediadores de seguros de exercer a atividade de distribuição de seguros ou de resseguros deveria ter-se por adquirido – sendo, portanto, em homenagem a tais *direitos adquiridos* que se opera a conversão automática prevista no artigo 8º da Lei preambular, aliás à semelhança do sucedido aquando da adoção do anterior *regime jurídico da mediação de seguros e resseguros* relativamente ao enquadramento das novas categorias de mediadores de seguros nele previstas (cfr. art. 101º, nº 7).

IV. Disposições relacionadas: art. 8º da Lei preambular, e art. 15º, nº 1, al. *a)*.

ANOTAÇÃO *(Pedro Romano Martinez)*

Esta disposição tem em vista garantir aos distribuidores de seguros a tutela das suas posições jurídicas constituídas ao abrigo da legislação agora revogada, por motivos de segurança jurídica. Ao ter recorrido à expressão *direitos adquiridos*, por oposição a expectativas, pretende-se tutelar os direitos já constituídos na esfera jurídica do distribuidor de seguros.

Mas a expressão *direitos adquiridos* é suficientemente ampla para abranger, nomeadamente por interpretação extensiva, direitos que se constituiriam inexoravelmente na esfera do distribuidor em decorrência de relações jurídicas em execução, ou mesmo de vantagens que seria pressuposto entrarem na esfera jurídica do beneficiário na sequência normal dos acontecimentos. Atendendo à difícil delimitação da expressão *direitos adquiridos* e às recorrentes dúvidas práticas de concretização, deixou de ser referenciada pelo legislador no que respeita à aplicação da lei no tempo – que é o problema subjacente, pese embora a questão se encontrar, de novo, nos artigos 13º, 14º e 16º desta lei –, mas, principalmente neste século, têm sido vários os diplomas em que retomam esta via.

Como referido, o princípio da não retroatividade é por vezes encarado na perspetiva de defesa dos direitos adquiridos, mas entender a não retroatividade pelo prisma dos direitos adquiridos, não obstante as críticas a esta teoria, pode ter relevância heurística com uma função de tutela, no caso dos distribuidores de seguros. Acresce que, não raras vezes, o conflito derivado da sucessão temporal de regimes jurídicos é discutido, nomeadamente na jurisprudência, com referência a direitos adquiridos. A não retroatividade implica que a lei só dispõe para o futuro; portanto, os factos ocorridos e os efeitos jurídicos – que integram o conteúdo da situação jurídica –, desde que verificados no domínio da lei anterior, não são postos em causa. Poderia, por isso, dizer-se que os direitos adquiridos com factos e efeitos jurídicos produzidos no domínio da lei antiga, não seriam afetados pela lei nova, que garante os direitos adquiridos à luz da lei antiga.

Trata-se de um limite à retroatividade. Pese embora a imprecisão conceptual da teoria dos direitos adquiridos, assente na tutela da confiança, importa observar o seu sentido. Ainda que não relacionado diretamente com esta questão, na lei atende-se a *direitos adquiridos* no sentido de posições jurídicas ativas constituídas em determinada esfera jurídica; por exemplo, no art. 291º, nº 1, do Código Civil (CC), quanto aos efeitos da invalidade, dispõe-se que «(...) não prejudica os *direitos adquiridos* sobre os mesmos bens (...)», no art. 435º, nº 1, do CC determina-se que «A resolução (...) não prejudica os *direitos adquiridos* por terceiro», no art. 1181º, nº 1, do CC estipula-se que «O mandatário é obrigado a transferir para o mandante os *direitos adquiridos* em execução do mandato» e no art. 1313º do CC prescreve-se «Sem prejuízo dos *direitos adquiridos* por usucapião (...)».

Poder-se-ia associar *direito adquirido* a direito subjetivo constituído em determinada esfera jurídica. Mas o direito adquirido não se confunde com o direito subjetivo; p. ex. direito de propriedade. O sujeito, titular de um direito subjetivo, pode não ter um direito adquirido ao conteúdo pleno desse direito. De facto, o proprietário, sendo titular do direito subjetivo de propriedade, não tem um direito adquirido ao conteúdo desse direito, pois sujeita-se à mutabilidade do regime jurídico de propriedade privada. O conteúdo do direito subjetivo pode ser alterado pela lei nova.

Apesar de não existir identidade entre direito adquirido e direito subjetivo, para haver direito adquirido pressupõe-se que o sujeito seja titular de um direito subjetivo. Daqui decorre que só é *adquirido* o direito subjetivo depois de constituído numa esfera jurídica; assim, antes do decurso do correspondente prazo e de ter sido invocada a usucapião, o possuidor não adquiriu o direito de propriedade; de igual modo, o senhorio não adquiriu o direito de crédito ao pagamento de rendas dos meses vindouros, nem o trabalhador aos salários dos próximos meses ou o distribuidor de seguros às comissões das próximas renovações dos contratos.

Antes de o direito subjetivo se encontrar constituído numa esfera jurídica pode haver uma expectativa de que, no futuro, se venha a constituir, passando a direito adquirido. Sendo a situação jurídica de formação sucessiva, pode haver uma expectativa de que o efeito jurídico se venha a produzir. A expectativa assenta numa previsão de futura aquisição do direito ou de manutenção da situação jurídica. Nos exemplos anteriores, o possuidor tem a expectativa de, decorrido o prazo para a usucapião, invocá-la e adquirir o correspondente direito real; o senhorio tem a expectativa de, subsistindo o contrato de arrendamento, se vencerem as rendas até termo do vínculo; o trabalhador tem a expectativa de vir a receber as retribuições correspondentes aos meses em que continuar a trabalhar; o distribuidor de seguros tem a expectativa de os contratos de seguro que angariou se protelem no tempo.

As expectativas não são tuteladas pelo princípio da não retroatividade, pelo que o novo regime não tem de as garantir, podendo dispor de modo diverso do que anteriormente se previa. Em qualquer caso, a segurança jurídica e a proteção da confiança que lhe é inerente impõem a tutela de situações jurídicas – qualificadas como direitos adquiridos ou expectativas –, mas o âmbito de tal tutela tem de diferir em função da confiança que a situação jurídica permite deduzir.

ARTIGO 7º – Requerimentos pendentes

1 – Sem prejuízo do disposto nos números seguintes, as alterações decorrentes da presente lei não se aplicam aos requerimentos pendentes à data da respetiva produção de efeitos.

2 – O requerente pode optar por conformar o seu requerimento de acordo com o regime jurídico da distribuição de seguros, aprovado pela presente lei.

3 – Os candidatos a mediador de seguros ligado numa das categorias previstas nas subalíneas *i*) e *ii*) da alínea *a*) do artigo 8º do Decreto-Lei nº 144/2006, de 31 de julho, devem alterar o respetivo requerimento por forma a requerer o registo noutra categoria de mediador de seguros ou, em alternativa, como mediador de seguros a título acessório.

4 – As alterações dos requerimentos previstas nos nºs 2 e 3 devem ser solicitadas no prazo de 30 dias a partir da data da produção de efeitos da presente lei, sendo considerados pela ASF os restantes elementos já submetidos com relevância para a instrução do pedido.

ANOTAÇÃO *(José Vasques)*

I. Sem correspondência na legislação anterior.

II. Não resulta da transposição da Diretiva (UE) 2016/97.

III. Os artigos 7º a 10º e 14º da Lei preambular correspondem a *disposições transitórias*, aplicáveis a determinados factos ou atos, as quais divergem da lei antiga e da lei nova, e visam resolver o conflito destas leis no tempo (os princípios gerais relativos à aplicação das lei no tempo resultam do art. 12º do Código Civil).

Essas *disposições transitórias* são relativas a requerimentos pendentes (art. 7º), correspondência e inscrição automática dos *mediadores de seguros ligados* previstos pelo *regime jurídico da mediação de seguros e de resseguros* (art. 8º), qualificação adequada (art. 9º), aplicação no tempo do regime contraordenacional (art. 20º) e manutenção em vigor, enquanto não forem substituídas, das disposições das normas regulamentares já emitidas pela ASF, em tudo o que não contrarie o presente regime legal (14º).

Em princípio, a lei não se aplica a factos anteriores à sua vigência (art. 12º, nº 1, primeira parte, do Código Civil), prevendo-se no artigo sob anotação que o *regime jurídico da distribuição de seguros e de resseguros* não se aplica aos requerimentos pendentes à data da respetiva produção de efeitos (nº 1), sem prejuízo de o requerente poder optar por conformar o seu requerimento de acordo com esse regime (nº 2).

Dado que deixa de existir a categoria *mediador de seguros ligado*, os candidatos a mediador nessa categoria devem alterar o respetivo requerimento por forma a requerer o registo noutra categoria de *mediador de seguros* ou, em alternativa, como *mediador de seguros a título acessório* (nº 3); a necessidade da alteração dos requerimentos submetidos pelos candidatos a *mediadores de seguros ligados* diverge do regime transitório aplicado pelo artigo seguinte aos mesmos mediadores quando já estejam inscritos no registo, determinando o respetivo registo automático (nºs 1 e 2), sem prejuízo da possibilidade de inscrição em categoria distinta (nº 4); a alteração do requerimento deve também ter em consideração o *âmbito da atividade* a exercer e as limitações dele decorrentes (art. 10º, cfr. anotação a este artigo).

O prazo previsto no nº 4 é contínuo (ou *de dias seguidos*), isto é, não se suspende nos sábados, domingos e feriados (*regra da continuidade dos prazos*, que apenas cede perante *disposição especial em contrário*, cfr. art. 296º do Código Civil); as regras sobre a contagem de prazos resultam dos arts. 279º e 296º do Código Civil, 138º do Código de Processo Civil, e 87º do Código do Procedimento Administrativo, importando notar, entre outras, as que se referem ao termo final, a qual estabelece que o prazo que termine em domingo ou dia feriado transfere-se para o primeiro dia útil e que aos domingos e dias feriados são equiparadas as férias judiciais, se o ato sujeito a prazo tiver de ser praticado em juízo, e as que determinam que o prazo fixado em semanas, meses ou anos, a contar de certa data, termina às 24 horas do dia que corresponda, dentro da última semana, mês ou ano, a essa data, salvo se no último mês não existir dia correspondente, caso em que o prazo finda no último dia desse mês; a *regra da continuidade dos prazos* permite distinguir o prazo previsto no artigo sob anotação daqueles que são referidos pela expressão *dias úteis*, como sucede, por exemplo, nos arts. 14º, nº 2, 15º, nº 4, 17º, nºs 1 e 2, 20º, nº 2, 23º, nºs 1 e 3, e 28º, nºs 1 e 2, do *regime processual aplicável aos crimes especiais do setor segurador e dos fundos de pensões e às contraordenações cujo processamento compete à Autoridade de Supervisão de Seguros e Fundos de Pensões*, ou nos arts. 4º, nºs 2 e 8, 5º, nºs 1, proémio, e 3, do *regime jurídico dos pacotes de produtos de investimento de retalho e de produtos de investimento com base em seguros*.

Estabelecendo-se que a contagem do prazo de 30 dias previsto no nº 4, se faz *a partir da data da produção de efeitos da presente lei* e ocorrendo tal *produção de efeitos* a partir de 1 de outubro de 2018 (art. 16º, nº 1, da Lei preambular), à data da publicação da presente lei tinha já decorrido o referido prazo, impossibilitando assim a alteração dos requerimentos pendentes, parecendo razoável entender que, admitindo o legislador a necessidade de um prazo de 30 dias, a contagem do mesmo devesse iniciar-se a partir da *entrada em vigor* e não da data de *produção de efeitos*, ou em outro prazo administrativamente fixado – até por, aparentemente, se tratar de prazo meramente ordenador (cfr., também, o caso paralelo dos nºs 3 e 4 do artigo seguinte); sobre este ponto v., também, a nossa anotação ao art. 16º da Lei preambular.

IV. Disposições relacionadas: arts. 7º a 10º, 14º e 16º da Lei preambular, arts. 12º, 279º e 296º do Código Civil, 138º do Código de Processo Civil, e 87º do Código do Procedimento Administrativo.

ARTIGO 8º – Mediadores de seguros ligados

1 – Sem prejuízo do disposto no número seguinte, as pessoas singulares ou coletivas inscritas na categoria de mediador de seguros ligado, ao abrigo das subalíneas *i*) ou *ii*) da alínea *a*) do artigo 8º do Decreto-Lei nº 144/2006, de 31 de julho, à data da produção de efeitos da presente lei, consideram-se automaticamente registadas, respetivamente, na categoria de agente de seguros e na categoria de mediador de seguros a título acessório.

2 – As instituições de crédito e as empresas de investimento definidas nos pontos 1 e 2 do nº 1 do artigo 4º do Regulamento (UE) nº 575/2013 do Parlamento Europeu e do Conselho, de 26 de junho de 2013, inscritas na categoria de mediador de seguros ligado, ao abrigo das subalíneas *i*) ou *ii*) da alínea *a*) do artigo 8º do Decreto-Lei nº 144/2006, de 31 de julho, à data da produção de efeitos da presente lei, consideram-se automaticamente registadas na categoria de agente de seguros.

3 – Os mediadores de seguros e os mediadores de seguros a título acessório referidos nos nºs 1 e 2 devem assegurar o cumprimento do disposto, respetivamente, nas alíneas *b*) e *c*) do nº 1 do artigo 16º e nas alíneas *b*) e *c*) do nº 1 do artigo 20º do regime jurídico da distribuição de seguros e de resseguros, aprovado em anexo à presente lei, no prazo de 120 dias após a data da produção de efeitos do mesmo.

4 – Caso os mediadores de seguros e os mediadores de seguros a título acessório pretendam registar-se em categoria de mediador de seguros ou em categoria de distribuidor de seguros distinta das previstas nos nºs 1 e 2, devem solicitar o respetivo registo nos termos do regime jurídico da distribuição de seguros e de resseguros, aprovado em anexo à presente lei, no prazo de 120 dias após a data da produção de efeitos do mesmo.

ANOTAÇÃO (*Francisco Luís F. Ribeiro Alves*)

A Diretiva da Distribuição de Seguros deixou de fazer referência à categoria de "mediador de seguros ligado", que se encontrava prevista na Diretiva 2002/92/CE do Parlamento Europeu e do Conselho, de 9 de Dezembro de 2002, e, consequentemente, no diploma legal que a transpôs – o Decreto nº 144/2006, de 31 de julho.

Deste modo, este artigo 8º regula o processo de transição dos mediadores que estavam registados nesta categoria por a mesma desaparecer.

No anterior regime, a alínea *a*) do artigo 8º do Decreto-Lei nº 144/2006, previa dois tipos de mediadores ligados, enquanto categoria em que a pessoa exerce a atividade de mediação de seguros:

"i) Em nome e por conta de uma empresa de seguros ou, com autorização desta, de várias empresas de seguros, desde que os produtos que promova não sejam concorrentes, não recebendo prémios ou somas destinados aos tomadores de seguros, segurados ou beneficiários e actuando sob inteira responsabilidade dessa ou dessas empresas de seguros, no que se refere à mediação dos respectivos produtos;

ii) Em complemento da sua actividade profissional, sempre que o seguro seja acessório do bem ou serviço fornecido no âmbito dessa actividade principal, não recebendo prémios ou somas destinados aos tomadores de seguros, segurados ou beneficiários e actuando sob inteira responsabilidade de uma ou várias empresas de seguros, no que se refere à mediação dos respectivos produtos".

Os mediadores autorizados nos termos do ponto *i*) da alínea *a*) passam automaticamente a agentes de seguros. São mediadores que não precisavam de vender os seguros na condição de serem acessórios do bem ou serviço fornecido, pelo que ganham maior liberdade, já que desde que o acordem com cada empresa de seguros, já poderão vender produtos concorrentes e receber prémios de seguros (poderes de cobrança).

Os mediadores autorizados nos termos do ponto *ii*) da alínea *a*) passam a mediadores de seguros a título acessório, pelo que continuam condicionados a vender seguros apenas quando sejam acessórios do bem ou serviço fornecido. A nova categoria de mediador de seguros a título acessório tem, na verdade, inspiração na modalidade *ii*) que existia para o mediador ligado.

O nº 2 do artigo 8º desta Lei prevê uma exceção quanto ao automatismo previsto no nº 1 e que decorre do conceito de mediador de seguros a título acessório, constante da própria Diretiva, que impede que as instituições de crédito e as empresas de investimento sejam mediadores de seguros a título acessório [artigo 2º, nº 1, 4) da Diretiva]. Deste modo, as instituições de crédito e as empresas de investimento passam automaticamente a agentes de seguros e daqui decorre que também não podem existir inscrições destas entidades como mediadores de seguros a título acessório.

O nº 3 do artigo 8º pretende assegurar que, com a mudança automática de categoria, são cumpridas as condições específicas de acesso à categoria de agente de seguros previstas nos artigos 16º e 20º, em particular quanto a:

a) Possuir organização técnica, comercial, administrativa e contabilística própria e estrutura económico-financeira adequadas à dimensão e natureza da sua atividade [artigos 16º, nº 1, *b*); e 20º, nº 1, *b*)]; e

b) Demonstrar que dispõe de seguro de responsabilidade civil [artigos 16º, nº 1, *c*); e 20º, nº 1, *c*)].

Os detalhes dos requisitos de organização são regulamentados pela ASF. Em relação aos agentes, enquanto não for emitida nova Norma Regulamentar, nos termos do artigo 14º, será aplicável o previsto no artigo 9º da Norma Regulamentar nº 17/ /2006-R, de 29 de dezembro. No entanto, os mediadores de seguros a título acessório não se encontram, naturalmente, previstos nesta Norma Regulamentar de 2006, por só terem surgido com a Lei nº 7/2019, de 16 de janeiro.

Neste nº 3 está, também, previsto um prazo de 120 dias, para adequação a estes requisitos, após a data da produção de efeitos do mesmo, o que se mostra desajustado da realidade. Com efeito, a lei previu, por lapso ou não, que a lei produz efeitos de forma retroativa, isto é, desde 1 de outubro de 2018, sem prejuízo do disposto no número seguinte. Pela leitura do nº 1 poderíamos chegar à conclusão que o prazo para adaptação, de uma lei publicada a 16 de janeiro, terminaria no final do mês de janeiro de 2019.

No entanto, tal prazo não pode ser cumprido para os mediadores de seguros a título acessório, já que é necessário que exista Norma Regulamentar que especifique quais os requisitos de organização a cumprir. O artigo 16º, nº 2, dispõe que "As disposições que habilitam a ASF a emitir normas regulamentares produzem efeitos a partir da data da entrada em vigor da presente lei".

Deste modo, fica um vazio apenas para a categoria de mediador de seguros a título acessório, por ser nova, ao contrário, como referido, da categoria de agente de seguros (V. artigo 6º e seguintes da Norma Regulamentar).

Finalmente, o nº 4 do artigo 8º prevê a possibilidade de os mediadores em causa optarem por outra categoria que não decorra da conversão automática, também no prazo de 120 dias. Refere que é para efeitos do nºs 1 e 2 do artigo 8º, mas consideramos que a referência ao nº 2 seria desnecessária pelas razões apontadas supra de que o conceito de mediador de seguros a título acessório exclui as instituições de crédito e as empresas de investimento.

ANOTAÇÃO *(José Vasques)*

I. Sem correspondência na legislação anterior.

II. Não resulta da transposição da Diretiva (UE) 2016/97.

III. Prevê-se neste artigo que as pessoas singulares ou coletivas inscritas na categoria *mediador de seguros ligado*, ao abrigo do artigo 8º, alínea *a)*, subalíneas *i)* ou *ii)*, do Decreto-Lei nº 144/2006, de 31 de julho, à data da produção de efeitos da Lei sob anotação, se consideram automaticamente registadas, respetivamente, nas categorias *agente de seguros* e *mediador de seguros a título acessório* (nº 1), com exceção das instituições de crédito e das empresas de investimento que estivessem inscritas na categoria *media-*

dor de seguros ligado, as quais serão automaticamente registadas como *agentes de seguros* (nº 2); as instituições de crédito e das empresas de investimento eventualmente inscritas noutras categorias, mantêm essas inscrições.

Aquela inscrição automática não impede a opção pelo registo em outras categorias, mas implica que o respetivo registo seja solicitado nos termos do *regime jurídico da distribuição de seguros e de resseguros* no prazo de 120 dias após a data da produção de efeitos do mesmo (nº 4, e art. 68º); considerando que este regime jurídico *produz efeitos a partir de 1 de outubro de 2018* (art. 16º, nº 1), o prazo de 120 dias encontrava-se à data da publicação da lei praticamente decorrido, pelo que parece razoável a interpretação segundo a qual a sua contagem deverá iniciar-se a partir da entrada em vigor da lei que aprova aquele regime, sob pena de os *mediadores de seguros* e os *mediadores de seguros a título acessório,* por manifesta impossibilidade de assegurar no prazo previsto na lei o cumprimento das disposições referidas no nº 3 do artigo sob anotação, serem objeto de sancionamento contraordenacional (cfr., também, o caso paralelo do nº 4 do artigo anterior); sobre este ponto v. a nossa anotação ao artigo 16º da Lei preambular.

O nº 4 refere-se a *categoria de mediador de seguros* e a *categoria de distribuidor de seguros,* sem que seja possível dar um conteúdo útil à disjuntiva *ou* em *registar-se em categoria de mediador de seguros ou em categoria de distribuidor de seguros;* efetivamente, o *distribuidor de seguros* pode assumir uma das seguintes três categorias: 1) *mediador de seguros,* 2) *mediador de seguros a título acessório* e 3) *empresa de seguros* [art. 4º, al. *b)*]; os *mediadores de seguros,* enquanto categoria, comportam as subcategorias *agente de seguros* e *corretor de seguros* (art. 9º, nº 1); assim, observados os termos do *regime jurídico da distribuição de seguros e de resseguros,* os *mediadores de seguros ligados* automaticamente registados como *agentes de seguros* poderão solicitar a inscrição no registo como *corretores de seguros* ou como *mediadores de seguros a título acessório,* e os *mediadores de seguros ligados* automaticamente registados como *mediadores de seguros a título acessório* poderão solicitar a inscrição como *agentes de seguros* ou como *corretores de seguros.*

Refira-se ainda que a inscrição *em categoria distinta* pode resultar, quer de opção do *mediador de seguros* ou do *mediador de seguros a título acessório,* quer de incompatibilidade entre a respetiva (nova) categoria e o *âmbito de atividade* (v. nossa anotação ao art. 10º).

O facto de se prever apenas o registo automático dos *mediadores de seguros ligados* fica a dever-se ao desaparecimento desta categoria no novo regime, no qual subsistem as categorias de *mediador de resseguros,* bem como as subcategorias de *mediadores de seguros* – *agente de seguros* e *corretor de seguros* –, cujas inscrições no registo, anteriormente efetuadas, não sofrem alterações.

Os novos *agentes de seguros* e *mediadores de seguros a título acessório,* anteriormente inscritos como *mediadores de seguros ligados,* dispõem de um prazo de 120 dias para assegurarem que possuem organização técnica, comercial, administrativa e contabilística própria e estrutura económico-financeira adequadas à dimensão e natureza da sua atividade e, demonstrarem que dispõem de um seguro de responsabilidade civil profissional (ou, no caso dos *agentes de seguros*, de qualquer outra garantia equivalente) que abranja todo o território da União Europeia, cujo capital seguro, para os *agentes de seguros*, deve corresponder no mínimo a 1.250.000 € por sinistro e 1.850.000 € por anuidade, e para os *mediadores de seguros a título acessório*, no mínimo 600.000 € por sinistro e 900 000 € por anuidade, independentemente do número de sinistros, exceto se a cobertura estiver incluída em seguro fornecido pela ou pelas *empresas de seguros* em nome e por conta da qual ou das quais vai atuar.

Recorde-se que, sem prejuízo de deverem observar as condições comuns de acesso previstas no *regime jurídico da mediação de seguros e de resseguros*, os *mediadores de seguros ligados* estavam apenas obrigados a *celebrar um contrato escrito com uma ou com várias empresas de seguros, através do qual cada empresa de seguros assume inteira responsabilidade pela sua atividade, no que se refere à mediação dos respetivos produtos* (art. 15º, nº 1), razão pela qual não lhes era exigida a celebração de qualquer seguro de responsabilidade civil profissional.

Sobre as regras de contagem de prazos e os requerimentos pendentes relativos a candidatos a *mediadores de seguros ligados* v. a nossa anotação ao artigo anterior.

Sobre a correspondência entre as categorias de mediadores previstas no *regime jurídico da mediação de seguros e de resseguros* e no *regime da distribuição de seguros e de resseguros* v. a nossa anotação ao artigo seguinte.

IV. Disposições relacionadas: arts. 7º, nºs 3 e 4, e 16º da Lei preambular, e arts. 7º, 9º, 10º, 15º, nº 1, 16º, nº 1, als. *b)* e *c)*, 20º, nº 1, als. *b)* e *c)*, e 68º.

ARTIGO 9º – Regime transitório aplicável em matéria de qualificação adequada

1 – Sem prejuízo do disposto no artigo anterior, dispõem até 23 de fevereiro de 2019 para se conformarem com as disposições aplicáveis em matéria de qualificação adequada previstas no regime jurídico da distribuição de seguros e de resseguros, aprovado em anexo à presente lei:

***a*) Os mediadores de seguros ou de resseguros pessoas singulares registados na data de produção de efeitos da presente lei;**

***b*) Os membros do órgão de administração dos mediadores de seguros ou de resseguros responsáveis pela mediação de seguros identificados no registo na data de produção de efeitos da presente lei;**

***c*) As pessoas diretamente envolvidas na atividade de distribuição de seguros ou de resseguros que exerçam atividade na data de produção de efeitos da presente lei.**

2 – O incumprimento da obrigação referida no número anterior constitui causa do cancelamento do registo, nos termos do artigo 66º do regime jurídico da distribuição de seguros e de resseguros, aprovado em anexo à presente lei.

3 – Para efeitos da presunção prevista na alínea *c*) do nº 1 e na alínea *c*) do nº 3 do artigo 13º do regime jurídico da distribuição de seguros e resseguros, aprovado em anexo à presente lei, deve ser considerada a experiência obtida a partir da sua entrada em vigor, salvo existindo conformidade com as disposições aplicáveis em matéria de qualificação adequada previstas naquele regime.

4 – As empresas de seguros dispõem até 23 de fevereiro de 2019 para assegurar o cumprimento da qualificação adequada nos termos do disposto na alínea *a*) e na subalínea *i*) da alínea *b*) do nº 2 do artigo 37º do regime jurídico da distribuição de seguros e de resseguros, aprovado em anexo à presente lei, presumindo-se, até essa data, que as pessoas que tenham estado diretamente envolvidas na atividade de distribuição de seguros no ano anterior ao da entrada em vigor da presente lei cumprem os requisitos em matéria de qualificação adequada.

ANOTAÇÃO (*Francisco Luís F. Ribeiro Alves*)

O nº 1 deste artigo prevê um prazo transitório que decorria do artigo 40º da Diretiva, e que a Lei manteve, embora tenha escassa aderência à realidade. Se cumprido o prazo de transposição inicial, as novas regras estariam transpostas até 23 de fevereiro de 2018, o que daria um ano para os distribuidores se adaptarem.

A ASF, nos contributos remetidos para a Assembleia da República, sugeriu que o prazo para os distribuidores se conformarem com os requisitos da qualificação adequada fosse de um ano, que é o prazo que resultaria de uma atempada transposição da Diretiva (Cfr. http://www.parlamento.pt/ActividadeParlamentar/Paginas/DetalheIniciativa.aspx?BID=42801).

As alíneas do nº 1 abrangem várias situações, que têm um duplo fundamento, a saber:

a) O facto de as conversões de categoria de mediadores ligados em agentes ou mediadores de seguros a título acessório poderem implicar um acréscimo de requisitos ao nível da formação que confere a qualificação adequada.

b) O anexo do regime jurídico relativo aos "Requisitos e conteúdos mínimos dos cursos de seguros" ser ligeiramente diferente relativamente ao anexo III da Norma Regulamentar nº 17/2006-R, de 29 de dezembro, da ASF, o que poderia fundamentar obrigação de os mediadores terem formação adicional.

Estava em aberto se os mediadores ligados que passavam a agentes de seguros teriam que frequentar novos cursos adequados à nova categoria ou se seriam obrigados à frequência de curso com acréscimo de horas entre a formação de mediador ligado para agente.

No entanto, de acordo com a Consulta Pública nº 3/2019, relativamente ao Projeto de Norma Regulamentar sobre a qualificação adequada, a ASF clarificou que existiria um tratamento uniforme para todos os mediadores e mediadores de seguros a título acessório, incluindo membros de órgãos de administração responsáveis pela atividade de mediação de seguros ou de resseguros e as pessoas diretamente envolvidas na atividade de distribuição de seguros, com exceção da matéria de branqueamento de capitais. Nesta, de acordo com o Projeto de Norma Regulamentar, os mediadores ligados que passaram automaticamente a agentes de seguros, no ramo vida, devem também frequentar formação adicional, com a duração de 5 horas, a não ser que já dispusessem da mesma ao abrigo do Decreto-Lei nº 144/2006, de 31 de julho.

Para todos os mediadores de seguros e de resseguros, o Projeto de Norma Regulamentar prevê, no seu artigo 12º, que deve existir formação adicional relativamente às matérias de:

- Tratamento de reclamações;
- Avaliação das necessidades dos clientes;
- Mercado segurador e ressegurador;
- Normas de ética empresarial, incluindo gestão dos conflitos de interesses; e
- Competência financeira.

No ramo Vida prevê ainda, aquele Projeto, formação específica relativamente a produtos de investimento com base em seguros.

O nº 2 deste artigo 9º prevê o cancelamento em caso de incumprimento das obrigações referidas no nº 1, mas o prazo de 23 de fevereiro de 2019, sendo totalmente desadequado, a ser observado, de uma forma cega, daria origem ao cancelamento automático de todos os mediadores abrangidos pelo nº 1 do artigo 9º, atendendo ao curto prazo para garantirem a conformidade em termos de qualificação adequada. Consideramos que, atendendo ao princípio da tutela da confiança e por não existir forma de dar cumprimento à lei, não podem aqueles efeitos produzir-se, até porque o artigo 6º da Lei nº 7/2019, de 16 de janeiro, acautela os direitos adquiridos pelos distribuidores de seguros ou de resseguros. Só quando publicada a Norma Regulamentar sobre esta matéria, objeto da Consulta Pública nº 3/2019 da ASF, será possível aos distribuidores dar cumprimento à lei.

O nº 3 corresponde a uma disposição interpretativa das alíneas *c*) dos nºs 1 e 3 do artigo 13º do RJDS, que têm redação similar, no sentido de se atender à experiência obtida a partir da entrada em vigor do RJDS para a expressão "no ano precedente ao do pedido de inscrição no registo junto da ASF".

O nº 4 prevê, em particular, o prazo para as empresas de seguros garantirem a conformidade em matéria de qualificação adequada para os membros do órgão de administração responsáveis pela atividade de distribuição de seguros e para as pessoas diretamente envolvidas na atividade de distribuição de seguros ao seu serviço. Mais uma vez é mantido o prazo de 23 de fevereiro de 2019, sem qualquer aderência à realidade, atendendo a que o diploma apenas foi publicado a 16 de janeiro e com várias agravantes, a saber:

a) Os cursos previstos na Norma Regulamentar nº 17/2006, de 29 de dezembro, apenas contemplam os mediadores, e até estes foram considerados sem efeito por os conteúdos mínimos deixaram de corresponder aos previstos no anexo III da Norma Regulamentar nº 17/2006, pelo que será necessária a aprovação, pela ASF, de uma nova Norma Regulamentar que fixe quais os requisitos para os cursos a frequentar;

b) A emissão de uma Norma Regulamentar e consequente consulta pública (cfr. artigo 47º dos Estatutos da ASF, publicado pelo Decreto-Lei nº 1/2015, de 6 de janeiro) obriga a facultar, pelo menos, 15 dias para comentários. Na prática, levou a que o prazo para resposta tenha sido fixado para o dia 18 de março, na Consulta Pública nº 3/2019 da ASF, ou seja, bem após o dia 23 de fevereiro de 2019;

c) Ainda que a publicação da nova Norma Regulamentar tivesse ocorrido antes de 23 de fevereiro, seria necessário que todo o mercado segurador inscrevesse as suas pessoas diretamente envolvidas na atividade de distribuição, ao mesmo tempo, nos cursos, o que notoriamente estava desajustado da realidade.

d) A Lei poderia ter previsto, mas não o fez, uma disposição à semelhança do que fez o Decreto-Lei nº 144/2006, de 31 de julho, no seu artigo 101º, nº 4, alínea *b*), e no artigo 46º, nº 3, da Norma Regulamentar nº 17/2006, onde se previu que a experiência era relevante para aferição da qualificação adequada, o que poderia servir de fundamento para a não frequência dos cursos.

Enquanto não for publicada a Norma Regulamentar, não será possível cumprir a obrigação prevista legalmente.

De acordo com o Projeto que esteve em consulta pública, a ASF valorizou a experiência quanto aos aspetos centrais do contrato de seguro. No entanto, exigiu que as pessoas diretamente envolvidas na atividade de distribuição de seguros pelas empresas de seguros e os membros de órgão de administração responsáveis pela atividade de distribuição e seguros frequentassem formação, que no caso dos ramos vida e não vida (em conjunto) prevê-se que seja de 20 horas, nas matérias indicadas, ou seja, em matérias como a avaliação de necessidades de clientes ou normas de ética empresarial.

ANOTAÇÃO *(José Vasques)*

I. Sem correspondência na legislação anterior.

II. Não resulta da transposição da Diretiva (UE) 2016/97.

III. Sob pena de cancelamento do registo (art. 66º), os *mediadores de seguros* ou *de resseguros* pessoas singulares registados e os membros do órgão de administração dos *mediadores de seguros* ou *de resseguros* responsáveis pela *mediação de seguros* identificados no registo que exerçam atividade na data de produção de efeitos da presente lei, devem até 23 de fevereiro de 2019 conformar-se com as disposições aplicáveis em matéria de qualificação adequada previstas no *regime jurídico da distribuição de seguros e de resseguros* (nºs 1 e 2); idêntica obrigação incide sobre as *pessoas diretamente envolvidas na atividade de distribuição de seguros ou de resseguros* [nº 1, al. *c)*] e, embora essas *pessoas* não sejam inscritas no registo, e consequentemente não possa haver lugar ao cancelamento do registo, a inscrição dos *mediadores de seguros, de resseguros* e *de seguros a título acessório* depende de as *pessoas diretamente envolvidas na distribuição de seguros ou de resseguros* ao seu serviço preencherem um conjunto de condições [art. 11º, nº 1, als. *a)* a *e)*, ex al. *h)*], podendo a aludida falta de conformação determinar o cancelamento do registo do *mediador de seguros* ou do *mediador de seguros a título acessório* a quem prestem serviço [art. 66º, nº 1, al. *d)*].

Estabelecem-se nos nºs 3 e 4 disposições relativas a presunções: no primeiro caso, para efeitos da presunção consagrada no artigo 13º, nºs 1, al. *c)*, e 3, al. *c)*, que deve ser considerada a experiência obtida a partir da entrada em vigor do novo regime [a menos que a qualificação adequada resulte do artigo 13º, nºs 1, als. *a)* e *b)*, e 3, als. *a)* e *b)*]; no segundo caso, *que as pessoas que tenham estado diretamente envolvidas na atividade de distribuição de seguros no ano anterior ao da entrada em vigor da presente lei cumprem os requisitos em matéria de qualificação adequada*.

O prazo, *até 23 de fevereiro de 2019*, previsto nos nºs 1 e 4, tem a sua origem nas disposições da Diretiva (UE) 2016/97, segundo as quais os Estados-membros assegurariam, até essa data, que os distribuidores de seguros e de resseguros e os empregados das empresas de seguros e de resseguros que exercem atividades de distribuição de seguros ou de resseguros possuam os conhecimentos e aptidões adequados para executarem as suas tarefas e para cumprirem as suas funções de forma adequada (arts. 10º, nº 1 e 40º); sucede que tal data foi fixada quando a mesma Diretiva previa que os mesmos Estados-membros pusessem em vigor as disposições legislativas, regulamentares e administrativas necessárias para dar lhe dar cumprimento até 23 de fevereiro de 2018 (art. 42º, nº 1, 1º §), isto é, tratava-se de um prazo de um ano; aceitando que a Diretiva (UE) 2018/411, de 14 de março de 2018, alterou a Diretiva (UE) 2016/97 no que respeita à data de aplicação das medidas de transposição dos Estados-membros, mas manteve a data de 23 de fevereiro de 2019, determinava que a transposição ocorresse até 1 de julho de 2018, pelo que entre as duas datas decorria um prazo de quase oito meses (237 dias); acresce que os requisitos de qualificação adequada resultam de cursos reconhecidos pela ASF e que respeitem os conteúdos mínimos elencados no anexo ao novo regime e os requisitos definidos em norma regulamentar da ASF [art. 13º, nº 1, al. *a)*, e art. 13º, als. *b)*, *c)* e *m)*, da Lei preambular], pelo que só a partir da entrada em vigor dessa norma regulamentar deverá ter início o prazo – idealmente definido nessa mesma norma regulamentar – para que os mediadores de seguros ou de resseguros pessoas singulares, os membros dos órgãos de administração dos mediadores de seguros ou de resseguros responsáveis pela mediação de seguros, as pessoas diretamente envolvidas na atividade de distribuição de seguros e as empresas de seguros, devem dar cumprimento ao previsto no artigo sob anotação (nºs 1 e 4).

IV. Disposições relacionadas: arts. 11º, nº 1, als. *a)* a *e)*, ex al. *h)*, 13º, 37º, nº 2, al. *b)*, subal. *i)*, e 66º, nº 1, al. *d)*.

ARTIGO 10º – Aplicação no tempo do regime contraordenacional

1 – Aos factos previstos nos artigos 112º a 114º do regime jurídico da distribuição de seguros e de resseguros, aprovado em anexo à presente lei, praticados antes da data de produção de efeitos da presente lei e puníveis como contraordenações nos termos da legislação revogada, em relação aos quais ainda não tenha sido instaurado qualquer processo, é aplicável o disposto no regime jurídico da distribuição de seguros e de resseguros e no regime processual aplicável aos crimes do setor segurador dos fundos de pensões e às contraordenações cujo processamento compete à ASF, constante do anexo II da Lei nº 147/2015, de 9 de setembro, sem prejuízo da aplicação da lei mais favorável.

2 – Nos processos pendentes na data de produção de efeitos da presente lei, continua a ser aplicada, aos factos neles constantes, a legislação substantiva anterior, sem prejuízo da aplicação da lei mais favorável.

ANOTAÇÃO *(José Vasques)*

I. Sem correspondência na legislação anterior.

II. Não resulta da transposição da Diretiva (UE) 2016/97.

III. O nº 1 estabelece que aos factos previstos nos artigos 112º a 114º do *regime jurídico da distribuição de seguros e de resseguros*, praticados antes de 1 de outubro de 2018 e puníveis como contraordenações nos termos da legislação revogada, cujos processos não tenham sido instaurados, é aplicável o disposto no *regime jurídico da distribuição de seguros e de resseguros* e no *regime processual aplicável aos crimes do setor segurador dos fundos de pensões e às contraordenações cujo processamento compete à ASF*, constante do anexo II da Lei nº 147/2015, de 9 de setembro (princípio da aplicação imediata da lei processual aos processos pendentes), sem prejuízo da aplicação da lei em vigor à data da prática dos factos, quando seja mais favorável.

Aos processos pendentes em 1 de outubro de 2018 continua a ser aplicada, aos factos neles constantes, a legislação substantiva anterior, sem prejuízo da aplicação do *regime jurídico da distribuição de seguros e de resseguros*, quando seja mais favorável.

O facto de a presente lei ter sido publicada em 16 de janeiro de 2019 e de o regime contraordenacional não ser passível de aplicação retroativa (cfr. a nossa anotação ao art. 16º da Lei preambular), não parece deixar outra alternativa interpretativa que não seja a de considerar que o novo regime sancionatório se aplicará apenas aos factos praticados a partir da *data da entrada* em vigor (e não da *produção de efeitos*), isto é, a partir de 21 de janeiro de 2019.

IV. Disposições relacionadas: art. 16º da Lei preambular, e arts. 14º, 15º, e 112º a 114º

ARTIGO 11º – Tratamento de dados pessoais

1 – A ASF fica autorizada a proceder ao tratamento de dados pessoais, incluindo dados recolhidos no processo de avaliação de idoneidade e dados recolhidos relacionados com infrações, quando esse tratamento seja indispensável ao exercício das atribuições legais que lhe estão cometidas e à proteção dos interesses dos tomadores de seguros, segurados, participantes e beneficiários.

2 – Todos os tratamentos de dados pessoais resultantes do regime previsto na presente lei e respetiva regulamentação processam-se em conformidade com o Regulamento (UE) 2016/679 do Parlamento Europeu e do Conselho, de 27 de abril de 2016, relativo à proteção das pessoas singulares no que diz respeito ao tratamento de dados pessoais e à livre circulação desses dados.

ANOTAÇÃO (*Filipe Albuquerque Matos*)

Neste preceito, respeitante à problemática dos dados pessoais, atribui-se competência à Autoridade de Supervisão (ASF) para proceder ao respetivo tratamento de tais dados no seu primeiro número, sujeitando-se, em conformidade, esta autoridade de supervisão às exigências do regulamento (EU) 2016/679, do Parlamento Europeu e do Conselho, de 27 de Abril de 2016 relativo à proteção das pessoas singulares no tocante ao tratamento de dados pessoais e à livre circulação desses dados. Tratando-se a ASF de uma entidade pública que determina as finalidades e os meios de tratamento de dados pessoais, então esta entidade deve ser qualificada para efeitos do art. 4º, nº 7 do regulamento 2016/679, como "responsável pelo tratamento", e enquanto tal, encontra-se naturalmente sujeita aos princípios fundamentais relativos ao tratamento de dados pessoais previstos no regulamento comunitário.

Não admira assim que no nº 1 deste artigo se limite a competência da ASF para o tratamento de dados pessoais ao estritamente necessário para o exercício das funções de supervisão para garantir a proteção dos interesses dos tomadores dos seguros, segurados, participantes e beneficiários. No fundo, esta disposição legislativa limita-se a explicitar as exigências de proporcionalidade em sentido estrito vertidas na alínea *c*) do nº 1 do art. 5º do regulamento de proteção de dados pessoais, que assim reza: os dados pessoais são "(...) limitados ao que é necessário relativamente às finalidades para as quais são tratados ("minimização dos dados"). Importa sublinhar que apesar do nº 1 do art. 11º fazer apenas expressa menção à vertente do princípio da proporcionalidade em sentido estrito (art. 5º, nº 1, *c*) do RGPD), certo é que a ASF, enquanto entidade responsável pelo tratamento de dados pessoais, se encontra vinculada pelos demais princípios que delimitam e enquadram este tipo de atividade, a saber: princípio da licitude, lealdade e transparência (art. 5º, nº 1, *a*) do RGPD), princípio da especialidade (art. 5º, nº 1, *b*) do RGPD), princípio da veracidade (art. 5º, nº 1, *d*) do RGPD) e princípio da integridade e confidencialidade (art. 5º, nº 1, *e*) e *f*) do RGPD).

O legislador no nº 1 do art. 11º refere-se *expressis verbis* à competência da ASF para proceder ao tratamento de dados pessoais recolhidos no âmbito do processo de avaliação da idoneidade dos distribuidores de seguros e resseguros e de dados relacionados com infrações por estes cometidos. Ora, a este propósito, cumpre, assim, sublinhar que a entidade reguladora do universo dos seguros acaba por poder aceder a um conjunto de dados qualificados como sensíveis, matéria essa regulada no art. 9º do regulamento de dados pessoais. A propósito de avaliação da idoneidade dos distribuidores, urge convocar a disciplina do legislador no nº 1 do art. 14, onde se encontra definida, em termos amplos e genéricos, a bitola a partir da qual a ASF há-de proceder à aferição da idoneidade dos distribuidores de seguros e resseguros, sendo que, no nº 2 deste preceito, o legislador enuncia um conjunto de circunstâncias tidas como requisitos mínimos: – "deve-se ter em conta, pelo menos, as seguintes circunstâncias (...)" – para aquela entidade formular um juízo de idoneidade. Com o objetivo de proceder a uma maior delimitação deste importante requisito para o exercício da atividade de distribuição de seguros e resseguros, no nº 3 do art. 14º faz-se ainda uma menção genérica a um conjunto de circunstâncias "cujo conhecimento seja legalmente acessível" para que a ASF possa formular um juízo de idoneidade, sendo que no nº 4 do mesmo preceito explicita-se uma panóplia de situações jurídicas que se enquadram no âmbito definido no número anterior.

Esta necessidade sentida pelo legislador de, nos nºs 2, 3 e 4 do art. 14º, explicitar as circunstâncias e as situações tidas por relevantes para a formulação de um juízo de idoneidade resulta do facto de no nº 1 deste preceito se terem definido bitolas para a aferição da idoneidade com contornos bastante amplos: "capacidade para decidir de forma ponderada e criteriosa (...)", "tendência para cumprir pontualmente as suas obrigações.", "de ter comportamentos compatíveis com a preservação da confiança do mercado...".

Em face de todos estes indicadores legalmente parametrizados para a avaliação da idoneidade, não parecem colocar-se dúvidas quanto à conclusão por nós atrás expendida, de acordo com a qual a ASF no âmbito dos procedimentos de avaliação da idoneidade pode ter acesso a dados qualificados pelo regulamento 2016/679 como sensíveis, a saber: dados que revelam as "opiniões políticas, as convicções religiosas ou filosóficas, ou a filiação sindical (...)". Basta tomar em consideração algumas hipotéticas situações subsumíveis na alínea *c*) do nº 2 do art. 14º para constatarmos o acerto do quanto acabámos de afirmar. Com efeito, se o despedimento ou a cessação do vínculo ou cargo de natureza fiduciária da pessoa alvo do juízo de idoneidade tiver sido determinado por razões políticas, religiosas, filosóficas ou sindicais, então a ASF acaba por aceder a um conjunto de dados sensíveis, relativamente aos quais se exige um consentimento explícito e detalhado dos respetivos titulares (art. 9º, nº 2, *a*) do regulamento de proteção de dados).

Porém, o tratamento de tais dados não parece estar inviabilizado pelo espartilho deste critério normativo, na medida em que a sua legitimidade surge respaldada pela alínea *g*) do nº 2 deste mesmo preceito.

Não se nos suscitam, assim, dúvidas em integrar as situações atrás mencionadas na alínea *c*) do nº 2 do art. 14º, conferindo assim legitimidade para a ASF proceder ao tratamento de dados pessoais sensíveis por "motivos de interesse público importante" – art. 9º, nº 2, *g*), à luz do regulamento de dados pessoais.

Com efeito, o acesso pela entidade reguladora dos seguros a tais dados sensíveis revela-se estritamente indispensável para o exercício das atribuições legais que lhe estão cometidas, tal como se exige expressamente neste art. 11º, formulação esta que encontra, de resto, paralelo na exigência de necessidade de tratamento imposta pelo art. 9º, nº 2, g) do regulamento de proteção de dados pessoais.

Porém, revelar-se-ia particularmente útil que a nível do ordenamento jurídico nacional surgisse em breve legislação específica para o sector dos seguros onde se definisse com clareza o que se entende por motivos de interesse público importante, pois, desta forma, se dissuadiriam as dúvidas quanto à legitimidade da atuação da ASF nestas e noutras situações paralelas.

A propósito da legitimidade de acesso aos dados pessoais pela ASF, poder-se-á ainda questionar se, no elenco deste tipo de dados, não deverão considerar-se incluídos os respeitantes à situação económico-financeira das pessoas visadas pelo juízo de idoneidade. Apesar deste tipo de informação não ser expressamente mencionado pelo art. 9º, nº 1 do regulamento 2016/679, certo é que constitui ainda hoje questão prática relevante a de saber se os dados fiscais não devem estar cobertos por um regime particularmente restritivo quanto à possibilidade do seu conhecimento por parte de terceiros, mesmo quando esses terceiros sejam entidades públicas. Com efeito, não podemos ignorar importante jurisprudência do Tribunal Constitucional que se pronuncia nesse sentido no Ac. Nº 355/97.

Reputando-se este entendimento como válido, então não podemos deixar de considerar que a ASF, em relação às várias hipóteses previstas no art. 14º, nº 2, *f*), *g*) e *h*) e no nº 4, *a*), *b*), se acaba por confrontar com as limitações constantes do art. 9º do regulamento 2016/679, podendo a sua atividade considerar-se legitimada ao abrigo do nº 2, *g*) deste preceito.

No tocante ao tratamento de dados pessoais relacionados com infrações cometidas no âmbito da atividade da distribuição de seguros e de resseguros, trata-se de uma competência expressamente conferida por este art. 11º à ASF, competência, de resto, reafirmada pelo nº 1 do art. 71º do anexo da lei nº 7/2019, sendo que no nº 2 deste preceito se acaba por sublinhar a sujeição desta entidade reguladora às exigências do regulamento de proteção de dados já expressamente proclamada pelo nº 2 deste art. 11º.

Na verdade, tais exigências normativas devem ser afirmadas, quer em relação aos dados pessoais do denunciante, quer quanto aos do suspeito da prática da infração (nº 2 do art. 71º).

Relativamente ao âmbito da obrigação da ASF de levar a cabo procedimentos de tratamento de dados pessoais resultantes da lei da distribuição de seguros e de resseguros em estrita conformidade com o regulamento 2016/679, cumpre explicitar algo que com toda a clareza decorre deste mesmo regulamento: a proteção dispensada por este diploma comunitário tem como destinatário as pessoas singulares. (art. 1º, nos seus vários números).

Desta feita, e tendo em conta que o conceito de distribuição subjacente ao regime fixado no anexo à Lei nº 7/2019 já não é o da distribuição indireta, abrangendo também a distribuição diretamente operada pelas seguradoras, então cumpre excluir do âmbito do nº 2 do art. 11º as empresas de seguros, ficando, no entanto, abrangidos pelas exigências do regulamento de proteção de dados impostas à A.S.F., os agentes de seguros e resseguros, os corretores e os mediadores a título acessório, bem como os meros comparadores.

ANOTAÇÃO *(José Vasques)*

I. Cfr. Regulamento (UE) nº 2016/679 do Parlamento Europeu e do Conselho de 27 de abril de 2016, relativo à proteção das pessoas singulares no que diz respeito ao tratamento de dados pessoais e à livre circulação desses dados e que revoga a Diretiva 95/46/CE (*Regulamento Geral sobre a Proteção de Dados*).

II. Não resulta da transposição da Diretiva (UE) 2016/97.

III. O artigo sob anotação estabelece, por um lado (nº 1), que a ASF fica autorizada a tratar os dados recolhidos no processo de avaliação de idoneidade e os dados recolhidos relacionados com infrações, constituindo o fundamento legal exigível nas situações em que o tratamento for necessário para o exercício de funções de interesse público ou para o exercício da autoridade pública de que está investido o responsável pelo tratamento [art. 6º, nºs 1, al. *e)*, e 3, al. *b)*, do *Regulamento Geral sobre a Proteção de Dados*]; e, por outro lado (nº 2), que esse tratamento de dados, bem como todo o tratamento e transferência de dados pessoais resultante do *regime jurídico da distribuição de seguros e de resseguros* ou que venha a resultar da respetiva regulamentação, se processa em conformidade com o *regime jurídico da proteção de dados pessoais*.

O *tratamento* (ou *tratamento de dados pessoais*) é definido como a operação ou um conjunto de operações efetuadas sobre dados pessoais ou sobre conjuntos de dados pessoais, por meios automatizados ou não automatizados, tais como a recolha, o registo, a organização, a estruturação, a conservação, a adaptação ou alteração, a recuperação, a consulta, a utilização, a divulgação por transmissão, difusão ou qualquer outra forma de disponibilização, a comparação ou interconexão, a limitação, o apagamento ou a destruição [art. 4º, al. 2), do *Regulamento Geral sobre a Proteção de Dados*].

Consideram-se *dados pessoais* as informações relativas a uma pessoa singular identificada ou que possa ser identificada, direta ou indiretamente, em especial por referência a um identificador, como por exemplo um nome, um número de identificação, dados de localização, identificadores por via eletrónica ou a um ou mais elementos específicos da identidade física, fisiológica, genética, mental, económica, cultural ou social dessa pessoa singular [art. 4º, al. 1), do *Regulamento Geral sobre a Proteção de Dados*].

Sobre *sigilo profissional, cooperação, e troca de informações* v. arts. 72º a 75º

IV. Disposições relacionadas: arts. 30º, 41º e 42º, 72º a 75º e 118º, e arts. 4º, als. 1) e 2), e 6º, nºs 1, al. *e)*, e 3, al. *b)*, do *Regulamento Geral sobre a Proteção de Dados*.

ARTIGO 12º - Remissões

As remissões constantes de disposições legais, regulamentares ou administrativas para o Decreto-Lei nº 144/2006, de 31 de julho, consideram-se feitas para as normas correspondentes do regime jurídico da distribuição de seguros e de resseguros, aprovado em anexo à presente lei.

ANOTAÇÃO (*José Vasques*)

I. Sem correspondência na legislação anterior.

II. Não resulta da transposição da Diretiva (UE) 2016/97.

III. A disposição sob anotação visa o aproveitamento útil das remissões expressas, contidas em outros diplomas, para o Decreto-Lei nº 144/2006, tornando-as relativas às normas do *regime jurídico da distribuição de seguros e de resseguros* que lhes correspondam; quando se trate de remissão específica para disposição para a qual não haja correspondência, parece de entender que o legislador entendeu que se tratava de matéria a submeter à autonomia contratual ou, quando seja o caso, a ser suprida pelas regras de integração de lacunas (art. 11º do Código Civil).

Exemplo de remissão para o Decreto-Lei nº 144/2006 pode colher-se do artigo 12º do *regime jurídico dos pacotes de produtos de investimento de retalho e de produtos de investimento com base em seguros*, que estabelece a aplicação subsidiária daquele diploma às infrações previstas no referido *regime jurídico* referentes a produtos cuja supervisão caiba à ASF.

IV. Disposições relacionadas: art. 11º do Código Civil.

ARTIGO 13º – Regulamentação a adotar pela ASF

Nos termos da alínea *a*) do nº 3 do artigo 16º dos respetivos estatutos, aprovados em anexo ao Decreto-Lei nº 1/2015, de 6 de janeiro, a ASF fica habilitada a adotar as normas regulamentares necessárias para:

a) Definir a forma das notificações previstas no regime jurídico da distribuição de seguros e de resseguros, nos termos previstos no artigo 6º do regime jurídico da distribuição de seguros e resseguros, aprovado em anexo à presente lei;

b) Definir os requisitos a preencher pelos cursos sobre seguros para poderem ser reconhecidos pela ASF, para efeitos do disposto na alínea *a*) do nº 1 e na alínea *a*) do nº 3 do artigo 13º do regime jurídico da distribuição de seguros e resseguros, aprovado em anexo à presente lei;

c) Concretizar os procedimentos para reconhecimento dos cursos sobre seguros referidos na alínea *a*) do nº 1 e na alínea *a*) do nº 3 do artigo 13º do regime jurídico da distribuição de seguros e resseguros, aprovado em anexo à presente lei, bem como o funcionamento da comissão mencionada no nº 4 da mesma disposição;

d) Definir o conteúdo mínimo do contrato a celebrar entre o agente de seguros e a empresa de seguros ou entre o mediador de seguros a título acessório e a empresa de seguros, nos termos previstos no nº 2 do artigo 16º e no nº 2 do artigo 20º do regime jurídico da distribuição de seguros e resseguros, aprovado em anexo à presente lei, respetivamente;

e) Definir os requisitos a cumprir pelo agente de seguros, pelo corretor de seguros, pelo mediador de seguros a título acessório, ou pelo mediador de resseguros em termos de organização técnica, comercial, administrativa e contabilística própria e estrutura económico-financeira adequadas à dimensão e natureza da sua atividade, nos termos previstos no nº 2 do artigo 16º, no nº 3 do artigo 18º e no nº 2 do artigo 20º do regime jurídico da distribuição de seguros e resseguros, aprovado em anexo à presente lei, respetivamente;

f) Definir as condições mínimas do seguro de responsabilidade civil profissional a celebrar pelo agente de seguros, pelo corretor de seguros, pelo mediador de seguros a título acessório ou pelo mediador de resseguros, nos termos previstos no nº 2 do artigo 16º, no nº 3 do artigo 18º e no nº 2 do artigo 20º do regime jurídico da distribuição de seguros e resseguros, aprovado em anexo à presente lei, respetivamente;

g) Rever os montantes do seguro de responsabilidade civil profissional do mediador de seguros a título acessório previstos na alínea *c*) do nº 1 do artigo 20º do regime jurídico da distribuição de seguros e resseguros, aprovado em anexo à presente lei, nos termos previstos no nº 3 do referido artigo;

h) Definir a percentagem e a parcela dos fundos movimentados pelo corretor de seguros ou pelo mediador de resseguros sobre a qual irá incidir essa percentagem, para efeitos de determinar o valor mínimo da garantia bancária ou do seguro-caução a subscrever pelo corretor de seguros ou pelo mediador de resseguros, nos termos previstos no nº 3 do artigo 18º do regime jurídico da distribuição de seguros e resseguros, aprovado em anexo à presente lei;

i) Definir os termos e os procedimentos necessários ao acionamento da garantia bancária ou do seguro-caução a subscrever pelo corretor de seguros ou pelo mediador de resseguros, nos termos previstos no nº 3 do artigo 18º do regime jurídico da distribuição de seguros e resseguros, aprovado em anexo à presente lei;

j) Estabelecer os documentos que devem instruir o processo para efeitos de comprovação das condições de registo, nos termos previstos no nº 8 do artigo 17º, no nº 8 do artigo 19º e no nº 6 do artigo 21º do regime jurídico da distribuição de seguros e resseguros, aprovado em anexo à presente lei;

k) Estabelecer as regras gerais a respeitar pelos mediadores de seguros e de seguros a título acessório no cumprimento do dever de definir uma política de tratamento dos tomadores de seguros, segurados, beneficiários e terceiros lesados, nos termos previstos no nº 3 do artigo 24º do regime jurídico da distribuição de seguros e resseguros, aprovado em anexo à presente lei;

l) Definir o número de pessoas diretamente envolvidas na distribuição de seguros que o mediador de seguros e de seguros a título acessório deve ter ao seu serviço, tendo em atenção a respetiva dimensão e a natureza da sua atividade, bem como os termos do reporte anual à ASF previsto na alínea *e*) do nº 1 do artigo 34º do regime jurídico da distribuição de seguros e resseguros, aprovado em anexo à presente lei;

m) Definir os requisitos mínimos a observar pelas entidades formadoras aptas a ministrar as ações de formação e aperfeiçoamento profissional contínuo referidas no artigo 25º do regime jurídico da distribuição de seguros e resseguros, aprovado em anexo à presente lei;

n) Estabelecer as regras gerais a respeitar pelos mediadores de seguros e de seguros a título acessório no cumprimento do dever de instituir uma função responsável pela gestão das reclamações dos tomadores de seguros, segurados, beneficiários e terceiros lesados relativas aos respetivos atos ou omissões, nos termos previstos no nº 3 do artigo 24º do regime jurídico da distribuição de seguros e resseguros, aprovado em anexo à presente lei;

o) Estabelecer as regras gerais a respeitar pelos mediadores de seguros no domínio da política de conceção e aprovação de produtos de seguros, nos termos previstos no nº 3 do artigo 24º do regime jurídico da distribuição de seguros e resseguros, aprovado em anexo à presente lei;

p) Estabelecer as regras gerais a respeitar pelos distribuidores de seguros no domínio das políticas de distribuição de produtos de seguros, nos termos previstos no nº 3 do artigo 24º do regime jurídico da distribuição de seguros e resseguros, aprovado em anexo à presente lei;

q) Definir os documentos de prestação de contas que os mediadores de seguros ou de resseguros devem enviar anualmente à ASF e publicar, bem como os termos dessa publicação nos termos previstos no nº 3 do artigo 24º do regime jurídico da distribuição de seguros e resseguros, aprovado em anexo à presente lei;

r) Prever o regime especial a que fica sujeita a publicidade na distribuição de seguros ou de resseguros, nos termos previstos no artigo 27º do regime jurídico da distribuição de seguros e resseguros, aprovado em anexo à presente lei;

s) Definir as condições a observar para o cumprimento das obrigações dos distribuidores de seguros ou de resseguros para com a ASF, nos termos previstos no artigo 27º do regime jurídico da distribuição de seguros e resseguros, aprovado em anexo à presente lei;

t) Definir as regras de dispersão de carteira de seguros do corretor de seguros, nos termos definidos no artigo 27º do regime jurídico da distribuição de seguros e resseguros, aprovado em anexo à presente lei;

u) Definir os termos da comunicação anual pelas empresas de seguros à ASF da identificação dos mediadores de seguros e dos mediadores de seguros a título acessório que distribuíram os respetivos produtos de seguros, bem como das pessoas que distribuíram os produtos de seguros ao abrigo do nº 2 do artigo 2º do regime jurídico da distribuição de seguros e de resseguros, aprovado em anexo à presente lei, bem como as remunerações pagas pela distribuição de seguros;

v) Definir as regras a que devem obedecer as contas «clientes», nos termos previstos no artigo 51º do regime jurídico da distribuição de seguros e resseguros, aprovado em anexo à presente lei;

w) Definir a forma de organização do registo e os elementos referentes a cada mediador de seguros ou de resseguros e mediador de seguros a título acessório que devem constar do registo, nos termos previstos no nº 3 do artigo 56º do regime jurídico da distribuição de seguros e resseguros, aprovado em anexo à presente lei;

x) Definir a informação a disponibilizar aos interessados relativamente ao registo dos mediadores de seguros ou de resseguros e dos mediadores de seguros a título acessório, nos termos previstos no nº 2 do artigo 59º do regime jurídico da distribuição de seguros e resseguros, aprovado em anexo à presente lei;

y) Estabelecer os elementos e informações que devem ser comunicados à ASF no âmbito dos procedimentos relativos à alteração das condições de acesso à atividade e à suspensão e cancelamento do registo, mencionadas respetivamente nas secções II e III do capítulo IV do regime jurídico da distribuição de seguros e de resseguros, aprovado em anexo à presente lei;

z) Estabelecer os elementos e informações que devem ser comunicados à ASF para efeitos de controlo das participações qualificadas, nos termos previstos no artigo 63º do regime jurídico da distribuição de seguros e resseguros, aprovado em anexo à presente lei;

aa) Detalhar, se necessário, os procedimentos para assegurar a implementação das garantias inerentes ao regime de participação de infrações à ASF, nos termos previstos no artigo 71º do regime jurídico da distribuição de seguros e resseguros, aprovado em anexo à presente lei;

bb) Divulgar as condições fundadas em razões de interesse geral a que deve obedecer o exercício da atividade de distribuição em território português distintas das expressamente elencadas no artigo 78º do regime jurídico da distribuição de seguros e de resseguros, aprovado em anexo à presente lei;

cc) Definir as condições mínimas a observar pelas ferramentas acessíveis a clientes destinadas a comparar ou agregar informação referente a produtos de seguros.

ANOTAÇÃO *(José Vasques)*

I. Não aplicável.

II. Não aplicável.

III. O impressionante número de normas regulamentares que o artigo sob anotação habilita especificamente a ASF [a qual já dispõe de habilitação genérica para, através do seu Conselho de Administração, aprovar normas regulamentares, de cumprimento obrigatório pelas entidades sujeitas à sua supervisão, cfr. art. 16º, nº 3, al. *a*), dos seus Estatutos, que foram aprovados pela Lei nº 1/2015, de 6 de janeiro, com alterações posteriores] a adotar, não pode deixar de suscitar a questão da deslegalização que, a coberto de uma alegada especialização *técnica*, invade progressivamente a produção jurídica; esta *objetivação técnica* é particularmente patente no setor financeiro da economia.

As referências das alíneas *s)* e *t)* ao artigo 27º resultam de erro material, parecendo de entender-se que a alínea *s)* se refere aos artigos 34º, 36º, 37º, nº 3, 38º e 39º, e a alínea *t)* ao 35º, alínea *b)*.

As disposições do artigo sob anotação são referidas nas anotações às situações que aquelas se propõem tratar sob a forma de normas regulamentares.

IV. Disposições relacionadas: as mencionadas pelo artigo.

ANOTAÇÃO *(Pedro Romano Martinez)*

Os artigos 6º, 13º, 14º e 16º têm um denominador comum: regime de aplicação no tempo da lei nova. Denotando que, diversamente do que ocorre em muitos outros diplomas omissos neste ponto, o legislador, neste caso, preocupou-se em regular com algum pormenor este regime de direito transitório, atendendo à sensibilidade do mesmo.

Tal como estes quatro preceitos têm de ser lidos em conjunto, também as anotações se encontram concatenadas, remetendo-se para o que se escreveu na anotação ao artigo 6º, concretamente quanto à tutela dos distribuidores de seguros, atento o princípio da não retroatividade.

Como há inúmeras matérias que carecem de subsequente regulamentação – veja-se o longo elenco de alíneas deste preceito – a cargo da ASF. Ora, tendo em conta o disposto no artigo 14º assim como no nº 2 do artigo 16º da presente lei, toda a matéria prevista no regime aprovado por esta lei que carece de subsequente regulamentação por parte da ASF só entrará em vigor mais tarde, depois de aprovada essa regulamentação. Daqui resulta que o novo regime jurídico da distribuição entra em vigor em momentos distintos, consoante careça ou não de norma regulamentar.

ARTIGO 14º – Regulamentação em vigor

Mantêm-se em vigor, enquanto não forem substituídas, as disposições das normas regulamentares já emitidas pela ASF, em tudo o que não contrarie o presente regime legal.

ANOTAÇÃO *(José Vasques)*

I. Não aplicável.

II. Não resulta da transposição da Diretiva (UE) 2016/97.

III. Além de outras normas regulamentares direta ou indiretamente aplicáveis, o artigo sob anotação tem especialmente em vista a Norma Regulamentar da ASF nº 17/2006-R, de 29 de dezembro de 2006, sobre mediação de seguros e regulamentação do Decreto-Lei nº 144/2006, de 31 de julho, com alterações posteriores, e a Norma regulamentar da ASF nº 15/2009-R, de 30 de dezembro de 2009, sobre relato financeiro dos mediadores de seguros ou de resseguros.

IV. Disposições relacionadas: artigo anterior.

ANOTAÇÃO *(Pedro Romano Martinez)*

Como indicado na anotação ao artigo precedente, este preceito encontra-se dependente do disposto no anterior. Com efeito, na medida em que a ASF terá de emitir variadas normas regulamentares, enquanto as mesmas não forem aprovadas mantêm-se em vigor as vigentes. A cláusula de salvaguarda, «em tudo o que não contrarie o presente regime legal» – comum em preceitos idênticos –, não terá uma aplicação significativa, atento o elenco de matérias a regulamentar, identificado nas alíneas do artigo 13º desta lei.

ARTIGO 15º – Norma revogatória

É revogado o Decreto-Lei nº 144/2006, de 31 de julho.

ANOTAÇÃO *(José Vasques)*

I. Não aplicável.

II. Não aplicável.

III. A revogação do Decreto-Lei nº 144/2006, de 31 de julho, opera-se a partir da data de produção de efeitos da presente Lei, isto é, a partir do dia 1 de outubro de 2018 de 2018 (cfr. nº 1 do artigo seguinte), apesar de se continuar a aplicar aos processos pendentes naquela data, aos factos neles constantes, sem prejuízo da aplicação da lei mais favorável; sobre o regime aplicável aos factos praticados antes da data de produção de efeitos da presente lei e puníveis como contraordenações nos termos da legislação revogada, em relação aos quais ainda não tenha sido instaurado qualquer processo, v. artigo 10º, nº 2.

O Decreto-Lei nº 144/2006 continua ainda a aplicar-se aos requerimentos pendentes à data da produção de efeitos da presente lei (art. 7º, nº 1 – mas v., também, as restantes disposições deste artigo).

IV. Disposições relacionadas: arts. 7º, 10º, nº 2, e 16º, nº 1, da Lei preambular.

ANOTAÇÃO *(Pedro Romano Martinez)*

Pese embora a estatuição explícita da norma revogatória, o revogado regime da mediação de seguros ainda se mantém parcialmente em vigor, em particular até a ASF findar a regulamentação a que foi cometida no artigo 13º; deste modo, no período que medeia a entrada em vigor do novo regime de distribuição e a aprovação da correspondente regulamentação manter-se-ão em vigor dois regimes relacionados com esta atividade seguradora.

Remete-se para a anotação ao artigo 13º desta lei.

ARTIGO 16º - Produção de efeitos

1 – A presente lei produz efeitos a partir de 1 de outubro de 2018, sem prejuízo do disposto no número seguinte.

2 – As disposições que habilitam a ASF a emitir normas regulamentares produzem efeitos a partir da data da entrada em vigor da presente lei.

ANOTAÇÃO (*Francisco Luís F. Ribeiro Alves*)

A Diretiva da Distribuição de Seguros (DDS) deveria ter sido transposta para a lei nacional, inicialmente, até 23 de fevereiro de 2018. A Diretiva 2018/411, de 14 de março, alterou a Diretiva da Distribuição de Seguros, tendo alterado a data de transposição para 1 de julho de 2018 e a de aplicação para 1 de outubro de 2018. Conforme é referido no Considerando 4 da Diretiva, o Parlamento Europeu realçou a necessidade de dar às empresas de seguros e aos distribuidores de produtos de seguros mais tempo para se prepararem para uma aplicação correta e efetiva da Diretiva da Distribuição de Seguros e dos seus Regulamentos.

Daqui decorre que o legislador comunitário considerou essencial que os distribuidores tivessem, pelo menos três meses, para se adaptarem às novas regras. Ultrapassado o prazo de transposição de 1 de julho e o de aplicação da lei a 1 de outubro, em dezembro de 2018, a ASF sugeriu à Assembleia da República que se considerasse prever, pelo menos, um prazo de três meses para a aplicação da lei.

Não só a Assembleia da República não acolheu a sugestão como, incompreensivelmente, definiu como data de produção e efeitos o dia 1 de outubro de 2018, com todos os problemas que tal acarreta. Sendo a *vacatio legis* de 5 dias para entrada em vigor da lei, os distribuidores dispuseram de poucos dias, para se adequarem às novas regras e dificilmente seria possível, naquele prazo, uma conformidade total dos mesmos com a lei.

O nº 2 reflete o facto de a ASF só poder emitir Normas Regulamentares a partir do momento em que a lei entrou em vigor. Quando o diploma não fixa a data de entrada em vigor, esta tem lugar no 5º dia após a data da sua publicação no Diário da República, pelo que, atendendo a que a publicação ocorreu no dia 16 de janeiro, a data de entrada em vigor a considerar é o dia 21 de janeiro (artigo 2º, nº 2, da Lei nº 74/98, de 11 de novembro).

ANOTAÇÃO *(José Vasques)*

I. Não aplicável.

II. Art. 42º, nº 1, 2º §, da Diretiva (UE) 2016/97, com a redação que lhe foi dada pela Diretiva (UE) 2018/411.

III. A determinação de que, apesar de publicada em 16 de janeiro de 2019, *a presente lei produz efeitos a partir de 1 de outubro de 2018*, parece ficar a dever-se ao propósito de alinhar esta última data com a disposição da Diretiva (UE) 2016/97 que, após a alteração operada pela Diretiva (UE) 2018/411, estabelece que os Estados-Membros devem aplicar as disposições legislativas, regulamentares e administrativas necessárias para lhe dar cumprimento *o mais tardar a partir de 1 de outubro de 2018* (art. 42º, nº 1, 2º §).

Ainda quando seja atribuída à lei eficácia retroativa, *presume-se que ficam ressalvados os efeitos já produzidos pelos factos que a lei se destina a regular* (art. 12º, nº 1, segunda parte, do Código Civil), bem como que, em matéria contraordenacional se aplique a regra de que não são aplicáveis contraordenações *que não estejam expressamente cominadas em lei anterior* (que resulta da conjugação do artigo 29º, nº 3, da Constituição da República Portuguesa, e da subsidiariedade do direito penal relativamente ao direito contraordenacional, prevista no artigo 32º do regime jurídico das contraordenações, aprovado pelo Decreto-Lei nº 433/82 de 27 de outubro, com alterações posteriores).

Nos termos gerais, o presente diploma entra em vigor no 5º dia após a sua publicação no *Diário da República* (art. 2º, nº 2, da Lei nº 74/98, de 11 de novembro, com alterações posteriores), aplicando-se a partir dessa data, isto é a partir de 21 de janeiro de 2019, as disposições que habilitam a ASF a adotar as normas regulamentares previstas no artigo 13º da Lei preambular; as restantes disposições produzem efeito a partir do dia 1 de outubro de 2018.

A data de produção de efeitos do *regime jurídico da distribuição de seguros e de resseguros* é ainda relevante para efeitos da conformação ou alteração, no prazo de 30 dias a contar dessa data, dos requerimentos a essa mesma data pendentes, bem como para a aplicação do regime transitório em matéria de qualificação adequada – sobre interpretações que permitam dar sentido útil aos referidos prazo v. a nossa anotação aos artigo 7º, nºs 2 a 4, e 9º da Lei preambular.

Sobre a aplicação do *regime jurídico da distribuição de seguros e de resseguros* aos processos contraordenacionais pendentes v. a nossa anotação ao artigo 10º da Lei preambular.

IV. Disposições relacionadas: arts. 7º, nºs 2 a 4, 9º, 10º e 13º da Lei preambular, art. 2º, nº 2, da Lei nº 74/98, de 11 de novembro, com alterações posteriores, artigo 29º, nº 3, da Constituição da República Portuguesa, e art. 32º do regime jurídico das contraordenações, aprovado pelo Decreto-Lei nº 433/82 de 27 de outubro, com alterações posteriores.

ANOTAÇÃO *(Pedro Romano Martinez)*

No nº 1 deste preceito estabelece-se uma distinção – não muito frequente nos diplomas legais – entre entrada em vigor e produção de efeitos. Nada se prescrevendo, a lei entra em vigor no quinto dia subsequente ao da sua publicação, sabendo-se que a data da publicação desta lei foi no dia 16 de janeiro de 2019. Tendo em conta o princípio da não retroatividade, bem como a omissão quanto à data da entrada em vigor, a Lei nº 7/2019 entrou em vigor no dia 21 de janeiro.

Todavia, no preceito citado inclui-se uma especificidade, determinando que a produção de efeitos antecede a entrada em vigor; a lei entra em vigor a 21 de janeiro de 2019, mas produz efeitos deste o dia 1 de outubro de 2018. Importa reiterar que esta exceção – à imagem do que se prevê nos artigos 13º e 14º –, e como se prescreve no nº 2 do preceito em análise, não incide quanto a matérias que carecem de regulamentação pela ASF.

Atento o disposto no nº 1, conclui-se que o legislador optou por consagrar uma solução de retroatividade, contrariando o princípio da normal aplicação para o futuro da lei. Mas este princípio basilar do ordenamento jurídico pode ser afastado sempre que a lei pretenda ser retroativa, pois não há nenhum imperativo constitucional no que respeita à irretroatividade da lei – exceção para a lei criminal e a fiscal (arts. 29º e 103º, nº 3, da Constituição) a que acresce o limite do caso julgado (art. 282º, nº 3, da Constituição) –; ou seja, por via da regra, a lei não será retroativa. Vale o princípio da não retroatividade, mas nada obsta a que se tenha fixado efeito retroativo (art. 12º, nº 1, 2ª parte, do CC).

A retroatividade implica que o novo regime jurídico afeta a validade dos factos ocorridos anteriormente, colidindo com os efeitos jurídicos produzidos antes da alteração legislativa. O princípio da não retroatividade, não interferindo nos factos e efeitos totalmente passados (art. 12º, nº 1, do CC), permite, em contrapartida, a aplicação do novo regime a situações constituídas no passado que perdurem à data da entrada em vigor deste novo regime.

É comum atender-se a três níveis (ou graus) de retroatividade.

A retroatividade prevista no art. 12º, nº 1, 2ª parte, do CC, ressalvando os efeitos já produzidos na situação jurídica ao abrigo do anterior regime jurídico, manda aplicar o novo regime a aspetos que seriam regulados pela lei antiga. Por exemplo, manda aplicar um novo regime de juros aos juros vincendos num contrato de mútuo celebrado com base noutro regime. Haverá retroatividade caso se admita que, na situação em concreto, o regime de juros (vencidos e vincendos) não abstrai do contrato de mútuo que o fixou. Esta retroatividade de primeiro grau dir-se-á que é normal ou ordinária.

Será agravada a retroatividade que não respeite o limite do nº 1, parte final do art. 12º do CC (ressalva dos efeitos já produzidos), sem contudo colidir com efeitos produzidos e objeto de decisão com trânsito em julgado. Por exemplo, a retroatividade consagrada no art. 13º, nº 1, do CC é, neste sentido, agravada, ou, como tem sido usual, o aumento do salário mínimo que entra em vigor em março ou abril e aplica-se retroativamente desde janeiro desse ano.

Por último, na retroatividade de grau máximo ou extrema não seria respeitado o efeito já produzido e decidido definitivamente (excetuado o caso julgado, em que tal retroatividade seria inconstitucional) ou relativamente ao qual já tivessem decorrido os prazos de caducidade ou de prescrição.

No caso concreto, encontramo-nos perante a designada retroeficácia, porquanto a lei impõe efeitos desde uma data anterior à da sua entrada em vigor; frequente no âmbito do aumento do designado salário mínimo com efeitos desde 1 de janeiro, nos casos em que a lei é publicada posteriormente. A retroeficácia é um tipo de retroatividade, pretendida pelo legislador mediante a citada distinção entre entrada em vigor e produção de efeitos com data anterior. E conjugando o nº 1 deste artigo com o disposto no artigo 6º desta lei pode concluir-se que a retroatividade em questão se encontra na previsão legal do nº 1 do art. 12º do CC, sendo, todavia, uma retroatividade de segundo grau ou agravada.

Aprovada em 21 de dezembro de 2018.

O Presidente da Assembleia da República, *Eduardo Ferro Rodrigues.*

Promulgada em 27 de dezembro de 2018.

Publique-se.

O Presidente da República, MARCELO REBELO DE SOUSA.

Referendada em 7 de janeiro de 2019.

O Primeiro-Ministro, *António Luís Santos da Costa.*

ANEXO
(a que se refere o nº 2 do artigo 1º)

Regime Jurídico da Distribuição de Seguros e de Resseguros

CAPÍTULO I
DISPOSIÇÕES GERAIS

ARTIGO 1º – Objeto e âmbito

1 – O presente regime regula as condições de acesso e de exercício da atividade de distribuição de seguros ou de resseguros, no território da União Europeia, por pessoas singulares residentes ou por pessoas coletivas cuja sede social se situe em Portugal.

2 – O presente regime regula ainda as condições de exercício da atividade de distribuição de seguros ou de resseguros, no território português, por distribuidores de seguros ou de resseguros registados noutros Estados-Membros da União Europeia.

3 – As regras do presente regime referentes a distribuidores de seguros ou de resseguros registados noutros Estados-Membros da União Europeia aplicam-se aos distribuidores de seguros ou de resseguros registados em Estados que tenham celebrado acordos de associação com a União Europeia, regularmente ratificados ou aprovados pelo Estado Português, nos precisos termos desses acordos.

ANOTAÇÃO (*José Alves de Brito*)

I. *Considerandos da DDS*: *vide* considerandos (1), (2) (9) e (11).

II. *Origem da disposição*: Corresponde aos artigos 1º, nºs 1 e 2 e ao artigo 2º da LMS. *Vide* o artigo 1º, nºs 1 e 2 da DDS e, nos trabalhos preparatórios do novo regime, os artigos 1º e 2º do anexo I do Projeto ASF (Versão Preliminar) e o artigo 1º do anexo a que se refere o nº 2 do artigo 1º da Proposta de Lei nº 138/XIII/3ª (Gov.).

III. *Novo regime*: A presente regra reproduz quase literalmente o preceituado nos artigos 1º e 2º da LMS, embora, substancialmente, o presente diploma apresente diferenças de monta face ao regime pretérito. Assim, inclui preceitos cuja inserção no presente regime pode se afigurar discutível (artigo 50º – poderes de representação de agentes de seguros e de mediadores de seguros a título acessório) e, conquanto formalmente não existam diferenças de monta quanto ao articulado (118 artigos, na LDSR, em contraponto aos 107 artigos da LMS), certo é que a complexidade do novo regime obrigará a estudos ulteriores, tendo em vista, a título meramente exemplificativo, a extensão do âmbito material do diploma à distribuição direta, isto é, à levada a cabo pelas designadas «empresas de seguros».

Um pouco na linha da crescente complexidade das matérias dir-se-á bastar a leitura do artigo 13º da Lei nº 7/2019: aí habilita-se a ASF a adotar normas regulamentares no que respeita a 23 temas diversos, distribuídos pelas alíneas *a*) a *cc*) do citado preceito.

As condições de *acesso* da atividade de *distribuição* de seguros (sobre este último conceito *vide* a anotação ao artigo 2º da LDSR) compreendem disposições gerais (relativas à *distribuição*) e ainda condições comuns e específicas relativas àqueles distribuidores que devem ser inscritos no registo (mediadores de seguro, sejam eles agentes ou corretores de seguros, os mediadores de resseguros e, ainda, os mediadores de seguro a título acessório, mas já não as empresas de seguros). Em suma: é necessário atentar nos artigos 8º a 22º da LDSR.

As condições de *exercício* da atividade de distribuição de seguros levam em conta, por um lado, os direitos e, sobretudo, os deveres do *mediador de seguros*, sejam estes, gerais ou especiais, portanto, neste último caso, levando em conta o "credor", o sujeito ativo dessas condutas (as empresas de seguros e outros mediadores de seguros, os clientes e a ASF). No que tange aos *mediadores*, note-se, ainda, que a lei consagra um preceito específico relativamente aos corretores de seguros. Ainda no que respeita aos sujeitos da distribuição, a LDSR visa especificamente os deveres do mediador de resseguros, da empresa de seguros, da empresa de resseguros e dos mediadores de seguro a título acessório. A distribuição de produtos de investimentos com base em seguros é ainda, a este propósito, objeto de regulamentação detida. O exercício da atividade contempla ainda disposições relativas à intervenção de uma pluralidade de mediadores no contrato de seguro, a sua escolha pelo tomador do seguro, a par da cessação de funções, não esquecendo a movimentação de fundos relativos ao contrato (o prémio devido à empresa de seguros ou, por exemplo, o estorno pela cessação antecipada do contrato de que o tomador do seguro é credor). A importante matéria da transmissão da carteira de seguros encerra o tema, que se estende dos artigos 23º a 55º da LDSR.

As regras relativas ao exercício da profissão devem, em conclusão, ser observadas pelos distribuidores de seguros (os mediadores de seguros, de resseguros, ou mediadores de seguros a título acessório e as empresas de seguros ou de resseguros) registados junto da ASF bem como pela mediadores de seguros, de resseguros e de seguros a título acessório registados em outros Estados-membros da União Europeia, que pratiquem as suas atividades em Portugal ao abrigo do regime da livre prestação de serviços ou de liberdade de estabelecimento (é o que resulta, quanto a estes últimos, da conjugação dos artigos 8º, nº 1, al. *b*) e 78º a 88º da LDSR). Diferente, pois, vêm a ser as atividades transfronteiriças no território de outro Estado-Membro por parte de mediadores de seguros, de resseguros e de seguros a título acessório registados em Portugal (cfr. artigos 89º a 100º da LDSR).

A matéria contraordenacional, que se declina em contraordenações leves, graves e muito graves, a conjugar com as sanções acessórias, é, como no diploma pretérito, extensamente regulada, e carece ainda de ser conjugada com o disposto no artigo 10º da Lei nº 7/2019, relativo à aplicação no tempo do regime contraordenacional. Tudo isto carece, no entanto, ainda, de um suplemento de reflexão porquanto o artigo 16º da Lei nº 7/2019 determina a produção de efeitos do novo regime a partir de 1 de outubro de 2018, portanto, mais de três meses antes da publicação da LDSR (16 de janeiro de 2019). Repare-se que não se vislumbra que a entrada em vigor fique sobrestada pela circunstância de certas disposições do diploma carecerem de regulamentação da ASF: as normas regulamentares emitidas pela ASF ao abrigo da LMS mantêm-se em vigor em tudo o que não contrarie a LDSR.

Tendo em vista que a DDS é uma diretiva de harmonização mínima (cfr. considerando 3), e a LSDR a sua transposição (mas *vide*, de todo o modo, o considerando 74 da DDS: a obrigação de transpor a diretiva limita-se às disposições que tenha sofrido alterações substantivas face à Diretiva 2002/92/CE), a consulta da melhor legislação estrangeira não se revela tão decisiva como noutros domínios, sendo todavia de ressalvar que, noutras latitudes, a intervenção do legislador foi, a este propósito, num primeiro momento, mais comedida – *vide*, por exemplo, o exemplo alemão: *Gesetz zur Umsetzung der Richtlinie (EU) 2016/97 des Europäischen Parlaments und des Rates vom 20. Januar 2016 über Versicherungsvertrieb und zur Änderung weiterer Gesetze.*

De certo modo, como corolário, a LDSR fornece apenas alguns subsídios relativamente à disciplina contratual da *mediação de seguros*. Com efeito, é necessário contar com a dicotomia mediadores/empresas de seguros, sendo o regime das últimas firmado pela Lei nº 147/2015, de 9 de setembro. Assim, especificamente quanto ao contrato de mediação de seguros, subsiste a necessidade de ponderar o seu enquadramento entre a mediação em sentido estrito (cfr. MENEZES CORDEIRO, «Do Contrato de Mediação», in *O Direito*, ano 139º, 2007, III, pp. 517 ss.) ou nos quadros do contrato de agência (Cfr. A. Pinto Monteiro, *Contrato de Agência*, anotação, 8ª ed., Coimbra, 2017, pp. 37 ss.).

ANOTAÇÃO *(José Vasques)*

I. Cfr. arts. 3º, nº 1, al. *a)*, e 5º, al. *c)*, do *regime jurídico da mediação de seguros e de resseguros*.

II. Cfr. art. 1º da Diretiva (UE) 2016/97.

III. Embora o artigo sob anotação estabeleça que nele se regulam as condições de acesso e de exercício da atividade de distribuição de seguros ou de resseguros por pessoas singulares residentes ou por pessoas coletivas cuja sede social se situe em Portugal (nº 1), bem como por distribuidores de seguros ou de resseguros registados noutros Estados membros da União Europeia (nº 2) ou em Estados que tenham celebrado acordos de associação com a União Europeia, regularmente ratificados ou aprovados pelo Estado Português, nos precisos termos desses acordos (nº 3), na realidade o *regime jurídico da distribuição de seguros e de resseguros* – entendendo por *regime jurídico* um sistema de regras, agrupadas relativamente a determinada matéria ou à finalidade em função da qual são ordenadas –, comporta e é complementado, além de pelas disposições incluídas na Lei preambular, designadamente, por:

a) atos delegados, normas técnicas de regulamentação ou de execução da Comissão Europeia [tendo por base *normas técnicas de regulamentação* ou *normas técnicas de execução* preparadas pela Autoridade Europeia dos Seguros e Pensões Complementares de Reforma (EIOPA, a partir da sua designação em língua inglesa, *European Insurance and Occupational Pensions Authority*), cfr. arts. 10º e 15º do Regulamento (UE) nº 1094/2010, de 24 de novembro que cria uma Autoridade Europeia de Supervisão (Autoridade Europeia dos Seguros e Pensões Complementares de Reforma), altera a Decisão nº 716/2009/CE e revoga a Decisão 2009/79/CE da Comissão] em desenvolvimento da Diretiva (UE) 2016/97, nomeadamente:

1) Regulamento de Execução (UE) 2017/1469 da Comissão, de 11 de agosto de 2017, que estabelece um formato de apresentação normalizado para o documento de informação sobre produtos de seguros;
2) Regulamento Delegado (UE) nº 2017/2358 da Comissão, de 21 de setembro de 2017, que complementa a Diretiva (EU) 2016/97 do Parlamento Europeu e do Conselho no que diz respeito aos requisitos de supervisão e governação de produtos aplicáveis às empresas de seguros e aos distribuidores de seguros, com alterações posteriores;

3) Regulamento Delegado (UE) nº 2017/2359 da Comissão, de 21 de setembro de 2017, que complementa a Diretiva (EU) 2016/97 do Parlamento Europeu e do Conselho no que diz respeito aos requisitos em matéria de informação e às normas de conduta aplicáveis à distribuição de produtos de investimento com base em seguros, com alterações posteriores;

b) *orientações* e *recomendações* emitidas, relativamente a áreas não abrangidas pelas *normas técnicas de regulamentação* ou pelas *normas técnicas de execução*, pela EIOPA [art. 16º, nº 1, do Regulamento (UE) nº 1094/2010 e, *v.g.*, art. 30º, nºs 7 e 8, da Diretiva (UE) 2016/97, estando as últimas na origem das *Orientações ao abrigo da Diretiva sobre a distribuição de seguros relativas aos produtos de investimento com base em seguros que incorporem uma estrutura que torne difícil ao cliente compreender o risco envolvido*, de 4 de outubro de 2017];

c) normas regulamentares adotadas pela ASF, especialmente as previstas no artigo 13º da Lei preambular (e, enquanto não forem substituídas, as disposições de normas já emitidas pela ASF, desde que não contrariem o novo regime jurídico, cfr. art. 14º da Lei preambular);

d) disposições avulsas contidas em outros diplomas [*v.g.* nos arts. 22º, nº 4, 28º a 31º e 88º, nºs 1 e 2, do *regime jurídico do contrato de seguro*, no art. 81º, nº 4, al. *b)*, do *regime jurídico de acesso e exercício da atividade seguradora e resseguradora*, e no art. 52º do *regime jurídico da constituição e funcionamento dos fundos de pensões e das entidades gestoras de fundos de pensões*]; e

e) circulares, informações e outros textos, emitidos pelas autoridades de supervisão, que, ainda que sem caráter normativo, conformam também este *regime jurídico*.

Acresce, ainda, que *a importância de assegurar uma proteção eficaz dos consumidores em todos os setores financeiros* e a natureza dos contratos de seguro em comparação com outros produtos de investimento, justifica que a regulamentação da distribuição dos contratos de seguro, nomeadamente de *produtos de investimento com base em seguros*, deva ser alinhada com a Diretiva 2014/65/UE do Parlamento Europeu e do Conselho, de 15 de maio de 2014, relativa aos mercados de instrumentos financeiros [cfr. considerando (10) da Diretiva (UE) 2016/97], pelo que esta última Diretiva e a sua transposição para o direito nacional devam também ser elementos a considerar na interpretação do *regime jurídico da distribuição de seguros e de resseguros*.

Importa notar que, enquanto as Diretivas têm como destinatários os Estados-membros, os quais põem em vigor as disposições legislativas, regulamentares e administrativas necessárias para lhes dar cumprimento [*v.g.* arts. 44º, nº 1, e 46º da Diretiva (UE) 2016/97], os Regulamentos têm *aplicabilidade direta*, isto é, vigoram nos ordenamentos nacionais sem necessidade de transposição [*v.g.* art. 20º, 3º §, do Regulamento Delegado (UE), nº 2017/2359]; as *orientações* e *recomendações* da EIOPA são adotadas nos termos do *Regulamento* que a instituiu, bem como nos dos que sejam em concreto previstos em Diretivas ou Regulamentos [*v.g.* art. 30º, nºs 7 e 8, da Diretiva (UE) 2016/97] e são normalmente dirigidas às autoridades nacionais competentes e às instituições financeiras [arts. 30º, nºs 7 e 8, da Diretiva (UE) 2016/97, e 16º, nº 1, do Regulamento (UE) nº 1094/2010].

Deve referir-se também que, embora as Diretivas não tenham *aplicabilidade direta* – e um *efeito direto vertical* possa apenas (principalmente, mas não só, quando uma Diretiva seja suficiente precisa e não tenha sido transposta no prazo previsto ou o tenha sido de forma incompleta) ser invocado pelos particulares perante o Estado, designadamente perante os institutos públicos e os tribunais, mas não perante outros particulares (*efeito direto horizontal*) –, é geralmente admitido o *princípio da interpretação conforme* ou *princípio do efeito vertical*, segundo o qual as disposições nacionais que transpõem Diretivas comunitárias devem ser interpretadas tendo em consideração o texto e o objetivo dessas Diretivas.

Num plano diferente há que considerar aquilo que, na designação anglo-saxónica, se refere como *soft law*, com o que se abrangem textos jurídicos desprovidos de sanções e com imperatividade diminuída, de que são exemplo as circulares, recomendações e orientações genéricas (*v.g. Circular sobre PRIIPs sujeitos à supervisão da CMVM*, de 4 de janeiro de 2018), ou os entendimentos e os documentos de respostas às perguntas mais frequentes [muitas vezes designados pelas siglas FAQ (*frequently asked questions*) ou Q&As (*questions and answers*)].

De tudo o que precede pode concluir-se que, num sentido amplo, o *regime jurídico da distribuição de seguros e de resseguros* resulta do diploma sob anotação, dos atos delegados, normas técnicas de regulamentação ou de execução da Comissão Europeia em desenvolvimento da Diretiva (UE) 2016/97, das *orientações* emitidas pela EIOPA, das normas regulamentares adotadas pela ASF, bem como de circulares ou entendimentos por esta autoridade emitidos, e de disposições avulsas contidas em outros diplomas, e que, finalmente, a interpretação das disposições nacionais relativas à distribuição de seguros e de resseguros deve ser feita de conformidade com a Diretiva (UE) 2016/97.

Na sequência da Diretiva (UE) 2016/97, o presente *regime jurídico* adotou a expressão *distribuição de seguros e de resseguros*; os anteriores regimes, atendendo ao seu âmbito, referiam-se à *mediação de seguros e de resseguros.*

Passando a regulamentar a *distribuição de seguros e de resseguros*, o novo regime abarca uma realidade diferente da *mediação de seguros e de resseguros*, quer do ponto de vista *objetivo* quer do ponto de vista *subjetivo.*

Do ponto de vista *objetivo*, o presente regime passa a abranger uma atividade substancialmente mais ampla que a anteriormente visada, como resulta da mera comparação das definições legais de *mediação de seguros* e de *distribuição de seguros*:

Mediação de seguros	Distribuição de seguros
[art. 2º, nº 3, 1º §, da Diretiva 2002/92/CE relativa à mediação de seguros]	[art. 2º, nº 2, al. 1), da Diretiva (UE) sobre distribuição de seguros e de resseguros]
«Mediação de seguros», as atividades que consistem em apresentar, propor ou praticar outro ato preparatório da celebração de um contrato de seguro, ou em celebrar esses contratos, de apoiar a gestão e execução desses contratos, em especial em caso de sinistro.	*«Distribuição de seguros», as atividades que consistem em prestar aconselhamento, propor ou praticar outros atos preparatórios da celebração de contratos de seguro, em celebrar esses contratos ou em apoiar a gestão e a execução desses contratos, em especial em caso de sinistro, incluindo a prestação de informações sobre um ou mais contratos de seguro, de acordo com os critérios selecionados pelos clientes através de um sítio na* Internet *ou de outros meios e a compilação de uma lista de classificação de produtos de seguros, incluindo a comparação de preços e de produtos ou um desconto sobre o preço de um contrato de seguro, quando o cliente puder celebrar direta ou indiretamente um contrato de seguro recorrendo a um sítio na* Internet *ou a outros meios*

Efetivamente, a *distribuição de seguros*, quando comparada com a anterior *mediação de seguros*, passa a regular também a prestação de informações sobre um ou mais contratos de seguro, de acordo com os critérios selecionados pelos clientes através de um sítio na *internet* (*comparison shopping website*) ou de outros meios e a compilação de uma lista de classificação de produtos de seguros, incluindo a comparação de preços e de produtos ou um desconto sobre o preço de um contrato de seguro, embora apenas quando o cliente puder celebrar direta ou indiretamente um contrato de seguro recorrendo a um sítio na *internet* ou a outros meios; compete à ASF definir as condições mínimas a observar pelas ferramentas acessíveis a clientes destinadas a comparar ou agregar informação referente a produtos de seguros [art. 13º, al. *cc)*, da Lei preambular].

Embora materialmente distinta, a definição de *distribuição de resseguros* não difere substancialmente da definição de *mediação de resseguros*, não resultando daí qualquer alargamento objetivo do âmbito de aplicação do regime sob anotação relativamente ao anterior.

regime jurídico da mediação de seguros e de resseguros [art. 5º, al. *d)*]	*regime jurídico da distribuição de seguros e de resseguros* [art. 4º, al. *f)*]
«Mediação de resseguros» qualquer atividade que consista em apresentar ou propor um contrato de resseguro ou praticar outro ato preparatório da sua celebração, em celebrar o contrato de resseguro, ou em apoiar a gestão e execução desse contrato, em especial em caso de sinistro;	*«Distribuição de resseguros» qualquer atividade que consista em prestar aconselhamento, propor ou praticar outros atos preparatórios da celebração de contratos de resseguro, em celebrar esses contratos ou em apoiar a gestão e a execução desses contratos, em especial em caso de sinistro, inclusive se forem exercidas por uma empresa de resseguros sem a intervenção de um mediador de resseguros;*

O *regime jurídico da distribuição de seguros e de resseguros*, com exceção do previsto relativamente a atividades transfronteiras (capítulo VI, arts. 78º a 100º) é aplicável, com as devidas adaptações, ao acesso e exercício da atividade de distribuição realizada por mediadores de seguros no âmbito de *fundos de pensões* geridos, nos termos legais e regulamentares em vigor, por empresas de seguros ou sociedades gestoras de fundos de pensões autorizadas a operar no território português (art. 3º) – v., também, a nossa anotação ao artigo 10º

Além do que vem de referir-se, haverá que ter ainda em consideração que, nos termos do artigo 33º-A, alínea *f)*, da Lei nº 147/2015 – aditado pelo artigo. 2º da Lei preambular –, o *regime jurídico da distribuição de seguros e de resseguros* se aplica, nos mesmos termos em que este é aplicável às *empresas de seguros*, à distribuição de *modalidades de benefícios de segurança social* por associações mutualistas, suas uniões, federações e confederações, que preencham os requisitos definidos no artigo 136º do Código das Associações Mutualistas, ainda que tal aplicação só ocorra findo o período transitório estabelecido nesse Código (proémio do citado art. 33º-A); sobre este ponto v. a nossa anotação ao artigo 3º, nº 2.

Do ponto de vista *objetivo*, em síntese, o *regime jurídico da distribuição de seguros e de resseguros* é aplicável à distribuição de *seguros*, nos termos acima referidos, à distribuição de *resseguros*, à distribuição de *fundos de pensões* e, verificadas determinadas condições e requisitos, à distribuição de *modalidades de benefícios de segurança social* pelas associações mutualistas, suas uniões, federações e confederações.

Do ponto de vista *subjetivo* o alargamento da abrangência resulta de o novo *regime jurídico* passar a disciplinar a *distribuição* exercida não só pelos *mediadores de seguros* e de *resseguros*, mas também pelas *empresas de seguros* e *de resseguros*, enquanto no anterior quadro legal esta atividade, quando exercida por uma *empresa de seguros* ou de *res-*

seguros, não era considerada como *mediação* (art. 2º, nºs 3, 2º §, e 4, 2º §, da Diretiva nº 2002/92/CE); além de determinar a sua própria inaplicabilidade *a atividades assimiláveis a mediação de seguros ou de resseguros, quando exercidas por uma empresa de seguros ou de resseguros, no que se refere aos seus próprios produtos, ou por um trabalhador que atue sob responsabilidade da empresa de seguros ou de resseguros, no quadro do respetivo vínculo laboral* [art. 3º, nº 1, al. *a)*], o revogado *regime jurídico da mediação de seguros e de resseguros* adotava uma definição de *mediação de seguros* [art. 5º, al. *c)*], da qual excluía expressamente as atividades assimiláveis a *mediação de seguros* ou *de resseguros*, quando exercidas por uma *empresa de seguros* ou *de resseguros*, no que se referia aos seus próprios produtos, ou por um trabalhador que atuasse sob sua responsabilidade [art. 3º, nº 1, al. *a)*]; este alargamento *subjetivo* da incidência visa introduzir igualdade de tratamento entre todos os operadores na distribuição de seguros e de resseguros, além de proteger os consumidores [considerando (5) da Diretiva (UE) 2016/97].

Uma vez que, parte substancial do novo regime passa a regular os *deveres de informação pré-contratual* de todos os *distribuidores* – ao contrário do que sucedia com o *regime jurídico da mediação de seguros e de resseguros* que era apenas aplicável aos *mediadores de seguros* – afigura-se que poderia ter sido considerada a alternativa de integrar esses *deveres de informação* no *regime jurídico do contrato de seguro*, que já se ocupa da formação do contrato (arts. 16º a 38º); daí que, doravante, a análise da fase pré-contratual do contrato de seguro (ou mesmo, de forma mais ampla, da sua formação) tenha de fazer-se a partir da conjugação do *regime jurídico do contrato de seguro* com o *regime jurídico da distribuição de seguros e de resseguros* – além de outras disposições específicas, designadamente da legislação comunitária e nacional relativa aos documentos de informação fundamental para *pacotes de produtos de investimento de retalho e de produtos de investimento com base em seguros* (PRIIPs) – respetivamente, Regulamento (UE) nº 1286/2014, do Parlamento Europeu e do Conselho, de 26 de novembro de 2014, sobre os documentos de informação fundamental para pacotes de produtos de investimento de retalho e de produtos de investimento com base em seguros (PRIIPs), e *regime jurídico dos pacotes de produtos de investimento de retalho e de produtos de investimento com base em seguros*, aprovado pelo artigo 1º, nº 2, alínea *n)*, subalínea *ii)*, e publicado como anexo II, da Lei nº 35/2018, de 20 de julho.

Alargamento *subjetivo* do âmbito é também o que resulta de as associações mutualistas, suas uniões, federações e confederações, que preencham os requisitos definidos no artigo 136º do Código das Associações Mutualistas, findo o período transitório neste estabelecido, ficarem sujeitas, com as devidas adaptações, ao regime aplicável à distribuição de seguros nos mesmos termos em que este é aplicável às *empresas de seguros* [art. 33º-A, al. *f)*, da Lei nº 147/2015, aditado pelo art. 2º da Lei preambular]; nos termos do Despacho nº 11392-A/2018, de 27 de novembro, do Ministro das Finanças e do Ministro do Trabalho, Solidariedade e Segurança Social, publicado no *Diário da República*, 2ª série, nº 230, de 29 de novembro, ficam sujeitos ao regime transitório aplicável nos termos do artigo 6º do Decreto-Lei nº 59/2018, de 2 de agosto, aplicável pela Autoridade de Supervisão de Seguros e Fundos de Pensões, o Montepio Geral Associação Mutualista e o MONAF – Montepio Nacional da Farmácia Associação de Socorros Mútuos; sobre este ponto v., também, a nossa anotação ao arts. 2º da Lei preambular.

Do ponto de vista *subjetivo*, em síntese, o *regime jurídico da distribuição de seguros e de resseguros* é aplicável aos mediadores de seguros e de resseguros, aos mediadores de seguros a título acessório, às empresas de seguros, às empresas de resseguros e, verificadas determinadas condições e requisitos, quanto à distribuição de *modalidades de benefícios de segurança social*, às associações mutualistas referidas no parágrafo anterior.

O diploma regula as condições de acesso e de exercício da atividade de distribuição de seguros ou de resseguros, no território da União Europeia, por pessoas singulares residentes ou por pessoas coletivas cuja sede social se situe em Portugal (nº 1, e arts. 89º a 100º), bem como o exercício daquela atividade no território português, por distribuidores de seguros ou de resseguros registados noutros Estados membros da União Europeia (nº 2, e arts. 78º a 88º) ou em Estados que tenham celebrado acordos de associação com a União Europeia, regularmente ratificados ou aprovados pelo Estado Português, nos precisos termos desses acordos (nº 3).

Não é regulado o exercício da atividade de distribuição de seguros e de resseguros por distribuidores com sede em Portugal fora do território da União Europeia, nem o exercício dessa atividade em Portugal por distribuidores de países terceiros em relação à União Europeia.

O distribuidor de seguros ou de resseguros com sede em Portugal que pretenda estabelecer uma sucursal ou outra forma de representação fora do território da União Europeia deverá, naturalmente, conformar-se com a legislação do território em pretende exercer a sua atividade, mas não está obrigado a qualquer comunicação à ASF, uma vez que o regime jurídico sob anotação não é aplicável à atividade de distribuição de seguros ou de resseguros no que se refere a riscos e responsabilidades localizados fora da União Europeia [art. 2º, nº 2, al. *d)*].

Já quanto ao exercício da atividade de distribuição de seguros ou de resseguros em Portugal por distribuidores de países terceiros em relação à União Europeia, aplica-se a regra de que o exercício da atividade de distribuição de seguros ou de resseguros carece de registo ou autorização para esse efeito, sob pena de contraordenação muito grave [arts. 8º e segs. e 114º. nº 1, al. *a)*].

Sobre as entidades habilitadas a exercer a atividade de distribuição de seguros e de resseguros v. a nossa anotação ao artigo 8º

Ao contrário do que sucede com a atividade de *mediação de seguros* dos *mediadores de seguros* e dos *mediadores de seguros a título acessório*, que é exercida mediante *remuneração* (art. 4º, als. *c)* e *d)*), a *distribuição de seguros*, uma vez que, além de pelos referidos *mediadores*, pode ser exercida por *empresas de seguros*, não envolve, quanto a estas e aos produtos de que sejam o *produtor*, *remuneração*, uma vez que, correspondendo a remuneração à contrapartida de atividades de distribuição, a *empresa de seguros* estaria, na generalidade dos casos [mas v. a nossa anotação aos arts. 8º e 37º, nº 2, al. *e)*], a remunerar-se a si própria – o que precede aplica-se com as necessárias adaptações aos *mediadores de resseguros* e às *empresas de resseguros* [art. 4º, als. *g)* e *h)*]; v., no entanto, a nossa anotação ao artigo 37º, nº 2, alínea *e)*, que prevê a possibilidade de a *empresa de seguros* distribuir produtos de que não é o *produtor*.

Sobre a *distribuição de seguros* em geral, v. anotações aos artigos 4º e 8º

O *regime jurídico da distribuição de seguros e de resseguros* apresenta a seguinte estrutura:

Capítulo I – Disposições gerais, arts. 1º a 7º

Capítulo II – Condições de acesso à atividade de distribuição de seguros ou de resseguros – arts. 8º a 22º

Secção I – Disposições gerais – arts. 8º a 10º

Secção II – Condições comuns de acesso – arts. 11º a 15º

Secção III – Condições específicas de acesso – arts. 16º a 22º

Capítulo III – Condições de exercício da atividade de distribuição de seguros ou de resseguros – arts. 23º a 55º

Secção I – Direitos e deveres – arts. 23º a 46º

Secção II – Do exercício da atividade – arts. 47º a 52º

Secção III – Das carteiras de seguros – 53º a 55º

Capítulo IV – Registo – arts. 56º a 68º

Secção I – Disposições gerais – arts. 56º a 59º

Secção II – Alterações – arts. 60º a 64º

Secção III – Suspensão e cancelamento – arts. 65º a 68º

Capítulo V – Supervisão – arts. 69º a 77º

Secção I – Disposições gerais relativas à supervisão – arts. 69º a 71º

Secção II – Sigilo profissional, cooperação, e troca de informações – arts. 72º a 77º

Capítulo VI – Atividades transfronteiras – arts. 78º a 100º

Secção I – Atividades transfronteiras em Portugal por distribuidores de seguros ou de resseguros registados em outro Estado-Membro – arts. 78º a 88º

Secção II – Atividades transfronteiras no território de outro Estado-Membro por mediadores de seguros, de resseguros e de seguros a título acessório registados em Portugal – arts. 89º a 100º

Capítulo VII – Sanções – arts. 101º a 118º

Secção I – Disposições gerais – arts. 101º a 111º

Secção II – Ilícitos em especial – arts. 112º a 118º

IV. Disposições relacionadas: art. 2º da Lei preambular, e arts. 3º, 4º, 8º, 10º, 37º, nº 2, al. *e)*, e 114º, nº 1, als. *a)*, *o)* e *p)*.

ARTIGO 2º - Exclusões

1 – O presente regime não é aplicável:

a) À prestação de informações a um cliente a título ocasional no contexto de outra atividade profissional, caso:

i) O prestador dessas informações não tome medidas adicionais para assistir na celebração ou na execução de um contrato de seguro ou de resseguro; e

ii) O objetivo de tal atividade não seja assistir o cliente na celebração ou execução de um contrato de seguro ou resseguro;

b) À gestão de sinistros de uma empresa de seguros ou de resseguros a título profissional e a regularização e peritagem de sinistros;

c) Ao simples fornecimento de dados e informações sobre potenciais tomadores a mediadores de seguros ou resseguros ou a empresas de seguros ou de resseguros, se o prestador não tomar medidas adicionais para assistir na celebração de um contrato de seguro ou de resseguro;

d) Ao simples fornecimento de informações sobre produtos de seguros ou de resseguros ou sobre um mediador de seguros ou de resseguros ou uma empresa de seguros ou de resseguros a potenciais tomadores de seguros ou de resseguros, se o prestador não tomar medidas adicionais para assistir na celebração de um contrato de seguro ou de resseguro;

e) À atividade de distribuição de seguros ou de resseguros no que se refere a riscos e responsabilidades localizados fora da União Europeia.

2 – O presente regime também não é aplicável a pessoas que preencham os requisitos previstos na alínea *d)* do artigo 4º, que exerçam atividades de distribuição de seguros não obrigatórios, caso se encontrem reunidas as seguintes condições:

a) O seguro for complementar de um bem fornecido ou de um serviço prestado por um fornecedor e esse seguro cubra:

i) O risco de avaria ou de perda do bem fornecido ou de danos a esse bem, ou a não utilização do serviço prestado por esse fornecedor; ou

_ii_) Os danos em bagagens ou a perda das mesmas e demais riscos associados a uma viagem reservada junto desse fornecedor;

_b_) O montante do prémio pago pelo produto de seguros não exceda 600 €, calculados numa base anual pro rata, ou o montante do prémio pago por pessoa não exceda 200 €, caso a duração do serviço relativamente ao qual o seguro seja complementar seja igual ou inferior a três meses.

ANOTAÇÃO (*Francisco Luís F. Ribeiro Alves*)

Tem por base o revogado artigo 3º do RJMS, aprovado pelo Decreto-Lei nº 144/ /2006, de 31 de julho, mas foram introduzidas algumas alterações. A principal decorre logo do facto de as empresas de seguros terem passado a ser consideradas distribuidores com o novo regime, sendo que, anteriormente, a atuação das empresas de seguros estava excluída.

A anterior alínea *b*) do nº 1 corresponde, essencialmente, ao texto das atuais alíneas *a*) e *b*), do nº 1. Apesar das empresas de seguros passarem a distribuidores, mantém-se a exclusão relativa à gestão e peritagem de sinistros, porque não são essas as atividades próprias da comercialização de um contrato ou da assistência a um contrato. Uma empresa de seguros fica no mesmo papel que os mediadores tinham, no anterior regime jurídico da mediação de seguros, pelo que só se assumem como distribuidores quando, de facto, preencham os requisitos do conceito de "distribuição de seguros" que em muito se assemelha, na primeira parte, ao anterior conceito de "mediação de seguros". Deste modo, a resposta de uma empresa de seguros a um sinistrado transmitindo que um sinistro está excluído, com base numa determinada cláusula contratual, não constitui, no nosso entendimento, uma distribuição de seguros, tal como anteriormente também não seria uma mediação de seguros.

Assim, há que notar que a expressão do conceito de distribuição de seguros "*apoiar a gestão e a execução desses contratos, em especial em caso de sinistro*" aplica-se a todos os distribuidores, sendo mais relevante para os mediadores que fazem a ponte nas comunicações e informações que obtém da empresa de seguros. Sem prejuízo, esse tipo apoio também pode ser prestado pelas pessoas diretamente envolvidas na atividade de distribuição das empresas de seguros que desempenhem funções de venda e apoio aos contratos equivalentes às dos mediadores. Também sustenta este entendimento o facto de o artigo 15º, nº 1, alínea *c*), ter como incompatibilidade com a atividade de distribuição de seguros ou de resseguros estas pessoas diretamente envolvidas "Exercerem funções de gestão, regularização ou peritagem de sinistros (...)."

As alíneas *c*) e *d*) são novas. Com a sua inclusão pretende-se que fique claro que o simples fornecimento de informações sobre potenciais clientes a distribuidores ou as informações sobre um produto ou distribuidor a um potencial cliente não estão ao abrigo do regime jurídico, desde que o prestador não tome medidas adicionais para assistir na celebração do contrato de seguro ou de resseguro. A fronteira, particularmente no que se refere às informações sobre produtos, poderá ser ténue. Ainda assim, poderá entender-se que aceitar receber uma proposta de seguro preenchida, que será remetida à empresa de seguros, se enquadra na distribuição de seguros.

A referência prevista na alínea *e*) do nº 1, quanto à não aplicação do regime à atividade de distribuição de seguros ou de resseguros, no que se refere a riscos e responsabilidades localizados fora da União Europeia, terá que ser aferida atendendo aos critérios previstos no Regime Jurídico de Acesso e Exercício da Atividade Seguradora, aprovado pela Lei nº 147/2015, de 9 de setembro, em que tem particular relevância os critérios para aferição do local do risco, constantes do seu artigo 5º, alínea *o*).

Relativamente ao texto do nº 2, segue de perto a redação da Diretiva, tendo algumas semelhanças com a redação que constava no artigo 3º, nº 2, do revogado Regime Jurídico da Mediação de Seguros, embora tendo algumas diferenças.

Como primeiro requisito, devem estar em causas pessoas que preencham os requisitos do conceito de mediador de seguros a título acessório, tal como consta na alínea *d*) do artigo 4º. É mantido o requisito de apenas poder distribuir seguros não obrigatórios e cumprir cumulativamente as restantes condições. O referido na alínea *a*) do nº 2 já decorreria do conceito de mediador de seguros a título acessório, ou seja, o seguro ser complementar do bem fornecido ou serviço prestado. Esta redação é complementada por duas alíneas não cumulativas, nomeadamente:

a) Quanto a cobrir riscos relacionados com a avaria, perda ou dano a um bem, ou a não utilização do serviço prestado por esse fornecedor. É exemplo desta previsão, os seguros relativos à avaria de equipamentos eletrónicos [ponto *i*))];

b) Os danos em bagagens ou a perda das mesmas e outros riscos associados à viagem reservada, que são específicos dos seguros tipicamente comercializados pelas agências de viagens [ponto *ii*)].

A alínea *b*) do nº 2 estabelece os limites dos prémios aumentando o valor de 500 € para 600 €, face ao valor anteriormente previsto, e adita um valor alternativo em função de cada pessoa segura em 200 €, desde que a duração do serviço relativamente ao qual o seguro seja complementar tenha uma duração igual ou inferior a três meses. Este valor dos 200 € tem particular importância para os seguros vendidos com viagens, já que têm, normalmente, um prazo curto e podem abranger várias pessoas. Assim, admite-se o preenchimento dos requisitos por estes dois valores alternativos.

De todo o modo, este regime do nº 2 não isenta essas pessoas de cumprir os requisitos previstos no artigo 24º, nº 1, al. *p*), o que se traduz num acréscimo das suas obrigações e, tendencialmente, maior proteção para os clientes. Por essa razão, passam a ser identificadas à ASF, conforme decorre do artigos 34º, nº 1, al. *g*) e do artigo 37º, nº 1, al. *h*).

ANOTAÇÃO (*José Alves de Brito*)

I. *Considerandos da DDS*: *vide* considerandos (8), (13) e (14).

II. *Origem da disposição*: Corresponde ao artigo 3º da LMS, com diversas modificações. *Vide* os artigos 1º, nº 3 e 2º, nº 2 da DDS e, nos trabalhos preparatórios do novo regime, o artigo 3º do anexo I do Projeto ASF (Versão Preliminar) e o artigo 2º do anexo a que se refere o nº 2 do artigo 1º da Proposta de Lei nº 138/XIII/3ª (Gov.).

III. *Novo regime*: a principal novidade do novo regime será a eliminação da antiga al. *a*) do artigo 3º da LMS que dispunha a inaplicabilidade da lei «A atividades assimiláveis a mediação de seguros ou de resseguros, quando exercidas por uma empresa de seguros ou de resseguro, no que se refere aos seus próprios produtos, ou por um trabalhador que atue sob responsabilidade da empresa de seguros ou de resseguros, no quadro do respetivo vínculo laboral» (cfr. ainda o artigo 2º, nº 3, § 2 da DMS – Diretiva 2002/92/CE do Parlamento e do Conselho de 9 de dezembro). Note-se que um dos propósitos da DDS consiste precisamente na igualdade de tratamento de todos os operadores e na proteção dos consumidores (considerando 5), o que introduz as empresas de seguros na órbita da diretiva e, consequentemente, os respetivos diplomas internos de transposição.

No demais, as alterações não têm idêntico impacto. Cumpre destacar, todavia, o preceituado na al. *a*) do nº 1 do artigo 2º. Assim, onde antes se excluía a aplicabilidade do diploma «À prestação de informações a título ocasional no contexto de outra atividade profissional, desde que essa atividade não se destine a assistir o cliente na celebração ou na execução de um contrato de seguro» (art. 3º, nº 1, al. *b*) da LMS) agora exige-se, cumulativamente, o seguinte: que o prestador de informações «não tome medidas adicionais para assistir na celebração ou na execução de um contrato de seguro de ou de resseguro» *e* que o objetivo da (outra) atividade profissional não «seja assistir o cliente na celebração ou na execução de um contrato de seguro ou de resseguro». Face à diretiva, é preciso contudo destacar que os resultados podem não ser exatamente idênticos, porquanto esta, no quadro da prestação de informações a um cliente a título ocasional no contexto de outra atividade profissional, distingue claramente a hipótese de o prestador de informações não tomar «medidas adicionais para assistir na celebração ou na execução de *um contrato de seguro*» (artigo 2º, nº 2, *a*) da DDS) do cenário em que o objetivo de tal atividade «não seja assistir o cliente na celebração ou na execução de um *contrato de resseguro*» (artigo 2º, nº 2, *b*) da DDS). Que mais do que uma copulativa, o caso seria antes de uma disjuntiva revela-o ainda os trabalhos preparatórios da DDS, traduzidos na *Proposta de Diretiva* do Parlamento Europeu e do Conselho relativa à

Mediação de Seguros (reformulação) COM (2012) 0360. Nessa proposta, a nova redação sugerida para o pretérito artigo 2º, nº 3, § 3 da DMS («A prestação de informações a título ocasional no contexto de outra atividade profissional, desde que essa atividade não se destine a assistir o cliente na celebração ou na execução do contrato de seguro (...)») era a seguinte: «A prestação de informações a um cliente a título ocasional no contexto de outra atividade profissional, se o prestador dessas informações não tomar quaisquer medidas adicionais para assistir o cliente na celebração ou na execução de um contrato de seguro» (*vide Proposta de Diretiva*, p. 33). Por seu turno, na mediação de resseguros, a letra do anterior artigo 2º, nº 4, § 3 da DMS («A prestação de informações a título ocasional no contexto de outra atividade profissional, desde que essa atividade não se destine a assistir o cliente na celebração ou na execução do contrato de resseguro) mantinha-se (*vide Proposta de Diretiva*, p. 34), o que parece revelar claramente o propósito de distinguir claramente o que concerne ao contrato de seguro, por um lado, e a matéria que respeita ao contrato de resseguro, por outro. Considerando, por fim, que o Projeto ASF se limitava, neste particular, a uma redação próxima do agora preceituado no artigo 2º, nº 1, al. *a*), *i*) da LDSR, bem se vê, seja qual for o sentido efetivo da redação acolhida na lei, que a origem da alteração terá de ser procurada nos trabalhos que antecederam a Proposta de Lei nº 138/XIII/3.ª (Gov.), que contém, originariamente, o vazado no novo artigo 2º, 1, al. *a*) *i*).

Tendo em vista o uso da copulativa *e*, o sentido da regra contida no artigo 2º, al. *a*) parece ser o seguinte: caso o objetivo da atividade profissional do prestador de informações consista em assistir o cliente na celebração ou na execução de um contrato de seguro ou de um contrato de resseguro, a prestação de informações a um cliente a título ocasional mesmo não acompanhada de medidas adicionais (na celebração ou na execução de um contrato de seguro) estará sujeita ao regime da LDSR, porquanto tal atividade deve ser entendida como distribuição para efeitos do artigo 4º, al. *a*) da LDSR («Qualquer atividade que consista em prestar aconselhamento, propor ou praticar outros actos preparatórios da celebração de contratos de seguros, em celebrar esses contratos ou em apoiar a gestão e execução desses contratos»). Neste sentido preciso, parece, então, não existir diferença de sentido entre o novel artigo 2º, nº 1, al. *a*) da LDSR e primitivo artigo 3º, nº 1, al. *b*), primeira parte da LMS.

Exemplos possíveis da hipótese enunciada na al. *a*) do nº 1 do artigo 2º da LDSR são, por exemplo, os peritos fiscais, contabilistas e advogados (cfr. considerando 12 da DMS e considerando 14 da DDS) ou, noutra concretização, o concessionário automóvel que preste informações sobre seguros, se não forem tomadas medidas adicionais para assistir na celebração ou execução do contrato. A relevância das *medidas adicionais* como critério aferidor da aplicabilidade do regime da LDSR decorre ainda, desta feita, das alíneas *c*) e *d*) do nº 1 do artigo 2º: ao simples fornecimento de dados e informações sobre potenciais tomadores de seguros a mediadores ou empresas de seguros ou de resseguros, ou de informações sobre produtos de seguros ou sobre um mediador ou empresa de seguros ou de resseguros a potenciais tomadores de seguros só não é aplicável o regime da LDSR caso não sejam tomadas medidas adicionais para assistir na celebração de um contrato de seguro ou de resseguro.

A al. *b*) do nº 1 segue, praticamente *ipsis verbis*, o preceituado na segunda parte da al. *b*) do nº 1 do artigo 3º da LMS, acompanhando, pois, o artigo 2º, nº 2, al. *b*) da DDS.

A als. *c*) e *d*) do nº 1 não têm correspondência na LMS e procedem à transposição na ordem jurídica interna do disposto no artigo 2º, nº 2, als. *c*) e *d*) da DDS.

A al. *e*) do nº 1 tem correspondência aproximada com o artigo 3º, nº 1, al. *c*) da LMS, mas onde antes se mencionava a *mediação* lê-se agora a *distribuição* de seguros ou de resseguros referente a riscos e responsabilidades localizados fora da União Europeia. Transpõe-se, desta feita, o artigo 1º, nº 6 da DDS.

Muito diversa é a previsão do nº 2, que contém a designada exceção *de minimis*. O regime da LDSR não é aplicável a mediadores de seguro a título acessório desde que, relativamente a seguros não obrigatórios, se encontrem preenchidos certos pressupostos relativos (*i*) à complementaridade do seguro face ao serviço prestado e a cobertura, por esse seguro, de certos tipos de riscos ou danos e (*ii*) determinados limiares quantitativos relativos ao valor do prémio (quanto a valor regra dos 600 €: cura-se de uma verba inferior a 2 euros por dia, esclarecendo-se na *Proposta de Diretiva*, p. 7, que se trata de montantes devidos por contrato e por dia. Assim, «a título de exemplo, os oculistas que vendem seguros complementares para os seus óculos continuarão a não ser abrangidos pela diretiva»). Com alterações, a presente regra está em linha com o regime desenhado pelo pretérito artigo 3º, nº 2 da LMS. Se o ponto não se prender com a distribuição de seguros de forma complementar à atividade profissional do mediador acessório, mas, ao invés, à prestação de informações parece valer a possível exclusão contida na al. *a*) do nº 1.

Sobre a matéria, cfr., por exemplo, o nº 3 do artigo 107 do *Codice delle Assicurazione Private* e as anotações de Sara Landini, «§ 244 – Disposizoni Generali. La Distribuzione Assicurativa», in *Le Assicurazioni* (a cura di La Torre), IV ed., Milano, 2019, pp. 1657 e ss..

ANOTAÇÃO *(José Vasques)*

I. O art. 3º do *regime jurídico da mediação de seguros e de resseguros* continha disposições parcialmente assimiláveis às do presente artigo

II. Cfr. considerandos (12) a (15), e arts. 1º, nºs 3, als. *a)* a *c)*, e 6, e 2º, nº 2, als. *a)* a *d)*, da Diretiva (UE) 2016/97.

III. O artigo sob anotação exclui do âmbito de aplicação do *regime jurídico da distribuição de seguros e de resseguros*, desde que verificadas determinadas circunstâncias, a prestação de informações a um cliente a título ocasional no contexto de outra atividade profissional (tais como peritos fiscais, contabilistas ou advogados), a gestão de sinistros de uma empresa de seguros ou de resseguros a título profissional e a regularização e peritagem de sinistros, o simples fornecimento de dados e informações sobre potenciais tomadores a mediadores de seguros ou resseguros ou a empresas de seguros ou de resseguros, o simples fornecimento de informações sobre produtos de seguros ou de resseguros ou sobre um *mediador de seguros* ou *de resseguros* ou uma *empresa de seguros* ou *de resseguros* a potenciais tomadores de seguros ou de resseguros e a atividade de distribuição de seguros ou de resseguros no que se refere a riscos e responsabilidades localizados fora da União Europeia (nº 1), bem como a atividade dos *mediadores de seguros a título acessório* que exerçam atividades de distribuição de seguros não obrigatórios (nº 2).

O regime jurídico sob anotação *não é aplicável* a nenhuma daquelas situações, mas enquanto as situações enumeradas sob o nº 1 estão claramente fora do âmbito de aplicação daquele regime em função do seu caráter ocasional [al. *a)*], manifestamente diverso [al. *b)*], que não envolve qualquer assistência relativamente à celebração de um contrato de seguro ou de resseguro [als. *c)* e *d)*] ou, finalmente, por dizer repeito a riscos e responsabilidades localizados fora da União Europeia [al. *e)*], que não parecem requerer especiais medidas de proteção dos consumidores, no nº 2 estamos perante *atividades de distribuição de seguros* (proémio), isto é, enquanto as situações elencadas no nº 1 apresentam maior dificuldade em se inscrever na definição de *distribuição de seguros* [art. 4º, al. *d)*], o nº 2 refere-se a pessoas *que exerçam atividades de distribuição de seguros* mas a quem, verificadas determinadas condições, o regime se não aplica, e daí que se possa qualificar a sua atividade como de *mediação de seguros* em sentido impróprio (v. a nossa anotação ao art. 8º).

Ainda que o presente regime não seja aplicável à *mediação de seguros* em sentido impróprio, haverá que considerar as situações em que se prevê a possibilidade de os *mediadores de seguros*, as *empresas de seguros* e as *empresas de resseguros* poderem utilizar esses serviços, desde que garantidas determinadas condições (arts. 24º, nº 1, al. p), 37º, nº 3, e 38º, nº 2).

Efetivamente, à semelhança do que se previa no (art. 3º, nº 2) do *regime jurídico da mediação de seguros e de resseguros*, as pessoas (nº 2) que preencham os requisitos de que depende a classificação na categoria de *mediador de seguros a título acessório* [art. 4º, *d*)], caso se encontrem reunidas as seguintes *condições de isenção* [considerando (8) da Diretiva (UE) 2016/97] cumulativas:

a) exerçam atividades de distribuição de seguros não obrigatórios;

b) o seguro que distribuam for complementar de um bem fornecido ou de um serviço prestado por um fornecedor e esse seguro cubra:

i) o risco de avaria ou de perda do bem fornecido ou de danos a esse bem, ou a não utilização do serviço prestado por esse fornecedor; ou
ii) os danos em bagagens ou a perda das mesmas e demais riscos associados a uma viagem reservada junto desse fornecedor; e

c) o montante do prémio pago pelo produto de seguros não exceda 600 €, calculados numa base anual *pro rata*, ou o montante do prémio pago por pessoa não exceda 200 €, caso a duração do serviço relativamente ao qual o seguro seja complementar seja igual ou inferior a três meses, não são abrangidas pelo *regime jurídico da mediação de seguros e de resseguros*, visando-se com esta previsão abranger, nomeadamente, as agências de viagens e as empresas de aluguer de automóveis [considerando (8) da Diretiva (UE) 2016/97].

Nada impede, no entanto, que as pessoas que reúnam aquelas *condições de isenção*, optem pelo exercício dessa atividade de distribuição de seguros, na qualidade de *mediadores de seguros a título acessório* ou de *agente de seguros*, desde que preencham as respetivas condições comuns (arts. 11º a 15º) e específicas (arts. 16º e 17º) de acesso.

Sobre este ponto v., também, as nossas anotações aos arts. 1º, 8º, 9º, 24º e 37º

A determinação de que o presente regime *não é aplicável à gestão de sinistros de uma empresa de seguros ou de resseguros a título profissional e a regularização e peritagem de sinistros* [nº 1, al. *b)*] necessita de ser conjugada com o segmento da definição legal de *distribuição de seguros* que a descreve como a atividade de *apoiar a gestão e a execução desses contratos* [de seguro], *em especial em caso de sinistro* [art. 4º, al. *a)*]; há que notar que *gestão de sinistros* e *apoiar a gestão* [...] *desses contratos, em especial em caso de sinistro* (dito de outra forma, *apoiar a gestão de sinistros*) são atividades diferentes, materializando-se a última em diligências acessórias ou auxiliares da primeira, da mesma forma que esta se socorre de outros profissionais, tais como advogados, médicos e peritos; assim, enquanto a *gestão de sinistros* está fora do âmbito de aplicação do *regime jurídico da distribuição de seguros e de resseguros*, a *prestação de apoio à gestão de sinistros* pode estar incluída na atividade de mediação [uma vez que a *mediação* consiste na atividade de *distribuição de seguros e de resseguros*, cfr. art. 4º, als. *c)* e *d)*], designadamente quando tenha sido prevista nos termos do contrato celebrado entre o *mediador de seguros* e a *empresa de seguros*.

Compara-se seguidamente o artigo sob anotação com o que lhe correspondia no *regime da mediação de seguros e de resseguros*, para melhor evidenciar nos seus comentários as alterações introduzidas:

Regime jurídico da mediação de seguros e de resseguros Artigo 3º Exclusões	*Regime jurídico da distribuição de seguros e de resseguros* Artigo 2º Exclusões
1 – O presente decreto-lei não é aplicável: *a)* A atividades assimiláveis a mediação de seguros ou de resseguros, quando exercidas por uma empresa de seguros ou de resseguros, no que se refere aos seus próprios produtos, ou por um trabalhador que atue sob responsabilidade da empresa de seguros ou de resseguros, no quadro do respetivo vínculo laboral;	1 – O presente regime não é aplicável:

Uma vez que a lei define como *«Distribuidor de seguros», um mediador de seguros, um mediador de seguros a título acessório ou uma empresa de seguros* [art. 4º, al. *b)*, sublinhado adicionado], a exclusão prevista pelo artigo 3º, nº 1, alínea *a)*, do anterior regime, deixou de ter sentido.

b) À prestação de informações a título ocasional no contexto de outra atividade profissional, desde que essa atividade não se destine a assistir o cliente na celebração ou na execução de um contrato de seguro ou de resseguro, ou envolva atividades de gestão de sinistros de uma empresa de seguros ou de resseguros numa base profissional, ou de regularização e de peritagem de sinistros;	a) À prestação de informações a um cliente a título ocasional no contexto de outra atividade profissional, caso: i) O prestador dessas informações não tome medidas adicionais para assistir na celebração ou na execução de um contrato de seguro ou de resseguro; e ii) O objetivo de tal atividade não seja assistir o cliente na celebração ou execução de um contrato de seguro ou resseguro; b) À gestão de sinistros de uma empresa de seguros ou de resseguros a título profissional e a regularização e peritagem de sinistros; c) Ao simples fornecimento de dados e informações sobre potenciais tomadores a mediadores de seguros ou resseguros ou a empresas de seguros ou de resseguros, se o prestador não tomar medidas adicionais para assistir na celebração de um contrato de seguro ou de resseguro;

	d) Ao simples fornecimento de informações sobre produtos de seguros ou de resseguros ou sobre um mediador de seguros ou de resseguros ou uma empresa de seguros ou de resseguros a potenciais tomadores de seguros ou de resseguros, se o prestador não tomar medidas adicionais para assistir na celebração de um contrato de seguro ou de resseguro;

Em rigor, apenas as alíneas *c)* e *d)* do nº 1, constituem exclusões inovadoras relativamente ao previsto no *regime jurídico da mediação de seguros e de resseguros*; as referidas alíneas referem-se à *prestação de informação sobre um ou mais contratos de seguros em resposta aos critérios selecionados pelo cliente através de um sítio na Internet ou por outros meios de comunicação, ou no fornecimento de uma tabela de classificação de produtos de seguros ou de um desconto sobre o preço de um contrato de seguro* e *às atividades de simples apresentação consistentes no fornecimento de dados e informações sobre potenciais tomadores a mediadores ou empresas de seguros ou de resseguros, ou de informações sobre produtos, mediadores ou empresas de seguros ou de resseguros a potenciais tomadores* [considerandos (12) e (13) da Diretiva (UE) 2016/97], em ambos os casos, desde que o prestador não tome medidas adicionais para assistir na celebração de um contrato de seguro ou de resseguro.

c) A atividades de mediação de seguros ou de resseguros no que se refere a riscos e responsabilidades localizados fora da União Europeia.	*e)* À atividade de distribuição de seguros ou de resseguros no que se refere a riscos e responsabilidades localizados fora da União Europeia.

À semelhança do regime jurídico anterior, o atual também não se aplica a riscos e responsabilidades localizados fora da União Europeia.

2 – O presente decreto-lei também não é aplicável às pessoas que prestem serviços de mediação em contratos de seguro não obrigatórios nas situações em que se encontrem reunidas, cumulativamente, as seguintes condições:	2 – O presente regime também não é aplicável a pessoas que preencham os requisitos previstos na alínea *d*) do artigo 4º, que exerçam atividades de distribuição de seguros não obrigatórios, caso se encontrem reunidas as seguintes condições:

a) O contrato de seguro requerer exclusivamente o conhecimento da cobertura fornecida pelo seguro; *b)* O contrato de seguro não ser um contrato de seguro de vida; *c)* O contrato de seguro não prever qualquer cobertura de responsabilidade civil; *d)* A atividade profissional principal da pessoa não consistir na mediação de seguros;	

Por força da remissão para o artigo 4º, alínea *d)*, do regime sob anotação, deixam de fazer sentido as exclusões previstas pelo artigo 3º, nº 2, alíneas *b)* a *d)*, do regime anterior, uma vez que entre os requisitos a preencher, se exige que *i)* a atividade profissional principal da pessoa não consista na distribuição de seguros, *ii)* os produtos de seguros distribuídos sejam complementares de um bem ou de um serviço, *iii)* os produtos de seguros em causa não cubram riscos do ramo Vida ou de responsabilidade civil, salvo se essa cobertura for em complemento de um bem ou de um serviço prestado pelo mediador de seguros a título acessório no âmbito da sua atividade profissional principal, e *iv)* os produtos de seguros em causa não sejam *produtos de investimento com base em seguros* [cfr. art. 4º, al. *d)*].

e) O seguro ser complementar de um bem ou serviço fornecido por qualquer fornecedor, sempre que esse seguro cubra: i) Risco de avaria ou de perda de bens por ele fornecidos ou de danos a esses bens; ou ii) Risco de danos ou perda de bagagens e demais riscos associados a uma viagem reservada junto do fornecedor, ainda que o seguro cubra a vida ou a responsabilidade civil, desde que essa cobertura seja acessória em relação à cobertura principal dos riscos associados à viagem;	*a)* O seguro for complementar de um bem fornecido ou de um serviço prestado por um fornecedor e esse seguro cubra: i) O risco de avaria ou de perda do bem fornecido ou de danos a esse bem, ou a não utilização do serviço prestado por esse fornecedor; ou ii) Os danos em bagagens ou a perda das mesmas e demais riscos associados a uma viagem reservada junto desse fornecedor;

Para além da melhoria da redação, releva na subalínea *i)* a extensão ao risco da *não utilização do serviço prestado por esse fornecedor*, o qual se pode consubstanciar na *não utili-*

zação de um serviço que se espera seja utilizado num determinado momento, como uma viagem de comboio, uma assinatura num ginásio ou para uma temporada de teatro, bem como outros riscos associados a viagens, como, por exemplo, o cancelamento de uma viagem ou o extravio de bagagem [considerando (15) da Diretiva (UE) 2016/97].

f) O montante do prémio anual não exceder € 500 e a duração total do contrato de seguro, incluindo eventuais renovações, não exceder um período de cinco anos.	*b)* O montante do prémio pago pelo produto de seguros não exceda 600 €, calculados numa base anual *pro rata*, ou o montante do prémio pago por pessoa não exceda 200 €, caso a duração do serviço relativamente ao qual o seguro seja complementar seja igual ou inferior a três meses.

É estabelecido em 200 € o montante máximo do prémio por pessoa quando se trate de seguro complementar de serviço com duração igual ou inferior a três meses; nos restantes produtos de seguros, o montante máximo do prémio não pode exceder 600 €, calculados, apenas nestes casos, numa base *pro rata*; a duração do contrato de seguro passa a ser irrelevante, deixando de se aplicar o limite de cinco anos, incluindo renovações, como limite para a duração máxima do contrato de seguro.

Embora generalizada, a utilização da expressão *produto de seguros* resulta, neste contexto, perturbadora, designadamente por estar vedada às pessoas abrangidas pelas *condições de isenção* a distribuição de *produtos de investimento com base em seguros* (cfr., acima, comentário ao nº 2; para um comentário mais extenso à utilização da expressão *produto* v. a nossa a nossa anotação ao artigo 41º).

As empresas de seguros deverão comunicar anualmente à ASF, nos termos de norma regulamentar a adotar por aquela autoridade, a identificação das pessoas que ao seu serviço distribuam produtos de seguro, quer se trate de mediadores de seguros e de mediadores de seguros a título acessório quer de pessoas abrangidas pelo artigo 2º, nº 2, bem como as remunerações pagas pela distribuição de seguros [art. 13º, al. *u)*, da Lei preambular].

IV. Disposições relacionadas: art. 13º, al. *u)*, da Lei preambular, e arts. 1º, 4º, als. *c)* e *d)*, 8º, 9º, nº 1, al. *b)*, 18º, nº 1, al. *a)*, 24º, nº 1, al. *p)*, 37º, nº 3, 38º, nº 2, e 41º

ANOTAÇÃO (*Margarida Lima Rego*)

1. O preceito em anotação apresenta-nos um leque de atividades não sujeitas ao regime de acesso e de exercício da atividade de distribuição de seguros ou de resseguros.

O nº 1 dispõe, muito laconicamente, que o regime «não é aplicável» às atividades nele descritas. Importa perceber se assim é porque tais atividades não correspondem a distribuição de seguros ou porque, apesar de o serem, ainda assim se entende deverem ficar de fora do âmbito de aplicação do regime de acesso e de exercício da atividade de distribuição de seguros ou de resseguros.

Esta lei define a distribuição de seguros como «qualquer atividade que consista em prestar aconselhamento, propor ou praticar outros atos preparatórios da celebração de contratos de seguro, em celebrar esses contratos ou em apoiar a gestão e a execução desses contratos, em especial em caso de sinistro, incluindo a prestação de informações sobre um ou mais contratos de seguro, de acordo com os critérios selecionados pelos clientes através de qualquer meio, nomeadamente através de um sítio na Internet, e a compilação de uma lista de classificação de produtos de seguros, incluindo a comparação de preços e de produtos ou um desconto sobre o preço de um contrato de seguro, quando o cliente puder celebrar direta ou indiretamente um contrato de seguro, nomeadamente recorrendo a um sítio na Internet ou a outros meios» (alínea *a*) do art. 4º).

A definição é propositadamente ampla, porque se entendeu que a aplicação do regime anterior «veio demonstrar que diversas disposições terão de ser melhor esclarecidas com vista a facilitar o exercício de distribuição de seguros e que a proteção dos consumidores exige o alargamento do âmbito de aplicação da referida diretiva a todas as vendas de produtos de seguros» (Considerando 7 da DDS).

Além da mediação de seguros, o regime é agora alargado às próprias empresas de seguros, com o intuito de «garantir a aplicação do mesmo nível de proteção dos consumidores e a possibilidade de todos os consumidores beneficiarem de normas comparáveis», bem como «promover a igualdade de condições e a concorrência entre os mediadores, quer estejam ligados a uma empresa de seguros quer não», porque «[é] vantajoso para os consumidores que os produtos de seguros sejam distribuídos através de diferentes canais e de mediadores com diferentes formas de cooperação com empresas de seguros, desde que apliquem regras semelhantes em matéria de proteção dos consumidores» (Considerando 16 da DDS).

Admitindo que a definição de «distribuição de seguros» constante da alínea *a*) do art. 4º seria suficientemente ampla para que nela se considerassem contempladas algumas atividades que o presente regime não tem por vocação regular, o preceito afasta tais atividades do seu alcance. Importa, no entanto, dar nota de que o nº 2 do art. 2º da DDS é, neste ponto, ligeiramente mais claro: nele se estabelece que, para o efeito de delimitação do âmbito de aplicação do regime, nenhuma das atividades neles descritas, e que no preceito em anotação são referidas nas alíneas *a*) a *d*) do nº 1, é considerada distribuição de seguros ou de resseguros. Já a atividade de distribuição de seguros ou de resseguros de riscos e responsabilidades localizados fora da União Europeia (alínea *e*) do nº 1) corresponde, indubitavelmente, a distribuição de seguros ou resseguros, embora tão-pouco se pretenda abrangê-la neste regime. Houve aqui uma justaposição, no mesmo número, de atividades afastadas a títulos distintos. Esta última ressalva corresponde ao disposto no nº 6 do art. 1º da DDS.

A lista de atividades constante das alíneas *a*) a *d*) do nº 1 será meramente exemplificativa. Toda e qualquer atividade que não corresponda materialmente a distribuição de seguros ou de resseguros ficará de fora do âmbito de aplicação deste regime. Estas são apenas aquelas atividades que se entendeu demarcar dessa categoria de forma explícita, dada a sua aparente proximidade com distribuição de seguros.

2. Das várias atividades que aqui se excluem do âmbito de aplicação do regime, a que mais dúvidas suscita, pela ambiguidade da sua letra, é a da alínea *a*) do nº 1. Podem ser prestadas informações a clientes sobre contratos de seguros, a título ocasional e no contexto de outra atividade profissional, desde que o prestador não tenha por objetivo nem tome «medidas adicionais» para assistir na celebração ou na execução de um contrato de seguro ou de resseguro.

O limite é aqui delineado em termos excessivamente vagos. Parece estar em causa, designadamente, a delicada fronteira entre a atividade de distribuição de seguros e o normal exercício da advocacia e solicitadoria.

A Lei nº 49/2004, de 24 de agosto, identifica as principais categorias de atos que são próprios dos advogados e dos solicitadores, que são aqueles que, em regra, apenas aqueles poderão praticar. Entre os atos próprios dos advogados e dos solicitadores sobreleva «a elaboração de contratos e a prática dos atos preparatórios tendentes à constituição, alteração ou extinção de negócios jurídicos» (alínea *a*) do nº 6 do art. 1º).

Do confronto de todas estas regras parece resultar que, se a assistência aos clientes na celebração de contratos é algo que é próprio de advogados e solicitadores, essa mesma assistência não pode de modo algum ser posta em causa, passando a qualificar-se como distribuição de seguros, apenas pela circunstância de ser de seguros, e não de outra modalidade, o contrato para cuja negociação, celebração ou execução se contribui. No entanto, a definição de «distribuição de seguros» constante da alínea *a*) do art. 4º inclui expressamente como atos seus os de «prestar aconselhamento, propor ou praticar outros atos preparatórios da celebração de contratos de seguro, em celebrar esses contratos ou em apoiar a gestão e a execução desses contratos». Não fora a referência aos seguros, dir-se-ia que esta é uma boa descrição de muito do trabalho de um advogado de negócios (por contraposição a um barrista).

Para afastar uma atividade de aconselhamento jurídico de um território que ainda é próprio do exercício da advocacia ou solicitadoria e a empurrar em definitivo para a esfera da distribuição de seguros, será necessário que além do mero aconselhamento jurídico o profissional em causa pratique atos que extravasem e descaracterizem esse aconselhamento, correspondendo materialmente a intermediação de seguros. Assim, apenas estaria vedado aos advogados e solicitadores dirigirem-se ao mercado em busca dos produtos mais adequados aos seus clientes com necessidades de seguros, ou vice-versa. A partir do momento em que uma das partes se lhes dirige já com um ou mais clausulados na mão em busca de aconselhamento jurídico, não se vê que esse aconselhamento possa, para este efeito, qualificar-se como distribuição de seguros.

3. O nº 2 contém uma versão ligeiramente retocada da já conhecida exclusão *de minimis*. O preceito admite que a atividade de que trata deve qualificar como distribuição de seguros, determinando, no entanto, a sua não sujeição ao regime de acesso e de exercício da atividade de distribuição de seguros ou de resseguros, desde que preenchidos todos os requisitos que fixa, em articulação com o disposto na alínea *d*) do art. 4º. Segue o disposto no nº 3 do art. 1º da DDS.

Em suma, a exclusão *de minimis* não se aplica a mediadores de seguros a título acessório que, cumulativamente, preencham os seguintes requisitos:

- a atividade de distribuição de seguros é acessória da sua atividade profissional principal;
- os seguros distribuídos não sejam obrigatórios;
- os seguros distribuídos sejam complementares de um bem ou de um serviço;
- não sejam seguros de vida ou de responsabilidade civil, exceto se em complemento do bem ou serviço, desde que não se trate de produtos de investimento com base em seguros;
- os seguros cubram o risco de avaria ou perda do bem ou de não utilização do serviço; ou os danos em/perda de bagagens e demais riscos associados a uma viagem reservada junto desse fornecedor;
- o montante do prémio não exceda € 600 numa base anual *pro rata*, ou € 200 por pessoa, caso a duração do serviço seja igual ou inferior a três meses.

Confrontando a nova versão da exceção *de minimis* com a sua antecessora, é de sublinhar a atualização dos valores máximos e o desaparecimento do requisito do período máximo de cinco anos de duração total dos contratos de seguro, incluindo eventuais renovações (nº 2 do art. 3º da anterior Lei da Mediação de Seguros, com origem no nº 2 do art. 1º da DMS).

Esta exclusão não aproveita aos concessionários automóveis, porque o principal seguro por estes distribuído é um seguro obrigatório de responsabilidade civil. Já as agências de viagens terão hipótese de nela serem enquadradas, o mesmo se afirmando dos estabelecimentos de venda de produtos que ofereçam as comummente designadas «extensões de garantia». O então denominado Instituto de Seguros de Portugal publicou em tempos um entendimento segundo o qual o contrato de extensão de garantia pode configurar um verdadeiro contrato de seguro, cuja comercialização pode no entanto ficar de fora do âmbito de aplicação, à época, do regime de acesso e de exercício da atividade de mediação de seguros, precisamente em virtude da aplicação da exclusão *de minimis*, «dado tratar-se de um seguro complementar de bem fornecido, garantindo risco de avaria ou dano nesse mesmo bem» (Entendimento do ISP de 01.08.2007, relativo à garantia, por empresas de seguros, do risco incorrido por concessionários de automóveis na venda de veículos).

ARTIGO 3º - Extensão

1 – O disposto no presente regime, com exceção do previsto no capítulo VI, é aplicável, com as devidas adaptações, ao acesso e exercício da atividade de distribuição realizada por mediadores de seguros no âmbito de fundos de pensões geridos, nos termos legais e regulamentares em vigor, por empresas de seguros ou sociedades gestoras de fundos de pensões autorizadas a operar no território português.

2 – O disposto no presente regime é aplicável, com as devidas adaptações, ao exercício da atividade de distribuição desenvolvida por mediadores de seguros, no âmbito de fundos de pensões geridos por empresas de seguros ou sociedades gestoras de fundos de pensões autorizadas a operar no território português, que exerçam esta atividade em outros Estados-Membros da União Europeia, desde que os mesmos cumpram os requisitos legais e regulamentares aplicáveis.

ANOTAÇÃO *(José Vasques)*

I. Cfr. arts. 4º do *regime jurídico da mediação de seguros e de resseguros*, e 52º, nº 2, do *regime jurídico da constituição e funcionamento dos fundos de pensões e das entidades gestoras de fundos de pensões*.

II. Não resulta da transposição da Diretiva (UE) 2016/97.

III. À semelhança do que já sucedia no anterior *regime jurídico da mediação de seguros e de resseguros* (art. 4º), o *regime jurídico da distribuição de seguros e resseguros* aplica-se também à distribuição de *fundos de pensões*.

O *regime jurídico da constituição e funcionamento dos fundos de pensões e das entidades gestoras de fundos de pensões* prevê igualmente que à atividade de mediação de *fundos de pen-*

sões se aplica, com as devidas adaptações, o regime constante da legislação que regula as condições de acesso e de exercício da atividade de mediação de seguros, e habilita a ASF a definir, por norma regulamentar, regras complementares às previstas nesse regime, tendo em atenção a natureza específica dos *fundos de pensões* (art. 52º, nº 2).

A *extensão* da aplicação do presente regime jurídico à distribuição *no âmbito de fundos de pensões* circunscreve-se expressamente aos *mediadores de seguros* (previsão reiterada pelo art. 10º, nº 2), exclui, *a contrario*, essa distribuição por outros distribuidores, isto é, por *mediadores de resseguros*, por *mediadores de seguros a título acessório* e por *empresas de seguros* e *de resseguros*, bem como pelas pessoas previstas no artigo 2º, nº 2.

A distribuição de *fundos de pensões* exercida por *mediadores de seguros* enquadra-se no ramo Vida (mas v. a nossa anotação ao art. 10º, nº 2).

Sobre o alargamento objetivo e subjetivo da incidência do *regime jurídico da distribuição de seguros e de resseguros* v. a nossa anotação ao artigo 1º

IV. Disposições relacionadas: arts. 1º e 10º, nº 2.

ARTIGO 4º - Definições

Para efeitos do presente regime, entende-se por:

_a_) «Distribuição de seguros» qualquer atividade que consista em prestar aconselhamento, propor ou praticar outros atos preparatórios da celebração de contratos de seguro, em celebrar esses contratos ou em apoiar a gestão e a execução desses contratos, em especial em caso de sinistro, incluindo a prestação de informações sobre um ou mais contratos de seguro, de acordo com os critérios selecionados pelos clientes através de qualquer meio, nomeadamente através de um sítio na Internet, e a compilação de uma lista de classificação de produtos de seguros, incluindo a comparação de preços e de produtos ou um desconto sobre o preço de um contrato de seguro, quando o cliente puder celebrar direta ou indiretamente um contrato de seguro, nomeadamente recorrendo a um sítio na Internet ou a outros meios;

_b_) «Distribuidor de seguros» um mediador de seguros, um mediador de seguros a título acessório ou uma empresa de seguros;

_c_) «Mediador de seguros» qualquer pessoa singular ou coletiva, com exceção de empresas de seguros ou de resseguros e dos seus trabalhadores e de mediadores de seguros a título acessório, que inicie ou exerça, mediante remuneração, a atividade de distribuição de seguros;

_d_) «Mediador de seguros a título acessório» qualquer pessoa singular ou coletiva, com exceção das instituições de crédito ou de empresas de investimento definidas nos pontos 1 e 2 do nº 1 do artigo 4º do Regulamento (UE) nº 575/2013

do Parlamento Europeu e do Conselho, de 26 de junho de 2013, que inicie ou exerça, mediante remuneração, a atividade de distribuição de seguros numa base acessória, desde que estejam reunidas as seguintes condições:

i) A atividade profissional principal da pessoa não consista na distribuição de seguros;

ii) Os produtos de seguros distribuídos sejam complementares de um bem ou de um serviço;

iii) Os produtos de seguros em causa não cubram riscos do ramo Vida ou de responsabilidade civil, salvo se essa cobertura for em complemento de um bem ou de um serviço prestado pelo mediador de seguros a título acessório no âmbito da sua atividade profissional principal; e

iv) Os produtos de seguros em causa não sejam produtos de investimento com base em seguros;

e) «Empresa de seguros» uma empresa na aceção da alínea *a*) do nº 1 do artigo 5º do regime jurídico de acesso e exercício da atividade seguradora e resseguradora, constante do anexo I da Lei nº 147/2015, de 9 de setembro;

f) «Distribuição de resseguros» qualquer atividade que consista em prestar aconselhamento, propor ou praticar outros atos preparatórios da celebração de contratos de resseguro, em celebrar esses contratos ou em apoiar a gestão e a execução desses contratos, em especial em caso de sinistro, inclusive se forem exercidas por uma empresa de resseguros sem a intervenção de um mediador de resseguros;

g) «Mediador de resseguros» qualquer pessoa singular ou coletiva, com exceção das empresas de resseguros ou dos seus trabalhadores, que inicie ou exerça, mediante remuneração, a atividade de distribuição de resseguros;

h) «Empresa de resseguros» uma empresa na aceção da alínea *d*) do nº 1 do artigo 5º do regime jurídico de acesso e exercício da atividade seguradora e resseguradora, constante do anexo I da Lei nº 147/2015, de 9 de setembro;

i) «Remuneração» uma comissão, honorários, encargos ou outro pagamento, incluindo um benefício económico de qualquer espécie, ou qualquer outra vantagem ou incentivo financeiros ou não financeiros, oferecidos ou concedidos em contrapartida de atividades de distribuição de seguros ou de resseguros;

j) «Estado-Membro de origem»:

i) Quando se trate de pessoa singular, o Estado-Membro em que se situa a residência do mediador de seguros, de resseguros ou de seguros a título acessório;

ii) Quando se trate de pessoa coletiva, o Estado-Membro em que se situa a sede social do mediador de seguros, de resseguros ou de seguros a título acessório ou, se não dispuser de sede social de acordo com o seu direito nacional, o Estado-Membro em que se situa o seu estabelecimento principal;

k) «Estado-Membro de acolhimento» o Estado-Membro no qual o mediador de seguros, de resseguros ou de seguros a título acessório dispõe de uma sucursal, ou em que presta serviços, e que não é o seu Estado-Membro de origem;

l) «Sucursal» uma agência, sucursal, delegação ou outra forma local de representação de um mediador de seguros, de resseguros ou de seguros a título acessório, localizados no território de um Estado-Membro diferente do Estado-Membro de origem, sendo como tal considerada qualquer presença permanente em território da União Europeia, mesmo que exercida através de um simples escritório gerido por pessoal do próprio mediador de seguros, de resseguros ou de seguros a título acessório ou por uma pessoa independente mas mandatada para agir permanentemente em nome do mediador de seguros, de resseguros ou de seguros a título acessório como o faria uma agência;

m) «Autoridades competentes» as autoridades designadas em cada Estado-Membro da União Europeia para exercerem a supervisão da atividade de distribuição de seguros e de resseguros;

n) «Participação qualificada» a participação prevista na alínea *f*) do nº 1 do artigo 6º do regime jurídico de acesso e exercício da atividade seguradora e resseguradora, constante do anexo I da Lei nº 147/2015, de 9 de setembro;

o) «Relações estreitas» relações estreitas na aceção da alínea *d*) do nº 1 do artigo 6º do regime jurídico de acesso e exercício da atividade seguradora e resseguradora, constante do anexo I da Lei nº 147/2015, de 9 de setembro;

p) «Local de atividade principal» o local a partir do qual é gerida a atividade principal;

q) «Aconselhamento» a formulação de uma recomendação pessoal a um cliente, quer a seu pedido quer por iniciativa do distribuidor de seguros, em relação a um ou mais contratos de seguro;

r) «Produto de investimento com base em seguros» um produto de seguros que oferece um prazo de vencimento ou valor de resgate, sempre que esse prazo de vencimento ou esse valor de resgate se encontre total ou parcialmente exposto, de forma direta ou indireta, a flutuações de mercado, e que não inclui:

i) «Produtos de seguro dos ramos Não Vida», constantes do artigo 8º do regime jurídico de acesso e exercício da atividade seguradora e resseguradora, constante do anexo I da Lei nº 147/2015, de 9 de setembro;

ii) «Produtos de seguro do ramo Vida», em que as prestações previstas no contrato são exclusivamente pagas por morte ou incapacidade causada por acidente, doença ou invalidez;

iii) «Produtos de pensões», que têm como objetivo principal proporcionar ao investidor um rendimento na reforma e que conferem ao investidor o direito a receber determinadas prestações;

iv) «Produtos de pensões profissionais oficialmente reconhecidos», abrangidos pelo âmbito da Diretiva 2003/41/CE do Parlamento Europeu e do Conselho, de 3 de junho de 2003, ou da Diretiva 2009/138/CE do Parlamento Europeu e do Conselho, de 25 de novembro de 2009;

v) «Produtos individuais de pensões de reforma», relativamente aos quais se exige uma contribuição do empregador e o empregado não pode escolher nem o produto nem o prestador;

s) «Pessoa diretamente envolvida na atividade de distribuição de seguros ou de resseguros» uma pessoa singular ligada a um mediador de seguros, de resseguros, de seguros a título acessório ou a uma empresa de seguros ou de resseguros através de um vínculo laboral ou de qualquer outra natureza e que ao seu serviço exerce ou participa no exercício de qualquer das atividades previstas nas alíneas *a*) ou *f*), em qualquer caso, com interlocução direta com o cliente;

t) «Carteira de seguros» o conjunto de contratos de seguro relativamente aos quais o mediador de seguros ou o mediador de seguros a título acessório exerce a atividade de distribuição e por virtude dos quais são criados na sua esfera jurídica direitos e deveres para com empresas de seguros e tomadores de seguros e segurados;

u) «Contrato de seguro» os contratos de seguro e as operações de capitalização celebrados por empresas de seguros autorizadas a operar no território português;

v) «Tomador do seguro» a pessoa que celebra o contrato de seguro com a empresa de seguros, sendo responsável pelo pagamento do prémio, incluindo o subscritor, ou a pessoa que contrata uma operação de capitalização com uma empresa de seguros, sendo responsável pelo pagamento da prestação;

w) «Grandes riscos» os riscos definidos no nº 2 do artigo 5º do regime jurídico de acesso e exercício da atividade seguradora e resseguradora, constante do anexo I da Lei nº 147/2015, de 9 de setembro;

x) «Suporte duradouro» qualquer instrumento que permita ao cliente armazenar informações que lhe sejam dirigidas pessoalmente, de tal forma que possam ser consultadas posteriormente durante um período adequado aos fins a que se destinam, e que permita a reprodução exata das informações armazenadas.

ANOTAÇÃO (*José Alves de Brito*)

I. *Considerandos da DDS*: *vide* considerandos (5), (6), (7), (8), (12), (13), (14), (15), (17) e (51).

II. *Origem da disposição*: Corresponde ao artigo 5º da LMS, com modificações de particular relevo. *Vide* o artigo 2º da DDS e, nos trabalhos preparatórios do novo regime, o artigo 5 do Projeto ASF (Versão Preliminar) e o artigo 4º do anexo a que se refere o nº 2 do artigo 1º da Proposta de Lei nº 138/XIII/3ª (Gov.).

III. *Novo regime*: não obstante as suas 25 alíneas, as inovações mais significativas introduzidas pelo presente preceito traduzem-se no seguinte: *a*) novo conceito de distribuição de seguros e de resseguros (substituindo a definição de mediação de seguros e de resseguros); *b*) novo conceito de distribuidor de seguros, *c*) introdução, no corpo das definições, do conceito de aconselhamento e *d*) a noção de produto de investimento com base em seguros (*vide* o regime destes produtos nos artigos 40º e ss., e, em particular, a possibilidade de venda com ou sem aconselhamento – artigos 41º e 42º da LDSR).

Para efeitos do regime da LDSR, a distribuição de seguros compreende: (*i*) qualquer atividade que consista em prestar aconselhamento (o que se deve entender como um acto preparatório da celebração do contrato, conquanto o aconselhamento não seja obrigatório – cfr. artigo 31º, nº 2, al. *b*) da LDSR); (*ii*) a atividade de propor ou praticar outros actos preparatórios da celebração de contratos de seguro (a menção à *apresentação* de um contrato de seguro, presente no artigo 5, al. *a*) da LMS, é suprimida, sugerindo a leitura da *Proposta de Diretiva*, p. 32, que o aconselhamento abrange necessariamente a apresentação de um contrato de seguro) ou (*iii*) a atividade de apoiar a gestão e a execução do contrato de seguro, em especial em caso de sinistro. É inovadora (ao menos formalmente inovadora) a inclusão da (*iv*) prestação de informações sobre um ou mais contratos de seguro, de acordo com os critérios selecionados pelos clientes através de qualquer meio, nomeadamente através de um sítio na Internet ou a compilação de uma lista de classificação de produtos de seguros, incluindo a comparação de preços e de produtos ou um desconto sobre o "preço" de um contrato de seguro, quando o cliente puder celebrar direta ou indiretamente um contrato de seguro (tem-se em vista o enquadramento dos designados "comparadores" ou "agregadores", realidade a cujo propósito o Projeto ASF aludia o seguinte: «ainda que por via interpretativa já se pudesse defender que alguns sítios na Internet comparativos de seguros estão sujeitos ao regime jurídico da mediação de seguros, sempre que revestissem as características da atividade regulada nesse enquadramento, o futuro regime deixa claro em que circunstância um sítio na Internet que compare condições contratuais ou prémios de seguro é considerada distribuição de seguros», o que denota que a pedra de toque há-de ser a possibilidade de celebrar direta ou indiretamente um contrato no final do encadeamento. Por seu turno, e em consequência, o considerando 12 da DDS, explicita que não estão sujeitos ao regime da distribuição os sítios na Internet geridos por autoridades publicas ou por associação de consumidores que não têm em vista celebrar contratos, mas apenas comparar produtos e seguros existentes no mercado.

O distribuidor de seguros (designação que, em rigor, a diretiva não compelia o legislador nacional a adotar) compreende um mediador de seguros, um mediador de seguros a título acessório ou uma empresa de seguros. Mediador de seguros é qualquer pessoa singular ou coletiva, que inicie ou exerça, mediante remuneração (cfr. 31º, nº 1, als. *h*) e *i*) da LDSR), a atividade de distribuição de seguros (em princípio, a título principal), não se incluindo nesta designação (*i*) as empresas de seguros, (*ii*) os seus trabalhadores e (*iii*) os mediadores de seguros a título acessório. As categorias de mediadores de seguros encontram-se previstas no artigo 9º da LDSR.

Os mediadores de seguro a título acessório (por exemplo, agências de viagens) compreendem qualquer pessoa singular ou coletiva que inicie ou exerça, mediante remuneração, a atividade de seguros numa base acessória, desde que estejam reunidas as condições cumulativas previstas nas als. *i*) a *iv*) da al. *d*); os mediadores acessórios não compreendem, todavia, as instituições de crédito e as empresas de investimento sendo, à data de produção de efeitos da LDSR (retroativamente? e) automaticamente registadas na categoria de agente de seguros (cfr. artigo 8º, nº 2 da Lei nº 7/2019, de 16 de janeiro). Os mediadores de seguros a título acessório compreendem os antigos mediadores de seguros ligados previstos na subalínea *ii*) da alínea *a*) do artigo 8º da LMS, abrangendo assim os designados *secondary intermediaries*. De todo o modo, note-se, os mediadores de seguros a título acessório poderão beneficiar do regime de isenção, caso se encontrem reunidas as condições previstas no artigo 2º, nº 2 da LDSR.

Às empresas de seguros, agora consideradas sujeitos da distribuição de seguros e da distribuição de resseguros, o legislador dedica, especificamente no que se reporta à atividade de distribuição de seguros, os complexos nºs 2 e ss. do artigo 37º da LDSR (cfr., por exemplo, nº 3 – «deveres aplicáveis com as devidas adaptações») em contraponto com o tratamento enxuto que lhe é dispensado noutros ordenamentos jurídicos estrangeiros (cfr. § 1a VVG).

O aconselhamento traduz-se numa recomendação pessoal a um cliente, seja a pedido do cliente (noção que, em rigor, a LDSR não precisa) ou por iniciativa do distribuidor. O conteúdo da recomendação pode ser mais ou menos complexo, podendo ser "simples" ou baseado numa análise imparcial e pessoal, o que naturalmente não se aplica quanto ao distribuidor que seja uma empresa de seguros. Seja como for, a recomendação é ajustada ao tipo de cliente, às informações por ele fornecidas e à complexidade do contrato de seguro recomendado (por exemplo, multirriscos).

Os produtos de investimento com base em seguros, por fim, são definidos na al. *r*) do presente artigo, a que acresce, ainda, os artigos 40º ss. da LDSR. Em resumo: cura-se aqui «da regulamentação das práticas de venda de produtos de seguro de vida com elementos de investimento, (pelo que) a nova versão da diretiva (DMS II) deverá satisfazer as mesmas normas de proteção que a MiFID II» – cfr. *Proposta de Diretiva*, p. 2.

ANOTAÇÃO *(José Vasques)*

I. Cfr. art. 5º do *regime jurídico da mediação de seguros e de resseguros*.

II. Cfr. art. 2º, da Diretiva (UE) 2016/97.

III. A generalidade das definições incluídas no *regime jurídico da distribuição de seguros e de resseguros* são diretamente provenientes do artigo 2º da Diretiva (UE) 2016/97.

A inclusão preliminar de *definições* é típica dos sistemas anglo-saxónicos e *entrou* no ordenamento jurídico nacional fundamentalmente por via do direito comunitário; boa parte das *definições* incluídas neste artigo são, no entanto, incompletas e requerem a sua conjugação com outras disposições do regime sob anotação – sirvam de exemplo as definições de *distribuição de seguros* [al. *a*)] e *aconselhamento* [al. *q*)], das quais só pode ter-se uma definição mais completa quanto se consideram, respetivamente, os artigos 1º e 8º, e 31º, 41º e 42º, cfr. as nossas anotações a esses artigos –, razão pela qual se remetem as anotações, quando justificadas, às *definições* contidas neste artigo, para as disposições em que sejam empregues neste regime jurídico.

IV. Disposições relacionadas:

ANOTAÇÃO (*Mafalda Miranda Barbosa*)

I. A Diretiva 2016/97/UE, do Parlamento Europeu e do Conselho, de 20 de Janeiro de 2016, sobre distribuição de seguros (DDS), oferece-nos um conceito amplo de distribuição de seguros, entendida como qualquer atividade que consista "em prestar aconselhamento, propor ou praticar outros atos preparatórios da celebração de contratos de seguro, em celebrar esses contratos ou em apoiar a gestão e a execução desses contratos, em especial em caso de sinistro, incluindo a prestação de informações sobre um ou mais contratos de seguro, de acordo com os critérios selecionados pelos clientes através de um sítio na Internet ou de outros meios e a compilação de uma lista de classificação de produtos de seguros, incluindo a comparação de preços e de produtos ou um desconto sobre o preço de um contrato de seguro, quando o cliente puder celebrar direta ou indiretamente um contrato de seguro recorrendo a um sítio na Internet ou a outros meios", nos termos do artigo 2º/1, 1) DDS, como pórtico de entrada para uma disciplina que altera não só as categorias de sujeitos que podem aceder à distribuição, como também as regras de acesso à atividade, e algumas das regras específicas que lhe eram aplicáveis.

II. O novo RJDSR, no seu artigo 4º, a), copia a definição da Diretiva. O objetivo é claro: perante a multiplicidade de atores que atuam no quadro da comercialização de seguros, importava garantir a igualdade de tratamento dos operadores, em nome da proteção dos consumidores. A única forma de o fazer seria impor a todos o mesmo regime jurídico. Nessa medida, as empresas de seguros e de resseguros passarão a estar vinculadas pelos mesmos deveres dos mediadores. Do mesmo modo, os *players* no mercado que vendam seguros a título acessório da sua atividade principal ficam, igualmente, abrangidos pelo novo quadro legal. Assim sendo, o conceito de distribuição deixa de se cingir – com o que classicamente é associado – à distribuição indireta, para incluir também a distribuição direta do produto por aquele que o cria.

III. Com isto alteram-se os sujeitos da distribuição. O distribuidor de seguros pode ser, agora, um mediador de seguros, um mediador de seguros a título acessório ou uma empresa de seguros.

IV. O mediador de seguros surge definido, no artigo 4º, c), como "qualquer pessoa singular ou coletiva, com exceção de empresas de seguros ou de resseguros e dos seus trabalhadores e de mediadores de seguros a título acessório, que inicie ou exerça, mediante remuneração, a atividade de distribuição de seguros". A noção aproxima-se fortemente da contida no artigo 2º/1, 3) DDS, que também define o mediador como como a pessoa singular ou coletiva que inicie ou exerça, mediante remuneração, a atividade de distribuição de seguro. Excluem-se da noção as empresas de seguros ou resseguros, os seus empregados e os mediadores de seguros a título acessório, que são os outros possíveis sujeitos da distribuição de seguros. A noção corresponde, *grosso modo*, àquela de mediador de seguro com que eramos confrontados no quadro do DL nº 144/2006, de 31 de Julho. Porém, com algumas diferenças: em primeiro lugar, excluir-se-ão da noção os mediadores de seguros a título acessório, que se aproximam dos mediadores de seguros ligados, que, anteriormente, integravam a categoria ampla de mediadores; em segundo lugar, a qualificação dos mediadores faz-se agora por referência à atividade de distribuição de seguros e não à atividade de mediação de seguros. Esta última diferença, contudo, não deve ser sobrevalorizada: é que, sendo uma categoria específica de distribuidor, o mediador de seguros desenvolverá a sua atividade em similitude com o que era pensado no quadro do anterior regime jurídico, embora com encargos diversos.

V. O mediador de seguros a título acessório é qualquer pessoa singular ou coletiva, com exceção das instituições de crédito ou das empresas de investimento, que inicie ou exerça, mediante remuneração, a atividade de distribuição de seguros numa base acessória, desde que a atividade principal não consista na distribuição de seguros, os produtos de seguros sejam complementares de um bem ou serviço, não cubram o ramo vida ou de responsabilidade civil, não sejam seguros obrigações, nem produtos de investimento com base em seguros. Mais uma vez, denota-se, em termos definitórios, uma total sintonia com a DDS.

VI. Empresa de seguros são, nos termos do artigo 4º/*e*), empresas na aceção da alínea *a*) do nº 1 do artigo 5º do Regime Jurídico de Acesso e Exercício da Atividade Seguradora e Resseguradora, aprovado pela Lei nº 147/2015, de 9 de setembro, na sua redação atual. Ou seja, trata-se de empresas que tenham recebido uma autorização administrativa para o exercício da atividade seguradora ou da atividade resseguradora. A inclusão das empresas de seguros e resseguros no leque dos distribuidores está em sintonia com o propósito da DDS, agora transposta: garantir que, independentemente do canal de contratação do seguro, seja dispensado ao consumidor o mesmo grau de proteção. A preocupação do legislador no que respeita a este aspeto particular percebe-se em face da inexistência de fronteiras estanques entre os diversos canais de comunicação: não raras vezes o consumidor entra em contacto com o produto de seguro com base num mediador, concluindo a celebração do contrato num balcão da própria seguradora.

VII. As mesmas noções são consagradas pelo legislador, noutras alíneas deste artigo 4º, por referência à atividade resseguradora.

VIII. A DDS alarga o conceito de distribuição de seguros e integra no conceito a "compilação de uma lista de classificação de produtos de seguros, incluindo a comparação de preços e de produtos ou de um desconto sobre o preço de um contrato de seguro, quando o cliente puder celebrar direta ou indiretamente um contrato de seguro, nomeadamente recorrendo a um sítio da *Internet* ou a outros meios" (artigo 5º/*a*), *in fine*). A lei portuguesa, no seu artigo 4º/*a*), segue a mesma linha de alargamento. Dois cenários são, então, cogitáveis. Em causa pode estar, em primeiro lugar, uma atividade que se inscreva na atuação de uma empresa de seguros (ou resseguros), de um mediador ou de um mediador acessório de seguros, não se levantando especiais problemas no tocante ao regime que a cada um há-de ser aplicado e relevando, apenas, a utilização do meio digital para a chamada à colação, no que respeita ao contrato celebrado entre o distribuidor e o cliente, das regras próprias do comércio eletrónico e dos contratos celebrados à distância e fora do estabelecimento comercial. Mas pode, em segundo lugar, estar em causa um esquema negocial autónomo. A plataforma digital não surge, aqui, só como um veículo de comunicação, mas é ela própria um prestador de serviço que, mediante a solicitação do cliente, procura, com base em dados de inteligência humana ou inteligência artificial, uma lista de classificação de produtos de seguro, apresentando ao consumidor o que melhor se coadune com as características e as pretensões que lhe foram comunicadas. Neste caso, a plataforma digital emerge, desde que o consumidor possa celebrar – ainda que indiretamente – o contrato, recorrendo a um sítio da internet, como um corretor de seguros (cf. artigo 9º), devendo obedecer, para poder funcionar legitimamente, aos requisitos de admissão à categoria que estão previstos nos artigos 18º e 19º. Ao mesmo tempo devem considerar-se aplicáveis as regras próprias do comércio eletrónico e dos contratos celebrados à distância e fora do estabelecimento comercial. Mais problemática pode ser a situação em que o sistema de comparação não implica a celebração de qualquer contrato com o consumidor, que apenas recorre à plataforma para aceder ao confronto entre os produtos de seguros. É que, nesta hipótese, não havendo a possibilidade de se celebrar direta ou indiretamente um contrato de seguro, haveremos de questionar se a plataforma (ou melhor, o titular dela) deve ou não ficar submetida(o) às regras previstas no novo regime. Ora, tanto quanto as informações contidas no sítio da *Internet* possam ser fundamentais para a formação da vontade do consumidor, parece-nos que, não obstante a noção de distribuição que é apresentada, a consideração da *ratio* da disciplina impõe a assimilação do âmbito de relevância do caso pelo âmbito de relevância da disciplina legal em tudo o que diga respeito aos especiais deveres de informação a prestar ao consumidor.

IX. Para além destas noções centrais para o Regime Jurídico da Distribuição dos Seguros e Resseguros, o artigo 4º oferece-nos, ainda, outras definições, numa lista muito vasta. A técnica legislativa assente na consagração de amplas listas de conceitos suscita-nos as maiores dúvidas. Desde logo, não é função do legislador fixar conceitos. Em segundo lugar, se o faz, deve ser com o propósito de delimitar âmbitos objetivos e subjetivos de relevância normativa. Donde não se percebe a razão de ser de muitas das noções consagradas no preceito, que mais não fazem do que importar para o seu seio categorias que de todo o modo já seriam mobilizáveis.

ANOTAÇÃO (*Pedro Romano Martinez*)

A inclusão de um extenso rol de definições é frequente em diplomas que transpõem diretivas da União Europeia, mas além de corresponder a uma técnica legislativa menos correta, esta via tem-se revelado de valia duvidosa, até por se recorrer, com frequência, ao definido na definição.

No caso, veja-se p. ex. a referência cruzada. Definindo distribuidor de seguros como mediador e mediador como aquele que distribui seguros (alíneas *b*), *c*) e *d*)). Mais elucidativa é a definição "«Contrato de seguro» os contratos de seguro...." (alínea *u*)). Tais definições são propícias a uma crítica fácil, sem grande vantagem na aplicação do regime.

ARTIGO 5º - Autoridade competente para o exercício da supervisão

1 - A ASF é a autoridade competente para a supervisão da atividade dos distribuidores de seguros ou de resseguros residentes ou cuja sede social se situe em Portugal, incluindo a atividade exercida no território de outros Estados-Membros da União Europeia através das respetivas sucursais ou em regime de livre prestação de serviços.

2 - A ASF é igualmente a autoridade competente para a supervisão, em território português, das normas legais e regulamentares aplicáveis a distribuidores de seguros ou de resseguros registados em outros Estados-Membros da União Europeia.

ANOTAÇÃO (*Ana Raquel Gonçalves Moniz*)

1. A Autoridade de Supervisão de Seguros e de Fundos de Pensões (ASF) assume a tarefa de regulação e supervisão em matéria de distribuição de seguros.

Sem prejuízo da especificidade e das dificuldades inerentes à identificação e à definição de uma missão administrativa de "regular" ou de "regulação"[1], estão aqui envolvidas atividades muito diversas, que afetam relações jurídicas variadas (entre entidades privadas e entre estas e entidades públicas), todas elas dirigidas à supervisão do mercado (ou de setores do mercado), com o objetivo de promover o equilíbrio das atividades económicas num ambiente de concorrência livre e *fair* entre os operado-

[1] *V.*, a este propósito, as observações muito pertinentes de Marta Nunes Vicente, *A Quebra da Legalidade Material na Actividade Normativa de Regulação Pública*, Coimbra Editora, Coimbra, 2012, pp. 35 e ss., 47 e ss., 178.

res e de assegurar os bens e serviços essenciais (*Grundversorgung*)[2]. Em estreita conexão com esta missão, surge o «Direito Administrativo da Regulação» enquanto novo marco de referência da construção dogmática do Direito Administrativo e com preocupações associadas à conceptualização das questões relacionadas com os fenómenos da privatização e da assunção de responsabilidades de garantia por parte do Estado[3].

Na verdade, e embora tradicionalmente se aponte que a evolução do paradigma do Estado providência para o Estado regulador importou uma retração do Estado, tal não se afigura correto na sua plenitude. A regulação potencia uma "redescoberta do papel económico fundamental do Estado" (naturalmente distinto do que resultava da assunção direta de tarefas de natureza económica e reconduzido à regulação) e, por consequência, uma tendência para a publicização[4] – tendência esta que possui repercussões dogmáticas determinantes, na medida em que permite uma expansão significativa da área de influência do Direito Administrativo[5], como sucede precisamente com a temática dos seguros. Aliás, as diversas matérias sujeitas à regulação constituem, pois, uma arena de teste às características deste Direito da Regulação. Ora, o novo regime da distribuição de seguros, em geral, e a disciplina normativa atinente às condições de acesso à atividade, em especial, apresentam todos os caracteres deste novel Direito Administrativo da Regulação.

[2] Cf. Badura, *Wirtschaftsverfassung und Wirtschaftsverwaltung*, 2ª ed., Mohr Siebeck, Tübingen, 2005, pp. 106 e s., cuja noção – aglutinadora da dimensão de garantia (*Gewährleistungsfunktion*) com a dimensão da defesa da concorrência – seguimos de perto. *V.* ainda Blersch, *Deregulierung und Wettbewerbsstrategie*, Lit Verlag, Berlin, 2007, pp. 11 e ss.; Danwitz, «Was ist eigentlich Regulierung?», in: *Die Öffentliche Verwaltung*, fasc. 23, ano 57º, dezembro 2004, pp. 977 e ss., esp.te p. 984; Säcker, «Das Regulierungsrecht im Spannungsfeld von Öffentlichem und Privatem Recht», in: *Archiv des Öffentlichen Rechts*, vol. 130, 2005, pp. 187 e ss.; Vital Moreira, *Auto-Regulação Profissional e Administração Pública*, Almedina, Coimbra, 1997, p. 34. *V.* ainda a síntese de Muñoz Machado, «Hacia un Nuevo Derecho Administrativo», in: *El Derecho Público de la Crisis Económica. Transparencia y Sector Público. Hacia un Nuevo Derecho Administrativo*, Instituto Nacional de Administración Pública, Madrid, 2011, pp. 203 e ss..Também associando Estado de garantia e regulação, *v.* Pedro Gonçalves, «Estado de Garantia e Mercado», in: *Revista da Faculdade de Direito da Universidade do Porto*, ano VII (especial), 2010, pp. 97 e ss., e *Reflexões sobre o Estado Regulador e o Estado Contratante*, Coimbra Editora, Coimbra, 2013, pp. 78 e ss..

[3] Assim, Danwitz, «Was ist eigentlich Regulierung?», cit., p. 985, e Wahl, *Herausforderung und Antworten: Das Öffentliche Recht der Letzten Fünf Jahrzehnte*, De Gruyter, Berlin, 2006, pp. 83 e s..

[4] Sobre esta tendência, cf. também o nosso trabalho «A Crise e a Regulação», in: *A Crise e o Direito Público*, ICJP | Faculdade de Direito da Universidade de Lisboa, Lisboa, 2013, pp. 100 e s..

[5] Assim, Napolitano, «The Role of the State in (and after) the Financial Crisis: New Challenges for Administrative Law», in: Susan Rose-Ackermann/Lindseth (eds.), *Comparative Administrative Law*, Elgar Publishing, Cheltenham/Northampton, 2010, pp. 588 e s..

2. A atribuição da regulação e supervisão da atividade de distribuição de seguros à ASF releva-se consonante com as missões legislativamente conferidas a esta autoridade reguladora. Com efeito, nos termos do artigo 6º dos *Estatutos da ASF*[6], a esta encontra-se cometida a tarefa de "*assegurar o regular funcionamento do mercado segurador* e dos fundos de pensões, através da *promoção da estabilidade e solidez financeira das entidades sob a sua supervisão*, bem como da *garantia da manutenção de elevados padrões de conduta por parte das mesmas, com vista ao objetivo principal de proteção dos tomadores de seguros, segurados, subscritores, participantes, beneficiários e lesados*" (itálico nosso).

Em congruência com o âmbito do Regime da Distribuição de Seguros, o alcance da atividade supervisora encontra-se delimitado à luz de dois critérios: o local da residência ou da sede social do distribuidor de seguros ou resseguros (nº 1) e o local do exercício da atividade do distribuidor de seguros ou resseguros (nº 2). Destarte, encontram-se aqui incluídas, respetivamente, quer a atividade dos distribuidores de seguros ou resseguros residentes ou cuja sede social se situe em Portugal (independentemente de esta se exercer em território português ou no território de outro Estado-Membro da União Europeia, através das respetivas sucursais ou em regime de livre prestação de serviços), quer a atividade, em território português, dos distribuidores de seguros ou de resseguros registados em outros Estados-Membros da União Europeia.

3. Talqualmente decorre dos artigos 13º da Lei nº 7/2019 e do artigo 19º do *Regime*, são amplos os poderes de supervisão cometidos, neste *Regime*, à ASF. Corresponde esta ideia a um dos traços fundamentais do regime das autoridades reguladoras independentes: a natureza das tarefas que lhes estão confiadas apresenta um caráter acentuadamente polimórfico, com destaque para o desempenho de funções de normação, de resolução de litígios e de aplicação de sanções, numa clara miscigenação (mas não confusão) entre função administrativa e função judicial, no que tange às duas últimas tarefas consideradas.

ANOTAÇÃO (*Francisco Luís F. Ribeiro Alves*)

Corresponde ao artigo 6º do revogado Regime Jurídico da Mediação de Seguros, mas o nº 2 é novo e resulta das competências da ASF em relação aos comportamentos adotados pelas entidades e ao cumprimento das condições a respeitar no exercício da atividade em Portugal. V., a este propósito, as condições fundadas em razões de interesse geral previstas no artigo 78º e seguintes deste regime jurídico.

[6] Aprovados pelo Decreto-Lei nº 1/2015, de 6 de janeiro.

Resulta, igualmente, do artigo 7º, nº 1, alínea *a*), dos Estatutos da ASF, aprovados pelo Decreto-Lei nº 1/2015, de 6 de janeiro, a atribuição da ASF em "Supervisionar e regular a atividade seguradora, resseguradora, de mediação de seguros e de fundos de pensões, bem como as atividades conexas ou complementares daquelas".

ANOTAÇÃO *(José Vasques)*

I. Cfr. art. 6º do *regime jurídico da mediação de seguros e de resseguros.*

II. Cfr. arts. 1º, nº 5, e 12º, nº 2, da Diretiva (UE) 2016/97.

III. A ASF é, não só a autoridade competente para a supervisão da atividade dos distribuidores de seguros residentes ou com sede social em Portugal, independentemente de tal atividade ser exercida no território nacional ou no de outros Estados-membros da União Europeia (nº 1º), como também para a supervisão da atividade exercida em Portugal por distribuidores registados em outros Estados-membros (nº 2 e arts. 79º a 88º).

Por força da extensão operada pelo artigo 3º, a ASF é igualmente a autoridade competente para a supervisão da atividade de distribuição no âmbito dos *fundos de pensões.*

Sendo a competência para a supervisão funcionalizada ao exercício da atividade de distribuição de seguros ou resseguros, sucederá que ela incida sobre entidades que, exercendo essa atividade, sejam supervisionadas, a outros títulos, por diferentes autoridades, designadamente pelo Banco de Portugal e pela Comissão do Mercado de Valores Mobiliários, caso em que a supervisão exercida pela ASF será apenas de natureza comportamental (ou *de conduta*) e, correspondentemente, sancionatória e para a aplicação de medidas administrativas.

Na medida em que as associações mutualistas que preencham os requisitos definidos no artigo 136º do Código das Associações Mutualistas, findo o período transitório neste estabelecido, estão sujeitas, com as devidas adaptações, ao regime aplicável à distribuição de seguros nos mesmos termos em que este é aplicável às empresas de seguros, quando esteja em causa a distribuição de modalidades de benefícios de segurança social e com salvaguarda das especificidades resultantes da natureza jurídica das associações mutualistas (art. 33º-A da Lei nº 147/2015, de 9 de setembro, que lhe foi aditado pelo art. 2º da Lei preambular), não pode deixar de entender-se que a ASF é igualmente a autoridade competente para a supervisão daquelas associações mutualistas.

Sobre as *atividades transfronteiras* de distribuição de seguros e de resseguros v. arts. 8º e 78º a 100º

IV. Disposições relacionadas: arts. 3º, 8º e 78º a 100º

ARTIGO 6º - Forma das notificações

As notificações ao abrigo do presente regime são efetuadas por carta registada, por correio eletrónico ou através de plataformas informáticas com acesso restrito, nos termos a definir pela ASF em norma regulamentar.

ANOTAÇÃO (*Irene Girão*)

A presente disposição insere-se no primeiro capítulo do anexo, relativo às disposições gerais e regula, sumariamente, a forma das notificações que ao abrigo do novo regime da distribuição de seguros e de resseguros a ASF possa e deva enviar aos respetivos destinatários, distribuidores ou empresas de seguros. Notificações cujo conteúdo pode ser muito diversificado e que resultam da tomada de decisão no exercício dos poderes de supervisão, podendo referir-se, a título meramente exemplificativo: a notificação da inscrição no registo, prevista nos artigos 17º, nº 4, 19º, nº 4 e 21º, nº 4, do presente anexo, feita respetivamente ao agente de seguros e à empresa de seguros proponente, ao corretor de seguros e ao mediador de seguros a título acessório, a partir da qual podem iniciar a respetiva atividade de distribuição; a notificação da decisão de suspensão do registo (art. 65º, nº 3) ou do seu cancelamento (art. 66º, nº 2); etc.

Estabelece então o art. 6º que tais notificações deverão ser efetuadas por carta registada, por correio eletrónico ou através de plataformas informáticas com acesso restrito, remetendo a definição dos termos e do modo de operar de cada uma das opções para norma regulamentar da ASF, aliás no exercício de uma das competências de regulamentação que lhe são atribuídas, no caso, no art. 13º, al. a) da presente lei e do art. 16º, nº 3, dos Estatutos da ASF, aprovados em anexo ao Decreto-Lei nº 1/2015 de 6 de Janeiro.

Qualquer das opções relativamente à forma como as decisões da entidade de supervisão serão notificadas terá necessariamente de cumprir o propósito de, com segurança e alguma garantia de confidencialidade, tais decisões chegarem ao conhecimento do destinatário.

Convoca-se a propósito o art. 112º do Código do Procedimento administrativo (Decreto-Lei nº 4/2015, de 7 de janeiro), norma que em termos gerais regula a forma da notificação dos atos administrativos, que se encontra parcialmente reproduzida na presente disposição e constituirá o quadro normativo dentro do qual a ASF deverá proceder à respetiva regulamentação. De facto, nos termos do referido art. 112º, as notificações podem, desde logo, ser efetuadas por carta registada, enviada para o domicílio ou sede do notificando ou outro local que este indicar para o efeito, constituindo este o meio tradicional de comunicação e ainda o mais utilizado pela administração. Pode ainda usar-se o contacto pessoal, mas só na hipótese de esta via não prejudicar a celeridade do procedimento ou se for inviável a notificação por outra via, o que lhe confere o carácter de forma de comunicação de recurso e por isso meramente acessória.

Outro dos meios admitidos, cada vez mais frequente em virtude do incremento dos meios tecnológicos ao dispor da Administração e da necessidade de uma certa desmaterialização do próprio procedimento administrativo, é a utilização para o efeito não tanto do telefone ou telefax, mas, sobretudo do correio eletrónico e de plataformas de acesso restrito, incorporadas em sítio eletrónico pertencente ao serviço do órgão emitente da notificação (al. c)). O nº 2 do referido art. 112º faz, no entanto, depender a utilização de tais formas de notificação do consentimento prévio do notificado, quando este não tenha o estatuto de pessoa coletiva. Por isso, só se o notificado for uma pessoa coletiva é que, por simples iniciativa da entidade notificante, pode a notificação fazer-se através de plataforma informática com acesso restrito, ou para o endereço de correio eletrónico indicado em qualquer documento apresentado no procedimento administrativo. No caso em apreço, a ASF não só pode exigir a comunicação de tais elementos aquando da instrução do processo de registo das várias categorias de distribuidores, bem como obter, quando necessário, o correspondente consentimento.

Nesta matéria, o Decreto-lei nº 93/2017, de 1 de agosto, procedeu à criação da morada única digital e do serviço público de notificações eletrónicas, estabelecendo que qualquer pessoa, singular ou coletiva, pública ou privada, pode aderir ao serviço público de notificações eletrónicas e fidelizar um único endereço de correio eletrónico, que assim se designa por morada única digital e é suscetível de aplicação a todas as notificações das entidades aderentes, com exceção das notificações judiciais. Quanto aos aderentes, podem, nos termos do art. 7º, nº 1, aderir ao serviço público de notificações, entre outros, todos os serviços, organismos ou estruturas integradas na administração direta e indireta do Estado (al. a)), bem como as entidades que legalmente possam processar contraordenações (al. e)), podendo a ASF integrar-se em qualquer uma destas categorias.

Por fim, a al. *d*) do nº 1 do art. 112º do Código do Procedimento Administrativo prevê a possibilidade de notificação por edital, não só quando seja essa a forma de comunicação prevista por lei ou regulamento, mas também no caso de serem incertos os notificandos, ou desconhecido o seu paradeiro. Ora, a notificação por edital é igualmente admitida no diploma em análise, não genericamente no art. 6º do anexo, mas a propósito da notificação da decisão de cancelamento do registo (art. 66º, nº 3), onde efetivamente se dispõe que no caso de o paradeiro do mediador ser desconhecido, a notificação da decisão de revogação, bem como dos respetivos atos preparatórios, é efetuada por publicação de edital no sitio da ASF na internet. E apesar do mencionado silêncio do art. 6º e tendo em conta o disposto no 112º do CPA, qualquer notificação feita ao abrigo do presente regime, além da que expressamente se prevê no art. 66º, nº 3, poderá efetuar-se por edital, desde que obviamente preenchidos os pressupostos desta forma de notificação, designadamente ser desconhecido o paradeiro do mediador notificando.

Questão diferente é a da perfeição das notificações, matéria não disciplinada no diploma em análise, pelo que ter-se-ão de convocar as regras gerais. A este propósito estabelece o art. 113º do CPA, naquilo que para o presente regime releva: A notificação por carta registada presume-se efetuada no terceiro dia útil posterior ao registo, podendo o notificado ilidir essa presunção demonstrando que lhe não é imputável o facto de a notificação ter sido efetuada em data posterior. Por sua vez, a notificação por correio eletrónico considera-se efetuada no momento em que o destinatário acede à específica mensagem enviada para a sua caixa postal eletrónica, e no caso de notificação feita através de plataforma informática de acesso restrito, no momento em que o notificando aceda ao específico correio enviado para a sua conta eletrónica aberta junto da plataforma informática disponibilizada pelo sítio eletrónico do remetente. Em caso de não acesso à caixa de correio eletrónico, bem como à conta eletrónica aberta junto da plataforma de acesso restrito disponibilizada pelo notificante, a notificação considera-se efetuada no vigésimo quinto dia posterior ao seu envio, salvo quando se comprove que o destinatário comunicou a alteração do seu endereço eletrónico ou se demonstre ter sido impossível essa comunicação, ou ainda que o serviço de comunicações eletrónicas tenha impedido a correta receção. No fundo, trata-se de demonstrar que a falta de conhecimento do ato notificado se deveu a circunstâncias não imputáveis ao notificando.

Neste mesmo enquadramento há que ter em conta o art. 8º, nº 3, do Decreto-Lei 93/2017, na medida em que estabelece que a notificação enviada para o serviço público de notificações eletrónicas se presume efetuada no quinto dia posterior ao registo da sua disponibilização no sistema informático de suporte ao serviço público de notificações eletrónicas, presunção que também pode ser ilidida mediante prova feita pelo destinatário de que lhe não é imputável o facto de a notificação ocorrer em data posterior.

Por último, a notificação por edital considera-se feita no dia em que os editais forem publicados no sítio da internet do emitente.

ANOTAÇÃO *(José Vasques)*

I. Sem correspondência no *regime jurídico da mediação de seguros e de resseguros* [o art. 83º desse regime, com a epígrafe *notificações*, inseria-se no título relativo às sanções, e foi revogado pelo art. 34º, al. *e)*, da Lei nº 147/2015, de 9 de setembro].

II. Não resulta da transposição da Diretiva (UE) 2016/97.

III. A generalidade das *notificações* previstas no *regime jurídico da distribuição de seguros e de resseguros* destinam-se a tornar conhecido do notificado certo ato ou facto, isto é, são *notificações para conhecimento* ou *informativas*, aproximando-se, assim, das *comunicações*, que consistem no transporte ou na transmissão de mensagens ou informações; as *notificações* podem também destinar-se a convocar o destinatário para comparecer em determinado local ou ainda para que adote certo ato ou comportamento [sirvam de exemplo, por comodidade de referência, o art. 3º, nº 7, do *regime processual aplicável aos crimes especiais do setor segurador e dos fundos de pensões e às contraordenações cujo processamento compete à ASF*, com a redação que lhe deu o art. 3º da Lei preambular, quando se refere à *audição do agente, o qual dispõe, para o efeito, de cinco dias úteis para responder após ter sido notificado pela ASF*, ou no art. 71º, nº 2, al. *c)*, a notificação (embora a expressão não seja expressamente utilizada) da ASF determinando *a imediata publicação pelo responsável de retificação apropriada* da publicidade que não respeite as disposições legais].

Para além das formas das *notificações* enunciadas no artigo sob anotação (*carta registada*, *correio eletrónico* e *plataformas informáticas com acesso restrito*), o *regime jurídico da distribuição de seguros e de resseguros* refere-se também à *notificação* [...] *por publicação de edital no sítio da ASF na Internet* (art. 66º, nº 3), *postal* [art. 66º, nº 1, al. *e)*] ou *por escrito* (art. 91º, nº 1).

A *carta registada* corresponde ao envio postal que fornece ao remetente, a seu pedido, uma prova do depósito ou da sua entrega ao destinatário (art. 5º, nº 3, parte final, da Lei nº 17/2012, de 26 de abril, que estabelece o regime jurídico aplicável à prestação de serviços postais, com alterações posteriores).

O *correio eletrónico* ou *e-mail* (ou *email*, ambos do inglês *electronic mail*) é um método de composição e envio de mensagens através da *internet* (ou num ambiente restrito, através da *intranet*), baseado num determinado protocolo; as notificações *eletrónicas* [art. 32º, nº 3, al. *c)*] ou por *via eletrónica* [art. 66º, nº 1, al. *e)*] devem ser tidas como expressões equivalentes.

As *plataformas informáticas com acesso restrito* são os sítios na *internet* em que o acesso a uma área pessoal depende de determinadas condições, designadamente da utilização de um código de utilizador e de uma palavra-passe.

Com exceção dos casos em que a forma da *notificação* seja expressamente indicada, bem como dos casos específicos referidos nos parágrafos anteriores, quem esteja obrigado a efetuar a notificação apenas pode optar por uma de entre as formas previstas neste artigo.

O *regime jurídico da distribuição de seguros e de resseguros* prevê *notificações*, designadamente, nos arts. 17º, nºs 4 a 6, 19º, nºs 4 a 6, 21º, nº 5, 32º, nº 3, al. *c)*, 48º, nº 5, 57º, nº 1,

65º, nº 3, 66º, nºs 2 e 3, 82º, nº 4, 86º, n,º 5, 91º, nº 2, 109º, nº 3 e 110º, nº 3, além de contraordenações com elas relacionadas nos arts. 113º, al. *ooo)*, e 114º, nº 1, al. *p)*.

A habilitação específica da ASF para adotar a regulamentação prevista no artigo sob anotação resulta do artigo 13º, al. *a)*, da Lei preambular.

IV. Disposições relacionadas: art. 13º, al. *a)*, da Lei preambular, e arts. 17º, nºs 4 a 6, 19º, nºs 4 a 6, 21º, nº 5, 32º, nº 3, al. *c)*, 48º, nº 5, 57º, nº 1, 65º, nº 3, 66º, nºs 2 e 3, 82º, nº 4, 86º, n,º 5, 91º, nº 2, 109º, nº 3, 110º, nº 3, 113º, al. *ooo)*, e 114º, nº 1, al. *p)*.

ARTIGO 7º - Língua

1 – Salvo disposição especial, os documentos e informações previstos no presente regime ou respetiva regulamentação destinados a divulgação pública são elaborados ou prestados em língua portuguesa.

2 – Salvo disposição especial, os documentos e informações previstos no presente regime ou respetiva regulamentação destinados à ASF são elaborados ou prestados em língua portuguesa ou devidamente traduzidos e legalizados, salvo dispensa expressa desta autoridade.

ANOTAÇÃO (*Francisco Rodrigues Rocha*)

I. Norma inovadora. À luz do RJMSR, apenas o artigo 33º dispunha sobre a língua a usar no que à prestação de informações antes da celebração, alteração ou renovação do contrato dizia respeito (cf. agora o artigo 32º/1 *c*) e ainda o 33º/3 *d*)). Semelhante norma passara já a constar do artigo 14º do RJASR em termos largamente coincidentes.

Noutro quadrante, veja-se também o artigo 32º/1 *a*) que dispõe deverem as informações aos clientes ser prestadas numa língua oficial do Estado-membro em que o risco se situe ou do Estado-membro do compromisso ou em qualquer outra língua convencionada entre as partes; o artigo 33º/3 *d*) que dispõe dever o documento de informação sobre o produto de seguros ser redigido em português ou noutra língua acordada entre as partes.ª

II. Tratando-se de informação pública divulgada em Portugal, cujos destinatários são principalmente portugueses ou pelo menos conhecedores da língua portuguesa, a informação deve ser elaborada e prestada em português para que seja o mais possível compreendida pelo maior número de pessoas. Entram também aqui em consideração razões de tutela do consumidor (cf. e.g. os cons. 3, 5, 6, 7, 10, 15, 16, 19, 21, 34, 43, 52, 68 e os artigos 5º/1, § 3º, 5º/2, 8º/3, 8º/4, 9º/2, 11º/2, 14º, 20º/7 *d*), 20º/9, 23º/7, 41º/1 e 2; como se tem reparado, a terminologia oscila entre consumidor e cliente: vd.

os cons. 3, 37 e 47). A regra concretiza ainda e sobretudo o disposto nos artigos 11º/3 e 78º/2 da CRP, respeitando o direito à identidade cultural na vertente do direito de uso da língua (várias normas concretizam os referidos preceitos constitucionais: cf., *e. g.*, ainda que com âmbitos de aplicação variados, os artigos 54º do CPA, 58º do CRegCom, 43º do CRegPr, 65º e 68º/1 *b*) do CNot, 133º/1-2, 134º/1 e 558º *h*) do CPC, 80º/1 *e*) do CPTA, 64º/1 *d*), 92º/1-2 e 6 do CPP, 6º/1-3 do CVM, 7º/3 da LDC, 1º a 3º do DL 238/86, de 19-Ag., alt. DL 42/88, de 6-Fev. = 26º do ACC, 36º/2 do RJCS, 6º/3 do DL 172/93, de 11-Mai., 7º/3 do CPubl).

No âmbito do nº 1 cabem *quaisquer* documentos e informações (sendo certo que as informações constam frequentemente de documentos e que não são os documentos *qua tale* enquanto suporte físico que estão em causa mas o teor ou as informações deles constantes) previstos no presente regime ou respectiva regulamentação *destinados a divulgação pública*. A norma aplica-se independentemente do sujeito que à mesma proceda (ASF, seguradores, mediadores), posto que vise essencialmente a ASF (o que resulta da contraposição entre o nº 1 e o 2 e, ainda, *e. g.*, dos artigos 16º/2, 18º/4, 74º/4, 78º/2-3, 81º/2, 84º/3 que prevêem seja a divulgação pública feita pela ASF; diferentemente, a divulgação da política de tratamento por parte dos seguradores prevista no 37º/1 *f*) reforçado pelo 112º *m*) é apenas junto dos agentes de seguros e mediadores de seguros a título acessório ao seu serviço).

Tratando-se de informações de divulgação pública (nº 1), sobretudo, como se referiu, por parte da ASF, pergunta-se se a conjunção "ou" em "elaborados ou prestados" tem um sentido disjuntivo inclusivo, que imporia tanto a elaboração como a prestação da informação em português ("ou" com valor equivalente a um "e", como sucede com o latino *uel* ou com o alemão *beziehungsweise*), se, pelo contrário, tem um sentido exclusivo, bastando que sejam ou elaborados ou prestados em português. O importante é que a informação chegue ao público, o mesmo é dizer seja prestada, em português. Se os documentos foram ou não elaborados em português é, em face deste primordial desiderato, secundário. Isto significa que, quando o texto normativo pensa em documentos (ou informações) elaborados em língua portuguesa pressupõe que eles vão ser assim prestados, ou seja, faz substancialmente equivaler a elaboração (porque pressupõe que a prestação será feita deste modo) à prestação dos documentos ou das informações (mais simples, por conseguinte, teria sido uma redacção do género: "as informações (...) destinadas a divulgação pública devem ser prestadas [ou: transmitidas] em língua portuguesa"; que, por um lado, abrangeria obviamente também os documentos donde constam as informações e, por outro, evitaria, a nosso ver, a deselegância de os dois adjectivos "elaborados ou prestados" concordarem indiferenciadamente com "documentos e informações": é, com efeito, estranho neste contexto que da norma conste a hipótese de existirem "informações (...) elaborad[a]s" quando logicamente se quis fazer concordar informações apenas, parece-nos, com "prestad[a]s"). A norma, portanto, não visa os documentos meramente preparatórios, mas apenas os que são elaborados para ser prestados ao público. Deste prisma, portanto, a disjunção é inclusiva: basta que os documentos ou as informações sejam elaborados ou prestados ao público em português, porque uma e outra realidade são para o legislador substancialmente a mesma coisa. Este é o sentido que a nosso ver resulta da subordinação da letra à razão de ser da norma. Significa isto também que a norma não impõe sejam redigidos numa determinada língua os documentos preparatórios que não sejam destinados ao público, que, todavia, se forem produzidos pela ASF, não podem deixar de ser em português, não por força do artigo 7º do RJDSR, mas em razão, entre outros, dos artigos 11º/3 da CRP e 54º do CPA.

No nº 2, o propósito é fundamentalmente também o mesmo: as informações (que constarão, via de regra, de documentos) chegarem à ASF em português. Desta perspectiva, os documentos, digamos, preparatórios que não sejam entregues à ASF não são visados. Valem as mesmas considerações já acima tecidas para o nº 1. Sucede, porém, que do nº 2 consta a alternativa da entrega dos "*documentos (...) devidamente traduzidos ou legalizados*", que se compreende em virtude de poderem os documentos (e as informações neles constantes) entregues à ASF ter sido exarados por ou com a intervenção de autoridade pública estrangeira. Neste caso, devem os mesmos ser devidamente legalizados (recordamos a título de exemplo a apostila) e traduzidos (por ex., através de tradução certificada em consulado, por notário, advogado ou tradutor idóneo sob juramento ou compromisso de honra: cf. o artigo 44º/3 do CNot).

III. Diversamente do nº 1, o nº 2 aplica-se aos documentos e informações previstos no presente regime que sejam *destinados à ASF*. Opta-se, assim, por alterar adrede a contraposição entre documentos e informações destinados ou não a divulgação pública simetricamente constante do artigo 14º do RJAS. Pergunta-se, todavia, agora que regime aplicar aos documentos de divulgação não pública (que portanto não cabem no nº 1) não destinados à ASF (que também não cabem no nº 2): esses terão, passe a redundância, o regime que em concreto lhes couber.

O nº 2 tem duas ressalvas: uma primeira "Salvo disposição especial", idêntica à que contém o nº 1, que era em rigor dispensável (naturalmente, de acordo com as regras gerais pode uma outra disposição, respeitada a hierarquia entre actos normativos, dispor um regime especial em relação ao artigo 7º) e uma segunda "salvo dispensa expressa desta autoridade [= ASF]" que vale independentemente da primeira ressalva, ou seja, independentemente doutra disposição especial, a ASF pode expressamente dispensar a entrega de documentos ou informações em língua portuguesa.

ANOTAÇÃO (*José Vasques*)

I. O *regime jurídico da mediação de seguros e de resseguros* previa que as informações correspondentes aos deveres de informação em especial seriam prestadas pelo mediador de seguros *numa língua oficial do Estado membro do compromisso ou em qualquer outra língua convencionada entre as partes* [art. 33º, nº 1, al. *c)*]; cfr., também, artigos 21º e 36º do *regime jurídico do contrato de seguro*, e artigo 14º do *regime jurídico de acesso e exercício da atividade seguradora e resseguradora*.

II. Cfr. art. 20º, nº 7, al. *d)*, 23º, nº 1, al. *c)*, da Diretiva (UE) 2016/97.

III. A determinação de que os documentos e informações previstos no presente regime ou respetiva regulamentação destinados a divulgação pública são elaborados ou prestados em língua portuguesa (nº 1) está em harmonia com o disposto no artigo 21º, nº 1, do *regime jurídico do contrato de seguro* relativamente às informações pré-contratuais nele previstas; no entanto, e à semelhança do que sucede no referido regime (art. 36º, nº 2) relativamente à apólice de seguro, nada parece impedir que os *documentos de informação sobre os produtos de seguro* relativos a contratos concretos possam ser redigidos em português ou noutra língua acordada entre as partes [cfr. art. 33º, nº 3, al. *d)*, do regime sob anotação].

Os documentos e informações destinados à ASF devem ser igualmente elaborados ou prestados em língua portuguesa ou traduzidos e legalizados, nos termos dos arts. 365º do Código Civil, e 440º do Código de Processo Civil, sem prejuízo de a ASF poder dispensar essas formalidades.

IV. Disposições relacionadas: arts. 33º, nº 3, al. *d)*, e 50º, arts. 21º, nº 1, e 36º, nº 2, do regime jurídico do contrato de seguro, art. 365º do Código Civil, e art. 440º do Código de Processo Civil.

ANOTAÇÃO (*Mafalda Miranda Barbosa*)

I. O preceito impõe que os documentos a que se refere o diploma e as informações nele previstas sejam elaborados ou prestadas obrigatoriamente em língua portuguesa. Com isto garante-se que o consumidor tenha possibilidade de um efetivo conhecimento do conteúdo e do alcance do contrato que vai celebrar, bem como das restantes opções que o mercado lhe disponibiliza. A imposição está em linha com o que se dispõe, genericamente, em matéria de direito à informação, no quadro da proteção do consumidor. Pense-se, por exemplo, na Lei nº 24/96, que estabelece uma série de informações a cargo do fornecedor do bem ou do prestador do serviço, que devem ser prestadas de forma clara, objetiva e adequada. Mas também no DL nº 446/85 e nos deveres de comunicação e de informação que estabelece a propósito do controlo sobre a formação do contrato, bem como em todas as obrigações de informação setoriais e de rotulagem que são impostas. O facto de, por referência a todas elas, se exigir a adequação pode determinar a obrigatoriedade da língua portuguesa como idioma de transmissão dessa mesma informação, que é efetivamente imposta em determinados domínios.

II. Repare-se que, no quadro do diploma agora em análise, não estamos circunscritos ao âmbito negocial e pré-negocial. Algumas informações a que o diploma se refere integram-se naquilo que pode ser qualificado por informação anónima. Por outro lado, há também deveres de informação que devem ser cumpridos entre os distribuidores entre si.

III. O preceito tem uma natureza dispositiva, sendo possível convencionar-se outra língua para a prestação de informações. A título de exemplo, vejam-se os artigos 32º e 33º.

CAPÍTULO II
CONDIÇÕES DE ACESSO À ATIVIDADE DE DISTRIBUIÇÃO DE SEGUROS OU DE RESSEGUROS

SECÇÃO I
DISPOSIÇÕES GERAIS

ARTIGO 8º - Entidades habilitadas a exercer atividade de distribuição de seguros ou de resseguros

1 – A atividade de distribuição de seguros ou de resseguros no território português só pode ser exercida por:

a) Pessoas singulares residentes ou pessoas coletivas cuja sede social se situe em Portugal, que se encontrem registadas junto da ASF como mediadores de seguros, de resseguros ou de seguros a título acessório;

b) Mediadores de seguros, de resseguros e de seguros a título acessório registados em outros Estados-Membros da União Europeia, cumpridas as formalidades previstas nas subsecções II e III da secção I do capítulo VI;

c) Empresas de seguros ou de resseguros autorizadas para o exercício da atividade seguradora e resseguradora em Portugal, de acordo com o regime jurídico de acesso e exercício da atividade seguradora e resseguradora, constante do anexo I da Lei nº 147/2015, de 9 de setembro.

2 – A atividade de distribuição de seguros ou de resseguros em outros Estados-Membros da União Europeia pode ser exercida por mediadores de seguros, de

resseguros e de seguros a título acessório registados em Portugal, cumpridas as formalidades previstas na secção II do capítulo VI.

3 – As empresas de seguros ou de resseguros, com sede em Portugal, autorizadas pela ASF para o exercício da atividade seguradora e resseguradora, podem exercer a atividade de distribuição de seguros ou de resseguros em outros Estados-Membros da União Europeia, cumpridas as formalidades previstas no regime jurídico de acesso e exercício da atividade seguradora e resseguradora, constante do anexo I da Lei nº 147/2015, de 9 de setembro.

ANOTAÇÃO (*Francisco Luís F. Ribeiro Alves*)

Tem por base o artigo 7º do revogado Regime Jurídico da Mediação de Seguros. A alínea *c*) do nº 1 e o nº 3 deste artigo são novos para inclusão das empresas de seguros.

Prevê-se a possibilidade do exercício da atividade tanto por entidades que cumulativamente residam ou tenham sede em Portugal e que se encontrem registadas em Portugal, como dos mediadores e dos mediadores de seguros a título acessório registados em outros Estados-membros.

A menção às empresas de seguros abrange tanto as que têm sede em Portugal, que também podem exercer a sua atividade noutros Estados-Membros da União Europeia, como as que estejam autorizadas em regime de sucursal ou livre prestação de serviços.

ANOTAÇÃO (*Francisco Rodrigues Rocha*)

I. O actual artigo 8º tem como antecedente o artigo 7º do RJMSR (de cuja epígrafe comunga com substituição de "mediação" por "distribuição").

II. O proémio ou corpo do preceito consagra a tipicidade taxativa das entidades habilitadas ao exercício da distribuição de seguros ou de resseguros, conforme resulta do recurso ao advérbio "só".

O primeiro "grupo" de entidades habilitadas é constituído pelas pessoas singulares ou colectivas: (*i*) residentes em Portugal ou cuja sede social aqui se situe; (*ii*) e registadas junto da ASF como mediadores de seguros (artigos 16º e 17º para agentes de seguros, 18º e 19º para corretores; cf. também o artigo 9º), de resseguros (artigos 22º) ou de seguros a título acessório (artigos 20º e 21º).

O segundo é-o pelos mediadores de seguros, de resseguros e de seguros a título acessório registados noutros (preferível a nosso ver, no português europeu, à forma "*em outros*") Estados-membros da UE, cumpridas as formalidades previstas nas subsecções II (artigos 80º a 82º) e III (artigos 83º a 87º) da secção I do capítulo VI, respeitantes respectivamente à livre prestação de serviços em Portugal e ao estabelecimento e exercício em Portugal por sucursais de mediadores de seguros, de resseguros e de seguros a título acessório registados noutro Estado-membro (vd. infra as anotações correspondentes; vd. tb. o entendimento da ASF "*Mediador de seguros proveniente de outro Estado-membro*" em www.asf.com.pt).

Por fim, o terceiro – que constitui uma novidade em relação ao paralelo preceito do RJMSR – é composto pelas empresas de seguros ou de resseguros autorizadas para o exercício da actividade seguradora em Portugal, de acordo com o regime jurídico de acesso e exercício da actividade seguradora e resseguradora, constante do anexo I da L 147/2015, de 9-Set. Este grupo destoa do primeiro e do segundo: nestes a separação é entre "mediadores", melhor distribuidores (artigo 4º, *c*)) registados em Portugal ou noutros Estados-membros da UE, no da al. *c*) diferentemente estão em causa seguradores ou empresas de seguros, distintos dos mediadores (cf. as definições das als. *c*), *d*), *e*), *g*) e *h*) do artigo 4º, em particular o seguinte segmento da definição de mediador de seguros da al. *c*): "com exceção de empresas de seguros ou de resseguros e dos seus trabalhadores e de mediadores de seguros a título acessório"). Pergunta-se se é possível, tal como nas als. *a*) e *b*), diferenciar na al. *c*) entre empresas de seguros cuja sede se situe em Portugal ou não. Um indício passaria pela alusão na al. *c*) a "empresas de seguros (...) autorizadas", expressão que no nº 3 deste preceito visa directamente as empresas de seguros *com sede em Portugal* (a norma reza o seguinte: "As empresas de seguros (...), com sede em Portugal, autorizadas pela ASF para o exercício da atividade seguradora"). Todavia, se quisesse ter-se referido a seguradores com sede em Portugal tê-lo-ia dito, como noutros lugares do RJDSR ocorre. A tónica aqui é no exercício em Portugal, que não na residência ou sede em Portugal. Parece, portanto, não se restringir o preceito aos seguradores com sede em território português.

III. O nº 2 – que se relaciona com o nº 1, *a*) e *b*) – permite aos mediadores de seguros, de resseguros e de seguros a título acessório registados em Portugal a distribuição de seguros noutros Estados-membros da UE, cumpridas as formalidades previstas na secção II do capítulo VII (artigos 89º a 100º: vd. as correspondentes anotações). O mesmo consente o nº 3 – que se reporta, por seu turno, ao nº 1, *c*) – aos seguradores com sede em Portugal autorizados pela ASF ao exercício da actividade seguradora, cumpridas as formalidades previstas no anexo I da L 147/2015, de 9-Set.

ANOTAÇÃO (*José Alves de Brito*)

I. *Considerandos da DDS*: *vide* considerandos (5), (6) e (7).

II. *Origem da disposição*: Corresponde, com modificações, ao artigo 7º da LMS. *Vide* o artigo 3º, nº § 1 e 2 da DDS e, nos trabalhos preparatórios do novo regime, o artigo 9º do anexo I do Projeto ASF (Versão Preliminar) e o artigo 8º do anexo a que se refere o nº 2 do artigo 1º da Proposta de Lei nº 138/XIII/3ª (Gov.).

IV. *Novo regime*: o preceito segue, *grosso modo*, as linhas fundamentais traçadas pelo artigo 7º da LMS, mas introduz para a sua órbita as empresas de seguros, que são, agora, consideradas sujeitos da distribuição. A grande distinção respeita ao exercício da atividade de distribuição em território português, por um lado (nº 1), e o exercício da atividade no território de outros Estados-Membros da União Europeia, por outro (nº 2). Em território português, atribui-se um exclusivo relativamente ao exercício da atividade aos seguintes operadores: (*i*) mediadores de seguros, de resseguros ou mediadores de seguros a título acessório registados junto da ASF, (*ii*) empresas de seguros (nacionais ou estrangeiras) autorizadas ao abrigo do RJASR e (*iii*) mediadores de seguros, de resseguros ou mediadores de seguros a título acessório registados noutros Estados-Membros da União Europeia cumpridas que forem as formalidades relativas à livre prestação de serviços ou à liberdade de estabelecimentos nos termos dos artigos 80º e ss. da LDSR. Naturalmente, em Portugal, podem ainda exercer a atividade de distribuição as pessoas diretamente envolvidas na atividade de distribuição de seguros, ligadas a mediadores ou a empresas de seguros, e, portanto, com interlocução direta ao cliente (artigo 4º, al. *s*) da LDSR). Genericamente, tais pessoas são inscritas no registo de mediadores de seguros, de resseguros ou mediadores de seguros a título acessório (artigos 11º, nº 1, al. *h*) e 12º, nº 1, al. *c*) da LDSR) fazendo-se notar, quanto aos mediadores, os deveres enunciados nas als. *i*), *j*) e *l*) do artigo 24º e, quanto às empresas de seguros, os deveres previstos no artigo 37º, nº 2, al. *b*).

Correspectivamente, a atividade de distribuição de seguros ou de resseguros pode ser exercida no território de outros Estados-Membros da União Europeia, tanto por mediadores de seguros, de resseguros ou mediadores de seguros a título acessório registados em Portugal (nos termos dos artigos 89º e ss. da LDSR) bem como por empresas de seguros ou de resseguros com sede em Portugal autorizadas ao exercício da atividade seguradora e resseguradora pela ASF.

ANOTAÇÃO *(José Vasques)*

I. Cfr. art. 7º do *regime jurídico da mediação de seguros e de resseguros.*

II. Cfr. art. 3º da Diretiva (UE) 2016/97.

III.

A *distribuição de seguros* abarca uma realidade objetiva e subjetivamente diferente da *mediação de seguros* (cfr. a nossa anotação ao art. 1º); a *distribuição de seguros* é ontologicamente suscetível de ser decomposta em diversas atividades, que podem surgir isolada ou conjuntamente:

a) *prestar aconselhamento* [com vista à *celebração de contratos de seguro,* quando tenha indicado ao cliente que presta aconselhamento, cfr. art. 31º, nº 2, al. *b)*; sobre a prestação de *aconselhamento* v. as nossas anotações aos arts. 31º, 41,º e 42º];

b) *propor* [a *celebração de contratos de seguro,* quando tenha indicado ao cliente que não presta aconselhamento, cfr. art. 31º, nº 2, al. *b)*, e v. anotações referidas na alínea anterior];

c) *praticar outros atos preparatórios da celebração de contratos de seguro* (sobre este ponto, para efeitos da distinção entre prestar ou não prestar *aconselhamento,* v. a nossa anotação ao artigo 31º);

d) *celebrar esses contratos* [apenas quando a empresa de seguros *lhe tenha conferido, por escrito, os necessários poderes,* cfr. art. 24º, nº 1, al. *a)*, v., também, art. 31º, nº 2, al. *a)*];

e) *apoiar a gestão e a execução desses contratos, em especial em caso de sinistro* [desde que não exerçam *funções de gestão, regularização ou peritagem de sinistros ou serem sócios ou membros do órgão de administração de sociedade que desempenhe estas funções,* cfr. art. 15º, nº 1, al. *c)*], parecendo claro que a *gestão de sinistros de uma empresa de seguros ou de resseguros a título profissional e a regularização e peritagem de sinistros* [art. 2º, nº 2, al. *b)*] não pode ser qualificada como *distribuição de seguros*; do que precede, designadamente da incompatibilidade do exercício da atividade de distribuição de seguros e de resseguros com a atividade de *apoiar a gestão e a execução desses contratos, em especial em caso de sinistro,* bem como da inaplicação do *regime jurídico da distribuição de seguros e de resseguros* à atividade de gestão de sinistros de uma *empresa de seguros* ou *de resseguros* [art. 2º, nº 1, al. *b)*], resulta também que as atividades de gestão de contratos de seguros e de sinistros exercida pelas *empresas de seguros* não está abrangida pelo *regime jurídico da distribuição de seguros e de resseguros* – sobre este ponto v., também, a nossa anotação ao artigo 2º;

f) prestar *informações sobre um ou mais contratos de seguro, de acordo com os critérios selecionados pelos clientes através de qualquer meio, nomeadamente através de um sítio na* Internet [*quando o cliente puder celebrar direta ou indiretamente um contrato de seguro, nomeadamente recorrendo a um sítio na* Internet *ou a outros meios*], desde que essa atividade não esteja excluída do âmbito de aplicação do regime da distribuição por se tratar da prestação de informações a um cliente a título ocasional no contexto de outra atividade profissional [com os limites previstos no art. 2º, nº 1, al. *a)*]; ou

g) compilar *uma lista de classificação de produtos de seguros, incluindo a comparação de preços e de produtos ou um desconto sobre o preço de um contrato de seguro, quando o cliente puder celebrar direta ou indiretamente um contrato de seguro, nomeadamente recorrendo a um sítio na Internet ou a outros meios.*

A *distribuição de seguros* pode ser exercida por *mediadores de seguros*, *mediadores de seguros a título acessório* ou *empresas de seguros* [art. 4º, als. *c)*, *d)* e *e)*]; a *distribuição de resseguros* apenas pode ser exercida por *mediadores de resseguros* e por *empresas de resseguros* [art. 4º, als. *g)* e *h)*].

O diploma prevê três categorias de *mediadores*, a saber, *mediadores de seguros*, *mediadores de resseguros* e *mediadores de seguros a título acessório*; por sua vez, a categoria *mediadores de seguros* comporta as subcategorias *agentes de seguros* e *corretores de seguros*, [art. 9º, nº 1, als. *a)* e *b)*], numa das quais devem inscrever-se os *mediadores de seguros*.

Pode, assim, entender-se que a *distribuição* em sentido amplo abrange quer a *distribuição* em sentido restrito, exercida por *empresas de seguros* e por (certas, cfr. art. 2º da Lei preambular) *associações mutualistas*, quer a *mediação de seguros* – e o mesmo vale para a distribuição de resseguros, ainda que, ao nível da mediação, com a restrição aos *mediadores de resseguros* (os quais, no entanto, poderão simultaneamente inscrever-se como *corretores de seguros*, cfr. art. 15º, nº 3, *a contrario*); a *mediação de seguros* pode ser exercida por *mediadores de seguros* e por *mediadores de seguros a título acessório* (*mediação de seguros* em sentido próprio) e por pessoas abrangidas pela exclusão prevista pelo artigo 2º, nº 2 (*mediação de seguros* em sentido impróprio); sobre as pessoas abrangidas pela exclusão prevista no artigo 2º, nº 2, v. anotações aos artigos 1º, 2º, 9º, 24º e 37º

O que precede pode ser esquematizado da seguinte forma:

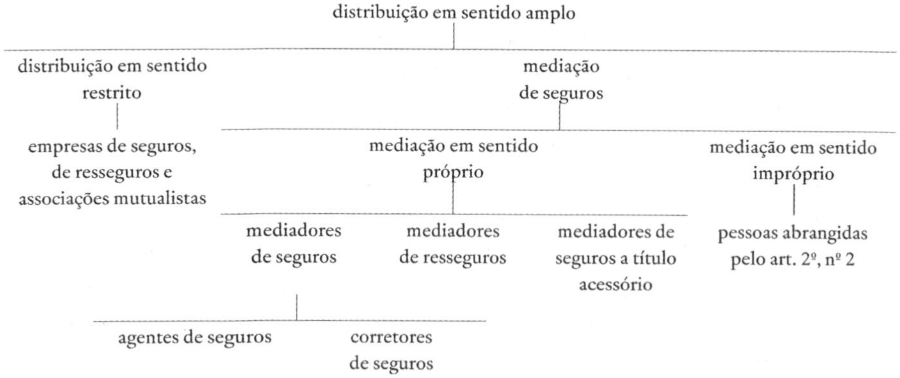

Embora não expressamente, o *regime jurídico da distribuição de seguros e de resseguros* abre ainda a possibilidade da classificação dos *agentes de seguros* em *exclusivos* [a que se

refere o art. 15º, nº 1, al. *a)*, subal. *ii)*, mas v., também, art. 31º, nº 2, al. *d)*; o considerando (17) da Diretiva (UE) 2016/97 refere-se-lhes como *mediadores de seguros ligados*, mas a expressão parece de evitar, uma vez que, em Portugal, a categoria de mediadores com tal designação foi eliminada pelo presente regime] e *não-exclusivos* [art. 31º, nº 2, al. *d), a contrario*], tratando-se de questão a enquadrar no âmbito do contrato escrito a celebrar entre o *agente de seguros* e a *empresa de seguros* que vai representar [arts. 16º, nº 1, al. *a)*, cfr. anotação a este artigo]; nada parece impedir, em termos equivalentes, a existência de *mediadores de seguros a título acessório exclusivos* e *não-exclusivos* [cfr. arts. 9º, nº 2, e 31º, nº 2, al. *d), ex* art. 39º].

Sobre a correspondência entre as categorias de *mediadores de seguros* e de *resseguros* previstas no *regime jurídico da mediação de seguros ou de resseguros* e no *regime da distribuição de seguros e de resseguros* v. as nossas anotações aos arts. 9º e 22º

Os nºs 2 e 3 deste artigo referem-se, respetivamente, às atividades transfronteiras no território de outro Estado-membro por *mediadores de seguros, de resseguros* e *de seguros a título acessório* registados em Portugal, quer em regime de livre prestação de serviços (arts. 89º a 93º) quer em regime de estabelecimento (arts. 94º a 100º), e ao exercício das mesmas atividades por empresas de seguros e de resseguros (arts. 183º a 191º do *regime jurídico de acesso e exercício da atividade seguradora e resseguradora*).

Sobre o exercício atividade de distribuição no território português, em regime de livre prestação de serviços ou em regime de estabelecimento, por um *mediador de seguros*, um *mediador de resseguros* ou um *mediador de seguros a título acessório* registado em outro Estado-membro, v. anotações aos arts. 1º, 80º a 87º

Ao estabelecer que as *empresas de seguros* ou *de resseguros*, com sede em Portugal, autorizadas pela ASF para o exercício da atividade seguradora e resseguradora, podem exercer a atividade de distribuição de seguros ou de resseguros em outros Estados-membros (nº 3), o artigo sob anotação suscita a questão de saber se as *empresas de seguros* ou *de resseguros* podem exercer [no território português (nº 1, proémio) ou no de outros Estados-membros (nº 3)], a atividade de distribuição de produtos de seguros de outras *empresas de seguros* ou *de resseguros*; a resposta não pode deixar de ser positiva, uma vez que entre os deveres específicos da *empresa de seguros* no exercício da atividade de distribuição de seguros figura o de, caso não seja o *produtor* dos produtos que distribua, adotar uma *política de distribuição de produtos de seguros*, estabelecendo medidas adequadas para obter todas as informações pertinentes sobre o produto de seguro e a respetiva *política de conceção e aprovação de produtos* e compreender as caraterísticas e o mercado-alvo identificado de cada produto de seguro [art. 37º, nº 2, al. *e)*]; acresce que, simetricamente, as empresas de seguros e de resseguros registadas em outro Estado-membro da União Europeia podem exercer no território português a atividade de distribuição de seguros e de resseguros, quer através de sucursal ou em regime de livre prestação de serviços, desde que respeitem as normas legis e regulamentares aplicáveis (art. 88º); sobre este ponto v., também, anotações aos arts. 10º e 37º

Sobre a *distribuição de seguros* v., também, a nossa anotação ao art. 1º

IV. Disposições relacionadas: arts. 1º, 2º, 4º, 9º, nº 1, als. *a), b), e), g)* e *h)*, 10º, 15º, nºs 1, al. *a)*, subal. *ii)*), e 3, 16º, nº 1, al. *a)*, 22º, e 31º, nº 2, al. *d)*, 37º, nº 2, al. *e)*, 39º, 80º a 100º, e arts. 183º a 191º do *regime jurídico de acesso e exercício da atividade seguradora e resseguradora*.

ANOTAÇÃO (*Mafalda Miranda Barbosa*)

I. Só podem exercer a atividade de distribuição de seguros ou de resseguros em território português as pessoas singulares residentes em Portugal ou as pessoas coletivas cuja sede se situe no nosso país. Além disso, exige-se que se encontrem registadas junto da ASF como mediadores se seguros ou resseguros ou como mediadores de seguros a título acessório.

II. É, porém, possível que um mediador de seguros ou de resseguros ou um mediador de seguros a título acessório registado noutro estado membro da UE exerça a sua atividade em Portugal. Para tanto, exige-se que cumpra as formalidades estabelecidas no capítulo VI, secção I, subsecções II e III. Garantindo-se uma ideia de reciprocidade, os mediadores de seguros e de resseguros e os mediadores de seguros a título acessórios registados em Portugal podem exercer a sua atividade de distribuição de seguros e de resseguros noutros estados-membros da UE. Para tanto, devem cumprir as formalidades previstas na secção II do capítulo VI.

III. Podem, ainda, exercer a atividade de distribuição de seguros ou de resseguros em território português as empresas de seguros ou de resseguros autorizadas para o exercício da atividade seguradora ou resseguradora no nosso país. Estas empresas podem, também, exercer a sua atividade noutros estados-membros da EU, devendo para tanto cumprir as formalidades previstas no regime jurídico de acesso e exercício da atividade seguradora e resseguradora.

IV. A intencionalidade do preceito é clara: por um lado, garante-se o direito à livre circulação de pessoas no quadro da União Europeia; por outro lado, estabelecem-se regras que garantam que, sendo a atividade exercida por um estrangeiro, não se diminua a proteção dispensada ao cliente de seguros ou de resseguros. Com isto evitam-se, simultaneamente, distorções na concorrência.

ARTIGO 9º – Mediadores de seguros e mediadores de seguros a título acessório

1 – As pessoas singulares ou coletivas podem registar-se como mediadores de seguros e exercer a atividade de distribuição de seguros numa das seguintes categorias:

***a*) «Agente de seguros», categoria em que a pessoa exerce a atividade de distribuição de seguros em nome e por conta de uma ou mais empresas de seguros ou de outros mediadores de seguros, nos termos do contrato ou dos contratos que celebre com essas entidades;**

***b*) «Corretor de seguros», categoria em que a pessoa exerce a atividade de distribuição de seguros de forma independente face às empresas de seguros.**

2 – As pessoas singulares ou coletivas podem registar-se como mediadores de seguros a título acessório e exercer a atividade de distribuição de seguros em nome e por conta de uma ou mais empresas de seguros ou de mediadores de seguros, nos termos dos contratos que celebrem com essas entidades.

ANOTAÇÃO (*Francisco Luís F. Ribeiro Alves*)

Corresponde ao anterior artigo 8º do Regime Jurídico da Mediação de Seguros, salientando-se que deixa de constar a categoria de mediador de seguros ligado, refletindo a alteração ocorrida com a Diretiva. É aditado um nº 2 a respeito do mediador de seguros a título acessório.

A categoria de agente de seguros mantém a mesma redação enquanto entidade que representa as empresas de seguros ou outros mediadores de seguros nos termos dos contratos que celebre.

A categoria de corretor de seguros tem uma alteração relevante, já que deixa de constar a expressão que obrigava ao aconselhamento, que referia: *"(...) baseando a sua actividade numa análise imparcial de um número suficiente de contratos de seguro disponíveis no mercado que lhe permita aconselhar o cliente tendo em conta as suas necessidades específicas"*, o que se estranha.

Com efeito, sendo o corretor de seguros a categoria que age de uma forma independente face às empresas de seguros, tal pressuporia a representação e aconselhamento do cliente. Desta forma, também os corretores podem informar os seus potenciais clientes que não prestam aconselhamento, o que nos parece contraditório face ao papel típico do corretor. Note-se que o corretor não tem a obrigação de celebrar contratos com as empresas de seguros, relativamente à atividade de distribuição, porque a sua obrigação é para com o cliente, em representação do qual deve procurar o melhor negócio possível. Por essa razão, para que não haja dependência de uma empresa de seguros e não se afete a independência do corretor, deve o mesmo assegurar a dispersão da sua carteira (artigo 35º do RJDS).

O mediador de seguros a título acessório, referido no nº 2 deste artigo, sendo uma derivação da anterior categoria de mediador de seguros ligado de tipo *ii*), é agora mais parecido na atividade e nos requisitos com a categoria de agente, com as limitações próprias da sua categoria conforme conceito constante do artigo 4º, alínea *d*), deste regime jurídico.

ANOTAÇÃO (*Francisco Rodrigues Rocha*)

I. O actual artigo 9º tem como antecedente o 8º do RJMSR.

II. A norma sob comentário determina e, sobretudo, define as categorias de mediadores que podem registar-se para distribuição de seguros junto da ASF.

Passam agora a separar-se os mediadores de seguros *tout court* dos mediadores de seguros a título acessório (cf. de resto as definições do artigo 4º, *c*) e *d*)): dos primeiros cura o nº 1, dos segundos o nº 2.

Para os mediadores de seguros distinguem-se, como dantes, duas categorias: a de *agente de seguros* (al. *a*)) e a de *corretor de seguros* (al. *b*)). Para uma e para outra, tal como para os mediadores a título acessório, apresentam-se, materialmente, definições (a acrescentar formalmente, diríamos, às do artigo 4º). Sobre estas e, vd. infra respectivamente §§ 2 das anotações aos artigos 16º, 18º e 20º.

As categorias em apreço não constam da DDS, mas a sua previsão não estava vedada ao legislador nacional, até porque quadram ambas no conceito amplo de mediador de seguros (artigo 2º/3 do referido diploma).

ANOTAÇÃO (*José Alves de Brito*)

I. *Considerandos da DDS*: *vide* considerandos (5), (6), (7) e (17).

II. *Origem da disposição*: Corresponde, com modificações, ao artigo 87º da LMS. *Vide* os artigos 3º, nº 1, § 1 da DDS e, nos trabalhos preparatórios do novo regime, o artigo 10º do anexo I do Projeto ASF (Versão Preliminar) e o artigo 9º do anexo a que se refere o nº 2 do artigo 1º da Proposta de Lei nº 138/XIII/3ª (Gov.).

III. *Novo regime*: A diferença fundamental face ao antigo preceito consiste na eliminação da categoria do mediador de seguros ligados (artigos 8ª, al. *a*), 15º e 16º da LMS), e das suas subcategorias (usualmente designadas por "mediador de seguros ligado de tipo I" e "mediador de seguros ligado do tipo II"). Com interesse, lê-se na proposta da ASF que «deixa de existir fundamento para a autonomização da categoria de seguros ligado, a qual coincide substancialmente (embora de forma não integral) com a categoria de mediador de seguros a título acessório prevista da Diretiva sobre a distribuição de seguros». Com efeito, os mediadores de seguro de ligado do tipo II são absorvidos pela nova figura do mediador de seguros a título acessório, enquanto que os mediadores de seguro ligado do tipo I passam a integrar a categorias dos agentes de seguros (*vide* o artigo 8º da Lei nº 7/2019).

A noção de agente de seguros agora apresentada coincide com a anteriormente acolhida no artigo 8º, al. *b*) da LMS; no essencial, as notas distintivas desta categoria assentam no exercício da atividade em nome e por conta (*i*) de uma empresa de seguros ou (*ii*) de outro mediador de seguros (mediação de segundo grau; *vide*, por exemplo, o artigo 51º, nº 4 da LDSR), tudo nos termos do contrato ou contratos celebrado(s) com essa entidades. A atividade dos designados agentes de seguros "exclusivos" ou "multimarcas" é regida pelos respetivos contratos (mas *vide* o disposto na al. *d*) do nº 2 do artigo 31º da LDSR).

Como foi acima explanado, os agentes de seguros compreendem aqueles agentes que já exerciam a atividade sob essa designação ao abrigo da LMS (*vide* o peso relativo destes operadores no estudo relativo à caracterização da mediação em Portugal na *Revista APS* nº 2, novembro 2018, p. 28) bem como os pretéritos mediadores de seguro ligados do tipo I. No fundamental, releva, depois, o regime: os agentes de seguros deverão celebrar um contrato *escrito* com cada uma das empresas de seguros que vai representar (curiosamente, o artigo 16º, nº 1, al. *a*) da LDSR não faz aqui alusão ao contrato com outro mediador de seguros, possibilidade que tinha ficado aberta pelo artigo 9º), pelo qual a empresa de seguros mandata o agente para exercer a atividade de distribuição (cfr. um exemplo de contrato de mediação em Fernando Gilberto, *Manual Prático da Mediação de Seguros*, Lisboa, 2009, pp. 40 ss.). De todo o modo, o conteúdo mínimo do contrato é fixado pelo artigo 8º da Norma Regulamentar nº 17/2006-R, de 29 de dezembro, publicada como Regulamento nº 16/2007, em vigor *ex vi* do artigo 14º da Lei nº 7/2019 até à edição de nova norma regulamentar – cfr. artigo 13º, al. *d*) da citada lei. Deverão, ainda, possuir uma organização adequada quanto a determinados parâmetros, *v.g.*, quanto à dimensão e natureza da sua atividade (*vide* artigo 9º da Norma Regulamentar nº 17/2006-R, de 29 de dezembro, publicada como Regulamento nº 16/2007) e um seguro de responsabilidade civil profissional, salvo se a cobertura estiver incluída em seguro fornecido pela empresa de seguros em nome e por conta da qual vai exercer a sua atividade (o seguro é, pois obrigatório – e assim classificado pela ASF –, com o cortejo de consequências enunciado nos artigos 146º ss. da LCS, mas poderá existir um seguro da empresa de seguros que "dispense", *in casu*, a contratação do seguro).

Os agentes de seguros podem receber prémios ("poderes de cobrança") se o contrato firmado com a empresa de seguros o convencionar, obedecendo, depois, a movimentação de tais fundos ao disposto nos nºs 2 e 5 do artigo 51º da LDSR. Questiona-se, por fim, se os agentes de seguros podem concitar a responsabilidade das empresas de seguros ao abrigo, por exemplo, do artigo 800º do Código Civil. A resposta é positiva, nomeadamente se o agente de seguros for incumbido de proceder ao pagamento da prestação devida após a ocorrência do sinistro, nos termos do artigo 102º e ss. da LCS (na doutrina, *vide*, por exemplo, Mafalda Miranda Barbosa, «Diretiva de Distribuição de Seguros: os Sujeitos», in *Revista de Direito Comercial 2018-09-21*, p. 1161, aludindo aos casos em que o mediador seja chamado a cumprir determinados deveres no âmbito da execução do contrato, designadamente quando ocorre um sinistro). De todo o modo, quanto ao âmbito de aplicação da LDSR, cfr. o artigo 2º, nº 1, al. *b*), o que não deve obnubilar que a distribuição também compreende o apoio à gestão e execução de contratos de sinistros, em especial em caso de sinistro.

O corretor de seguros, pessoa singular ou coletiva exerce a sua atividade de forma independente face às empresas de seguros (é esse o acento tónico dado pela lei). As condições específicas de acesso à categoria de corretores de seguros (e, assim, grande parte dos seus deveres) são explanadas no artigo 18º da LDSR, destacando-se que o corretor deve contratar um seguro-caução (ou apresentar uma garantia bancária) tendo em vista acautelar certos créditos dos tomadores de seguros ou das empresas de seguros. Tendo em vista o artigo 8º, al. *c*) da LMS cumpre observar que, em rigor, a nova lei não determina expressamente que o corretor baseia a sua atividade «numa análise imparcial de um número suficiente de contratos de seguros disponíveis no mercador que lhe permita aconselhar o cliente tendo em conta as suas necessidades específicas», mas o novo modelo desenhado pela lei não resulta inteiramente claro. Em aparente linha de continuidade com a LMS, o artigo 35º, al. *c*) da LDSR, relativo aos deveres específicos do corretor de seguros, determina que o corretor deve basear a atividade num análise de conteúdo semelhante ao da lei pretérita (análise de um número suficientemente diversificado de casos), contudo, parece apontar a facultatividade do aconselhamento fundado numa análise imparcial e pessoal (cfr. artigos 35º, al. *d*) e 31º, nº 5), o qual tendo por base precisamente a análise da amostra significativa acima caracterizada tem por fim ulterior a elaboração de uma recomendação quanto ao contrato de seguro mais adequado às necessidades do cliente.

De todo o modo, em sobreposição aparente ou real, mantém-se outrossim para o corretor o dever de *informar* o cliente (o artigo 31º, al. *b*) da LMS referia *aconselhar*) de modo correto e pormenorizado, de acordo com a complexidade do tipo de produto proposto e com o tipo de cliente, sobre o contrato ou os contratos mais convenientes habilitando o mesmo a tomar uma decisão informada (cfr. artigo 30º, nº 1, al. *c*) da LDSR).

Para a relação firmada entre o cliente o corretor vale a autonomia privada (a Norma Regulamentar nº 17/2006-R, de 29 de dezembro, publicada como Regulamento nº 16/2007 não estatui sobre o ponto) não parecendo que, em vista da al. *a*) do nº 2 do artigo 31º da LDSR, o corretor deve ser forçosamente entendido como um representante do cliente, ao menos no sentido de uma atribuição forçosa, *ex lege*, de poderes representativos, o que se estriba, de certo modo, no nº 1 do artigo 31º da LCS. Em contraponto, nada invalidade que existam acordos entre o corretor e a(s) empresa(s) de seguro(s), se estes não fazerem perigar a independência da sua atuação.

Os mediadores designados no nº 2 devem exercer a atividade numa base acessória em nome e por conta de uma ou mais empresas de seguros, nos termos dos contratos que venham a ser estabelecidos com tais entidades. Contudo, valerão ainda as limitações da al. *d*) do artigo 4º da LDSR: os mediadores de seguros a título acessório não podem, designadamente, comercializar produtos de investimento com base em seguro. Por indicação expressa da DDS, as instituições de crédito não podem ser enquadradas no âmbito dos mediadores de seguros a título acessório, mas as agências de viagens ou as empresas de aluguer de automóveis são candidatas à qualificação (sem embargo da exceção *de minimis*, relativa a seguros facultativos, nos termos do artigo 2º, nº 2 da LDSR, o considerando 15 da DDS oferece como exemplos os seguintes: casos em que o tomador se acautela contra a possibilidade de não utilização de um serviço que se espera que seja utilizado em certo momento, como uma viagem de comboio, uma assinatura de ginásio ou para uma temporada de teatro, ou, ainda, os casos de cancelamento de viagens ou o extravio de bagagens, o que recorda os serviços usualmente propostos aquando da marcação de viagens mediante a utilização de certas plataformas disponíveis na Internet). A exceção *de minimis* faz-se sem prejuízo de um grau adequado de proteção dos consumidores, traduzido nas exigências postas pelo artigo 24º, nº 1, al. *p*) da LDSR (cfr. considerando 15 da DDS). Os mediadores de seguro a título acessório trazem à colação a matéria das vendas associadas (artigo 26º da LDSR).

As condições específicas de acesso à atividade deste distribuidor têm por modelo o que foi estabelecido para os agentes de seguros (*vide* artigo 20º da LDSR), notando-se maiores divergências no que concerne aos direitos e deveres dos mediadores. Estes são, com as devidas adaptações, os genericamente traçados para os mediadores de seguros, mas, por exemplo, os requisitos relativos à formação e aperfeiçoamento profissional contínuo (artigo 25º da LDSR) não lhe são aplicáveis (cfr. als. *k*) e *l*) do nº 1 do artigo 24º e o disposto no artigo 39º da LDSR).

ANOTAÇÃO *(José Vasques)*

I. Cfr. art. 8º do *regime jurídico da mediação de seguros e de resseguros.*

II. Cfr. arts. 2º, nº 1, als. 3) e 4), e 3º, da Diretiva (UE) 2016/97.

III. Distinguem-se os *mediadores de seguros* em *agentes de seguros* e *corretores de seguros* (nº 1); além das diferenças de regime resultantes das condições específicas de acesso (arts. 16º e 18º) e do processo de registo (arts. 17º e 19º), os *agentes de seguros* e os *corretores de seguros* distinguem-se fundamentalmente por os primeiros exercerem a atividade de distribuição de seguros em nome e por conta de uma ou mais *empresas de seguros* ou de outros *mediadores de seguros*, com quem devem celebrar contratos [arts. 16º, nº 1, al. *a*), e 47º, nº 3], enquanto os *corretores de seguros* exercem a sua atividade de forma independente face às *empresas de seguros*, isto é, não atuam em nome e por conta de uma ou mais *empresas de seguros* (não exigindo a lei que com elas celebrem contratos, ainda que, naturalmente, quando, em função da sua atividade, seja celebrado um contrato de seguro com determinada *empresa de seguros*, a tal esteja subjacente uma relação contratual entre o *corretor de seguros* e essa *empresa de seguros*, do qual resultarão, no mínimo, as condições de *remuneração* do primeiro), sem prejuízo de poderem recorrer a outros mediadores de seguros ou mediadores de seguros a título acessório para distribuir o produto de seguros junto do cliente (art. 47º, nº 3).

Os *mediadores de seguros a título acessório* são definidos no artigo 4º, alínea *d*), da seguinte forma:

> *«Mediador de seguros a título acessório» qualquer pessoa singular ou coletiva, com exceção das instituições de crédito ou de empresas de investimento definidas nos pontos 1 e 2 do nº 1 do artigo 4º do Regulamento (UE) nº 575/2013, do Parlamento Europeu e do Conselho, de 26 de junho de 2013, que inicie ou exerça, mediante remuneração, a atividade de distribuição de seguros numa base acessória, desde que estejam reunidas as seguintes condições:*
>
> *i) A atividade profissional principal da pessoa não consiste na distribuição de seguros;*
>
> *ii) Os produtos de seguros distribuídos são complementares de um bem ou de um serviço;*
>
> *iii) Os produtos de seguros em causa não cobrem riscos do ramo Vida ou de responsabilidade civil, salvo se essa cobertura for em complemento de um bem ou de um serviço prestado pelo mediador de seguros a título acessório no âmbito da sua atividade profissional principal.*
>
> *iv) Os produtos de seguros em causa não são produtos de investimento com base em seguros.*

Resulta desta definição – mas não do artigo sob anotação – que as *instituições de crédito* e as *empresas de investimento* não podem registar-se como *mediadores de seguros a título acessório*; de acordo como o artigo 8º, nº 2, da Lei preambular, as *instituições de crédito* e as *empresas de investimento* inscritas na categoria de *mediador de seguros ligado*, ao abrigo das subalíneas *i*) ou *ii*) da alínea *a*) do artigo 8º do *regime jurídico da mediação de seguros e de resseguros*, à data da produção de efeitos do novo regime jurídico, consideram-se automaticamente registadas na categoria de *agente de seguros*; sobre este ponto v. as nossas anotações ao artigo 10º e ao artigo 8º da Lei preambular.

O *regime jurídico da distribuição de seguros e de resseguros* prevê que pessoas potencialmente qualificáveis como *mediadores de seguros a título acessório* sejam excluídas do seu âmbito de aplicação, embora possam exercer a *mediação de seguros* [*mediação de seguros* em sentido impróprio, cfr. anotações aos arts. 2º e 8º)], desde que se trate de seguros não obrigatórios e esteja reunido um determinado conjunto de condições (as *condições de isenção*), as quais vão enunciadas no seguinte quadro comparativo:

<table>
<tr><th>mediadores de seguros a título acessório</th><th>pessoas abrangidas pelo previsto no art. 2º, nº 2</th></tr>
<tr><td>pessoas que exercem a atividade de distribuição de seguros numa base acessória, desde que estejam reunidas as seguintes condições:
i) a atividade profissional principal da pessoa não consiste na distribuição de seguros;
ii) os produtos de seguros distribuídos são complementares de um bem ou de um serviço;
iii) os produtos de seguros em causa não cobrem riscos do ramo Vida ou de responsabilidade civil, salvo se essa cobertura for em complemento de um bem ou de um serviço prestado pelo mediador de seguros a título acessório no âmbito da sua atividade profissional principal.
iv) os produtos de seguros em causa não são produtos de investimento com base em seguros.</td><td>pessoas qualificáveis como *mediadores de seguros a título acessório* que exerçam atividades de distribuição de seguros não obrigatórios, caso se encontrem reunidas, além das aplicáveis aos *mediadores de seguros a título acessório*, as seguintes condições cumulativas:
a) o seguro for complementar de um bem fornecido ou de um serviço prestado por um fornecedor e esse seguro cubra:
i) o risco de avaria ou de perda do bem fornecido ou de danos a esse bem, ou a não utilização do serviço prestado por esse fornecedor; ou
ii) os danos em bagagens ou a perda das mesmas e demais riscos associados a uma viagem reservada junto desse fornecedor.
b) o montante do prémio pago pelo produto de seguros não exceda 600 €, calculados numa base anual *pro rata*, ou o montante do prémio pago por pessoa não exceda 200 €, caso a duração do serviço relativamente ao qual o seguro seja complementar seja igual ou inferior a três meses.</td></tr>
</table>

Sobre as pessoas qualificáveis como *mediadores de seguros a título acessório* mas abrangidas pelas *condições de isenção* v., também, anotações aos arts. 1º, 2º, nº 2, 8º, 24º, nº 2, al. *p)*, e 37º

Sobre os *mediadores de seguros a título acessório* v., também, a nossa anotação ao artigo 40º

O quadro seguinte fornece a correspondência entre as categorias de mediadores previstas pelo *regime jurídico da mediação de seguros de resseguros* e o *regime jurídico da distribuição de seguros e de resseguros*:

Regime jurídico da mediação de seguros e de resseguros	*Regime jurídico da distribuição de seguros e de resseguros*
Agente de seguros – categoria em que a pessoa exerce a atividade de mediação de seguros em nome e por conta de uma ou mais empresas de seguros ou de outro mediador de seguros, nos termos do ou dos contratos que celebre com essas entidades [art. 8º, al. *b)*]	*Agente de seguros*, categoria em que a pessoa exerce a atividade de distribuição de seguros em nome e por conta de uma ou mais empresas de seguros ou de outros mediadores de seguros, nos termos do contrato ou dos contratos que celebre com essas entidades [art. 9º, nº 1, al. *a)*]
Mediador de seguros ligado que exerça a atividade de mediação de seguros em nome e por conta de uma empresa de seguros ou, com autorização desta, de várias empresas de seguros, desde que os produtos que promova não sejam concorrentes, não recebendo prémios ou somas destinados aos tomadores de seguros, segurados ou beneficiários e atuando sob inteira responsabilidade dessa ou dessas empresas de seguros, no que se refere à mediação dos respetivos produtos [art. 8º, al. *a)*, subal. *i)*]	Os *mediadores de seguros ligados* inscritos no registo ao abrigo do artigo 8º, alínea *a)*, subalínea *i)*, do *regime jurídico da mediação de seguros e de resseguros*, consideram-se automaticamente inscritos no regime como *agentes de seguros*, com exceção das instituições de crédito e das empresas de investimento anteriormente inscritas como *mediadores de seguros ligados*, as quais são automaticamente inscritas como *agentes de seguros*, sem prejuízo de estes novos agentes de seguros ou mediadores de seguros ligados poderem optar pela inscrição noutra categoria, ao abrigo do novo regime [art. 8º, nºs 1, 2 e 4, da Lei preambular]
Mediador de seguros ligado que exerça a mediação de seguros em complemento da sua atividade profissional, sempre que o seguro seja acessório do bem ou serviço fornecido no âmbito dessa atividade principal, não recebendo prémios ou somas destinados aos tomadores de seguros, segurados ou beneficiários	«Mediador de seguros a título acessório» qualquer pessoa singular ou coletiva, com exceção das instituições de crédito ou de empresas de investimento, que inicie ou exerça, mediante remuneração, a atividade de distribuição de seguros numa base acessória [art. 4º, al. *d)*]

e atuando sob inteira responsabilidade de uma ou várias empresas de seguros, no que se refere à mediação dos respetivos produtos [art. 8º, al. *a)*, subal. *ii)*]	Os *mediadores de seguros ligados* anteriormente inscritos no registo ao abrigo do artigo 8º, alínea *a)*, subalínea *ii)*, consideram-se automaticamente inscritos como *mediadores de seguros a título acessório*, com exceção das instituições de crédito e das empresas de investimento, as quais são automaticamente inscritas como *agentes de seguros*, sem prejuízo de poderem optar pela inscrição noutra categoria, ao abrigo do novo regime [art. 8º, nºs 1, 2 e 4, da Lei preambular]; os *mediadores de seguros ligados* cuja atividade incluísse a distribuição de *produtos de investimento com base em seguros*, ainda que automaticamente registados como *mediadores de seguros a título acessório* deverão registar-se em categoria que permita a distribuição daqueles produtos (cfr. a nossa anotação ao artigo seguinte).
Corretor de seguros – categoria em que a pessoa exerce a atividade de mediação de seguros de forma independente face às empresas de seguros, baseando a sua atividade numa análise imparcial de um número suficiente de contratos de seguro disponíveis no mercado que lhe permita aconselhar o cliente tendo em conta as suas necessidades específicas [art. 8º, al. *c)*].	*Corretor de seguros*, categoria em que a pessoa exerce a atividade de distribuição de seguros de forma independente face às empresas de seguros [art. 9º, nº 1, al. *b)*]

Para a comparação das noções de *mediador de resseguros* no *regime jurídico da mediação de seguros e de resseguros* e no *regime jurídico da distribuição de seguros e de resseguros* v. a nossa anotação ao artigo 22º

IV. Disposições relacionadas: art. 8º, nº 2, da Lei preambular, e arts. 2º, 4º, al. *d)*, 9º, nº 1, als. *a)* e *b)*, 10º, 11º a 22º, 24º, nº 2, al. *p)*, 37º, 40º e 47º, nº 3.

ANOTAÇÃO (*Mafalda Miranda Barbosa*)

I. Dentro dos mediadores de seguros, podemos encontrar duas categorias: a) o *agente de seguros*; e o b) *corretor de seguros*. O agente de seguros é a pessoa que exerce a atividade de distribuição em nome e por conta de uma ou mais empresas de seguros; o corretor de seguros é a pessoa que exerce a atividade de distribuição de seguros de forma independente face às empresas de seguros, baseando a sua atividade numa análise imparcial de um número suficiente de contratos de seguro disponíveis no mercado. As duas noções correspondem às duas diferentes categorias de mediadores que estavam consagradas no DL nº 144/2006.

II. Embora não constem da DDS, a previsão destas duas categorias de mediadores parece não contrariar, *a priori*, o instrumento de direito comunitário. Dois são os argumentos que podemos invocar nesse sentido: por um lado, estamos diante de uma diretiva de harmonização mínima (nos termos do *considerandum* 3 DDS); por outro lado, se o objetivo é submeter os diversos sujeitos que atuam ao nível da distribuição a um regime uniforme e protetor do consumidor, nada impede que se possam diferenciar modelos contratuais que suportem as atividades de mediação concretamente em causa. Ora, verdadeiramente, é disso que se trata: atentando na atividade levada a cabo por cada um dos sujeitos – *agente* e *corretor* –, facilmente perceberemos que, com contornos diversos, ambas se reconduzem ao núcleo definitório da mediação, donde, desde que as exigências conformativas da DDS se cumpram por referência a cada um deles, nenhum problema parece sobrevir.

III. A propósito dos mediadores, importa questionar se eles devem ser vistos como *mediadores em sentido próprio*, isto é, como sujeitos de um contrato de mediação, ou se, ao invés, lhes deve ser aplicado, subsidiariamente, o *regime do contrato de agência*. Mesmo antes da transposição da DDS, a nossa jurisprudência considerava, embora de forma não unânime, que ao contrato de mediação de seguros se aplicava, subsidiariamente, o regime do contrato de agência. No Acórdão do Supremo Tribunal de Justiça de 15 de Dezembro de 2016 (Processo nº 1138/15.5T8CTB.C1), de que foi relator o Conselheiro Luís Cravo, pode ler-se que se aplicam "os princípios e regras gerais dos contratos, sendo que, na medida em que a subespécie dos contratos de mediação de seguros, tal como a dos contratos de agência, integra a categoria dos denominados contratos de distribuição, deve funcionar o regime jurídico do contrato de agência, previsto no DL nº 178/86, de 3/7, como regime modelo, por aplicação analógica". No mesmo sentido, o Acórdão do TRC 15-12-2016 (processo nº 1138/15.5T8CTB.C1) considerou que a mediação de seguros integra a categoria dos contratos de distribuição, aplicando-se analogicamente o regime do contrato de agência previsto no DL nº 178/86, de 3 de Julho. Isto permitiria que, em muitas situações, se pudesse mobilizar para o âmbito do ajuizamento de um conflito emergente a propósito de um contrato de mediação de seguros o artigo 23º da Lei do Contrato de Agência, tutelando-se positivamente a eventual confiança gerada no consumidor que tivesse celebrado um contrato, por via das figuras da procuração aparente e da procuração tolerada, solução que, aliás, viria a ser acolhida pelo artigo 30º Anexo DL nº 72/2008 especificamente para o contrato de seguro celebrado pelo mediador. A solução de aproximação entre os dois contratos (o contrato de agência e o contrato de mediação de seguros) não é, contudo, aceite unanimemente. E, mesmo no tocante à tutela da confiança, há clivagens na jurisprudência. Pense-se nos Acórdãos do Supremo Tribunal de Justiça de 31 de Março de 2016 (Processo nº 432/08.6TASCR.L1.S1, relator Souto Moura), onde se pode ler que "a proteção de terceiro de boa-fé, ludibriado por mediadoras sem escrúpulos em crimes de burla, não pode ir ao ponto de fazer incorrer em responsabilidade civil a demandada Companhia de Seguros, por aplicação analógica da disposição pensada para o contrato de agência que previa aí a eficácia da representação aparente", e da Relação de Lisboa de 13 de Dezembro de 2007 (Processo nº 6576/2007-1, relator Folque Magalhães), no qual se considera que "o disposto no artigo 23º do Decreto-Lei nº 178/86, de 3 de Julho, não é aplicável analogicamente ao contrato de mediação de seguros, por haver disciplina regulamentar própria da atividade seguradora". O problema há-de ser ponderado por referência ao artigo 50º. Remete-se, por isso, para a anotação do citado preceito.

IV. As pessoas singulares ou coletivas podem, ainda, exercer a sua atividade como mediadores a título acessório. O mediador de seguros a título acessório é qualquer pessoa singular ou coletiva, com exceção das instituições de crédito ou das empresas de investimento, que inicie ou exerça, mediante remuneração, a atividade de distribuição de seguros numa base acessória, desde que a atividade principal não consista na distribuição de seguros, os produtos de seguros sejam complementares de um bem ou serviço, não cubram o ramo vida ou de responsabilidade civil, não sejam seguros obrigações, nem produtos de investimento com base em seguros. Com isto desaparece a categoria dos mediadores de seguros ligados. Mas, nos termos do artigo 8º deste diploma (e não do seu Anexo), as pessoas singulares ou coletivas inscritas na categoria de mediador de seguros ligado ao abrigo do DL nº 144/2006 consideram-se registadas na categoria de agente de seguro ou de mediador de seguro a título acessório, consoante os casos. No caso das instituições de crédito e as empresas de investimentos definidas nos pontos 1 e 2 do nº 1 do artigo 4º do Regulamento (UE) nº 575/2013, do Parlamento Europeu e do Conselho, de 26 de junho de 2013, quando inscritas na categoria de mediador de seguros ligado, nos termos do artigo 8º do DL nº 144/2006, devem ser considerados, uma vez entrando em vigor a nova disciplina jurídica, registados na categoria de agentes de seguros.

ARTIGO 10º - Âmbito da actividade

1 – O registo dos mediadores de seguros, de resseguros e de seguros a título acessório é realizado, alternativa ou cumulativamente:

***a*) No âmbito do ramo Vida;**

***b*) No âmbito do ramo Vida, excluindo a atividade de distribuição de produtos de investimento com base em seguros;**

***c*) No âmbito dos ramos Não Vida.**

2 – A distribuição no âmbito de fundos de pensões exercida por mediadores de seguros enquadra-se na alínea *a*) do número anterior.

ANOTAÇÃO (*Francisco Luís F. Ribeiro Alves*)

Corresponde ao artigo 9º do revogado Regime Jurídico da Mediação de Seguros, mas com uma alteração relevante.

Foi adicionada a possibilidade de registo "no âmbito do ramo Vida, excluindo a atividade de distribuição de produtos de investimento com base em seguros". Deste modo, os mediadores registados, neste ramo, poderão comercializar seguros de vida risco e Planos Poupança Reforma, tendo em conta o conceito de "produtos de investimento com base em seguros", constante da alínea *r*) do artigo 4º deste regime jurídico.

Em geral, para aferir o que é a atividade no âmbito do ramo Vida e no âmbito dos ramos Não Vida, deverá consultar-se, respetivamente, os artigos 8º e 9º do Regime Jurídico de Acesso e Exercício da Atividade Seguradora e Resseguradora, aprovado pela Lei nº 147/2015, de 9 de setembro.

O registo do mediador em cada um dos ramos obriga ao cumprimento dos respetivos requisitos de qualificação adequada, previsto no artigo 13º deste regime jurídico. Quando os requisitos sejam cumpridos através frequência de curso sobre seguros adequado à atividade a desenvolver deverá atender-se aos ramos em causa, o que se refletirá no número de horas do curso (Cfr. artigo 16º da Norma Regulamentar nº 17/2006, de 29 de dezembro, e artigo 3º do Projeto de Norma Regulamentar objeto da Consulta Pública nº 3/2019 da ASF).

ANOTAÇÃO (*Francisco Rodrigues Rocha*)

I. O actual artigo 10º tem como antecedente o artigo 9º do RJMSR.

II. À luz do artigo 10º/1, o registo dos mediadores de seguros, de resseguros ou a título acessório pode ser feito de forma alternativa ou cumulativa nos ramos vida (incluindo fundos de pensões: artigo 10º/2), vida sem produtos de investimento com base em seguros e não vida.

Em relação ao artigo 9º do RJMSR, opta-se agora por especificar que o registo pode ser pedido de forma alternativa ou cumulativa, omite-se no pr. a referência ao exercício a par do registo, e elimina-se coerentemente a al. *c*) do artigo 9º ("No âmbito de todos os ramos"), desnecessária em face os advérbios do pr. do nº 1.

Cf. tb. para o acesso e exercício à actividade seguradora o artigo 48º/3 do RJAS.

ANOTAÇÃO (*José Alves de Brito*)

I. *Considerandos da DDS*: sem menção particular.

II. *Origem da disposição*: Corresponde, com modificações, ao artigo 9º da LMS. *Vide* nos trabalhos preparatórios do novo regime, o artigo 11º do Projeto ASF (Versão Preliminar) e o artigo 10º da Proposta de Lei nº 138/XIII/3ª (Gov.).

III. *Novo regime*: segue-se, em grande medida o já preceituado no artigo 9º da LMS, concluindo que os mediadores de seguros e resseguros e de seguros a título acessório podem exercer, de acordo com opção do legislador, cumulativamente ou alternativamente atividade no ramo Vida (que inclui a distribuição no âmbito de fundos de pensões) e no ramo Não Vida. No que tange às empresas de seguros é necessário consultar o RJASR, e, pelo menos, proceder a uma releitura do artigo 47º, o qual preceitua que as empresas têm por objeto exclusivo o exercício da atividade seguradora (acresce, agora, o exercício da atividade de distribuição de seguros. De todo o modo, sobre aquele preceito, cfr. Menezes Cordeiro, *Manual de Direito dos Seguros*, 2ª ed., Coimbra, pp. 179 e ss.). A particularidade dos de produtos de investimento com base em produtos de seguro merece uma referência autónoma do legislador. No demais, quanto aos conceitos, *vide* o que dispõe o artigo 9º (ramo Vida) e o artigo 8º (ramo Não Vida) do RJASR. O certificado de registo a emitir pela ASF deve conter menção ao ramo ou ramos que o mediador está autorizado a exercer a atividade (artigo 58º, nº 2, al. *c*) da LDSR). Constitui dever geral do mediador de seguros não exercer a atividade em desrespeito do âmbito em que está autorizado a exercer (artigo 24º, nº 1, al. *o*) da LDSR).

ANOTAÇÃO (*José Vasques*)

I. Cfr. arts. 9º, nº 2, do *regime jurídico da mediação de seguros e de resseguros*, e 52º, nº 1, do *regime jurídico da constituição e funcionamento dos fundos de pensões e das entidades gestoras de fundos de pensões*.

II. Cfr. art. 2º da Diretiva (UE) 2016/97.

III. A formulação ampla do artigo sob anotação carece de clarificação, que resulta da interpretação sistemática:

a) os *mediadores de seguros* e os *mediadores de resseguros* podem realizar a sua inscrição, alternativa ou cumulativamente, enquanto 1) mediadores de seguros e operações do ramo Vida, 2) do ramo Vida, excluindo a atividade de distribuição de *produtos de investimento com base em seguros* ou de 3) seguros dos ramos Não-vida;

b) os *mediadores de seguros a título acessório* apenas podem realizar a sua inscrição, alternativa ou cumulativamente, enquanto 1) mediadores de seguros e operações do ramo Vida, excluindo a atividade de distribuição de *produtos de investimento com base em seguros* e de *fundos de pensões* (nº 2 e art. 3º, uma vez que a extensão prevista neste último artigo se refere apenas aos *mediadores de seguros*) ou de 2) seguros dos ramos Não-vida.

Os *mediadores de seguros a título acessório* só podem inscrever-se e mediar seguros, no âmbito do *ramo Vida*, ao abrigo do nº 1, al. *b)*, e apenas quando essa cobertura for complementar de um bem ou de um serviço prestado no âmbito da sua atividade profissional principal [art. 4º, al. *d)*, subal. *iii)*, parte final], uma vez que é condição do exercício da sua atividade que não medeiem *produtos de investimento com base em seguros* [arts. 4º, al. *d)*, subal. *iv)*, e 40º a 46º], estando-lhes igualmente vedada a mediação no âmbito dos fundos de pensões (art. 3º, que estende a atividade de distribuição realizada no âmbito de fundos de pensões apenas a *mediadores de seguros*).

A classificação dos seguros em duas categorias, com as designações Vida e Não-vida, é de origem comunitária e foi acolhida entre nós na disciplina do acesso e exercício da atividade seguradora, contendo-se atualmente nos arts. 8º e 9º do *regime jurídico de acesso e exercício da atividade seguradora e resseguradora*, aprovado como anexo I da Lei nº 147/2015, de 9 de setembro (mas não, *v.g.*, no *regime jurídico do contrato de seguro*, o qual adotou a divisão clássica, que distingue entre seguros de danos e seguros de pessoas).

A referência ao *ramo Vida*, no nº 1, alíneas *a)* e *b)*, sem prejuízo da limitação resultante da segunda parte da referida alínea *b)*, ao contrário do que sucedia no artigo 9º, nº 1, alínea *a)*, do *regime jurídico da mediação de seguros e de resseguros*, não manteve a expressão *incluindo operações de capitalização*; estas operações não podem deixar de considerar-se abrangidas pelo *ramo Vida*, com o âmbito que lhe é dado pelo artigo 9º do *regime jurídico de acesso e exercício da atividade seguradora*; além do mais, o que precede é confirmado pelo (tecnicamente inexato) âmbito adotado para a noção de *contrato de seguro* pelo regime jurídico sob anotação: *«Contrato de seguro» os contratos de seguro e as operações de capitalização celebrado por empresas de seguros autorizadas a operar no território português* [art. 4º, al. *u)*].

A integração da mediação de *fundos de pensões* exercida por *mediadores de seguros* no âmbito do ramo Vida era já prevista pelos artigos 9º, nº 2, do *regime jurídico da mediação de seguros*, e 52º, nº 1, do *regime jurídico da constituição e funcionamento dos fundos de pensões e das entidades gestoras de fundos de pensões*.

O artigo sob anotação refere-se expressamente ao *registo dos mediadores de seguros, de resseguros e de seguros a título acessório* (nº 1), donde resulta que a atividade de distribuição de seguros e de resseguros pelas *empresas de seguros* e *de resseguros*, bem como por pessoas abrangidas pelas *condições de isenção*, não obriga à respetiva inscrição no registo de mediadores junto da ASF; sobre este ponto v., também a nossa anotação ao artigo 56º

Tendo por objeto exclusivamente o *âmbito da atividade* dos *mediadores de seguros*, *de resseguros* e *de seguros a título acessório*, não sendo a sua aplicação extensiva às *empresas de seguros* (não se referindo ao artigo sob anotação o art. 37º, nº 3) e tendo estas últimas o dever de não utilizar serviços de distribuição de seguros em desrespeito do âmbito de atividade em que o *mediador de seguros*, *de resseguros* ou *de seguros a título acessório* está autorizado a exercer [arts. 37º, nº 1, al. *b)*, e 113º, al. *b)*], pode suscitar-se a questão de saber se as *empresas de seguros*, quando distribuam produtos de que não sejam o *produtor*, o podem fazer relativamente a ramos para os quais não disponham de autorização (não para o exercício da atividade de distribuição de seguros e de resseguros – da qual, de resto, não carecem –, mas) para o exercício da atividade seguradora e resseguradora (art. 48º do *regime jurídico de acesso e exercício da atividade seguradora e resseguradora*); o tratamento da questão parece omisso e a contraordenação grave pelo exercício da atividade de distribuição de seguros ou de resseguros em ramo ou ramos em que não esteja autorizado a exercer, apenas se aplica aos *mediadores de seguros*, *de resseguros* ou *de seguros a título acessório* [art. 113º, al. *a)*], mas tal não parece autorizar a distribuição de seguros por *empresas de seguros* em ramos para cujo exercício não disponham de autorização; assim, tudo indica que as *empresas de seguros* que distribuam produtos de que não sejam o *produtor*, apenas o possam fazer relativamente a ramos para os quais disponham da necessária autorização [embora duvidosamente aplicável à situação em questão v. art. 114º, nº 1, al. *a)*].

Inexistindo no *regime jurídico da mediação de seguros*, na definição do âmbito do registo (art. 9º), categoria que previsse a inscrição *no âmbito do ramo Vida, excluindo a atividade de distribuição de produtos de investimento com base em seguros*, todas as anteriores inscrições dos mediadores de seguros para a distribuição de seguros e produtos do ramo Vida devem considerar-se efetuadas *no âmbito do ramo Vida* [nº 1, al. *a)*]; assim, a nova delimitação do âmbito da atividade de distribuição que resulta do nº 1, al. *b)*, apenas se aplica a novas inscrições no registo e à alteração de registos anteriores (arts. 60º a 64º), bem como às situações referidas no parágrafo seguinte.

Os *mediadores de seguros ligados* inscritos ao abrigo do artigo 8º, alínea *a)*, subalínea *ii)*, do *regime jurídico da mediação de seguros e de resseguros*, que, por força do artigo 8º da Lei preambular, se consideram automaticamente registados na categoria de *mediador de seguros a título acessório*, que distribuíssem e queiram continuar a distribuir produtos qualificáveis como *produtos de investimento com base em seguros* ou *fundos de pensões*, devem solicitar o seu registo como *mediador de seguros*, numa das suas subcategorias (*agente de seguros* e *corretor de seguros*), a fim de que a sua atividade possa incluir a distribuição daqueles produtos [art. 8º, nº 4, da Lei preambular, e arts. 3º, 4º, al *d)*, 10º, nº 2, e 40º a 46º].

Sobre a distribuição de *fundos de pensões* v., também, a nossa anotação aos artigos 1º e 3º

O exercício da atividade de distribuição de seguros ou de resseguros em ramo ou ramos em que o *mediador de seguros*, *de resseguros* ou *de seguros a título acessório* não esteja autorizado a exercer constitui contraordenação grave [art. 113º, al. *a)*].

IV. Disposições relacionadas: arts. 8º, nº 4, da Lei preambular, e arts. 1º, 3º, 4º, als. *d)* e *u)*, 37º, nºs 3, 40º a 46º, 56º, 60º a 64º, 113º, als. *a)* e *b)*, e 114º, al. *a)*, arts. 9º, nº 2, do *regime jurídico da mediação de seguros*, art. 48º do *regime jurídico de acesso e exercício da atividade seguradora e resseguradora*, e 52º, nº 1, do *regime jurídico da constituição e funcionamento dos fundos de pensões e das entidades gestoras de fundos de pensões*

ANOTAÇÃO (*Mafalda Miranda Barbosa*)

O registo de mediadores de seguros, de resseguros e de mediadores de seguros a título acessório é realizado no âmbito do ramo Vida, no âmbito do ramo não vida ou no âmbito de todos os ramos. O diploma retoma uma classificação que foi abandonada pelo Regime Geral do Contrato de Seguro. Aí, tendo em conta a diversa legislação nacional e europeia, em que é estabelecida a divisão entre seguro de danos e seguro de pessoas, entendeu-se ser preferível esta sistematização à que contrapunha seguros dos ramos «vida» e «não vida». Haverá, portanto, que se proceder a uma tarefa de qualificação de acordo com o Regime Jurídico do Contrato de Seguro. Integrar-se-ão no ramo vida a distribuição no quadro de fundos de pensões.

SECÇÃO II
CONDIÇÕES COMUNS DE ACESSO

ARTIGO 11º - Pessoas singulares

1 – Só podem ser inscritas no registo de mediadores de seguros, de resseguros e de seguros a título acessório as pessoas singulares residentes em Portugal que preencham as seguintes condições:

a) Sejam maiores ou emancipadas;

b) Tenham capacidade legal para a prática de atos de comércio;

c) Tenham qualificação adequada às características da atividade de distribuição que pretendem exercer, nos termos do artigo 13º;

d) Apresentem reconhecida idoneidade para o exercício da atividade de distribuição, não se encontrando, designadamente, nas situações previstas no artigo 14º;

e) Não se encontrem numa das situações de incompatibilidade previstas no artigo 15º;

f) Declarem a identidade de pessoas com quem detenham relações estreitas e que essas relações não impedem o exercício das funções de supervisão da ASF;

g) Não se verifiquem entraves ao exercício das funções de supervisão da ASF fundadas na existência ou na imposição de cumprimento de disposições legislativas, regulamentares ou administrativas de um país terceiro a que estejam sujeitas uma ou mais pessoas singulares ou coletivas com as quais o mediador de seguros, de resseguros ou de seguros a título acessório tenha relações estreitas;

h) As pessoas diretamente envolvidas na atividade de distribuição de seguros ou de resseguros preencham as condições fixadas nas alíneas *a*) a *e*).

2 – Sem prejuízo do disposto no número anterior, a pessoa singular pode exercer a atividade de distribuição sob a forma de estabelecimento individual de responsabilidade limitada (EIRL).

ANOTAÇÃO (*Francisco Rodrigues Rocha*)

I. A matéria ora constante do artigo 11º era já regulada em termos de forma em parte coincidente pelo artigo 10º do RJMSR.

II. O artigo sob anotação estabelece as condições *comuns* de acesso à actividade de distribuição e de registo (a epígrafe da secção refere-se a acesso mas o artigo 11º/1 menciona expressamente a inscrição no registo) para pessoas singulares. Para as pessoas colectivas vd. anotação ao artigo seguinte. Além das comuns, existem condições *específicas* para cada categoria de seguros: artigos 16º e 17º para agentes de seguros, 18º e 19º para corretores de seguros e 20º e 21º para mediadores de seguros a título acessório. Vd. infra §§ II das anotações aos artigos 16º, 18º e 20º. Melhor do que condições seria falar de requisitos. O uso do primeiro termo está, todavia, arraigado (assim também já a terminologia por que se optara no RJMSR) e continua legalmente consagrado.

Trata-se de condições ou requisitos cumulativos, de modo que, não se verificando um, não é possível o registo e subsequente acesso à actividade de distribuição de seguros.

III. A al. *a*) começa por exigir que sejam maiores e emancipados os requerentes (artigos 133º e ss. do CC).

O segundo requisito consiste em terem os requerentes capacidade legal para a prática de actos de comércio (cf. também o artigo 15º/1 do Proyecto de Ley nº 121/ /000022). A al. em apreço reproduz, *grosso modo*, os dizeres do artigo 13º/1 do CCom ("As pessoas que, tendo capacidade para praticar actos de comércio, fazem deste profissão"), que tal como o 11º/1 *a*) só vale para pessoas singulares, com a diferença de o artigo 13º servir a qualificar determinados sujeitos como comerciantes que não a estabelecer requisitos de registo e acesso a uma actividade. Quando fala de capacidade, refere-se o artigo 11º/1 *a*) como já o 13º/1 do CCom à de exercício, que não de gozo. Desta al. e do nº 2 deste artigo retira-se, de modo indirecto, a qualificação como *objectivamente comerciais* dos actos de mediação de seguros e de resseguros. No mesmo sentido depõe o artigo 230º/3 do CCom. De resto, a interposição nas trocas ou intermediação na circulação dos bens é comércio em sentido económico e também jurídico e, por aqui, já mereceria por si só a mediação de seguros o epíteto de comercial, já para não falar por analogia *legis* com o mandato e comissão comerciais (artigos 231º ss. e 266º ss. do CCom) e com a própria agência (de resto também chamada, ainda que impropriamente, representação comercial no ponto 2 do preâmbulo do DL 178/86).

A al. *c*) exige, como já antes o 11º/1 *c*), que os requerentes tenham qualificação adequada às características da actividade de distribuição que pretendem exercer, remetendo para o artigo 13º, para cuja anotação se encaminha. A al. *d*) requer tenham os requerentes reconhecida idoneidade para o exercício da actividade de distribuição, não se encontrando nas situações previstas no artigo 14º, para cuja anotação se remete (de notar é a observação da DECO à PL 138/XIII, p. 8, de que a remissão em apreço deveria ser alterada, identificando-se taxativamente as situações que, de forma automática, não permitem o reconhecimento da idoneidade nos termos do artigo 14º, uma vez que o apresentar-se o sujeito nalguma das situações em apreço não importa necessária e automaticamente o não preenchimento do requisito de "reconhecida idoneidade"). Também a al. *e*) enuncia um requisito comum densificado noutro preceito:

segundo ela, não podem os requerentes encontrar-se numa das situações de incompatibilidade previstas no artigo 15º.

A al. *f*) exige declare o requerente a identidade das pessoas com que tenha relações estreitas e que tais relações não impedem o exercício de funções de supervisão da ASF (a forma verbal "declarem" é também oração principal da segunda completiva introduzida por "que", ou seja, "declarem (...) que essas relações não impedem o exercício das funções de supervisão da ASF"; cf. tb. o artigo 12º/1 *e*)). Trata-se de um novo requisito em relação ao artigo 10º do RJMSR.

Pela al. *g*) não podem existir entraves ao exercício das funções de supervisão da ASF fundadas na existência ou na imposição de cumprimento de disposições legislativas, regulamentares ou administrativas de um país terceiro a que estejam sujeitas uma ou mais pessoas singulares ou colectivas com as quais o mediador de seguros, de resseguros ou a título acessório tenha relações estreitas (cf. tb. a al. *f*) do nº 1 do artigo 12º). Trata-se também, em comparação com o artigo 10º do RJMSR, de um novo requisito. O entrave em discussão deixa-se apurar sobretudo em concreto. Em abstracto, dir-se-ão determinantes à circunscrição da situação em apreço a nacionalidade da pessoa colectiva ou singular (discriminando para este efeito negativamente se for de um país terceiro) e a existência entre ela e o requerente de relações estreitas. Por relações estreitas entendam-se as situações em que duas ou mais pessoas, singulares ou colectivas, se encontrem ligadas através duma relação de controlo ou participação, ou de modo duradouro a uma mesma pessoa através duma relação de controlo (artigo 6º/1 *d*) do RJASR para que remete o 4º *o*) do RJDSR).

Pela al. *h*) têm as pessoas directamente envolvidas na distribuição de seguros de preencher os requisitos fixados nas als. *a*) a *e*) e já comentados. Por pessoa directamente envolvida na actividade de distribuição de seguros ou de resseguros entenda-se a pessoa *singular* ligada – aqui não no sentido do RJMSR de mediador ligado – a um mediador de seguros, resseguros, seguros a título acessório ou a um segurador ou ressegurador através de vínculo laboral ou de outra natureza e que ao seu serviço exerce ou participa no exercício da distribuição de seguros ou de resseguros, em qualquer caso, com "interlocução directa com o cliente" (artigo 4º *s*); conforme entendimento da ASF em www.asf.com.pt acerca da questão "*A pessoa directamente envolvida na actividade de mediação de um mediador tem [de] estar vinculada a esse mediador através de um contrato de trabalho*", tal pessoa não tem de estar vincular por contrato de trabalho, mas, caso não esteja, o mediador tem de assumir inteiramente os actos que pratique).

Sobre o tratamento de dados pessoais vd. o artigo 11º, para cuja anotação se remete (cf. também os comentários da AFIP, de 11-Dez.-2018, de que no artigo 11º fosse previsto um limite temporal para a detenção de dados pessoais pela ASF).

IV. O nº 2 do artigo 11º, na esteira do 10º/2 do RJMSR e 20º/2 do DL 388/91, prevê a possibilidade de exercício da actividade de distribuição por pessoa singular sob a forma de estabelecimento individual de responsabilidade limitada (EIRL) (cf. tb. a referência ao EIRL na secção 1 relativa à informação prévia do anexo I à NR 17/2006-R). Em 1991, era esta apresentada como uma inovação, não tendo, de acordo com o DL 388/91, de 10-Out., querido deixar-se de "adaptar a mediação de seguros à nova realidade jurídica constituída pelo estabelecimento individual de responsabilidade limitada". O estabelecimento em questão é regulado pelo DL 248/86, de 25-Ag., entretanto sucessivamente alterado pelo DL 343/98, de 6-Nov., pelo DL 36/2000, de 14-Mar., pelo DL 76-A/2006, de 29-Mar., e pelo DL 8/2007, de 17-Jan. Sem menoscabo da boa vontade do legislador, não se generalizou em Portugal o exercício da distribuição de seguros por pessoas singulares sob a forma de EIRL.

ANOTAÇÃO *(José Vasques)*

I. Cfr. arts. 10º do *regime jurídico da mediação de seguros e de resseguros.*

II. Cfr. arts. 3º e 10º da Diretiva (UE) 2016/97.

III. *Pessoas singulares* é a designação que, por oposição às *pessoas coletivas,* se dá às pessoas humanas, dotadas de personalidade e capacidade jurídica.

A *maioridade* é a situação daquele que, tendo perfeito dezoito anos de idade, adquire plena capacidade de exercício de direitos, ficando habilitado a reger a sua pessoa e a dispor dos seus bens (art. 131º do Código Civil); a *emancipação* atribui ao menor, em virtude do casamento, plena capacidade de exercício de direitos (art. 133º do Código Civil); da capacidade civil de se obrigar deriva a possibilidade da prática de atos de comércio (art. 7º do Código Comercial).

Sobre a *qualificação adequada, idoneidade* e *incompatibilidades* v. anotações aos arts. 13º a 15º

Além da *maioridade, capacidade legal para a prática de atos de comércio, qualificação adequada, idoneidade* e *inexistência de incompatibilidades,* a inscrição no registo depende ainda de os *mediadores de seguros, de resseguros* e *de seguros a título acessório* declarem a identidade de pessoas com quem detenham relações estreitas e que essas relações não impeçam o exercício das funções de supervisão da ASF, que não se verifiquem entraves ao exercício das funções de supervisão da ASF fundadas na existência ou na imposição de cumprimento de disposições legislativas, regulamentares ou administrativas de um país terceiro a que estejam sujeitas uma ou mais pessoas singulares ou coletivas com as quais o *mediador de seguros, de resseguros* ou *de seguros a título acessório* tenha *relações estreitas,* e que as *pessoas diretamente envolvidas na ati-*

vidade de distribuição de seguros ou de resseguros sejam maiores de idade, legalmente capazes para a prática de atos de comércio, tenham qualificação adequada e idoneidade e não se verifique relativamente a elas qualquer das incompatibilidades previstas no *regime jurídico da distribuição de seguros ou de resseguros* ou em outras disposições legais.

Sobre as definições de *pessoas diretamente envolvidas na atividade de distribuição de seguros ou de resseguros* e de *relações estreitas* v., respetivamente, artigo 4º, alíneas *o)* e *s)*.

Além de poderem inscrever-se no registo como pessoas singulares, os *mediadores de seguros* pessoas singulares podem exercer a atividade de distribuição de seguros sob a forma de *estabelecimento mercantil individual de responsabilidade limitada* – sobre o estatuto jurídico deste *estabelecimento* v. Decreto-Lei nº 248/86, de 25 de agosto, com alterações posteriores.

IV. Disposições relacionadas: arts. 4º, 13º, 14º, 15º, arts. 131º e 133º do Código Civil, art. 7º do Código Comercial e Decreto-Lei nº 248/86, de 25 de agosto, com alterações posteriores.

ANOTAÇÃO (*Mafalda Miranda Barbosa*)

I. As pessoas singulares residentes em Portugal só podem inscrever-se como mediadores de seguros, de resseguros ou como mediadores de seguros a título acessório se preencherem os requisitos estabelecidos pelo artigo 11º. Entre esses requisitos conta-se a capacidade de exercício de direitos. Em primeiro lugar, devem ser maiores, isto é, ter mais de 18 anos, ou ser emancipadas (sendo que a emancipação ocorre pelo casamento contraído pelo maior de 16 anos e menor de 18 anos, obtendo para isso a autorização do seu representante legal. Caso não obtenha tal autorização, o casamento, embora continue a ser válido, é irregular, não se operando a emancipação em relação aos bens que o menor haja levado para o casamento). Além disso, o sujeito deve ter capacidade legal para a prática de atos de comércio. Ora, como o artigo 7º C.Com. determina que podem praticar atos de comércio todas as pessoas nacionais e estrangeiras que sejam civilmente capazes de se obrigar, haveremos de considerar que a capacidade a que o artigo 11º se refere diz respeito à capacidade de exercício disciplinada no Código Civil. Revogados os regimes da interdição e da inabilitação, são considerados, em regra, capazes de exercício de direitos todos os maiores de dezoito anos. Daí que só não preencham o requisito do artigo 11º aqueles que sejam sujeitos a uma medida de acompanhamento, por não se mostrarem aptos a exercer plena, pessoal e conscientemente os seus direitos e cumprir os seus deveres, em razão de doença física ou mental, deficiência ou do próprio comportamento, quando, nessa medida, o juiz decrete a incapacidade para a prática de atos de comércio ou de atos de comércio que contendam com a atividade seguradora, bem como para a prática de atos patrimoniais que possam estar envolvidos na atividade exercida pelos mediadores ou mediadores a título acessório.

II. A pessoa singular pode exercer a atividade de distribuição sob a forma de estabelecimento individual de responsabilidade limitada. Este pode qualificar-se como um património autónomo, de tal forma que pelas dívidas da atividade desenvolvida no âmbito do objeto do EIRL apenas respondem os bens afetados ao estabelecimento, do mesmo passo que o estabelecimento responde apenas pelas dívidas contraídas no desenvolvimento da atividade compreendida no seu âmbito de atividade. Neste caso, será aplicável o DL nº 248/86, de 25 de agosto, com as subsequentes alterações, o que pode ter importantes consequências práticas em caso de insolvência.

ARTIGO 12º – Pessoas colectivas

1 – Só podem ser inscritas no registo de mediadores de seguros, de resseguros e de seguros a título acessório as pessoas coletivas cuja sede social se situe em Portugal e que preencham as seguintes condições:

_a_) Estejam constituídas de acordo com a lei portuguesa, sob a forma de sociedade por quotas ou de sociedade anónima;

_b_) Observem o requisito de idoneidade, na parte aplicável, nos termos do disposto no artigo 14º;

_c_) Os membros do órgão de administração responsáveis pela atividade de distribuição de seguros ou de resseguros e as pessoas diretamente envolvidas na atividade de distribuição de seguros ou de resseguros preencham as condições fixadas nas alíneas _a_) a _e_) do nº 1 do artigo anterior;

_d_) Os restantes membros do órgão de administração apresentem reconhecida idoneidade para o exercício da atividade de distribuição, nos termos previstos no artigo 14º, e não se encontrem em nenhuma das situações de incompatibilidade previstas no artigo 15º;

_e_) Declarem a:

_i_) Identidade de pessoas com quem detenham relações estreitas;

_ii_) Identidade dos sócios ou acionistas, quer sejam pessoas singulares ou coletivas, que detenham participações sociais superiores a 10/prct. do capital do mediador de seguros, de resseguros ou de seguros a título acessório, bem como os montantes dessas participações;

iii) Inexistência de entraves, resultantes das relações estreitas ou da detenção das participações sociais referidas nas subalíneas anteriores, ao exercício das funções de supervisão da ASF;

f) Não se verifiquem entraves ao exercício das funções de supervisão da ASF fundadas na existência ou na imposição de cumprimento de disposições legislativas, regulamentares ou administrativas de um país terceiro a que estejam sujeitas uma ou mais pessoas singulares ou coletivas com as quais o mediador de seguros, de resseguros ou de seguros a título acessório tenha relações estreitas.

2 – Sem prejuízo do disposto nas alíneas *b*) a *f*) do número anterior, os mediadores de seguros, de resseguros ou de seguros a título acessório pessoas coletivas podem adotar a forma de sociedade europeia, de cooperativa, de agrupamento complementar de empresas ou outra forma jurídica compatível com o exercício de atividades sujeitas à supervisão prudencial do Banco de Portugal, da ASF ou da Comissão do Mercado de Valores Mobiliários.

ANOTAÇÃO (*Francisco Rodrigues Rocha*)

I. O artigo 12º tem como antecedente o 11º do RJMSR.

II. O artigo sob anotação estabelece as condições *comuns* de acesso à actividade de distribuição e de registo para pessoas colectivas. Para as pessoas singulares vd. anotação ao artigo imediatamente anterior. Além das comuns, existem condições *específicas* para cada categoria de seguros: artigos 16º e 17º para agentes de seguros, 18º e 19º para corretores de seguros e 20º e 21º para mediadores de seguros a título acessório. Vd. infra §§ II das anotações aos artigos 16º, 18º e 20º.

Trata-se de condições ou requisitos cumulativos.

III. Como primeiro requisito, estabelece a al. *a*) do nº 1 que as pessoas colectivas estejam – ou venham a estar, acrescentaríamos – constituídas sob a forma de sociedade por quotas ou anónima. O requisito deve ser completado com o que consta do nº 2, que permite ainda que sejam constituídas sob a forma de sociedade europeia (DL 2/2005, de 4-Jan., alterado pelo DL 76-A/2006, de 29-Mar.), cooperativa (Código Cooperativo, aprovado pela L 119/2015, de 31-Ag., alterada pela L 66/2017, de 9-Ag.), agrupamento complementar de empresas (ACE; regulado pela L 4/73, de 25-Ag., alterada pelo DL 157/81, de 11-Jun., pelo DL 442-B/88, de 30-Nov., pelo DL 36/2000, de 14-Mar., pela L 60-A/2005, de 30-Dez., pelo DL 76-A/2006, de 29-Mar., e regulamentada pelo DL 430/73, de 25-Ag.) ou outra forma jurídica compatível com o exercício de actividades sujeitas à supervisão prudencial do BdP, da ASF ou da CMVM. Passou assim ao artigo 12º do RJDSR a versão do artigo 11º do RJMSR com as alterações constantes do artigo 1º do DL 359/2007, de 2-Nov. Com o preceito em análise necessário é conjugar os artigos 16º/1 *b*), 18º/1 *b*) e 20º/1 *b*) quanto à organização e estrutura de agentes, corretores e mediadores a título acessório. Para os corretores de seguros pessoas colectivas, é também requisito de acesso e registo que o capital social ascenda a um montante não inferior a € 50.000, integralmente realizado à data do acto de constituição.

Em segundo lugar, deve o requerente cumprir o requisito de idoneidade nos termos do disposto no artigo 14º, para que remete a al. *b*) do nº 1 e para cuja anotação ora se remete.

Como terceiro requisito, devem os membros do órgão de administração responsáveis pela actividade de distribuição de seguros ou resseguros *e* as pessoas directamente envolvidas na actividade de distribuição (aqui a lei repete desnecessariamente "de seguros ou de resseguros"; que não precisava de o fazer demonstra a al. seguinte; cf. a definição do artigo 4º *s*)) preencher os requisitos fixados nas als. *a*) a *e*) do nº 1 do artigo 11º, para cuja anotação se remete.

Em acréscimo, devem os restantes membros do órgão de administração apresentar reconhecida idoneidade para o exercício da actividade de distribuição nos termos do artigo 14º e não se encontrarem em nenhuma das situações de incompatibilidade do artigo 15º, para que se remete.

O quinto requisito, constante da al. *e*) (cf. tb. o artigo 11º/1 *f*)), é que os requerentes declarem: (*i*) a identidade de pessoas com quem detenham relações estreitas; (*ii*) a identidade dos sócios ou accionistas, sejam pessoas singulares ou colectivas, que "detenham" participações sociais superiores a 10 % do capital do mediador de seguros, resseguros ou a título acessório, bem como os montantes de tais participações; (*iii*) inexistirem entraves, resultantes das relações estreitas ou "detenção" (melhor: titularidade) de participações sociais referidas nas subalíneas (*i*) e (*ii*), ao exercício das funções de supervisão da ASF.

Último requisito é que não haja entraves ao exercício das funções de supervisão da ASF fundadas na existência ou imposição de cumprimento de disposições legislativas, regulamentares ou administrativas de um país terceiro a que estejam sujeitas uma ou mais pessoas singulares ou colectivas com que o mediador de seguros, resseguros ou a título acessório tenha relações estreitas (cf. tb. o artigo 11º/1 *g*); sobre o conceito de relações estreitas o artigo 4º *o*)). Vd. supra § III da anotação ao artigo 12º.

ANOTAÇÃO *(José Vasques)*

I. Cfr. art. 11º do *regime jurídico da mediação de seguros e de resseguros.*

II. Cfr. arts. 3º e 10º da Diretiva (EU) nº 2017/97.

III. *Pessoas coletivas* é a designação que, por oposição às *pessoas singulares* (cfr. artigo anterior), se dá às organizações de pessoas ou bens a que a ordem jurídica atribui a suscetibilidade de ser titular de certos direitos e obrigações.

Os *mediadores de seguros* pessoas coletivas podem constituir-se sob a forma de sociedade por quotas, de sociedade anónima [nº 1, al. *a)*], de sociedade europeia, de cooperativa, de agrupamento complementar de empresas ou outra forma jurídica compatível com o exercício de atividades sujeitas à supervisão financeira (nº 2), designadamente de sociedade unipessoal por quotas (cfr. arts. 270º-A a 270º-G do Código das Sociedades Comerciais), todas devendo observar, na parte aplicável, o disposto no *regime jurídico da distribuição de seguros e de resseguros* relativamente à idoneidade [nº 1, al. *b)*, e art. 14º].

Os membros do órgão de administração responsáveis pela atividade de distribuição de seguros ou de resseguros e as *pessoas diretamente envolvidas na atividade de distribuição de seguros ou de resseguros* devem ser maiores de idade, legalmente capazes para a prática de atos de comércio, ter qualificação adequada e idoneidade e não se verificar relativamente a eles qualquer das incompatibilidades previstas no *regime jurídico da distribuição de seguros ou de resseguros* ou em outras disposições legais [nº 1, al. *c)*]; os restantes membros do órgão de administração devem apresentar reconhecida idoneidade para o exercício da atividade de distribuição e não se encontrem em nenhuma das situações de incompatibilidade [nº 1, al. *d)*].

Sobre o conceito de *pessoas diretamente envolvidas na atividade de distribuição de seguros ou de resseguros* v. artigo 4º, alínea *s)*.

À semelhança do requerido para as *pessoas singulares*, é também necessário que as *pessoas coletivas* declarem a identidade de pessoas com quem detenham relações estreitas [al. *e)*, subal. *i)*] e que não se verifiquem entraves ao exercício das funções de supervisão da ASF fundadas na existência ou na imposição de cumprimento de disposições legislativas, regulamentares ou administrativas de um país terceiro a que estejam sujeitas uma ou mais pessoas singulares ou coletivas com as quais o *mediador de seguros, de resseguros* ou *de seguros a título acessório* tenha *relações estreitas* [nº 1, al. *f)*].

Sobre a definição de *relações estreitas* [nº 1, al. *e)*, subal. *i)*], v. 4º, al. *o)*.

Atendendo à sua natureza de pessoa coletiva, torna-se ainda necessário que declarem a identidade dos sócios ou acionistas, quer sejam pessoas singulares ou coletivas, que detenham participações sociais superiores a 10% do capital do *mediador de seguros, de resseguros* ou *de seguros a título acessório*, bem como os montantes dessas participações [nº 1, al. *e)*, subal. *ii)*].

IV. Disposições relacionadas: arts. 4º, al. *o)* e *s)*, 11º, nº 1, als. *a)* a *e)*, 14º e 15º e arts. 270º-A a 270º-G do Código das Sociedades Comerciais.

ANOTAÇÃO (*Mafalda Miranda Barbosa*)

O preceito estabelece uma série de requisitos para que as pessoas coletivas possam registar-se como mediadores de seguros, de resseguros ou como mediadores a título acessório. Entre esses requisitos, exige-se que a pessoas coletiva se constitua sob a forma de sociedade por quotas ou de sociedade anónima. Admite-se, porém, que, desde que estejam cumpridos todos os outros requisitos, se adote a forma de sociedade europeia, de cooperativa, de agrupamento complementar de empresas ou outra forma jurídica compatível com o exercício de atividades sujeitas à supervisão prudencial do Banco de Portugal, da ASF ou da Comissão do Mercado de Valores Mobiliários.

ARTIGO 13º - Qualificação adequada

1 – Considera-se que os candidatos a mediadores de seguros ou de resseguros que sejam pessoas singulares, os membros do órgão de administração do mediador de seguros ou de resseguros responsáveis pela atividade de distribuição de seguros e as pessoas diretamente envolvidas na atividade de distribuição de seguros ou de resseguros dispõem de qualificação adequada para o exercício da atividade de distribuição se, em alternativa:

a) Possuírem a escolaridade mínima obrigatória e curso sobre seguros adequado à atividade a desenvolver, reconhecido pela ASF e que respeite os conteúdos mínimos elencados no anexo do presente regime e os requisitos definidos em norma regulamentar da ASF;

b) Forem titulares de curso de bacharelato ou de licenciatura, ou de formação de nível pós-secundário, superior ou não, conferente de diploma, cujo plano de estudos inclua os conteúdos mínimos referidos na alínea anterior;

c) Tiverem estado registados como mediadores de seguros ou de resseguros, membros do órgão de administração do mediador de seguros ou de resseguros responsáveis pela atividade de distribuição ou desempenhado funções como pessoas diretamente envolvidas na atividade de distribuição de seguros ou de resseguros ao abrigo do direito da União Europeia aplicável em matéria de distribuição de seguros e de resseguros, no ano precedente ao do pedido de inscrição no registo junto da ASF.

2 – Para acesso às categorias de corretor ou de mediador de resseguros, a pessoa singular ou um dos membros do órgão de administração responsáveis pela atividade de distribuição de pessoa coletiva deve, adicionalmente ao exigido no número anterior, deter experiência correspondente ao exercício, durante pelo

menos cinco anos consecutivos ou interpolados durante o período de sete anos que antecede a inscrição no registo, de uma das seguintes atividades:

a) Mediador de seguros ou de resseguros;

b) Pessoa diretamente envolvida na atividade de distribuição de seguros ou de resseguros;

c) Membro do órgão de administração de mediador de seguros ou de mediador de resseguros ou de empresa de seguros ou de resseguros responsável pela atividade de distribuição de seguros ou de resseguros.

3 – Considera-se que os candidatos a mediadores de seguros a título acessório que sejam pessoas singulares, os membros do órgão de administração do mediador de seguros a título acessório responsáveis pela atividade de distribuição e as pessoas diretamente envolvidas na atividade de distribuição de seguros dispõem de qualificação adequada para o exercício da atividade de distribuição se, alternativamente:

a) Possuírem a escolaridade mínima obrigatória e curso sobre seguros adequado à atividade a desenvolver, reconhecido pela ASF e que respeite os conteúdos mínimos elencados no anexo ao presente regime e os requisitos definidos em norma regulamentar da ASF;

b) Forem titulares de curso de bacharelato ou de licenciatura, ou de formação de nível pós-secundário, superior ou não, conferente de diploma, cujo plano de estudos inclua os conteúdos mínimos referidos na alínea anterior;

c) Tiverem estado registados como mediadores de seguros, de resseguros ou de seguros a título acessório, membros do órgão de administração do mediador de seguros, de resseguros ou de seguros a título acessório responsáveis pela atividade de distribuição ou desempenhado funções como pessoas diretamente envolvidas na atividade de distribuição de seguros ou de resseguros ao abrigo do direito da União Europeia aplicável em matéria de distribuição de seguros e resseguros, no ano precedente ao do pedido de inscrição no registo junto da ASF.

4 – O reconhecimento pela ASF dos cursos referidos na alínea *a*) do nº 1 e na alínea *a*) do nº 3 é precedido de parecer elaborado por uma comissão técnica composta por um representante designado pelas associações de empresas de seguros, um representante designado pelas associações de entidades gestoras de fundos de pensões, um representante designado pelas associações de mediadores de seguros e dois representantes designados pela ASF, um dos quais preside à comissão.

5 – A ASF concretiza, através de norma regulamentar, os procedimentos para reconhecimento dos cursos sobre seguros referidos na alínea *a*) do nº 1 e na alí-

nea *a*) do nº 3, os requisitos de qualificação adequada referidos nos números anteriores, incluindo o programa e a duração dos cursos sobre seguros, a possibilidade de formação à distância, bem como o funcionamento da comissão mencionada no número anterior.

ANOTAÇÃO (*Francisco Rodrigues Rocha*)

I. O actual artigo 13º tem como antecedente o 12º do RJMSR.

II. O artigo 13º, como indica a sua epígrafe, densifica o que se considere para efeito do presente regime por "qualificação adequada", em concretização das condições comuns previstas artigos 11º/1 *c*) e 12º/1 *c*). Pretende-se evitar que exerçam a actividade de distribuição pessoas que desconheçam tecnicamente os seguros comercializados e, com isto, garantir uma maior qualidade da informação a prestar, em benefício dos tomadores, como também de segurados e beneficiários.

O nº 1 do artigo 13º estabelece requisitos gerais de qualificação adequada para os candidatos a mediadores de seguros – abrangendo agentes e corretores – ou de resseguros (excluindo os mediadores de seguros a título acessório: cf. o nº 3), e visando: (*i*) pessoas singulares; (*ii*) membros do órgão de administração do mediador de seguros ou resseguros responsáveis pela actividade de distribuição; e (*iii*) pessoas directamente envolvidas na actividade de distribuição (artigo 4º *s*)). O preceito não visa, tratando-se de requerente pessoa colectiva, os seus sócios (cf. o entendimento da ASF, publicado em www.asf.com.pt, relativo à questão "*Numa sociedade de mediação de seguros:* a) *é possível existirem 2 sócios não mediadores?* b) *é possível admitir um administrador que seja agente e inscrito na ASF?*": "*Numa sociedade de mediação de seguros:* a) *não é legalmente exigível aos sócios das sociedades de mediação de seguros que tenham o estatuto de mediadores;* b) *os gerentes e administradores das sociedades de mediação de seguros responsáveis pela actividade de mediação de seguros devem preencher os requisitos de qualificação e idoneidade (...)*"). Estes sujeitos tê-la-ão se se enquadrarem, em alternativa – como a lei indica –, numa das seguintes situações: (*a*) possuírem a escolaridade mínima obrigatória e curso sobre seguros adequado à actividade a desenvolver, reconhecido pela ASF e que respeite os conteúdos mínimos elencados no anexo ao RJDSR; (*b*) "forem titulares de curso" – ou tiverem concluído curso – de bacharelato ou licenciatura, ou de formação de nível pós-secundário, superior ou não, conferente de diploma, cujo plano de estudos inclua os conteúdos mínimos do anexo ao RJDSR; (*c*) tiverem estado registados como mediadores de seguros ou de resseguros, membros do órgão de administração de mediador de seguros ou de resseguros responsáveis pela actividade de distribuição ou desempenhado funções como pessoas directamente envolvidas na actividade de distribuição ao abrigo do direito da UE aplicável em matéria de distribuição de seguros ou resseguros, no ano precedente ao do pedido de inscrição no registo junto da ASF.

O nº 2, por sua vez, estabelece requisitos específicos e adicionais de qualificação adequada para acesso às categorias de corretor ou mediador de resseguros, em relação: (*i*) às pessoas singulares requerentes; ou, (*ii*) quando pessoa colectiva, a um dos membros do órgão de administração responsáveis pela actividade de distribuição. Assim, estes devem deter experiência correspondente ao exercício, durante pelo menos 5 anos consecutivos ou interpolados durante o período de 7 anos que antecede a inscrição no registo, de uma das seguintes actividades: (*a*) mediador de seguros ou resseguros; (*b*) pessoa directamente envolvida na actividade de distribuição de seguros ou resseguros; (*c*) membro do órgão de administração de mediador de seguros ou resseguros ou de segurador ou ressegurador responsável – entenda-se: o referido membro – pela actividade de distribuição de seguros ou resseguros.

O nº 3 estabelece, por seu turno, requisitos para os mediadores de seguros a título acessório, cujas als. *a*) e *b*) coincidem com as das als. *a*) e *b*) do nº 1 para mediadores de seguros – entendam-se agentes e corretores – e resseguros já comentadas. A al. *c*) do nº 3 é também em grande parte coincidente com a al. *c*) do nº 1, com a diferença de que para efeito da qualificação adequada conta também o registo prévio como mediador de seguros a título acessório, ou como membro de órgão de administração de mediador de seguros a título acessório.

Para efeito da composição da comissão técnica ao abrigo do artigo 13º/4 do RJDSR e do artigo 19º/1 da NR 17/2006-R, foi aprovada a Circular nº 1/2019, de 11-Fev. (da PL 138/XIII não constava referência a um representante designado pelas associações de entidades gestoras de fundos de pensões; cf. o comentário da APFIPP de 10-Ag.-2018, subscrito por Ana Rita Viana e Joaquim Calça e Pina, p. 2, no sentido de do artigo 13º/4 dever constar uma tal referência, que designadamente permitisse a participação da própria APFIPP, por uma das componentes dos cursos, conforme determina a al. *b*) do nº 2 do anexo ao RJDSR, versar sobre fundos de pensões).

Vd. tb. o anexo ao RJDSR (a que se referem a al. *a*) do nº 1 e a al. *a*) do nº 3 do artigo 13º), intitulado "Requisitos e conteúdos mínimos dos cursos de seguros", e, enquanto não é aprovada e publicada nova regulamentação, os artigos 16º e ss. da NR 17/2006-R a coberto do artigo 14º da L 7/2019 (cf. o comentário da ASFAC, de Set.-2018, p. 4, considerando haver uma grande divergência face a práticas noutros sectores regulados, como para a elaboração, comercialização e celebração de contratos de crédito hipotecário).

Cf. a proposta da AFIP de que ao artigo 13º fosse acrescentado um nº 2 que exigisse à ASF a entrega anual de um relatório à AR sobre as normas regulamentares implementadas e o respectivo impacto na criação de empresas e produtos, com dados quantificados sobre os custos económicos e de tempo impostos.

Sobre o regime transitório em matéria de qualificação adequada vd. o artigo 9º da L 7/2019.

ANOTAÇÃO *(José Vasques)*

I. Cfr. art. 12º do *regime jurídico da mediação de seguros e de resseguros.*

II. Cfr. art 10º da Diretiva (EU) 2016/97.

III. A *qualificação adequada* [ou *qualificação profissional adequada* (*v.g.* art. 28º, nº 1] ou apenas *qualificação*) é a qualidade do que tem habilitações ou conhecimentos para desempenhar determinado cargo ou tarefa.

O nº 1 do artigo sob anotação contêm um conjunto de presunções relativas à *qualificação adequada*, fundado em habilitações literárias, de nível secundário ou superior, desde que incluam ou sejam conjugadas com cursos sobre seguros ou planos de estudos que respeitem os conteúdos mínimos elencados no anexo do presente regime e os requisitos definidos em norma regulamentar da ASF [nº 1, als. *a)* e *b)*], ou tenham estado registados como *mediadores de seguros* ou *de resseguros*, membros do órgão de administração do *mediador de seguros* ou *de resseguros* responsáveis pela atividade de distribuição ou desempenhado funções como *pessoas diretamente envolvidas na atividade de distribuição de seguros ou de resseguros* no ano precedente ao do pedido de inscrição no registo junto da ASF [nº 1, al. *c)*] – ainda que, para efeitos desta última presunção, apenas seja considerada a experiência obtida a partir da entrada em vigor do *regime jurídico da distribuição de seguros*, salvo prova de conformação com as disposições aplicáveis em matéria de qualificação adequada nele previstas (art. 9º, nº 3, da Lei preambular).

Estabelecem-se requisitos adicionais para o acesso às categorias de *corretor de seguros* ou de *mediador de resseguros*, caso em que a pessoa singular ou um dos membros do órgão de administração responsáveis pela atividade de distribuição de pessoa coletiva deve deter experiência correspondente ao exercício, durante pelo menos cinco anos consecutivos ou interpolados nos sete anos anteriores à inscrição no registo, de uma das seguintes atividades:

a) *mediador de seguros* ou *de resseguros*;

b) *pessoa diretamente envolvida na atividade de distribuição de seguros ou de resseguros*;

c) membro do órgão de administração de *mediador de seguros* ou de *mediador de resseguros* ou de *empresa de seguros* ou *de resseguros* responsável pela atividade de distribuição de seguros ou de resseguros.

Os requisitos previstos para os *mediadores de seguros a título acessório* (nº 3) são semelhantes aos estabelecidos para os candidatos a *mediadores de seguros* ou *de resseguros* que sejam pessoas singulares, os membros do órgão de administração do *mediador de seguros* ou *de resseguros* responsáveis pela atividade de distribuição de seguros e as *pessoas diretamente envolvidas na atividade de distribuição de seguros ou de resseguros* (nº 1); pese embora o detalhe que vem de referir-se e os diferentes níveis de exigência (cfr. parágrafo e quadro seguintes), o legislador nacional não se prevaleceu do *princípio da proporcionalidade* subjacente à disposição comunitária que permite aos Estados-membros ajustar as condições exigidas em matéria de conhecimentos e aptidões em função da atividade concreta do distribuidor de seguros e de resseguros e dos produtos distribuídos, em particular no caso dos *mediadores de seguros a título acessório* [art. 10º, nº 2, 4º §, da Diretiva (UE) 2016/97].

O artigo sob anotação distingue, assim, os requisitos de que depende a *qualificação adequada* considerando dois níveis de exigência:

mediadores de seguros ou *de resseguros* e *mediadores de seguros a título acessório* que sejam pessoas singulares, membros do órgão de administração do *mediador de seguros* ou *de resseguros* ou do mediador de seguros a título acessório responsáveis pela atividade de distribuição de seguros e *pessoas diretamente envolvidas na atividade de distribuição de seguros ou de resseguros*	*corretores de seguros* ou os *mediadores de resseguros* que sejam pessoas singulares ou um dos membros do órgão de administração responsáveis pela atividade de distribuição de pessoa coletiva
a) escolaridade mínima obrigatória e curso sobre seguros adequado à atividade a desenvolver, reconhecido pela ASF; *b)* curso de bacharelato ou de licenciatura, ou de formação de nível pós-secundário, superior ou não, conferente de diploma, cujo plano de estudos inclua os conteúdos mínimos referidos na alínea anterior; ou *c)* registo como *mediadores de seguros* ou *de resseguros* (ou *de seguros a título acessório*, mas apenas para a presunção de qualificação adequada dos *mediadores de seguros a título acessório*), membros do órgão de administração do *mediador de seguros* ou *de resseguros* (ou *de seguros a título acessório*, mas apenas para a presunção de qualificação adequada dos *mediadores de seguros a título acessório*)	adicionalmente ao exigido para os *mediadores de seguros* ou *de resseguros* que sejam pessoas singulares, membros do órgão de administração do *mediador de seguros* ou *de resseguros* responsáveis pela atividade de distribuição de seguros e *pessoas diretamente envolvidas na atividade de distribuição de seguros ou de resseguros*, deter experiência correspondente ao exercício, durante pelo menos cinco anos consecutivos ou interpolados durante o período de sete anos que antecede a inscrição no registo, de uma das seguintes atividades: *a)* *mediador de seguros* ou *de resseguros*; *b)* *pessoa diretamente envolvida na atividade de distribuição de seguros* ou *de resseguros*;

responsáveis pela atividade de distribuição ou desempenhado funções como *pessoas diretamente envolvidas na atividade de distribuição de seguros ou de resseguros* ao abrigo do direito da União Europeia aplicável em matéria de distribuição de seguros e de resseguros, no ano precedente ao do pedido de inscrição no registo junto da ASF	*c)* membro do órgão de administração de *mediador de seguros* ou de *mediador de resseguros* ou de empresa de seguros ou de resseguros responsável pela atividade de distribuição de seguros ou de resseguros

Os cursos sobre seguros adequados à atividade a desenvolver devem ser reconhecidos pela ASF, respeitar os conteúdos mínimos elencados no anexo do *regime jurídico da mediação de seguros e de resseguros* e os requisitos definidos em norma regulamentar [nº 5 e art. 13º., al. *b)*, da Lei preambular], sendo o reconhecimento precedido de parecer elaborado por uma comissão técnica cuja composição se determina (nº 4).

Os *mediadores de seguros*, os *mediadores de resseguros*, as *empresas de seguros*, as *empresas de resseguros* e os *mediadores de seguros a título acessório* têm o dever de manter atualizada uma listagem com a identificação das pessoas diretamente envolvidas na atividade de distribuição de seguros que estejam ao seu serviço, com indicação da respetiva qualificação adequada nos termos do presente regime [art. 24º, nº 1, al. *j)*, 37º, nº 3, 38º, nº 2, e 39º].

Ainda que entre elas exista um relacionamento estreito, não se confundem a *qualificação adequada*, especialmente o *curso sobre seguros adequado à atividade a desenvolver* [nºs 1, al. *a)*, 3, al. *a)*, 4 e 5], regulada no artigo sob anotação, e a *formação e aperfeiçoamento profissional contínuo* (artigo 25º), uma vez que a primeira constitui *condição de acesso à atividade de distribuição de seguros ou de resseguros* a observar pelas pessoas singulares [art. 11º, nº 1, al. *c)*] e pelos membros do órgão de administração responsáveis pela atividade de distribuição de seguros ou de resseguros e pelas pessoas diretamente envolvidas nessa atividade [art. 12º, nº 1, al. *c)*], enquanto a segunda diz respeito às *condições de exercício da atividade de distribuição de seguros ou de resseguros* [art. 25º integrado no capítulo III (arts. 23º a 55º), que estabelece as referidas condições].

A habilitação específica da ASF para adotar a regulamentação prevista no nº 5 do artigo sob anotação resulta do artigo 13º, alíneas *b)* e *c)*, da Lei preambular.

Sobre a definição de *pessoas diretamente envolvidas na atividade de distribuição de seguros ou de resseguros* v. artigo 4º, alínea *s)*.

Sobre o regime transitório aplicável em matéria de *qualificação adequada*, v. a nossa anotação ao artigo 9º da Lei preambular.

IV. Disposições relacionadas: arts. 9º e 13º, als. *b)* e *c)*, da Lei preambular, e arts. 4º, al. *s)*, 11º, nº 1, al. *c)*, 12º, nº 1, al. *c)*, 24º, nº 1, al. *j)*, 25º, 28º, nº 1, 37º, nº 3, 38º, nº 2, 39º – v., também, arts. 61º, nº 1, 73º, nº 2, al. *b)*, 113º, als. *j)* e *tt)*.

ARTIGO 14º – Idoneidade

1 – Na avaliação da idoneidade deve atender-se ao modo como a pessoa gere habitualmente os negócios, profissionais ou pessoais, ou exerce a profissão, em especial nos aspetos que revelem a sua capacidade para decidir de forma ponderada e criteriosa, ou a sua tendência para cumprir pontualmente as suas obrigações ou deter comportamentos compatíveis com a preservação da confiança do mercado, tomando em consideração todas as circunstâncias que permitam avaliar o comportamento profissional para as funções em causa.

2 – Na apreciação da idoneidade deve ter-se em conta, pelo menos, as seguintes circunstâncias, ponderadas em função da sua gravidade:

***a*) Indícios de que a pessoa não agiu de forma transparente ou cooperante nas suas relações com quaisquer autoridades de supervisão ou regulação nacionais ou estrangeiras;**

***b*) Recusa, revogação, cancelamento ou cessação de registo, autorização, admissão ou licença para o exercício de uma atividade comercial, empresarial ou profissional, por autoridade de supervisão, ordem profissional ou organismo com funções análogas, ou destituição do exercício de um cargo por entidade pública;**

***c*) As razões que motivaram um despedimento, a cessação de um vínculo ou a destituição de um cargo que exija uma especial relação de confiança;**

***d*) Proibição, por autoridade judicial, autoridade de supervisão, ordem profissional ou organismo com funções análogas, de agir na qualidade de administrador ou gerente de uma sociedade civil ou comercial ou de nela desempenhar funções;**

***e*) Inclusão de menções de incumprimento na Central de Responsabilidades de Crédito ou em quaisquer outros registos de natureza análoga, por parte da autoridade competente para o efeito;**

***f*) Resultados obtidos, do ponto de vista financeiro ou empresarial, por entidades geridas pela pessoa em causa ou em que esta tenha sido ou seja titular de uma participação qualificada, tendo especialmente em conta quaisquer processos de recuperação, insolvência ou liquidação, e a forma como contribuiu para a situação que conduziu a tais processos;**

g) Declaração de insolvência pessoal, independentemente da respetiva qualificação;

h) Ações cíveis, processos administrativos ou processos criminais, bem como quaisquer outras circunstâncias que, atento o caso concreto, possam ter um impacto significativo sobre a solidez financeira da pessoa em causa.

3 – No juízo valorativo sobre o cumprimento do requisito de idoneidade, além dos factos enunciados no número anterior ou de outros de natureza análoga deve considerar-se toda e qualquer circunstância cujo conhecimento seja legalmente acessível e que, pela gravidade, frequência ou quaisquer outras características atendíveis, permitam fundar um juízo de prognose sobre as garantias que a pessoa em causa oferece em relação ao exercício da atividade de distribuição de seguros ou de resseguros.

4 – Para efeitos do disposto no número anterior, devem ser tomadas em consideração, pelo menos, as seguintes situações, consoante a sua gravidade:

a) A insolvência, declarada em Portugal ou no estrangeiro, da pessoa interessada ou de empresa por si dominada ou de que tenha sido administrador, diretor ou gerente, de direito ou de facto, ou membro do órgão de fiscalização;

b) A acusação, a pronúncia ou a condenação, em Portugal ou no estrangeiro, por crimes contra o património, crimes de falsificação e falsidade, crimes contra a realização da justiça, crimes cometidos no exercício de funções públicas, crimes fiscais, crimes especificamente relacionados com o exercício de uma atividade financeira e com a utilização de meios de pagamento e, ainda, crimes previstos no Código das Sociedades Comerciais;

c) A acusação ou a condenação, em Portugal ou no estrangeiro, por infrações das normas que regem a atividade de distribuição de seguros ou de resseguros, a atividade seguradora ou resseguradora, bem como a atividade das entidades gestoras de fundos de pensões, das instituições de crédito e das sociedades financeiras e das normas que regem o mercado de valores mobiliários;

d) A infração de regras disciplinares, deontológicas ou de conduta profissional, no âmbito de atividades profissionais reguladas;

e) A destituição judicial, ou a confirmação judicial de destituição por justa causa, de membros dos órgãos de administração e fiscalização de qualquer sociedade comercial;

f) Os factos praticados na qualidade de administrador, diretor ou gerente de qualquer sociedade comercial que tenham determinado a condenação por danos causados à sociedade, a sócios, a credores sociais ou a terceiros.

5 – A condenação, ainda que definitiva, por factos ilícitos de natureza criminal, contraordenacional ou outra não tem como efeito necessário a perda de idonei-

dade para o exercício da atividade de distribuição de seguros ou de resseguros, devendo a sua relevância ser ponderada, entre outros fatores, em função da natureza do ilícito cometido e da sua conexão.

6 – Considera-se verificada a idoneidade das pessoas que se encontrem registadas junto do Banco de Portugal ou da Comissão do Mercado de Valores Mobiliários, quando esse registo esteja sujeito a condições de avaliação da idoneidade, a menos que factos supervenientes à data do referido registo conduzam a ASF a pronunciar-se em sentido contrário.

7 – Para efeitos de avaliação da idoneidade, deve ser apresentado um certificado do registo criminal ou documento equivalente emitido por uma autoridade judicial ou administrativa competente do Estado-Membro de origem ou do país de proveniência que ateste o preenchimento daquele requisito.

8 – Se o documento referido no número anterior não for emitido pelo Estado-Membro de origem ou pelo país de proveniência, pode ser substituído por uma declaração sob juramento feita pelo cidadão estrangeiro interessado perante uma autoridade judicial ou administrativa competente ou, se for caso disso, perante um notário do Estado-Membro de origem ou do respetivo país de proveniência.

9 – Nos Estados-Membros onde o juramento referido no número anterior não esteja previsto, pode ser substituído por uma declaração solene.

10 – As autoridades referidas no nº 7 emitem uma certidão atestando a autenticidade do juramento ou da declaração solene.

11 – Os documentos e certidões referidos nos nºs 7 a 10 não podem, aquando da sua apresentação, ter sido emitidos há mais de três meses.

ANOTAÇÃO (*Francisco Rodrigues Rocha*)

I. O actual artigo 14º tem como antecedente o 13º do RJMSR.

II. O artigo 14º concretiza o conceito de idoneidade elencado como condição comum de acesso e registo nos artigos 11º/1 *d*) e 12º/1 *b*) *c*) e *d*) respectivamente para pessoas singulares e colectivas.

É notável a proximidade entre os artigos 14º do RJDSR, 68º do RJASR e 30º-D do RGICSF. Pode, todavia, questionar-se se não será demasiado oneroso para os múltiplos intervenientes no processo de registo a transposição para mediadores de seguros, resseguros e a título acessório dos requisitos de idoneidade aplicáveis no âmbito do RGICSF e do RJASR.

Trata-se a idoneidade de um conceito particularmente vago cuja apreciação requer indícios vários por que se paute fornecidos no nº 2 ao longo de 8 als. (*a*) a *h*); cf. tb. o ponto 4 do anexo I e o 3 do anexo II à NR 17/2006-R, hoje já em larga medida desactualizados em face do teor do artigo 14º; cf. a proposta da AFIP, de 11-Dez.-2018, subscrita por João Machado Mota, de eliminação do artigo 14º por permitir uma "completa discricionariedade", "abusiva" e que permite "as maiores arbitrariedades", violando "direitos constitucionais fundamentais", que não especifica). Trata-se no nº 2 de um elenco exemplificativo, conforme se extrai do uso de "designadamente" no artigo 11º/1, do uso de "pelo menos" no pr. do nº 2 do artigo 14º e da referência no nº 3 do artigo 14º a "outros de natureza análoga" (assinalamos ainda um erro manifesto de concordância verbal no pr. do nº 2 do artigo 14º: não é "deve ter-se em conta (...) as seguintes circunstâncias", mas sim "devem ter-se em conta (...) as seguintes circunstâncias"). Nota-se uma imprecisão nos termos a usar: no nº 2 assim como no 18º/6 fala-se de "circunstâncias", no nº 3 de "factos", e no nº 4 de "situações".

Também no juízo valorativo sobre a verificação (a lei fala de "cumprimento") da idoneidade, devem considerar-se as circunstâncias cujo conhecimento seja legalmente acessível e que, pela gravidade, frequência ou outra característica, permitam fundar um juízo de prognose (artigo 14º/3). O nº 4 fornece-nos um elenco exemplificativo ("pelo menos") de situações que podem ser tomadas em conta para o efeito.

Pelo nº 5 esclarece-se que a condenação, ainda que definitiva, por factos ilícitos criminais, contra-ordenações ou doutra natureza (civil, por ex.) não implica necessariamente a inidoneidade (o nº 5 fala de "perda", passando a ideia de que se trata apenas de uma perda superveniente já após registo e acesso à actividade, quando parece estar em causa sobretudo a inidoneidade em momento prévio, à data do requerimento de registo) para a distribuição de seguros ou resseguros (o nº 5 alude ainda à "sua [= do ilícito] conexão" mas sem explicar a que se refere tal conexão: julgamos que com a actividade de distribuição a desenvolver; no artigo 30º-D/6 do RGICSF especifica-se tratar-se da "sua conexão com a actividade financeira").

Pelo nº 6 é presumida a idoneidade das pessoas registadas junto do BdP e da CMVM, quando sujeitos os respectivos registos a avaliação da idoneidade. Atesta-se, assim, de certo modo, a fungibilidade entre a avaliação de idoneidades para efeito de registo junto da ASF, CMVM e BdP (cf. tb. o artigo 30º-D/9 do RGICSF e 68º/7 do RJASR). Exceptuam-se, no entanto, as situações em que o conhecimento de factos supervenientes à data do registo noutra das mencionadas autoridades conduza a ASF a pronunciar-se em sentido contrário (assim já a parte final do artigo 30º-D/9 do RGICSF e do 68º/7 do RJASR, posto que o 13º/2 do RJMSR não previsse, expressamente pelo menos, esta excepção; sobre o nº 6 do artigo ora anotado vd. também o comentário da CMVM, subscrito por Rita Oliveira Pinto: "Artigo 16º/4, com previsão de que as entidades registadas na CMVM que estejam sujeitas a escrutínio de idoneidade serão consideradas idóneas para [o] registo na ASF: não se encontrando norma que obrigue a ASF a consultar-nos, parece-nos que esse procedimento deveria ser instituído por prudência, na medida em que pode haver informação relevante que ainda não se traduziu em cancelamento de registo").

Os nºs 7 a 11 regulam a apresentação e validade do certificado do registo criminal ou equivalente a apresentar para instrução do processo de registo.

ANOTAÇÃO *(José Vasques)*

I. Cfr. art. 13º do *regime jurídico da mediação de seguros e de resseguros*, e art. 68º do *regime jurídico de acesso e exercício da atividade seguradora*.

II. Não resulta da transposição da Diretiva (UE) 2016/97.

III. A *idoneidade* é a qualidade do que tem condições de integridade e reputacionais para desempenhar determinado cargo ou tarefa; não tendo optado por uma definição, o legislador enuncia os critérios que devem ser tidos em conta na sua avaliação (nº 1), oferecendo uma lista, não exaustiva (revelada pela expressão *pelo menos*, usada nos proémios dos nºs 2 e 4), das circunstâncias que devem ser tidas em conta, ponderadas em função da sua gravidade (nºs 2 a 5); no contexto da avaliação da *idoneidade* são particularmente relevantes a *boa reputação* e a *integridade*, cfr., a título de exemplo, o artigo 42º, nº 1, alínea *b)*, da Diretiva 2009/138/CE do Parlamento e do Conselho, de 25 de novembro de 2009, relativa ao acesso à atividade de seguros e resseguros e ao seu exercício (Solvência II).

A *idoneidade* é uma das condições de que depende a inscrição de *mediadores seguros, de resseguros* e *de seguros a título acessório* no registo junto da ASF [arts. 11º, nº 1, al. *d)*, e 12º, nº 1, als. *b)* e *d)*, e 18º, nº 6, al. *a)*], além de as empresas de seguros deverem assegurar o cumprimento desse requisito relativamente às *pessoas diretamente envolvidas na atividade de distribuição* ao seu serviço [art. 37º, nº 2, al. *b)*, subal. *ii)*].

Presume-se a *idoneidade* das pessoas que se encontrem registadas junto do Banco de Portugal ou da Comissão do Mercado de Valores Mobiliários, quando esse registo esteja sujeito a condições de avaliação da idoneidade (nº 6).

Para avaliação da *idoneidade* deverá ser apresentado registo criminal, documento equivalente emitido por uma autoridade judicial ou administrativa competente do Estado membro de origem ou do país de proveniência que ateste o preenchimento daquele requisito (nº 7), declaração sob juramento (nº 8) ou declaração solene (nº 9), atestadas pelas referidas autoridades (nº 10), devendo esses documentos, à data da sua apresentação, ter sido emitidos há menos de três meses (nº 11).

Sobre as regras aplicáveis à contagem do prazo estabelecido no nº 11 v. a nossa anotação ao artigo. 7º da Lei preambular.

Sobre o tratamento pela ASF dos dados pessoais recolhidos no processo de avaliação da idoneidade v. artigo 11º, nº 1, da Lei preambular.

IV. Disposições relacionadas: arts. 7º e 11º da Lei preambular, e arts. 11º, nº 1, al. *d)*, 12º, nº 1, als. *b)* e *d)*, 37º, nº 2, al. *b)*, subal. *ii)* – v., também arts. 73º, nº 2, al. *b)*, e 113º, al. *tt)*.

ARTIGO 15º – Incompatibilidades

1 – Sem prejuízo de outras incompatibilidades legalmente previstas, é incompatível com a atividade de distribuição de seguros ou de resseguros o facto de o mediador de seguros, de resseguros e de seguros a título acessório pessoa singular ou qualquer dos membros do órgão de administração e as pessoas diretamente envolvidas na atividade de distribuição:

a) Pertencerem aos órgãos sociais ou ao quadro de pessoal de uma empresa de seguros ou de resseguros ou com estas mantiverem vínculo jurídico análogo a relação laboral, exceto se:

i) Se tratar de trabalhadores que se encontrem em situação de pré-reforma; ou

ii) Exercerem a atividade de distribuição para a respetiva empresa de seguros ou grupo segurador no âmbito da categoria de agente de seguros, em regime de total exclusividade;

b) Pertencerem aos órgãos ou ao quadro de pessoal da ASF ou com esta mantiverem vínculo jurídico análogo a relação laboral;

c) Exercerem funções de gestão, regularização ou peritagem de sinistros ou serem sócios ou membros do órgão de administração de sociedade que desempenhe estas funções;

d) Exercerem funções como atuário responsável de uma empresa de seguros ou de resseguros;

e) Exercerem funções como auditor de uma empresa de seguros ou de resseguros, de um mediador de seguros ou de resseguros ou de um mediador de seguros a título acessório.

2 – A inscrição como mediador de seguros numa das categorias de mediadores de seguros é incompatível com a inscrição noutra das categorias ou com a inscrição como mediador de seguros a título acessório, mesmo que para o exercício de atividade em ramo ou ramos de seguros diferentes.

3 – A inscrição como mediador de resseguros é incompatível com a inscrição como agente de seguros ou como mediador de seguros a título acessório.

4 – Os membros do órgão de administração designados responsáveis pela atividade de distribuição de seguros ou de resseguros e as pessoas diretamente envolvidas na atividade de distribuição não podem exercer essas funções em mais de um mediador de seguros, de resseguros ou de seguros a título acessório.

5 – Excetua-se do disposto no número anterior o exercício de funções em mediadores de seguros ou em mediadores de seguros a título acessório que se encontrem em relação de controlo ou de domínio, na aceção da alínea *a*) do nº 1 do artigo 6º do regime jurídico de acesso e exercício da atividade seguradora e resseguradora, constante do anexo I da Lei nº 147/2015, de 9 de setembro.

6 – Os membros do órgão de administração designados responsáveis pela atividade de distribuição de seguros ou de resseguros e as pessoas diretamente envolvidas na atividade de distribuição, enquanto exercerem essas funções, não podem exercer, em simultâneo, atividade como mediadores de seguros, de resseguros ou de seguros a título acessório a título individual.

ANOTAÇÃO (*Francisco Rodrigues Rocha*)

I. O actual artigo 15º tem como antecedente o 14º do RJMSR.

II. O artigo 15º densifica o requisito comum previsto genericamente nos artigos 11º/1, *e*) para pessoas singulares e 12º/1, *d*) para as colectivas.

O nº 1 do artigo 15º elenca, sem prejuízo doutras legalmente previstas, 5 grupos de incompatibilidades relativas à actividade de distribuição de seguros, incluindo a título acessório, ou de resseguros, respeitantes a: (*i*) pessoas singulares requerentes de inscrição como mediador, inclusive a título acessório; (*ii*) qualquer dos membros do órgão de administração de pessoa colectiva requerente de inscrição como mediador; e (*iii*) as pessoas directamente envolvidas na distribuição. Diferentemente doutros seus congéneres (vd., por ex., artigos 19º, 24º, 31º e 32º da Ley 26/2006, de 17-Jul., de mediação de seguros e resseguros privados, relativos respectivamente às incompatibilidades de agentes de seguros exclusivos, vinculados, corredores de seguros e sociedades de corretagem de seguros), a norma aplica-se indistintamente a mediadores de seguros, resseguros e a título acessório.

A primeira situação de incompatibilidade é aquela em que os sujeitos acabados de enunciar sob (*i*) a (*iii*) pertençam aos órgãos sociais ou ao quadro de pessoal dum segurador ou ressegurador ou com estes tiverem mantido vínculo jurídico análogo ao laboral. Propósito da norma é manter uma desejável distância, pelo menos formal, entre mediadores (pessoa singular ou colectiva; caso colectiva, o requisito aferir-

-se-á pelos membros do órgão da administração e pessoas directamente envolvidas na distribuição) e seguradores e evitar que o mediador exerça actividade concorrente. A norma não distingue entre seguradores cujos produtos distribua o mediador ou não, de maneira que, atenta a sua letra, aplica-se indistintamente. Importa ter em conta o sentido da expressão "órgãos sociais". Só constando 4 vezes no RJDSR, além daquele sob anotação nos artigos 104º/1, 114º/1 *q*) e 116º/1 *b*), no CSC aparecem 16 vezes pelo menos (artigos 64º/2 "titulares de órgãos sociais com funções de fiscalização", 116º/2 "relatórios dos órgãos sociais", 127º-A "relatórios dos órgãos sociais", 281º/7, *b*) "designações para os órgãos sociais", 288º/1 c) "montantes globais das remunerações pagas (...) aos membros dos órgãos sociais", 289º/1 b) e d) "outras sociedades em que os membros dos órgãos sociais exerçam cargos sociais" e "eleição de membros dos órgãos sociais", 384º/6 c) "Um accionista não pode votar (...) [d]estituição, por justa causa, do seu cargo de titular de órgão social", 386º/2 "designação de titulares de órgãos sociais", 416º/1 "órgão social competente" e "accionista ou membro dos órgãos sociais", 446º-B/1 a), b), d), e) e g) "membros dos órgãos sociais", "reuniões dos órgãos sociais" e "reuniões de todos os órgãos sociais", 446º-C "mandato dos órgãos sociais", 526º "emissão não tenha sido aprovada pelos órgãos sociais competentes"). Certamente sob o conceito de órgão social cabem os órgãos ditos de administração e representação, portanto a gerência nas sociedades por quotas ou a administração – conselho ou administrador único – nas sociedades anónimas. Cabem também sob o conceito os órgãos de fiscalização ou controlo, designadamente o conselho fiscal ou fiscal único, consoante a estrutura societária em concreto adoptada.

Mais problemático é saber se o órgão deliberativo interno ou de formação de vontade, tipicamente a assembleia geral (ou, mais rigorosamente o ou os sócios), também aqui cabe: os mediadores podem participar no capital de seguradores e se dúvidas houvesse, o artigo 31º/1 *c*) dissipá-las-ia, de modo que o artigo 15º/1 *a*) parece não se referir à qualidade de sócio de um segurador e de membro da sua assembleia geral (cf., porém, a proposta da APROSE, de 19-Nov.-2018, subscrita por David Pereira e Corvaceira Gomes, p. 10-11, de aditamento ao artigo 15º de um nº 7 que previsse que os seguradores e resseguradores não pudessem deter participações no capital social de mediadores pessoas colectivas, nem estes no daqueles). A al. *a*) do nº 1 do artigo 15º fala também de incompatibilidade derivada de a pessoa singular requerente ou os membros dos órgãos de administração e pessoas directamente envolvidas de pessoas colectivas requerentes pertencerem ao "quadro de pessoal" de um segurador ou ressegurador ou de com estes manterem vínculo jurídico análogo ao laboral: parece-nos que a norma quando se refere ao "quadro de pessoal" está, mais amplamente, a referir-se a relação laboral, o que também se extrai do último segmento da disjunção "ou com estas mantiverem vínculo jurídico análogo a relação laboral". Da incompatibilidade acabada de referir exceptuam-se os trabalhadores que se encontrem em situação de pré-reforma (subal. *i*)); cf. já, embora em sentido divergente, o artigo 21º/1, *f*), 24º/1, *d*) e 3, *b*) do DL 388/91) e aqueles que exercerem a actividade de distribuição para o respectivo segurador ou grupo segurador no âmbito da categoria de agente de seguros em regime de total exclusividade (subal. *ii*)). Para efeito da primeira excepção, o conceito de pré-reforma à data em que foi aprovado o DL 388/91 era o previsto no DL 261/91, de 25-Jul. (sucessivamente alterado até ao DL 187/2007, de 10-Mai., e revogado pelo artigo 5º, *u*) da L 110/2009, de 16-Set., que aprovou o Código dos Regimes Contributivos do Sistema Previdencial da SS, tendo, todavia, sido o seu artigo 12º repristinado pelo artigo 10º do DL 167-E/2013, de 31-Dez.), que, hoje, deve ser interpretado nos termos do artigo 318º do CT: a situação de redução ou suspensão da prestação de trabalho, constituída por acordo entre empregador e trabalhador com idade igual ou superior a 55 anos, durante a qual este tem direito a receber do empregador uma prestação pecuniária mensal, denominada pré-reforma. O trabalhador em pré-reforma tem direito a exercer outra actividade profissional remunerada, nos termos do disposto no artigo 321º/1 do CT. Para efeito da segunda excepção, onde à luz do artigo 14º/1, *a*), *ii*) do RJMSR constava "no âmbito da categoria de mediadores prevista na subalínea *i*) da alínea *a*) do artigo 8º", hoje consta "no âmbito da categoria de agente de seguros, em regime de total exclusividade". O artigo 8º, *a*), *i*) previa a 1ª subcategoria de mediador de seguros ligado que actuava em nome e por conta de um segurador ou, com autorização deste, de mais de um, contanto não fossem concorrentes os produtos por si promovidos, não recebendo prémios ou somas destinados aos tomadores, segurados ou beneficiários e actuando sob inteira responsabilidade do segurador no que à mediação dos respectivos produtos concerne (J. Vasques, *Novo regime* cit., 116[387], dava como ex. da excepção em apreço à luz do RJMSR o caso de um administrador de um banco inscrito como mediador ligado na 1ª subcategoria poder ser simultaneamente administrador do segurador para o qual o banco exercesse a actividade de mediação). Pelo artigo 8º/1 e 2 da L 7/2019 esta subcategoria de mediadores de seguros ligados foi feita automaticamente corresponder à de agente de seguros, e assim também procedeu o legislador no artigo 15º/1, *a*), *ii*), com a especificidade de, indo mais além, fazer materialmente coincidir a 1ª subcategoria de mediador ligado à de agente exclusivo (cf. tb. referência à exclusividade do agente no artigo 31º/2, *d*); autonomizada era a figura de agente exclusivo no DL 388/91, em especial no artigo 27º da secção IV "Agente exclusivo" do cap. III "Dos agentes de seguros", definida no artigo 18º/3 como "[o] agente de seguros que exerça a sua actividade junto de uma única seguradora ou corretor e que com essa finalidade tenha firmado contrato que o iniba de colocar seguros junto de outra seguradora ou através de outro corretor"). A excepção tem, todavia, suscitado reservas, por complacência com uma situação de conflito de interesses, com prejuízo para agentes e corretores, como para os consumidores de seguros (assim os comentários da APROSE, de 19-Nov.-2018, subscrito por David Pereira e Corvaceira Gomes, p. 8). Resta ainda assinalar que, para efeito da excepção constante da subal. *ii*) da al. *a*) do nº 1 do artigo 15º a exclusividade deve ser total, o que significa que o legislador gradua a exclusividade e que a parcial não cabe já na excepção em apreço.

A segunda situação de incompatibilidade consiste na pertença a órgãos ou ao quadro de pessoal da ASF ou manutenção de vínculo jurídico análogo ao laboral (artigo 15º/1 *b*)). A incompatibilidade compreende-se obviamente como garantia de independência dos trabalhadores da ASF no exercício de funções públicas em autoridade de supervisão precisamente também de mediadores.

A terceira situação de incompatibilidade consiste no exercício de funções de gestão, regularização ou peritagem de sinistros ou qualidade de sócios ou membros de órgão de administração de sociedade com estas funções (artigo 15º/1 *c*)). Também aqui se pretende garantir a independência quer do mediador quer das sociedades de gestão, regularização e peritagem de sinistros.

Como quarta situação de incompatibilidade está o exercício de funções como actuário responsável de um segurador ou ressegurador (artigo 15º/1 *d*)). Trata-se aqui não do actuário em geral, mas do *responsável* como previsto e regulado no artigo 77º da L 147/2015, para o qual, de resto, são previstas incompatibilidades várias no nº 7 do artigo citado, dentre as quais uma residual que se traduz no exercício de funções ou cargos susceptíveis de gerar situações de conflitos de interesses com a sua função.

Como quinta situação de incompatibilidade estabelece a lei o exercício de funções de auditor de segurador ou ressegurador, mediador de seguros ou resseguros ou a título acessório (artigo 15º/1 *e*)). A profissão de revisor oficial de contas é incompatível com outra que lhe diminua, designadamente, a independência (artigo 88º/1 da L 140/2015, de 7-Set.), como seria o caso se o auditor o fosse de um segurador ou ressegurador ou de um mediador de seguros – a lei não distingue – e ao mesmo tempo fosse também ele mediador.

III. Nos nºs 2 e 3 afirma-se a incompatibilidade entre categorias de mediadores.

Assim pelo nº 2 a inscrição no registo como mediador de seguros – agente ou corretor – é incompatível com a inscrição noutra das categorias ou como mediador a título acessório, ainda que para exercício de actividade em ramo de seguros diferente.

Pelo nº 3, um mediador de resseguros não pode estar também registado como agente ou mediador a título acessório. A lei não proíbe no entanto que o esteja como corretor. Vd. infra anotação ao artigo 22º.

IV. Pelo nº 4, não podem os membros do órgão de administração responsáveis pela distribuição nem as pessoas nela directamente envolvidas exercer tais funções em mais de um mediador (pessoa colectiva, entenda-se) de seguros, resseguros ou a título acessório. Trata-se aqui de regra relativa à acumulação de cargos que visa garantir a disponibilidade para o desempenho cabal de funções (cf. também o artigo 69º/1 do RJASR ou o 33º/1 do RGICSF). Visados pela proibição são apenas os administradores ou gerentes *responsáveis* pela distribuição, não os demais.

No nº 5 a lei abre uma excepção à regra acabada de enunciar para o exercício de funções em mediadores de seguros, inclusive a título acessório, que se encontrem em relação de controlo ou de domínio (a aferir pelo disposto no artigo 6º/1 *a*) do RJASR).

Pelo nº 6 é alargado o âmbito da proibição do nº 4: não apenas os sujeitos aí mencionados – *i. e.*: (*i*) gerentes ou administradores responsáveis pela distribuição (quanto aos não responsáveis a não concorrência há-de ser averiguada designadamente em função das regras societárias mercantis, em particular o artigo 254º do CSC); (*ii*) pessoas nela directamente envolvidas – estão proibidos de exercer as mesmas funções – de gerente administrador ou pessoa directamente envolvida – *em mais de um mediador* (nº 4), como também, enquanto no exercício das suas funções, não podem exercer em simultâneo actividade como mediadores *a título individual* (nº 6; cf. o entendimento da ASF, publicado em www.asf.com.pt, relativo à questão "*Um agente de seguros, em efectividade de funções, pode, ou não, pertencer aos corpos gerentes de uma sociedade de mediação de seguros?*": "*Os membros de um órgão de administração designados responsáveis pela actividade de mediação ou directamente envolvidos na actividade de mediação de seguros das sociedades, não podem exercem a actividade de mediação a título individual*"). Trata-se de assegurar, mais do que a disponibilidade, a não concorrência (cf., por ex., o artigo 254º/1-6 do CSC, sobre cujo fundamento e aplicação às sociedades anónimas se dividem as opiniões). À letra, o nº 6 não distingue entre gerentes ou administradores responsáveis pela distribuição e pessoas directamente envolvidas consoante sejam ou não sócios da sociedade em questão, nem entre tipos societários.

ANOTAÇÃO (*José Vasques*)

I. Cfr. art. 14º do *regime jurídico da mediação de seguros e de resseguros*.

II. Não resulta da transposição da Diretiva (UE) 2016/97.

III. *Incompatibilidades* são as impossibilidades legais que visam garantir o conveniente exercício de certo cargo ou função.

Em regra, há *incompatibilidade* entre a qualidade de *mediador de seguros*, *de resseguros* e *de seguros a título acessório* pessoa singular ou de membro do órgão de administração e de *pessoas diretamente envolvidas na atividade de distribuição* e a pertença *i)* aos órgãos sociais ou ao quadro de pessoal de uma *empresa de seguros* ou *de resseguros* ou com estas mantiverem vínculo jurídico análogo a relação laboral ou *ii)* aos órgãos ou ao quadro de pessoal da ASF ou com esta mantiverem vínculo jurídico análogo a relação laboral; bem como com o exercício de *i)* funções de gestão, regularização ou peritagem de sinistros ou serem sócios ou membros do órgão de administração de sociedade que desempenhe estas funções, *ii)* como atuário responsável de uma *empresa de seguros* ou *de resseguros* ou *iii)* como auditor de uma *empresa de seguros* ou *de resseguros*, de um *mediador de seguros* ou *de resseguros* ou de um *mediador de seguros a título acessório*.

No entanto, a *incompatibilidade* resultante da pertença aos órgãos sociais ou ao quadro de pessoal de uma *empresa de seguros* ou *de resseguros* ou de com estas manterem vínculo jurídico análogo a relação laboral, é excecionada em duas situações: quando se trate de trabalhadores que se encontrem em situação de pré-reforma [nº 1, al. *b)*, subal. *i)*] ou quando exercerem a atividade de distribuição para a respetiva *empresa de seguros* ou grupo segurador, em regime de total exclusividade e no âmbito da categoria de *agente de seguros* [nº 1, al. *b)*, subal. *ii)*] – nesta segunda situação, *a contrario*, prevalece a incompatibilidade quando se trate de *corretor de seguros, de resseguros* ou *de seguros a título acessório* pessoa singular ou de membro do órgão de administração ou de *pessoas diretamente envolvidas na atividade de distribuição.*

Cumpre clarificar o que deve entender-se por *regime de total exclusividade* [nº 1, al. *b)*, subal. *ii)*, parte final]; que com tal expressão não pretende limitar-se a uma única *empresa de seguros* ou *de resseguros* a exceção prevista à *incompatibilidade* entre a atividade da distribuição de seguros ou de resseguros por um *agente de seguros* e a sua pertença aos órgãos sociais ou ao quadro de pessoal de uma *empresa de seguros* ou *de resseguros* ou com estas manter vínculo jurídico análogo à relação laboral, resulta da referência expressa à *empresa de seguros ou grupo segurador*, mas o sentido daquela expressão torna-se ainda mais claro quando se compara a exceção que a consagra com a que no regime anterior regulava situação idêntica:

artigo 14.º, n.º 1, al. *a)*, subal. *ii)* do regime jurídico anterior	artigo 15º, nº 1, al. *a)*, subal. *ii)* do regime jurídico sob anotação
...... *ii) Exercerem a atividade de mediação para a respetiva empresa de seguros, no âmbito da categoria de mediadores prevista na subalínea i) da alínea a) do artigo 8º;*	...... *ii) Exercerem a atividade de distribuição para a respetiva empresa de seguros ou grupo segurador no âmbito da categoria de agente de seguros, em regime de total exclusividade;* ......

Ora, o referido artigo 8º, alínea *a)*, subalínea *i)*, referia-se ao *mediador de seguros ligado* que exercia a atividade de mediação de seguros em nome e por conta de uma *empresa de seguros* ou, com autorização desta, de várias *empresas de seguros*, desde que os produtos que promova não sejam concorrentes, não recebendo prémios ou somas destinados aos tomadores de seguros, segurados ou beneficiários e actuando sob inteira responsabilidade dessa ou dessas *empresas de seguros*, no que se refere à mediação dos respetivos produtos; isto é, e na parte que aqui releva, admitia-se o exercício da atividade de mediação para várias empresas de seguros desde que *i)* todas estivessem de acordo e *ii)* os produtos promovidos não fossem concorrentes.

Parece, assim, de entender que a atividade de distribuição para uma *empresa de seguros* pode considerar-se *em regime de exclusividade total*, mesmo quando o *agente de seguros* exerce a sua atividade para várias *empresas de seguros*, desde que todas as *empresas de seguros* envolvidas o autorizem e que os produtos distribuídos não sejam concorrentes entre si.

A referência ao exercício da atividade de distribuição por *agente de seguros* em regime de total exclusividade [nº 1, al. *a)*, subal. *ii)*], delimitando a figura do *agente de seguros exclusivo* (por oposição ao *agente não-exclusivo* ou *multimarca*), corresponde a uma possível configuração dos termos do contrato celebrado entre o *agente de seguros* e a *empresa de seguros* para a qual exercerá a atividade de distribuição [cfr. 16º, nº 1, al. *a)* – v., também, art. 31º, nº 2, al. *d)*].

As *pessoas diretamente envolvidas na atividade de distribuição*, referidas na parte final do proémio do nº 1 do artigo sob anotação, são apenas as que o *mediador de seguros*, *de resseguros* ou *de seguros a título acessório* tenham ao seu serviço, pelo que a *incompatibilidade* entre aquela qualidade e a pertença ao quadro de pessoal de uma *empresa de seguros* ou *de resseguros* ou com estas manter vínculo jurídico análogo a relação laboral [nº 1, al. *a)*] não se aplica às *pessoas diretamente envolvidas na atividade de distribuição* que as *empresas de seguros* e *de resseguros* tenham ao seu serviço [situação que é, aliás, expressamente prevista nos arts. 4º, al. *s)*, 37º, nº 2, al. *b)*, e 38º, nº 1].

Pessoas diretamente envolvidas na atividade de distribuição de seguros ou de resseguros são as pessoas singulares ligadas a um *mediador de seguros*, de *resseguros*, de *seguros a título acessório* ou a uma *empresa de seguros* ou de *resseguros* através de um vínculo laboral ou de qualquer outra natureza e que ao seu serviço exerce ou participa no exercício de atividades distribuição de seguros ou de resseguros, em qualquer caso, com interlocução direta com o cliente [art. 4º, al. *s)*]; os elementos que caraterizam as referidas pessoas são os seguintes:

a) ligação a um distribuidor de seguros ou de resseguros através de um vínculo laboral ou de qualquer outra natureza;

b) exercício ou participação no exercício de atividades de distribuição de seguros ou de resseguros ao serviço do distribuidor; e
c) interlocução direta com o cliente.

Os trabalhadores das *empresas de seguros* e de *resseguros* que exercem ou participam no exercício de atividades distribuição, com interlocução direta com o cliente, não podem deixar de ser qualificados como *pessoas diretamente envolvidas na atividade de distribuição de seguros ou de resseguros*, inexistindo incompatibilidade quando exerçam essa atividade para a respetiva empresa de seguros ou grupo segurador – excecionando a incompatibilidade resultante da pertença ao quadro de pessoal de uma empresa de seguros ou de com ela manter vínculo jurídico análogo a relação laboral, quando para a mesma, ou para grupo segurador em que se enquadre, exerçam aquela atividade no âmbito da categoria de *agente de seguros*, em regime de total exclusividade, o mesmo há de admitir-se *a maiori, ad minus* para as *pessoas diretamente envolvidas na atividade de distribuição de seguros*.

As *pessoas diretamente envolvidas na atividade de distribuição de seguros ou de resseguros* não são objeto de inscrição no registo dos mediadores de seguros, de resseguros e de seguros a título acessório [art. 10º, nº 1, proémio e 56º, nº 1), mas devem preencher as condições previstas no art. 11º, nº 1, als. *a)* a *e)*], cumprir os requisitos de *qualificação adequada* (art. 13º) e de *idoneidade* [arts. 14º e 37º, nº 2, al. *b)*, subal. *ii)*], manter um nível adequado de desempenho mediante o cumprimento dos requisitos de *formação e aperfeiçoamento profissional contínuo* [art. 24º, nº 1, al. *l)*, e 25º], e não podem exercer funções em mais de um *mediador de seguros, de resseguros* ou *de seguros a título acessório*, salvo relativamente a *mediadores de seguros* ou *mediadores de seguros a título acessório* que se encontrem em *relação de controlo* ou *de domínio* (15º, nºs 4 e 5).

Os *mediadores de seguros* e as *empresas de seguros* devem ter ao seu serviço o número de *pessoas diretamente envolvidas na atividade de distribuição de seguros* adequado à dimensão e à natureza da atividade do mediador de seguros e manter atualizada uma listagem com a identificação das pessoas diretamente envolvidas na atividade de distribuição de seguros que estejam ao seu serviço, as quais mantêm um nível adequado de desempenho mediante o cumprimento dos requisitos de formação e aperfeiçoamento profissional contínuo [arts. 24º, nº 1, als. *i), j)* e *i)*, e 38º, nºs 2, al. *b)*, subal. *iii)*, e 3]; as *empresas de seguros* devem ainda assegurar que as *pessoas diretamente envolvidas na distribuição de seguros* ao seu serviço cumprem os requisitos de qualificação adequada e de idoneidade previstos [arts. 38º, nº 2, al. *b)*, subals. *i)* e *ii)*].

Não é possível o registo em mais de uma das categorias de *mediador de seguros* [: *agente de seguros* e *corretor de seguros*, cfr. art. 9º, nº 1, als. *a)* e *b)*], ou numa delas e como *mediador de seguros a título acessório* (nº 2); os *mediadores de resseguros* podem inscrever-se simultaneamente como *corretores de seguros* (nº 3, *a contrario*) – v., também, a nossa anotação ao artigo 8º

O artigo sob anotação consagra *incompatibilidades* (*incompatibilidades atuais*) que impedem a inscrição no registo de mediadores de seguros e de mediadores de seguros a título acessório [arts. 11º, 1, al. *e)*, e 12º, nº 1, als. *c)* e *d)*], mas essas *incompatibilidades* podem ocorrer posteriormente ao registo (*incompatibilidades supervenientes*), determinando a suspensão da inscrição nesse registo, a qual deve ser requerida pelo próprio nos 30 dias anteriores à ocorrência do facto determinante da impossibilidade [art. 65º, nº 1, al. *b)*]; caso a suspensão não seja requerida, a falta superveniente de alguma das condições de acesso ou de exercício da atividade de distribuição determina o cancelamento do registo e a transmissão automática dos direitos e deveres sobre os contratos de seguro em que interveio o *mediador de seguros, de resseguros* ou *de seguros a título acessório* para as *empresas de seguros* ou *de resseguros* que deles sejam partes (art. 67º, nº 1), sem prejuízo de outras sanções [arts. 66º, nº 1, al. *d)*, 113º, al. *d)*, e 116º].

Os membros do órgão de administração designados responsáveis pela atividade de distribuição de seguros ou de resseguros e as *pessoas diretamente envolvidas na atividade de distribuição* não podem exercer, em simultâneo, atividade como *mediadores de seguros, de resseguros* ou *de seguros a título acessório*, a título individual (nº 6), nem exercer essas funções em mais de um *mediador de seguros, de resseguros* ou *de seguros a título acessório*, salvo quando se encontrem em *relação de controlo* ou *de domínio* (nºs 4 e 5).

IV. Disposições relacionadas: arts. 4º, al. *s)*), 8º, 9º, nº 1, als. *a)* e *b)*, 10º, nº 1, 11º, nº 1, al. *e)*, 12º, nº 1, als. *c)* e *d)*, 13º, 14º, 16º, nº 1, al. *a)*, 24º, nº 1, al. *l)*, 25º, 31º, nº 2, al. *d)*, 37º, nº 2, al. *b)*, 38º, nº 1, 65º, nº 1, al. *b)*, 66º, nº 1, al. *d)*, 67º, nº 1, 113º, al. *d)* e 116º

SECÇÃO III
CONDIÇÕES ESPECÍFICAS DE ACESSO
SUBSECÇÃO I
MEDIADORES DE SEGUROS

ARTIGO 16º – Condições específicas de acesso à categoria de agente de seguros

1 – Para além do disposto na secção II, para efeitos de inscrição no registo como agente de seguros, a pessoa singular ou coletiva deve, adicionalmente:

a) Celebrar um contrato escrito com cada uma das empresas de seguros que vai representar, através do qual a empresa de seguros mandata o agente para, em seu nome e por sua conta, exercer a atividade de distribuição, devendo aquele contrato delimitar os termos desse exercício;

b) Possuir organização técnica, comercial, administrativa e contabilística própria e estrutura económico-financeira adequadas à dimensão e natureza da sua atividade;

c) Demonstrar que dispõe, ou que irá dispor à data do início da atividade, de um seguro de responsabilidade civil profissional que abranja todo o território da União Europeia, ou de qualquer outra garantia equivalente, cujo capital seguro deve corresponder no mínimo a 1 250 000 € por sinistro e 1 850 000 € por anuidade, independentemente do número de sinistros, exceto se a cobertura estiver incluída em seguro fornecido pela ou pelas empresas de seguros em nome e por conta da qual ou das quais vai atuar.

2 – Os montantes em euros referidos na alínea *c*) do número anterior são revistos periodicamente através de norma técnica de regulamentação adotada pela Comissão Europeia, cabendo à ASF proceder à sua divulgação.

3 – A ASF define, em norma regulamentar, o conteúdo mínimo do contrato referido na alínea *a*) do nº 1, os requisitos mínimos a cumprir no âmbito da alínea *b*) do nº 1, bem como as condições mínimas do seguro de responsabilidade civil profissional referido na alínea *c*) do nº 1.

4 – A eficácia de qualquer contrato celebrado nos termos da alínea *a*) do nº 1 fica condicionada à efetiva inscrição do agente de seguros no registo junto da ASF.

ANOTAÇÃO (*Francisco Luís F. Ribeiro Alves*)

Tem por base o artigo 17º do revogado Regime Jurídico da Mediação de Seguros e é complementado, enquanto não existir a aprovação de outra Norma Regulamentar, pelos artigos 6º a 9º da Norma Regulamentar nº 17/2016, de 29 de dezembro.

A existência de um contrato escrito entre a empresa de seguros e o agente é condição imprescindível para que se acordem vários elementos como, por exemplo, a existência de exclusividade, a referência à outorga de poderes para celebrar contratos em nome da empresa de seguros ou a existência de poderes de cobrança. O conteúdo mínimo do contrato consta, até ser aprovada nova Norma Regulamentar, do artigo 8º da Norma Regulamentar nº 17/2006, de 29 de dezembro, da ASF. Este tipo de informações reflete-se na informação a prestar ao cliente no quadro da obrigação prevista no artigo 31º deste regime jurídico.

O conteúdo do previsto na alínea *b*) do nº 1, a respeito da organização, deve ser lido em conjunto com o previsto no artigo 9º da Norma Regulamentar nº 17/2006.

A obrigação referida na alínea *c*) do nº 1, a respeito do seguro de responsabilidade civil profissional, comporta duas alternativas. O agente pode contratar diretamente o seguro, numa empresa de seguros à sua escolha, ou podem as empresas de seguros, que este representa, acautelarem essa responsabilidade através de seguro por si facultado. Existindo representação de várias empresas de seguros, o agente poderá estar seguro em apólices distintas. O nº 2, na linha do previsto no artigo 18º, nº 4, determina que os valores referidos na alínea *c*) do nº 1 são atualizados, sendo a sua divulgação assegurada, habitualmente, por Circular da ASF (V., por exemplo, Circular nº 4/2014, de 6 de agosto). O artigo 20º, nº 3, a propósito do seguro para os mediadores de seguros a título acessório, menciona que os montantes são revistos por norma regulamentar, o que poderá ser um lapso de escrita.

O nº 4 estabelece uma condição de eficácia do contrato assinado entre o agente e a empresa de seguros, que se reflete na diligência da empresa de seguros a proceder à sua inscrição quando o agente seja exclusivo ou seja o primeiro contrato assinado. Caso seja um agente sem vínculo de exclusividade e já existindo inscrição no registo da ASF, por via da existência de outro contrato, então não existe sujeição a este condicionamento, começando o contrato entre as partes a produzir efeitos nos termos em que conste no mesmo.

ANOTAÇÃO (*Francisco Rodrigues Rocha*)

I. O presente preceito tem como antecedente o artigo 16º do RJMSR, com que largamente coincide e de cujos aspectos inovadores curaremos infra na sequência da presente anotação.

II. O nº 1 começa por esclarecer que as "condições" previstas no artigo 16º acrescem às da secção II, entenda-se aos artigos 11º a 15º da secção II do capítulo II. Isto mesmo resulta da própria epígrafe da secção III ("Condições *específicas* de acesso") e da do artigo 16º ("Condições *específicas* de acesso à categoria de agente de seguros") por comparação com a da secção II do capítulo II ("Condições *comuns* de acesso"). Cf. também os artigos 18º para os corretores de seguros (epígrafe: "Condições *específicas* de acesso à categoria do corretor de seguros"; nº 1 pr.: "Para além do disposto na secção II") e 19º para os mediadores de seguros a título acessório (epígrafe: "Condições *específicas* de acesso"; nº 1 pr.: "Sem prejuízo do disposto na secção II"). Em face do exposto e designadamente do complemento circunstancial com que inicia o pr. do nº 1 ("Para além do disposto na secção II"), pode questionar-se se necessário era o advérbio de modo "adicionalmente" no final do pr. do nº 1 do artigo sob anotação e do 18º.

A al. *a*) indica como primeiro requisito ou condição a celebração de um contrato escrito entre a pessoa que pretenda inscrever-se no registo como agente de seguros e o segurador que aquele representará (cf. tb. o artigo 15º/1 do Proyecto de Ley nº 121/000022). No mesmo sentido, aponta também, embora sem especificar a necessidade de sujeição a forma escrita, o artigo 9º/1 *a*) ao aludir aos "termos do contrato ou dos contratos que celebre com essas entidades". Significa isto que o contrato de agência de seguros, incluindo a sua modificação (artigo 8º/3 da NR 17/2006-R), está legalmente sujeito a forma escrita, cuja preterição importa a respectiva nulidade (artigo 220º do CC). A mesma al. enuncia ainda os traços gerais de um tal contrato: além de escrito, através dele o segurador mandata o agente para, em seu nome e por sua conta, exercer a actividade de distribuição. Retoma assim a definição que dele consta do artigo 9º/1, *a*), segundo o qual *agente* é aquele que exerce a actividade de distribuição de seguros em nome e por conta dum ou mais seguradores ou mediadores de seguros, nos termos dos contratos que com uns ou outros celebre (cf. também, além do artigo 8º *b*) do RJMSR, o 18º/1 do DL 388/91, de 10-Out., que, no entanto, previa em alternativa a hipótese de o agente agir "unicamente por conta" do segurador). O conteúdo mínimo do contrato de agência de seguros é estabelecido no artigo 8º da NR 17/2006-R, segundo o qual daí constam: (*a*) a identificação das partes; (*b*) os ramos e modalidades ou produtos a intermediar pelo agente de seguros no âmbito do contrato (à pergunta "*Nos contratos de mediação de mediadores exclusivos, é obrigatório indicar os ramos ou esta especificação pode ser efectuada de uma forma genérica, do tipo "nos ramos para os quais se encontra autorizado"?*" responde a ASF em www.asf.com.pt: "*uma expressão genérica* [dos ramos] *é possível, incluindo, neste caso, todas as modalidades ou produtos a que a empresa de seguros está autorizada*", ou seja, no fundo pode indicar genericamente os ramos desde que indique as modalidades ou produtos a intermediar); (*c*) a delimitação dos termos do exercício, incluindo, designadamente, a existência ou não de vínculos de exclusividade; (*d*) a possibilidade ou não de o agente de seguros colaborar com outros mediadores de seguros; (*e*) referência à outorga ou não de poderes para celebrar contratos de seguro em nome da empresa de seguros; (*f*) referência à outorga ou não de poderes de cobrança ou de regularização de sinistros e modo de prestação de contas; (*g*) montante, forma de cálculo e actualização da remuneração; (*h*) regras relativas à indemnização de clientela; (*i*) período de vigência e âmbito territorial do contrato; (*j*) previsão da passagem a directos, quando as partes assim o pretendam, dos contratos de seguro integrantes da carteira do mediador, em caso de mudança de categoria do mediador que não determine a impossibilidade de prestar assistência. Segundo o artigo 114º/1 *c*) é contra-ordenação muito grave, punível com coima de € 3.000 a € 1.000.000 ou de € 6.000 a € 5.000.000 consoante pessoa singular ou colectiva, o incumprimento pelo agente de seguros ou mediador de seguros a título acessório – mas não pelo segurador – do dever de celebrar um contrato escrito com as empresas de seguros que representem.

No artigo 16º/1 *a*), os pronomes "seu" e "sua" em "em seu nome e por sua conta" estão na vez da "empresa de seguros" que não do "agente" (cf. a redacção paralela do artigo 9º/1 *a*): "em nome e por conta de uma ou mais empresas de seguros"; de modo diverso o 24º/1 *b*) "em seu próprio nome"), de modo que a actuação do agente é, à letra, em nome e por conta do segurador. A confirmação de que agiria em nome do segurador surgiria também, neste artigo, da oração subordinada relativa "que

[= empresa de seguros (complemento directo)] [sujeito subentendido = agente de seguros] vai representar", como ainda da al. *c*) deste artigo ("empresas de seguros em nome e por conta da qual ou das quais vai atuar"; cf. tb. o artigo 7º/1 *f*) da NR 17/2006-R) ou da *a*) do nº 2 do artigo 31º ("*o mediador de seguros deve indicar ao cliente:* a) *Se atua em representação do cliente ou em nome e por conta da empresa de seguros*"; neste último segmento da disjunção quadra o agente). A actuação do agente em nome vale para os actos jurídicos que pratique – designadamente a título acessório –, que não para os materiais. A extensão dos poderes de representação conferidos por lei ao agente de seguros é, todavia, muito discutida. À luz do DL 388/91, diferentemente do RJMSR e agora do RJDSR, constava que o agente de seguros exercia a sua actividade "*apresentando, propondo e preparando a celebração de contratos, podendo celebrá-los, nos termos do nº 2 do artigo 4º* [= podê-lo-ia se acordado com o segurador e desde que a inerente responsabilidade civil profissional estivesse garantida por seguro idóneo], *com prestação de assistência a esses mesmos contratos, podendo intervir, a pedido da seguradora, na regularização de sinistros, em nome e por conta, ou unicamente por conta, daquela*" (cf. tb. a definição do § 59 (2) do VVG). Os poderes de representação, em face do regime de 1991 (em princípio: não curamos por ora das situações de representação tolerada e aparente), não resultavam, por conseguinte, da lei, mas de um negócio específico. Ainda hoje também, a par das normas que estabelecem actuar o agente genericamente em nome e por conta do segurador, existem outras que dão a entender ser a solução supletiva legal diversa. Assim, desde logo o disposto no artigo 24º/1 *a*) segundo o qual é dever geral – aliás, é o primeiro de uma longa lista, o que bem retrata a importância que se lhe quis dar – do mediador de seguros "[c]elebrar contratos em nome da empresa de seguros apenas quando esta lhe tenha conferido, por escrito, os necessários poderes"; daqui resulta que os mediadores em geral, inclusive o agente, não dispõem supletivamente de poderes de representação para a celebração dos contratos com clientes por si angariados (cf. tb. o artigo 30º/1-3 do RJCS para a representação aparente na celebração de contrato de seguro por mediador). Este preceito é regulamentado e, neste particular, confirmado pelo artigo 8º/1 *e*) da NR 17/2006-R segundo a qual "[o] conteúdo mínimo do contrato [de agência de seguros] é o seguinte: (...) Referência à outorga, ou não, de poderes para celebrar contratos de seguro em nome da empresa de seguros". No mesmo sentido depõe a parte final do artigo 50º do RJDSR "independentemente de este [= o segurador] lhes [= ao agente de seguros e mediador a título acessório] ter conferido expressamente os poderes para celebrar contratos em seu nome". Também a recepção de prémios para posterior transferência aos seguradores só pode ser feita se convencionada por escrito (artigo 51º/1; cf. tb. o 31º/1 *f*)). Do exposto resulta que, mau grado os dizeres do artigo 16º/1 *a*) e *c*), o agente não tem genéricos poderes de representação. Aliás, desde logo não os tem para a celebração de contratos nem para a recepção de prémios. Tem-nos, todavia, para os efeitos do artigo 31º/2 do RJCS de acordo com o artigo 50º do RJDSR, ou seja, no que se refere a comunicações, prestação de informações, entrega de documentos ao mediador ou ao segurador, tanto o agente como o mediador de seguros ligados agem em nome e com poderes de representação do segurador (cf. tb. o § 69 (1)-(3) do VVG). Além do exposto, deve acrescentar-se que a al. *a*) do artigo 16º sob anotação exige ainda que o contrato de agência – ou, doutro prisma, as partes no contrato – delimite(m) os termos do exercício da actividade de distribuição e assim também do objecto da actuação em nome e por conta. O legislador quis com isto que do contrato de agência constasse a delimitação da actividade, de forma a que, segundo percebemos, a actuação do agente não fosse genericamente sobre toda e qualquer actividade de distribuição. Com este segmento do artigo 16º/1 *a*) relaciona-se o 9º/1 *a*) *in fine* "nos termos do contrato ou dos contratos que celebre com essas entidades" (similar o artigo 14º do Proyecto de Ley nº 121/000022, de 21-Mai.-2018): este trecho, que causaria, à primeira vista, estranheza, pois parece óbvio e, por isso, desnecessário afirmar que o agente exerce a actividade de distribuição nos termos de um contrato, tem a vantagem de esclarecer não apenas agir o mediador ao abrigo de um contrato, como com quem é o mesmo celebrado: "*com essas entidades*", entenda-se, com seguradores – que não tem de ser apenas um, conforme a norma esclarece – ou mediadores (deselegante e dispensável não deixa de ser a repetição, que já vem de trás, "*do contrato ou dos contratos*"), como ainda, embora indirectamente, que tal contrato deve delimitar a actividade de distribuição como pede o artigo 16º/1 *a*). Se as partes o não fizerem, o segurador sujeita-se a que o agente aja por conta e em seu nome por referência a qualquer actividade de distribuição de seguros, com excepção daquelas que por lei exigem a atribuição específica de poderes por escrito (*e. g.* 24º/1 *a*) e 51º/1 do RJDSR).

Nos termos do artigo 16º/1 *a*), o agente age, passe a redundância, também por conta do segurador. A actuação por conta manifesta-se aqui na obrigação de cumprir o contrato de agência enquanto negócio de gestão de um interesse alheio: ao realizar a gestão conforme o programado pelo segurador e com os meios que este lhe faculta, o agente age por conta daquele. Afim ao mandato e à agência, o contrato de agência de seguros constitui um tipo contratual autónomo em que a prática de actos jurídicos é acessória dos materiais, consistentes na actividade de distribuição a que a al. *a*) do preceito sob anotação alude, implicitamente remetendo para a definição do artigo 4º *a*) segundo a qual consiste a *distribuição de seguros* em prestar aconselhamento (definido no artigo 4º *q*) como formulação de recomendação pessoal a um cliente, a pedido deste ou *motu proprio*, em relação a um ou mais contratos de seguro), propor ou praticar outros *actos preparatórios* da celebração de contratos de seguro, em celebrar esses contratos ou em apoiar a gestão e a execução desses contratos, em especial em caso de sinistro, incluindo a prestação de informações sobre um ou mais contratos de seguro, e a compilação de uma lista de classificação de produtos de seguros, incluindo a comparação de preços e de produtos ou um desconto sobre o preço de um contrato de seguro, desde que o cliente possa celebrar directa ou indirectamente um contrato de seguro (cf. para dilucidação do conceito de acto preparatório da celebração de contrato de seguro os entendimentos da ASF em www.asf.com.pt intitulados "*Enquadramento da actividade de mediação de seguros*" de 18-Mar.-2008, publicado no *Relatório de Regulação e Supervisão da Conduta de Mercado – 2008*, 56, e "*Pessoas directamente envolvidas na actividade de mediação*" – sem data –, segundo os quais os colaboradores comerciais de mediadores não exercem actividades de mediação e, logo, não são pessoas directamente envolvidas, se se limitarem a proceder à distribuição de panfletos, brochuras e elementos de mero cariz publicitário com indicação de contactos de seguradores e mediadores; cf. tb. para a indemnização de clientela do agente de seguros o artigo 55º/1-7). A forma verbal "mandata" no artigo 16º/1 *a*) não permite concluir por uma absorção do tipo em apreço pelo do mandato: alude, é certo, à obrigação do agente de executar diligentemente o contrato segundo as instruções do segurador, segundo o programa contratual delineado, tal como ocorre no mandato (artigo 1161º *a*) do CC), mas não basta para como tal o qualificar.

A actuação em nome e por conta pode ainda ocorrer por referência a "*outros mediadores*" (assim o artigo 9º/1 *a*), da mesma forma que os 29º ep. e pr., 47º/1-3 e 51º/4). A referência a "outros", *in specie* no artigo 9º/1 *a*), serve não para distingui-los das empresas de seguros imediatamente antes mencionadas, mas dos agentes de seguros que estão a ser definidos, ou seja, "outros mediadores" que não os agentes que se definem; isto introduz a questão de saber se essoutros mediadores são apenas corretores, se também o podem ser outros agentes. Sobre o tema vd. a anotação ao artigo 47º/1 (onde se prevê que o agente recorra de forma genérica a "outros mediadores de seguros" – portanto agentes ou corretores – "ou mediadores de seguros a título acessório" para distribuir o "produto" de seguros junto do cliente).

A al. *b*) estabelece dever o agente "possuir" "organização técnica, comercial, administrativa e contabilística própria e estrutura económico-financeira adequadas à dimensão e natureza da sua actividade". A redacção legal, que já não é nova, é muito abrangente. O artigo 9º da NR 17/2006-R em parte delimita-a no seu nº 1 quanto a pessoas singulares, que devem preencher os seguintes requisitos: (*a*) dispor de meios informáticos que permitam a comunicação por via electrónica e o acesso à Internet; (*b*) dispor de arquivo próprio, nomeadamente para efeitos do registo dos contratos de seguro dos quais é mediador, nos termos previstos na al. *h*) do artigo

24º do RJDSR (antes 29º do RJMSR), e dos documentos comprovativos do preenchimento dos requisitos legais pelas pessoas directamente envolvidas na actividade de mediação – agora distribuição – de seguros; (*c*) assegurar a presença, em permanência, no mínimo, de uma pessoa directamente envolvida na actividade de mediação de seguros por cada estabelecimento aberto ao público. Delimita-se também no seu nº 2 quanto a pessoas colectivas: (*a*) assegurar os requisitos supra sob (*a*) e (*b*) para pessoas singulares; (*b*) dispor no mínimo de um estabelecimento aberto ao público (segundo entendimento da ASF disponível em www.asf.com.pt, o conceito de estabelecimento aberto ao público deve ser entendido no sentido do artigo 95º do CCom como "*armazéns ou lojas abertas ao público*", designadamente "*os que estabelecerem os comerciantes matriculados*" e "*os que estabelecerem os comerciantes não matriculados, toda a vez que tais estabelecimentos se conservem abertos ao público por oito dias consecutivos, ou hajam sido anunciados por meio de avisos avulsos ou nos jornais, ou tenham os respectivos letreiros usuais*"; tb. de acordo com a ASF em www.asf.com.pt, em relação à pergunta "*Quanto à exigência de existência de um estabelecimento aberto ao público para o exercício da mediação de seguros, deve esse estabelecimento estar exclusivamente afecto à actividade de mediação de seguros?*", a verificação do requisito em apreço "*não determina a existência de um estabelecimento autónomo*"); (*c*) assegurar a presença, em permanência, no mínimo, de um membro do órgão de administração responsável pela actividade de mediação – agora distribuição – de seguros ou de uma pessoa directamente envolvida na actividade de mediação de seguros, por cada estabelecimento aberto ao público. Escrevemos há pouco que o artigo 9º da NR 17/2006-R delimita a al. *b*) apenas em parte, porque também nele foi feita a ressalva: "sem prejuízo de outras [entenda-se: condições] legalmente exigíveis" (nºs 1 pr. e 2 pr.). A norma da al. *b*) do artigo 16º é assim mais ampla do que a sua regulamentação. Significa isto que o agente deve ele próprio e não o segurador (esse o sentido normativo relevante do adjectivo "próprio" aí usado) cumprir, como deveria sempre ainda que a norma não existisse, as obrigações de natureza técnica, comercial (relembramos a escrituração comercial ainda prevista no CCom, artigos 29º ss.), administrativa, contabilística e de estrutura económico-financeira (sobretudo, pensamos, a nível de legislação societária, o que é confirmado pelo nº 4 do artigo 9º da NR 17/2006-R) que resultem da lei (num sentido amplo). A NR 17/2006-R dá ao adjectivo "adequadas" um sentido estrito como se apenas se referisse à "estrutura económico-financeira" (ou como consta do artigo 9º/3 da NR 17/2006-R à "estrutura económica e financeira" como se de duas estruturas se tratasse): o elemento literal é claramente contrário a este entendimento, uma vez que "adequadas" está no plural feminino, de sorte que se refere também à organização. Não vemos aí, todavia, senão uma alusão também ela genérica a que deve o agente cumprir com as obrigações legais que neste âmbito se lhe imponham. Para efeito do artigo 9º/3 da NR 17/2006-R, a análise da adequação da estrutura económico-financeira do agente de seguros pessoa colectiva (nada é dito quanto à estrutura económico-financeira do agente de seguros pessoa singular, a que parece não se aplicar este requisito) são considerados a situação líquida, a autonomia financeira, o nível de endividamento e a realização do capital social. Presume-se, ainda, existir uma tal estrutura, com a consequente dispensa da análise do nº 3 do artigo 9º da NR 17/2006-R, quando a pessoa colectiva se encontre já registada junto de autoridade de supervisão do sector financeiro (*v. g.* BdP e CMVM) e tal registo esteja sujeito a verificação da capacidade financeira. De notar que segundo entendimento da ASF publicado em www.asf.com.pt, "Não obstante o Decreto-Lei nº 33/2011, de 7 de Março, ter alterado o quadro legal relativo ao capital social mínimo estipulado para a constituição de sociedades por quotas e de sociedades unipessoais por quotas, permitindo que o capital possa ser livremente fixado pelos seus sócios, entende a ASF que, para efeitos de inscrição no registo na categoria de agente de seguros, continua a ser exigível um capital social mínimo de 5 000 euros. Este requisito é essencial para que se possa concluir por uma adequada estrutura económico-financeira para efeitos do exercício da atividade, conforme impõe o Decreto-Lei nº 144/2006, de 31 de julho, e a Norma Regulamentar nº 17/2006-R, de 29 de Dezembro". O entendimento pode, todavia, questionar-se, na medida em que parte do pressuposto de que o capital de uma sociedade (neste caso por quotas) – integralmente realizado – permite necessariamente concluir por uma adequada estrutura económico-financeira. Como se sabe, não tem de ser necessariamente assim. O capital social constitui a cifra representativa da soma dos valores nominais das participações sociais fundadas em entradas em dinheiro ou espécie, que, a servir de financiamento da sociedade – pelo menos num momento inicial, não necessariamente assim nos subsequentes –, desempenha, atentos os capitais mínimos fixados por lei, um papel muito modesto. Por outro lado, como tem vindo a doutrina a assinalar, ainda que não fosse imposto por lei um determinado capital social, não deixariam por isso as sociedades de continuar a ser financiadas por entradas dos sócios. Conforme pode extrair-se da lista, publicada pela ASF em www.asf.com.pt, de agentes de seguros que entre 2015 e 2017 divulgaram prestações de contas, pelo menos 13 correspondem a sociedades anónimas (o ACP, o Banco BIC Português, o Banco Primus, os CTT – Correios de Portugal, o Banco Santander Consumer Portugal, a Mercedes-Benz Financial Services Portugal, o Banco Finantia, o Best – Banco Electrónico de Serviço Total, a April Portugal, a Myseguros, o Banco BNP Paribas Personal Finance, a MDS Auto, e o Banco Invest). De acordo com informação da ASF reportada a 31-Dez.-2018, existem em Portugal registados 11.820 agentes de seguros, dos quais 8.673 pessoas singulares e 3.147 colectivas.

Segundo a al. *c*), deve o agente demonstrar que dispõe ou disporá ("irá dispor" é uma forma perifrástica, mais pobre que o futuro simples, que se tem vulgarizado na linguagem corrente, mas pouco própria da legislativa; por outro lado, destoa de "vai dispor" na al. *d*) do artigo 18º) à data do início da actividade de um seguro de responsabilidade civil profissional que abranja todo o território da UE ou de outra (o "qualquer" parece-nos a mais) garantia equivalente, cujo capital seguro corresponda, no mínimo, a € 1.250.000 por sinistro e € 1.850.000 por anuidade, independentemente do número de sinistros. A contratação de um seguro com as características descritas é, porém, dispensada se a cobertura (a lei não especifica, mas trata-se da da responsabilidade civil profissional do agente pouco antes, nessa al., referida) estiver incluída em seguro "fornecido" pelo segurador em cujo nome e por cuja conta actuará (excepção esta que não beneficia os corretores de seguros). Pelo nº 2 do artigo 16º os montantes acima referidos são periodicamente revistos através de norma técnica de regulamentação adoptada pela CE, cuja divulgação em Portugal cabe à ASF (norma cuja necessidade no articulado do RJDSR com este teor é discutível). As "condições mínimas" deste seguro são definidas, segundo a norma habilitante que consta do nº 3 do artigo 16º, por NR da ASF, à data ainda a NR 18/2007-R, de 31-Dez. (Regulamento nº 18/2008), em vigor pelo artigo 14º da L 7/2019 em tudo quanto não contrarie a L 7/2019 e o RJDSR. Assim, o seu objecto é garantir a responsabilidade civil profissional emergente da actividade do segurado na sua qualidade de mediador de seguros (artigo 2º/1 da NR 18/2007-R, de 31-Dez., como já resultaria do artigo 18º/1 *c*) do RJDSR). O valor do capital referido no artigo 2º/2 da NR 18/2007-R encontra-se hoje desactualizado em face do disposto no artigo 18º/1 *c*): € 1.250.00 por sinistro e € 1.850.000 por anuidade independentemente do número de sinistros. As partes podem limitar a cobertura aos sinistros causados por actos ou omissões ocorridos durante a "vigência da apólice" (mais correctamente, do contrato) desde que reclamados até um ano a contar da data da resolução ou caducidade do contrato de seguro (artigo 2º/3 da NR 18/2007-R). Consagrava-se e antecipava-se assim a nível regulamentar a norma que pouco depois constaria do artigo 139º/1-3 do RJCS, permitindo, sob as condições aí enunciadas, cláusulas *claims made*. O âmbito territorial do seguro em apreço cinge-se, salva convenção contrária (mal compreendemos que, como exige a norma, seja "devidamente expressa nas condições especiais ou particulares da apólice") aos eventos ocorridos no território da UE (artigo 3º da NR 18/2007-R), ainda hoje em consonância com o artigo 18º/1 *c*) ("abranja todo o território da União Europeia"). O artigo 4º da NR 18/2007-R prevê, por seu turno, exclusões várias que podem ser inclusas no seguro em apreço: (*i*) danos resultantes de actividades não relacionadas com o exercício da actividade de mediação de seguros (exclusão redundante por já resultar do objecto da garantia); (*ii*) danos resultantes de actos ou omissões do segurado ou daquele por que seja civilmente responsável, praticados em conluio com o segurado para obtenção para este de um benefício ilegítimo ao abrigo do contrato de seguro; (*iii*) danos causados a accionistas, sócios, administradores, gerentes e outros legais representantes da pessoa colectiva cuja responsabilidade se garanta (naturalmente só aplicável quando agente seja uma pessoa colectiva); (*iv*) danos causados a trabalhadores, mandatários ou pessoas directamente envolvidas na actividade do segurado, quando ao seu serviço (cobertura que caberá em larga medida num seguro de acidentes de trabalho; regra a correlacionar com a da al. (*viii*) infra); (*v*) "danos causados a quaisquer pessoas cuja responsabilidade esteja garantida por este contrato", bem como ao cônjuge, ascendentes e descendentes ou pessoas que com elas coabitem ou a seu cargo vivam; (*vi*) danos resultantes de actos de guerra, guerra civil, invasão, hostilidades, insurreição, poder militar ou civil usurpado ou tentativas de usurpação do poder, distúrbios laborais tais como assaltos, greves, tumultos e *lockouts*; (*vii*) danos resultantes de actos de terrorismo, tal como tipificados na legislação penal portuguesa vigente, ou de sabotagem; (*viii*) danos resultantes de acidente que deva ser garantido por outro seguro obrigatório, designadamente de acidentes de trabalho ou de responsabilidade civil automóvel (regra que disciplina um caso específico de pluralidade de seguros, cujo regime geral consta do artigo 133º do RJCS); (*ix*) danos que estejam ou devessem estar abrangidos pelo seguro-caução ou garantia bancária legalmente exigida ao agente de seguros; (*x*) danos causados por alteração ao meio ambiente, em particular os causados directa ou indirectamente por poluição ou contaminação do solo, das águas ou atmosfera, assim como todos aqueles que forem devidos à acção de fumos, vapores, vibrações, ruídos, cheiros, temperaturas, humidades, corrente eléctrica ou substâncias nocivas; (*xi*) danos causados aos seguradores bem como aos mediadores de seguros em cujo nome e por cuja conta exerça actividade; (*xii*) indemnizações por danos punitivos, exemplares ou de natureza semelhante; (*xiii*) indemnizações emergentes de reclamações resultantes ou baseadas directa ou indirectamente na aplicação de quaisquer "fianças", taxas, multas ou coimas, impostas por autoridades competentes, bem como doutras penalidades de natureza sancionatória ou fiscal (cf. também o artigo 14º/1 *a*) do RJCS); (*xiv*) obtenção de benefício pessoal ou vantagens em consequência de acordos especiais ou promessas que excedam o âmbito da responsabilidade civil legal; (*xv*) reclamações derivadas da actividade de mediador de resseguro. Trata-se aqui, como é hoje assente, de um elenco de exclusões de cobertura, que não de responsabilidade do segurador ou muito menos do mediador em causa. As partes podem ainda estipular uma franquia, que, contudo, não é oponível a terceiros lesados ou, ainda, conforme especifica o artigo 5º da NR 18/2007-R, mas a nosso ver desnecessariamente, aos seus – entenda-se: dos terceiros lesados – herdeiros (norma que está alinhada com a orientação existente já para outros seguros obrigatórios de responsabilidade civil: a título de exemplo, cf. o artigo 16º/2 do SORCA). O artigo 6º da NR 18/2007-R permite a estipulação no contrato de "direito de regresso" do segurador "contra o civilmente responsável", quando os danos resultem de: (*i*) infracção ou inobservância de leis ou regulamentos aplicáveis ao exercício da actividade, bem como doutras disposições legais ou regulamentares; (*ii*) actos ou omissões dolosos do segurado ou de pessoas por que civilmente responda; (*iii*) celebração de contratos em nome da empresa de seguros, em violação das condições contratuais de aceitação definidas pelo segurador e conhecidas pelo segurado (trata-se este de um caso muito amplo de regresso, que, de certo modo, pode na prática inutilizar este seguro). O artigo 7º especifica caducar o seguro, quando se verifique a caducidade, cancelamento, suspensão ou inibição do registo para a actividade da qual emerja a responsabilidade civil garantida pelo seguro.

Pela inscrição no registo como agente de seguros deve ainda ser paga uma taxa à ASF (€ 125 para pessoas singulares e € 250 para colectivas, segundo o nº 6 *a*) e *c*) do anexo VI à NR 17/2006-R). O pagamento da taxa é efectuado no prazo de 10 dias após emissão do DUC com identificação do valor e formas de pagamento, sendo o documento em apreço emitido na sequência do requerimento do acto gerador da taxa (artigo 42º/5; cf. tb. o entendimento da ASF divulgado em www.asf.com.pt, em relação à pergunta "*Nos pedidos de inscrição como mediador ou certificação o pagamento das respectivas taxas é devido na apresentação dos pedidos ou no acto da inscrição, ou seja, após o deferimento dos respectivos pedidos?*": "*Nos termos do artigo 42º, nº 2* [hoje nº 3], *da Norma nº 17/2006-R, com a redacção dada pela Norma nº 17/2008-R, de 23/12, o pagamento das taxas relativas à actividade de mediação de seguros deve ser efectuado no prazo de 10 dias após emissão do documento único de cobrança (DUC) que identifica o valor e as formas de pagamento, documento este emitido na sequência do acto gerador da taxa*"). Por ano é também paga uma taxa em contrapartida, nos dizeres da lei, dos serviços de supervisão contínua prestados, que é de € 50 e € 200 para agente pessoa singular ou colectiva, respectivamente (nº 1 *c*) e *d*) do anexo VI à NR 17/2006-R). Independentemente da categoria, a taxa passa a ser calculada em função do total da remuneração resultante dessa actividade referente ao exercício económico precedente, sendo graduada em função dos seguintes intervalos: *a*) remuneração igual ou superior a € 1.000.000 e inferior a € 3.000.000 = € 1.500; *b*) remuneração igual ou superior a € 3.000.000 e inferior a € 5.000.000 = € 2.500; *c*) remuneração igual ou superior a € 5.000.000 e inferior a € 10.000.000 = € 3.500; *d*) remuneração igual ou superior a € 10.000.000 = € 5.000. O agente está isento do pagamento da taxa no ano em que é inscrito no registo junto da ASF (nº 3). O pagamento da taxa é efectuado nos meses de Maio a Julho do ano a que respeitem, após emissão do documento único de cobrança que identifica o valor e as formas de pagamento (artigo 42º/3 da NR 17/2006-R) e o prazo (cf. o artigo 42º/4 da NR 17/2006-R).

Na falta de pagamento da taxa, são devidos juros moratórios nos termos do artigo 44º da LGT, sendo o crédito objecto de cobrança coerciva a realizar pelo processo de execução fiscal, regulado pelo CPPT (artigo 42º/4).

III. O nº 3 do artigo 16º constitui uma norma habilitante da ASF a que defina o conteúdo mínimo do contrato de agência de seguros, os requisitos mínimos de organização e estrutura da al. *b*) do nº 1 do artigo 16º e as condições mínimas do seguro de responsabilidade civil profissional da al. *c*) do nº 1 do mesmo artigo. Uma tal ou melhor tais normas foram já aprovadas ao abrigo do RJMSR e *interim* mantidas em vigor pelo artigo 14º da L 7/2019: a NR 17/2006-R, de 29-Dez., alterada pelas NR 8/2007-R, de 31-Mai., 13/2007-R, de 26-Jul., 19/2007-R, de 31-Dez., 17/2008-R, de 23-Dez., 15/2009-R, de 30-Dez., 23/2010-R, de 16-Dez., e 7/2011-R, de 8-Dez. Para o seguro a NR 18/2007, de 31-Dez.

IV. Pelo nº 4 fica a eficácia do contrato de agência de seguros condicionada à efectiva inscrição do agente no registo junto da ASF. O sentido com que usou aqui o legislador eficácia não é inteiramente claro, assim como o não é a articulação da norma em apreço com a do artigo 17º/4 (o mesmo se diga da do artigo 20º/4 com a do 21º/5).

ANOTAÇÃO *(José Vasques)*

I. Cfr. art. 17º do *regime jurídico da mediação de seguros e de resseguros.*

II. Cfr. art. 10º da Diretiva (EU) 2016/97.

III. Além das *condições comuns de acesso* (arts. 11º a 15º), estabelecem-se neste artigo *condições específicas de acesso* à categoria de *agente de seguros.*

As condições específicas de acesso dizem respeito à celebração de contrato escrito com cada uma das *empresas de seguros* que vai representar, à necessidade de possuir organização adequada e de demonstrar que dispõe, ou que irá dispor à data do início da atividade, de um seguro de responsabilidade civil profissional que abranja todo o território da União Europeia, ou de qualquer outra garantia equivalente, nos termos do artigo sob anotação (nº 1) e nos que vierem a ser definidos pela ASF através de norma regulamentar (nº 3).

O contrato a celebrar com cada uma das *empresas de seguros* que o *agente de seguros* vai representar deve delimitar os termos do exercício da atividade de distribuição [nº 1, al. *a), in fine*], sendo a sua eficácia condicionada à efetiva inscrição do *agente de seguros* no registo junto da ASF (nº 4); além do referido no parágrafo anterior, o contrato poderá definir (num elenco meramente exemplificativo):

a) se o *mediador de seguros* está ou não autorizado a receber prémios para serem entregues à *empresa de seguros* [art. 31º, nº 1, al. *e*)];

b) se lhe são conferidos poderes para celebrar contratos em nome da *empresa de seguros* [art. 24º, nº 1, al. *a*)];

c) se a sua intervenção se esgota com a celebração do contrato de seguro ou se a sua intervenção envolve a prestação de assistência ao longo do período de vigência do contrato de seguro [art. 31º, nº 1, al. *f)*];

d) se presta ou não aconselhamento [art. 31º, nº 2, al. *b)*];

e) se baseia ou não o aconselhamento prestado numa análise imparcial e pessoal [art. 31º, nº 2, al. c)];

f) se exerce a atividade de distribuição de seguros exclusivamente para uma ou mais *empresas de seguros*. [art. 31º, nº 2, al. *d)*];

g) se pode ou não recorrer a pessoas abrangidas pelas *condições de isenção* [arts. 2º, nº 2, e 24º, nº 1, al. *p)*];

h) as condições de remuneração [art. 23º, al. *c)*]; ou

i) a obrigatoriedade da frequência de ações de formação e de aperfeiçoamento profissional (art. 25º).

Os montantes do seguro de responsabilidade civil profissional são revistos periodicamente através de norma técnica de regulamentação adotada pela Comissão Europeia, e divulgada pela ASF.

Enquanto não for publicada a norma regulamentar prevista no nº 3, mantêm-se em vigor as disposições das normas regulamentares já emitidas pela ASF, em tudo o que não contrarie o presente regime legal (art. 14º da Lei preambular), no caso, a Norma Regulamentar nº 17/2006-R, de 29 de dezembro, publicada como Regulamento nº 16/2007, no *Diário da República*, 2ª série, nº 20, de 29 de janeiro de 2007, com alterações posteriores.

Um quadro comparativo das condições específicas de acesso às categorias de *agente de seguros*, *corretor de seguros* e *mediador de seguros a título acessório* vai incluído na nossa anotação ao artigo 20º

A habilitação específica da ASF para adotar a regulamentação prevista no nº 3 do artigo sob anotação resulta do artigo 13º, alíneas *d)* a *f)*, da Lei preambular.

IV. Disposições relacionadas: art. 13º, als. *d)* a *f)*, da Lei preambular, e arts. 2º, nº 2, 23º, al. *c)*, 24º, nº 1, als. *a)* e *p)*, 25º, 31º, nºs 1, al. *e)*, e 2, al. *d)*.

ARTIGO 17º – Processo de inscrição no registo na categoria de agente de seguros

1 – É da responsabilidade da empresa de seguros que tenha celebrado um contrato nos termos da alínea *a*) do nº 1 do artigo anterior, ou que pretenda celebrá-lo, no caso de pessoa coletiva ainda não constituída, verificar da completa instrução do processo pelo candidato e remetê-lo à ASF para efeitos de inscrição no registo, através do sítio desta autoridade na Internet.

2 – Compete à ASF verificar o preenchimento das condições de acesso pelo candidato a agente de seguros.

3 – A ASF pode solicitar, diretamente ao candidato ou através da empresa de seguros proponente, quaisquer esclarecimentos ou elementos que considere úteis ou necessários para a análise do processo.

4 – Sem prejuízo do disposto no número seguinte, o agente de seguros pode iniciar a sua atividade logo que a ASF o notifique, bem como à empresa de seguros proponente, da respetiva inscrição no registo.

5 – No caso de pessoa coletiva ainda não constituída, a eficácia da inscrição fica suspensa até à data da respetiva constituição e comunicação à ASF.

6 – A notificação referida no nº 4 ou a notificação da decisão de recusa de inscrição no registo deve ser feita no prazo máximo de 60 dias a contar da receção do pedido de registo ou, se for o caso, a contar da receção dos esclarecimentos ou elementos solicitados ao requerente.

7 – Se o processo foi instruído sem que a pessoa coletiva estivesse constituída, a empresa de seguros deve enviar os documentos definitivos à ASF no prazo de seis meses após a data da comunicação da inscrição no registo, sob pena de caducidade do registo.

8 – Cabe à ASF estabelecer, por norma regulamentar, os documentos que devem instruir o processo para efeitos de comprovação das condições de acesso.

ANOTAÇÃO (*Ana Raquel Gonçalves Moniz*)

1. O artigo 17º respeita ao procedimento e aos efeitos relativos ao registo na categoria de agente de seguros.

O acesso à atividade depende do procedimento administrativo tendente ao *registo*. Trata-se de um verdadeiro procedimento que conduz à prática de um *ato administrativo*: a aceitação do registo ou a recusa de inscrição no registo. Note-se que, embora o regime legal não se afigure totalmente inequívoco, o nº 5 do artigo 3º da Diretiva (UE) 2016/97[7] refere-se expressamente a uma *decisão*, sujeita a notificação. O legislador nacional é, todavia, mais claro quando está em causa o ato negativo (indeferimento), aludindo, neste caso, a uma "decisão de recusa de inscrição no registo" (cf. artigo 17º, nº 6).

[7] Diretiva (UE) 2016/97, do Parlamento Europeu e do Conselho de 20 de janeiro de 2016, alterada pela Diretiva (UE) 2018/411, do Parlamento Europeu e do Conselho, de 14 de março de 2018.

2. Como sucede nos termos gerais do procedimento administrativo, encontra-se este organizado em três fases – fase preparatória, fase constitutiva e fase integrativa de eficácia. A disciplina normativa deste procedimento consta do artigo em análise, sem prejuízo da possibilidade de mobilização, para os aspetos não especialmente versados, do regime geral do procedimento administrativo, constante do Código do Procedimento Administrativo (CPA).

(*a*) A fase preparatória envolve, em primeiro lugar, a iniciativa; o ato propulsor do procedimento traduz o momento constitutivo da relação jurídica administrativa procedimental entre os sujeitos do procedimento.

Neste caso, estamos diante de procedimento de iniciativa particular. Tratando-se de um pedido de registo de agente de seguros, embora caiba ao candidato a organização do processo, o procedimento administrativo só se inicia no momento em que a empresa de seguros submete o processo à ASF através da plataforma eletrónica. A circunstância de caber à empresa de seguros (e não ao agente) a iniciativa do procedimental radica na conceção que o legislador tem da atividade exercida por este último: talqualmente decorre do artigo 9º do *Regime*, a atividade do agente é realizada *em nome e por conta de uma ou mais empresas de seguros* [cf. nº 1, alínea *a)*], tornando-se, assim, compreensível que caiba a estas dar início ao procedimento de registo, aproximando-se da disciplina do registo como mediador de seguros a título acessório (cf. artigo 21º) e distanciando-se daqueloutra aplicável ao corretor de seguros (cf. artigo 19º).

O legislador não indica quais os documentos que devem instruir o requerimento, remetendo essa matéria para regulamento da ASF (cf. artigo 17º, nº 8); naturalmente, os diversos elementos a exigir contemplarão documentos comprovativos das condições comuns de acesso e das condições específicas de acesso à categoria de agente de seguros (cf. artigos 11º a 15º, e 16º, respetivamente).

Iniciado o procedimento, tem lugar a instrução, que se reconduz ao momento em que a ASF se inteira do circunstancialismo de facto e de direito imprescindível à adoção da ação administrativa em causa, ou, dizendo de outra forma, em que a ASF aprecia se estão verificados os pressupostos que legitimam a sua atuação. Sem prejuízo da aplicação (subsidiária) das regras do CPA (a que já aludimos), o artigo 17º contém algumas normas concretizadoras sobre esta matéria – as quais, de qualquer modo, sempre decorreriam do regime geral do procedimento administrativo. Assim, e por um lado, o nº 2 clarifica que compete à ASF (*in casu*, ao órgão da ASF responsável pelo procedimento) a verificação do preenchimento das condições de acesso pelo candidato a agente de seguros. Por outro lado, o nº 3 densifica o dever de colaboração entre Administração e particulares durante a instrução do processo.

Embora do artigo 17º não resulte uma referência a qualquer forma de audição dos interessados subsequente à elaboração do projeto de decisão, a necessária subordinação ao princípio da participação da atividade administrativa obriga a que se não possa obliterar estre trâmite. Considerando a natureza da ação em causa, deverá a ASF realizar uma audiência dos interessados, considerando como tais quer a empresa de seguros que apresentou o pedido de registo, quer o candidato a agente. Evidentemente, a realização de uma fase de audição apenas tem interesse se a ASF se encontrar vinculada a apreciar as posições dos interessados. Independentemente de estas poderem dar lugar à realização de novas diligências, será na sequência da auscultação da empresa de seguros e do candidato a agente, bem como das observações eventualmente daí decorrentes, que se elabora o projeto final do ato a sujeitar à fase constitutiva, acolhendo ou não as sugestões, as críticas ou as reivindicações dos particulares.

(*b*) A fase constitutiva traduz o momento da perfeição da atuação administrativa em causa; é agora que se produz o resultado consubstanciado na ação da Administração. À fase constitutiva do procedimento corresponde a *decisão de admissão da inscrição no registo* ou, alternativamente, a *decisão de recusa de inscrição*. Estamos, como principiámos por afirmar, diante de um ato administrativo que, quando positivo, tem a virtualidade de produzir efeitos que extravasam a fronteira do Estado português. Ademais, a admissão da inscrição no registo encontra-se corporizada num título – o certificado de registo – que corresponde a um ato de execução da estatuição autoritária em que aquele ato administrativo se consubstancia (cf. artigo 58º).

(*c*) A fase integrativa de eficácia compreende as atuações dirigidas a desencadear os efeitos jurídicos associados à ação produzida na fase constitutiva.

Como atos administrativos que são, as decisões de admissão ou de recusa de inscrição encontram-se submetidas a notificação aos interessados (agente e empresa de seguros). O registo é notificado por carta registada, por correio eletrónico ou através de plataforma informática com acesso restrito, remetendo-se a definição da forma das notificações para regulamento da ASF (cf. artigo 6º). Além disso, e diversamente do que sucede com o regime geral do ato administrativo, o legislador não fixa um prazo para a decisão, mas antes um prazo dentro do qual os interessados devem ser *notificados* dessa decisão: 60 dias a contar da receção do pedido ou da receção dos (últimos) esclarecimentos ou elementos solicitados ao requerente (cf. artigo 17º, nº 6); está aqui em causa um prazo menor que o vigente, em geral, nos procedimentos, de iniciativa particular, tendentes à prática de atos administrativos (que devem ser decididos no prazo de 90 dias – cf. artigo 128º, nº 1, do CPA).

Note-se que, no caso da decisão de admissão, a notificação parece não constituir apenas condição de oponibilidade de efeitos desfavoráveis do ato (cf. artigo 160º CPA), mas representar um requisito da respetiva eficácia: eis o que decorre do nº 4 do artigo 17º do regime, onde se prevê que o agente (ou o corretor) de seguros pode (só pode?)

iniciar a sua atividade quando a ASF o notifique, bem como à empresa de seguros proponente, da respetiva inscrição no registo.

Assume-se necessariamente como condição de eficácia do ato a constituição da entidade como pessoa coletiva, nos casos em que o procedimento se haja iniciado sem que a pessoa coletiva estivesse constituída: nestas hipóteses, a tramitação envolve um outro elemento integrativo da eficácia, que se consubstancia numa condição suspensiva. O decurso do prazo de seis meses sobre a notificação da decisão de admissão de inscrição sem que a pessoa coletiva se encontre constituída representa uma causa de caducidade do ato[8], determinando, *ex vi legis* e de forma automática, o termo da sua vigência.

3. Estamos diante de um procedimento administrativo que surge acompanhado das tecnologias de informação. A utilização de meios eletrónicos ou, mais amplamente, a informatização da Administração Pública (filha direta do *e-Government* e da *e-Governance*) possui refrações imediatas neste âmbito, na medida em que disponibiliza mecanismos suscetíveis de otimizar a organização administrativa, acelerar a tramitação, permitir a intervenção dos interessados à distância, e melhorar a qualidade das ações da Administração. Naturalmente, a eficiência associada às novas tecnologias só existirá se a utilização destas se encontrar rodeada das cautelas associadas às garantias dos cidadãos, assegurando, designadamente, condições de não discriminação, proteção de dados pessoais, fiabilidade da informação, acesso a todos os meios de tutela [cf. artigos 14º, nºs 2, 3 e 5; 61º, nº 1, alínea *c)*, *in fine*, 63º, nº 1, do CPA].

No caso que analisamos, não só todo o procedimento corre na plataforma informática da ASF, como também o próprio registo corresponde a um cadastro dos mediadores de seguros, resseguros e de seguros a título acessório, criado, mantido e gerido pelo regulador, suscetível de consulta através da Internet. Aliás, a Diretiva impõe expressamente a criação de um balcão único eletrónico que permita o acesso ao registo, de forma a viabilizar, *a posteriori*, a criação e atualização de uma base de dados eletrónica única ao nível da UE, a dinamizar pela agência europeia de regulação do setor (a EIOPA – Autoridade Europeia de Seguros e Pensões Complementares de Reforma).

[8] Para utilizarmos uma formulação de Paulo Otero (*Lições de Introdução ao Estudo do Direito*, vol. I, 2º tomo, polic., Lisboa, 1999, p. 231), a caducidade surge aqui como uma forma de extinção de um ato jurídico, na medida em que "consubstancia um mero efeito da superveniência de um facto que acarreta, sem uma específica manifestação de intencionalidade, o termo de vigência de um ato anterior", com a particularidade de a ocorrência de tal efeito extintivo operar apenas prospetivamente e não depender da prática de um ato jurídico com esse propósito, mas, pelo contrário, constituir um efeito automático da verificação de determinado facto.

ANOTAÇÃO (*Francisco Luís F. Ribeiro Alves*)

Tem por base o artigo 18º do revogado RJMS e é complementado pelo artigo 10º da Norma Regulamentar nº 17/2006 (até ser emitida nova Norma Regulamentar).

Manteve-se a solução que já existia de caber à empresa de seguros proceder ao registo do mediador na ASF. A Diretiva, no seu artigo 3º, dava margem para cada Estado-Membro decidir a solução que pretendia. A alternativa seria permitir que fossem os agentes de seguros a solicitar a sua inscrição, no entanto, o facto de ser a empresa de seguros a proceder ao registo facilita à ASF a verificação do preenchimento dos requisitos.

Embora, nos termos do nº 2 deste artigo, caiba à ASF verificar o preenchimento das condições de acesso pelo candidato a agente de seguros, a empresa de seguros, pela experiência de registar vários agentes de seguros ao longo dos anos, já está familiarizada com o que é necessário para o registo.

Para mais, nos termos do artigo 10º da Norma Regulamentar nº 17/2006, cabe à empresa de seguros requerer à ASF o respetivo registo, através do portal de internet que criou para o efeito, remetendo, pela mesma via, a documentação legalmente exigida.

Conforme determina o nº 3, a ASF, após a receção do pedido de inscrição, pode solicitar os esclarecimentos ou elementos diretamente ao candidato, o que demonstra que a principal intenção da lei é que a primeira verificação de requisitos pela empresa de seguros filtre muitas das situações que poderiam originar a rejeição da candidatura do agente. Posteriormente, a ASF assume o processo.

Decorre do nº 4 que o agente de seguros só pode iniciar a sua atividade quando notificado pela ASF. No caso das pessoas coletivas não constituídas, conforme decorre do nº 5, a aceitação do registo está condicionada à efetiva constituição a sociedade e correspondente comunicação à ASF, o que deve ocorrer no prazo de 6 meses, após o pedido de registo, sob pena de caducidade. O requisito de comunicar à ASF tem efeitos na divulgação pública, sem o qual não pode fazer parte do registo público. Só após esse momento tem, também, a empresa de seguros legitimidade para exercer a atividade utilizando esse agente de seguros.

A ASF, nos termos do nº 6, tem 60 dias para se pronunciar, aceitando ou rejeitando a inscrição. O pedido de esclarecimentos adicionais, interrompe o prazo, em vez de o suspender, pelo que o prazo só se inicia a partir da data da receção desses esclarecimentos ou elementos. Caso esse prazo não seja cumprido o RJDS não fixa os efeitos, pelo que teria que se recorrer às regras do Código do Procedimento Administrativo. Na prática, a não inserção dos dados do mediador no registo inviabiliza o exercício da atividade.

ANOTAÇÃO (*Francisco Rodrigues Rocha*)

I. O actual artigo 17º tem como antecedente o 18º do RJMSR com que largamente coincide.

II. Pelo nº 1 é da "responsabilidade" (aqui num sentido muito amplo) do segurador que haja celebrado ou, no caso de pessoa colectiva ainda não constituída, pretenda celebrar um contrato de agência de seguros *verificar* da completa instrução do processo pelo candidato e *remetê-lo* à ASF para inscrição no registo através do sítio electrónico desta autoridade. Conforme resulta da norma em apreço, conjugada com os nºs 3 e 4 e o artigo 10º da NR 17/2006-R, é o segurador quem requer à ASF a inscrição no registo do agente de seguros. A maior dependência do agente em relação ao segurador impõe assim uma regra similar à que vigora para os mediadores de seguros a título acessório (artigo 21º/1) e distinta da imposta aos corretores de seguros (artigo 19º/1).

Compete à ASF verificar o preenchimento das condições (comuns e específicas) de acesso por parte do candidato a agente de seguros (artigo 17º/2; cf. com igual teor os artigos 19º/2 e 21º/2), podendo solicitar-lhe directamente ou através do segurador proponente os esclarecimentos ou elementos que considere úteis ou necessários à análise do processo (trata-se aqui do exercício de um poder discricionário; cf., além do artigo 17º/3, os 19º/3 e 21º/3). A não prestação ou envio à ASF nos termos e prazos por ela fixados da informação ou documentação genericamente solicitada pela ASF constitui contra-ordenação simples, punível com coima de € 350 a € 30.000 ou de € 1.000 a € 150.000 consoante pessoa singular ou colectiva (artigo 112º *b*)).

III. O agente de seguros apenas pode iniciar actividade depois de a ASF o notificar e ao segurador proponente da sua inscrição no registo (cf. no mesmo sentido o artigo 21º/4 mediadores de seguros a título acessório; com a ligeira diferença de não ser necessária a notificação ao segurador proponente, pelo facto de ele o não ser, cf. ainda o artigo 19º/4). Significa isto *a contrario* que, antes, não pode o agente iniciar actividade de distribuição: escrevê-lo parece óbvio, não fosse a circunstância de a norma na sua redacção parecer, à primeira vista, menos categórica (limitando-se a prescrever que o agente pode iniciar a sua actividade "logo que").

Quando o agente seja pessoa colectiva ainda não constituída, a eficácia da inscrição fica suspensa até à data da respectiva constituição e comunicação (naturalmente, da respectiva constituição) à ASF (artigo 17º/5). Trata-se de uma situação muito comum, quando, acautelando-se contra uma eventual decisão desfavorável, querem os candidatos a agentes evitar contrair em vão todas as despesas normalmente associadas à constituição de uma pessoa colectiva. O agente tem, porém, 6 meses para o fazer e enviar os documentos definitivos e comprovativos à ASF, após a data da comunicação da sua inscrição no registo, sob pena de caducidade (artigo 17º/7; a não constituição e apresentação dos documentos definitivos tem assim natureza resolutiva; deselegante a cacofonia "no registo (...) do registo" que bem podia ter sido entretanto corrigida).

IV. O nº 6 estabelece um prazo para a notificação de inscrição no registo ou de recusa por parte da ASF: 60 dias (úteis: artigo 87º *c*) do CPA) a contar da recepção do pedido de registo ou, se for o caso, a contar da recepção dos esclarecimentos ou elementos solicitados ao requerente (ou, acrescente-se, directamente ao agente). Mal se compreende seja o prazo de decisão idêntico num caso e noutro: quando tiverem sido prestados esclarecimentos ou fornecidos ulteriores elementos, a ASF já terá disposto antes de, pelo menos, 60 dias para conhecer e analisar o processo; aliás, dificilmente os pedirá se o não conhecer bem. Isso significa que está em posição de demorar consideravelmente menos tempo do que demorou ou demoraria de início a analisar todo o processo.

V. O nº 8 estabelece uma norma habilitante de regulamento que preveja os documentos que devam instruir o processo de comprovação das condições de acesso, que continua, à data em que escrevemos, a ser a NR 17/2006-R, em especial os artigos 6º e 7º, respectivamente para pessoas singulares e colectivas. Assim, para o agente de seguros pessoa singular prevê o artigo 6º da NR 17/2006 seja o processo instruído com os seguintes documentos: *a*) formulário de inscrição que inclua as informações constantes do anexo I à NR 17/2006-R (repartido entre informação prévia, informação pessoal, qualificação, idoneidade, incompatibilidades, e organização e estrutura); *b*) cópia do documento de identificação; *c*) documentos comprovativos da respectiva qualificação; *d*) em relação a cada pessoa directamente envolvida na actividade de mediação de seguros, os documentos referidos nas als. *a*) a *c*); *e*) documento comprovativo de que dispõe ou disporá à data do início de actividade de seguro de responsabilidade civil profissional que abranja todo o território da UE, cujo capital seguro corresponda a um mínimo de € 1.120.200 (hoje em face do artigo 16º/1 *c*) do RJDSR € 1.250.000) e € 1.680.300 (hoje em face do artigo 16º/1 *c*) do RJDSR € 1.850.000) por anuidade, independentemente do número de sinistros, ou de que essa cobertura está já inclusa em seguro prestado pelo segurador em cujo nome e conta actuará. Para o agente de seguros pessoa colectiva segundo o artigo 7º da NR 17/2006-R são necessários: *a*) formulário de inscrição que contenha as informações constantes do anexo II à NR 17/2006-R (diviso em capítulos respeitantes a informação prévia, identificação, idoneidade, e organização e estrutura); *b*) certidão do registo comercial; *c*) em relação a cada um dos membros do órgão de administração responsáveis pela actividade de mediação de seguros e pessoas directamente envolvidas na actividade em causa, os documentos supra-referidos nas als. *a*) a *c*) para o agente pessoa singular; *d*) em relação aos restantes membros do órgão de administração, os documentos suso-referidos nas als. *a*) a *b*) para o agente pessoa singular; *e*) documentos de prestação de contas anuais referentes ao último exercício; *f*) documento comprovativo de que dispõe ou disporá à data do início de actividade de seguro de responsabilidade civil profissional que abranja todo o território da UE, cujo capital corresponda no mínimo a € 1.120.200 (a actualizar em harmonia com o artigo 16º/1 *c*) do RJDSR para € 1.250.000) por sinistro e € 1.680.300 (a actualizar em harmonia com o artigo 16º/1 *c*) do RJDSR para € 1.850.000; cf. tb. a parte final do artigo 14º da L 7/2019) por anuidade, independentemente do número de sinistros ou de que essa cobertura está já incluída em seguro prestado pelo segurador em cujo nome e por cuja conta actuará. Caso a pessoa colectiva não se encontre constituída à data da instrução do processo para inscrição no registo, os documentos referidos nas als. *c* e *d*) reportar-se-ão aos futuros membros do órgão da administração e às pessoas que estarão directamente envolvidas na actividade de distribuição de seguros.

ANOTAÇÃO (*José Vasques*)

I. Cfr. art. 18º do *regime jurídico da mediação de seguros e de resseguros.*

II. Cfr. art. 3º da Diretiva (EU) 2016/97.

III. O processo de inscrição no registo na categoria de *agente de seguros* é substancialmente igual ao previsto no *regime jurídico da mediação de seguros e de resseguros*, competindo à *empresa de seguros* com quem aquele tenha celebrado um contrato para a representar, verificar a completa instrução do processo e remetê-lo à ASF através do sítio desta na *internet* (nº 1), após o que a mesma verificará o preenchimento das condições de acesso requeridas (nº 2) e, quando seja o caso, solicitará ao candidato ou à *empresa de seguros* os esclarecimentos e elementos que entenda necessários (nº 3).

O *agente de seguros* apenas pode iniciar a sua atividade após ser notificado pela ASF, que notificará igualmente a *empresa de seguros* proponente, da respetiva inscrição no registo (nº 4), salvo quando se trate de pessoa coletiva ainda não constituída, caso em que a eficácia da inscrição se suspende até à data da respetiva constituição e comunicação à ASF (nº 5), o que deverá ocorrer no prazo de seis meses após a data da comunicação da inscrição no registo, sob pena de caducidade do registo (nº 7); a ASF dispõe de um prazo máximo de 60 dias, contados da receção do pedido de registo ou, quando seja o caso, dos esclarecimentos os elementos solicitados, para proceder à notificação da inscrição ou da decisão de recusa de inscrição no registo (nº 6).

Sobre as regras aplicáveis à contagem dos prazos estabelecidos nos nºs 6 e 7 v. a nossa anotação ao artigo 7º da Lei preambular; sobre a forma das notificações v. a nossa anotação ao artigo 6º

A habilitação específica da ASF para adotar a regulamentação prevista no nº 8 do artigo sob anotação resulta do artigo 13º, alínea *j)*, da Lei preambular.

IV. Disposições relacionadas: arts. 7º e 13º, al. *j)*, da Lei preambular, e arts. 6º, 16º, nº 1, al. *a)*.

ARTIGO 18º – Condições específicas de acesso à categoria de corretor de seguros

1 – Para além do disposto na secção II, para efeitos de inscrição no registo como corretor de seguros, a pessoa singular ou coletiva deve, adicionalmente:

a) No caso de pessoa singular, não exercer qualquer profissão que possa diminuir a independência no exercício da atividade de distribuição e, no caso de pessoa coletiva, ter como objeto social exclusivo atividades incluídas no setor financeiro;

b) Possuir organização técnica, comercial, administrativa e contabilística própria e estrutura económico-financeira adequadas ao exercício da atividade;

c) Demonstrar que dispõe, ou que irá dispor à data do início da atividade, de um seguro de responsabilidade civil profissional que abranja todo o território da União Europeia, ou de qualquer outra garantia equivalente, cujo capital seguro deve corresponder no mínimo a 1 250 000 € por sinistro e 1 850 000 € por anuidade, independentemente do número de sinistros;

d) Demonstrar que dispõe, ou que vai dispor à data do início da atividade, de garantia bancária ou de seguro-caução destinado a:

i) Cobrir o pagamento de créditos dos tomadores de seguros, segurados ou beneficiários face ao corretor e que respeitem aos fundos que lhe foram confiados com vista a serem transferidos para essas pessoas;

ii) Cobrir o pagamento de créditos dos clientes face ao corretor, resultantes de fundos que este recebeu com vista a serem transferidos para as empresas de seguros para pagamento de prémios que não se incluam no âmbito do nº 3 do artigo 51º

2 – A garantia bancária ou o seguro-caução previstos na alínea *d*) do número anterior devem garantir o valor mínimo de 18 750 € ou, nos anos subsequentes ao do início de atividade, se superior, o valor correspondente a uma percentagem incidente sobre uma parcela dos fundos movimentados pelo corretor de seguros.

3 – A ASF define, por norma regulamentar, os requisitos mínimos a cumprir no âmbito da alínea *b*) do nº 1, as condições mínimas do seguro de responsabilidade civil profissional referido na alínea *c*) do nº 1, os termos e os procedimentos

necessários ao acionamento da garantia bancária ou do seguro de caução referidos na alínea *d*) do nº 1 e no número anterior, bem como a percentagem e a parcela dos fundos movimentados pelo corretor de seguros a considerar para esse efeito.

4 – Os montantes referidos na alínea *c*) do nº 1 e no nº 2 são revistos periodicamente através de norma técnica de regulamentação adotada pela Comissão Europeia, cabendo à ASF proceder à sua divulgação.

5 – No caso de pessoa coletiva, a inscrição no registo como corretor de seguros está ainda dependente do preenchimento das seguintes condições:

a) Um montante de capital social não inferior a 50 000 € inteiramente realizado na data do ato de constituição;

b) A estrutura societária não constituir um risco para a independência e imparcialidade do corretor face às empresas de seguros;

c) Aptidão dos detentores de uma participação qualificada para garantir a gestão sã e prudente da sociedade.

6 – Na apreciação da aptidão dos detentores de uma participação qualificada para garantir a gestão sã e prudente da sociedade, referida na alínea *c*) do número anterior, são tidas em consideração, designadamente, as seguintes circunstâncias:

a) Idoneidade do detentor de participação qualificada e, quando aplicável, dos membros dos seus órgãos de administração, tendo especialmente em consideração o disposto no artigo 14º;

b) Solidez financeira do detentor de participação qualificada, designadamente em função do tipo de atividade exercida ou a exercer no corretor de seguros;

c) Caso o detentor da participação qualificada integre um grupo, a existência de uma estrutura que permita o exercício de uma supervisão efetiva, a troca eficaz de informações entre as autoridades competentes e a determinação da repartição de responsabilidades entre as mesmas;

d) Existência de razões suficientes para suspeitar que teve lugar, está em curso ou foi tentada uma operação suscetível de configurar a prática de atos de branqueamento de capitais ou de financiamento do terrorismo, relacionada com a participação qualificada detida ou que essa participação qualificada pode aumentar o respetivo risco de ocorrência.

ANOTAÇÃO (*Francisco Rodrigues Rocha*)

I. O presente preceito tem como antecedente o artigo 19º do RJMSR, com que parcialmente coincide.

II. Sobre o carácter "específico" das condições do artigo 18º por oposição às "comuns" valem as considerações já tecidas no ponto II à anotação ao artigo 16º supra. As condições específicas de registo e acesso à categoria de corretor são mais exigentes do que à de agente ou mediador de seguros a título acessório.

É requerido como primeiro requisito ou condição específica que, caso se trate de pessoa singular, não exerça profissão que diminua a independência no exercício da actividade distribuição e, no caso de pessoa colectiva, que tenha exclusivamente como objecto social actividades incluídas no sector financeiro. A independência do corretor, de tal modo importante que chega a falar-se de "princípio", é um elemento típico essencial da corretagem. Segundo o artigo 9º, *b*), o *corretor* é aquele que exerce a actividade de distribuição de seguros de forma independente face às empresas de seguros (a definição em apreço mantém-se a do artigo 8º, *c*), do RJMSR, com supressão, feliz cremos, do anterior segmento final "baseando a sua actividade numa análise imparcial de um número suficiente de contratos de seguro disponíveis no mercado que lhe permita aconselhar o cliente tendo em conta as suas necessidades específicas"; cf. também, além do artigo 8º *c*) do RJMSR, o 36º/1 do DL 388/91, de 10-Out.: "Corretor de seguros é o mediador que estabelece a ligação entre os tomadores de seguros e as seguradoras, que escolhe livremente, prepara a celebração dos contratos, presta assistência a esses mesmos contratos e pode exercer funções de consultadoria em matéria de seguros junto dos tomadores, bem como realizar estudos ou emitir pareceres técnicos sobre seguros"; cf. tb. consímile o artigo 29º do Proyecto de Ley nº 121/000022; cf. o § 59 (3) do VVG). O corretor, contrariamente aos agentes e mediadores de seguros a título acessório, não dispõe supletivamente, *ex lege*, de poderes representativos. Como consequência da sua independência face ao segurador, é obrigação específica do corretor de seguros basear a actividade de distribuição de produtos de seguros na análise de um número suficientemente elevado e diversificado de contrato, quanto ao distribuidor e o tipo de contratos de seguros disponíveis no mercado (artigo 35º *c*)) e, quando indicar prestar aconselhamento ao cliente, fazê-lo com base numa análise imparcial e pessoal (artigos 31º/5 e 35º *d*) que para o primeiro remete; o incumprimento deste deve constitui contra-ordenação grave, punível pelo artigo 113º *cc*) com coima de € 1.000 a € 500.000 para pessoas singulares e € 3.000 a € 2.500.000 para colectivas; cf. o entendimento da ASF de 19-Mai.-2008 publicado em www.asf.com.pt "*Imparcialidade no âmbito da actividade de mediação de seguros*" segundo o qual a declaração de imparcialidade não é incompatível com o dever de exclusividade de comercialização de contratos de um só segurador).

A lei não exige, contrariamente ao que ocorre com agentes e mediadores a título acessório (artigos 16º/1 *a*) e 20º/1 *a*)), a redução a escrito do contrato de corretagem de seguros.

Como segundo requisito deve o corretor de seguros possuir organização técnica, comercial, administrativa e contabilística própria e estrutura económico-financeira adequadas ao exercício da actividade (cf. tb. os artigos 16º/1 *b*) e 20º/1 *b*)). De acordo com o artigo 13º da NR 17/2006-R é exigido ao corretor que, "sem prejuízo de outras legalmente exigíveis", preencha para o efeito as seguintes condições: *a*) possuir contabilidade organizada e uma estrutura que lhe permita dispor, nos prazos legais, de todos os documentos contabilísticos e de prestação de contas, necessários ao exercício dos poderes de supervisão da ASF (é entendimento da ASF, publicado em www.asf.com.pt, que "a impossibilidade de dispor, nos prazos legais, de documentos necessários ao exercício dos poderes de supervisão pelo Instituto de Seguros de Portugal [agora ASF] implica que o mediador de seguros não possui uma estrutura económico financeira adequada ao exercício da actividade da mediação de seguros, na categoria de corretor de seguros"); *b*) dispor de meios informáticos que permitam a comunicação por via electrónica e o acesso à Internet; *c*) dispor de arquivo próprio, nomeadamente para registo dos contratos de seguro de que é mediador e dos documentos comprovativos do preenchimento dos requisitos legais pelas pessoas directamente envolvidas na actividade de mediação de seguros; *d*) dispor, no mínimo, de um estabelecimento aberto ao público (segundo entendimento da ASF disponível em www.asf.com.pt, o conceito de estabelecimento aberto ao público deve ser entendido no sentido do artigo 95º do CCom como "armazéns ou lojas abertas ao público", designadamente "os que estabelecerem os comerciantes matriculados" e "os que estabelecerem os comerciantes não matriculados, toda a vez que tais estabelecimentos se conservem abertos ao público por oito dias consecutivos, ou hajam sido anunciados por meio de avisos avulsos ou nos jornais, ou tenham os respectivos letreiros usuais"; tb. de acordo com a ASF em www.asf.com.pt, em relação à pergunta "*Quanto à exigência de existência de um estabelecimento aberto ao público para o exercício da mediação de seguros, deve esse estabelecimento estar exclusivamente afecto à actividade de mediação de seguros?*", a verificação do requisito em apreço "não determina a existência de um estabelecimento autónomo"); *e*) manter ao seu serviço um analista de risco, caso exerça actividade no ramo «Não vida»; *f*) dispor de um sítio na Internet donde constem as informações que é obrigado a prestar, bem como os seus documentos de prestação de contas; *g*) sendo pessoa singular, dispor, no mínimo, de duas pessoas directamente envolvidas na actividade de mediação de seguros por cada estabelecimento aberto ao público, uma das quais em permanência no estabelecimento, excepto quando exerça actividade através de um único estabelecimento, caso em que a exigência se reduz à manutenção, em permanência no estabelecimento, de uma pessoa directamente envolvida na actividade de mediação de seguros; *h*) sendo pessoa colectiva, dispor, no mínimo, de dois membros do órgão de administração responsáveis pela actividade de mediação de seguros ou pessoas directamente envolvidas na actividade de mediação de seguros, por cada estabelecimento aberto ao público, um dos quais em permanência no estabelecimento. Na análise da adequação da "estrutura económica e financeira" do corretor pessoa colectiva, tem-se em conta a situação líquida, a autonomia financeira, o nível de endividamento e a realização do capital social (artigo 13º/2 da NR 17/2006-R, igual ao 9º/3 para os agentes), presumindo-se existir quando se encontre já registada junto de autoridade de supervisão do sector financeiro e este registo estiver sujeito a verificação da capacidade financeira (artigo 13º/3, igual ao 9º/4 para os agentes). Os requisitos que neste tocante deve o corretor preencher são mais exigentes e complexos do que os previstos para o agente, tanto que se aplicam também aos mediadores de resseguros (artigos 22º do RJDSR e 15º da NR 17/2006-R). Vd. ainda a respeito da al. *b*) do artigo 18º as considerações já expendidas no § II da anotação ao artigo 16º.

O terceiro requisito é a demonstração de que dispõe ou disporá à data do início da actividade de um seguro de responsabilidade civil profissional que abranja todo o território da UE ou outra garantia equivalente, cujo capital corresponda no mínimo a € 1.250.000 por sinistro e € 1.850.000 por anuidade (montantes periodicamente revistos pela CE e divulgados pela ASF: artigo 18º/4), independentemente do número de sinistros (a exigência e o tipo de seguro são iguais aos do agente, com excepção da dispensa, de que não beneficia o corretor, caso a cobertura esteja incluída em seguro prestado pelo segurador em cujo nome e por cuja conta actuará: cf. o artigo 16º/1 *c*) *in fine*). A NR 18/2007-R, de 31-Dez., estabelece as condições mínimas do seguro em apreço, sobre as quais vd. supra, *mutatis mutandis*, § II da anotação ao artigo 16º.

O quarto requisito consiste na demonstração de que o corretor dispõe ou disporá à data do início da actividade de garantia bancária ou de seguro-caução destinado a: *i*) cobrir o pagamento de créditos dos tomadores de seguros, segurados ou beneficiários face ao corretor e que respeitem aos fundos que lhe foram confiados para serem transferidos a estes sujeitos; *ii*) cobrir o pagamento de créditos dos clientes face ao corretor, resultantes de fundos que este recebeu com vista a serem transferidos para os seguradores para pagamento de prémios que não se incluam no nº 3 do artigo 51º (artigo 18º *d*)). Os artigos 13º-A a C da NR 17/2006-R regulam o valor mínimo, condições mínimas e insuficiência do valor da garantia (cf. a norma habilitante do artigo 18º/3). Assim, quanto ao primeiro aspecto (artigo 13º-A/1-2), estabelece-se que o valor mínimo da garantia corresponde: *a*) no ano de início de actividade, a € 16.803 (o valor foi entretanto pelo artigo 18º/2 do RJDSR actualizado para € 18.750); *b*) nos subsequentes, a € 16.803 (actualizado pelo artigo 18º/2 do RJDSR para € 18.750) ou, se superior, ao valor correspondente a 4 % sobre a totalidade dos fundos confiados ao corretor de seguros pelos tomadores de seguros para serem entregues aos seguradores, e por estes para serem entregues aos tomadores, segurados ou beneficiário, durante o exercício económico precedente ao de subscrição ou de renovação da garantia bancária ou seguro-caução (destes fundos excluem-se aqueles em relação aos quais foram ao corretor outorgados pelo segurador poderes para os receber em seu nome). Quanto às condições mínimas da garantia, estabelece o artigo 13º-B/1 poder ser a cobertura limitada aos créditos constituídos durante o período de vigência da garantia, desde que possa ser esta accionada até um ano após o respectivo termo de vigência. Trata-se aqui de uma manifestação da regras mais amplamente (e mais tarde, em 2008) dispostas no artigo 140º/1-3 do RJCS para os seguros de responsabilidade civil, em particular o nº 3 pelo qual, sendo acordada uma cláusula de delimitação temporal da cobertura atendendo à data da reclamação (cláusula *claims made*) e não estando o risco cobertura por seguro posterior, o seguro de responsabilidade civil garante o pagamento de indemnizações resultantes de eventos danosos desconhecidos das partes e ocorridos durante o período de vigência do contrato, ainda que a reclamação seja apresentada no ano seguinte ao termo do contrato. De acordo com o nº 2 do artigo 13º-B, a garantia pode prever que a realização da prestação do segurador dependa de demonstração da existência do crédito, designadamente mediante: *a*) acordo obtido em processo de mediação de conflitos, desde que devidamente homologado, em transacção judicial ou em decisão arbitral ou judicial, transitada em julgado, que reconheça a "existência do crédito do corretor de seguros ou do mediador de resseguros perante o beneficiário da garantia"; *b*) em decisão judicial proferida no âmbito de processo de insolvência ou em acordo, devidamente homologado, obtido em procedimento extrajudicial de conciliação, que envolva o corretor de seguros ou o mediador de resseguros, desde que o crédito seja reconhecido. Caso a garantia faça depender a prestação do segurador de demonstração da existência do crédito, deve prever como suficiente para accionamento da garantia a interpelação do beneficiário, na qual este manifeste a intenção de promover as diligências necessárias e idóneas à obtenção de justificação documental da existência do crédito, acompanhada da "prova da efectivação interposição" (cujo objecto a norma não especifica), no prazo de seis meses após interpelação. O artigo 13º-C regula a insuficiência do valor da garantia nos seguintes termos: no caso de ser a mesma accionada por vários beneficiários e o montante dos créditos exceder o valor garantido, a responsabilidade do garante perante cada um deles reduzir-se-á proporcionalmente em relação ao montante dos respectivos créditos, até à concorrência do valor garantido. Trata-se também aqui de uma manifestação da chamada regra do rateio prevista para os seguros de responsabilidade civil no artigo 142º/1-2 do RJCS. Aplicável é o nº 2 do artigo 142º do RJCS, não previsto na NR 17/2006-R.

III. Caso se trate de pessoa colectiva, a inscrição no registo como corretor de seguros está ainda dependente de ulteriores condições específicas previstas no nº 6 do artigo sob anotação: *a*) um montante de capital social não inferior a € 50.000 inteiramente realizado na data do acto de constituição (não tendo, todavia, necessariamente de se constituir como sociedade anónima, podendo bem ser para o efeito constituída, nos termos gerais, uma sociedade por quotas com capital igual ou superior a € 50.000; de resto na lista de corretores de seguros cujas prestações de contas anuais são divulgadas no sítio electrónico da ASF 37 têm a forma de sociedade por quotas, contra 32 que o têm de sociedades anónimas e 1 pessoa singular); *b*) a estrutura societária não constituir um risco para a independência e imparcialidade do corretor face aos seguradores (a respeito deste requisito é entendimento da ASF, publicado em www.asf.com.pt, que "para efeitos do cumprimento dos requisitos de independência e imparcialidade do corretor de seguros face às empresas de seguros, nos casos em que o corretor de seguros passa a estar integrado num grupo segurador, os administradores do corretor de seguros não devem acumular funções de administração na empresa-mãe do grupo, não podendo as remunerações recebidas pelo corretor, do conjunto das empresas de seguros do respectivo grupo assumir um papel mais que residual no total das remunerações auferidas pela sua carteira de mediação de seguros"); *c*) aptidão dos detentores de uma participação qualificada a garantir a gestão sã e prudente da sociedade.

Na apreciação da aptidão dos detentores de uma participação qualificada, são tidas em consideração, nomeadamente (o elenco é exemplificativo): *a*) a sua idoneidade e, quando aplicável, a dos membros dos seus órgãos de administração, tendo em consideração do disposto no artigo 14º; *b*) a sua solidez financeira, designadamente em função do tipo de actividade exercida ou a exercer "no" corretor de seguros; *c*) caso integre um grupo, a existência de uma estrutura que permita o exercício de uma supervisão efectiva, a troca eficaz de informações entre as autoridades competentes e a determinação da repartição de responsabilidades entre as mesmas; *d*) a existência de razões suficientes para suspeitar que ocorreu, ocorre ou é tentada uma operação susceptível de configurar a prática de actos de branqueamento de capitais ou de financiamento do terrorismo, relacionada com a participação qualificada detida ou que essa participação qualificada pode aumentar o respectivo risco de ocorrência. Por participação qualificada entenda-se a "detenção" directa ou indirecta de pelo menos 10 % do capital ou dos direitos de voto duma empresa, ou qualquer outra possibilidade de exercer uma influência significativa na gestão da mesma (artigos 6º/1 *f*) do RJAS e 4º *n*) do RJDSR; para o cálculo dos direitos de voto vd. os artigos 166º e 167º do RJAS).

A respeito das participações qualificadas é ainda necessário ter em consideração o disposto no artigo 63º (anterior 53º do RJMSR) segundo o qual às alterações verificadas quanto a participações qualificadas detidas em corretor de seguros ou resseguros é aplicável, com as devidas adaptações, o regime constante dos artigos 162º, 163º, 165º,

170º, 171º e 172º do RJAS constante do anexo I da L 147/2015, de 9-Set (artigo 63º/1). A ASF pode determinar a inibição do exercício dos direitos de voto em corretor de seguros ou mediador de resseguros nos termos dos artigos 168º e 169º do RJAS (artigo 63º/2). O artigo 38º da NR 17/2006-R define os elementos e informações a comunicar para controlo das participações qualificadas (cf. tb. hoje o artigo 63º/3).

IV. Pela inscrição no registo como corretor de seguros deve ainda ser paga uma taxa à ASF (€ 500, segundo o nº 5 *f*) do anexo VI à NR 17/2006-R). O pagamento da taxa é efectuado no prazo de 10 dias após emissão do DUC com identificação do valor e formas de pagamento, sendo o documento em apreço emitido na sequência do requerimento do acto gerador da taxa (artigo 42º/5; cf. tb. o entendimento da ASF divulgado em www.asf.com.pt, em relação à pergunta "*Nos pedidos de inscrição como mediador ou certificação o pagamento das respectivas taxas é devido na apresentação dos pedidos ou no acto da inscrição, ou seja, após o deferimento dos respectivos pedidos?*"). Por ano é também paga uma taxa em contrapartida, nos dizeres da lei, dos serviços de supervisão contínua prestados, que é de € 200 e € 400 para corretor pessoa singular ou colectiva, respectivamente (nº 1 *e*) e *f*) do anexo VI à NR 17/2006-R). Independentemente da categoria, a taxa passa a ser calculada em função do total da remuneração resultante dessa actividade referente ao exercício económico precedente, sendo graduada em função dos seguintes intervalos: *a*) remuneração igual ou superior a € 1.000.000 e inferior a € 3.000.000 = € 1.500; *b*) remuneração igual ou superior a € 3.000.000 e inferior a € 5.000.000 = € 2.500; *c*) remuneração igual ou superior a € 5.000.000 e inferior a € 10.000.000 = € 3.500; *d*) remuneração igual ou superior a € 10.000.000 = € 5.000. O corretor está isento do pagamento da taxa no ano em que é inscrito no registo junto da ASF (nº 3). O pagamento da taxa é efectuado nos meses de Maio a Julho do ano a que respeitem, após emissão do documento único de cobrança que identifica o valor e as formas de pagamento (artigo 42º/3 da NR 17/2006-R) e o prazo (cf. o artigo 42º/4 da NR 17/2006-R). Na falta de pagamento da taxa, são devidos juros moratórios nos termos do artigo 44º da LGT, sendo o crédito objecto de cobrança coerciva a realizar pelo processo de execução fiscal, regulado pelo CPPT (artigo 42º/4).

V. Contrariamente ao que ocorre com agentes e mediadores a título acessório (artigos 16º/4 e 20º/4), não existe para a corretagem de seguros uma norma que condicione a eficácia do contrato à efectiva inscrição no registo junto da ASF.

ANOTAÇÃO (*José Alves de Brito*)

I. *Considerandos da DDS*: *vide* considerando (18).

II. *Origem da disposição*: Corresponde, com modificações, ao artigo 19º da LMS. *Vide* os artigos 10º, nº 4 e 6, al. *b*) da DDS e, nos trabalhos preparatórios do novo regime, o artigo 19º do anexo I do Projeto ASF (Versão Preliminar) e o artigo 18º do anexo a que se refere o nº 2 do artigo 1º da Proposta de Lei nº 138/XIII/3ª (Gov.).

III. *Novo regime*: não existem, no essencial, alterações de vulto no que concerne às condições específicas de acesso à categoria de corretor de seguros. A independência dos corretores face às empresas de seguros determina, entre outros fatores, uma panóplia de condições específicas acrescida face aos agentes de seguros (cfr. artigo 16º da LDSR). É necessário atentar nas condições específicas exigíveis às pessoas singulares (nº 1) mas, no que respeita às pessoas coletivas, devem ainda ser observadas as condições adicionais postas pelo nº 5. O (novo) nº 6, relativo à aferição da aptidão dos detentores de uma participação qualificada para garantir uma gestão sã e prudente não coincide em termos exatos com o disposto no pretérito nº 5 do artigo 19º da LMS.

O valor mínimo do capital seguro foi atualizado (de 1 000 000 € por sinistro e 1 500 000 € por anuidade para 1 250 000 € por sinistro e 1 850 000 € por anuidade) e o seguro de responsabilidade civil profissional pode ser substituído outra garantia equivalente. O seguro de responsabilidade civil aqui previsto compreende-se na lista de seguros obrigatórios apresentados pela ASF e disponível *online*, com consequências notórias para efeitos da LCS (artigo 146º e ss.).

Quanto ao seguro-caução (ou a garantia bancária) disposta na al. *d*) do nº 1 cumpre destacar a sua diversidade de objeto face ao seguro previsto na al. *c*) do nº 1. O seguro-caução tem que ver com os créditos do tomador ou das empresas de seguros, portanto, quanto ao tomador, quanto a obrigações pecuniárias relativas a montantes de indemnização ou do estorno do prémio devidos pela empresa de seguros, e, no que concerne às empresas de seguros, dos valores dos prémios devidos pelo tomador cuja falta de cumprimento ou de mora pode ser assegurado por garantia pessoal (cfr. artigo 162º da LCS); o seguro de responsabilidade civil tem que ver com a responsabilidade, sobretudo obrigacional e pré-contratual do corretor, que o corretor pode incorrer face ao cliente. Assim, *ictu oculi*, o(s) segurado(s) na subalínea *i*) da al. *d*) do artigo 18º são as pessoas identificadas nesta regra; o(s) segurado(s) na subalínea *ii*) da al. *d*) do artigo 18º são as empresas de seguros. A regra contida no artigo 18º, nº 1, al. *d*) subalínea *ii*) carece ainda de ser cotejada com o artigo 51º, nº 3 da LDSR: o seguro-caução aparenta aplicar-se preferencialmente aos casos em que o corretor não entregou simultaneamente ao tomador o recibo de prémio emitido pela empresa de seguros. Confrontando o artigo ora em anotação com a DDS, constata-se que o seguro-caução concretiza o exigido pela al. *b*) do nº 6 do artigo 10º da DDS (*vide* artigo 18º, nºs 2 e 3 da LDSR) mas a opção do legislador nacional, tal como permitido pela diretiva, traduziu-se, ainda na instituição de contas «clientes», cuja disciplina surge traçada no artigo 51º, nº 5 a 7 da LDSR (a letra do artigo 51º, nº 5 sugere que as contas «clientes» integram as quantias referentes a prémios recebidos para serem entregues às empresas de seguros e, sobretudo, os montantes recebidos para serem transferidos para tomadores de seguros, segurados ou beneficiários – os designados "fundos dos clientes" – mas o regime dessas contas não é idêntico: em caso de insolvência do mediador, as quantias depositadas nas contas abertas em nome dos tomadores de seguros, segurados ou beneficiários são afetas prioritariamente ao pagamento dos créditos destes; as contas abertas em nome das empresas de seguros não beneficiam de um tratamento semelhante. Neste sentido, ao que supomos, veja-se o disposto na al. *c)* do nº 6 do artigo 10º da DDS. Cfr. ainda, com interesse, os artigos 24º a 27º da Norma Regulamentar nº 17/2006-R, de 29 de dezembro, publicada como Regulamento nº 16/2007.

ANOTAÇÃO *(José Vasques)*

I. Cfr. art. 19º do *regime jurídico da mediação de seguros e de resseguros.*

II. Cfr. art. 10º da Diretiva (UE) 2016/97.

III. Além das *condições comuns de acesso* (arts. 11º a 15º), estabelecem-se neste artigo *condições específicas de acesso* à categoria de *corretor de seguros.*

Sobre os requisitos genéricos e específicos da *qualificação adequada* dos *corretores de seguros* v. artigo 13º, nº 2.

Atendendo às caraterísticas do *corretor de seguros,* que exerce a sua atividade de forma independente face às *empresas de seguros* e, quando indiquem ao cliente que prestam aconselhamento, fazê-lo com base numa análise imparcial e pessoal [arts. 9º, nº 1, al. *b)*, e 35º, als. *c)* e *d)*], a inscrição no registo é condicionada, no caso de pessoa singular, a que esta não exerça qualquer profissão que possa diminuir a independência no exercício da atividade de distribuição e, no caso de pessoa coletiva, que tenha como objeto social exclusivo atividades incluídas no setor financeiro (v., também art. 12º, nº 2).

São ainda condições específicas do acesso à categoria de *corretor de seguros*:

a) demonstrar que dispõe, ou que irá dispor à data do início da atividade, de um seguro de responsabilidade civil profissional que abranja todo o território da União Europeia, ou de qualquer outra garantia equivalente, cujo capital seguro deve corresponder no mínimo a 1 250 000 € por sinistro e 1 850 000 € por anuidade, independentemente do número de sinistros [nº 1, al. *c)*];

b) a demonstrar de que dispõe, ou que vai dispor à data do início da atividade, de garantia bancária ou de seguro-caução destinado a cobrir o pagamento de créditos dos tomadores de seguros, segurados ou beneficiários face ao *corretor* e que respeitem aos fundos que lhe foram confiados com vista a serem transferidos para essas pessoas, bem como o pagamento de créditos dos clientes face ao corretor, resultantes de fundos que este recebeu com vista a serem transferidos para as empresas de seguros para pagamento de prémios que não se incluam no âmbito do nº 3 do artigo 51º, devendo a garantia bancária ou o seguro-caução garantir o valor mínimo de 18 750 € ou, nos anos subsequentes ao do início de atividade, se superior, o valor correspondente a uma percentagem incidente sobre uma parcela dos fundos movimentados pelo *corretor de seguros* [nºs 1, al. *c)*, e 2];

c) no caso de pessoa coletiva, dispor de um montante de capital social não inferior a 50.000 € inteiramente realizado na data do ato de constituição, ter uma estrutura societária que não constitua um risco para a independência e imparcialidade do corretor face às *empresas de seguros*, além da aptidão dos detentores de uma participação qualificada para garantir a gestão sã e prudente da sociedade (nº 5).

Os montantes do seguro de responsabilidade civil profissional e da garantia bancária ou do seguro-caução são revistos periodicamente e divulgados pela ASF, tendo em conta as normas técnicas de regulamentação adotadas pela Comissão Europeia [nºs 1, al. *c)*, 2 e 4, e art. 10º, nº 7, 3º §, da Diretiva (UE) 2016/97].

As circunstâncias a atender para determinar a aptidão dos detentores de uma participação qualificada para garantir a gestão são e prudente da sociedade (nº 6) são substancialmente idênticas às previstas para o previsto para a detenção de participações qualificadas em empresas de seguros ou de resseguros pelo *regime jurídico do acesso e exercício da atividade seguradora e resseguradora* (*maxime* art. 172º), que lhes é aplicável com as devidas adaptações (art. 63º, nº 1), competindo à ASF estabelecer por norma regulamentar os elementos e informações que lhe devem ser comunicados para efeitos de controlo daquelas participações [art. 13º, al. *j)*, da Lei preambular, e arts. 19º, nº 8, e 63º, nº 3].

Um quadro comparativo das condições específicas de acesso às categorias de *agente de seguros, corretores de seguros* e *mediadores de seguros a título acessório* vai incluído na nossa anotação ao artigo 20º

A habilitação específica da ASF para adotar a regulamentação prevista no nº 3 do artigo sob anotação resulta do artigo 13º, alíneas *e)*, *f)* e *h)* a *i)*, da Lei preambular.

IV. Disposições relacionadas: art. 13º, al. *e)*, *f)* e *h)* a *j)*, da Lei preambular, e arts. 9º, nº 1, al. *b)*, 13º, nº 2, 35º, als. *c)* e *d)*. e 63º

ARTIGO 19º – Processo de inscrição no registo na categoria de corretor de seguros

1 – Cabe ao candidato que pretenda inscrever-se no registo instruir o respetivo processo e remetê-lo à ASF, requerendo a sua inscrição através do sítio desta autoridade na Internet.

2 – Compete à ASF verificar o preenchimento das condições de acesso pelo candidato a corretor.

3 – A ASF pode solicitar quaisquer esclarecimentos ou elementos que considere úteis ou necessários para a análise do processo.

4 – O corretor de seguros pode iniciar a sua atividade logo que lhe seja notificada, pela ASF, a respetiva inscrição no registo.

5 – No caso de pessoa coletiva ainda não constituída, a eficácia da inscrição fica suspensa até à data da respetiva constituição e comunicação à ASF.

6 – A notificação referida no nº 4 ou a notificação da decisão de recusa de inscrição no registo deve ser feita no prazo máximo de 90 dias a contar da receção do pedido de registo ou, se for o caso, a contar da receção dos esclarecimentos ou elementos solicitados ao requerente.

7 – Se o processo foi instruído sem que a pessoa coletiva estivesse constituída, o corretor de seguros deve enviar os documentos definitivos à ASF no prazo de seis meses após a data da comunicação da inscrição no registo, sob pena de caducidade do registo.

8 – Cabe à ASF estabelecer, por norma regulamentar, os documentos que devem instruir o processo para efeitos de comprovação das condições de acesso.

ANOTAÇÃO (*Ana Raquel Gonçalves Moniz*)

1. O artigo 19º respeita ao procedimento e aos efeitos relativos ao registo na categoria de corretor de seguros.

O acesso à atividade depende do procedimento administrativo tendente ao *registo*. Trata-se de um verdadeiro procedimento que conduz à prática de um *ato administrativo*: a aceitação do registo ou a recusa de inscrição no registo. Note-se que, embora o regime legal não se afigure totalmente inequívoco, o nº 5 do artigo 3º da Diretiva (UE) 2016/97 refere-se expressamente a uma *decisão*, sujeita a notificação. O legislador nacional é, todavia, mais claro quando está em causa o ato negativo (indeferimento), aludindo, neste caso, a uma "decisão de recusa de inscrição no registo" (cf. artigo 19º, nº 6).

2. Como sucede nos termos gerais do procedimento administrativo, encontra-se este organizado em três fases – fase preparatória, fase constitutiva e fase integrativa de eficácia. A disciplina normativa deste procedimento consta do artigo em análise, sem prejuízo da possibilidade de mobilização, para os aspetos não especialmente versados, do regime geral do procedimento administrativo, constante do CPA.

(*a*) A fase preparatória envolve, em primeiro lugar, a iniciativa; o ato propulsor do procedimento traduz o momento constitutivo da relação jurídica administrativa procedimental entre os sujeitos do procedimento.

Neste caso, estamos diante de procedimento de iniciativa particular. Da leitura cruzada deste preceito com os artigos 17º e 21º decorre que o *Regime* estabelece uma disciplina dicotómica nesta matéria, fazendo variar a entidade a quem cabe o impulso procedimental em função do tipo de pedido de registo apresentado. Assim, se se tratar de um pedido de registo de agente de seguros ou de mediador a título acessório, embora caiba ao candidato a organização do processo, o procedimento administrativo só se inicia no momento em que a empresa de seguros submete o processo à ASF através da plataforma eletrónica. Diversamente, tratando-se do registo como corretor regulado no artigo 19º, incumbe a este o ato de iniciativa procedimental. Trata-se de uma diferença consonante com a distinção, ensaiada no artigo 9º, entre, por um lado, o agente de seguros e o mediador de seguros a título acessório, e, por outro lado, o corretor de seguros: enquanto nas duas primeiras categorias, a atividade de distribuição de seguros é realizada em nome e por conta das empresas de seguros, na segunda (corretor), a atividade é exercida de forma *independente face às empresas de seguros* [cf. artigo 9º, nº 1, alíneas *a)* e *b)*, e nº 2].

O legislador não indica quais os documentos que devem instruir o requerimento, remetendo essa matéria para regulamento da ASF (cf. artigo 19º, nº 8); naturalmente, os diversos elementos a exigir contemplarão documentos comprovativos das condições comuns e das condições específicas de acesso à categoria de agente de seguros (cf. artigos 11º a 15º, e 18º, respetivamente)

Iniciado o procedimento, tem lugar a instrução, que se reconduz ao momento em que a ASF se inteira do circunstancialismo de facto e de direito imprescindível à adoção da ação administrativa em causa, ou, dizendo de outra forma, em que a ASF aprecia se estão verificados os pressupostos que legitimam a sua atuação. Sem prejuízo da aplicação das regras do CPA, o artigo 19º contém algumas normas concretizadoras sobre esta matéria – as quais, de qualquer modo, sempre decorreriam do regime geral do procedimento administrativo. Assim, e por um lado, o nº 2 clarifica que compete à ASF (*in casu*, ao órgão da ASF responsável pelo procedimento) a verificação do preenchimento das condições de acesso pelo candidato a agente de seguros. Por outro lado, o nº 3 densifica o dever de colaboração entre Administração e particulares durante a instrução do processo.

Embora do artigo 19º não resulte uma referência a qualquer forma de audição dos interessados subsequente à elaboração do projeto de decisão, a necessária subordinação ao princípio da participação da atividade administrativa obriga a que se não possa obliterar estre trâmite. Considerando a natureza da ação em causa, deverá a ASF realizar uma audiência do interessado, *in casu*, o candidato a corretor de seguros. Evidentemente, a realização de uma fase de audição apenas tem interesse se a ASF se encontrar vinculada a apreciar as posições dos interessados. Independentemente de estas poderem dar lugar à realização de novas diligências, será na sequência da auscultação do candidato a corretor, bem como das observações eventualmente daí decorrentes, que se elabora o projeto final do ato a sujeitar à fase constitutiva, acolhendo ou não as sugestões, as críticas ou as reivindicações dos particulares.

(*b*) A fase constitutiva traduz o momento da perfeição da atuação administrativa em causa; é agora que se produz o resultado consubstanciado na ação da Administração. À fase constitutiva do procedimento corresponde a *decisão de admissão da inscrição no registo* ou, alternativamente, a *decisão de recusa de inscrição.* Estamos, como principiámos por afirmar, diante de um ato administrativo que, quando positivo, tem a virtualidade de produzir efeitos que extravasam a fronteira do Estado português. Ademais, a admissão da inscrição no registo encontra-se corporizada num título – o certificado de registo – que corresponde a um ato de execução da estatuição autoritária em que aquele ato administrativo se consubstancia (cf. artigo 58º).

(*c*) A fase integrativa de eficácia compreende as atuações dirigidas a desencadear os efeitos jurídicos associados à ação produzida na fase constitutiva.

Como atos administrativos que são, as decisões de admissão ou de recusa de inscrição encontram-se submetidas a notificação aos interessados (mediador e empresa de seguros). O registo é notificado por carta registada, por correio eletrónico ou através de plataforma informática com acesso restrito, remetendo-se a definição da forma das notificações para regulamento da ASF (cf. artigo 6º). Além disso, e diversamente do que sucede com o regime geral do ato administrativo, o legislador não fixa um prazo para a decisão, mas antes um prazo dentro do qual o candidato a corretor deve ser *notificado* dessa decisão: 90 dias a contar da receção do pedido ou da receção dos (últimos) esclarecimentos ou elementos solicitados ao requerente (cf. artigo 17º, nº 6); está aqui em causa quase coincidente com o vigente, em geral, nos procedimentos, de iniciativa particular, tendentes à prática de atos administrativos (cuja decisão – e não a notificação da decisão – deve ocorrer no prazo máximo de 90 dias, contado, em regra, da data do requerimento: cf. artigo 128º, nºs 1 e 3, do CPA).

Note-se que, no caso da decisão de admissão, a notificação parece não constituir apenas condição de oponibilidade de efeitos desfavoráveis do ato (cf. artigo 160º CPA), mas representar um momento integrativo da respetiva eficácia: eis o que decorre do nº 4 do artigo 19º do regime, onde se prevê que o corretor de seguros pode (só pode?) iniciar a sua atividade quando a ASF o notifique, bem como à empresa de seguros proponente, da respetiva inscrição no registo.

Assume-se necessariamente como condição de eficácia do ato a constituição da entidade como pessoa coletiva, nos casos em que o procedimento se haja iniciado sem que a pessoa coletiva estivesse constituída: nestas hipóteses, a tramitação envolve um outro elemento integrativo da eficácia, que se consubstancia numa condição suspensiva. O decurso do prazo de seis meses sobre a notificação da decisão de admissão de inscrição sem que a pessoa coletiva se encontre constituída representa uma causa de caducidade do ato[9], determinando, *ex vi legis* e de forma automática, o termo da sua vigência.

3. Estamos diante de um procedimento administrativo que surge acompanhado das tecnologias de informação. A utilização de meios eletrónicos ou, mais amplamente, a informatização da Administração Pública (filha direta do *e-Government* e da *e-Governance*) possui refrações imediatas neste âmbito, na medida em que disponibiliza mecanismos suscetíveis de otimizar a organização administrativa, acelerar a tramitação, permitir a intervenção dos interessados à distância, e melhorar a qualidade das ações da Administração. Naturalmente, a eficiência associada às novas tecnologias só existirá se a utilização destas se encontrar rodeada das cautelas associadas às garantias dos cidadãos, assegurando, designadamente, condições de não discriminação, proteção de dados pessoais, fiabilidade da informação, acesso a todos os meios de tutela [cf. artigos 14º, nºs 2, 3 e 5; 61º, nº 1, alínea *c), in fine*, 63º, nº 1, do CPA].

No caso que analisamos, não só todo o procedimento corre na plataforma informática da ASF, como também o próprio registo corresponde a um cadastro dos mediadores de seguros, resseguros e de seguros a título acessório, criado, mantido e gerido pelo regulador, suscetível de consulta através da Internet. Aliás, a Diretiva impõe expressamente a criação de um balcão único eletrónico que permita o acesso ao registo, de forma a viabilizar, *a posteriori*, a criação e atualização de uma base de dados eletrónica única ao nível da UE, a dinamizar pela agência europeia de regulação do setor (a EIOPA – Autoridade Europeia de Seguros e Pensões Complementares de Reforma).

ANOTAÇÃO (*Francisco Rodrigues Rocha*)

I. O actual artigo 19º tem como antecedente o artigo 20º do RJMSR, com que largamente coincide.

[9] Para utilizarmos uma formulação de Paulo Otero (*Lições ...*, cit., p. 231), a caducidade surge aqui como uma forma de extinção de um ato jurídico, na medida em que "consubstancia um mero efeito da superveniência de um facto que acarreta, sem uma específica manifestação de intencionalidade, o termo de vigência de um ato anterior", com a particularidade de a ocorrência de tal efeito extintivo operar apenas prospetivamente e não depender da prática de um ato jurídico com esse propósito, mas, pelo contrário, constituir um efeito automático da verificação de determinado facto.

II. Ao contrário do que sucede com o agente e o mediador a título acessório cuja instrução do processo é verificada e remetido à ASF pelo segurador (artigos 17º/1 e 21º/1), no caso da corretagem de seguros, cabe ao candidato que pretenda a inscrição no registo instruir o processo e remetê-lo à ASF, requerendo a sua inscrição através do sítio electrónico desta autoridade (artigos 19º/1 do RJDSR e 14º da NR 17/2006-R). Também aqui se manifesta a ideia de independência do corretor de seguros.

À ASF compete verificar o preenchimento das condições de acesso pelo candidato, podendo solicitar os esclarecimentos ou elementos que repute úteis ou necessários à análise do requerimento para inscrição no registo ou, nos dizeres da lei, do processo (artigo 19º/2 e 3; trata-se no caso do nº 3 de um poder discricionário da ASF). A não prestação ou envio à ASF nos termos e prazos por ela fixados da informação ou documentação genericamente solicitada pela ASF constitui contra-ordenação simples, punível com coima de € 350 a € 30.000 ou de € 1.000 a € 150.000 consoante pessoa singular ou colectiva (artigo 112º *b*)).

III. O corretor de seguros apenas pode iniciar actividade depois de a ASF o notificar e ao segurador proponente da sua inscrição no registo (artigo 19º/4; cf. com a diferença de ser aí prevista a notificação ao segurador proponente os artigos 17º/4 e 21º/4). Significa isto *a contrario* que, antes, não pode o corretor iniciar actividade de distribuição: escrevê-lo parece óbvio, não fosse a circunstância de a norma na sua redacção parecer, à primeira vista, menos categórica (limitando-se a prescrever que o corretor pode iniciar a sua actividade "logo que").

Quando o corretor seja pessoa colectiva ainda não constituída, a eficácia da inscrição fica suspensa até à data da respectiva constituição e comunicação (naturalmente, da respectiva constituição) à ASF (artigo 17º/5; consímil o artigo 17º/5). Trata-se de uma situação muito comum, quando, acautelando-se contra uma eventual decisão desfavorável, querem os candidatos a agentes evitar contrair em vão todas as despesas normalmente associadas à constituição de uma pessoa colectiva. O corretor tem, porém, 6 meses para o fazer e enviar os documentos definitivos e comprovativos à ASF, após a data da comunicação da sua inscrição no registo, sob pena de caducidade (artigo 19º/7; a não constituição e apresentação dos documentos definitivos tem assim natureza resolutiva; deselegante a cacofonia "no registo (...) do registo" que bem podia ter sido entretanto corrigida).

IV. O nº 6 estabelece um prazo para a notificação de inscrição no registo ou de recusa por parte da ASF: 90 dias (úteis: artigo 87º *c*) do CPA) a contar da recepção do pedido de registo ou, se for o caso, a contar da recepção dos esclarecimentos ou elementos solicitados ao requerente, ou seja, o corretor. Mal se compreende seja o prazo de decisão idêntico num caso e noutro, como já se escrevemos a propósito do artigo 17º: quando tiverem sido prestados esclarecimentos ou fornecidos ulteriores elementos, a ASF já terá disposto antes de, pelo menos, 90 dias (úteis) para conhecer e analisar o processo; aliás, dificilmente os pedirá se o não conhecer bem. Isso significa que está em posição de demorar consideravelmente menos tempo do que demorou ou demoraria de início a analisar todo o processo. Compreende-se o prazo mais dilatado em comparação com o agente e o mediador a título acessório (artigos 17º/6 e 21º/5), devido à maior complexidade do processo para inscrição do corretor no registo. Ainda assim, 90 dias não deixa de ser um prazo demasiado extenso, cujo encurtamento poderá com proveito ser no futuro equacionado.

V. O nº 8 estabelece uma norma habilitante de regulamento que preveja os documentos que devam instruir o processo de comprovação das condições de acesso, que continua, à data em que escrevemos, a ser a NR 17/2006-R, em especial os artigos 11º e 12º, respectivamente para pessoas singulares e colectivas. Assim, para o corretor de seguros pessoa singular prevê o artigo 11º da NR 17/2006 seja o processo instruído com os seguintes documentos: *a*) formulário de inscrição que inclua as informações constantes do anexo I à NR 17/2006-R (repartido entre informação prévia, informação pessoal, qualificação, idoneidade, incompatibilidades, e organização e estrutura); *b*) cópia do documento de identificação; *c*) documentos comprovativos da respectiva qualificação; *d*) programa de actividades a 3 anos, incluindo: *i*) programa de formação das pessoas directamente envolvidas na actividade de mediação de seguros que estarão ao seu serviço; *ii*) indicação dos princípios de funcionamento do sistema de garantia do tratamento equitativo dos clientes, do tratamento adequado dos seus dados pessoais, queixas e reclamações; *iii*) procedimentos aplicáveis à recepção de valores de clientes e à movimentação das contas «clientes»; *iv*) demonstração da adequação da estrutura da empresa à elaboração atempada dos documentos contabilísticos necessários ao exercício dos poderes de supervisão da ASF; *e*) em relação a cada pessoa directamente envolvida na actividade de mediação de seguros, os documentos referidos nas als. *a*) a *c*); *f*) documento comprovativo de que dispõe ou disporá à data do início de actividade de seguro de responsabilidade civil profissional que abranja todo o território da UE, cujo capital seguro corresponda a um mínimo de € 1.120.200 (valor constante da Circular nº 6/2008, de 10-Jul., mas desactualizado: hoje em face do artigo 18.º/1 *c*) do RJDSR € 1.250.000) por sinistro e € 1.680.300 (valor constante da Circular nº 6/2008, de 10-Jul., mas desactualizado: hoje em face do artigo 18.º/1 *c*) do RJDSR € 1.850.000) por anuidade, independentemente do número de sinistros; *g*) documento comprovativo de que dispõe ou disporá à data do início de actividade do seguro-caução ou garantia bancária adequado. Para o agente de seguros pessoa colectiva segundo o artigo 12º da NR 17/2006-R são necessários: *a*) formulário de inscrição que contenha as informações constantes do anexo II à NR 17/2006-R (diviso em capítulos respeitantes a informação prévia, identificação, idoneidade, e organização e estrutura); *b*) certidão do registo comercial; *c*) em relação aos detentores de uma participação qualificada, os documentos referidos no anexo v à NR 17/2006-R e, no caso de pessoas singulares, adicionalmente, o formulário que contenha as informações constantes do anexo I à NR 17/2006-R; *d*) em relação a cada um dos membros do órgão de administração responsáveis pela actividade de mediação de seguros e pessoas directamente envolvidas na actividade em causa, os documentos supra-referidos nas als. *a*) a *c*) para o corretor pessoa singular; *e*) em relação aos restantes membros do órgão de administração, os documentos suso-referidos nas als. *a*) a *b*) para o corretor pessoa singular; *f*) documentos de prestação de contas anuais referentes ao último exercício; *g*) documentos previstos nas als. *d*) (programa de actividades a 3 anos), *f*) (seguro obrigatório de responsabilidade civil profissional) e *g*) (garantia bancária ou seguro-caução) para o corretor pessoa singular. Caso a pessoa colectiva não se encontre constituída à data da instrução do processo para inscrição no registo, ou seja, à data da apresentação do requerimento por parte do corretor: *a*) a certidão do registo comercial é substituída pelo projecto de estatutos da sociedade (questionável é se, após anuência da ASF em relação ao seu teor, poderão ser alterados antes do registo definitivo da sociedade); *b*) os documentos referidos nas als. *c*) e *e*) para corretores pessoas singulares reportar-se-ão aos futuros sócios, membros do órgão da administração e pessoas directamente envolvidas na actividade de mediação de seguros na sociedade a constituir.

ANOTAÇÃO *(José Vasques)*

I. Cfr. art. 20º do *regime jurídico da mediação de seguros e de resseguros.*

II. Cfr. art. 3º da Diretiva (UE) 2016/97.

III. Ao contrário do que sucede com os *agentes de seguros* e com os *mediadores de seguros a título acessório*, em que é da responsabilidade da *empresa de seguros*, que com eles tenha celebrado ou pretenda celebrar um contrato com vista a que estes exerçam em seu nome e por sua conta a distribuição de seguros, verificar a completa instrução do processo pelo candidato e remetê-lo à ASF para efeitos de inscrição no registo (arts. 17º, nº 1, e 21º, nº 1), no caso do *corretor de seguros* cabe ao próprio candidato instruir o respetivo processo e remetê-lo à ASF, requerendo a sua inscrição através do sítio desta autoridade na *internet* (nº 1), competindo à mesma verificar o preenchimento das condições de acesso ou solicitar esclarecimentos ou elementos que considere úteis ou necessários para a análise do processo (nºs 2 e 3) – radicando a diferença de regimes no facto de os *agentes de seguros* e os *mediadores de seguros a título acessório* exercerem a atividade de distribuição em nome e por conta de uma ou mais *empresas de seguros*, enquanto os *corretores de seguros* exercem aquela atividade de forma independente face às *empresas de seguros*.

A inscrição pode ser solicitada por pessoas coletivas já constituídas ou ainda não constituídas, caso em que a eficácia da inscrição fica suspensa até à data da constituição e comunicação à ASF (nº 5), devendo o corretor de seguros enviar os documentos definitos à ASF no prazo de seis meses após a data em que esta lhe comunicou a respetiva inscrição no registo (nº 4), sob pena de caducidade do mesmo (nº 7).

Sobre as regras aplicáveis à contagem dos prazos previstos nos nºs 6 e 7 v. a nossa anotação ao artigo 7º da Lei preambular.

A habilitação específica da ASF para adotar a regulamentação prevista no nº 8 do artigo sob anotação resulta do artigo 13º, alínea *j)*, da Lei preambular, e artigo 63º, nº 2.

IV. Disposições relacionadas: arts. 7º e 13º, al. *j)*, da Lei preambular, e arts. 17º, nº 1 e 21º, nº 1.

SUBSECÇÃO II
MEDIADORES DE SEGUROS A TÍTULO ACESSÓRIO

ARTIGO 20º – Condições específicas de acesso

1 – Sem prejuízo do disposto na secção II, para efeitos de inscrição no registo como mediador de seguros a título acessório, a pessoa singular ou coletiva deve:

a) **Celebrar um contrato escrito com cada uma das empresas de seguros que vai representar, através do qual a empresa de seguros mandata o mediador de seguros a título acessório para, em seu nome e por sua conta, exercer a atividade de distribuição, devendo aquele contrato delimitar os termos desse exercício;**

b) **Possuir organização técnica, comercial, administrativa e contabilística própria e estrutura económico-financeira adequadas à dimensão e natureza da sua atividade;**

c) **Demonstrar que dispõe, ou que irá dispor à data do início da atividade, de um seguro de responsabilidade civil profissional que abranja todo o território da União Europeia, ou de qualquer outra garantia equivalente, cujo capital seguro deve corresponder a no mínimo 600 000 € por sinistro e 900 000 € por anuidade, independentemente do número de sinistros, exceto se a cobertura estiver incluída em seguro fornecido pela ou pelas empresas de seguros em nome e por conta da qual ou das quais vai atuar.**

2 – A ASF define, em norma regulamentar, o conteúdo mínimo do contrato referido na alínea *a)* do número anterior, os requisitos mínimos a cumprir no âmbito da alínea *b)* do número anterior, bem como as condições mínimas do

seguro de responsabilidade civil profissional referido na alínea *c*) do número anterior.

3 – Os montantes referidos na alínea *c*) do nº 1 são revistos periodicamente através de norma regulamentar da ASF, tendo em conta a evolução dos montantes base dos seguros de responsabilidade civil profissional de mediadores de seguros e de resseguros previstos em normas técnicas de regulamentação adotadas pela Comissão Europeia.

4 – A eficácia de qualquer contrato celebrado nos termos da alínea *a*) do nº 1 fica condicionada à efetiva inscrição do mediador de seguros a título acessório no registo junto da ASF.

ANOTAÇÃO (*Francisco Luís F. Ribeiro Alves*)

Sendo uma categoria nova, não tem correspondência com o revogado RJMS. Trata-se de um artigo em tudo semelhante com as previsões do artigo 16º, relativo ao agente de seguros, pelo que se remete para a respetiva anotação. O presente artigo tem como particularidades o facto de as remissões para "Norma Regulamentar" não puderem operar enquanto a Norma Regulamentar nº 17/2006-R, de 29 de dezembro, não for substituída por uma nova Norma Regulamentar que especifique as condições e requisitos do mediador de seguros a título acessório.

A diferença a apontar, em relação ao artigo 16º, é quanto ao valor do capital seguro de responsabilidade civil ou qualquer outra garantia equivalente, previsto na alínea *c*), do nº 1, que, neste caso, é menor, correspondendo a um mínimo 600 000 € por sinistro e 900 000 € por anuidade, enquanto no agente de seguros deve corresponder no mínimo a 1 250 000 € por sinistro e 1 850 000 € por anuidade.

ANOTAÇÃO (*Francisco Rodrigues Rocha*)

I. Preceito novo.

II. Destoa dos artigos 16º e 18º a epígrafe do artigo 20º pela ausência do complemento determinativo, o que se compreende atenta a sua inserção numa subsecção exclusivamente dedicada aos mediadores de seguros a título acessório.

Sobre o carácter "específico" das condições do artigo 18º por oposição às "comuns" valem as considerações já tecidas no ponto II à anotação ao artigo 16º supra.

A al. *a*) indica como primeiro requisito ou condição a celebração de um contrato escrito entre a pessoa singular ou colectiva que pretenda inscrever-se no registo como mediador a título acessório e o segurador que representará. No mesmo sentido, aponta também, embora sem especificar a necessidade de sujeição a forma escrita, o artigo

9º/2 ao aludir aos "termos do contratos que celebrem com essas entidades". O contrato de mediação de seguros a título acessório, incluindo a sua modificação, está, por conseguinte, sujeito a forma especial, cuja inobservância gera a nulidade do negócio (artigo 220º do CC; de acordo com o comentário da DECO à PL 138/XIII, p. 8, a al. *a*) do nº 1 do artigo 11º deveria consagrar também a exigência de forma escrita para o contrato do mediador a título acessório com cada um dos mediadores que representará, delimitando os termos do respectivo exercício). A mesma al. enuncia ainda os traços gerais de um tal contrato: além de escrito, através dele o segurador mandata o agente para, em seu nome e por sua conta, exercer a actividade de distribuição. Retoma assim a definição que dele consta do artigo 9º/2, segundo o qual se trata da actividade de distribuição de seguros em nome e por conta duma ou mais empresas de seguros ou de mediadores de seguros, nos termos dos contratos que com uns ou outros celebrem. A proximidade entre a descrição dos elementos típicos da agência de seguros no artigo 16º/1 *a*) e da mediação de seguros a título acessório no artigo 20º/1 *a*) é notável, não podendo, todavia, perder-se de vista as características distintivas que mais especificamente vêm previstas no artigo 4º *d*) segundo o qual se entende por mediador de seguros a título acessório a pessoa singular ou colectiva "com exceção das instituições de crédito ou de empresas de investimento", que inicie ou exerça, mediante remuneração, a actividade de distribuição de seguros "numa base acessória" (soa em demasia a anglicismo; "de forma acessória", "de modo acessório"?), quando: (*i*) a sua actividade profissional principal não consista na distribuição de seguros; (*ii*) os produtos de seguros distribuídos sejam complementares de um bem ou serviço; (*iii*) os produtos de seguros em causa não cubram riscos do ramo vida ou de responsabilidade civil, salvo se tal cobertura for complementar de um bem ou serviço prestado pelo mediador de seguros a titulo acessório no âmbito da sua actividade profissional principal; e (*iv*) os produtos de seguros em causa não sejam de investimento com base em seguros. O conteúdo mínimo deste contrato ainda não está definido por NR, devendo, todavia, ter-se em conta que, nos termos do disposto no artigo 8º/1 da L 7/2019, as pessoas singulares ou colectivas inscritas na categoria de mediadores de seguros ligados ao abrigo das subalíneas *i*) ou *ii*) da al. *a*) do artigo 8º do RJMSR se consideraram automaticamente registadas nas categorias de agentes de seguros e de mediadores de seguros a título acessório, respectivamente (cf. a respeito o comentário da APB, de 15-Nov.-2018, de considerar excessivo que da exposição de motivos do PL 138/XII constasse que a categoria de mediador de seguros ligado coincida substancialmente com a de mediador a título acessório, por não ser esse o caso no que respeita às instituições de crédito; cf. também o comentário da APROSE, de 19-Nov.-2018, subscrito por David Pereira e Corvaceira Gomes, p. 5, de que, de acordo com os dados estatísticos publicados pela ASF reportados a 31-Dez.-2017, existiam em Portugal autorizados 7.699 mediadores de seguros ligados do tipo 1 e 13 do tipo 2, propondo a eliminação das referências no articulado do RJDSR de referências aos mediadores de seguros a título acessório e respectivo regime). Também nos termos do disposto no artigo 8º/2 da L 7/2019, as instituições de créditos e as empresas de investimento, inscritas na categoria de mediador de seguros ligado, independentemente de o serem ao abrigo da subalínea *i*) como da *ii*) da al. *a*) do artigo 8º do RJMSR, se consideraram automaticamente registadas na categoria de agente de seguros (cf. também o artigo 4º/1 *m*) do RGICSF segundo o qual podem os bancos efectuar operações de mediação de seguros).

Sobre a actuação em nome e por conta vd. supra § II da anotação ao artigo 16º.

Segundo o artigo 114º/1 *c*) é contra-ordenação muito grave, punível com coima de € 3.000 a € 1.000.000 ou de € 6.000 a € 5.000.000 consoante pessoa singular ou colectiva, o incumprimento pelo mediador de seguros a título acessório do dever de celebrar um contrato escrito com as empresas de seguros que represente.

Como segundo requisito deve o corretor de seguros possuir organização técnica, comercial, administrativa e contabilística própria e estrutura económico-financeira adequadas ao exercício da actividade (cf. tb. os artigos 18º/1 *b*) e 20º/1 *b*)). Vd. a tal respeito os §§ II das anotações aos artigos 16º e 18º.

Como terceiro requisito deve o mediador de seguros a título acessório demonstrar que dispõe ou disporá à data do início da actividade de seguro de responsabilidade civil profissional que abranja todo o território da UE ou de outra garantia equivalente, cujo capital corresponda a um mínimo de € 600.000 por sinistro e € 900.000 por anuidade, independentemente do número de sinistros, excepto se a cobertura estiver incluída em seguro prestado pelo segurador em cujo nome e por cuja conta actuará (excepção de que também beneficia o agente: artigo 16º/1 *c*) *in fine*). Em comparação com o seguro exigido a agentes e corretores, o dos mediadores de seguros a título acessório abrange capitais mínimos inferiores (€ 600.000 por sinistro contra € 1.250.000 e € 900.000 por anuidade contra € 1.850.000; ainda assim cf. a observação da ALF, nos comentários de 15-Nov.-2018, subscritos por José Tavares de Almeida, de que o valor é excessivamente alto, por não existir na legislação anterior a obrigatoriedade de tal seguro e tendo em conta a acessoriedade desta categoria; a ALF acrescenta ainda que as suas associadas de locação financeira, proprietárias de cerca de 200.000 viaturas e as de *renting* de 100.000, quando distribuam seguros, verão os seus custos – com a contratação de um tal seguro – "fortemente agravados", com impacto negativo sobre os seus clientes; diversamente, os comentários da APROSE, de 19-Nov.-2018, subscritos por David Pereira e Corvaceira Gomes pp. 6-7, que, não obstante ter advogado a supressão da categoria, entende que, a manter-se, devem os capitais do respectivo seguro de responsabilidade civil, por igualdade de tratamento, ser iguais aos exigidos a agentes e corretores de seguros).

Ainda não foi aprovada, à data em que escrevemos, NR donde conste o conteúdo mínimo do contrato de mediação de seguros a título acessório, requisitos mínimos da al. *b*) do artigo 20º/1 ou condições mínimas do respectivo seguro de responsabilidade civil.

III. Pelo nº 4 fica a eficácia do contrato de mediação de seguros a título acessório condicionada à efectiva inscrição no registo junto da ASF (em termos coincidentes o artigo 16º/4 para o agente de seguros, para cuja anotação, § IV, se remete).

ANOTAÇÃO (*José Alves de Brito*)

I. *Considerandos da DDS*: *vide* considerando (18).

II. *Origem da disposição*: a LMS curava apenas do mediador de seguros ligado do tipo II, que, parcialmente, coincide com o mediador de seguros a título acessório. Salva esta observação o presente preceito é novo. *Vide* o artigo 10º, nº 5 da DDS e, nos trabalhos preparatórios do novo regime, o artigo 19º do anexo I do Projeto ASF (Versão Preliminar) e o artigo 20º do anexo a que se refere o nº 2 do artigo 1º da Proposta de Lei nº 138/XIII/3ª (Gov.).

III. *Novo regime*: as condições específicas de acesso à atividade pelo mediador de seguros a título acessório limitam-se a emular o que anteriormente ficou disposto para as condições específicas de aceso do mediador de seguros (cfr. artigo 16º). O capital seguro relativo ao seguro de responsabilidade civil profissional do mediador de seguros a título acessório é, porém, inferior em menos de metade do exigido para o mediador de seguros, seja ele agente de seguros ou corretor de seguro. Em matéria de movimentação de fundos relativos ao contrato de seguro cumpre destacar que o mediador de seguros a título acessório pode receber prémios com vista a serem transferidos para as empresas de seguros (cfr. artigo 51º, nº 8 da LDSR e artigo 10º, nº 6 da DDS), em contraste, assim, com o disposto para os antigos mediadores de seguros ligados do tipo II (cfr. artigo 42º, nº 1 da LMS; tal limitação, de resto, parecia fundar a possibilidade de um *secondary intermediarie* poder assumir outra forma jurídica que não, forçosamente, a de mediador de seguros ligado do tipo II).

ANOTAÇÃO (*José Vasques*)

I. Sem correspondência direta no anterior *regime jurídico da mediação de seguros e de resseguros*, uma vez que a categoria *mediador de seguros ligado* é extinta pelo regime sob anotação; cfr., no entanto, o artigo 15º do anterior regime, que previa as condições de acesso àquela categoria.

II. Cfr. art. 10º da Diretiva (UE) 2016/97.

III. Além das *condições comuns de acesso* (arts. 11º a 15º), estabelecem-se neste artigo *condições específicas de acesso* à categoria de *mediador de seguros a título acessório.*

Como se conclui a partir do quadro comparativo seguinte, as condições específicas de acesso às categorias de *agente de seguros, corretor de seguros* e *mediador de seguros a título acessório* são bastante próximas nas três situações – e mais ainda nos casos dos *agentes de seguros* e dos *mediadores de seguros a título acessório* –, embora aos *corretores de seguros* seja exigido o cumprimento de um maior número de condições, fundamentalmente ligadas à independência, solidez financeira e, quando se trate de pessoas coletivas, estabilidade societária.

agente de seguros	*corretor de seguros*	*mediador de seguros a título acessório*
contrato escrito com a *empresa* ou *empresas de seguros* que vai representar [art. 16º, nº 1, al. *a)*]		contrato escrito com a *empresa* ou *empresas de seguros* que vai representar [art. 20º, nº 1, al. *a)*]
organização técnica, comercial, administrativa e contabilística própria e estrutura económico-financeira adequadas à dimensão e natureza da sua atividade [art. 16º, nº 1, al. *b)*]	organização técnica, comercial, administrativa e contabilística própria e estrutura económico-financeira adequadas ao exercício da atividade [art. 18º, nº 1, al. *b)*]	organização técnica, comercial, administrativa e contabilística própria e estrutura económico-financeira adequadas à dimensão e natureza da sua atividade [art. 20º, nº 1, al. *b)*]
seguro de responsabilidade civil profissional ou garantia equivalente, com o capital seguro mínimo de € 1 250 000 por sinistro e € 1 850 000 por anuidade [art. 16º, nº 1, al. *c)*]	seguro de responsabilidade civil profissional ou garantia equivalente, com o capital seguro mínimo de € 1 250 000 por sinistro e € 1 850 000 por anuidade [art. 18º, nº 1, al. *c)*]	seguro de responsabilidade civil profissional com o capital seguro mínimo de € 600 000 por sinistro e € 900 000 por anuidade [art. 20º, nº 1, al. *c)*]
	não exercer profissão que diminua a sua independência ou, no caso de pessoa coletiva, ter como objeto social exclusivo atividades do setor financeiro [art. 18º, nº 1, al. *a)*]	
	garantia bancária ou seguro-caução cobrindo o pagamento de créditos dos clientes e das empresas de seguros [art. 18º, nº 1, al. *d)*]	

	no caso de pessoa coletiva, capital mínimo de € 50 000, estrutura societária que garanta a independência e imparcialidade face às *empresas de seguros* e detentores de participações qualificadas com aptidão para garantir a gestão sã e prudente [art. 18º, nº 5]	

Os montantes do seguro de responsabilidade civil profissional são revistos periodicamente através de norma regulamentar da ASF, tendo em conta as normas técnicas de regulamentação adotadas pela Comissão Europeia [nºs 1, al. *c)*, 2 e 4, e art. 10º, nº 7, 3º §, da Diretiva (UE) 2016/97].

Sobre os requisitos previstos no nº 1, os quais são substancialmente idênticos aos previstos para os *agentes de seguros*, e designadamente sobre os termos do contrato a celebrar pelo *mediador de seguros a título acessório* com cada uma das *empresas de seguros* que vai representar [nºs 1, al. *a)*, 2 e 4] v. a nossa anotação ao artigo 16º

A habilitação específica da ASF para adotar a regulamentação prevista nos nºs 2 e 3 do artigo sob anotação resulta do artigo 13º, alíneas *d)* a *g)* e *j)*, da Lei preambular.

IV. Disposições relacionadas: art. 13º, als. *d)* a *g)* e *j)*, da Lei preambular, e arts. 11º a 15º, 16º, nº 1, 18º, nºs 1 e 5, e 20º, nº 1, e art. 10º, nº 7, 3º §, da Diretiva (UE) 2016/97.

ARTIGO 21º – Processo de inscrição no registo

1 – É da responsabilidade da empresa de seguros que tenha celebrado um contrato nos termos da alínea *a*) do nº 1 do artigo anterior verificar da completa instrução do processo pelo candidato e remetê-lo à ASF para efeitos de inscrição no registo, através do sítio desta autoridade na Internet.

2 – Compete à ASF verificar o preenchimento das condições de acesso, referidas no nº 1 do artigo anterior, pelo candidato a mediador de seguros a título acessório.

3 – A ASF pode solicitar, diretamente ao candidato ou através da empresa de seguros proponente, quaisquer esclarecimentos ou elementos que considere úteis ou necessários para a análise do processo.

4 – O mediador de seguros a título acessório pode iniciar a sua atividade logo que a ASF o notifique, bem como à empresa de seguros proponente, da respetiva inscrição no registo.

5 – A notificação referida no número anterior ou a notificação da decisão de recusa de inscrição no registo deve ser feita no prazo máximo de 60 dias a contar da receção do pedido de registo ou, se for o caso, a contar da receção dos esclarecimentos ou elementos solicitados ao requerente.

6 – Cabe à ASF estabelecer, por norma regulamentar, os documentos que devem instruir o processo para efeitos de comprovação das condições de acesso referidas no nº 1 do artigo anterior.

ANOTAÇÃO (*Ana Raquel Gonçalves Moniz*)

1. O artigo 21º respeita ao procedimento e aos efeitos relativos ao registo na categoria de mediador de seguros a título acessório.

O acesso à atividade depende do procedimento administrativo tendente ao *registo*. Trata-se de um verdadeiro procedimento que conduz à prática de um *ato administrativo*: a aceitação do registo ou a recusa de inscrição no registo. Note-se que, embora o regime legal não se afigure totalmente inequívoco, o nº 5 do artigo 3º da Diretiva refere-se expressamente a uma *decisão*, sujeita a notificação. O legislador nacional é, todavia, mais claro quando está em causa o ato negativo (indeferimento), aludindo, neste caso, a uma "decisão de recusa de inscrição no registo" (cf. artigo 21º, nº 5).

2. Como sucede nos termos gerais do procedimento administrativo, encontra-se este organizado em três fases – fase preparatória, fase constitutiva e fase integrativa de eficácia. A disciplina normativa deste procedimento consta do artigo em análise, sem prejuízo da possibilidade de mobilização, para os aspetos não especialmente versados, do regime geral do procedimento administrativo, constante do Código do Procedimento Administrativo (CPA).

(*a*) A fase preparatória envolve, em primeiro lugar, a iniciativa; o ato propulsor do procedimento traduz o momento constitutivo da relação jurídica administrativa procedimental entre os sujeitos do procedimento.

Neste caso, estamos diante de procedimento de iniciativa particular. Da leitura cruzada deste preceito com os artigos 17º e 19º decorre que o *Regime* estabelece uma disciplina dicotómica nesta matéria, fazendo variar a entidade a quem cabe o impulso procedimental em função do tipo de pedido de registo apresentado. Se, tratando-se do registo como corretor, incumbe a este o ato de iniciativa procedimental, nos casos de um pedido de registo como agente de seguros ou, como na hipótese ora em análise, de mediador a título acessório, embora caiba ao candidato a organização do processo, o procedimento administrativo só se inicia no momento em que a empresa de seguros submete o processo à ASF através da plataforma eletrónica. Trata-se de uma diferença consonante com a distinção, ensaiada no artigo 9º, entre, por um lado, o agente de seguros e o mediador de seguros a título acessório, e, por outro lado, o corretor de seguros: enquanto nas duas primeiras categorias, a atividade de distribuição de seguros é realizada *em nome e por conta das empresas de seguros*, na segunda (corretor), a atividade é exercida de forma independente face às empresas de seguros [cf. artigo 9º, nº 1, alíneas *a)* e *b)*, e nº 2].

O legislador não indica quais os documentos que devem instruir o requerimento, remetendo essa matéria para regulamento da ASF (cf. artigo 21º, nº 6); naturalmente, os diversos elementos a exigir contemplarão documentos comprovativos das condições comuns e das condições específicas de acesso à categoria de agente de seguros (cf. artigos 11º a 15º, e 20º, respetivamente)

Iniciado o procedimento, tem lugar a instrução, que se reconduz ao momento em que a ASF se inteira do circunstancialismo de facto e de direito imprescindível à adoção da ação administrativa em causa, ou, dizendo de outra forma, em que a ASF aprecia se estão verificados os pressupostos que legitimam a sua atuação. Sem prejuízo da aplicação das regras do CPA, o artigo 21º contém algumas normas concretizadoras sobre esta matéria – as quais, de qualquer modo, sempre decorreriam do regime geral do procedimento administrativo. Assim, e por um lado, o nº 2 clarifica que compete à ASF (*in casu*, ao órgão da ASF responsável pelo procedimento) a verificação do preenchimento das condições de acesso pelo candidato a agente de seguros. Por outro lado, o nº 3 densifica o dever de colaboração entre Administração e particulares durante a instrução do processo.

Embora do artigo 21º não resulte uma referência a qualquer forma de audição dos interessados subsequente à elaboração do projeto de decisão, a necessária subordinação ao princípio da participação da atividade administrativa obriga a que se não possa obliterar estre trâmite. Considerando a natureza da ação em causa, deverá a ASF realizar uma audiência dos interessados, *in casu*, a empresa de seguros e o candidato a mediador de seguros a título acessório. Evidentemente, a realização de uma fase de audição apenas tem interesse se a ASF se encontrar vinculada a apreciar observações apresentadas. Independentemente de estas poderem dar lugar à realização de novas diligências, será na sequência da auscultação dos interessados, bem como das observações eventualmente daí decorrentes, que se elabora o projeto final do ato a sujeitar à fase constitutiva, acolhendo ou não as sugestões, as críticas ou as reivindicações dos particulares.

(*b*) A fase constitutiva traduz o momento da perfeição da atuação administrativa em causa; é agora que se produz o resultado consubstanciado na ação da Administração. À fase constitutiva do procedimento corresponde a *decisão de admissão da inscrição no registo* ou, alternativamente, a *decisão de recusa de inscrição*. Estamos, como principiámos por afirmar, diante de um ato administrativo que, quando positivo, tem a virtualidade de produzir efeitos que extravasam a fronteira do Estado português. Ademais, a admissão da inscrição no registo encontra-se corporizada num título – o certificado de registo – que corresponde a um ato de execução da estatuição autoritária em que aquele ato administrativo se consubstancia (cf. artigo 58º).

(*c*) A fase integrativa de eficácia compreende as atuações dirigidas a desencadear os efeitos jurídicos associados à ação produzida na fase constitutiva.

Como atos administrativos que são, as decisões de admissão ou de recusa de inscrição encontram-se submetidas a notificação aos interessados (mediador e empresa de seguros). O registo é notificado por carta registada, por correio eletrónico ou através de plataforma informática com acesso restrito, remetendo-se a definição da forma das notificações para regulamento da ASF (cf. artigo 6º). Além disso, e diversamente do que sucede com o regime geral do ato administrativo, o legislador não fixa um prazo para a decisão, mas antes um prazo dentro do qual o candidato a corretor deve ser *notificado* dessa decisão: 60 dias a contar da receção do pedido ou da receção dos (últimos) esclarecimentos ou elementos solicitados ao requerente (cf. artigo 21º, nº 5); está aqui em causa um prazo menor que o vigente, em geral, nos procedimentos, de iniciativa particular, tendentes à prática de atos administrativos (que devem ser decididos no prazo de 90 dias – cf. artigo 128º, nº 1, do CPA).

Note-se que, no caso da decisão de admissão, a notificação parece não constituir apenas condição de oponibilidade de efeitos desfavoráveis do ato (cf. artigo 160º CPA), mas representar um momento integrativo da respetiva eficácia: eis o que decorre do nº 4 do artigo 21º, onde se prevê que o agente (ou o corretor) de seguros pode (só pode?) iniciar a sua atividade quando a ASF o notifique, bem como à empresa de seguros proponente, da respetiva inscrição no registo.

3. Estamos diante de um procedimento administrativo que surge acompanhado das tecnologias de informação. A utilização de meios eletrónicos ou, mais amplamente, a informatização da Administração Pública (filha direta do *e-Government* e da *e-Governance*) possui refrações imediatas neste âmbito, na medida em que disponibiliza mecanismos suscetíveis de otimizar a organização administrativa, acelerar a tramitação, permitir a intervenção dos interessados à distância, e melhorar a qualidade das ações da Administração. Naturalmente, a eficiência associada às novas tecnologias só existirá se a utilização destas se encontrar rodeada das cautelas associadas às garantias dos cidadãos, assegurando, designadamente, condições de não discriminação, proteção de dados pessoais, fiabilidade da informação, acesso a todos os meios de tutela [cf. artigos 14º, nºs 2, 3 e 5; 61º, nº 1, alínea *c*), *in fine*, 63º, nº 1, do CPA].

No caso que analisamos, não só todo o procedimento corre na plataforma informática da ASF, como também o próprio registo corresponde a um cadastro dos mediadores de seguros, resseguros e de seguros a título acessório, criado, mantido e gerido pelo regulador, suscetível de consulta através da Internet. Aliás, a Diretiva impõe expressamente a criação de um balcão único eletrónico que permita o acesso ao registo, de forma a viabilizar, *a posteriori*, a criação e atualização de uma base de dados eletrónica única ao nível da UE, a dinamizar pela agência europeia de regulação do setor (a EIOPA – Autoridade Europeia de Seguros e Pensões Complementares de Reforma).

ANOTAÇÃO (*Francisco Luís F. Ribeiro Alves*)

Este preceito não tem correspondência no anterior RJMS, porque a categoria de mediador é nova, no entanto, o processo é semelhante ao previsto no artigo 17º deste regime para o agente de seguros, remetendo-se para a anotação desse artigo.

Existe, todavia, uma diferença a salientar, nomeadamente quanto à inscrição das pessoas coletivas não constituídas. O artigo 17º faz menção a esta realidade com a previsão do nº 1 "(...) ou que pretenda celebrá-lo, no caso de pessoa coletiva ainda não constituída (...)", mas este artigo 21º não lhe faz menção. Desta diferença infere-se que apenas será admissível o registo de mediador de seguros a título acessório, quando a pessoa coletiva já esteja constituída. Por outras palavras, não se admite a candidatura de pessoa coletiva que não esteja constituída. Existirá o pressuposto de que o mediador de seguros a título acessório, pessoa coletiva, já está devidamente constituído atendendo à sua atividade principal.

ANOTAÇÃO (*Francisco Rodrigues Rocha*)

I. Preceito novo.

II. O processo de inscrição no registo do mediador de seguros a título acessório é decalcado do do agente previsto no artigo 17º e para cuja anotação no seu todo remetemos. Limitamo-nos nesta ocasião a consignar as diferenças entre o artigo 17º e o 21º: (*i*) na epígrafe do artigo 21º a ausência do complemento determinativo "do mediador de seguros a título acessório", que se compreende por esta subsecção, ao contrário da imediatamente anterior, cura apenas deste (sub)tipo contratual; (*ii*) a omissão da referência no artigo 21º à possibilidade de o mediador de seguros a título acessório ser uma pessoa colectiva a constituir à data do requerimento de registo e instrução do processo (cp. o artigo 21º/1 e 5 com o 17º/1, 4, 5 – sem correspondência no artigo 21º –, 6 e 7 – sem correspondência no artigo 21º), uma vez que, sendo pessoa colectiva, se presume ter sido já constituída e exercer uma actividade principal de que é a mediação acessória (não é, todavia, de descartar a possibilidade de haver interesse por parte de uma pessoa colectiva a constituir em registar-se em simultâneo como mediador de seguros a título acessório, caso em que, cremos, deverem aplicar-se analogicamente as correspondentes normas previstas no artigo 17º para a agência de seguros).

ANOTAÇÃO (*José Vasques*)

I. Sem correspondência direta no anterior *regime jurídico da mediação de seguros e de resseguros*, uma vez que a categoria *mediador de seguros ligado* é extinta pelo regime sob anotação; cfr., no entanto, o artigo 16º do anterior regime, que previa o processo de inscrição naquela categoria.

II. Cfr. art. 3º da Diretiva (UE) 2016/97.

III. O artigo sob anotação é substancialmente idêntico ao artigo 17º, que regula o processo de inscrição no registo na categoria de *agente de seguros*, para cuja anotação se remete; o presente artigo apenas diverge do referido artigo 17º quanto às referências a pessoas coletivas, que não são mencionadas no nº 1 e parecem ter originado a supressão da replicação neste dos nºs 5 e 7 daquele artigo, sugerindo que as pessoas coletivas não poderiam registar-se como mediadores de seguros a título acessório, o que, no entanto, é expressamente admitido pelo presente regime (cfr. arts. 9º, nº 2, *as pessoas singulares ou coletivas podem registar-se como mediadores de seguros a título acessório* , e 20º, nº 1, proémio, *para efeitos de inscrição no registo como mediador de seguros a título acessório, a pessoa singular ou coletiva*).

Sobre as regras aplicáveis à contagem do prazo previsto no nº 5, v. a nossa anotação ao artigo 7º da Lei preambular.

IV. Disposições relacionadas: arts. 7,º da Lei preambular, e art. 17º

SUBSECÇÃO III
MEDIADORES DE RESSEGUROS

ARTIGO 22º – Condições específicas de acesso e processo de inscrição

Ao acesso à atividade de mediador de resseguros aplica-se, com as devidas adaptações, o disposto nos artigos 18º e 19º

ANOTAÇÃO (*Francisco Rodrigues Rocha*)

I. O actual artigo 22º tem como precedente, com que amplamente coincide, o artigo 21º do RJMSR.

II. A norma, dobrada pelo artigo 15º do NR 17/2006-R, determina a aplicação ao mediador de resseguros das condições específicas previstas para o corretor (artigos 18º e 19º).

A inscrição no registo como mediador de resseguros, sendo incompatível com a de agente de seguros ou de mediador de seguros a título acessório, não o é com a de corretor (artigo 15º/3 do RJDSR na esteira do artigo 14º/3 do RJMSR que era todavia mais claro ao exceptuar com clareza a categoria de mediador de seguros; cf. hoje ainda o nº 4 do anexo VI; vd. tb. a lista de mediadores de resseguros, a larga maioria também corretores, registados em Portugal no § seguinte).

Segundo informação disponível no sítio electrónico da ASF (www.asf.pt), em Portugal em 2017 14 mediadores de resseguros registados junto desta autoridade, todos pessoas colectivas, apresentaram e divulgaram contas anuais (RS – Reinsurance Solutions – Sociedade Corretora de Resseguros, S. A., a Molinari, Lda., a AON Re Bertoldi – Corretores de Resseguros, S. A., a Willis – Corretores de Seguros, S. A., a Luso-Atlântica, Corretor de Seguros, S. A., a Archer & Cia., Corretores de Seguros, Lda., a AON Portugal – Corretores de Seguros, S. A., a Marsh, Lda., a MDS – Corretor de Seguros, S. A., a Atlas Seguros – Consultores e Corretores de Seguros, S. A., a MDS Re – Mediador de Resseguros, S. A., a Credite – EGS – Corretores de Seguros, S. A., a João Mata, Lda., e a Empremedia – Corretores de Seguros, S. A.).

Pela inscrição no registo como mediador de seguros deve ainda ser paga uma taxa à ASF (€ 500, consoante pessoa colectiva ou singular, segundo o nº 5 *f*) do anexo VI à NR 17/2006-R). O pagamento da taxa é efectuado no prazo de 10 dias após emissão do DUC com identificação do valor e formas de pagamento, sendo o documento em apreço emitido na sequência do requerimento do acto gerador da taxa (artigo 42º/5). Por ano é também paga uma taxa em contrapartida, nos dizeres da lei, dos serviços de supervisão contínua prestados, que é de € 200 e € 400 para corretor pessoa singular ou colectiva, respectivamente (nº 1 *g*) e *h*) do anexo VI à NR 17/2006-R). Independentemente da categoria, a taxa passa a ser calculada em função do total da remuneração resultante dessa actividade referente ao exercício económico precedente, sendo graduada em função dos seguintes intervalos: *a*) remuneração igual ou superior a € 1.000.000 e inferior a € 3.000.000 = € 1.500; *b*) remuneração igual ou superior a € 3.000.000 e inferior a € 5.000.000 = € 2.500; *c*) remuneração igual ou superior a € 5.000.000 e inferior a € 10.000.000 = € 3.500; *d*) remuneração igual ou superior a € 10.000.000 = € 5.000. O corretor está isento do pagamento da taxa no ano em que é inscrito no registo junto da ASF (nº 3). O pagamento da taxa é efectuado nos meses de Maio a Julho do ano a que respeitem, após emissão do documento único de cobrança que identifica o valor e as formas de pagamento (artigo 42º/3 da NR 17/2006-R) e o prazo (cf. o artigo 42º/4 da NR 17/2006-R). Na falta de pagamento da taxa, são devidos juros moratórios nos termos do artigo 44º da LGT, sendo o crédito objecto de cobrança coerciva a realizar pelo processo de execução fiscal, regulado pelo CPPT (artigo 42º/4). Assinale-se ainda que, quando o mediador de resseguros esteja simultaneamente registado como corretor, está sujeito ao pagamento de uma taxa única de supervisão correspondente à de maior valor (nº 4 do anexo VI).

ANOTAÇÃO *(José Vasques)*

I. Cfr. arts. 5º, al. *d)*, e 21º do *regime jurídico da mediação de seguros e de resseguros.*

II. Não resulta da transposição da Diretiva (UE) 2016/97.

III. A definição de *mediador de resseguros* adotada não se afasta da incluída no *regime jurídico da mediação de seguros e de resseguros* – exceto quando substitui *mediação* por *distribuição* e exceciona da *mediação de resseguros* a atividade de *distribuição de resseguros* [art. 4º, al. *f)*] exercida pelas *empresas de resseguros* [art. 4º, al. *h)*], o que resulta do alargamento subjetivo de incidência do novo regime – sobre este ponto v. a nossa anotação ao artigo 1º

regime jurídico da mediação de seguros e de resseguros	*regime jurídico da distribuição de seguros e de resseguros*
«Mediador de resseguros» qualquer pessoa singular ou coletiva que inicie ou exerça, mediante remuneração, a atividade de mediação de resseguros [art. 5º, al. *f)*]	*«Mediador de resseguros» qualquer pessoa singular ou coletiva, com exceção das empresas de resseguros ou dos seus trabalhadores, que inicie ou exerça, mediante remuneração, a atividade de distribuição de resseguros* [art. 4º, al. *g)*]

As *condições de acesso* e o *processo de inscrição* dos *mediadores de resseguros* são moldadas sobre o previsto para os *corretores de seguros* nos arts. 18º e 19º, categorias em que é permitida a inscrição simultânea da uma mesma pessoa singular ou coletiva (art. 15º, nº 3, *a contrario*).

IV. Disposições relacionadas: arts. 4º, als. *f)* a *h)*, 15º, nº 3, 18º e 19º

CAPÍTULO III
CONDIÇÕES DE EXERCÍCIO DA ATIVIDADE DE DISTRIBUIÇÃO DE SEGUROS OU DE RESSEGUROS
SECÇÃO I
DIREITOS E DEVERES
SUBSECÇÃO I
DIREITOS E DEVERES GERAIS

ARTIGO 23º – Direitos do mediador de seguros

São direitos do mediador de seguros:

_a_) Obter atempadamente das empresas de seguros todos os elementos, informações e esclarecimentos necessários ao desempenho da sua atividade e à gestão eficiente da sua carteira;

_b_) Ser informado pelas empresas de seguros da cessação de contratos de seguro da respetiva carteira de seguros;

_c_) Receber atempadamente das empresas de seguros as remunerações respeitantes aos contratos da sua carteira de seguros, bem como outros montantes que lhe sejam devidos nos termos contratualmente definidos;

_d_) Descontar, no momento da prestação de contas com as empresas de seguros, as remunerações relativas aos prémios cuja cobrança tenha efetuado e esteja autorizado a cobrar.

ANOTAÇÃO (*Francisco Luís F. Ribeiro Alves*)

Corresponde, integralmente, ao conteúdo do artigo 28º do revogado RJMS.

O direito previsto na alínea *a*) fundamenta-se no facto de o mediador de seguros, enquanto representante da empresa de seguros, apenas poder desempenhar corretamente a sua atividade se munido, por exemplo, das informações necessárias quanto aos produtos, pagamentos de prémios ou sinistros. Indiretamente, este direito do mediador de seguros reflete-se, também, no dever dos mediadores para com os clientes, já que só com essas informações poderá cumprir os seus deveres.

O direito referido na alínea *b*), reflete o facto de a cessação dos contratos de seguros ter origem na troca de comunicações entre as partes, segurador e tomador do seguro, que, por vezes, pode não ser do conhecimento do mediador, mas que se reflete no seu dever de prestar assistência aos contratos e no direito de receber remunerações relativamente aos mesmos.

O disposto na alínea *c*) apenas reflete o dever contratual de as empresas de seguros procederem ao pagamento das remunerações devidas. Esta previsão, não trata apenas de repetir um direito contratual; o facto deste direito figurar neste preceito, constitui a base para a previsão contraordenacional, quando existam incumprimentos contratuais, tal como em qualquer incumprimento deste artigo 23º, conforme decorre do artigo 112º, alínea *c*).

A alínea *d*), deste artigo, é apenas aplicável quando o mediador tenha capacidade de cobrança, permitindo ao mediador, na prestação de contas, descontar a sua remuneração.

ANOTAÇÃO (*João Pinto Monteiro*)

O mediador de seguros trabalha no terreno, cultivando contactos que conduzem à conclusão de contratos de seguro. O mediador desempenha um papel fundamental na aproximação das empresas seguradoras aos interessados nos produtos e serviços por elas oferecidos. Esta actividade é levada a cabo na perspectiva da obtenção de uma atribuição patrimonial em troca: uma remuneração.

Os direitos subjectivos que o legislador aqui atribui ao mediador de seguros têm as empresas de seguros como devedoras e promovem os interesses daquele: por um lado, numa gestão eficiente e rentável da actividade que desenvolve; e, por outro lado, na obtenção pontual da sua remuneração.

Estes resultados são alcançados, em primeiro lugar, através da atribuição ao mediador do direito de obter das empresas de seguros "*todos os elementos, informações e esclarecimentos necessários ao desempenho da sua atividade e à gestão eficiente da sua carteira*" (al. *a*)); e do direito de "*ser informado pelas empresas de seguros da cessação de contratos de seguro da respetiva carteira de seguros*" (al. *b*)). Trata-se de um conjunto de informações detidas pela empresa de seguros, e que esta pode transmitir a baixo – ou nenhum – custo (e que poderiam já considerar-se desentranháveis das regras da boa fé).

Em segundo lugar, as als. *c*) e *d*) conferem ao mediador de seguros o direito a atempadamente receber das empresas de seguros as remunerações devidas, e a descontar, no momento da prestação de contas com estas empresas, as remunerações relativas aos prémios cuja cobrança tenha efectuado e esteja autorizado a cobrar.

O direito do mediador de seguros de exigir da empresa de seguros uma série de elementos, informações e esclarecimentos relativos à sua carteira mune-o, paralela e concomitantemente, de dados que promovem o curial cumprimento de deveres de informação que o mediador tem para com o cliente.

Por outras palavras: esta norma, embora com o fito de proteger o mediador de seguros perante as empresas de seguros, tem o condão de simultaneamente agilizar o cumprimento de alguns dos deveres legais daqueles para com os clientes.

ANOTAÇÃO (*José Alves de Brito*)

I. *Considerandos da DDS*: sem menção particular.

II. *Origem da disposição*: Corresponde, com modificações, ao artigo 28º da LMS. *Vide* nos trabalhos preparatórios do novo regime, o artigo 24º do anexo I do Projeto ASF (Versão Preliminar) e o artigo 23º do anexo a que se refere o nº 2 do artigo 1º da Proposta de Lei nº 138/XIII/3ª (Gov.).

III. *Novo regime*: o preceito restringe a sua aplicabilidade aos mediadores de seguros, agentes e corretores de seguros, mas a sua disciplina estende-se aos mediadores de seguros a título acessório *ex vi* do artigo 39º da LDSR. Tendo em vista o conteúdo do preceito, os "direitos" das empresas de seguros não devem, aqui, ser procurados (sobre os deveres das empresas de seguros, *vide* artigo 37º da LDSR). As alterações prendem-se, sobretudo, com o teor das als. *b*) a *d*). Assim: no anterior regime, os mediadores seriam informados da *resolução* dos contratos por si *intermediados*, mas são, presentemente, informados da *cessação* dos contratos que integrem a sua carteira de seguros (al. *b*)).

A análise do regime pretérito permitia a seguinte leitura: caso o mediador não pudesse cobrar prémios de seguros (mediador de seguros ligado), receberia atempadamente das empresas de seguros as remunerações acordadas ("comissões"); se, porventura, pudesse cobrar prémios (agentes de seguros autorizado e corretores – artigo 42º, nº 2 e 5 da LMS), descontaria, no momento de prestação de contas, as remunerações devidas aos prémios cuja cobrança tivesse efetuado ("encontro de contas"). No novo regime o mediador de seguros agente autorizado a cobrar prémios e o corretor receberão atempadamente as remunerações acordadas (o corretor também pode receber "comissões" da empresa de seguros, cfr. Luís Poças, «Aspectos da Mediação de Seguros», in *Estudos de Direito dos Seguros*, Porto, 2008, p. 193, nota 517) ou descontarão, no momento de prestação de contas, as remunerações relativas aos prémios cuja cobrança tenham efetuado.

ANOTAÇÃO (*José Vasques*)

I. Cfr. art. 28º do *regime jurídico da mediação de seguros e de resseguros*.

II. Não resulta da transposição da Diretiva (UE) 2016/97.

III. Estabelecem-se no artigo sob anotação regras relativas aos direitos do mediador de seguros perante as *empresas de seguros* relativamente à *obtenção de informação* [als. *a)* e *b)*] e ao recebimento de *remunerações* bem como de outros montantes que lhe sejam devidos [als. *c)* e *d)*].

A obtenção de informação refere-se aos elementos, informações e esclarecimentos necessários ao desempenho da sua atividade e à gestão eficiente da respetiva *carteira de seguros*, isto é, *o conjunto de contratos de seguro relativamente aos quais o mediador de seguros ou o mediador de seguros a título acessório exerce a atividade de distribuição e por virtude dos quais são criados na sua esfera jurídica direitos e deveres para com empresas de seguros e tomadores de seguros e segurados* [art. 4º, al. *t)*].

O recebimento pelo *mediador de seguros* de *remunerações* e outros montantes que lhe sejam devidos engloba não só o recebimento propriamente dito, como o direito de descontar as *remunerações* relativas aos prémios cuja cobrança tenha efetuado.

Para efeitos do *regime jurídico da distribuição de seguros e de resseguros* a *remuneração* é definida como *uma comissão, honorários, encargos ou outro pagamento, incluindo um benefício económico de qualquer espécie, ou qualquer outra vantagem ou incentivo financeiros ou não financeiros, oferecidos ou concedidos em contrapartida de atividades de distribuição de seguros ou de resseguros* [art. 4º, al. *i)*]; mantendo o já estabelecido no *regime jurídico da mediação de seguros e de resseguros*, a *remuneração* deixou de poder ser apenas formalizada através de uma *comissão* para poder assumir a forma que seja acordada entre o *mediador de seguros* ou de *resseguros* e a *empresa de seguros* ou *de resseguros*.

Também à semelhança do *regime jurídico da mediação de seguros e de resseguros*, o *regime jurídico da distribuição de seguros e de resseguros* não utiliza a expressão *retribuição*, enquanto correspetivo da prestação de trabalho [art. 11º do Código do Trabalho: *contrato de trabalho é aquele pelo qual uma pessoa singular se obriga, mediante <u>retribuição</u>, a prestar a sua atividade a outra ou outras pessoas, no âmbito de organização e sob a autoridade destas* (sublinhado adicionado)], lançando apenas mão da designação *remuneração*.

A definição de legal decompõe-se na *forma* e na *função* da *remuneração*:

a) a *remuneração* tem a *forma* de *comissão* quando seja paga com parte do prémio de seguro [art. 31º, nº 1, al. *h)*, subal. *ii)*], de *honorários* quando seja paga diretamente pelo cliente [art. 31º, nº 1, al. *h)*, subal. *i)*], ou de *encargos ou outro pagamento*, podendo, designadamente, corresponder a um qualquer benefício económico ou de uma *vantagem ou incentivo financeiro ou não financeiro*; admitindo ainda a lei que a *remuneração* possa corresponder à combinação de qualquer dos tipos antes referidos [cfr. art. 31º, nº 1, al. *h)*, subal. *iv)*];

b) a *função* da *remuneração* é a de constituir a contrapartida de atividades de distribuição de seguros ou de resseguros [art. 4º, al. *i)*, parte final], o que, por um lado, corresponde inequivocamente à lógica de que o *mediador de seguros* é remunerado *em relação ao contrato de seguro* [art. 31º, nº 1, als. *g)* e *h)*, proémio – v., também, al. *d)* do artigo sob anotação], *em conexão com o contrato de seguro* [art. 31º, nº 1, al. *h)*, subal. *iii)*], ou *pela prestação do serviço de distribuição* [art. 31º, nº 1, al. *j)*, e 37, nº 1, al. *d)*], e que, por outro lado, a *remuneração* se distingue de *outros montantes que lhe sejam devidos nos termos contratualmente definidos* com a *empresa de seguros* [al. *c)*, parte final, do artigo sob anotação].

Embora a al. *c)* refira apenas que o *mediador de seguros* tem direito de *receber atempadamente das empresas de seguros* as *remunerações,* estas podem ser pagas por um *mediador de seguros* a outro *mediador de seguros* ou a um *mediador de seguros a título acessório* (como se resulta do art. 47º, nº 4, primeira parte, que admite o *recurso por mediador de seguros a outros mediadores de seguros ou mediadores de seguros a título acessório para distribuir o produto de seguros junto do cliente*), pelo que a referida alínea deve ser interpretada como estabelecendo que o mediador de seguros tem o direito de *receber atempadamente das empresas de seguros ou dos mediadores de seguros, nos termos de* contrato escrito previamente celebrado, regulando a intervenção dos vários medidores no contrato de seguro, *as remunerações respeitantes aos contratos que distribua.*

Sobre a natureza, forma, montante dos honorários ou, caso tal não seja possível, método do seu cálculo e o direito do cliente solicitar informação sobre o montante da *remuneração* do *mediador de seguros,* v. arts. 31º, nº 1, als. *g), h),* subals. *i)* e *ii), i)* e *j),* e 37º, nº 1, al. *d),* e 114º, al. *rr).*

Sobre a natureza da *remuneração* recebida pelos trabalhadores da *empresa de seguros* respeitante ao contrato de seguro ou aos pagamentos que o cliente tenha que fazer ao abrigo do contrato de seguro, mas distintos dos prémios regulares ou calendarizados, v. artigos 37º, nº 2, alíneas *c)* e *d),* v., ainda, artigo 114º, alíneas *uu)* e *vv).*

Como foi já referido, os *mediadores de seguros* têm ainda direito a receber das *empresas de seguros* outros montantes que lhe sejam devidos nos termos contratualmente definidos [al. *c),* segunda parte]; estes montantes não se enquadram no conceito de *remuneração,* designadamente por não estarem *em conexão com o contrato de seguro* [art. 31º, nº 1, al. *h),* subal. *iii)*].

No momento da prestação de contas com as *empresas de seguros,* o *mediador de seguros* tem direito de descontar as *remunerações* relativas aos prémios cuja cobrança tenha efetuado e esteja autorizado a cobrar [al. *d)* e arts. 29º, al. *d),* 31º, nº 1, al. *e),* e 51º]; os pagamentos a terceiros ou por parte de terceiros, relativos a *produtos de investimento com base em seguros,* estão ainda sujeitos às disposições do artigo 44º

Sobre a *prestação de contas* v. anotações aos arts. 13º, al. *q),* da Lei preambular, 24º, nº 1, al. *v),* e 29º, al. *c).*

Sobre a *remuneração* e os *melhores interesses dos clientes,* e as *políticas de remuneração* v. a nossa anotação ao artigo 24º, nº 1, alínea *q).*

IV. Disposições relacionadas: arts. 13º, al. *q)* da Lei preambular, arts. 4º, als. *i)* e *t),* 24º, nº 1, als. *q)* e *v),* 29º, als. *c)* e *d),* nº 5, 31º, nº 1, als. *e), g), h)* e *j),* 37º, nºs 1, al. *d),* e 2, als. *c)* e *d),* 44º, 47º, nº 4, 51º e 114º, als. *rr), uu)* e *vv),* e art. 11º do Código do Trabalho.

ANOTAÇÃO (*Luís Poças*)

I. A regulação consagrada no RJDSR assume uma natureza predominantemente institucional, consistindo na disciplina das condições de acesso e de exercício da atividade de distribuição de seguros ou de resseguros. Porém, o RJDSR comporta também uma outra função e alcance, ainda que menos evidenciados: a disciplina injuntiva do *contrato de mediação de seguros*, celebrado entre o agente ou o mediador de seguros a título acessório e o segurador.

Com efeito, são diversas as disposições do RJDSR que remetem para tal contrato – entre elas, os artigos 9º/1/*a*)/2, 16º/1/*a*)/3/4; 17º/1; 20º/1/*a*)/2/4; 21º/1; 31º/2/*d*); 55º; 62º; 114º/1/*c*) – e várias outras, como é o caso do artigo em análise, as que definem o respetivo conteúdo, designadamente os direitos e obrigações das partes. Estamos, portanto, perante um tipo contratual legal.

A regra em Direito civil é a da liberdade de estipulação, caso em que, mesmo quando o legislador define um regime supletivo para determinados tipos contratuais, têm as partes a faculdade de derrogá-lo livremente e de fixar o conteúdo que entenderem (artigo 405º do CC). No caso vertente, porém, no negócio jurídico que designamos por *contrato de mediação de seguros* – ao qual, na verdade, o legislador não atribui *nomen iuris*, pelo que, embora típico, se trata de um contrato inominado – a disciplina de base do contrato é injuntivamente definida pelo legislador, não podendo, portanto, ser derrogada pelas partes.

II. O artigo em análise – que, no essencial, reproduz o teor do artigo 28º do DL 144/2006 – identifica direitos do mediador de seguros *perante o segurador* (e não direitos gerais perante os clientes ou a ASF) os quais, como melhor veremos, têm por base o contrato de mediação de seguros, cujo conteúdo integram.

O preceito aplica-se a agentes e corretores, sendo extensível aos mediadores de seguros a título acessório por força do artigo 39º. É certo que os corretores de seguros se caracterizam pela sua independência face aos seguradores (artigo 9º/1/*b*)), atuando, em regra, por conta dos seus clientes. Não obstante, a distribuição de seguros implica uma relação com o(s) segurador(es) cujos produtos são objeto da atividade de distribuição do corretor. Essa relação sempre haverá de ser contratualizada, ainda que em moldes simplificados (protocolo de distribuição, por exemplo), sendo o contrato integrado, designadamente, pelos direitos definidos no presente artigo.

III. No artigo em análise consagram-se dois importantes conjuntos de direitos do mediador perante o segurador, respetivamente, direitos no âmbito da *informação* e da *remuneração*.

Assim, a alínea *a*), que segue literalmente a alínea *a*) do artigo 28º do DL 144/2006, fixa um relevante direito de informação, de cuja satisfação depende instrumentalmente a própria atividade de distribuição.

A alínea *b*) comporta também um direito a informação (no caso, sobre a cessação de contratos da carteira do mediador). A formulação (cessação de contratos da carteira de seguros do mediador) é mais rigorosa e feliz do que a redação da alínea *b*) do artigo 28º do DL 144/2006 (resolução de contratos intermediados pelo mediador).

A alínea *c*), por seu turno, identifica um direito de crédito, de base contratual, do mediador sobre o segurador, numa formulação também mais rigorosa e precisa do que a da alínea *c*) do artigo 28º do DL 144/2006. Para além das remunerações propriamente ditas, reconhece-se ainda o direito a outros montantes contratualmente definidos.

Finalmente, a alínea *d*), seguindo a redação da alínea *d*) do artigo 28º do DL 144/2006, consagra um direito de compensação parcial entre os créditos remuneratórios do mediador e os prémios que o mesmo tenha legitimamente cobrado por conta do segurador.

ARTIGO 24º – Deveres gerais do mediador de seguros

1 – São deveres gerais do mediador de seguros:

_a_) Celebrar contratos em nome da empresa de seguros apenas quando esta lhe tenha conferido, por escrito, os necessários poderes;

_b_) Não propor ou assumir em seu próprio nome a cobertura de riscos;

_c_) Cumprir as disposições legais e regulamentares aplicáveis à atividade seguradora e à atividade de distribuição de seguros e não intervir na celebração de contratos que as violem;

_d_) Assistir correta e eficientemente os contratos de seguro em que intervenha;

_e_) Diligenciar no sentido da prevenção de declarações inexatas ou incompletas pelo tomador do seguro e de situações que violem ou constituam fraude à lei ou que indiciem situações de branqueamento de capitais ou de financiamento do terrorismo;

_f_) Guardar segredo profissional, em relação a terceiros, dos factos de que tome conhecimento em consequência do exercício da atividade de distribuição;

_g_) Comprovar o registo como mediador de seguros sempre que tal lhe seja solicitado por qualquer interessado;

_h_) Manter arquivo dos contratos de seguros de que é mediador e de quaisquer documentos que especifiquem os termos dos serviços a prestar aos clientes, bem

como dos elementos e informações necessários ao cumprimento dos deveres de prevenção do branqueamento de capitais ou financiamento do terrorismo;

i) Ter ao seu serviço o número de pessoas diretamente envolvidas na atividade de distribuição de seguros adequado à dimensão e à natureza da atividade do mediador de seguros;

j) Manter atualizada uma listagem com a identificação das pessoas diretamente envolvidas na atividade de distribuição de seguros que estejam ao seu serviço, com indicação da respetiva qualificação adequada nos termos do presente regime, assim como do estabelecimento em que exerçam atividade, se aplicável;

k) Manter ou assegurar que os membros do órgão de administração responsáveis pela atividade de distribuição mantêm um nível adequado de desempenho mediante o cumprimento dos requisitos de formação e aperfeiçoamento profissional contínuo, nos termos do artigo 25º;

l) Assegurar que as pessoas diretamente envolvidas na atividade de distribuição de seguros mantêm um nível adequado de desempenho mediante o cumprimento dos requisitos de formação e aperfeiçoamento profissional contínuo, nos termos do artigo 25º;

m) Quando conceba produtos de seguros para venda a clientes, cumprir os deveres previstos no artigo 153º do regime jurídico de acesso e exercício à atividade seguradora e resseguradora, constante do anexo I da Lei nº 147/2015, de 9 de setembro, relativos a uma política de conceção e aprovação de produtos de seguros;

n) Definir uma política de distribuição de produtos de seguros, estabelecendo medidas adequadas para obter todas as informações pertinentes sobre o produto de seguros e a respetiva política de conceção e aprovação e compreender as características e o mercado alvo identificado de cada produto de seguros, nos termos regulamentados em ato delegado da Comissão Europeia em desenvolvimento da Diretiva (UE) 2016/97 do Parlamento Europeu e do Conselho, de 20 de janeiro de 2016;

o) Não utilizar serviços de distribuição de seguros por pessoa que não se encontre registada ou autorizada para esse efeito ou em desrespeito do âmbito de atividade em que o mediador de seguros, de resseguros ou de seguros a título acessório está autorizado a exercer;

p) Sem prejuízo do disposto na alínea anterior, quando utilize serviços de pessoas abrangidas pela exclusão prevista no nº 2 do artigo 2º, garantir que:

i) As respetivas condições de exclusão se encontram preenchidas;

ii) São disponibilizadas ao cliente, antes da celebração do contrato, informações sobre a sua identidade e o seu endereço, e sobre os procedimentos referidos nas alíneas *t*) e *u*), com base nos quais o cliente ou outras partes interessadas possam apresentar reclamações;

iii) São estabelecidos mecanismos apropriados e proporcionados para assegurar o cumprimento do disposto nas alíneas *q*), *r*) e *s*), no nº 1 do artigo 27º, na alínea *a*) do nº 1 do artigo 30º e na alínea *b*) do nº 1 do artigo 32º e para ter em conta as exigências e as necessidades do cliente antes de o contrato lhe ser proposto;

iv) O documento de informação sobre o produto de seguros, referido no nº 1 do artigo 33º, é entregue ao cliente antes da celebração do contrato;

v) Essas pessoas cooperam com a ASF no âmbito dos seus poderes de supervisão;

vi) É conferido ao mediador de seguros e à ASF acesso efetivo aos dados relativos ao exercício da atividade de distribuição;

vii) A ASF tem acesso livre às instalações dessas pessoas;

q) Não ser remunerado, nem remunerar ou avaliar o desempenho dos seus colaboradores, de um modo que colida com o dever de agir de acordo com os melhores interesses dos clientes, em particular não recorrendo a mecanismos de remuneração, de objetivos de vendas ou de outro tipo, suscetíveis de constituir um incentivo, para si ou para os seus colaboradores à recomendação de um determinado produto de seguros a um cliente, quando poderia propor um produto de seguros diferente que correspondesse melhor às necessidades desse cliente;

r) Cumprir, em matéria de vendas associadas, as obrigações previstas no artigo 26º;

s) Cumprir, em matéria de publicidade, os requisitos previstos no artigo 27º;

t) Definir uma política de tratamento dos tomadores de seguros, segurados, beneficiários e terceiros lesados, cujos princípios de funcionamento estejam consignados em documento escrito, que garanta o seu tratamento equitativo, bem como o tratamento adequado dos seus dados pessoais e das suas reclamações;

u) Instituir uma função responsável pela gestão das reclamações dos tomadores de seguros, segurados, beneficiários e terceiros lesados relativas aos respetivos atos ou omissões, nos termos do artigo 28º;

v) No caso de o mediador de seguros ser uma pessoa coletiva, publicar os documentos de prestação de contas.

2 – O disposto nas alíneas *m*), *n*) e *t*) do número anterior não se aplica em relação aos produtos de seguros que visem a cobertura de grandes riscos.

3 – A ASF concretiza, por norma regulamentar, os deveres previstos nas alíneas *i*), *m*), *n*), *t*), *u*) e *v*) do nº 1.

ANOTAÇÃO (*Francisco Luís F. Ribeiro Alves*)

Tem por base o artigo 29º do revogado RJMS. As alíneas *k*) a *v*) do nº 1, e os nºs 2 e 3 deste artigo são novos.

A previsão da alínea *a*) do nº 1 resulta do facto de o mediador, ter, ou não, poderes para representar a empresa de seguros, na celebração de contratos de seguro. A maior parte destas situações depende do produto que esteja em causa e dos poderes que tenham sido conferidos pelo segurador. Em produtos como o seguro automóvel é natural que exista delegação de poderes da empresa de seguros no mediador para que, desde logo, celebre o contrato e emita a documentação correspondente, como a carta verde. Ainda assim, dentro de cada produto, podem existir situações especiais em que o mediador deve sujeitar a emissão do contrato à apreciação da empresa de seguros.

A previsão da alínea *b*) do nº 1, quanto a "não propor ou assumir em seu próprio nome a cobertura de riscos", seria desnecessária, já que os mediadores não podem assumir riscos. Essa é uma tarefa que está, apenas, no objeto das empresas de seguros e de resseguros e que decorre genericamente do Regime de Acesso e Exercício da Atividade Seguradora e Resseguradora, aprovado pela Lei nº 147/2015, de 9 de setembro, e do conteúdo típico do contrato de seguro. Por essa razão, dispõe o artigo 1º do Regime Jurídico do Contrato de Seguro, aprovado pelo Decreto-Lei 72/2008, de 16 de abril, que "Por efeito do contrato de seguro, o segurador cobre um risco determinado do tomador do seguro ou de outrem (...)".

O dever previsto na alínea *c*) do nº 1, quanto ao cumprimento das disposições legais e regulamentares aplicáveis à atividade seguradora e à atividade de distribuição de seguros e a não intervir na celebração de contratos que as violem, é genérico e óbvio. Deverá atender-se ao incumprimento em concreto, mas pode-se considerar uma salvaguarda, em particular quanto ao incumprimento de normas regulamentares, de modo a lhe conferir consequências contraordenacionais. Esta alínea *c*) não consta de forma expressa nas disposições contraordenacionais, pelo que se deve conciliar o disposto na mesma com o previsto no artigo 112º, alínea *r*), que sanciona *"A violação dos demais preceitos imperativos deste diploma ou de regulamentação emitida em seu cumprimento e para sua execução, bem como de legislação da União Europeia emitida neste âmbito, que não seja considerada contraordenação grave ou muito grave"*.

A alínea *d*) do nº 1 prevê que é dever do mediador assistir correta e eficientemente os contratos de seguro em que intervenha. Esta previsão tem que ser entendida apenas na medida em que o mediador tenha informado que presta assistência ao abrigo da alínea *f*) do nº 1 do artigo 31º, já que, embora não seja o normal, pode acontecer que a intervenção do mediador se esgote no momento da celebração do contrato.

A alínea *e*) do nº 1 dispõe que o mediador deve prevenir que o tomador do seguro preste declarações inexatas ou incompletas, situações que violem ou constituam fraude à lei ou que indiciem situações de branqueamento de capitais ou de financiamento do terrorismo. Quanto às declarações inexatas e a sua ação para as prevenir há que atender, também ao artigo 24º do Regime Jurídico do Contrato de Seguro, nomeadamente, ao referido no nº 4, que prevê que o segurador deve esclarecer, antes da celebração do contrato, o tomador do seguro sobre o dever de declarar com exatidão o risco e as consequências do incumprimento. Sendo o mediador o representante do segurador este dever é-lhe igualmente aplicável. As situações de violação ou fraude à lei, bem como as de branqueamento de capitais, relacionam-se com princípios de ordem pública e têm consequências legais em caso de incumprimento.

A alínea *f*) do nº 1, quanto ao dever de guardar segredo relativamente a terceiros, respeita ao dever de sigilo que já decorre do artigo 119º do Regime Jurídico do Contrato de Seguro. Admite-se que esta previsão seja útil para abranger alguma situação em que o mediador não esteja a representar um segurador específico, por ainda se estar numa fase pré-contratual, em que o potencial cliente ainda não decidiu sobre o seguro que pretende contratar.

A previsão da alínea *g*) do nº 1, quanto ao dever de o mediador comprovar o seu registo, na ASF, sempre que seja solicitado, mostra-se possível de duas formas. Por um lado, o registo do mediador consta do sítio de internet da ASF, por outro lado, o mediador recebe um certificado de registo emitido pela ASF, nos termos do artigo 58º, deste regime, o qual poderá ser apresentado, mediante pedido do potencial cliente.

O dever constante da alínea *h*) do nº 1, quanto a manter arquivo dos contratos de seguros de que é mediador e de quaisquer documentos que especifiquem os termos dos serviços a prestar aos clientes, bem como dos elementos e informações necessários ao cumprimento dos deveres de prevenção do branqueamento de capitais ou financiamento do terrorismo, terá fundamento nos deveres de conservar documentos do comerciante, previstos no artigo 40º do Código Comercial, e nos deveres de conservação previstos nos artigos 11º, nº 1, alínea *f*) e artigo 51º da Lei nº 83/2017, de 18 de agosto (Lei que estabelece medidas de combate ao branqueamento de capitais e ao financiamento do terrorismo). Note-se, no entanto, que o anterior regime jurídico da mediação utilizava a expressão "Manter o registo dos contratos de seguros" em vez da atual "manter arquivo dos contratos de seguros", o que poderá ser mais abrangente e problemático.

A previsão da alínea *i*), do nº 1, quanto a ter ao seu serviço um número adequado de pessoas diretamente envolvidas, relaciona-se com o objetivo de garantir um bom serviço ao potencial cliente. A Norma Regulamentar nº 17/2006, de 29 de dezembro, estabelece o número mínimo de pessoas diretamente envolvidas por estabelecimento. No caso dos agentes de seguros será necessária uma pessoa por estabelecimento (artigo 9º), e no caso dos corretores de seguros, duas pessoas (artigo 13º).

Os deveres previstos nas alíneas *k*) e *l*) do nº 1 são apenas uma remissão para o dever de formação contínua, previsto no artigo 25º deste regime, o qual deverá ser complementado por Norma Regulamentar da ASF.

A alínea *m*) do nº 1 trata da situação em que o mediador seja considerado produtor na conceção de produtos de seguros para venda a clientes, excluindo-se a aplicação aos produtos de seguros de grandes riscos, nos termos do nº 2, deste artigo. Esta alínea, que será concretizada por Norma Regulamentar, nos termos do nº 3, remete para o artigo 153º do Regime Jurídico da Atividade Seguradora e Resseguradora e, necessariamente, para o Regulamento Delegado 2017/2358. Este Regulamento esclarece as situações em que um mediador pode, também, ser considerado produtor.

Um mediador pode ser considerado produtor quando assuma um papel chave (*key role*) no desenho e desenvolvimento dos produtos de seguros. O artigo 3º, nº 1, do Regulamento Delegado refere que, para efeitos do artigo 25º, nº 1, da DDS, "os mediadores de seguros devem ser considerados produtores sempre que, em resultado de uma análise global da sua atividade, se verifique que dispõem de capacidade decisória no âmbito da conceção e do desenvolvimento de um produto de seguros destinado ao mercado".

Esta capacidade decisória presume-se, de acordo com o artigo 3º, nº 2, quando os mediadores de seguros determinem, "de forma autónoma, as características fundamentais e os elementos principais de um produto de seguros, incluindo a sua cobertura, o preço, os custos, o risco, o mercado-alvo e os direitos de indemnização e garantia, que não sejam substancialmente alterados pela empresa de seguros que assegura a cobertura do produto de seguros".

A obrigação prevista na alínea *n*) do nº 1, no sentido de o mediador definir uma política de distribuição de produtos de seguros, é uma novidade que carece do devido enquadramento regulamentar pela ASF, nos termos do nº 3, do artigo 24º, embora o Regulamento Delegado 2017/2358, nos artigos 10º e 11º, já trate desta matéria. Este dever não se aplica aos produtos de seguros de grandes riscos, nos termos do nº 2 deste artigo.

As alíneas *o*) e *p*), do nº 1, relacionam-se com o facto de cada distribuidor apenas poder utilizar pessoas que cumpram todos os requisitos legais, mesmo que estejam isentas. Para efeitos de controlo da ASF, devem ser comunicadas as remunerações pagas a mediadores de seguros a título acessório isentos, nos termos do artigo 2º, nº 2 [artigo 34º, nº 1, alínea *g*)] e que, na sua atividade, têm vários deveres a cumprir, descritos na alínea *p*) do nº 1 do artigo 24º.

A alínea *q*) do nº 1 refere um dever central nas novidades decorrentes da Diretiva, ou seja, a matéria da remuneração para evitar que um distribuidor venda um produto que não seja o mais adequado ou apropriado ao cliente, em função do valor de remuneração que poderia receber num determinado produto. Nada na lei refere como conciliar as diferentes remunerações pagas por várias empresas de seguros a um mediador, o que poderá vir a ser esclarecido pela ASF, em sede de entendimentos. De todo o modo, diremos que, na prática, mesmo que perante remunerações diferentes (normalmente percentagens sobre o prémio) pagas por diferentes seguradores, caso perante uma situação concreta não se apure que deveria ter sido vendido um outro produto ao cliente, este não terá sido prejudicado. Ainda assim, o que se pretende evitar é que exista um incentivo à venda de determinados produtos em detrimento de outros, podendo ou não ser de diferentes seguradores.

O problema é mais crítico nos produtos de investimento com base em seguros, razão pela qual apenas estes produtos merecem tratamento em sede de Regulamento Delegado (2017/2359), devendo avaliar-se os incentivos de acordo com os critérios facultados pelo artigo 8º deste Regulamento.

O dever previsto na alínea *t*) do nº 1, quanto a definir uma política de tratamento, corresponde aquilo que já é uma obrigação das empresas de seguros, conforme decorre do artigo 154º do Regime Jurídico de Acesso e Exercício da Atividade Seguradora (RJASR) e dos artigos 4º e 5º da Norma Regulamentar nº 10/2009-R, de 25 de junho. Este dever será concretizado por Norma Regulamentar da ASF, nos termos do nº 3, deste artigo 24º, possivelmente em termos semelhantes aos previstos para as empresas de seguros, mas não se aplica aos produtos de seguros de grandes riscos, nos termos do nº 2 deste artigo.

O dever previsto na alínea *u*) do nº 1, quanto a instituir uma função para a gestão de reclamações, está relacionado com o dever previsto na alínea *t*), carecendo, também, de concretização por Norma Regulamentar da ASF de modo semelhante ao previsto para as empresas de seguros, nos termos que decorrem do artigo 157º do RJASR e dos artigos 6º a 9º da Norma Regulamentar nº 10/2009-R, de 25 de junho.

ANOTAÇÃO (*João Pinto Monteiro*)

Esta norma apresenta um elenco alargado e qualitativamente variegado de deveres do mediador de seguros: uns, previstos em benefício dos clientes; já outros, por sua vez, contribuem para dar resposta a problemas cuja amplitude extravasa o âmbito do contrato de seguro.

Alguns dos deveres representam meras remissões para outros, de natureza específica (cfr. as als. *r*), *s*) e *u*) do seu nº 1), regulados por outros preceitos deste diploma.

Outros deveres há que se reportam a matérias tão díspares quanto o registo (al. *g*) do nº 1) e a prevenção de branqueamento de capitais e de financiamento do terrorismo (als. *f*) e *h*), ambas do nº 1).

Por entre esta mole parece-nos de salientar um conjunto de deveres que viabiliza o adimplemento de uma multiplicidade de outros deveres, que têm a sua fonte noutros preceitos desta Lei, e que assumem uma importância central por incidirem sobre prestações de informação pelo mediador de seguros, de aconselhamento, de esclarecimentos, e sobre matéria de conflitos de interesses; deveres, estes, cujo cumprimento assegura a protecção dos interesses dos clientes ou potenciais clientes (cfr. os artigos 30º a 32º).

Em primeiro lugar, sublinhamos a al. *i*) do nº 1, que impõe o dever de o mediador ter "*ao seu serviço o número de pessoas diretamente envolvidas na atividade de distribuição de seguros adequado à dimensão e à natureza da atividade do mediador de seguros*". O cumprimento deste dever viabiliza a formação de uma estrutura organizacional com os recursos necessários ao adimplemento daqueloutros deveres fulcrais.

Em segundo lugar, e no mesmo sentido, as als. *k*) e *l*) do nº 1 preceituam que os mediadores de seguros e os membros dos órgãos de administração responsáveis pela sua actividade disponham de um conjunto de qualificações mínimas, as quais devem ser aperfeiçoadas continuamente (sobre este aperfeiçoamento, cfr. o artigo 25º).

Em terceiro lugar, a al. *n*) do nº 1 almeja que o mediador possa estar informado sobre os produtos que promove e respectivo mercado, de modo a poder cumprir deveres de aconselhamento e de informação que obviem a que certos clientes adquiram produtos desadequados aos seus interesses e situação patrimonial.

Por último, a al. *q*) do nº 1 visa prevenir conflitos de interesses provocados por estruturas remunerativas que prejudiquem os interesses dos clientes., nomeadamente no sentido de levar a propor ao cliente um produto de seguros diferente daquele que melhor corresponde às suas necessidades.

ANOTAÇÃO (*José Alves de Brito*)

I. *Considerandos da DDS*: *vide* considerandos (28), (29) (46) e (55).

II. *Origem da disposição*: Corresponde, com aditamentos e modificações, ao artigo 29º da LMS. *Vide* os artigos 1º, nº 4, 10º, nº 2, § 1, 14º, 16º, 17º, nºs 2 e 3, 24º, 25º, nº 1, §§ 1 a 3 e § 5 e nº 4 da DDS e, nos trabalhos preparatórios do novo regime, o artigo 25º do anexo I do Projeto ASF (Versão Preliminar) e o artigo 24º do anexo a que se refere o nº 2 do artigo 1º da Proposta de Lei nº 138/XIII/3ª (Gov.).

III. *Novo regime*: institui-se uma parafernália de "deveres" *gerais* do mediador de seguros agente, corretor ou mediador de seguros a título acessório (mas, neste particular, com limitações – cfr. artigo 39º da LDSR), acantonando-se os "deveres" do distribuidor empresa de seguros em preceito autónomo (cfr. artigo 37º, nº 1 da LDSR; contudo, algum dos deveres gerais do mediador são estendidos, com as devidas adaptações, às empresas de seguros – cfr. artigo 37º, nº 2 da LDSR). Os "deveres" *gerais* dos mediadores (agentes ou corretores) contrapõem-se aos "deveres" *específicos*, portanto, àqueles cujo sujeito ativo é identificado alternativamente na lei como (*i*) as empresas de seguros ou outros mediadores de seguros (artigo 29º da LDSR); (*ii*) os clientes (artigo 30º da LDSR) e (*iii*) a ASF (artigo 34º da LDSR). Se o mediador de seguros for um corretor acrescem ainda os "deveres" enunciados no artigo 35º.

Uma explanação perfunctória do preceito (que, na dogmática do direito das obrigações, abarca realidades muito diversas) deve levar em conta as previsões que já constavam, com maiores ou menores adaptações, da LMS (artigo 24º, nº 1, als. *a*) a *j*)) e as previsões novas, decorrentes da DDS (cfr. artigo 24º, nº 1, als. *k*) a *u*)). Em regra, as novas previsões remetem para novos artigos, onde a matéria surge desenvolvida, destacando-se, por exemplo, o dever de não recorrer a mecanismos de remuneração que ou de objetivos de vendas suscetíveis de constituir um incentivo à recomendação de certo produto de seguro, quando se poderia propor um produto diverso que correspondesse melhor às necessidades do cliente (artigo 24º, nº 1, al. *q*) da LDSR). Todavia, tal não constitui em absoluto um obstáculo a esquemas de remuneração baseadas em objetivos de vendas, conforme resulta do considerando 46 da diretiva.

Certas previsões (*rectius*, "deveres") não se aplicam quando estejam em causa produtos de seguros que visem a cobertura de grandes riscos, ou seja, os riscos definidos nas alíneas *a*) a *c*) do nº 2 do artigo 5º do RJASR (cfr. artigo 4º, al. *w*) da LDSR). A tudo isto monta ainda a previsão de contraordenações, em regra graves, pelo incumprimento dos deveres ora estabelecidos (cfr. artigo 113º da LDSR), mas em certos casos particulares, o seu desrespeito traduz-se apenas na possível aplicação de uma contraordenação simples (cfr. artigo 112º, als. *d*) e *e*) da LDSR). Por fim, note-se, acrescente-se que a localização sistemática de certas alíneas (*v.g.*, al. *a*) – «celebrar contratos em nome da empresa de seguros apenas quando esta lhe tenha conferido, por escrito, os necessários poderes») poderia sempre objeto de indagação ulterior. Um candidato natural à alínea seria o artigo 29º da LDSR, relativo aos deveres do mediador de seguros para com as empresas de seguros, mas, porventura, terá jogado também a possível perspetiva dos clientes (artigo 30º da LDSR), o que poderá ter sopesado no sentido da inscrição da referida regra no âmbito dos deveres gerais do mediador. De todo o modo era já essa a solução acolhida na LMS (cfr. artigo 29º, al. *a*)).

ANOTAÇÃO *(José Vasques)*

I. Cfr. art. 29º do *regime jurídico da mediação de seguros e de resseguros.*

II. Cfr. arts. 1º, 10º, 16º, 17º, 24º, 25º e 30º da Diretiva (UE) 2016/97, e Regulamento Delegado (EU) 2017/2359.

III. Os *deveres gerais* previstos neste artigo distinguem-se de outros deveres dos *mediadores de seguros* que têm destinatários específicos (*deveres específicos*), designadamente os *deveres dos mediadores de seguros para com as empresas de seguros e outros mediadores de seguros* (art. 29º), *para com os clientes* (arts. 30º e 31º) e *para com a ASF* (art. 34º).

Os *deveres gerais do mediador de seguros* previstos no nº 1 do artigo sob anotação podem ser agrupados em três núcleos principais, consoante se relacionem com:

a) a própria definição da atividade de *distribuição de seguros* [e de *mediação de seguros*, cfr. art. 4º, als. *a)* e *c)*];

b) a organização e a estrutura; ou

c) as regras de conduta.

Estão relacionados com a definição da atividade de *distribuição de seguros* os *deveres gerais do mediador de seguros* que se relacionam com *propor ou preparar atos preparatórios da celebração de contratos de seguro, em celebrar esses contratos* [als. *a)* a *c)* e *e)*] ou com *apoiar a gestão e a execução desses contratos* [al. *d)*].

Integram o núcleo de *deveres gerais* relativos à *organização técnica, comercial, administrativa e contabilística e a estrutura económico-financeira* os que dizem respeito à manutenção de arquivos e documentos [al. *h)*], à disponibilidade do um número necessário de pessoas diretamente envolvidas na atividade de distribuição, devidamente identificadas e dispondo de formação e aperfeiçoamento profissional adequados [als. *i)*, *j)* e *l)*, e art. 25º], ao cumprimento dos requisitos de *formação e aperfeiçoamento profissional* dos membros do órgão de administração responsáveis pela atividade de distribuição [al. *k)*, e art. 25º], à adoção de políticas de conceção e aprovação de produtos [al. *m)*], de distribuição de produtos [al. *n)*] e de tratamento dos tomadores de seguros, segurados, beneficiários e terceiros lesados [al. *t)*], à instituição de uma função responsável pela gestão de reclamações [al. *u)*, e art. 28º] e à publicação dos documentos de prestação de contas [al. *v)*].

Finalmente, reportam-se a *regras de conduta* a observação do segredo profissional relativamente a factos cujo conhecimento seja obtido em consequência do exercício da atividade de distribuição [al. *f)*], a comprovação do registo como mediador de seguros [al. *g)*], a não utilização de serviços de distribuição de seguros por pessoa que não se encontre registada ou autorizada para esse efeito [al. *o)*], quando utilize serviços de pessoas abrangidas pelas *condições de isenção* [art. 2º, nº 2) garantir que são observadas as condições em que tal utilização pode ocorrer [al. *p)* e arts. 2º, nº 2, 27º, nº 1, als. *q)*, *r)* e *s)*, 30º. nº 1, 32º, nº 1, al. *b)*, e 33º, nº 1], a não remuneração ou seu recebimento, de modo que colida com o dever de agir de acordo com os melhores interesses dos clientes [al. *q)*], além do cumprimento as obrigações e requisitos previstos relativamente a vendas associadas [al. *r)* e art. 26º] e de publicidade [al. *s)* e art. 27º].

O *regime jurídico da mediação de seguros* era omisso quanto à possibilidade da utilização pelos *mediadores de seguros* de serviços de pessoas abrangidas pela exclusão então prevista no nº 2 do artigo 3º [correspondente ao art. 2º, nº 2, do regime sob anotação, pelo que a referência expressa a essa possibilidade [nº 1, al. *p)*] contrasta com referida omissão [ainda que a conjugação dos artigos 37º, al. *a)*, e 78º, al. *b)*, permitisse admir que o regime vedada às empresas de seguros e aos mediadores a utilização dos serviços de mediação das pessoas abrangidas pelo art. 3º, nº 2]– sobre a possibilidade da utilização pelas *empresas de seguros* dos serviços das pessoas abrangidas pelas *condições de isenção* v. a nossa anotação ao artigo 37º, nº 1, alínea *a)*.

Os mencionados *deveres gerais dos mediadores de seguros* podem também ser objeto de classificação segundo se refiram a:

i) deveres previstos em outras disposições, independentemente de estas serem referidas de forma explícita [als. *k)*, *l)*, *m)*, *n)*, *r)*, *s)* e *u)*] ou implícita [als. *a)* e *i)*, que se relacionam com o disposto nos arts. 16º, nº 1, als. *a)* e *b)*] – cfr. nossas anotações a esses artigos; ou a

ii) deveres que são no artigo sob anotação suficientemente enunciados e concretizados [als. *b)* a *j)* e *n)*].

Sobre o *mercado-alvo* v. as nossas anotações ao artigos 3º da Lei preambular, e ao art. 42º

Um dos objetivos expressos da Diretiva (UE) 2016/97 é o de que as *políticas de remuneração dos distribuidores de seguros em relação aos seus empregados ou representantes não comprometam a sua capacidade para agir de acordo com o melhor interesse dos clientes, nem os impeçam de fazer recomendações adequadas ou de apresentar informações corretas, claras e não enganosas* (considerando 46); nesse sentido, é dever do *mediador de seguros* não ser remunerado, nem remunerar ou avaliar o desempenho dos seus colaboradores, de um modo que colida com o dever de agir de acordo com os melhores interesses dos clientes, em particular não recorrendo a mecanismos de remuneração, de objetivos de vendas ou de outro tipo, suscetíveis de constituir um *incentivo*, para si ou para os seus colaboradores à recomendação de um determinado produto de seguros a um cliente, quando poderia propor um produto de seguros diferente que correspondesse melhor às necessidades desse cliente.

Estando entre os *deveres gerais do mediador de seguros* [...] *não ser remunerado* [...] *de um modo que colida com o dever de agir de acordo com os melhores interesses dos clientes*, tal dever é, naturalmente, correspetivo do dever da *empresa de seguros* não *remunerar* [os *mediadores de seguros*] *de um modo que colida com o dever de agir de acordo com os melhores interesses dos clientes* [art. 37º, nº 3, que determina a aplicação, com as necessárias adaptações, entre outros, do art. 24º, nº 1, al. *q)*].

O princípio geral de privilegiar os *melhores interesses dos clientes* visa evitar que os produtos sejam aconselhados aos clientes em função das *remunerações* que os *incentivos* e objetivos de vendas gerem, mesmo que às necessidades dos clientes correspondam produtos de seguros diferentes mas que proporcionem *remuneração* inferior.

Sobre o *aconselhamento* v. anotações aos arts. 31º, 41º e 42º

Importa recordar que, como ficou referido na nossa anotação ao artigo anterior, o *mediador de seguros* é remunerado *em relação ao contrato de seguro* [arts. 23º, al. *d)*, e 31º, nº 1, als. *g)* e *h)*], e que será relativamente a esta relação *remuneração-contrato de seguro* ou *remuneração-produto de seguros* que deverá aferir-se a existência de um eventual conflito ou relação perversa entre a *remuneração* e os produtos propostos ao cliente, uma vez que mecanismos de remuneração, de objetivos de vendas ou de outro tipo, que não incidam sobre produtos determinados, mas sim sobre volumes globais de vendas ou que dependam de outros critérios, não parecem suscetíveis de puder ser interpretados como constituindo um incentivo à recomendação de determinados produtos aos clientes.

A relevância da relação *remuneração-produto de seguros* é confirmada pela própria definição de *incentivo* estabelecida pelo artigo 2º, al. 2), do Regulamento Delegado (UE) 2017/2359:

> *«Incentivo», qualquer remuneração, comissão ou qualquer benefício não pecuniário fornecido ou recebido por um mediador ou empresa relacionado com a distribuição de um produto de investimento com base em seguros, ou fornecido ou recebido por qualquer terceiro distinto do cliente que participe na operação em causa ou qualquer pessoa que atue em nome desse cliente.*

[A referência, na definição que se reproduz, à *distribuição de um produto de investimento com base em seguros*, fica a dever-se ao facto de o ato delegado da Comissão ter sido adotado ao abrigo do art. 29º, nº 4, da Diretiva (UE) 2016/97, inserido no capítulo IV, dedicado precisamente aos *produtos de investimento com base em seguros*; o que precede, no entanto, não invalida o raciocínio que se desenvolve no texto, e que a definição apenas confirma.]

Afigura-se, assim, que os benefícios económicos de qualquer espécie ou as vantagens ou incentivos financeiros ou não financeiros, oferecidos ou concedidos em contrapartida de atividades de distribuição de seguros ou de resseguros, mas não *em relação ao* (ou *em conexão com o*) *contrato de seguro* são insuscetíveis de poder conflituar com os *melhores interesses dos clientes*.

Sobre a *avaliação dos incentivos e dos regimes de incentivos* v. a nossa anotação ao artigo 44º

Sobre as *pessoas diretamente envolvidas na atividade de distribuição de seguros ou de resseguros* v. a nossa anotação ao artigo 15º

A exclusão (nº 2) do previsto no nº 1, als. *m), n)* e *t)*, aos produtos de seguros que visem a cobertura de grandes riscos, filia-se no propósito da Diretiva (UE) 2016/97 de que as disposições que *regulam as regras de conduta da atividade dos mediadores de seguros ou de outros vendedores de produtos de seguros, aplicam-se apenas às relações «empresa-consumidor»* [considerando (43) e arts. 22º, nº 1, 25º, nº 4].

Naturalmente, aos *deveres gerais* previstos no nº 1 do artigo sob anotação estão associadas contraordenações (puníveis com coimas e, eventualmente, com sanções acessórias, cfr. art. 115º), as quais vão enunciadas no quadro seguinte:

art. 24º, nº 1	contraordenações	art. 24º, nº 1	contraordenações
a), b), e), f) e *j)*	art. 113º, al. g)	*q)*	art. 113º, al. *l)*
d), g), h) e *i)*	art. 112º, al. *d)*	*r)*	art. 113º, al. *m)*
k) e *l)*	art. 113º, al. *h)*	*s)*	art. 113º, al. *n)*
m)	art. 113º, al. *i)*	*t)*	art. 113º, al. *o)*
n)	art. 113º, al. *j)*	*u)*	art. 113º, al. *p)*
p)	art. 113º, al. *k)*	*v)*	art. 113º, al. *e)*

A habilitação específica da ASF para adotar a regulamentação prevista no nº 3 do artigo sob anotação resulta do artigo 13º, alíneas *k), l)* e *n)* a *q)* da Lei preambular.

IV. Disposições relacionadas: arts. 3º e 13º, als. *k), l)* e *n)* a *q)*, da Lei preambular, arts. 2º, nº 2, 4º, als. *a)* e *c)*, 12º, nº 1, als. *a)* e *b)*, 15º, 16º, nº 1, als. *a)* e *b)*, 23º, al. *d)*, 24º, nº 1, al. *q)*, 25º a 31º, 33º, nº 1, 34º, 37º, nº 1, al. *a)*, 41º, 42º, 44º, 112º, al. *d)*, e 113º, als. *e)* e *g)* a *p)*, considerandos (43) e (46) e arts. 22º, nº 1, 25º, nº 4, 2, 29º, nº 4, da Diretiva (UE) 2016/97, e art. 2º, nº 2, do Regulamento (UE) 2017/2359.

ANOTAÇÃO (*Luís Poças*)

I. Numa abordagem meramente quantitativa, logo se constata uma desproporção entre os quatro direitos dos mediadores identificados no artigo 23º e os mais de 20 deveres fixados no presente artigo. Também se destaca o aumento significativo de deveres gerais, comparativamente com a dezena prevista no artigo 29º do DL 144/2006.

II. Remete-se para a secção I da nossa anotação ao artigo 23º. Se alguns dos deveres previstos no presente artigo assumem natureza institucional e visam a salvaguarda de um interesse público, outros acautelam também o interesse do segurador (contraparte do mediador no contrato de mediação de seguros), pelo que constituem igualmente regras injuntivas de disciplina do referido contrato. Passaremos em revista, nas secções seguintes, os deveres previstos nas várias alíneas do nº 1.

III. A alínea *a*) – *dever de celebrar contratos em nome da empresa de seguros apenas quando esta tenha conferido ao mediador, por escrito, os necessários poderes* – reproduz a redação da alínea *a*) do artigo 29º do DL 144/2006.

Deste dever do mediador resulta claramente que não há na mediação de seguros poderes de representação *por inerência*, diversamente do que é sugerido em outros artigos do RJDSR (como, aliás, já antes, pelo DL 144/2006). Ora, o segurador vincula-se (perante o tomador do seguro) através do contrato de seguro. Assim, a prática de negócios jurídicos (a celebração do contrato de seguro) em nome e em representação do segurador depende da expressa concessão, por este, de poderes nesse sentido. Se tais poderes não forem concedidos, não há representação. Logo, não fica o segurador vinculado por efeito de uma declaração negocial do mediador. É esta a essência da representação voluntária. Por outras palavras, se o mediador só tem poderes de representação na medida em que estes lhe sejam conferidos por escrito, então não atua por inerência em nome e por conta do segurador. Esta alínea seria dispensável, na medida em que já resulta do regime geral da representação, mas é clarificadora e útil face a outras disposições equívocas, designadamente, o artigo 50º.

O incumprimento deste dever constitui uma contraordenação grave, nos termos do artigo 113º/*g*).

IV. A alínea *b*) – *dever de não propor ou assumir em seu próprio nome a cobertura de riscos* – reproduz, em grande medida, a redação da alínea *a*) do artigo 29º do DL 144/2006, apenas tendo acrescentado "não propor".

A *ratio* e o alcance deste dever são claros: não sendo segurador ("produtor" de seguros), mas distribuidor destes, não pode o mediador propor ou assumir riscos em nome próprio. O respetivo incumprimento constitui uma contraordenação grave, nos termos do artigo 113º/*g*).

V. A alínea *c*) – *dever de cumprir as disposições legais e regulamentares aplicáveis à atividade seguradora e à atividade de distribuição de seguros e não intervir na celebração de contratos que as violem* –, que segue a redação da alínea *c*) do artigo 29º do DL 144/2006, afigura-se, na verdade, dispensável. Com efeito, o dever de observância de normas legais e regulamentares imperativas resulta das mesmas, e não de uma outra disposição que imponha esse dever. O alcance útil do preceito prender-se-á, assim, com o dever de não intervenção em contratos que violem aquelas normas.

VI. A alínea *d*) – *dever de assistir correta e eficientemente os contratos de seguro em que intervenha* –, segue também a formulação da alínea *d*) do artigo 29º do DL 144/2006. Trata-

-se de um dever estabelecido no interesse direto do tomador do seguro, do segurado ou do beneficiário, embora, secundariamente, tutele também um interesse do segurador e o próprio interesse público inerente ao correto exercício da atividade de distribuição de seguros. O incumprimento deste dever constitui uma contraordenação simples, nos termos do artigo 112º/*d*).

VII. A alínea *e*) – *dever de diligenciar no sentido da prevenção de declarações inexatas ou incompletas pelo tomador do seguro e de situações que violem ou constituam fraude à lei ou que indiciem situações de branqueamento de capitais ou de financiamento do terrorismo* – segue, em substância, a alínea *e*) do artigo 29º do DL 144/2006. Está em causa um dever de diligência por parte do mediador no sentido da prevenção das situações indicadas.

Relativamente à prevenção das omissões ou inexatidões do tomador do seguro (ou segurado, acrescente-se), a disposição assume particular relevância, na medida em que a proximidade do mediador ao cliente possa favorecer a conivência daquele no incumprimento doloso do dever de declaração inicial do risco. Independentemente das consequências dessa conivência no plano da disciplina do contrato de seguro – cfr., para o efeito, os artigos 24º a 26º do RJCS – o presente dever assume igualmente relevância no domínio do contrato de mediação de seguros (constituindo um fundamento de resolução desse contrato pelo segurador) e no plano contraordenacional.

Se relativamente à prevenção das omissões ou inexatidões há uma tutela da posição do segurador (e da mutualidade de segurados), já quanto à prevenção das situações de violação da lei, da fraude à lei, e do branqueamento de capitais ou financiamento do terrorismo prevalece a tutela de um interesse público. Quanto a esta última vertente, importa recordar que os mediadores de seguros são considerados, nos termos do artigo 2º/1/*v*)/*ii*) da L 83/2017, de 18/08 (Lei Anti-Branqueamento), *instituições financeiras* na medida em que exerçam atividade no âmbito do ramo Vida. Como tal, encontram-se sujeitos à referida lei e ao respetivo regime contraordenacional, nos termos do artigo 3º/1/*k*) da mesma, sob a supervisão da ASF (artigo 85º da mesma lei).

O incumprimento de qualquer das vertentes deste dever constitui uma contraordenação grave, nos termos do artigo 113º/*g*), o que, relativamente à prevenção do branqueamento de capitais ou financiamento do terrorismo, suscita o problema da duplicação de medidas contraordenacionais pela prática do mesmo facto.

VIII. A alínea *f*) – *dever de segredo profissional, em relação a terceiros, quanto aos factos de que o mediador tome conhecimento em consequência do exercício da atividade de distribuição* – segue o teor da alínea *f*) do artigo 29º do DL 144/2006.

O dever de sigilo profissional já resultava, para os agentes de seguros, do artigo 119º/2 do RJCS, que estende o dever aos «agentes e demais auxiliares do segurador».

Não obstante, o âmbito do dever previsto na alínea *f*), em análise, não é coincidente, surgindo associado ao exercício da atividade de distribuição e abrangendo factos de que o mediador tome conhecimento mesmo antes e independentemente da celebração do contrato de seguro. Por outro lado, a alínea *f*) obriga indiscutivelmente os corretores, o que se afigura muito discutível quanto ao citado artigo 119º. O dever de sigilo coloca-se apenas em relação a *terceiros* (face ao contrato de seguro, entenda-se), o que parece excluir o segurador e o próprio tomador do seguro (neste caso, face a dados de outras categorias de pessoas, como o segurado).

O incumprimento deste dever constitui uma contraordenação grave, nos termos do artigo 113º/*g*), sem prejuízo da qualificação criminal da conduta no quadro do artigo 195º do Código Penal (crime de violação de segredo).

IX. A alínea *g*) – *dever de comprovar o registo como mediador de seguros sempre que tal lhe seja solicitado por qualquer interessado* – constitui uma solução equivalente à do artigo 29º/*g*) do DL 144/2006. *Comprovar* assume o sentido de demonstrar, de apresentar prova. Por seu turno, a comprovação deve ser feita perante *qualquer interessado*, isto é, qualquer potencial cliente. O incumprimento deste dever corresponde a uma contraordenação simples, nos termos do artigo 112º/*d*).

X. A alínea *h*) – *dever de manter arquivo dos contratos de seguros de que é mediador e de quaisquer documentos que especifiquem os termos dos serviços a prestar aos clientes, bem como dos elementos e informações necessários ao cumprimento dos deveres de prevenção do branqueamento de capitais ou financiamento do terrorismo* – constitui um significativo alargamento do âmbito do dever anteriormente consagrado no artigo 29º/*h*) do DL 144/2006 (dever de manter o registo dos contratos de seguros de que é mediador, bem como dos elementos e informações necessários à prevenção do branqueamento de capitais).

Abstraindo, em matéria de prevenção do branqueamento de capitais e de financiamento do terrorismo, do dever de conservação previsto no artigo 51º da L 83/2017 (que já dispensaria a previsão contida na alínea *h*), em análise), as outras vertentes do presente dever permitem antecipar dificuldades práticas e jurídicas. É compreensível que a conservação de cópia (arquivo) de cada contrato de seguro é apta a proporcionar o eficaz cumprimento do dever estabelecido na alínea *d*) do presente artigo (dever de assistir correta e eficientemente os contratos de seguro em que intervenha). Porém, considerando as dificuldades e custos inerentes à manutenção de um arquivo (físico ou digital) contendo *todos* os contratos de seguro e demais documentos referidos – pela sua extensão, requisitos de organização e atualização –, afigura-se que o âmbito do dever é desproporcionado face ao anterior dever de manutenção de um simples registo. Ademais, os princípios da minimização do tratamento de dados pessoais e da limitação da conservação dos dados – importantes elementos do Regulamento Geral sobre a Proteção de Dados – aconselhariam a uma maior contenção do legislador nesta matéria. Em qualquer caso, o incumprimento deste dever constitui uma contraordenação simples, nos termos do artigo 112º/*d*).

XI. A alínea *i*) – *dever de ter ao serviço o número de pessoas diretamente envolvidas na atividade de distribuição de seguros adequado à dimensão e à natureza da atividade do mediador de seguros* – mantém essencialmente o teor do artigo 29º/*j*) do DL 144/2006. Nos termos do artigo 24º/3, este dever será concretizado por norma regulamentar da ASF. O respetivo incumprimento constitui uma contraordenação simples, nos termos do artigo 112º/*d*).

XII. A alínea *j*) – *dever de manter atualizada uma listagem com a identificação das pessoas diretamente envolvidas na atividade de distribuição de seguros que estejam ao seu serviço, com indicação da respetiva qualificação adequada nos termos do presente regime, assim como do estabelecimento em que exerçam atividade, se aplicável* – constitui um desenvolvimento do dever anteriormente constante do artigo 29º/*i*) do DL 144/2006 (dever de manter atualizada uma listagem com a identificação das pessoas diretamente envolvidas na atividade de mediação que estejam ao seu serviço). Esta listagem destina-se a possibilitar o controlo da ASF e deve ser anualmente reportada a esta autoridade, nos termos do artigo 34º/1/*e*). O incumprimento deste dever corresponde a uma contraordenação grave, nos termos do artigo 113º/*g*).

XIII. As alíneas *k*) e *l*) reportam-se ao *dever de assegurar que, mediante o cumprimento dos requisitos de formação e aperfeiçoamento profissional contínuo, previstos no artigo 25º, é mantido um nível adequado de desempenho, respetivamente, pelos membros do órgão de administração responsáveis pela atividade de distribuição* (alínea *k*) *e pelas pessoas diretamente envolvidas na atividade de distribuição de seguros* (alínea *l*). Estes deveres não têm precedente no DL 144/2006.

Não é claro, face ao teor do texto, o que se entenda por *um nível adequado de desempenho*. Porém, a aferição da manutenção desse nível parece bastar-se apenas com o cumprimento dos requisitos de formação e aperfeiçoamento profissional contínuo, sendo então este, na verdade, o dever que está em causa. Em ambos os casos, o incumprimento do referido dever constitui uma contraordenação grave, nos termos do artigo 113º/*h*).

XIV. A alínea m) consagra também um dever inovador face ao DL 144/2006: *quando conceba produtos de seguros para venda a clientes, o mediador terá de observar os deveres previstos no artigo 153º do RJASR, relativos a uma política de conceção e aprovação de produtos de seguros.* Este dever, que será concretizado por norma regulamentar da ASF (nº 3), não se aplica aos produtos de seguros que visem a cobertura de grandes riscos (nº 2). O incumprimento deste dever constitui uma contraordenação grave, nos termos do artigo 113º/*i*).

XV. Outro dever inovador relativamente ao DL 144/2006 é o estabelecido na alínea *n*): *o de o mediador definir uma política de distribuição de produtos de seguros*. Este dever, não aplicável aos produtos de seguros que visem a cobertura de grandes riscos (nº 2) será concretizado por norma regulamentar das ASF (nº 3). O respetivo incumprimento constitui uma contraordenação grave, nos termos do artigo 113º/*j*).

XVI. Quanto às alíneas *o*) e *p*), as mesmas têm também conteúdo inovador face ao DL 144/2006. Nos termos da alínea *o*), *não deve o mediador utilizar serviços de distribuição de seguros por pessoa que não se encontre registada ou autorizada para esse efeito ou em desrespeito do âmbito de atividade em que o mediador de seguros, de resseguros ou de seguros a título acessório está autorizado a exercer*. Este dever reporta-se, quer às situações em que o mediador de seguros recorra à colaboração de outros mediadores ou mediadores de seguros a título acessório, conforme previsto, designadamente, no artigo 47º, quer à utilização de pessoas diretamente envolvidas na atividade de distribuição.

Relativamente à alínea *p*), estabelecem-se aí as *condições que o mediador de seguros terá de garantir quando recorra a serviços de pessoas que verifiquem os requisitos do artigo 2º/2* (relativamente às quais não se aplica, portanto, o regime do RJDSR). O incumprimento das subalíneas *ii*) a *vii*) constitui uma contraordenação grave, nos termos do artigo 113º/*k*).

XVII. Outro dever inovador face ao DL 144/2006 é o consagrado na alínea *q*): o de *o mediador não ser remunerado, nem remunerar ou avaliar o desempenho dos seus colaboradores, de um modo que colida com o dever de agir de acordo com os melhores interesses dos clientes, em particular não recorrendo a mecanismos de remuneração, de objetivos de vendas ou de outro tipo, suscetíveis de constituir um incentivo, para si ou para os seus colaboradores à recomendação de um determinado produto de seguros a um cliente, quando poderia propor um produto de seguros diferente que correspondesse melhor às necessidades desse cliente*.

A redação do preceito afigura-se clara e a respetiva *ratio* evidencia-se por si: o modelo de remunerações do mediador ou dos seus colaboradores não deve desvirtuar o princípio de atuação conforme aos melhores interesses do cliente. Assim, um modelo de remuneração que premeie a distribuição de um determinado produto relativamente a outro(s) tenderá a desviar o mediador do referido princípio de atuação, levando-o a favorecer a distribuição de produtos em função do seu próprio interesse remuneratório e não das necessidades e interesses do cliente. O incumprimento deste dever constitui uma contraordenação grave, nos termos do artigo 113º/*l*).

XVIII. Os deveres previstos nas alíneas *r*) (*dever de cumprimento das obrigações previstas no artigo 26º em matéria de vendas associadas*) e *s*) (*dever de cumprimento, em matéria de publicidade, os requisitos previstos no artigo 27º*) são também inovadores face ao DL 144/2006. O incumprimento destes deveres constitui contraordenação grave, nos termos do artigo 113º, respetivamente, alíneas *m*) e *n*).

XIX. Outro dever inovador relativamente ao DL 144/2006 é o estabelecido na alínea *t*), que consiste em o mediador *definir uma política de tratamento dos tomadores de seguros, segurados, beneficiários e terceiros lesados, cujos princípios de funcionamento estejam consignados em documento escrito, que garanta o seu tratamento equitativo, bem como o tratamento adequado dos seus dados pessoais e das suas reclamações.*

O dever de definição de uma política de tratamento, que se encontrava já estabelecido para os seguradores (artigo 154º do RJASR e artigos 4º e 5º da Norma Regulamentar 10/2009-R, de 25/06, da ASF), é assim estendido aos mediadores. Este dever, que não se aplica em relação aos produtos de seguros que visem a cobertura de grandes riscos (nº 2), fica, não obstante, pendente de concretização por norma regulamentar da ASF (nº 3). O respetivo incumprimento constitui uma contraordenação grave, nos termos do artigo 113º/*o*).

XX. A alínea *u*) – *dever de instituir uma função responsável pela gestão das reclamações dos tomadores de seguros, segurados, beneficiários e terceiros lesados relativas aos respetivos atos ou omissões, nos termos do artigo 28º* – não tem precedente no DL 144/2006, apenas se encontrando anteriormente previsto para seguradores (artigo 157º/2/3/4 do RJASR e artigos 6º ss. da Norma Regulamentar 10/2009-R, de 25/06, da ASF). Em qualquer caso, o presente dever será concretizado por norma regulamentar da ASF (nº 3). O seu incumprimento constitui uma contraordenação grave, nos termos do artigo 113º/*p*).

XXI. Finalmente, e também inovador face ao DL 144/2006, encontra-se o dever previsto na alínea *v*): dever de *publicar os documentos de prestação de contas, quando o mediador de seguros seja uma pessoa coletiva.* Este dever será concretizado por norma regulamentar da ASF (nº 3) e o respetivo incumprimento constitui uma contraordenação simples, nos termos do artigo 112º/*e*).

ARTIGO 25º – Formação e aperfeiçoamento profissional contínuo

1 – O cumprimento dos deveres em matéria de formação e de aperfeiçoamento profissional contínuo pressupõe a frequência de ações de formação e de aperfeiçoamento profissional que preencham os seguintes requisitos:

a) Sejam adequadas à categoria de mediador de seguros, à natureza dos produtos de seguros distribuídos e às funções desempenhadas e atividades exercidas pelo formando;

b) Tenham duração mínima anual de 15 horas;

c) Confiram comprovativo de conclusão.

2 – As ações de formação e de aperfeiçoamento profissional contínuo, referidas no número anterior, são ministradas por entidades formadoras reconhecidas pela ASF tendo em conta os procedimentos e requisitos mínimos definidos em norma regulamentar.

ANOTAÇÃO *(José Vasques)*

I. Arts. 35º, al. *c)*, 37º, al. *f)*, do *regime jurídico da mediação de seguros ou de resseguros.*

II. Cfr. art. 10º da Diretiva (UE) 2016/97.

III. Embora se referisse à importância da formação, quer inicial quer contínua, o anterior regime jurídico limitava-se a prever a obrigatoriedade da adoção de *programas de formação* pelos *corretores de seguros* [art. 35º, al. *c)*] e *pelas empresas de seguros* [art. 37º, al. *f)*], cujo incumprimento originava contraordenações leves [art. 76º, als. *h)* e *l)*].

Há que distinguir entre o curso sobre seguros adequado à atividade a desenvolver, reconhecido pela ASF e que respeite os conteúdos mínimos elencados no anexo do presente regime e os requisitos definidos em norma regulamentar da ASF, que figura entre os requisitos de que depende a *qualificação adequada para o exercício da atividade de distribuição* (art. 13º, nº 1), e a *formação e aperfeiçoamento profissional contínuo* prevista no artigo sob anotação; o primeiro é a situação estática – *condição de acesso* – de que depende a inscrição no registo de *mediadores de seguros* [art. 11º, nº 1, al. *c)*] e dos membros do órgão de administração responsáveis pela atividade de distribuição de seguros ou de resseguros, e pelas pessoas diretamente envolvidas nessa atividade de distribuição [art. 12º, nº 1, al. *c)*], a qual deve verificar-se à data dessa inscrição, enquanto a *formação e aperfeiçoamento profissional contínuo* corresponde ao cumprimento de deveres nessa matéria, como condição dinâmica (*contínua, condição de exercício*) de que depende a manutenção da inscrição dos *mediadores de seguros* e dos *mediadores de resseguros* [cfr. art. 24º, nº 1, als. *k)* e *l)*, e 36º] e cuja inobservância constitui contraordenação grave [cfr. art. 113º, al. *h)*].

O primeiro requisito que deve ser preenchido pelas ações de formação e de aperfeiçoamento contínuo é o de se adequar à categoria do mediador, à natureza dos produtos e às funções e atividades desempenhadas.

O diploma prevê três categorias de mediadores, a saber, *mediadores de seguros, mediadores de resseguros* e *mediadores de seguros a título acessório*; preveem-se, ainda, as subcategorias *agentes de seguros* e *corretores de seguros*, [art. 9º, nº 1, als. *a)* e *b)*], numa das quais devem inscrever-se os *mediadores de seguros.*

Quanto à *natureza dos produtos de seguros distribuídos* parecem dever ter-se em conta os seguros e operações do ramo Vida, incluindo ou excluindo a distribuição de produtos de investimento com base em seguros, enquadrando-se a distribuição de fundos de pensões no ramo Vida, os seguros dos ramos Não-vida, ou ambos, consoante o âmbito em que se tenha realizado a inscrição dos *mediadores de seguros, de resseguros* ou *de seguros a título acessório* [art. 10º, nº 1, als. *a)* a *c)*].

O requisito segundo o qual a frequência de ações de formação e de aperfeiçoamento profissional deverá ter a *duração mínima anual de 15 horas*, não significa que o *mediador de seguros*, quando tenha celebrado contratos com várias *empresas de seguros* que vai representar [arts. 16º, nº 1, al. *a)*, e 20º, nº 1, al. *a)*], deva, relativamente a cada uma delas, ter 15 horas de formação, mas sim que, no seu conjunto, a frequência dessas ações tenha aquela duração, sem prejuízo da sua adequação à categoria de *mediador de seguros*, à natureza dos produtos que distribui e às funções desempenhadas e às atividades exercidas [nº 1, al. *a)*].

Os *comprovativos da conclusão* de formação e de aperfeiçoamento profissional [nº 1, al. *c)*] só podem ser conferidos por entidades formadoras reconhecidas pela ASF tendo em conta os procedimentos e requisitos mínimos definidos em norma regulamentar [nº 2, e art. 13º, al. *m)*, da Lei preambular].

Os *mediadores de seguros* têm o dever de manter ou assegurar que os membros do órgão de administração responsáveis pela atividade de distribuição e as *pessoas diretamente envolvidas na atividade de distribuição de seguros* mantêm um nível adequado de desempenho mediante o cumprimento dos requisitos de formação e aperfeiçoamento [art. 24º, nº 1, als. *k)* e *l)*].

As *empresas de seguros* têm o dever de dispor de um documento aprovado pelo órgão de administração no qual se descreva, de forma detalhada, o *programa de formação* a cumprir pelos *agentes de seguros* e *mediadores de seguros a título acessório* ao seu serviço, que lhes permita deter um conhecimento adequado da sua oferta de produtos bem como dos procedimentos aplicáveis ao relacionamento com os clientes [art. 37º, nº 1, al. *e)*; constituindo o incumprimento deste dever, contraordenação simples, cfr. art. 112º, al. *l)*], além de deverem assegurar que as *pessoas diretamente envolvidas na atividade de distribuição de seguros* ao seu serviço mantêm um nível adequado de desempenho profissional mediante o cumprimento dos requisitos de formação e aperfeiçoamento profissional contínuo legalmente previstos [art. 37º, nº 2, al. *b)*, subal. *iii)*].

A habilitação específica da ASF para adotar a regulamentação prevista no nº 2 do artigo sob anotação resulta do artigo 13º, alínea *m)*, da Lei preambular.

IV. Disposições relacionadas: art. 13º, al. *m)*, da Lei preambular, e arts. 9º, nº 1, als. *a)* e *b)*, 10º, nº 1, als. *a)* a *c)*, 11º, nº 1, al. *c)*, 12º, nº 1, al. *c)*, 13º, nºs 1, al. *a)*, e 3, al. *a)*, 16º, nº 1, al. *a*), 20º, nº 1, al. *a*), 24º, nº 1, als. *k*) e *l*), 36º, 37º, nºs 1, al. *e*), e 2, al. *b*), subal. *iii*), 112º, al. *l*), e 113º, al. *h*).

ANOTAÇÃO (*Luís Poças*)

I. A disposição em análise tem por base o considerando 29, bem como o artigo 10º/2, ambos da DDS.

Diversamente dos requisitos de qualificação adequada para o exercício da atividade de distribuição de seguros, estabelecidos no artigo 13º, estamos agora perante requisitos de formação e aperfeiçoamento profissional a terem lugar regularmente e de forma continuada.

II. Quanto aos destinatários dos deveres em matéria de formação e aperfeiçoamento profissional contínuo, são abrangidos, não só os mediadores pessoas singulares, mas igualmente os membros do órgão de administração responsáveis pela atividade de distribuição do mediador de seguros ou resseguros pessoa coletiva (artigo 24º/1/*k*) e 36º), bem como as pessoas diretamente envolvidas na atividade de distribuição de seguros por conta do mediador de seguros ou resseguros (artigo 24º/1/*l*) e 36º) ou do segurador (artigo 37º/2/*b*)/*iii*)) ou ressegurador (artigo 38º/1).

Os deveres de formação e aperfeiçoamento profissional contínuo parecem não abranger os membros do órgão de administração do segurador ou ressegurador responsáveis pela atividade de distribuição de seguros – como resulta, *a contrario*, da comparação da alínea *a*) com a alínea *b*), ambas do artigo 37º/2 (cfr. também, quanto ao ressegurador, o artigo 38º/1) – nem os mediadores de seguros a título acessório, como decorre também, *a contrario*, do artigo 39º (não obstante o artigo 37º/1/*e*) parecer contraditoriamente apontar em sentido diverso).

III. Em virtude da remissão, no nº 2 do artigo em análise (e também no artigo 13º/*m*) da Lei 7/2019), para regulamentação a aprovar pela ASF, quanto aos requisitos mínimos a observar pelas entidades formadoras aptas a ministrar as ações de formação e aperfeiçoamento profissional contínuo, o teor do nº 1 do artigo em análise requer ainda concretização, suscitando, por agora, mais dúvidas do que certezas.

Em qualquer caso, cabe à ASF, nos termos do artigo 69º/*c*), verificar o cumprimento daqueles requisitos mínimos pelas referidas entidades formadoras, podendo, em casos devidamente fundamentados, retirar uma entidade formadora da lista das entidades reconhecidas pela ASF.

IV. Quanto ao conteúdo e extensão das ações de formação, a alínea *a*) do nº 1 estabelece um princípio de adequação em várias vertentes. Desde logo, quanto à *categoria de mediador*, o que pressupõe uma diferenciação entre os corretores e os agentes (a replicar também no caso dos membros do órgão de administração responsáveis pela atividade de distribuição do mediador de seguros ou resseguros pessoa coletiva, e no das pessoas diretamente envolvidas na atividade de distribuição de seguros por conta do mediador ou do segurador ou ressegurador).

É igualmente requerida a adequação face à *natureza dos produtos distribuídos*, de onde parece resultar que, pelo menos em parte, a formação poderá dizer respeito aos próprios produtos distribuídos, e que seja dispensada a formação em domínios irrelevantes para os produtos em causa.

Requer-se, por fim, adequação face às funções desempenhadas e atividades exercidas pelo formando. Esta adequação prender-se-á fundamentalmente com os conteúdos, mas, eventualmente, poderá também refletir-se no tempo de formação, sem prejuízo do limite mínimo da alínea *b*) do nº 1.

Ainda quanto ao conteúdo, uma articulação da disposição em análise com o artigo 37º/1/*e*) indiciaria que a formação haveria de contemplar, designadamente, o conhecimento dos produtos do segurador, bem como os procedimentos aplicáveis ao relacionamento com os clientes.

V. Quanto à alínea *b*) do nº 1, importa precisar que as 15 horas constituem um mínimo anual. Em qualquer caso, o cômputo das 15 horas pode suscitar dúvidas. Quando se trate de agentes não exclusivos, por exemplo, o tempo de formação será aferido por formando (caso em que as horas de formação proporcionadas por um segurador exoneram os demais). Mas não é claro se, exercendo o formando a atividade de distribuição de seguros nos ramos Vida e Não-Vida, as 15 horas deverão ser repartidas por tais ramos ou contabilizadas separadamente.

VI. O incumprimento, por mediador de seguros ou de resseguros, ou pelo segurador, dos deveres relativos ao cumprimento dos requisitos de formação e aperfeiçoamento profissional contínuo constitui contraordenação grave, punível com coima de 1000 € a 500 000 € ou de 3000 € a 2 500 000 €, consoante seja aplicada a pessoa singular ou a pessoa coletiva (artigo 113º/*h*)/*tt*)).

ARTIGO 26º – Vendas associadas

1 – Se o produto de seguros for oferecido juntamente com um produto ou um serviço acessório que não seja um seguro, como parte de um pacote ou do mesmo acordo, o mediador de seguros informa o cliente se é possível adquirir separadamente os diferentes componentes e, caso o seja, presta uma descrição adequada dos diferentes componentes do acordo ou pacote e fornece documentação separada sobre os custos e os encargos associados a cada um dos componentes.

2 – Nas circunstâncias referidas no número anterior e caso o risco ou a cobertura resultante do referido acordo ou pacote sejam distintos dos associados aos componentes considerados separadamente, o mediador de seguros fornece ao cliente uma descrição adequada dos diferentes componentes do acordo ou pacote e do modo como a respetiva interação modifica o risco ou a cobertura.

3 – Se o produto de seguros for acessório de um bem ou serviço que não seja um seguro, como parte de um pacote ou do mesmo acordo, o mediador de seguros oferece ao cliente a possibilidade de comprar o bem ou o serviço separadamente.

4 – O disposto no número anterior não é aplicável se o produto de seguros for acessório de um serviço ou atividade de investimento na aceção do ponto 2 do nº 1 do artigo 4º da Diretiva 2014/65/UE do Parlamento Europeu e do Conselho, de 15 de maio de 2014, relativa aos mercados de instrumentos financeiros, um acordo de crédito na aceção do ponto 3 do artigo 4º da Diretiva 2014/17/UE do Parlamento Europeu e do Conselho, de 4 de fevereiro de 2014, relativa aos contratos de crédito aos consumidores para imóveis de habitação, ou uma conta de pagamento na aceção do ponto 3 do artigo 2º da Diretiva 2014/92/UE do Parlamento Europeu e do Conselho, de 23 de julho de 2014, relativa à comparabilidade das comissões relacionadas com as contas de pagamento, à mudança de conta de pagamento e ao acesso a contas de pagamento com características básicas.

5 – Nas situações previstas nos números anteriores, o mediador de seguros especifica as exigências e as necessidades do cliente em relação aos produtos de seguros que constituem parte integrante do pacote global ou do mesmo acordo.

6 – O disposto nos números anteriores não impede a distribuição de produtos de seguros que cubram vários tipos de riscos.

7 – A ASF pode, numa base casuística, proibir a venda de produtos de seguros juntamente com um serviço ou produto acessório que não seja um seguro como parte de um pacote ou do mesmo acordo, quando essa prática seja prejudicial para os clientes.

ANOTAÇÃO *(José Vasques)*

I. Sem correspondência no anterior regime, mas v. Decreto-Lei nº 222/2009, de 11 de setembro, além de legislação de aplicação genérica.

II. Cfr. considerandos (53) e (54) e art. 24º da Diretiva (UE) 2016/97.

III. Face ao reconhecimento que as *vendas associadas são uma estratégia comum utilizada pelos distribuidores de seguros*, as quais podem proporcionar benefícios mas *podem também constituir práticas em que os interesses dos clientes não são devidamente tidos em conta* (considerando 53 da Diretiva (UE) 2016/97), o artigo sob anotação estabelece procedimentos especialmente aplicáveis àquele tipo de vendas; v., também, os arts. 24º, nº 1, al. *r)*, 37º, nº 3, 39º, 41º, nº 5, 42º, nº 2, 113º, al. *m)*.

A preocupação do legislador português com as *vendas associadas* remonta, pelo menos, à lei de defesa do consumidor, que estabelece o princípio segundo o qual *é vedado ao fornecedor ou prestador de serviços fazer depender o fornecimento de um bem ou a prestação de um serviço da aquisição ou da prestação de um outro ou outros* (art. 9º, nº 6, da Lei nº 24/96, de 31 de julho, com alterações posteriores, que estabelece o regime legal aplicável à defesa dos consumidores) e, ainda que referindo-se a *vendas ligadas*, ao regime aplicável contratos celebrados à distância e aos contratos celebrados fora do estabelecimento comercial (Decreto-Lei nº 24/2014, de 14 de fevereiro, art. 27º); é também possível encontrar manifestações daquele princípio, especificamente aplicável à celebração de contratos de seguro, designadamente, no diploma que estabelece medidas de proteção do consumidor na celebração de contratos de seguro de vida associados ao crédito à habitação (Decreto-Lei nº 222/2009, de 11 de setembro), e no regime dos contratos de crédito relativos a imóveis [Decreto-Lei nº 74-A/2017, de 23 de junho, *maxime* nos arts. 10º, nº 7, 11º, nºs 2, al. *b)*, e 5, 14º, nº 3, al. *a)*, 24º, nºs 2 e 3].

Distinguem-se as situações em que o produto de seguros é acessório de um bem ou serviço que não seja um seguro (nº 3), daquelas em que, ao contrário, um produto ou um serviço que não seja um seguro seja acessório do produto de seguros oferecido (nº 1); no primeiro caso, o *mediador de seguros*, a *empresa de seguros* (art. 37º, nº 3) ou o *mediador de seguros a título acessório* (art. 39º) deve oferecer ao cliente a possibilidade de comprar o bem ou o serviço separadamente (nº 3), salvo quando o produto de seguros for acessório de um serviço ou atividade de investimento, um acordo de crédito ou uma conta de pagamento (nº 4); no segundo caso, se for possível adquirir separadamente os diferentes componentes, o mediador presta uma descrição adequada dos diferentes componentes e fornece documentação separada sobre os custos e os encargos associados a cada um deles (nº 1) e se risco ou a cobertura resultante do referido acordo ou pacote forem distintos dos associados aos componentes considerados separadamente, indica ao cliente o modo como a respetiva interação modifica o risco ou a cobertura (nº 2) – o legislador utiliza, assim, ainda que sem os referir, os conceitos de *venda associada facultativa* (nºs 1 e 3) e de *venda associada obrigatória* (nº 2)

As noções de *venda associada facultativa* e de *venda associada obrigatória* foram utilizadas no regime dos contratos de crédito relativos a imóveis, nomeadamente quanto às regras aplicáveis ao crédito a consumidores, garantido por hipoteca ou por outro direito sobre coisa imóvel [art. 4º, nº 1, als. *v)* e *w)*, do Decreto-Lei nº 74-A/2017]:

a) *venda associada facultativa* consiste na disponibilização ou a proposta do contrato de crédito em conjunto com outros produtos ou serviços financeiros distintos, sendo o contrato de crédito também disponibilizado ao consumidor separadamente, mas não necessariamente nos mesmos termos e condições em que é proposto quando associado àqueles produtos e serviços financeiros;

b) *venda associada obrigatória* corresponde à disponibilização ou a proposta do contrato de crédito em conjunto com outros produtos ou serviços financeiros distintos, não sendo o contrato de crédito disponibilizado ao consumidor separadamente.

Nos contratos de crédito relativos a imóveis está vedado ao mutuante fazer depender a sua celebração ou renegociação da realização de *vendas associadas obrigatórias* (art. 11º, nº 1, do Decreto-Lei nº 74-A/2017), mas é-lhe lícito exigir que o consumidor constitua um ou mais contratos de seguro adequado, relacionado com o contrato de crédito, caso em que o mutuante deve aceitar o contrato de seguro de um prestador que não seja o da sua preferência, se esse contrato salvaguardar um nível de garantia equivalente ao do contrato proposto pelo mutuante [art. 11º, nº 2, al. *b)*, do mesmo diploma, v., também, art. 14º, nº 3, al. *a)*, 24º, nº 2; sobre o *seguro em garantia* v. artigo 97º do *regime jurídico do contrato de seguro*].

Em qualquer das situações antes descritas, devem ser especificadas as exigências e as necessidades do cliente em relação aos produtos de seguros (nº 5).

Além da obrigação de, nas *vendas associadas* em geral, o *distribuidor de seguros* dever fornecer ao cliente uma descrição adequada dos diferentes componentes (nºs 1 e 2), quando um *produto de investimento com base em seguros* seja distribuído em conjunto com outros produtos, o *mediador de seguros* ou a *empresa de seguros* [mas não o *mediador de seguros a título acessório*, que não pode distribuir *produtos de investimento com base em seguros*, cfr. art. 4º, al. *d)*, subal. *iv)*] deve, consoante preste ou não aconselhamento, avaliar a adequação global dos produtos ou avaliar o caráter apropriado dos produtos (arts. 41º, nº 5, 42º, nº 2, e 46º).

As disposições que vêm de referir-se não impedem a distribuição de produtos de seguros que cubram vários tipos de riscos, designadamente seguros multirriscos [nº 6, e considerando (53), parte final, da Diretiva (UE) 2016/97].

A possibilidade de a ASF proibir casuisticamente a venda de produtos de seguros juntamente com um serviço ou produto acessório que não seja um seguro como parte de um pacote ou do mesmo acordo, quando essa prática seja prejudicial para os clientes (nº 7), filia-se no poder, de que aquela autoridade de supervisão já dispõe, de proibir ou impedir a comercialização de produtos de seguros que prejudiquem ou possam prejudicar os interesses dos tomadores de seguros, segurados ou beneficiários, designadamente por serem desadequados ao respetivo perfil ou por induzirem ou contribuírem manifestamente para agravar situações de conflito com os seus interesses [art. 153º, nº 8 (correspondente ao nº 5 da versão original), do *regime jurídico de acesso e exercício da atividade seguradora e resseguradora*].

O disposto no artigo sob anotação deve ser conjugado com o previsto pelo artigo 8º do regime jurídico dos pacotes de produtos de investimento de retalho e de produtos de investimento com base em seguros, aprovado como anexo II da Lei nº 35/2018, de 20 de julho, que procede à alteração das regras de comercialização de produtos financeiros e de organização dos intermediários financeiros, e transpõe as Diretivas 2014/65, 2016/1034 e 2017/593:

Artigo 8º

Vendas associadas

1 – Às instituições de crédito está vedado fazer depender a celebração de contratos de depósito, qualquer que seja a sua modalidade e estrutura de remuneração, da aquisição de instrumentos financeiros, contratos de seguro e outros produtos financeiros de poupança ou de investimento que não garantam o capital investido a todo o tempo.

2 – É igualmente vedada a comercialização conjunta de depósitos, qualquer que seja a sua modalidade e estrutura de remuneração, com instrumentos financeiros, contratos de seguro e outros produtos financeiros de poupança ou de investimento que não garantam o capital investido a todo o tempo, ainda que essa comercialização tenha natureza facultativa e seja suscetível de melhorar as condições financeiras dos depósitos, designadamente a sua remuneração.

3 – O disposto no presente artigo não é aplicável à comercialização de depósitos junto das pessoas indicadas no artigo 30º, com exceção das pessoas indicadas na alínea l) do nº 1 do artigo 30º e no nº 1 do artigo 317º-D do Código dos Valores Mobiliários, aprovado pelo Decreto-Lei nº 486/99, de 13 de novembro, na sua redação atual.

IV. Disposições relacionadas: arts. 4º, al. *d)*, subal. *iv)*, 24º, nº 1, al. *r)*, 37º, nº 3, 39º, 41º, nº 5, 42º, nº 2, 46º e 113º, al. *m)*, e art. 9º, nº 6, da Lei nº 24/96, de 31 de julho, art. 97º do *regime jurídico do contrato de seguro*, Decreto-Lei nº 222/2009, de 11 de setembro, art. 27º do Decreto-Lei nº 24/2014, de 14 de fevereiro, arts. 4º, nº 1, als. *v)* e *w)*, 10º, nº 7, 11º, nºs 1, 2, al. *b)*, e 5, 14º, nº 3, al. *a)*, 24º, nºs 2 e 3, do Decreto-Lei nº 74-A/2017, de 23 de junho, e artigo 8º do *regime jurídico dos pacotes de produtos de investimento de retalho e de produtos de investimento com base em seguros*.

ANOTAÇÃO (*Luís Poças*)

I. O regime das vendas associadas – estabelecido no artigo 24º da DDS e decalcado para o presente artigo – visa disciplinar as situações em que o distribuidor de seguros propõe, como *componentes acessórios de um mesmo pacote ou acordo*, um contrato de seguro e, pelo menos, um bem ou serviço que não seja um seguro.

II. A expressão *vendas associadas*, sem consagração em Portugal, é uma tradução pouco feliz do original inglês *cross-selling*. Por um lado, a expressão alia a falta de rigor do termo *vendas* (parecendo sugerir que o contrato de seguro se reconduz a uma compra e venda) com alguma ambiguidade do termo *associadas*. Já na Diretiva 2014/65/UE do Parlamento Europeu e do Conselho (MIFID II) *cross-selling* é traduzido por *venda cruzada*, enquanto, no contexto da Diretiva 2014/17/UE do Parlamento Europeu e do Conselho (relativa aos contratos de crédito aos consumidores para imóveis de habitação), a expressão *vendas associadas obrigatórias* surge como tradução de *tying*.

III. A *ratio legis* do regime transparece do considerando 53 da Diretiva da Distribuição de Seguros e assenta em propósitos de proteção do cliente.

IV. Encontramos regimes afins – assentes em pressupostos de facto equivalentes e com um propósito comum de regulação – em diversas disposições do nosso ordenamento. É o caso do artigo 9º/6 da L 24/96 (lei de defesa do consumidor); do artigo 4º do DL 222/2009 (proteção do consumidor na celebração de contratos de seguro de vida associados ao crédito à habitação); do artigo 9º/7/f) do DL 181/2012 (acesso e exercício da atividade de *rent-a-car*); do artigo 27º do DL 24/2014 (contratos celebrados à distância e fora do estabelecimento comercial); do artigo 11º do DL 74-A/2017 (contratos de crédito relativos a imóveis) ou do artigo 8º do Regime dos PRIIPS, aprovado pela L 35/2018. De tais regimes podemos extrair uma regra comum: a de que a contratação de um bem ou serviço não deve depender da contratação de outro *ao mesmo fornecedor* (ou a outro indicado por este). A exceção consagrada é a de que exista uma complementaridade justificativa entre bens e serviços (por exemplo, o mútuo bancário implica a abertura de uma conta de depósito à ordem). De tais regimes é possível extrair um princípio de liberdade de contratação (na modalidade de livre escolha do prestador), bem como um princípio de proteção do consumidor.

V. Em termos de delimitação objetiva, o preceito visa regular as situações em que há uma proposta de contratação de um seguro e de um produto ou serviço diferente do seguro, como componentes de um mesmo pacote ou acordo, quando um desses componentes seja acessório em relação ao outro. A existência de dois ou mais contratos autónomos ligados entre si logo afasta a aproximação aos contratos mistos. Por outro lado, a referida relação de acessoriedade permite identificar uma ligação funcional entre componentes, no contexto da qual a contratação do componente acessório está subordinada à contratação do principal. Neste quadro, a situação objeto do regime consiste numa *proposta de união de contratos interna com dependência unilateral*, em que o contrato acessório depende do principal.

VI. Quanto à delimitação subjetiva do regime, o artigo 24º/1 da DDS visa a aplicação indistinta do regime das vendas associadas a todos os distribuidores. Já o RJDSR estabelece, entre os deveres dos mediadores de seguros, o cumprimento, em matéria de vendas associadas, das obrigações previstas no artigo 26º (cfr. artigo 24º/1/r)).

Não obstante, o artigo 37º/3 estende esses deveres às empresas de seguros, com as necessárias adaptações, suscitando a questão de saber como conjugar o objeto social das sociedades seguradoras com a atividade de contratação de bens ou serviços diferentes de seguros, mas que mantenham uma relação de acessoriedade com eles.

Por seu turno, o artigo 39º estende tais deveres aos mediadores de seguros a título acessório, também com as necessárias adaptações. Ora, considerando os traços caracterizadores da categoria de mediador de seguros a título acessório, definidos no artigo 4º/d) – mormente o facto de a atividade de distribuição de seguros dever ser acessória face à atividade principal; e o facto de os seguros distribuídos deverem ser complementares de um bem ou de um serviço diferente do seguro – parece encontrar-se aqui uma afinidade evidente com a própria acessoriedade requerida pelo regime das vendas associadas. Em suma, portanto, o regime das vendas associadas parece assumir especial relevância relativamente à atividade desenvolvida pelos mediadores de seguros a título acessório.

VII. O artigo 26º regula dois tipos distintos de situações. Nos nºs 1 e 2 disciplina-se os casos em que o seguro (como *componente principal*) é oferecido juntamente com um produto ou serviço acessório que não seja um seguro, como parte de um pacote ou do mesmo acordo. Não são, à partida, fáceis de configurar os exemplos desta situação. Será o caso de um seguro ser contratado juntamente com a subscrição onerosa de uma *app* destinada a gerir o próprio seguro; ou o de a contratação de um seguro de incêndio ter como componente acessório a venda de um extintor; ou de um seguro automóvel ser contratado juntamente com um dispositivo pago de controlo da condução que influencie o futuro valor do prémio do seguro.

Neste tipo de casos, o distribuidor deve informar o cliente *se é possível* adquirir separadamente os diferentes componentes e, *se o for*, deve: (i) prestar uma descrição adequada desses componentes; e (ii) fornecer documentação separada sobre os custos e os encargos associados a cada componente (artigo 26º/1).

Por outro lado – numa disposição cujo sentido útil não se alcança facilmente – dispõe o artigo 26º/2 que, se o risco ou a cobertura resultante do acordo ou pacote forem distintos dos associados aos componentes considerados separadamente, o distribuidor fornece ao cliente uma descrição adequada dos componentes e do modo como a respetiva interação modifica o risco ou a cobertura.

De resto, como resulta do artigo 26º/7, a ASF pode, numa base casuística, proibir a venda associada se a mesma for prejudicial para os clientes.

VIII. Nos nºs 3 e 4, por seu turno, regula-se o outro tipo de situações: os casos em que o seguro *é acessório* de um bem ou serviço que não seja um seguro, como parte de um pacote ou do mesmo acordo. Tal será o caso da venda de produtos eletrónicos tendo como contratação acessória a de um seguro de danos e roubo; ou o de um contrato de *rent-a-car* ter associado um seguro automóvel; ou o de um contrato de viagem organizada ter como acessório um seguro de viagem; ou o de um mútuo bancário implicar a contratação acessória de um seguro de vida e um de incêndio.

Neste tipo de casos, o distribuidor deve oferecer ao cliente a possibilidade de comprar o bem ou o serviço separadamente (artigo 26º/3), exceto se o seguro for acessório de um serviço ou atividade de investimento; um acordo de crédito para imóvel de habitação; ou uma conta de pagamento (artigo 26º/4). Aqui se destaca – com as exceções referidas – o dever de não condicionar a liberdade de contratação do cliente.

IX. Os nºs 5 a 7 consagram ainda um regime comum aos dois tipos de situações identificados. Assim, o distribuidor deverá, em qualquer dos casos, especificas as exigências e as necessidades do cliente em relação aos seguros que são parte integrante do pacote global ou do mesmo acordo (artigo 26º/5), solução que já resultaria do artigo 31º/6.

O regime das vendas associadas não impede, por outro lado, a distribuição de seguros que cubram vários tipos de riscos (multirriscos), bem como os pacotes de seguros – artigo 26º/6.

O incumprimento por distribuidor de seguros dos deveres em matéria de vendas associadas previstos no artigo 26º constitui contraordenação grave, punível com coima de € 350 a € 30 000 ou de € 1 000 a € 150 000, consoante seja aplicada a pessoa singular ou a pessoa coletiva – artigo 113º/m).

ANOTAÇÃO (*Mafalda Miranda Barbosa*)

I. Em causa está a regulamentação das vendas associadas, mas as novas regras não se aplicam nas hipóteses em que o produto de seguro for acessório de um serviço ou atividade de investimento na aceção do artigo 4º/1, ponto 2, da Diretiva 2014/65/UE, um acordo de crédito, na aceção do ponto 3 do artigo 4º da Diretiva 2014/17/UE, uma conta de pagamento, na aceção do ponto 3 do artigo 2º da Diretiva 2014/92/UE.

II. No que aos contratos de crédito à habitação respeita, de acordo com o artigo 11º/1 DL nº 74-A/2017, "ao mutuante está vedado fazer depender a celebração [de tais contratos] da realização de vendas associadas obrigatórias", embora possa exigir que o mutuário abra ou mantenha aberta uma conta de depósito à ordem e constitua um ou mais contratos de seguro, relacionados com o crédito, nos termos do nº 2. E, é possível, ainda, que sejam propostos ao consumidor produtos financeiros de modo a reduzir determinadas comissões ou determinados custos associados ao contrato, designadamente o *spread*. Neste caso, estabelece o nº 3 do artigo 11º que "o mutuante apresenta ao consumidor uma TAEG que reflita aquela redução de comissões ou outros custos, indicando clara e expressamente que a efetiva aplicação desta está condicionada à contratação dos produtos ou serviços financeiros adicionais". Na Carta Circular nº 31/2011/DSC, de 28 de Abril de 2011, o Banco de Portugal determina que as instituições de crédito, no âmbito das práticas comerciais de vendas associadas facultativas a depósitos ou a operações de crédito contratados por consumidores, na aceção prevista no nº 1 do artigo 2º da Lei nº 24/96, de 31 de Julho, se deveriam abster de comercializar de forma conjunta produtos e serviços financeiros que não se enquadrassem num dos seguintes tipos: depósitos bancários, produtos de poupança com capital garantido a todo o tempo, contratos de seguro com capital garantido a todo o tempo, operações de crédito, serviços de domiciliação de pagamentos periódicos, cartões de crédito, de débito e outros instrumentos de pagamento.

ARTIGO 27º – Publicidade

1 – Sem prejuízo de outros requisitos previstos na lei, toda a publicidade, independentemente do respetivo suporte, deve ser correta, compreensível, não enganosa e claramente identificável.

2 – Salvo se relativas a atividades não relacionadas com a distribuição de seguros, toda a publicidade e documentos relativos à atividade comercial do mediador de seguros deve incluir:

***a*) Nome ou denominação social;**

***b*) Número do registo junto da ASF;**

***c*) O ramo ou ramos de seguros nos quais está autorizado a exercer atividade;**

***d*) A categoria em que se encontra inscrito.**

3 – A ASF pode estabelecer, por norma regulamentar, requisitos adicionais ao disposto no presente artigo.

ANOTAÇÃO (*Francisco Luís F. Ribeiro Alves*)

Este artigo é novo, mas já se fazia menção à publicidade no artigo 47º, nº 6, do revogado RJMS. É uma matéria que deve, também, ser complementada com a Norma Regulamentar nº 3/2010-R, de 18 de março, conforme decorre do nº 3 deste artigo 27º.

O nº 1 reflete os princípios gerais que decorrem do Código da Publicidade, da Norma Regulamentar da ASF e de outras disposições, como as relativas à publicidade de produtos de investimento com base em seguros (V. artigos 4º e 10º, nº 1, *b*), do anexo II da Lei nº 35/2018, de 20 de julho) e as relativas a práticas comerciais desleais (V. Decreto-Lei nº 57/2008, de 26 de março).

O nº 2 relaciona-se com a identificação do mediador e os seus dados de registo na ASF.

ANOTAÇÃO (*João Pinto Monteiro*)

As regras de publicidade devem ser coordenadas com as exigências de informação e de esclarecimento do cliente. Nos termos do nº 1, toda a publicidade deve ser "*correta, compreensível, não enganosa e claramente identificável*". O nº 2 acrescenta o conteúdo mínimo que deve integrar toda a publicidade e documentos relativos à actividade comercial do mediador de seguros.

ANOTAÇÃO (*José Vasques*)

I. Cfr. art. 47º, nº 6, do *regime jurídico da mediação de seguros e de resseguros* e, em geral, o Código da Publicidade, e o Decreto-Lei nº 57/2008, de 26 de março, sobre práticas comerciais desleais, ambos com alterações posteriores.

II. Cfr. art. 17º da Diretiva (UE) 2016/97, e Diretiva 2005/29/CE do Parlamento Europeu e do Conselho de 11 de maio de 2005, relativa às práticas comerciais desleais das empresas face aos consumidores no mercado interno e que altera a Diretiva 84/450/CEE do Conselho, as Diretivas 97/7/CE, 98/27/CE e 2002/65/CE e o Regulamento (CE) nº 2006/2004.

III. A sede material de *outros requisitos previstos pela lei* é, fundamentalmente, o *Código da Publicidade* e a legislação sobre práticas comerciais desleais, mas há que considerar disposições específicas, tais como o artigo 33º do *regime jurídico do contrato de seguro* ou a regulamentação da publicidade relativa aos *produtos de investimento com base em seguros* contida no *regime jurídico dos pacotes de produtos de investimento de retalho e de produtos de investimento com base em seguros.*

O princípio de que os distribuidores de seguros atuem sempre, no quadro do exercício da atividade de distribuição de seguros, de forma honesta, correta e profissional, em conformidade com os melhores interesses dos seus clientes é estabelecido pela Diretiva (UE) 2016/97 de forma genérica e não apenas relativamente à publicidade [art. 17º, nº 1].

O cumprimentos dos requisitos legais em matéria de publicidade é um dos deveres gerais dos mediadores de seguros e dos mediadores de seguros a título acessório [arts. 24º, nº 1, al. *s)*, e 39º].

O nº 2 corresponde substancialmente ao artigo 47º, nº 6, do *regime jurídico da mediação de seguros e de resseguros*; a publicidade e documentos *não relacionados com a distribuição de seguros* serão, designadamente, os que digam respeito a publicidade institucional ou semelhantes.

O ramo ou ramos de seguros nos quais está autorizado a exercer atividade [nº 2, al. *c)*] serão aqueles em que o respetivo registo tenha sido realizado (art. 10º, nº 1).

Sobre as categorias em que pode realizar-se a inscrição no registo v. a nossa anotação ao artigo 9º

A habilitação específica da ASF para adotar a regulamentação prevista no nº 3 do artigo sob anotação resulta do artigo 13º, alínea *r)* – as referências das alíneas *s)* e *t)* deste último artigo ao artigo sob anotação resultam de erro material, devendo entender-se que a alínea *s)* se refere aos artigos 34º, 36º, 37º, nº 3, 38º e 39º, e a alínea *t)* ao 35º, alínea *b)*.

É particularmente relevante a regulamentação da publicidade relativa aos *produtos de investimento com base em seguros* contida no *regime jurídico dos pacotes de produtos de investimento de retalho e de produtos de investimento com base em seguros*, que dispõe:

Artigo 4º
Publicidade

1 – Sem prejuízo da observância do disposto no artigo 9º do Regulamento (UE) nº 1286/2014, e de outros requisitos previstos na lei, a informação constante das mensagens publicitárias relativas a PRIIPs deve ser verdadeira, atual, clara, objetiva, lícita e adequada.

2 – As mensagens publicitárias relativas a PRIIPs estão sujeitas a aprovação prévia da autoridade responsável pela supervisão dos PRIIPs publicitados, que decide no prazo de sete dias úteis a contar da receção do pedido completamente instruído.

3 – Se a notificação de decisão da autoridade competente não for expedida até ao primeiro dia útil seguinte ao termo do prazo previsto no número anterior, considera-se deferido o pedido.

4 – O pedido de aprovação da publicidade deve ser instruído com:

a) O projeto de mensagem publicitária;

b) Os elementos materiais relativos aos suportes através dos quais se prevê a divulgação da mensagem publicitária;

c) O documento de informação fundamental relativo ao PRIIP a publicitar, salvo quando este já tenha sido previamente notificado nos termos do artigo seguinte.

5 – A aprovação de publicidade relativa a PRIIPs não constitui impedimento a que as autoridades competentes exerçam as suas prerrogativas legais de intervenção em matéria de publicidade sempre que, por força da ocorrência de factos supervenientes ou pelo conhecimento de factos anteriores não considerados aquando da apreciação do pedido, se verifique a existência de circunstâncias suscetíveis de afetar a conformidade da publicidade com os requisitos legalmente estabelecidos.

6 – A mensagem publicitária pode ser usada nos seis meses seguintes à data da sua aprovação.

7 – Se, entre a data de aprovação e o fim do prazo previsto no número anterior, for detetada alguma desconformidade na publicidade, ou ocorrer alguma das circunstâncias previstas no nº 5, o anunciante deve cessar imediatamente a difusão da mensagem publicitária.

8 – Se o anunciante pretender continuar a utilização da mensagem publicitária após o decurso do prazo previsto no nº 6 deve requerê-lo à autoridade competente, que o defere no prazo de três dias úteis caso a mensagem apresentada, respeitando os requisitos previstos no nº 1, não contenha alterações relevantes.

9 – As autoridades competentes, no quadro das respetivas atribuições, regulamentam os procedimentos necessários à aplicação do disposto no presente artigo, podendo ainda concretizar os deveres de informação que as mensagens publicitárias relativas a PRIIPs devem observar.

10 – O previsto no presente regime não prejudica a aplicação das normas relativas a publicidade prevista no Código dos Valores Mobiliários, aprovado pelo Decreto-Lei nº 486/99, de 13 de novembro, na sua redação atual, sempre que esteja em causa uma oferta pública de valores mobiliários.

Sem prejuízo de análise que excederia os limites da presente anotação, deve realçar-se neste artigo 4º a necessidade de aprovação prévia (nº 2), válida por seis meses (nº 6) e renovável mediante requerimento do anunciante (nº 8), bem como a possibilidade de as autoridades competentes intervirem em matéria de publicidade sempre que ocorram factos supervenientes ou anteriores mas não considerados aquando da aprovação (nº 5), sem prejuízo de o anunciante dever cessar a respetiva difusão (nº 7).

A supervisão do cumprimento das disposições legais, regulamentares ou administrativas, gerais ou especiais, aplicáveis em matéria de publicidade compete à ASF (art. 70º, nº 1) que, sem prejuízo das sanções aplicáveis [art. 113º, al. *n)*], pode ordenar as modificações necessárias para pôr termo às irregularidades, ou a suspensão das ações publicitárias em causa, bem como determinar a imediata publicação pelo responsável de retificação apropriada, podendo substituir aos infratores que incumpram esta última determinação (art. 70º).

IV. Disposições relacionadas: art. 13º, al. *r)*, da Lei preambular, arts. 9º, 10º, nº 1, 24º, nº 1, al. *s)*, 39º, 70º e 113º, al. n), e art. 4º do *regime jurídico dos pacotes de produtos de investimento de retalho e de produtos de investimento com base em seguros.*

ANOTAÇÃO (*Luís Poças*)

I. Sem precedente no DL 144/2006, o nº 1 estabelece requisitos específicos que a publicidade inerente à distribuição de seguros deve observar. A aplicabilidade da disposição não se atém à publicidade promovida por mediadores de seguros (artigo 24º/1/s)), mas estende-se, com as necessárias adaptações, à atividade de distribuição de seguros por seguradores (artigo 37º/3) ou por mediadores de seguros a título acessório (artigo 39º). Em contrapartida, resulta do artigo 38º que o nº 1 do artigo 27º não é aplicável à publicidade promovida por resseguradores no âmbito da distribuição.

Os requisitos estabelecidos no nº 1 são já, na verdade, dispensáveis face ao alcance normativo do Código da Publicidade (CPub). Assim, o requisito de *correção* reconduz-se ao princípio da licitude (artigo 7º CPub); o requisito da *compreensibilidade* é um dos vetores do princípio do respeito pelos direitos do consumidor (artigo 12º do CPub e artigo 9º/2 da L 29/81, de 22/08); o requisito da *publicidade não enganosa* reconduz-se ao princípio da veracidade e à proibição da publicidade enganosa (artigos 10º e 11º CPub); e o requisito de *clara identificabilidade* reconduz-se ao princípio da identificabilidade e à proibição da publicidade oculta ou dissimulada (artigos 8º e 9º CPub).

II. O nº 2 tem precedente legislativo no artigo 47º/6 do DL 144/2006, exigindo, no essencial (ainda que em versão mais simplificada) os elementos que já constavam neste preceito. De relevante, o artigo 27º/2 deixa de exigir a inclusão do endereço do mediador, da data da inscrição no registo da ASF, e dos meios de que o interessado dispõe se pretender confirmar essa inscrição.

III. Atenta a noção amplíssima de publicidade que resulta do artigo 3º/1 do CPub, os requisitos previstos nos nºs 1 e 2 do artigo em análise são extensíveis a situações como, por exemplo, as das comunicações por e-mail com clientes ou potenciais clientes visando, ainda que indiretamente, promover a comercialização de seguros.

IV. Para além da disposição em análise e das constantes, designadamente, no CPub, a publicidade efetuada por distribuidores de seguros permanece abrangida pela Norma Regulamentar 03/2010-R, de 18/03, da ASF. Este regulamento estabelece, no seu artigo 18º, requisitos adicionais para a publicidade efetuada por mediadores de seguros (na aceção então vigente, agora limitada a agentes de seguros). Assim, contendo a referência a produto ou serviço determinado, essa publicidade deve mencionar, no mínimo: se o segurador conferiu os poderes necessários para o mediador celebrar contratos em seu nome; e se este está ou não autorizado a receber prémios para serem entregues ao segurador. Ademais, a publicidade não pode induzir ou ser suscetível de induzir em erro quanto à natureza dos serviços prestados pelo mediador de seguros e deve destacar de forma adequada que este não assume a cobertura de riscos.

V. Relativamente ao nº 3 do artigo em análise, pode a ASF, também nos termos do artigo 13º/r)/s) da L 7/2019, adotar as normas regulamentares necessárias para prever o regime especial da publicidade na distribuição de seguros ou de resseguros. Como resulta do artigo 70º, a supervisão da publicidade compete à ASF. Nos termos do artigo 113º/n), o incumprimento por mediador de seguros ou de seguros a título acessório dos deveres previstos no artigo em análise constitui uma contraordenação grave.

ARTIGO 28º – Gestão de reclamações

1 – A função responsável pela gestão das reclamações deve ser desempenhada por pessoas idóneas que detenham qualificação profissional adequada.

2 – No caso em que os mediadores de seguros se encontrem em relação de controlo ou estreita, a função responsável pela gestão das reclamações pode ser instituída apenas por um dos mediadores de seguros, desde que sejam garantidas as condições necessárias para evitar conflitos de interesses.

3 – Compete à função responsável pela gestão das reclamações gerir a receção e assegurar a resposta às reclamações que lhe sejam apresentadas pelos tomadores de seguros, segurados, beneficiários ou terceiros lesados, de acordo com o documento mencionado na alínea *t*) do nº 1 do artigo 24º, sem prejuízo de o tratamento e apreciação das mesmas poder ser efetuado pelas unidades orgânicas relevantes.

ANOTAÇÃO (*Francisco Luís F. Ribeiro Alves*)

A figura da função responsável pela gestão de reclamações surgiu como uma obrigação das empresas de seguros, tendo antecedentes no Decreto-Lei nº 94-B/98, de 17 de abril, que quando foi alterado pelo Decreto-Lei nº 2/2009, de 5 de Janeiro, aditou o artigo 131º-D relativo à gestão de reclamações e o artigo 131º-E relativo ao Provedor do Cliente. Atualmente, esta matéria encontra-se prevista nos artigos 157º e 158º do RJASR, sendo complementada pela Norma Regulamentar nº 10/2009-R, de 25 de junho.

Posteriormente, surgiram orientações da EIOPA no sentido de alargar estas obrigações aos mediadores de seguros. Por esta razão veio o artigo 14º da Diretiva prever que: "Os Estados-Membros asseguram a criação de procedimentos que permitam aos clientes e a outras partes interessadas, em especial as associações de consumidores, apresentar reclamações contra os distribuidores de seguros e de resseguros. Em qualquer dos casos, deve ser dada resposta às referidas reclamações".

Deve-se conciliar este artigo 28º com o disposto no artigo 24º, nº 1, alíneas *u*) e *t*), que nos termos do nº 3, do mesmo artigo, serão concretizados por norma regulamentar da ASF. Assim, toda esta matéria carece de regulamentação para ser possível a implementação de uma função de gestão de reclamações.

O nº 1 deste artigo 28º, que corresponde de forma muito similar à redação do artigo 157º, nº 2, do RJASR, contém dois requisitos para a gestão de reclamações por mediadores: idoneidade e qualificação adequada. Para aferição da idoneidade, embora faça parte do capítulo das Condições de Acesso, poderemos recorrer às regras que resultam do artigo 13º do RJDS. Relativamente à qualificação adequada, deverão ser pessoas com formação e preparação técnica para analisar e dar resposta às reclamações. De notar que do anexo I do RJDS, com os requisitos e conteúdos mínimos dos cursos de seguros, faz agora parte o tema do "tratamento de reclamações".

Os nºs 2 e 3 correspondem, de forma similar ao previsto nos nºs 3 e 4 do artigo 157º do RJASR, quanto ao facto de poder existir uma única função responsável para mediadores em relação de grupo. Apesar de competir à função de gestão de reclamações, podem as respostas ser tratadas e apreciadas pelas unidades orgânicas relevantes. Pretende-se referir que podem ser as áreas sobre a qual incide a reclamação a preparar a resposta, embora se subentenda que deverá ser a função da gestão de reclamações a assumir o envio e validação da resposta dada.

ANOTAÇÃO *(José Vasques)*

I. Cfr. arts. 32º, nº 1, al. *i)*, 35º al. *d)*, e 37º, al. *g)*, do *regime jurídico da mediação de seguros e de resseguros*, e 157º do *regime jurídico de acesso e exercício da atividade seguradora e resseguradora.*

II. Cfr. art. 14º da Diretiva (UE) 2016/97.

III. A instituição de uma função responsável pela gestão das reclamações dos tomadores de seguros, segurados, beneficiários e terceiros lesados relativas aos respetivos atos ou omissões é um dos deveres gerais do mediador de seguros [art. 24º, nº 1, al. *u)*], estabelecendo o artigo sob anotação as regras que enquadram essa função.

No essencial, determina-se que aquela função seja desempenhada por pessoas idóneas que detenham qualificação profissional adequada (nº 1), competindo-lhe gerir a receção e assegurar a resposta às reclamações, de acordo com a *política de tratamento dos tomadores de seguros, segurados, beneficiários e terceiros lesados* que tenham definido [art. 24º, nº 1, al. *t)*], sem prejuízo de o tratamento e apreciação das mesmas poder ser efetuado pelas unidades orgânicas relevantes (nº 3): quando vários *mediadores de seguros* se encontrem entre si em relação de controlo ou estreita, pode apenas um desses *mediadores de seguros* instituir a função prevista neste artigo, desde que sejam garantidas as condições necessárias para evitar conflitos de interesses (nº 2).

A instituição de uma função responsável pela gestão de reclamações, regulada pelo artigo sob anotação aplica-se aos *agentes de seguros* e aos *corretores de seguros* [art. 24º, nº 1, al. *u)*, e 13º al. *n)*, da Lei preambular], às *empresas de seguros* [art. 37º, nº 1, al. *f)*], às *empresas de resseguros* (art. 38º, nº 2) e aos *mediadores de seguros a título acessório* [arts. 39º e 13º, al. *n)* da Lei preambular; quanto ao regime sancionatório v. arts. 112º, al. *m)*, 113º, al. *p)* e *ww)*].

Embora o artigo se refira à *gestão de reclamações* em geral, deve notar-se que ela se circunscreve aos *atos e omissões* dos mediadores de seguros [art. 24º, nº 1, al. *u)*, mas v. parágrafo anterior], não abrangendo, por exemplo, as que devam ser dirigidas às *empresas de seguros* relativamente a atos ou omissões por elas praticados no exercício de outras atividades que não a de distribuição de seguros; sobre a gestão de reclamações dirigidas às *empresas de seguros* e à obrigatoriedade da divulgação a respetiva política v., respetivamente, arts. 157º do *regime jurídico de acesso e exercício da atividade seguradora e resseguradora* e 37º, nº 1, al. *f)*, e 112º, al. *m)*.

Não carece de fundamentação a observação de que o preceituado no artigo sob anotação quadra mal com a atividade de distribuição exercida por *mediadores de seguros* e *mediadores de seguros a título acessório* que sejam *pessoas singulares*, em geral desprovidos de estruturas de suporte, apenas acessíveis aos distribuidores de seguros organizados sob forma societária e de alguma dimensão; o artigo 14º da Diretiva (UE) 2016/97 determina *a criação de procedimentos que permitam aos clientes e a outras partes interessadas, em especial as associações de consumidores, apresentar reclamações*, mas não prevê a instituição de uma *função responsável pela gestão das reclamações*, pelo que nos encontramos perante uma situação em se adotam disposições que vão além das previstas pela referida Diretiva, o que aconselha a adotar na interpretação e aplicação do disposto neste artigo do *princípio da proporcionalidade*, que a mesma Diretiva abundantemente considera, e explicita claramente no seus considerando (52), segunda parte, e (72):

> *Um Estado-Membro que se proponha aplicar e que aplique disposições que regulam os distribuidores de seguros e a venda de produtos de seguros, que vão para além das estabelecidas na presente diretiva, deverá assegurar que os encargos administrativos decorrentes dessas disposições sejam proporcionados em relação à proteção dos consumidores e se mantenham dentro de determinados limites.*
>
> *O regime previsto na presente diretiva não deverá constituir um ónus excessivo para as pequenas e médias empresas de seguros e de resseguros* [a referência a *empresas de seguros e de resseguros* resulta de tradução deficiente, a qual deveria aludir a *distribuidores de seguros e de resseguros*, como se vê, por exemplo, das versões em língua inglesa, francesa ou alemã: *insurance and reinsurance distributors, distributeurs de produits d'assurance et de réassurance, Versicherungs- und Rückversicherungsvertreiber*]. *Um dos instrumentos através dos quais se pode alcançar esse objetivo consiste na correta aplicação do princípio da proporcionalidade. Este princípio deverá aplicar-se tanto aos requisitos impostos aos distribuidores de seguros e de resseguros como ao exercício de poderes de supervisão.*

É de admitir que as autoridades competentes, quando regulamentarem esta questão [arts. 13º, al. *n)*, e 24º, nº 3], não deixarão de considerar o referido *princípio da proporcionalidade*; a Diretiva (UE) 2016/97 refere-se ou aflora aquele princípio nos seus arts. 1º, nº 4, al. *b)*, 11º, nº 2, 25º, nºs 1, 2º §, e 2, 27º, 31º, nº 1, 32º, nº 1, e 41º, nº 1 e 2, bem como nos considerandos (17), (23), (52), (57), (58), (63), (72) e (78).

Acresce que nada parece impedir que a *função responsável pela gestão das reclamações* seja objeto de subcontratação desde que, à semelhança do previsto para as *empresas de seguros* (art. 78º, nº 2, do *regime jurídico de acesso e exercício da atividade seguradora e resseguradora*), daí não resulte um prejuízo significativo para a qualidade do sistema de governação, um aumento indevido do risco operacional, um prejuízo para a capacidade da ASF de verificar se os *agentes de seguros*, os *corretores de seguros*, as *empresas de seguros* e os *mediadores de seguros a título acessório* cumprem as suas obrigações ou um prejuízo para a continuidade ou qualidade dos serviços prestados aos tomadores de seguros, segurados e beneficiários.

Sobre a *política de tratamento dos tomadores de seguros, segurados, beneficiários e terceiros lesados*, referida no nº 3, v. a nossa anotação ao artigo 24º

Compete à ASF estabelecer as regras gerais a respeitar pelos mediadores de seguros e de seguros a título acessório no cumprimento do dever de definir uma política de tratamento dos tomadores de seguros, segurados, beneficiários e terceiros lesados [art. 13º, al. *k)*, da Lei preambular].

IV. Disposições relacionadas: arts. 13º, als. *k)* e *n)*, da Lei preambular, e arts. 24º, nº 1, als. *t)* e *u)*, 31º, nºs 1, al. *f)*, e 2, al. *f)*, 37º, nºs 1, al. *f)*, 38º, nº 2, 39º, 112º, al. *m)*, e 113º, als. *p)* e *ww)*, e arts. 78º e 157º do *regime jurídico de acesso e exercício da atividade seguradora e resseguradora*, e art. 14 da Diretiva (UE) 2016/97.

ANOTAÇÃO (*Luís Poças*)

I. A disposição em análise tem por base o artigo 14º da DDS, onde se estabelece que os Estados-Membros asseguram a criação de procedimentos que permitam aos clientes e a outras partes interessadas, em especial as associações de consumidores, apresentar reclamações contra os distribuidores de seguros e de resseguros, acrescentando-se que, em qualquer dos casos, deve ser dada resposta às referidas reclamações.

II. Nos termos do artigo 24º/1/u), estabelece-se um dever de o mediador instituir uma função responsável pela gestão das reclamações dos tomadores de seguros, segurados, beneficiários e terceiros lesados relativas aos respetivos atos ou omissões. Sem prejuízo de tal dever estar sujeito a concretização por norma regulamentar da ASF (artigo 24º/3), surge já clarificado que o âmbito de tal função se atém às reclamações concernentes à atuação (ou omissão) do mediador.

III. À semelhança do que, para os seguradores, é requerido pelo artigo 157º/2 do RJASR, o nº 1 do artigo em análise estabelece requisitos de idoneidade e qualificação profissional adequada. Os critérios de aferição destes dois requisitos não são, porém, definidos. Quanto à idoneidade, o artigo 14º, embora com outro âmbito de aplicação, constituirá, por analogia, uma bitola de orientação apropriada. Relativamente à qualificação, não há referência a critérios de natureza académica, mas sim profissional. Importará, sobretudo, que o titular da função responsável domine as matérias sobre as quais poderá incidir a reclamação. Desta forma, os requisitos de qualificação adequada para o exercício da própria atividade de distribuição de seguros e resseguros, estabelecidos no artigo 13º, afiguram-se igualmente adequados ao desempenho da função prevista no artigo em análise.

IV. À semelhança do que, relativamente aos seguradores, se dispõe no artigo 157º/3 do RJASR, também no caso em que os mediadores se encontrem em relação de controlo ou estreita, a função responsável pela gestão das reclamações pode ser instituída apenas por um dos mediadores, desde que sejam garantidas as condições necessárias para evitar conflitos de interesses.

V. Decalcando também o disposto no artigo 157º/3 do RJASR, o nº 3 do artigo em análise especifica as atribuições a cargo da função responsável pela gestão das reclamações: gerir a receção reclamações que lhe sejam apresentadas e assegurar a respetiva resposta, de conformidade com o disposto na política de tratamento dos tomadores de seguros, segurados, beneficiários e terceiros lesados que o mediador tiver definido.

Esclarece-se que o tratamento e apreciação das reclamações – incluindo, portanto, a preparação de um rascunho ou proposta de resposta – poderão ser efetuados pelas unidades orgânicas relevantes do mediador, isto é (quando aplicável, sobretudo no caso dos corretores), pelos departamentos da estrutura do mediador que melhor dominem o assunto sobre o qual incide a reclamação.

VI. Pode suscitar-se a questão de saber se o mediador pessoa singular pode ser, ele próprio, titular da função responsável pela gestão das reclamações contra si efetuadas. Cremos que a resposta deverá ser afirmativa. Desde logo porque, estando reunidos no mediador os requisitos de idoneidade e qualificação profissional adequada, nos termos previstos nos artigos 13º e 14º, assegurar-se-á a conformidade com o nº 1 do artigo em análise. Em segundo lugar, o RJDSR não afasta esta possibilidade. É certo que a função em causa implica padrões de imparcialidade e de ausência de conflito de interesses (cfr., relativamente aos seguradores, o artigo 6º/3 da Norma Regulamentar 10/2009-R, de 25/06, da ASF) pouco compatíveis, à partida, com a solução preconizada. Porém, em matéria de conflito de interesses, o artigo 43º/2 acolhe um princípio de proporcionalidade face à atividade desenvolvida, aos produtos de seguros distribuídos e ao tipo de distribuidor em causa, princípio que não deverá ser descurado na hipótese em apreço. Assim, do mesmo modo que, relativamente aos mediadores que sejam pessoas coletivas (e aos seguradores) a função pode ser assegurada por um departamento da respetiva estrutura, também quanto aos mediadores que sejam pessoas singulares a solução se afigura admissível – sem prejuízo da adoção das medidas possíveis de mitigação do risco de conflito de interesses –, não parecendo razoável a imposição ao mediador dos encargos económicos e organizativos que decorreriam de solução alternativa (a função ser subcontratada pelo mediador em entidade externa).

ARTIGO 29º – Deveres do mediador de seguros para com as empresas de seguros e outros mediadores de seguros

Sem prejuízo de outros deveres fixados no presente regime, são deveres do mediador de seguros para com as empresas de seguros e outros mediadores de seguros que intervenham no contrato:

a) Informar sobre riscos a cobrir e das suas particularidades;

b) Informar sobre alterações aos riscos já cobertos de que tenha conhecimento e que possam influir nas condições do contrato;

c) Informar de todos os recebimentos de prémios e pagamentos de estornos ou sinistros, através de prestação de contas realizada nos termos e pelos meios acordados;

d) Entregar, nos prazos acordados, os montantes devidos, resultantes das prestações de contas mencionadas na alínea anterior;

e) Atuar com lealdade;

f) Informar sobre todos os factos de que tenha conhecimento e que possam influir na regularização de sinistros.

ANOTAÇÃO (*João Pinto Monteiro*)

Esta regra deve ser articulada com o artigo 24º (que a enquadra, em parte).

Os deveres aqui impostos incluem uma conduta leal do mediador de seguros para com as empresas de seguros e outros mediadores de seguros (também a conduta das empresas de seguros em relação aos mediadores de seguros se deve pautar pela lealdade, como determina a al. *c*) do nº 1 do artigo 37º).

Esta actuação orientada pela lealdade é imposta genericamente pela al. *e*) e pelo menos parcialmente densificada por uma panóplia de deveres de informação, que compõem a quase totalidade das restantes alíneas. Estes últimos assumem conteúdos variados, mas todos colimados a evitar que um mediador de seguros cause danos evitáveis e desnecessários a empresas de seguros ou a outros mediadores de seguros.

ANOTAÇÃO (*José Vasques*)

I. Cfr. art. 30º do *regime jurídico da mediação de seguros e de resseguros*.

II. Não resulta da transposição da Diretiva (UE) 2016/97.

III. O disposto no artigo sob anotação apresenta apenas ligeiras alterações formais relativamente às disposições equivalentes no *regime jurídico da mediação de seguros e de resseguros* (art. 30º).

Os deveres previstos são suscetíveis de ser classificados em:

a) deveres de informação: quer relativa ao processo de subscrição [als. *a)* e *b)*, e 24º, nº 1, al. *e)*], aos recebimentos de prémios e pagamentos de estornos ou de sinistros [al. *c)*] e sobre factos de que tenha conhecimento e que possam influir na regularização de sinistros [al. *f)*], cujo incumprimento constitui contraordenação grave [art. 113º, als. *g)* e *q)*, neste último caso apenas quando esse incumprimento prejudique o cliente];

b) deveres de boa prestação de contas: dever de entregar, nos prazos acordados, os montantes devidos [al. *d)*] e

c) deveres de conduta: atuar com lealdade [al. *e)*], cujo incumprimento constitui contraordenação simples [art. 112º, al. *f)*]

É possível referenciar outros deveres dos mediadores de seguros para com as empresas de seguros ou outros mediadores de seguros, designadamente os que resultam do artigo 24º, nº 1, al. *a)* e *e)*.

IV. Disposições relacionadas: arts. 112º, al. *f)*, e 113º, als. *g)* e *q)*.

ANOTAÇÃO (*Luís Poças*)

I. O artigo em análise reproduz, no essencial, o texto do artigo 30º do DL 144/2006, estabelecendo deveres de *informação*, de *lealdade* e de *prestação de contas* do mediador de seguros para com as empresas de seguros e outros mediadores de seguros. Estes deveres, quando tenham por credor o segurador, têm por base e integram o conteúdo, respetivamente: do contrato de mediação de seguros (cfr. a nossa nota I ao artigo 23º), no caso dos agentes de seguros ou mediadores de seguros a título acessório (artigo 39º); e do protocolo ou acordo de distribuição, na forma simplificada que assuma, no caso dos corretores de seguros. Quando o dever tenha por credor outros mediadores, tem por base e integra o conteúdo do contrato de colaboração a que se reporta o artigo 47º/3.

Sem prejuízo do acima referido, o dever de lealdade é igualmente configurável como dever geral de atuação entre distribuidores de seguros. Será este o sentido útil, aliás, da extensão deste dever, com as necessárias adaptações, à atividade de distribuição de seguros pelo segurador (artigo 37º/3).

II. Quer a epígrafe, quer o corpo do artigo, seguem o teor do referido artigo 30º do DL 144/2006, o mesmo sucedendo com as alíneas *a)*, *b)*, *e)* e *f)*, correspondentes, respetivamente, às alíneas *a)*, *b)*, *d)* e *e)* do diploma revogado.

Importa assinalar, quanto a estes deveres, a respetiva relevância em matéria de descrição das circunstâncias do risco e suas alterações, bem como das circunstâncias do sinistro. Embora, de algum modo, constituam extensões do dever de lealdade também consagrado na alínea *e*), a autonomização destes deveres de informação é significativa, exigindo do distribuidor diligência e colaboração com o segurador na prevenção de omissões ou inexatidões sobre as características dos riscos a segurar (cfr., no mesmo sentido, o dever geral estabelecido no artigo 24º/1/*e*)) e suas alterações, bem como na prevenção da fraude em sede de participação e gestão do sinistro. Releva, em particular, a articulação entre a alínea *a*) do artigo em análise e o artigo 24º/3/*d*) do RJCS, de tal modo que o incumprimento daquela alínea importará, sem prejuízo de outras consequências contraordenacionais, a suscetibilidade de o mediador incorrer em responsabilidade contratual, perante o segurador, pelas consequências que para este advenham da citada disposição do RJCS (a inoponibilidade, ao tomador do seguro ou segurado, das omissões ou inexatidões efetuadas com negligência ou dolo simples).

III. O dever anteriormente consagrado na alínea *c*) do DL 144/2006 (dever de prestar contas nos termos legal e contratualmente estabelecidos) surge agora autonomizado em dois deveres distintos, respetivamente: o de informar de todos os recebimentos de prémios e pagamentos de estornos ou sinistros, através de prestação de contas realizada nos termos e pelos meios acordados (alínea *c*) do artigo em análise); e o de entregar, nos prazos acordados, os montantes devidos, resultantes das prestações de contas mencionadas na alínea anterior (alínea *d*) do artigo em análise).

IV. A inobservância dos vários deveres estabelecidos no artigo em análise comporta consequências contraordenacionais, constituindo contraordenação grave o incumprimento das alíneas *a*), *b*) e *f*) (cfr. artigo 113º/*f*)), bem como o da alínea *c*), quando prejudique o cliente (artigo 113º/*q*)). Em contrapartida, nos termos do artigo 112º/*f*), o incumprimento do dever previsto na alínea *e*) constitui uma contraordenação simples.

ANOTAÇÃO (*Pedro Romano Martinez*)

Os artigos 29º e seguintes, inseridos numa secção sobre direitos e deveres, devem ser analisados em conjunto; em especial os artigos 29º, 30º, 31º e 32º, assim como o artigo 35º do regime da distribuição de seguros assentam no mesmo desiderato: proteção do cliente de seguros (tomador de seguros ou segurado) e atuação do distribuidor segundo parâmetros de boa fé.

Na prossecução destes dois objetivos, o legislador, em grande medida no seguimento da diretiva da União Europeia, optou por apresentar um elenco extremamente exaustivo de deveres de conduta e de informação; de tal modo exaustivo que dificilmente o destinatário de tanta informação a poderá compreender e muito menos apreender. Seguiu-se a via formalista de elencar deveres de conduta e de informação, independentemente da realidade subjacente e da capacidade de compreensão do cliente de seguros. Não é a via adequada, mas o distribuidor de seguros cumpre o seu dever pela mera informação dos múltiplos deveres previstos na lei, sem prejuízo de deveres de conduta genéricos que carecem de concretização.

Nesta senda formalista, é estranha a mencionada conjugação, quase sequencial, de deveres de informação ou de conduta muito concretos (p. ex., entregar montantes devidos, alínea *d*)) e atuar com lealdade (alínea *e*)). Dir-se-ia, até, que não seria pressuposto indicar que o distribuidor de seguros deve atuar com lealdade, pois esse é o dever que se impõe a qualquer sujeito nas relações jurídicas; e é inclusive difícil de perceber a diferença entre atuar com lealdade (alínea *e*) do artigo 29º) e atuar em conformidade com os melhores interesses dos seus clientes, de forma honesta, correta e profissional (alínea *a*) do nº 1 do artigo 30º). Estas previsões, assim como outras similares assentam no mesmo parâmetro: atuação segundo a boa fé. São conceitos indeterminados que carecem de uma ponderação atentas as circunstâncias do caso.

ARTIGO 30º – Deveres do mediador de seguros para com os clientes

1 – Sem prejuízo de outros deveres fixados no presente regime, são deveres do mediador de seguros para com os clientes ou potenciais clientes:

_a_) Atuar em conformidade com os melhores interesses dos seus clientes, de forma honesta, correta e profissional;

_b_) Informar, nos termos fixados por lei e respetiva regulamentação, dos direitos e deveres que decorrem da celebração de contratos de seguro;

_c_) Respeitando as necessidades e exigências do cliente e as informações por este prestadas, informar, de modo correto e pormenorizado e de acordo com o exigível pela respetiva categoria de mediador, com a complexidade do tipo de produto proposto e com o tipo de cliente, sobre o contrato ou os contratos de seguro mais convenientes à transferência de risco ou ao investimento, de modo a permitir que o cliente tome uma decisão informada;

_d_) Não praticar quaisquer atos relacionados com um contrato de seguro sem informar previamente o respetivo tomador do seguro e obter a sua concordância;

_e_) Transmitir à empresa de seguros, em tempo útil, todas as informações e instruções, no âmbito do contrato de seguro, que o tomador do seguro solicite;

_f_) Prestar ao tomador do seguro todos os esclarecimentos relativos ao contrato de seguro previamente à sua celebração, durante a sua execução e durante a pendência dos conflitos dele derivados;

_g_) Não fazer uso de outra profissão ou cargo que exerça para condicionar a liberdade negocial do cliente.

2 – O mediador de seguros que exerça a atividade de distribuição de produtos de investimento com base em seguros deve ainda observar o disposto na subsecção II da presente secção.

3 – Nos casos legalmente admissíveis em que o tomador do seguro coincide com o mediador do seguro, os direitos do tomador do seguro transferem-se para os segurados.

ANOTAÇÃO (*João Pinto Monteiro*)

Ainda mais do que o anterior, deve este artigo e respectivos deveres serem concatenados com alguns dos que apreciámos no artigo 24º.

Abrange este preceito não só deveres de informação (que são objecto de um tratamento específico e desenvolvido no artigo seguinte), mas também outros decorrentes da boa fé, como o de "*atuar em conformidade com os melhores interesses dos seus clientes, de forma honesta, correta e profissional*" (al. *a*) do nº 1).

Com esta actuação honesta, correcta e profissional encadeiam-se os deveres de "*não praticar quaisquer actos relacionados com um contrato de seguro sem informar previamente o respetivo tomador de seguro e obter a sua concordância*" (al. *d*) do nº 1) e de "*não fazer uso de outra profissão ou cargo que exerça para condicionar a liberdade negocial do cliente*" (al. *g*) do nº 1).

A al. *c*) do nº 1 determina que as informações prestadas pelo mediador incidam "*sobre o contrato ou os contratos de seguro mais convenientes à transferência de risco ou ao investimento*". Para que sobre estes o cliente "*tome uma decisão informada*" o mesmo preceito impõe que os mediadores o tenham em consideração – o seu tipo, as suas necessidades, as suas exigências e as informações por si prestadas –, assim como o tipo de produto proposto.

ANOTAÇÃO (*José Vasques*)

I. Cfr. arts. 31º, 32º e 98º do *regime jurídico da mediação de seguros e de resseguros.*

II. Cfr. arts. 17º, 20º, 22º, 26º e 29º da Diretiva (UE) 2016/97.

III. Prevê-se no artigo sob anotação um conjunto de deveres que são objeto de desenvolvimento em outras disposições, designadamente quando se refere à atuação em conformidade com os melhores interesses dos seus clientes, de forma honesta, correta e profissional [nº 1, al. *a)*], que é parcialmente coberto pelas disposições relativas aos conflitos de interesses e à atuação no interesse dos clientes [arts. 24º, nº 1, al. *a*), 43º e 44º, al. *b)*], à informação, nos termos fixados por lei e respetiva regulamentação, dos direitos e deveres que decorrem da celebração de contratos de seguro [nº 1, al. *b)*], prestando ao tomador do seguro todos os esclarecimentos relativos ao contrato de seguro previamente à sua celebração, durante a sua execução e durante a pendência dos conflitos dele derivados [nº 1, al. *f)* e arts. 31º a 33º e, relativamente aos *produtos de investimento com base em seguros,* 40º a 44º], não praticar quaisquer atos relacionados com um contrato de seguro sem informar previamente o respetivo tomador do seguro e obter a sua concordância [nº 1, al. *d)*], transmitir à empresa de seguros, em tempo útil, todas as informações e instruções, no âmbito do contrato de seguro, que o tomador do seguro solicite [nº 1, al. *e),* e art. 29º) e não fazer uso de outra profissão ou cargo que exerça para condicionar a liberdade negocial do cliente [nº 1, al. *g),* e art. 18º, nº 1, al. *a)*].

Ainda que não seja especificada a forma da sua obtenção, os *mediadores de seguros* (e as *empresas de seguros,* cfr. art. 38º, nº 3) devem obter do cliente informações sobre as suas exigências e necessidades [dito, *teste de exigências e necessidades,* nº 1, al. *c)*]; essas informações devem estar de acordo com: 1) o exigível pela respetiva categoria de mediador, 2) a complexidade do tipo de produto proposto e 3) o tipo de cliente, para que o mediador de seguros possa informar o cliente sobre o contrato ou os contratos de seguro mais convenientes à transferência de risco ou ao investimento, de modo a permitir-lhe uma decisão informada.

O *mediador de seguros* que distribua *produtos de investimento com base em seguros* deve ainda observar o previsto nos arts. 40º a 46º

Os casos previstos pelo nº 3 não são aqueles (obviamente, legalmente admissíveis) em que o *mediador de seguros* intervem na mediação de seguros de que seja o próprio titular, mas sim aqueles em que o *tomador do seguro que seja simultaneamente mediador de seguros com poderes de representação* (art. 88º, nºs 1 e 2, do *regime jurídico do contrato de seguro*).

O incumprimento dos deveres previstos no nº 1, alíneas *a)* a *g),* constitui contraordenação grave [art. 113º, als. *r)* a *x)*].

IV. Disposições relacionadas: arts. 18º, nº 1, al. *a),* 24º, nº 1, al. *a),* 29º, 31º a 33º, 38º, nº 3, 8º, nº 3, 40º a 46º e 113º, als. *r)* a *x),* e art. 88º, nºs 1 e 2, do *regime jurídico do contrato de seguro.*

ANOTAÇÃO (*Luís Poças*)

I. A função de intermediação a cargo do distribuidor de seguros coloca-o em relação direta com as duas partes do contrato de seguro: o segurador e o tomador do seguro. Não obstante a relação contratual mantida com o segurador (contrato de mediação de seguros, no caso do agente e do mediador de seguros a título acessório), o distribuidor tem por cliente o potencial tomador do seguro.

Esta dupla relação do distribuidor de seguros – com o segurador e com o potencial tomador do seguro – importa direitos e deveres quanto a ambos. Se os deveres do mediador de seguros para com o segurador foram objeto do artigo 29º, o artigo em análise tem agora por objeto os deveres para com os clientes.

II. O RJDSR utiliza abundantemente o termo *cliente*, sem, no entanto, definir o seu âmbito e alcance. Da análise das múltiplas referências ao termo e do respetivo contexto resulta claro que o mesmo é utilizado como sinónimo de tomador do seguro ou potencial tomador do seguro (contraparte do segurador). Do artigo 24º/1/p)/ii) resulta uma contraposição entre *cliente* e *outras partes interessadas*. Por outro lado, da conjugação desse preceito com o artigo 24º/1/*t*)/*u*) decorre que a expressão *outras partes interessadas* alude aos segurados, beneficiários e terceiros lesados.

III. O artigo em análise segue, no essencial, o teor do artigo 31º do DL 144/2006, adotando a mesma epígrafe e equivalente corpo do texto. Por outro lado, as alíneas *b*), *d*), *e*) e *g*) do nº 1 do presente artigo decalcam a formulação, respetivamente, das alíneas *a*), *c*), *d*) e *f*) do DL 144/2006, não se afigurando suscitarem dúvidas interpretativas.

IV. A alínea *a*) do nº 1 – dever de atuar em conformidade com os melhores interesses dos seus clientes, de forma honesta, correta e profissional – tem conteúdo inovador face ao DL 144/2006, acolhendo o princípio geral previsto no artigo 17º/1 da DDS. Contém uma orientação de grande relevância quanto à atuação do mediador, configurada como autêntico dever de conduta.

V. A alínea *c*) do nº 1 concerne ao dever de, respeitando as necessidades e exigências do cliente e as informações por este prestadas, o mediador informar, de modo correto e pormenorizado e de acordo com o exigível pela respetiva categoria, com a complexidade do tipo de produto proposto e com o tipo de cliente, sobre o contrato ou os contratos de seguro mais convenientes à transferência de risco ou ao investimento, de modo a permitir que o cliente tome uma decisão informada. Pela similitude de redações, este dever parece corresponder à recomendação personalizada a que se reporta o artigo 31º/4, a qual implica o aconselhamento. Em virtude de o aconselhamento não ser obrigatório, como resulta do artigo 31º/2/*b*), o dever consagrado no artigo 30º/1/*c*) haverá de ser interpretado restritivamente, como *dever mera de informação*, para distingui-lo da referida recomendação. Cfr., a propósito, a nossa anotação ao artigo 31º.

O presente dever, que tem por principal fonte normativa o artigo 20º da DDS, comporta um alargamento do âmbito, bem como o acréscimo de requisitos adicionais, relativamente ao dever anteriormente previsto no artigo 31º/*b*) do DL 144/2006 (segundo o qual o mediador de seguros devia aconselhar, de modo correto e pormenorizado e de acordo com o exigível pela respetiva categoria de mediador, sobre a modalidade de contrato mais conveniente à transferência de risco ou ao investimento).

VI. Quanto à alínea *f*) do nº 1 – dever de prestar ao tomador do seguro todos os esclarecimentos relativos ao contrato de seguro previamente à sua celebração, durante a sua execução e durante a pendência dos conflitos dele derivados – verifica-se um alargamento de âmbito face ao dever anteriormente definido no artigo 31º/*g*) do DL 144/2006, que não cobria esclarecimentos relativos ao contrato de seguro previamente à sua celebração.

VII. Relativamente à alínea *g*) do nº 1 – dever de não fazer uso de outra profissão ou cargo que exerça para condicionar a liberdade negocial do cliente – já anteriormente consagrado no artigo 31º/*f*) do DL 144/2006, a sua *ratio* é clara: se o mediador tiver outra profissão ou exercer algum cargo que lhe confira algum tipo de ascendente (económico, político, cultural, técnico, etc.) sobre o cliente, não deverá tirar proveito desse facto para influenciar a contratação de um seguro ou a escolha da modalidade do mesmo.

Este dever consome um outro, anteriormente consagrado, de forma autónoma, no artigo 31º/*g*) do DL 144/2006, e não transposto para o RJDSR (exceto na medida em que configure uma *venda associada*): o de não impor a obrigatoriedade de celebração de um contrato de seguro com um determinado segurador como condição de acesso do cliente a outro bem ou serviço fornecido.

VIII. O incumprimento de qualquer das alíneas – *a*) a *g*) – do nº 1 constitui uma contraordenação grave, nos termos, respetivamente, das alíneas *r*) a *x*) do artigo 113º.

IX. Quanto ao nº 3 – onde se determina que, nos casos legalmente admissíveis em que o tomador do seguro coincide com o mediador do seguro, os direitos do tomador transferem-se para os segurados – ter-se-á sobretudo em vista os seguros de grupo contributivos em que o mediador seja o tomador (situação já prevista no artigo 88º/1/2 do RJCS).

Neste caso, os direitos do tomador são assumidos pelos segurados, como decorre já (independentemente de o tomador ser também mediador) do regime dos seguros de grupo contributivos, previsto nos artigos 86º ss. do RJCS. Face a esta circunstância, o alcance normativo útil do nº 3, em análise, situar-se-á fora do caso paradigmático referido, isto é, quando estejam em causa seguros de grupo não contributivos ou seguros individuais por conta de outrem.

X. Nos termos do artigo 37º/3, à exceção das alíneas *e*) e *g*), todas as outras alíneas do nº 1 do artigo em análise são aplicáveis, com as devidas adaptações, à atividade de distribuição de seguros pelo segurador.

Por outro lado, nos termos do artigo 39º, os nºs 1 e 3 do artigo em análise são aplicáveis, com as devidas adaptações, à atividade de distribuição de seguros por mediadores de seguros a título acessório.

ANOTAÇÃO (*Pedro Romano Martinez*)

Vd. anotação artigo 29º.

ARTIGO 31º – Deveres de informação em especial

1 – Com a devida antecedência em relação à celebração de qualquer contrato de seguro inicial o mediador de seguros deve informar o cliente, pelo menos:

a) Da sua identidade e endereço;

b) Do número e da data da inscrição no registo e dos meios para verificar se foi efetivamente registado;

c) De qualquer participação qualificada que detenha numa determinada empresa de seguros;

d) De qualquer participação qualificada no capital do mediador de seguros detida por uma determinada empresa de seguros ou pela empresa mãe de uma determinada empresa de seguros;

e) Se está ou não autorizado a receber prémios para serem entregues à empresa de seguros;

f) Se a sua intervenção se esgota com a celebração do contrato de seguro ou se a sua intervenção envolve a prestação de assistência ao longo do período de vigência do contrato de seguro;

g) Da natureza da remuneração recebida em relação ao contrato de seguro;

h) Se, em relação ao contrato de seguro, é remunerado:

i) Através de pagamento direto pelo cliente a título de honorários;

ii) Com parte do prémio de seguro a título de comissão;

iii) Com base noutro tipo de remuneração, incluindo qualquer vantagem económica concedida em conexão com o contrato de seguro;

iv) Com base na combinação de qualquer dos tipos de remuneração especificados nas subalíneas anteriores;

i) Se o cliente tiver de pagar honorários, do montante dos honorários ou, caso tal não seja possível, do método de cálculo dos honorários;

j) Do direito de o cliente solicitar informação sobre o montante da remuneração que o mediador de seguros receberá pela prestação do serviço de distribuição e, em conformidade, fornecer-lhe, a seu pedido, tal informação;

k) Se o cliente tiver de fazer pagamentos ao abrigo do contrato de seguro após a sua celebração, distintos dos prémios regulares e dos pagamentos calendarizados, da natureza e do montante de cada um desses pagamentos;

l) Dos procedimentos, referidos nas alíneas *t*) e *u*) do nº 1 do artigo 24º e no artigo 76º, que permitem aos clientes e a outras partes interessadas apresentarem reclamações e dos procedimentos extrajudiciais de reclamação e recurso referidos no artigo 52º;

m) No que se refere ao contrato proposto, o nome das empresas de seguros ou mediadores de seguros que intervêm no mesmo, bem como do regime de responsabilidade solidária previsto no artigo 47º

2 – Adicionalmente, o mediador de seguros deve indicar ao cliente:

a) Se atua em representação do cliente ou em nome e por conta da empresa de seguros;

b) Se presta ou não aconselhamento;

c) Se baseia ou não o aconselhamento prestado numa análise imparcial e pessoal nos termos do nº 5;

d) Se tem ou não a obrigação contratual de exercer a atividade de distribuição de seguros exclusivamente para uma ou mais empresas de seguros.

3 – O mediador de seguros deve informar o cliente sobre o nome da ou das empresas de seguros com as quais trabalha relevantes no âmbito das exigências e necessidades apresentadas.

4 – Caso seja prestado aconselhamento nos termos da alínea *b*) do nº 2, o mediador de seguros deve, antes da celebração de qualquer contrato de seguro, transmitir ao cliente uma recomendação personalizada, ajustada ao tipo de cliente, às informações por ele fornecidas e à complexidade do contrato de seguro recomendado.

5 – Quando o mediador de seguros informar o cliente que baseia o seu aconselhamento numa análise imparcial e pessoal, é obrigado a prestar esse aconselhamento com base na análise de um número suficientemente elevado e diversificado, quanto ao distribuidor e ao tipo de contratos de seguro disponíveis no mercado que lhe permita fazer uma recomendação, de acordo com critérios profissionais, quanto ao contrato de seguro mais adequado às necessidades do cliente, não se limitando aos contratos de seguro de um distribuidor com quem o mediador de seguros tenha relações estreitas.

6 – Antes da celebração de qualquer contrato de seguro, o mediador de seguros deve especificar, no mínimo, as respetivas exigências e necessidades e as razões que nortearam as informações ou o aconselhamento prestado quanto a um determinado produto.

7 – O mediador de seguros encontra-se dispensado de prestar as informações previstas nos números anteriores quando desenvolva atividade de distribuição de produtos de seguros que visem a cobertura de grandes riscos.

8 – Se a intervenção do mediador de seguros envolver a prestação de assistência ao longo do período de vigência do contrato de seguro, qualquer alteração das informações prestadas ao abrigo do nº 1 deve ser comunicada ao cliente.

ANOTAÇÃO (*Francisco Luís F. Ribeiro Alves*)

Tem por base o artigo 32º do RJMS. As alíneas *g*), *h*), *i*) e *k*) do nº 1 são novas, bem como os nºs 2, 4 e 8.

Este artigo corresponde a um dever de informação pré-contratual quanto a qualquer contrato de seguro inicial, ou seja, não se aplica a alterações de contrato. Podemos dividir este artigo entre as informações de registo junto da ASF [alíneas *a*) e *b*) do nº 1]; a existência de participações qualificadas para que o cliente tenha conhecimento do potencial conflito de interesses [as alíneas *c*) e *d*) do nº 1]; bem como outros elementos que resultam do contrato assinado com a empresa de seguros [alíneas *e*), *f*) e *g*) do nº 1].

As alíneas *g*) a *k*) do nº 1 versam sobre o mesmo tema, a remuneração, pelo que se poderá considerar que a alínea *h*) concretiza a natureza da remuneração referida na alínea *g*), que é recebida pelo mediador de seguros. A alínea *h*) tem quatro pontos concretos quanto à forma de remuneração.

A indicada em *i*) corresponde à possibilidade de ser o potencial cliente a remunerar o mediador de seguros. Atendendo à atuação independente do corretor de seguros, seria uma forma plausível de remuneração, entre as duas partes, a exemplo do que ocorre no regime do mediador de crédito (Decreto-Lei nº 81-C/2017, de 7 de julho) quanto aos intermediários de crédito não vinculados, que "são remunerados pelos consumidores, não podendo receber qualquer remuneração pecuniária ou outra contrapartida económica dos mutuantes pelos serviços prestados" (artigo 61º).

A situação indicada em *ii*) de a remuneração do mediador ser paga com parte do prémio de seguro, a título de comissão, será a que ocorre na esmagadora maioria das comercializações. Habitualmente, o mediador recebe uma percentagem do prémio pago pelo cliente à empresa de seguros. O indicado nos pontos *iii*) e *iv*) tem um valor meramente residual no sentido de mencionar qualquer outro tipo de remuneração ou de combinação de remunerações, sendo de admitir, através da combinação, que o mediador seja remunerado simultaneamente pelo cliente e pela empresa de seguros.

A alínea *i*) do nº 1 determina que, caso fique a cargo do cliente o pagamento de honorários, se mencione o montante ou a forma de cálculo, a qual normalmente incidirá sobre o prémio do contrato de seguro. A alínea *j*) contém um duplo direito do cliente de ser informado de que pode pedir o valor da remuneração recebido pelo mediador de seguros e, utilizando essa faculdade, receber a informação concreta da remuneração.

Os pagamentos referidos na alínea *k*) do nº 1 serão os distintos de prémios regulares e, caso existam outros, já decorreriam da informação pré-contratual e contratual do produto. Poderá ser o caso de pagamentos a título de serviços de distribuição, quando seja o cliente a remunerar o mediador de seguros por prestar assistência ao contrato no caso de ter pedidos de alteração da apólice.

O nº 2 tem uma nova redação com alterações relevantes, face ao que constava do artigo 32º, nº 2, do anterior Regime Jurídico da Mediação de Seguros. Decorre da alínea *a*) que o mediador deve informar o cliente se atua em sua representação ou em representação da empresa de seguros. Os agentes de seguros e mediadores de seguros a título acessório atuam tipicamente em representação da empresa de seguros, tal como decorre do artigo 9º, nº 1, *a*) e nº 2. O corretor de seguros, atuando de forma independente, poderá informar se representa a empresa de seguros ou o cliente, fazendo sentido que represente o cliente atendendo à sua natureza [artigo 9º, nº 1, *b*)].

A alínea *b*) é das mais relevantes, quanto ao distribuidor informar se presta ou não aconselhamento. Assim, caso o distribuidor de seguros informe que não presta aconselhamento não será relevante que o potencial cliente o peça, tal como se infere dos conceitos de distribuição de seguros e de aconselhamento [artigo 4º, alíneas *a*) e *q*)], não sendo aquele obrigado a prestar aconselhamento.

O nº 3, quanto ao dever de o mediador de seguros "informar o cliente sobre o nome da ou das empresas de seguros com as quais trabalha relevantes no âmbito das exigências e necessidades apresentadas", permite ao cliente aferir se existem opções ou se, apesar de não ser mediador exclusivo [se tal for informado para efeitos da alínea *d*) do nº 2] a consequência prática será idêntica. No anterior regime constava que o mediador de seguros devia informar o cliente do seu direito de solicitar informação sobre o nome da ou das empresas de seguros e mediadores de seguros com os quais trabalha e agora consta como um dever direto do mediador de seguros, sem que esteja dependente de um pedido expresso do cliente.

Os nºs 4 e 5 aplicam-se apenas ao aconselhamento, se o mediador tiver informado que o presta nos termos da alínea *b*) do nº 2. O nº 4 é novo e utiliza a expressão "recomendação personalizada", o que decorre do próprio conceito de aconselhamento [alínea *q*) do artigo 4º] que menciona "recomendação pessoal" e que deve atender a três circunstâncias:

i) Ajustada ao tipo de cliente;

ii) Às informações por ele fornecidas;

iii) À complexidade do contrato de seguro recomendado.

Diremos que, mesmo quando não existe aconselhamento, o mediador informa, com base nas exigências, necessidades e informações recolhidas junto do cliente [alínea *c*) do nº 1 do artigo 30º] "(...) de modo correto e pormenorizado e de acordo com o exigível pela respetiva categoria de mediador, com a complexidade do tipo de produto proposto e com o tipo de cliente, sobre o contrato ou os contratos de seguro mais convenientes à transferência de risco ou ao investimento, de modo a permitir que o cliente tome uma decisão informada". Aquilo que não emite é uma recomendação pessoal, pelo que a "venda sem aconselhamento" estará mais no campo das informações objetivas sobre as caraterísticas dos produtos decidindo o cliente sem o apoio dessa recomendação.

Quanto o nº 5, tem por base o anterior artigo 32º, nº 4 (DL 144/2006). Foi aditada a expressão final "não se limitando aos contratos de seguro de um distribuidor com quem o mediador de seguros tenha relações estreitas". Este número apenas faz sentido para mediadores de seguros que vendam produtos de vários seguradores. A expressão "informar o cliente que baseia o seu aconselhamento numa análise imparcial e pessoal" seria desnecessária, porque o aconselhamento, por definição, é uma recomendação pessoal e deverá ser imparcial no sentido em que corresponda ao melhor interesse do cliente. De todo o modo, no nº 4 pretende-se abranger todo o aconselhamento, incluindo o que possa ser prestado por mediadores exclusivos ou empresas de seguros, enquanto o aconselhamento mencionado no nº 5 pressupõe um número elevado e diversificado quanto ao distribuidor e ao tipo de contratos de seguro disponíveis no mercado.

No nosso entendimento, o aconselhamento fará sempre mais sentido quando existam diversos produtos para recomendar atendendo às exigências e necessidades do cliente, já que um distribuidor quando recomenda o único produto de que dispõe para comercialização não cumprirá o verdadeiro objetivo do aconselhamento. A venda sem aconselhamento também cumpre o mesmo objetivo neste último caso, providenciando para contratação o produto que corresponde às exigências e necessidades do cliente.

Sobre se uma recomendação deve ser entendida como uma informação remete-se para a nossa anotação ao artigo 32º.

O nº 6 tem uma redação semelhante nº 5 do artigo 32º do anterior regime (DL 144/2006) mas substituiu-se a expressão "nortearam os conselhos dados" por "nortearam as informações ou o aconselhamento prestado", de modo a distinguir as duas realidades, a saber:

a) Venda sem aconselhamento, enquanto venda com a mera prestação de informações;

b) Venda com aconselhamento, enquanto venda com a prestação de informações e recomendação pessoal.

O nº 7, a exemplo de outras disposições semelhantes (por ex. artigos 24º, nº 2; 33º, nº 5 e 37º, nº 7), dispensa o cumprimento das obrigações deste preceito nos seguros que visem a cobertura de grandes riscos.

Por fim, o nº 8 pretende acautelar que o cliente tenha sempre as informações atualizadas previstas neste artigo 31º, nº 1, desde que o mediador de seguros tenha informado que presta assistência ao longo do período de vigência do contrato. Não se fixam prazos para a comunicação dessas alterações, o que dificultará a aplicação da sanção contraordenacional prevista na alínea *ee*) do artigo 113º.

ANOTAÇÃO (*Inês Oliveira Martins*)

1. Quanto a esta extensa norma, deixam-se apenas dois apontamentos.

Um primeiro apontamento, para salientar que a prestação de aconselhamento nos termos da al. *b*) do nº 2 e do nº 4, à qual o mediador apenas se encontra vinculado quando expressamente assumir tal dever, parece comportar uma diferença meramente de grau face ao dever geral de "informar face ao contrato mais conveniente" previsto na al. *c*) do nº 1 do art. 30º. Na sua formulação completa, este configura um dever de, respeitando as necessidades e exigências do cliente e as informações por este prestadas, informar, de modo correto e pormenorizado e de acordo com o exigível pela respetiva categoria de mediador, com a complexidade do tipo de produto proposto e com o tipo de cliente, sobre o contrato ou os contratos de seguro mais convenientes à transferência de risco ou ao investimento, de modo a permitir que o cliente tome uma decisão informada. Com efeito, tanto este dever de informação reforçado, como o dever de advertência que surge noutros diplomas, mostram-se fenómenos já gradativamente próximos de um dever de aconselhamento, traduzindo a suspeição do legislador face a um puro modelo de tutela do contratante por via informativa.

2. Um segundo apontamento, para salientar que depende também de vontade expressa nesse sentido a assunção, pelo mediador, do dever de assistência ao longo da execução do contrato do seguro (art. 31º, nº 1, al. *f*)). No entanto, outro dever permanece ao longo de toda a execução contratual, e ainda em situação de litígio: o dever de prestar ao tomador todos os esclarecimentos relativamente ao contrato (art. 30º, nº 1, *f*).

ANOTAÇÃO (*João Pinto Monteiro*)

Esta norma determina o conteúdo mínimo da informação a prestar pelo mediador ao cliente antes da celebração de qualquer contrato de seguro inicial.

Esta informação espraia-se desde as minudências indispensáveis (identidade, endereço, número e data de inscrição no registo – cfr. als. *a*) e *b*) do nº 1) até à importante questão da forma por que o mediador é remunerado (als. *g*) a *j*) do nº 1), em virtude do papel que o modo como esta remuneração é estruturada pode desempenhar na informação que aquele presta ao cliente e em potenciais conflitos de interesses.

O nº 2 inclui regras relativas ao aconselhamento: o mediador deve informar o cliente sobre se presta ou não aconselhamento (al. *b*)), e, em caso afirmativo, se esse aconselhamento assenta "*numa análise imparcial e pessoal nos termos do nº 5*" (al. *c*)), isto é, numa análise estribada num número suficientemente elevado e diversificado de contratos de seguro disponíveis no mercado que lhe permita fazer uma recomendação em linha com critérios profissionais.

O aconselhamento, caso seja prestado, deve sê-lo antes da celebração de qualquer contrato de seguro e implicar a transmissão de uma recomendação personalizada pelo mediador ao cliente, em função do tipo deste, das informações por este fornecidas, e da complexidade do contrato recomendado.

ANOTAÇÃO (*José Alves de Brito*)

I. *Considerandos da DDS*: *vide* considerandos (40), (44), (45) (47) e (48).

II. *Origem da disposição*: Corresponde, com sensíveis modificações, ao artigo 32º da LMS. *Vide* os artigos 18º, 19º, 20º, nº 3, 29º, nº 3, § 4, 22º, nº 1 e 32º da DDS e, nos trabalhos preparatórios do novo regime, o artigo 33º do anexo I do Projeto ASF (Versão Preliminar) e o artigo 31º do anexo a que se refere o nº 2 do artigo 1º da Proposta de Lei nº 138/XIII/3ª (Gov.).

III. *Novo regime*: o preceito versa as informações pré-contratuais, ditando que as informações devem ser prestadas «com a devida antecedência em relação à celebração do contrato de seguro», conceito não totalmente determinado e cuja fonte imediata é o artigo 18º, al. *a*) da DDS. Na LMS, lia-se apenas que a prestação de informações deveria ser realizada «antes da celebração de qualquer contrato de seguro inicial». Diretamente, a regra cinge-se aos mediadores de seguros, agentes ou corretores, mas certas disposições estendem-se ainda aos mediadores de seguros a título acessório (cfr. artigo 39º da LDSR, com indicação precisa das alíneas) e às empresas de seguros (cfr. artigo 37º, nº 3 da LDSR, e, portanto, com «as devidas adaptações» – note-se que a empresa de seguros pode indicar se presta ou não aconselhamento, mas, sendo a resposta positiva, a destrinça face ao dever especial de aconselhamento, previsto no artigo 22º da LCS, pode nem sempre se afigurar fácil).

Respingando o preceito, é relevante a inovação relativa à remuneração do mediador e, portanto, o tema dos conflitos de conflitos de interesse e transparência (cfr. artigo 19º da DDS). A informação relativa à remuneração do mediador pode (*i*) não resultar de um pedido do cliente (cfr. artigo 31º, nº 1, al. *h*)) ou (*ii*) de um pedido que este tenha formulado (cfr. artigo 31º, nº 1, al. *j*)).

É, todavia, em matéria de aconselhamento (matéria também assistida de tutela contraordenacional – cfr. artigo 113º, als. *bb*) e *cc*)) que o presente artigo merece análise detida e futuras investigações ulteriores. A redação do nº 2 não coincide com o plasmado no pretérito nº 2 do artigo 32º da LMS e distancia-se sensivelmente da solução que havia sido acolhida no Projeto ASF. Com efeito, de acordo com o projeto, o aconselhamento seria sempre obrigatório, decorrendo tal opção regulatória «da opção conferida pela Diretiva» (cfr. artigos 18º, al. *a*) subalínea *ii*), 19º, al. *c*) e 20º, nº 1, § 3 da DDS). Efetivamente, a natureza dos produtos de seguros determinaria que «parte substancial da mais-valia da atividade de distribuição de seguros resida na capacidade de o distribuidor de seguros transmitir uma recomendação personalizada quanto ao produto de seguro que constitui a melhor solução para a transferência de risco ou para o investimento do cliente».

Perante o novo regime é necessário distinguir se o mediador (*i*) presta ou não aconselhamento, e, sendo a resposta positiva, (*ii*) se baseia o seu aconselhamento numa análise imparcial e pessoal. Independentemente deste ponto, note-se, o mediador deve sempre indicar ao cliente se presta ou não presta aconselhamento e se este aconselhamento é baseado numa análise imparcial e pessoal. Em resumo, não prestando aconselhamento, o mediador deve indicar ao cliente que não o faz.

Caso o mediador não preste aconselhamento, deverá, pelo menos especificar as exigências e as necessidades do cliente e as razões que nortearam as informações prestadas quanto a certo produto (cfr. artigo 31º, nº 6 da LDSR), o que, lido à luz da DDS, parece ter por objetivo permitir que este tome uma *decisão informada* (cfr. artigo 20º, nº 1, primeira parte da DDS) e, em última análise, prosseguir o fim último da diretiva, qual seja o de evitar casos de «venda inadequada» (cfr. o considerando 44 da DDS; a versão inglesa da diretiva reporta-se ao conceito de *mis-selling*). Esta informação é dispensável no que concerne à cobertura de grandes riscos (nº 7).

Se o mediador não prestar aconselhamento deve pois, no mínimo, respeitar as exigências postas pelo nº 6 do presente preceito, o que não o exime de observar o dever de informar o cliente de modo correto e pormenorizado, com a complexidade do tipo de produtor e com o tipo de cliente, sobre o contrato ou contratos de seguro mais convenientes à transferência de risco ou de investimento (artigo 30º, nº 1, al. *c*) da LDSR)

– só a este propósito, o legislador português associa expressamente certa exigência ao objetivo de permitir uma decisão informada. Porém, tal desiderato (isto é, o objetivo de permitir uma decisão informada), é expressamente referido na diretiva em dois locais distintos: por um lado, o artigo 20º, nº 1 da DDS, e, por outro lado, o artigo 20º, nº 4 da DDS (mas é discutível se, de facto, a realidade versada não é idêntica).

Seja como for, quando a distribuição do produto de seguro não for precedida de aconselhamento, o Documento de Informação sobre o Produto de Seguro (DIPS) ganha particular destaque. Efetivamente, de acordo com o artigo 20º, nºs 4 e 5 da DDS, o distribuidor presta informações pertinentes sobre o produto de seguros, de forma compreensível, de modo a permitir que o cliente tome uma decisão informada, tendo em conta a complexidade do produto de seguros e o tipo de cliente (nº 4), porém, no que respeita aos produtos do ramo Não-Vida, as referidas informações pertinentes são prestadas precisamente nesse instrumento, o qual deve consubstanciar um documento normalizado em papel ou noutro documento duradouro. Na lei portuguesa, cumpre articular os artigos 30º, nº 1, al. *c*), 31º, nº 6 e 33º. Uma leitura possível do articulado dirá que não havendo aconselhamento, as informações a que se reporta o artigo 31º, nº 6 são as informações a que alude o artigo 30º, nº 1, al. *c*), que são sempre exigíveis, mesmo que não exista aconselhamento, embora a sua exigibilidade dependa, depois, em concreto, da categoria do mediador em causa (serão, por exemplo, menos intensas quanto a um agente de seguros com exclusivo). No âmbito da distribuição de produtos de seguros Não Vida, é ainda exigível a emissão de um documento normalizado de informação (DIPS).

Se o mediador prestar aconselhamento, antes da celebração do contrato de seguro deve ser formulada uma *recomendação personalizada* (artigo 31º, nº 4 da LDSR). Ao menos idealmente esta recomendação não se confunde com as *informações* do artigo 30º, nº 1 al. *c*) da LDSR traduzindo-se num *plus*: a recomendação deve explicar «a razão pela qual um produto concreto constitui a melhor solução para as exigências e as necessidades do cliente» (artigo 20º, nº 1 § 3 da DDS). À recomendação personalizada acrescerá a entrega ao cliente de um documento normalizado de informação (DIPS), conforme resulta textualmente da diretiva (cfr. artigo 20º, nºs 4 e 5 da DDS: «independentemente de ser ou não prestado aconselhamento»).

Tendo em vista as diferentes categorias de distribuidores de seguros dir-se-á que o aconselhamento prestado numa análise imparcial e pessoal (artigo 31º, nº 5 da LDSR) será, nalguns casos, dispensado e, noutros, a regra. Assim, caso o distribuidor seja uma empresa de seguros não terá, em caso algum, de observar o disposto no artigo 31º, nº 2, al. *c*) e nº 5 (neste sentido, cfr. artigo 37º, nº 3 da LDSR); pelo contrário, estado em causa um corretor de seguros, por norma dar-se-á cumprimento à análise de um número suficientemente elevado e diversificado de contratos de seguro, no que tange a distribuidores (*maxime*, empresas de seguro) e tipos de contrato, que permita, ulteriormente, a formulação de um recomendação (o universo de contrato sobre o qual incide esta recomendação é, assim, mais vasto do que aquele que constitui o suporte da recomendação personalizada a que alude o artigo 31º, nº 4 da LDSR).

É questionável se neste domínio deverá valer o disposto no artigo 485º do CC. Com efeito, entre outras coordenadas problemáticas, haverá que jogar com as verdadeiras recomendações ou informações, portanto, com aquelas que induzam a uma atuação ou conduta, a par dos casos em que havia o dever jurídico de dar o conselho. Tendo presente que os deveres de informação fazem a sua aparição no domínio pré-contratual, a que, de resto, o corpo do preceito alude («Com a devida antecedência em relação à celebração do contrato» – artigo 31º, nº 1) bem se vê que bastas vezes será ainda necessário convocar o artigo 227º do CC. Tudo isto não faz, todavia, esquecer que é necessário ponderar as diversas categorias de mediadores de seguro (o agente de seguros, por exemplo, não está contratualmente vinculado ao cliente) e que mais do que o problema da responsabilização da empresa de seguros o que se questiona é a possibilidade de uma responsabilização autónoma e independente do mediador (sobre isto, *vide* J. C. Moitinho de Almeida, *Contrato de Seguro. Estudos*, Coimbra, 2009, pp. 181 e ss.. Cfr. ainda a alusão aos mediadores de seguros realizada por Sinde Monteiro, *Responsabilidade por Conselhos, Recomendações ou Informações*, Coimbra, 1989, p. 459). Veja-se também, por exemplo, Pierpaolo Marano, «Broker's Liability under the EU Directive 2002/92», in *Insurance Intermediaries. Distribution of Insurance Products: AIDA Working Party May 2007-May 2010*, (ed. Ioannis Rokas), Athens/Brussels, 2010, pp. 97 e ss.).

ANOTAÇÃO *(José Vasques)*

I. Cfr. art. 32º do regime jurídico da mediação de seguros e de resseguros.

II. Cfr. arts. 18º, 19º, 20º, 22º e 29º da Diretiva (UE) 2016/97.

III. As informações e indicações previstas nos nºs 1 a 3 podem ser classificadas em torno dos seguintes tópicos:

a) identificação do mediador de seguros [nº 1, als. *a)* e *b)*];

b) prevenção de conflitos de interesses [nº 1, als. *c)* e *d)*];

c) delimitação dos termos do exercício da atividade de distribuição [nºs 1, als. *e)* a *i)*, 2, als. *a)* e *d)*, e 3, cfr. art. 16º, nº 1, al. *a)*];

d) condições de exercício da atividade de mediação [nº 2, als. *b)* e *c)*];

e) honorários ou pagamentos a efetuar pelo cliente [nº 1, als. *i)* e *k)*], sua natureza [nº 1, al. *g)*] e direito de o cliente solicitar informação sobre o seu montante [nº 1, al. *j)*]

f) reclamações [nº 1, al. *l)*]; e

g) empresas de seguros e mediadores de seguros intervenientes no contrato de seguro [nº 1, al. *m)*, cfr. art. 47º].

O *regime jurídico da distribuição de seguros e de resseguros* determina que o mediador de seguros indique ao cliente se presta ou não aconselhamento [nº 2, al. *b)*] e, quando o preste, se baseia ou não o aconselhamento prestado *numa análise imparcial e pessoal* [nº 2, al. *c)*], exceto quando desenvolva a sua atividade relativamente à cobertura de grandes riscos (nº 7).

Um dos aspetos centrais do *regime jurídico* sob anotação é o *aconselhamento*; o *aconselhamento* é definido como *a formulação de uma recomendação pessoal a um cliente, quer a seu pedido quer por iniciativa do distribuidor de seguros, em relação a um ou mais contratos de seguro* [art. 4, al. *q)*]; àquela definição acrescenta o nº 4 do artigo sob anotação que a recomendação personalizada deve ser ajustada ao tipo de cliente, às informações por ele fornecidas e à complexidade do contrato de seguro recomendado; parece assim possível descrever o aconselhamento como a *recomendação personalizada*, isto é, adequada para um determinado cliente ou baseada na ponderação das circunstâncias relativas a esse cliente (*uma recomendação não constitui um aconselhamento personalizado, caso seja emitida exclusivamente ao público*, cfr. art. 294º, nº 3, do Código dos Valores Mobiliários), e *fundamentada*, explicando a razão pela qual um produto concreto constituiria a melhor solução para as exigências e as necessidades do cliente (na expressão do nº 6, *as razões que nortearam as informações ou o aconselhamento prestado*), cujo *objetivo* é o de *permitir que o cliente tome uma decisão informada* [art. 30º, nº 1, al. *c)*].

Os *conselhos*, *recomendações* ou *informações* responsabilizam quem os dá perante o respetivo destinatário (e não perante outrem), mas apenas quando se tenha assumido a responsabilidade pelos danos, quando haja o dever jurídico de dar conselho, recomendação ou informação e se tenha procedido com negligência ou dolo, ou quando o procedimento do agente constitua facto punível (art. 485º do Código Civil).

Como se vê da própria definição de *aconselhamento* [art. 4º, al. *q)*], *conselhos* e *recomendações* são conceitos próximos, que exortam o destinatário a adotar determinada conduta ou abster-se dela, porventura com maior ênfase no primeiro; as *informações* correspondem às comunicações ou esclarecimentos objetivos de factos [*v.g.*, quando a distribuição não envolva a prestação de aconselhamento, *propor ou praticar outros atos preparatórios da celebração de contratos de seguro* [...], *incluindo a prestação de informações sobre um ou mais contratos de seguro*, cfr. art. 4º, al. *a)*].

O *aconselhamento baseado numa análise imparcial e pessoal* [nºs 2, al. *c)*, e 5] é prestado com base na análise de um número suficientemente elevado e diversificado, quanto ao distribuidor e ao tipo de contratos de seguro disponíveis no mercado que lhe permita fazer uma recomendação, de acordo com critérios profissionais, quanto ao contrato de seguro mais adequado às necessidades do cliente, não se limitando aos contratos de seguro de um distribuidor com quem o mediador de seguros tenha *relações estreitas* [art. 4º, al. *o)*, e art. 6º, nº 1, al. *d)*, do *regime jurídico de acesso e exercício da atividade seguradora e resseguradora*]; o incumprimento é punível como contraordenação grave [art. 113º, al. *cc)*].

O mediador de seguros têm ainda o dever de informar o cliente *se tem ou não a obrigação contratual de exercer a atividade de distribuição de seguros exclusivamente para uma ou mais empresas de seguros* [nº 2, al. *d)*], devendo informar o cliente sobre o nome da ou das empresas de seguros para as quais exerce a sua atividade e que sejam relevantes no âmbito das exigências e necessidades apresentadas pelo cliente (nº 3); afigurando-se que, quando exerça a sua atividade exclusivamente para uma ou mais empresas de seguros e o respetivos nomes sejam informados ao cliente, o aconselhamento não será prestado numa análise imparcial e pessoal, e que, como tal, a informação relativa ao nome da ou das empresas para que exerce a atividade deva considerar-se como a indicação ao cliente de que o aconselhamento não é prestado numa analise imparcial e pessoal – o que, de resto, parece confirmado pelo facto de a contraordenação pelo incumprimento do nº 5 ser apenas prevista para as situações em que os mediadores de seguros *indiquem ao cliente que baseiam o seu aconselhamento numa análise imparcial e pessoal* [art. 113º, al. *cc)*].

Se se adotar um conceito amplo de *aconselhamento*, abarcando quer o *aconselhamento* em sentido restrito, com ou sem aconselhamento imparcial e pessoal, quer as situações em que o *distribuidor* se limita a propor ou praticar atos preparatórios da celebração de contratos de seguro [v., também, a nossa anotação aos arts. 1º e 4º, al. *a)*], e circunscrevendo a análise ao artigo sob anotação, pode distinguir-se entre *prestar* ou *não prestar aconselhamento*, comportando, por sua vez, o primeiro termo daquela alternativa a prestação de aconselhamento baseada numa análise imparcial e pessoal ou a prestação de aconselhamento não baseada numa análise imparcial e pessoal; o que pode ser esquematicamente apresentado, não incluindo os *produtos de investimento com base em seguros*, da seguinte forma:

<table>
<tr><td colspan="3">aconselhamento, em sentido amplo</td></tr>
<tr><td colspan="2">aconselhamento, em sentido restrito</td><td>prestação de informações</td></tr>
<tr><td>baseia o aconselhamento numa análise imparcial e pessoal</td><td>não baseia o aconselhamento numa análise imparcial e pessoal</td><td>indica ao cliente que não presta aconselhamento</td></tr>
<tr><td>recomendação baseada na análise de um número suficientemente elevado e diversificado, quanto ao distribuidor e ao tipo de contratos de seguro disponíveis no mercado que lhe permita fazer uma recomendação, de acordo com critérios profissionais, quanto ao contrato de seguro mais adequado às necessidades do cliente, não se limitando aos contratos de seguro de um distribuidor com quem tenha relações estreitas</td><td>recomendação personalizada, ajustada de acordo com o tipo de cliente, às informações por ele fornecidas e à complexidade do contrato de seguro recomendado, especificando, no mínimo, as respetivas exigências e necessidades e as razões que nortearam o aconselhamento prestado quanto a um determinado produto</td><td>prestação de informações objetivas, e proposta ou prática de outros atos preparatórios da celebração do contrato de seguro, especificando, no mínimo, as respetivas exigências e necessidades e as razões que nortearam as informações</td></tr>
</table>

Este esquema não inclui a distribuição de *produtos de investimento com base em seguros*, com e sem aconselhamento – cfr. o esquema completo na nossa anotação ao artigo 42º

A existência e condições do *aconselhamento* poderão constar do contrato a celebrar com a *empresa de seguros*, nos termos do qual esta mandata os *mediadores de seguros* ou os *mediadores de seguros a título acessório* para, em seu nome e por sua conta, exercer a atividade de distribuição, delimitando os termos desse exercício [arts. 16º, nº 1, al. *a)*, e 20º, nº 1, al. *a)*, sem prejuízo das limitações a que estão sujeitos os *mediadores de seguros a título acessório* por força do art. 4º, al. *d)*].

Sobre o *aconselhamento* prestado por *corretores de seguros* v. a nossa anotação aos artigo 35º, alínea *c)*, e 113º, alínea *pp)*.

Sobre a venda, com e sem *aconselhamento*, de *produtos de investimento com base em seguros* v., respetivamente, anotações aos artigos 41º e 42º

O *aconselhamento* não deverá sofrer influência da *remuneração* ou de *objetivos de vendas* relativamente aos *melhores interesses dos clientes* – v. a nossa anotação aos arts 23º, al. *c)*, e 24º, nº 1, al. *q)*.

A exclusão prevista pelo nº 7 filia-se no propósito da Diretiva (UE) 2016/97 de que as disposições que *regulam as regras de conduta da atividade dos mediadores de seguros ou de outros vendedores de produtos de seguros, aplicam-se apenas às relações «empresa-consumidor»* [considerando (43) e arts. 22º, nº 1, 25º, nº 4].

Sobre o conceito de *relações estreitas* (nº 5) v. artigo 4º, alínea *o)*.

IV. Disposições relacionadas: arts. 4º, als. *a)*, *d)*, *o)* e *q)*, 6º, nº 1, al. *d)*, 16º, nº 1, al. *a)*, 20º, nº 1, al. *a)*, 23º, al. *c)*, 24º, nº 1, al. *q)*, 30º, nº 1, al. *c)*, 41º, 42º, 47º e 113, als. *cc)* e *pp)*, e art. 294º, nº 3, do Código dos Valores Mobiliários e art. 485º do Código Civil.

ANOTAÇÃO (*Luís Poças*)

I. O presente artigo tem por antecedente o artigo 32º do DL 144/2006, do qual conserva a epígrafe, estrutura e, em parte, redação. O nº 1, que tem também, em parte, por fonte, os artigos 18º e 19º da DDS, estabelece o elenco *mínimo* de informações que o mediador deve fornecer ao cliente previamente – com a antecedência necessária para que o cliente possa agir esclarecidamente em função das mesmas – à celebração de *qualquer contrato de seguro inicial*.

Por "contrato de seguro inicial" não deve entender-se apenas o início de uma relação negocial com o cliente (o primeiro contrato de seguro celebrado com o cliente). Com efeito, as informações em causa poderão – por exemplo, no que respeita à remuneração – variar contrato a contrato. Assim, para que o dever de informação tenha efeito prático, a expressão "contrato de seguro inicial" reportar-se-á ao início de vigência de um contrato de seguro (por oposição às respetivas renovações futuras). Esta perspetiva é também corroborada pela redação dos artigos 18º/*a*)/*b*) e 19º/1, ambos da DDS: «com a devida antecedência em relação à celebração *de um contrato de seguro...*» (sublinhado nosso).

Em qualquer caso, como resulta do nº 8, estendendo-se a intervenção do mediador ao longo da vigência do contrato de seguro, deverá ser comunicada ao cliente qualquer alteração às informações prestadas ao abrigo do nº 1.

II. O leque de informações previsto no nº 1 cobre, designadamente: a identificação, morada e dados de registo do mediador (alíneas *a*) e *b*)); qualquer participação qualificada que o mediador detenha num segurador, ou que, inversamente, um segurador detenha no seu capital social, matéria relevante no domínio do conflito de interesses (alíneas *c*) e *d*)); se está autorizado a receber prémios para entrega ao segurador (alínea *e*)); se o âmbito da sua intervenção se esgota na celebração do contrato de seguro ou se, diversamente, envolve a prestação de assistência durante a vigência desse contrato (alínea *f*)).

Informação particularmente relevante – designadamente, pelas suas eventuais implicações em matéria de conflito de interesses – é a respeitante à remuneração do mediador, que tem por base o disposto no artigo 19º/1/*d*) da DDS. Assim, deve ser informada a *natureza da remuneração* recebida em relação ao contrato de seguro (alínea *g*), a qual remete, consequentemente, para a definição do artigo 4º/*i*). Aí se define remuneração como «uma comissão, honorários, encargos ou outro pagamento, incluindo um benefício económico de qualquer espécie, ou qualquer outra vantagem ou incentivo financeiros ou não financeiros, oferecidos ou concedidos em contrapartida de atividades de distribuição de seguros ou de resseguros».

Por seu turno, e em complemento desta informação, a alínea *h*) – que tem por fonte o disposto no artigo 19º/1/*e*) da DDS – requer a especificação sobre se, em relação ao contrato de seguro, o mediador é remunerado: (*i*) através de pagamento direto pelo cliente a título de honorários (modelo mais frequente entre corretores); (*ii*) com parte do prémio de seguro a título de comissão (o modelo tradicional de remuneração); (*iii*) com base noutro tipo de remuneração, incluindo qualquer vantagem económica concedida em conexão com o contrato de seguro (bónus, incentivos vários); ou (*iv*) com base na combinação de qualquer dos tipos de remuneração especificados nas subalíneas anteriores.

Adicionalmente, e caso a remuneração consista em honorários, deve o mediador, nos termos da alínea *i*) informar o respetivo montante, ou, caso tal não seja possível, o método de cálculo dos mesmos. Esta solução tem por base o artigo 19º/2 da DDS.

Também em matéria remuneratória, exige a alínea *j*) a indicação ao cliente do seu direito a solicitar informação sobre o montante da remuneração que o mediador receberá pela prestação do serviço de distribuição, caso em que, *se o cliente pedir essa informação*, o mediador deverá, em conformidade, fornecer-lha.

Ademais, impõe-se ainda informação: da natureza e montante de cada um dos eventuais pagamentos a que o cliente esteja obrigado ao abrigo do contrato de seguro, após a sua celebração, distintos dos prémios regulares e dos pagamentos calendarizados (alínea *k*), tendo por fonte o artigo 19º/3 da DDS); dos procedimentos de apresentação de reclamações e procedimentos extrajudiciais de reclamação e recurso (alínea *l*), tendo base normativa no artigo 18º/*a*)/*iii*) da DDS); bem como do nome dos seguradores ou mediadores que intervêm no contrato proposto e do regime de responsabilidade solidária associado a essa intervenção conjunta (alínea *m*)).

III. O nº 2 do artigo em análise estabelece deveres adicionais de informação sobre o nível de independência e de imparcialidade do mediador e sobre o inerente regime aplicável, configurando deveres: (*i*) de mera informação; (*ii*) de simples aconselhamento; ou (*iii*) de aconselhamento com base numa análise imparcial e pessoal. Assim, deve o mediador informar, desde logo (alínea *a*), tendo por fonte o artigo 18º/*a*)/*v*) da DDS), se atua em representação do cliente (como é regra entre os corretores) ou em nome e por conta do segurador (como será o caso com os agentes de seguros).

Deve ainda indicar (alínea *b*), com origem no artigo 18º/*a*)/*ii*) da DDS) se presta ou não aconselhamento, de onde decorre, desde logo, que o aconselhamento não é obrigatório, dependendo de uma opção discricionária do mediador. Sendo prestado aconselhamento, deverá o mediador informar (alínea *c*), tendo por base o artigo 19º/*c*)/*i*) da DDS) se baseia ou não esse aconselhamento numa análise imparcial e pessoal.

Em função dos regimes acima identificados, temos então três situações alternativas:

i) *Mera informação*: ainda que não seja prestado aconselhamento, o mediador estará sujeito aos deveres de informação estabelecidos no artigo em análise, devendo, em qualquer caso, nos termos do nº 6, antes da celebração do contrato, *especificar*, no mínimo, as exigências e necessidades do cliente e as razões que nortearam as informações prestadas quanto a um dado produto (cfr. também artigo 20º/1 da DDS). Esta mera informação assumirá, em qualquer caso, o conteúdo que resulta do dever genericamente previsto no artigo 30º/1/*c*), o qual, na verdade, se aproxima da recomendação inerente ao aconselhamento (nº 4 do artigo em análise);

ii) *Simples aconselhamento*: não sendo o aconselhamento baseado numa análise imparcial e pessoal, deverá o mediador, antes da celebração do seguro, cumprir os deveres de informação estabelecidos no artigo em análise e ainda:

- *Especificar*, no mínimo, as exigências e necessidades do cliente e as razões que nortearam o aconselhamento prestado quanto a um determinado produto (nº 6, tendo por base o artigo 20º/1 da DDS);
- *Transmitir* ao cliente uma recomendação personalizada, ajustada ao tipo de cliente, às informações por ele fornecidas e à complexidade do contrato de seguro recomendado (nº 4, com origem também no 20º/1/2 da DDS).

iii) Finalmente, sendo prestado *aconselhamento baseado numa análise imparcial e pessoal*, o mediador é obrigado a, antes da celebração do contrato, cumprir as condições assinaladas para o simples aconselhamento (nºs 4 e 6) e, adicionalmente, prestar o aconselhamento com base na análise de um número suficientemente elevado e diversificado, quanto ao distribuidor e ao tipo de contratos de seguro disponíveis no mercado que lhe permita fazer uma recomendação, de acordo com critérios profissionais, quanto ao contrato de seguro mais adequado às necessidades do cliente, não se limitando aos contratos de seguro de um distribuidor com quem o mediador de seguros tenha relações estreitas (nº 5, com base normativa no artigo 20º/3 da DDS). Esta modalidade de aconselhamento corresponde a um dever específico dos corretores de seguros, nos termos do artigo 35º/*c*)/*d*).

Conforme previsto no nº 2/*d*) (com base no artigo 19º/1/*c*) da DDS), deve ainda o mediador informar o cliente se tem ou não a obrigação contratual de exercer a atividade de distribuição de seguros exclusivamente para uma ou mais empresas de seguros e, nos termos do nº 3, do nome da ou das empresas de seguros com as quais trabalha relevantes no âmbito das exigências e necessidades apresentadas.

IV. Como referimos, o nº 6 – onde se estabelece que, antes da celebração de qualquer contrato de seguro, o mediador de seguros deve especificar, no mínimo, as respetivas exigências e necessidades e as razões que nortearam as informações *ou* o aconselhamento prestado quanto a um determinado produto – será aplicável, tanto aos casos em que é prestado aconselhamento como àqueles em que o não é.

Isso resulta dos elementos literal e teleológico da interpretação. Quanto à literalidade do preceito, releva: a indicação de que o dever estabelecido deve ser cumprido antes da celebração de *qualquer* contrato de seguro (portanto, antes de qualquer deles, quer haja ou não aconselhamento); o excerto «deve especificar, *no mínimo*», indiciando que está em causa um patamar mínimo de atuação (aplicando-se com aconselhamento ou não); e, mais relevante, a conjunção "ou" («razões que nortearam as informações *ou* o aconselhamento prestado»), permitindo concluir que a regra se aplica em caso de aconselhamento ou de ausência dele (mera informação).

Quanto à teleologia do preceito, pretende-se definir um nível mínimo de atuação comum a todas as situações de intervenção do mediador, acrescendo-lhe depois outros níveis de exigência em função da existência de aconselhamento e, eventualmente, de uma análise imparcial e pessoal.

Quanto ao objeto do dever definido no nº 6, *especificar* consiste em individualizar, detalhar, identificar, especializar. Como resulta do nº 4 e do artigo 30º/1/*c*), essa especificação decorre de informações prestadas pelo cliente, que deverá, para o efeito, ser questionado pelo mediador. A lei não detalha a forma da referida especificação, mas, para melhor salvaguarda do mediador, deverá ser feita por escrito ou, pelo menos, haver uma declaração do cliente em como a especificação foi efetuada.

V. Nos termos do nº 7, o mediador fica dispensado de prestar as informações – e, por maioria de razão, o aconselhamento – previstos no artigo em análise quando desenvolva atividade de distribuição de produtos de seguros visando a cobertura de grandes riscos.

VI. As disposições das alíneas *a*), *b*), *e*), *f*), *g*), *h*), *l*) e *m*) do nº 1 e os nºs 2 a 8 do presente artigo são aplicáveis aos mediadores de seguros a título acessório, nos termos do artigo 39º.

Nos termos melhor detalhados no artigo 37º/3, os deveres previstos nas alíneas *a*) e *b*) do nº 1, na alínea *b*) do nº 2 e nos nºs 4, 6, 7 e 8 são aplicáveis, com as devidas adaptações, à atividade de distribuição de seguros por seguradores. Assim, pode o segurador prestar ou não aconselhamento, seguindo, em conformidade, o regime que designámos, respetivamente, por simples aconselhamento ou por mera informação.

VII. O incumprimento da generalidade das disposições do presente artigo constitui contraordenação grave, nos termos das alíneas *y*) a *ee*) do artigo 113º.

ANOTAÇÃO (*Pedro Romano Martinez*)

Vd. anotação artigo 29º.

ARTIGO 32º – Condições de informação

1 – As informações prestadas aos clientes, ao abrigo do presente regime, devem ser comunicadas:

a) Em papel;

b) Com clareza, exatidão e de forma compreensível e não enganosa para o cliente;

c) Numa língua oficial do Estado-Membro em que o risco se situa ou do Estado-Membro do compromisso ou em qualquer outra língua convencionada entre as partes; e

d) A título gratuito.

2 – As informações referidas no número anterior podem ser prestadas ao cliente através de um suporte duradouro diferente do papel, se estiverem preenchidas as seguintes condições:

a) A utilização desse suporte duradouro é apropriada no contexto da relação comercial entre o mediador de seguros e o respetivo cliente; e *b*) Ter sido dada ao cliente a opção de escolher entre a apresentação das informações em papel ou no suporte duradouro em causa, tendo o mesmo escolhido este último suporte.

3 – As informações referidas no nº 1 podem ser prestadas ao cliente através de um sítio na Internet, se lhe forem pessoalmente dirigidas, designadamente através da criação de uma área pessoal, ou se estiverem preenchidas as seguintes condições:

a) A prestação da informação através de um sítio na Internet ser apropriada no contexto da relação comercial entre o mediador de seguros e o respetivo cliente;

b) O cliente ter dado o seu consentimento à prestação da informação através de um sítio na Internet;

c) O cliente ter sido notificado eletronicamente do endereço do sítio na Internet e do local nesse sítio na Internet onde a informação pode ser consultada;

d) Ser assegurado que a informação permanece acessível no sítio na Internet por um período razoável para consulta do cliente, tendo em conta designadamente o período de vigência do contrato e a atualidade da informação.

4 – Para efeitos dos nºs 2 e 3, a prestação de informações através de um suporte duradouro diferente do papel ou através de um sítio na Internet deve ser considerada apropriada no contexto da relação comercial existente entre o distribuidor de seguros e o respetivo cliente se existirem elementos que comprovem que o cliente dispõe de um acesso regular à Internet, designadamente a indicação pelo cliente de um endereço de correio eletrónico para efeito dessa relação.

5 – Se as informações forem prestadas utilizando um suporte duradouro diferente do papel ou através de um sítio na Internet, mediante pedido do cliente, deve ser-lhe entregue uma cópia em papel a título gratuito.

6 – Sem prejuízo do previsto nos nºs 1, 2 e 3, no caso de venda por telefone ou por qualquer outro meio de comunicação à distância, a prestação de informações deve cumprir o regime jurídico relativo à comercialização à distância de serviços financeiros, aprovado pelo Decreto-Lei nº 95/2006, de 29 de maio, na sua redação atual.

ANOTAÇÃO (*Francisco Luís F. Ribeiro Alves*)

Tem por base o anterior artigo 33º do RJMS e segue de perto a redação constante do artigo 23º da DDS. Anteriormente, este artigo apenas se aplicava quanto às informações constantes do atual artigo 31º do RJDS, mas agora a obrigação foi alargada a todas as informações que se prestem aos clientes ao abrigo do presente regime.

Não parece resultar deste preceito que o distribuidor tenha que documentar todo o processo de venda, mas apenas as "informações prestadas aos clientes", ou seja, as informações que são relevantes e que decorrem do artigos 31º, 33º e 37º no domínio da informação pré-contratual.

Poderá ser sustentável que as recomendações, quando o distribuidor preste aconselhamento, também devam ser documentadas enquanto informação pré-contratual personalizada, atendendo ao previsto no artigo 31º, nº 4. Assim, ficaria englobada, nesta obrigação, a transmissão ao cliente de uma recomendação personalizada, ajustada ao tipo de cliente, às informações por ele fornecidas e à complexidade do contrato de seguro recomendado, o que obrigaria também a registar as informações recolhidas junto do cliente. Admitimos que a intenção do legislador seja mais restritiva, sob pena de o processo de contratação se tornar excessivamente burocrático e moroso, pelo que só as informações objetivas, sobre o produto e sobre o próprio distribuidor, estarão enquadradas nas obrigações deste artigo 32º, excluindo-se outro tipo de informações ou recomendações personalizadas.

Ganha particular relevância, enquanto obrigação acrescida face ao anterior regime, a entrega do Documento de Informação sobre o Produto de Seguros, referido no artigo 33º, que pode ser disponibilizado em papel ou num suporte duradouro.

O nº 1 prevê, como regra, a entrega das informações em papel, mas os nºs 2 e 3 admitem a utilização do suporte duradouro [V. Conceito no artigo 4º, alínea *x*)], através de um sitio de internet ou numa área reservada, também na internet. Parece-nos que, no caso da contratação pelo telefone, a disponibilização de e-mail, levaria a que o cliente apenas recebesse a informação por essa via, sem ser necessário colocar uma questão para que opte pelo suporte duradouro. É um pressuposto da comercialização à distância que exista desmaterialização, sem prejuízo de o cliente, a qualquer momento, poder pedir a documentação em papel.

No entanto, as previsões dos nºs 2 e 3 não são tão lineares. Nos termos do nº 2 admite-se a utilização de suporte duradouro diferente do papel, se estiverem preenchidas duas condições cumulativas, ou seja, ser apropriado no contexto da relação comercial (o que se afere nos termos do nº 4 pela indicação pelo cliente de um endereço de correio eletrónico para efeito dessa relação) e ter sido dada ao cliente a opção de escolher entre a apresentação das informações em papel ou no suporte duradouro em causa, tendo o mesmo escolhido este último suporte.

Daqui decorre que não é suficiente um mero consentimento. O envio por correio eletrónico da informação terá que ser precedido de uma questão formulada ao cliente, dando duas opções para escolha do mesmo: se pretende receber em papel ou em suporte duradouro.

O nº 3 prevê duas situações. É possível disponibilizar a informação através de um sítio da internet com acesso geral ou numa área reservada e pessoal. Se a disponibilização não ocorrer através de uma área pessoal existem requisitos cumulativos a cumprir.

Caso exista uma área pessoal, atendendo a que se refere "ou" no nº 3, não é necessário o preenchimento dos requisitos cumulativos, pelo que existe uma simplificação e incentivo à utilização destas áreas. Caso não exista uma área pessoal, mas a informação esteja disponível num sítio de internet (não pessoal) então será suficiente o mero consentimento, conforme decorre da alínea *b*) do nº 3, o que não será tão exigente como a questão que consta da alínea *b*) do nº 2 deste artigo.

De todo o modo, entendemos que é suposto que a disponibilização da informação por uma área pessoal implique que o cliente tenha disponibilizado o seu e-mail, que tenha recebido informação de como aceder à mesma e que a informação permaneça acessível, nessa área, enquanto durar a relação contratual.

O nº 4 prevê, como essencial, que o cliente disponibilize um endereço eletrónico para que possa receber a informação em suporte duradouro ou por uma área pessoal.

O nº 5 tem uma salvaguarda que permite ao cliente receber, mediante pedido, a informação em papel, o que acautela eventuais problemas de acesso ou a não receção da informação por meios informáticos. Refira-se que também o artigo 34º, nº 5, do Regime Jurídico do Contrato de Seguro, aprovado pelo Decreto-Lei nº 72/2008, de 16 de abril (RJCS), refere que "o tomador do seguro pode a qualquer momento exigir a entrega da apólice de seguro, mesmo após a cessação do contrato". Embora a apólice consista nos termos do artigo 37º, nº 1, do RJCS, nas condições gerais, especiais e particulares aplicáveis, o pedido de um cliente relativamente à informação pré-contratual também deverá ser atendido.

O nº 6 dispõe que os requisitos deste artigo são cumulativos com os da comercialização à distância quando a venda ocorra por esse meio. A DDS apenas particulariza a venda por telefone, referindo no artigo 23º, nº 7, que: *"No caso de venda por telefone, as informações prestadas ao cliente pelo distribuidor de seguros antes da celebração do contrato, incluindo o documento de informação sobre o produto de seguros, devem cumprir as regras da União relativas à comercialização à distância de serviços financeiros junto dos consumidores. Além disso, mesmo que o cliente tenha optado por obter informações prévias num suporte duradouro diferente do papel, nos termos do nº 4, as informações são prestadas pelo distribuidor de seguros nos termos do nº 1 ou do nº 2 imediatamente após a celebração do contrato de seguro".*

O legislador nacional acrescentou a expressão "qualquer outro meio de comunicação à distância", sendo que decorre do artigo 11º do Decreto-Lei nº 95/2006, de 29 de maio, que quando a iniciativa da celebração do contrato parta do consumidor e o meio de comunicação à distância escolhido por este não permitir a transmissão da informação e dos termos do contrato antes da vinculação ao contrato, o envio das informações obrigatórias pode ser remetida imediatamente após a celebração do mesmo.

ANOTAÇÃO (*João Pinto Monteiro*)

Este preceito indica o *suporte* em que devem ser vertidas as informações, estabelecendo o papel como regra (al. *a*) do nº 1), embora possa ser usado qualquer outro suporte duradouro que seja apropriado no contexto da relação comercial – o que o nº 4 presume, caso existam elementos que comprovem que o cliente dispõe de um acesso regular à *Internet* – desde que, a ser dada ao cliente a possibilidade de escolha, seja essa a sua opção (nº 2).

A *Internet* pode também ser usada como veículo para comunicação das informações prestadas aos clientes, desde que verificados os requisitos do nº 3 (ser tal suporte apropriado, haver consentimento do cliente, notificação do local onde a informação pode ser consultada e a sua acessibilidade por um período razoável para consulta).

Independentemente do suporte duradouro alternativo que seja usado para prestação de informações ao cliente, este pode pedir que lhe seja entregue uma cópia gratuita em papel (nº 5).

O nº 1 determina ainda a língua em que a informação deve ser prestada (al. *c*)), a sua natureza gratuita (al. *d*)) e o modo – claro, exacto, compreensível e não enganoso para o cliente – dessa prestação.

ANOTAÇÃO (*José Alves de Brito*)

I. *Considerandos da DDS*: *vide* considerandos (50) e (51).

II. *Origem da disposição*: Corresponde, com modificações, ao artigo 33 º da LMS. *Vide* o artigo 23º da DDS e, nos trabalhos preparatórios do novo regime, o artigo 34º do anexo I do Projeto ASF (Versão Preliminar) e o artigo 32º do anexo a que se refere o nº 2 do artigo 1º da Proposta de Lei nº 138/XIII/3ª (Gov.).

III. *Novo regime*: o sentido geral das alterações introduzidas pelo novo regime traduz-se, sobretudo, no alargamento da presentes “condições” de informação a toda a LDSR; na LMS, as “condições” de informação reportavam-se apenas ao enunciado no artigo imediatamente anterior, ou seja, ao preceito relativo aos deveres de informação em especial e não, ao que parece, aos deveres do mediador de seguros para com os clientes (artigo 31º da LMS, correspondente ao atual artigo 30º da LDSR).

Adita-se, agora, que a informação prestada ao cliente deve ser feita a título gratuito, o que não tinha correspondência na LMS. Na prática, desde que tenha sido dada a possibilidade de escolha entre a apresentação de informações em papel ou noutro suporte duradouro (artigo 32º, nº 1, al. *b*)) a informação pode ser veiculada através do *e-mail* do cliente, conforme resulta das disposições conjugadas dos nºs 2, al. *a*) e 4 do presente preceito. Outra alternativa consistira na prestação de informação da disponibilização da informação de um sítio na *Internet*, conquanto, neste particular, as salvaguardas sejam particularmente salientes (cfr. nº 3, sobretudo em contraste com a referência algo lacónica da LMS, *vide*, aí, o artigo 33º, nº 2, segunda parte).

De forma porventura implícita, o pano de fundo para toda esta temática tem que ver com os custos do papel, e a respetiva entrega do mesmo (*maxime*, quando não realizada presencialmente); a opção preferencial da LDSR é, no entanto, pelo formato em papel (*vide*, por exemplo, nº 5), sem embargo de outras formas alternativas agora profusamente reguladas.

ANOTAÇÃO *(José Vasques)*

I. Cfr. art. 33º do *regime jurídico da mediação de seguros e de resseguros.*

II. Cfr. arts. 17º, 20º e 23º da Diretiva (UE) nº 216/97.

III. As informações prestadas aos clientes ao abrigo do regime sob anotação podem ser comunicadas:

a) em papel [nº 1, al. a)];

b) através de um suporte duradouro, se a sua utilização for apropriada no contexto da relação comercial entre o mediador de seguros e o respetivo cliente e tenha sido dada ao cliente a opção de escolher entre a apresentação das informações em papel ou no suporte duradouro em causa, tendo o mesmo escolhido este último suporte (nº 2); entendendo-se por *suporte duradouro* qualquer instrumento que permita ao cliente armazenar informações que lhe sejam dirigidas pessoalmente, de tal forma que possam ser consultadas posteriormente durante um período adequado aos fins a que se destinam, e que permita a reprodução exata das informações armazenadas [art. 4º, al. *x)*];

c) através de um sítio na internet se, alternativamente, 1) lhe forem pessoalmente dirigidas, designadamente através da criação de uma área pessoal, ou 2) essa forma de prestação da informação seja apropriada no contexto da relação comercial, o cliente a tal tenha dado o seu consentimento e tenha sido notificado eletronicamente do endereço do sítio na internet e do local nesse sítio onde a informação pode ser consultada, e a informação aí permaneça acessível por um período razoável para consulta pelo cliente, tendo em conta designadamente o período de vigência do contrato e a atualidade da informação [nº 3, parte final do proémio e als. *a)* a *d)*].

A prestação de informações através de suporte duradouro diferente do papel (nº 2) ou de um sítio na internet (nº 3) é considerada apropriada ao contexto da relação comercial entre o distribuidor de seguros e o cliente se o cliente dispuser de acesso regular à internet, nomeadamente da indicação pelo cliente de um endereço de correio eletrónico para efeito dessa relação (nº 4).

A definição de *suporte duradouro* [art. 4º, al. *x)*] constrói-se a partir da possibilidade de 1) armazenamento da informação, 2) consulta posterior e 3) reprodução exata das informações armazenadas, e não se distingue da definição adotada pelo regime jurídico aplicável aos contratos à distância relativos a serviços financeiros celebrados com consumidores (art. 11º, nº 2, do Decreto-Lei nº 95/2006, de 29 de maio, com alterações posteriores), em que se reconhecem os mesmos elementos:

> *Considera-se suporte duradouro aquele que permita armazenar a informação dirigida pessoalmente ao consumidor, possibilitando no futuro, durante o período de tempo adequado aos fins a que a informação se destina, um acesso fácil à mesma e a sua reprodução inalterada.*

O *regime jurídico da mediação de seguros e de resseguros* incluía uma enumeração exemplificativa dos *suportes duradouros*, que o tempo se encarregou de tornar parcialmente obsoleta (art. 34º, nº 2):

> *Os suportes duradouros incluem, nomeadamente, as disquetes informáticas, os CD-ROM, os DVD e o disco rígido do computador do cliente no qual esteja armazenado o correio eletrónico, mas não incluem os sítios na Internet, exceto se estes permitirem ao cliente armazenar informações que lhe sejam dirigidas pessoalmente, de tal forma que possam ser consultadas posteriormente durante um período adequado aos fins dessas informações e que permita uma reprodução exata das informações armazenadas.*

O regime jurídico da comercialização à distância (Decreto-Lei nº 95/2006) é aplicável, sem prejuízo do previsto nos nºs 1 a 3 do artigo sob anotação, aos casos de venda por telefone ou por outro meio de comunicação à distância (nº 6).

Os nºs 1, 2 e 4 do artigo sob anotação aplicam-se também às informações prestadas aos clientes no âmbito da distribuição de *produtos de investimento com base em seguros* (art. 45º).

O incumprimento pelo mediador de seguros, pela empresa de seguros (art. 33º) ou pelos mediadores de seguros a título acessório (art. 39º) do previsto nos nºs 1, als. *b)* a *d)*, 2 e 3, constitui contraordenação grave [art. 113º, als. *ff)* a *hh)*]; o incumprimento do dever estabelecido no nº 5 constitui contrordenação simples (art. 112º, al. *g)*].

IV. Disposições relacionadas: arts. 4º, al. *x)*, 33º, 39º, 45º, 112º, al. *g)*, e 113º, als. *ff)* a *ll)*.

ANOTAÇÃO (*Luís Poças*)

I. O presente artigo tem por base o artigo 33º do DL 144/2006 e o artigo 23º da DDS, dos quais importou a própria epígrafe. O nº 1, que segue, no essencial, o referido artigo 33º/1 do DL 144/2006 e 23º/1 da DDS, elenca as condições em que devem ser prestadas ao cliente as informações previstas no RJDSR. A regra será, assim, a comunicação em papel (alínea *a*)), sem prejuízo, como veremos, de recurso a outro suporte duradouro acessível ao cliente. A comunicação deve ser feita com clareza, exatidão e de forma compreensível e não enganosa para o cliente (alínea *b*)) e numa língua oficial do Estado-Membro em que o risco se situa ou do Estado-Membro do compromisso, ou em qualquer outra língua convencionada entre as partes (alínea *c*)). Finalmente, a informação deve ser prestada gratuitamente (alínea *d*)). O incumprimento das referidas alíneas *b*), *c*) e *d*) constitui uma contraordenação grave, nos termos do artigo 113º/*ff*).

II. Resulta do nº 2 (como já anteriormente decorria do próprio artigo 33º/1/*a*) do DL 144/2006 e agora do artigo 23º/2/4 da DDS) que, em alternativa à comunicação em papel, pode a informação ser prestada em outro suporte duradouro, desde que *apropriado* no contexto da relação comercial entre o mediador e o cliente (alínea *a*)) e desde que o recurso ao suporte duradouro em causa tenha resultado de escolha do cliente (alínea *b*)). O incumprimento destas condições constitui uma contraordenação grave, nos termos do artigo 113º/*gg*).

Anteriormente, esclarecia o artigo 33º/2 do DL 144/2006 que os suportes duradouros incluem, nomeadamente, as disquetes informáticas, os CD-ROM, os DVD e o disco rígido do computador do cliente no qual esteja armazenado o correio eletrónico, mas não incluem os sítios na Internet, exceto se estes permitirem ao cliente armazenar informações que lhe sejam dirigidas pessoalmente, de tal forma que possam ser consultadas posteriormente durante um período adequado aos fins dessas informações e que permita uma reprodução exata das informações armazenadas.

Atualmente, já sem apresentar exemplos de suportes duradouros, mas herdando a noção de base, o artigo 4º/*x*) define *suporte duradouro* como qualquer instrumento que permita ao cliente armazenar informações que lhe sejam dirigidas pessoalmente, de tal forma que possam ser consultadas posteriormente durante um período adequado aos fins a que se destinam, e que permita a reprodução exata das informações armazenadas.

III. O artigo em análise distingue a prestação de informações ao cliente através de um sítio na Internet. Para esses casos, o nº 3 (com base, em parte, no artigo 23º/2/5 da DDS) admite a licitude dessa comunicação desde que as informações sejam pessoalmente dirigidas ao cliente, designadamente através da criação de uma área pessoal, *ou se*, em alternativa, se verificarem as seguintes condições cumulativas: *a*) a prestação da informação através de um sítio na Internet seja *apropriada* no contexto da relação comercial entre o mediador e o cliente (alínea *a*)); o cliente tenha *consentido* na prestação da informação através de um sítio na Internet (alínea *b*)); o cliente tenha sido *notificado eletronicamente* do endereço do sítio na Internet e do local no mesmo onde a informação pode ser consultada (alínea *c*)); e seja assegurado que a informação fica acessível no sítio na Internet por um período razoável para consulta do cliente, tendo em conta, designadamente, o período de vigência do contrato e a atualidade da informação (alínea *d*)).

O recurso, na redação do nº 3, à conjunção alternativa *ou* conduz à conclusão de que, se as informações forem pessoalmente dirigidas ao cliente, designadamente através da criação de uma área pessoal, prescindir-se-á dos requisitos estabelecidos nas várias alíneas deste nº 3.

Quanto ao sentido da expressão «apropriado no contexto da relação comercial entre o mediador e o cliente», utilizada nos nºs 2 e 3 do artigo em análise, esclarece o nº 4 (tendo por fonte o artigo 23º/6 da DDS) que a referida expressão qualifica a prestação de informações através de um suporte duradouro diferente do papel ou através de um sítio na Internet *se existirem elementos que comprovem que o cliente dispõe de um acesso regular à Internet, designadamente a indicação pelo cliente de um endereço de correio eletrónico para efeito dessa relação.*

Nos termos do artigo 113º/*hh*), constitui contraordenação grave a prestação de informação ao cliente pelos distribuidores através de um sítio na Internet sem que estejam preenchidas as condições mencionadas no nº 3.

IV. O nº 5, por seu turno (tendo por fonte o artigo 23º/3 da DDS), dispõe que, não obstante o fornecimento das informações em outro suporte duradouro (que não o papel) ou através de um sítio na Internet, tem o cliente o direito a pedir que lhe seja entregue uma cópia em papel a título gratuito, constituindo o incumprimento do correspondente dever uma contraordenação leve, nos termos do artigo 112º/*g*).

V. Finalmente, o nº 6 (com origem no artigo 23º/7 da DDS), ressalvando o disposto nos nºs 1 a 3, esclarece que, no caso de venda por telefone ou outro meio de comunicação à distância, a prestação de informações deve cumprir o regime jurídico relativo à comercialização à distância de serviços financeiros, aprovado pelo Decreto-Lei nº 95/2006, de 29 de maio, na sua redação atual.

ANOTAÇÃO (*Pedro Romano Martinez*)

Vd. anotação artigo 29º.

ARTIGO 33º – Documento de informação sobre o produto de seguros

1 – Sem prejuízo do previsto no artigo anterior, o mediador de seguros, no âmbito da distribuição de produtos de seguros dos ramos Não Vida, deve entre-

gar ao cliente, antes da celebração do contrato, um documento normalizado de informação sobre o produto de seguro.

2 – O documento mencionado no número anterior deve ser elaborado pelo produtor do respetivo produto de seguro, de acordo com o formato estabelecido pelo Regulamento de Execução (UE) 2017/1469 da Comissão, de 11 de agosto de 2017.

3 – O documento de informação sobre o produto de seguros deve apresentar as seguintes características:

a) Ser sucinto, autónomo, preciso e não enganoso;

b) Apresentar e dispor a informação de forma clara e que facilite a leitura, com carateres de tamanho legível;

c) Caso o original seja a cores, ser compreensível se for impresso ou fotocopiado a preto e branco;

d) Ser redigido em português ou noutra língua acordada entre as partes;

e) Conter o título «Documento de informação sobre o produto de seguros» na parte superior da primeira página;

f) Incluir uma declaração de que a informação pré-contratual e contratual completa relativa ao produto é prestada noutros documentos.

4 – O documento de informação sobre o produto de seguros deve conter as seguintes informações:

a) O tipo de seguro;

b) Uma síntese das coberturas, incluindo principais riscos cobertos, capital seguro e, se aplicável, o âmbito geográfico, bem como uma síntese dos riscos excluídos;

c) As modalidades e período de pagamento dos prémios;

d) As principais exclusões em relação às quais não podem ser efetuadas participações de sinistros;

e) As obrigações do tomador do seguro no início do contrato;

f) As obrigações do tomador do seguro durante a vigência do contrato;

g) As obrigações do tomador do seguro em caso de sinistro;

h) A duração do contrato de seguro, incluindo as respetivas datas de início e de termo;

i) As formas de cessação do contrato.

5 – O mediador de seguros encontra-se dispensado de entregar o documento de informação sobre o produto de seguros quando desenvolva atividade de distribuição de produtos de seguros que visem a cobertura de grandes riscos.

ANOTAÇÃO (*Francisco Luís F. Ribeiro Alves*)

Este preceito trata de uma nova obrigação de informação pré-contratual em produtos Não vida e que não visem a cobertura de grandes riscos. Não dispensa as restantes obrigações pré-contratuais, decorrentes do Regime Jurídico do Contrato de Seguro, aprovado pelo Decreto-Lei nº 72/2008, de 16 de abril, e tem que ser conciliado com o Regulamento de Execução referido no nº 2.

O Regulamento de Execução tem, como anexo, o *template* a utilizar. Atendendo a que o Regulamento de Execução refere que se deve utilizar a composição gráfica do modelo de Documento de Informação sobre o Produto de Seguros (DIPS), anexo ao mesmo, daqui se poderá entender que se pretende que a cor do cabeçalho seja o azul e que não se deve alterar a respetiva estrutura, salvo no que seja permitido pelo Regulamento de Execução, quando a disponibilização do documento seja feita na internet.

Ainda assim, quanto à cor do cabeçalho poderá entender-se que não é uma matéria muito clara, devido à falta de uma previsão expressa que mencione especificamente essa situação, pelo que se poderão admitir outras cores caso seja esse o entendimento das autoridades de supervisão dos vários países. Deve-se ter presente que esta é uma obrigação transversal a todos os países da União Europeia, pelo que é desejável que o entendimento seja uniforme.

Relativamente ao nome do documento, no anexo do Regulamento de Execução refere-se incorretamente ao mesmo como "Documento de informação sobre produtos de seguros", mas a designação a adotar é a que consta na Diretiva e na lei nacional, ou seja, "Documento de informação sobre o produto de seguros".

Por regra, o DIPS deve ter duas páginas. Pode, excecionalmente, utilizar-se três páginas em situações devidamente fundamentadas. Pode entender-se como tal, a título de exemplo, o caso dos produtos multirriscos (por estes devem entender-se os multigarantias) já que a EIOPA, em carta dirigida à Comissão Europeia, referiu os seguros multirriscos como exemplo para poderem ser utilizadas três páginas.

No item "Qual é o tipo de seguro?", poderá ser entendido que é de inserir, sem prejuízo de outras interpretações, a designação do ramo que constitui a base do produto, nos termos do artigo 8º do RJASR, atendendo a que no primeiro anteprojeto de transposição da Diretiva, elaborado pela ASF, foi substituída a menção "tipo de seguro" por "ramo de seguro".

De notar ainda as redações confusas quanto ao que deve ser inserido nos campos "Que riscos não são segurados?" e "Há alguma restrição da cobertura?", já que o primeiro, nos termos Regulamento corresponde a uma síntese dos riscos excluídos, enquanto o segundo deverá conter as informações sobre as principais exclusões. Ora, "síntese de riscos excluídos" e "principais exclusões" são expressões muito semelhantes, pelo que, na perspetiva do potencial cliente, deverá existir aderência entre a questão e o respetivo conteúdo. À pergunta "Há alguma restrição da cobertura?" o potencial cliente pensará que estão em causa situações cobertas mas que se limitam devido, por exemplo, a franquias, períodos de carência ou limites de capital.

A sintese dos riscos excluídos, a inserir no campo "Que riscos não são segurados?, corresponderá às exclusões mais relevantes, as quais podem ser aferidas (utilizando critérios de razoabilidade) com base em elementos como: exclusões definidas legalmente nos seguros obrigatórios, reclamações, sinistros e pedidos de esclarecimento de um determinado produto.

As formas de cessação do contrato, referidas na alínea *i)* do nº 4 deste artigo, devem ser inseridas no item "Como posso rescindir o contrato?", o que pode deixar a dúvida se devem ser inseridas todas as formas de cessação ou apenas aquelas que o cliente poderá utilizar unilateralmente. Consideramos que a tradução foi infeliz e que se pretenderia referir "Como posso cessar o contrato?". É mais cautelosa a menção a todas as formas de cessação, ainda que se dê destaque às unilaterais como a denúncia, a livre resolução ou a resolução com justa causa, nos termos do artigos 105º e seguintes do Regime Jurídico do Contrato de Seguro, aprovado pelo Decreto-Lei nº 72/2008, de 16 de abril.

ANOTAÇÃO *(José Vasques)*

I. Sem correspondência no regime jurídico da mediação de seguros e de resseguro, mas v. arts. 18º a 23º do *regime jurídico do contrato de seguro.*

II. Cfr. arts. 20º e 23º da Diretiva (UE) 2016/97, e Regulamento de Execução (UE) 2017/1469 da Comissão de 11 de agosto de 2017, que estabelece um formato de apresentação normalizado para o documento de informação sobre produtos de seguros, publicado no *Jornal Oficial da União Europeia*, série L, nº 209, de 12 de agosto de 2017.

III. Quando se conjuga o nº 1 do artigo sob anotação, relativo à *distribuição de produtos de seguros dos ramos Não Vida*, com os deveres de informação adicional relativos a *produtos de investimento com base em seguros*, previstos nos artigos 40º a 45º, e especificamente sobre os documentos de informação fundamental para pacotes de produtos de investimento de retalho e de produtos de investimento com base em seguros (PRIIPs), regulados pelo Regulamento (UE) nº 1286/2014 do Parlamento Europeu e do Conselho, de 26 de novembro de 2014, sobre os documentos de informação fundamental para pacotes de produtos de investimento de retalho e de produtos de investimento com base em seguros (PRIIPs), e o Regulamento Delegado (UE) 2017/653 da Comissão, de 8 de março de 2017, que complementa o Regulamento (UE) nº

1286/2014 do Parlamento Europeu e do Conselho sobre os documentos de informação fundamental para pacotes de produtos de investimento de retalho e de produtos de investimento com base em seguros (PRIIP), estabelecendo normas técnicas de regulamentação no que diz respeito à apresentação, ao conteúdo, ao reexame e à revisão dos documentos de informação fundamental, bem como às condições para o cumprimento do requisito de fornecer esses documentos, fica claro que os seguros e produtos do ramo Vida que não sejam *produtos de investimento com base em seguros* não dispõem de regulamentação relativa à forma e conteúdo de um documento de informação que se lhes aplique; na realidade e neste ponto, a transposição limitou-se a seguir a Diretiva (UE) 2016/97, tendo o legislador nacional abdicado de regulamentar esta questão; na ausência de regulamentação, ficará ao critério dos operadores a forma e conteúdo da informação, sem prejuízo do que já resulta do *regime jurídico do contrato de seguro*, designadamente dos arts. 18º, 21,º 185º e 207º, admitindo-se, no entanto, que, por razões de uniformização, se utilize, com as necessárias adaptações, o formato previsto no artigo sob anotação para os produtos de seguros dos ramos Não-vida.

O documento de informação deve ser elaborado pelo *produtor* do respetivo produto (nº 2); o conceito de *produtor* é fornecido pelo artigo 2º do Regulamento Delegado (UE) 2017/2358, quando estabelece que são produtores as *empresas de seguros* e aos *mediadores de seguros* que elaboram produtos de seguros propostos para efeitos de venda aos clientes.

O *documento de informação sobre produtos de seguros* deve ser apresentado em duas páginas impressas em formato A4 ou, excecionalmente, num máximo de três páginas, se for necessário mais espaço, caso em que os elaboradores, a pedido da autoridade competente, devem demonstrar essa necessidade [art. 3º do Regulamento de Execução (UE) 2017/1469].

As caraterísticas e informações que o documento de informação deve conter são enunciadas nos nº 3 e 4, sem prejuízo da aplicação do Regulamento de Execução (UE) 2017/1469.

Sobre a língua a utilizar nos *documentos e informações previstos no presente regime ou respetiva regulamentação destinados a divulgação pública* v. a nossa anotação ao artigo 7º

A exclusão prevista pelo nº 5 filia-se no propósito da Diretiva (UE) 2016/97 de que as disposições que *regulam as regras de conduta da atividade dos mediadores de seguros ou de outros vendedores de produtos de seguros, aplicam-se apenas às relações «empresa-consumidor»* [considerando (43) e arts. 22º, nº 1, 25º, nº 4].

O incumprimento dos deveres de entrega ao cliente e elaboração do documento de informação constitui contraordenação grave prevista pelo artigo 113º, alíneas *ii)* e *jj)*.

IV. Disposições relacionadas: arts. 7º, 40º a 45º, e 113º, als. *ii)* e *jj)*, e Regulamento de Execução (UE) 2017/1469.

ANOTAÇÃO (*Luís Poças*)

I. O documento de informação sobre o produto de seguros (DIPS) constitui uma solução inovadora da DDS – consagrada nos nºs 5 a 9 do artigo 20º da Diretiva – e, por essa via, do RJDSR. A ideia do legislador é a de, tornando a informação mais simples, condensada, clara e acessível, apresentá-la num documento de formato uniforme, bem esquematizado, permitindo a respetiva consulta rápida e, sobretudo, a comparação entre produtos similares.

O propósito do legislador foi, em parte, conseguido. O problema reside no facto de o recorte do risco seguro decorrer das definições das garantias e das exclusões, definições essas que variam de segurador para segurador, influenciando de forma muito significativa o âmbito do risco seguro. Ora, o caráter condensado do documento implica necessariamente a perda de informação muito relevante. Dando um exemplo simples, um seguro multirriscos que contenha 25 coberturas, cada uma delas com várias exclusões aplicáveis, é insuscetível de ficar condensado eficazmente no formato pretendido.

Ademais, não obstante o seu propósito simplificador, trata-se de um documento informativo que acresce a outros, cuja exigência legal se mantém: tal é o caso, designadamente: da informação prevista no artigo 31º do RJDSR; das informações pré-contratuais previstas nos artigos 18º e 185º do RJCS; da informação sobre o clausulado aplicável ao contrato, nos termos dos artigos 5º e 6º da LCCG, etc. Embora visando condensar e esquematizar informação, o DIPS vem, de algum modo, contribuir para adensar o problema do excesso de informação pré-contratual, insuscetível de ser assimilada pelo cliente.

II. O nº 1 do artigo em análise estabelece o dever de o mediador de seguros, no estrito âmbito da distribuição de seguros dos ramos Não-Vida (cfr. artigo 8º do RJASR), entregar ao cliente, previamente à celebração do contrato, o DIPS correspondente. O incumprimento deste dever constitui contraordenação grave, nos termos do artigo 113º/ii).

Todavia, nos termos do nº 5, existe dispensa de entrega do DIPS quando se trate de distribuição de seguros que visem a cobertura de grandes riscos.

III. Como resulta do nº 2, o DIPS deve ser elaborado pelo segurador, não enquanto distribuidor, mas na qualidade de parte do contrato de seguro (ou, na linguagem do RJDSR, de "produtor" do "produto de seguro").

Como referimos, o DIPS – em virtude de objetivos de familiarização do cliente com a disposição da informação, permitindo a melhor acessibilidade e comparabilidade da mesma – é um documento de formato normalizado. Deste modo, deve respeitar um formato rígido, detalhadamente estabelecido pelo Regulamento de Execução (UE) 2017/1469 da Comissão, de 11/08/2017, que contém em anexo um modelo-tipo.

IV. O nº 3 do artigo em análise enuncia algumas características que o DIPS deve respeitar: (*a*) ser sucinto, autónomo, preciso e não enganoso; (*b*) apresentar e dispor a informação de forma clara e que facilite a leitura, com carateres de tamanho legível; (*c*) caso o original seja a cores, ser compreensível se for impresso ou fotocopiado a preto e branco (de onde se retira que o próprio original possa ser a preto e branco); (*d*) ser redigido em português ou noutra língua acordada entre as partes; (*e*) conter o título «Documento de informação sobre o produto de seguros» na parte superior da primeira página; e (*f*) incluir uma declaração de que a informação pré-contratual e contratual completa relativa ao produto é prestada noutros documentos.

V. Por seu turno, o nº 4 detalha as informações que devem constar do conteúdo do DIPS. De notar que a terminologia desta disposição nem sempre coincide com a do referido Regulamento de Execução. Por exemplo, a alínea *d*) do nº 4 alude às *formas de cessação do contrato*, enquanto o artigo 6º/1/*j*) do Regulamento inclui essa informação sob a rubrica «Como posso rescindir o contrato?», que aponta para um âmbito muito mais limitado e impreciso de informação, a qual parece atender exclusivamente ao interesse do cliente em desvincular-se e não ao risco, para o mesmo, de que o vínculo cesse por outras causas.

VI. A não elaboração, ou a elaboração de um DIPS que não observe as características e informações mencionadas nos nºs 2 a 4 do presente artigo, constitui uma contraordenação grave, nos termos do artigo 113º/*jj*).

Os deveres previstos no artigo 33º são aplicáveis, com as devidas adaptações, à atividade de distribuição de seguros por seguradores (artigo 37º/3) e por mediadores de seguros a título acessório (artigo 39º).

ARTIGO 34º – Deveres do mediador de seguros para com a ASF

1 – Sem prejuízo de outros deveres fixados ao longo do presente regime, são deveres do mediador de seguros para com a ASF:

***a*) Prestar, nos prazos fixados, todos os esclarecimentos e informações e entregar os documentos previstos no presente regime ou solicitados pela ASF;**

***b*) Informar de todas as alterações a informações anteriormente prestadas em cumprimento de disposições legais ou regulamentares no prazo de 30 dias contados a partir da data de verificação dessas alterações, salvo se estiver previsto prazo especial distinto;**

c) Informar de todas as alterações a circunstâncias relevantes para o preenchimento das condições de acesso à atividade no prazo de 30 dias contados a partir da data de ocorrência dessas alterações;

d) Informar da alteração dos membros do órgão de administração responsáveis pela atividade de distribuição;

e) Reportar anualmente à ASF a listagem mencionada na alínea *j*) do nº 1 do artigo 24º;

f) Devolver de imediato o certificado de registo em caso de alteração, suspensão ou cancelamento da inscrição no registo;

g) Comunicar anualmente à ASF a identificação dos mediadores de seguros e mediadores de seguros a título acessório que utilize para distribuição de produtos de seguros, bem como das pessoas que distribuíram os produtos de seguros ao abrigo do nº 2 do artigo 2º, e as remunerações pagas pela distribuição de seguros, nos termos definidos em norma regulamentar emitida por aquela autoridade.

2 – A ASF define, por norma regulamentar, o modo de cumprimento das obrigações previstas no nº 1, incluindo o recurso às tecnologias de informação e de utilização de documentos eletrónicos.

ANOTAÇÃO (*José Vasques*)

I. Cfr. art. 34º do regime jurídico da mediação de seguros e de resseguros.

II. Não resulta da transposição da Diretiva (UE) 2016/97.

III. Prevê-se no artigo sob anotação, de forma substancialmente idêntica ao estabelecido pelo anterior *regime jurídico da mediação de seguros e de resseguros*, um conjunto de deveres do mediador de seguros para com a ASF; são novos os deveres do *mediador de seguros* de reportar anualmente à ASF a listagem com a identificação das pessoas diretamente envolvidas na atividade de distribuição de seguros que estejam ao seu serviço, com indicação da respetiva qualificação adequada nos termos do presente regime, assim como do estabelecimento em que exerçam atividade, se aplicável [nº 1, al. *e*), e art. 24º, nº 1, al. *j*)], e comunicar anualmente à ASF a identificação dos mediadores de seguros, mediadores de seguros a título acessório e das pessoas abrangidas pelas *condições de isenção* (art. 2º, nº 2) que utilize para distribuição de produtos de seguros, e as remunerações pagas pela distribuição de seguros [nº 1, al. *g*)].

As disposições deste artigo são aplicáveis, com as devidas adaptações, aos *mediadores de resseguros* (art. 36º) e aos *mediadores de seguros a título acessório* (art. 39º) e, parcialmente, às *empresas de seguros* (art. 37º, nº 3) e às *empresas de resseguros* (art. 38º, nº 2).

Sobre as regras aplicáveis à contagem dos prazos previstos no nº 1, als. *b)* e *c)*, v. a nossa anotação ao artigo 7º da Lei preambular.

O incumprimento do dever, previsto no nº 1, al. *f)*, de devolver de imediato o certificado de registo em caso de alteração, suspensão ou cancelamento da inscrição no registo, constitui contraordenação simples [art. 112º, al. *h)*]; o incumprimento dos restantes deveres previstos no nº 1 constitui contraordenação grave [art. 113º, als. *kk)* a *oo)* e *ss)*].

A habilitação específica da ASF para adotar a regulamentação prevista no nº 2 do artigo sob anotação resulta do artigo 13º, alínea *l)*, da Lei preambular.

IV. Disposições relacionadas: arts. 7º e 13º, al. *l)*, da Lei preambular, e arts. 24º, nº 1, al. *j)*, 36º, 37º, nº 3, 38º, nº 2, 39º, 112º, al. *h)*, e 113º, als. *kk)* a *oo)*, e *ss)*.

ANOTAÇÃO (*Luís Poças*)

I. Diversamente de outros deveres dos mediadores previstos no RJDSR, que têm por base, como vimos, o contrato de mediação, os deveres agora elencados no artigo em análise assumem caráter estritamente institucional, estando associados à própria disciplina do acesso e exercício da atividade de distribuição de seguros. Trata-se de deveres para com a autoridade de supervisão – a ASF – que visam precisamente possibilitar-lhe o controlo e a monitorização do exercício da referida atividade.

II. O presente artigo tem por base o artigo 34º do DL 144/2006, do qual conserva a epígrafe (com a alteração de Instituto de Seguros de Portugal para ASF) e uma boa parte das respetivas alíneas. Assim, as alíneas *a*), *b*), *c*), *d*) e *f*) do nº 1 mantêm, no essencial, o teor das alíneas homónimas do diploma precedente.

É de ressalvar, de entre estas alíneas, que se verificou um alargamento significativo do âmbito da letra da alínea *a*), embora não do seu espírito. Onde anteriormente se dispunha que o mediador devia prestar, nos prazos fixados, todos os *esclarecimentos* necessários ao desempenho das funções de supervisão, dispõe-se agora que o mediador deve prestar, nos prazos fixados, todos os *esclarecimentos e informações e entregar os documentos previstos* no presente regime *ou solicitados* pela ASF.

III. Têm conteúdo inovador os deveres de reporte anual à ASF previstos nas alíneas *e*) e *g*) do nº 1, atinentes, respetivamente: (*i*) à listagem com a identificação das pessoas diretamente envolvidas na atividade de distribuição de seguros que estejam ao serviço do mediador, com indicação da respetiva qualificação adequada nos termos do presente regime, assim como do estabelecimento em que exerçam atividade, se aplicável (este dever depende de regulamentação da ASF, nos termos do artigo 13º/*l*) da L 7/2019); e (*ii*) à identificação dos mediadores de seguros e mediadores de seguros a título acessório que o mediador utilize para distribuição de produtos de seguros (intervenção colaborativa a que se refere o artigo 47º), bem como das pessoas que distribuíram os produtos de seguros ao abrigo do nº 2 do artigo 2º, e as remunerações pagas pela distribuição de seguros, nos termos definidos em norma regulamentar emitida por aquela autoridade.

IV. Estabelece o nº 2 – visando, certamente, o cumprimento de deveres de informação e reporte – que a ASF define, por norma regulamentar, o modo de cumprimento das obrigações previstas no nº 1, incluindo o recurso às tecnologias de informação e de utilização de documentos eletrónicos.

V. O regime do artigo em análise é aplicável, com as devidas adaptações, aos mediadores de resseguros (artigo 36º) e aos mediadores de seguros a título acessório (artigo 39º). Por outro lado, os deveres das alíneas *a*), *b*), *d*) e *e*) do nº 1 são aplicáveis, com as devidas adaptações, à atividade de distribuição de seguros por empresas de seguros (artigo 37º/3) e por empresas de resseguros (artigo 38º/2).

VI. O incumprimento das alíneas *b*), *c*), *d*), *e*) e *g*) do nº 1 constitui contraordenação grave, nos termos, respetivamente, das alíneas *kk*), *ll*), *mm*), *nn*) e *ss*) do artigo 113º. Quanto ao incumprimento da alínea *f*), o mesmo constitui uma contraordenação simples, nos termos do artigo 112º/*h*).

ARTIGO 35º – Deveres específicos do corretor de seguros

São deveres específicos do corretor de seguros:

a) Sugerir ao tomador do seguro medidas adequadas à prevenção e redução do risco;

b) Garantir a dispersão de carteira de seguros nos termos que venham a ser definidos por norma regulamentar da ASF;

c) Basear a atividade de distribuição de produtos de seguros na análise de um número suficientemente elevado e diversificado de contratos, quanto ao distribuidor e o tipo de contratos de seguros disponíveis no mercado;

d) Quando indiquem ao cliente que prestam aconselhamento, fazê-lo com base numa análise imparcial e pessoal, nos termos do nº 5 do artigo 31º;

e) No caso de pessoas coletivas:

i) Mesmo quando tal não resulte já do tipo de sociedade, do contrato de sociedade ou de obrigação legal, designar um revisor oficial de contas para proceder à revisão legal das contas;

ii) Em relação à atividade exercida no ano imediatamente anterior, enviar anualmente à ASF, até 15 dias após a aprovação das contas, o relatório e contas anual, o parecer do órgão de fiscalização e o documento de certificação legal de contas emitido pelo revisor legal de contas e os demais elementos definidos em norma regulamentar da ASF.

ANOTAÇÃO *(José Vasques)*

I. Cfr. arts. 8º, al. *c)*, 35º do *regime jurídico da mediação de seguros e de resseguros.*

II. Arts. 19º e 20º da Diretiva (UE) 2016/97.

III. O *corretor de seguros* é a categoria dos *mediadores de seguros* em que a pessoa exerce a atividade de distribuição de seguros de forma independente face às *empresas de seguros* [art. 9º, nº 1, al. *b)*].

Deixando de lado os aspetos relativos à organização e reporte [al. *e)*, subals. *i)* e *ii)*], é evidente a ligação entre elementos caraterizadores da categoria e os deveres específicos dos corretores de seguros relativos à técnica seguradora:

elementos caraterizadores	deveres específicos
exercício da atividade de distribuição de seguros de forma independente face às empresas de seguros	sugerir medidas adequadas à prevenção e redução do risco garantir a dispersão de carteira de seguros
[quando preste aconselhamento] análise imparcial de um número suficiente de contratos de seguro disponíveis no mercado	prestar aconselhamento com base numa análise imparcial e pessoal com base na análise de um número suficientemente elevado e diversificado, quanto ao distribuidor e ao tipo de contratos de seguro disponíveis no mercado que lhe permita fazer uma recomendação, de acordo com critérios profissionais, quanto ao contrato de seguro mais adequado às necessidades do cliente

Aplicando-se ao *corretor de seguros*, enquanto *mediador de seguros*, o dever de comunicar ao cliente se presta ou não aconselhamento [art. 31º, nº 2, al. *b)*], a especificidade consagrada na al. *c)* vem a consistir, em, quando o *corretor de seguros* preste *aconselhamento*, apenas poder fazê-lo com base numa análise imparcial e pessoal, a partir da análise de um número suficientemente elevado e diversificado, quanto ao distribuidor e ao tipo de contratos de seguro disponíveis no mercado que lhe permita fazer uma recomendação, de acordo com critérios profissionais, quanto ao contrato de seguro mais adequado às necessidades do cliente (art. 31º, nº 5 – salvo no que diz respeito à eventual existência de participações societárias, a parte final desta disposição não se aplica ao *corretor de seguros*, o qual, pela forma independente face às empresas de seguros como deve exercer a sua atividade, não terá relações estreitas com um distribuidor), não se podendo limitar a transmitir uma recomendação personalizada, ajustada de acordo com o tipo de cliente, às informações por ele fornecidas e à complexidade do contrato de seguro recomendado (art. 31º, nº 4).

Sobre as regras aplicáveis à contagem do prazo previsto na al. *e)*, subal. *ii)*, v. a nossa anotação ao artigo 7º da Lei preambular.

O incumprimento dos deveres específicos do corretor de seguros previstos nas alíneas *b)* e *e)* é punível como contraordenação simples nos termos dos artigos 112º, als. *i)* a *k)*; o incumprimento dos deveres previstos nas alíneas *a)*, *c)* e *d)* é punível como contraordenação grave nos termos do artigo 113º, als. *oo)* a *qq)*.

IV. Disposições relacionadas: art. 7º da Lei preambular, art. 9º, nº 1, als. *a)* e *b)*, 31º, nºs 2, al. *b)*, 4 e 5, 112º, als. *i)* a *k)*, 113º, als. *oo)* a *qq)*.

ANOTAÇÃO (*Luís Poças*)

I. Embora inserido entre um conjunto de disposições atinentes aos direitos e deveres dos mediadores de seguros – categoria de distribuidores que os corretores integram – o presente artigo estabelece deveres especialmente definidos para os corretores, em função das especificidades que os caracterizam.

No essencial, o artigo em análise segue as soluções já contidas no artigo 35º do DL 144/2006, do qual conserva também a epígrafe. Assim, as alíneas *a)*, *b)* e *e)* do artigo em análise reproduzem as alíneas correspondentes – *a)*, *b)* e *e)* – do DL 144/2006, não suscitando dúvidas interpretativas.

II. As soluções, de algum modo, inovadoras constam das alíneas *c)* e *d)*. Nos termos desta última, quando indique ao cliente que presta aconselhamento, deve o corretor fazê-lo com base numa análise imparcial e pessoal, nos termos do nº 5 do artigo 31º. Consequentemente, neste caso, deve o corretor basear a atividade de distribuição de produtos de seguros na análise de um número suficientemente elevado e diversificado de contratos, quanto ao distribuidor e tipo de contratos de seguros disponíveis no mercado.

Embora os dois deveres se encontrem autonomizados em duas diferentes alíneas, os mesmos estão intimamente relacionados. Assim, diversamente do que sugere a sequência das duas alíneas e a própria letra da alínea *c)*, o dever aí consagrado não é separável do previsto na alínea *d)*, mas um corolário deste. O sentido global da articulação dos dois deveres decorre, como vimos em nota ao artigo 35º, do respetivo nº 5, respeitando ao que designámos por *dever de aconselhamento baseado numa análise imparcial e pessoal*.

Em suma, pode o corretor não prestar aconselhamento (*mero dever de informação*), mas, prestando-o, o mesmo deverá assumir a modalidade de *aconselhamento baseado numa análise imparcial e pessoal*.

III. Enquanto o incumprimento das alíneas *b)* e *e)* constitui uma contraordenação simples – artigo 112º/*i)*/*j)*/*k)* – o incumprimento das alíneas *a)*, *c)* e *d)* constitui uma contraordenação grave, nos termos, respetivamente, das alíneas *oo*), *pp*) e *qq*) do artigo 113º.

ANOTAÇÃO (*Pedro Romano Martinez*)

Vd. anotação artigo 29º.

ARTIGO 36º – Direitos e deveres do mediador de resseguros

Ao mediador de resseguros é correspondentemente aplicável, com as devidas adaptações, o disposto no artigo 23º, nas alíneas *a*) a *l*), *o*) e *v*) do nº 1 do artigo 24º, nos artigos 25º e 29º, nas alíneas *e*) e *f*) do nº 1 do artigo 30º, no artigo 34º e na alínea *e*) do artigo 35º.

ANOTAÇÃO (*José Vasques*)

I. Cfr. art. 36º do *regime jurídico da mediação de seguros e de resseguros.*

II. Não resulta da transposição da Diretiva (UE) 2016/97.

III. Os direitos e deveres do *mediador de resseguros* [art. 4º, al. *g*)] são recortados sobre os previstos para os *mediadores de seguros*, resultando as *devidas adaptações* do facto de, sendo o resseguro *o contrato mediante o qual uma das partes, o ressegurador, cobre riscos de um segurador ou de outro ressegurador* (art. 72º do *regime jurídico do contrato de seguro*), os intervenientes serem profissionais, o que dispensa, designadamente, a exigência dos deveres de informação em especial, previstos no artigo 31º

IV. Disposições relacionadas: além dos referidos no próprio artigo, arts. 4º, al. *g*), 112º, al. *d*), *e*), *f*), *h*), *j*) e *k*), 113º, als. *g*), *h*), *o*), *p*), *q*), *ll*), *mm*), *nn*), *ss*), *lll*), *ooo*), e 114º, nº 1, *o*) e *p*), e art. 72º do *regime jurídico do contrato de seguro.*

ANOTAÇÃO (*Luís Poças*)

O RJDSR adotou como técnica legislativa a de definir detidamente, nos artigos 23º ss., os direitos e deveres dos mediadores de seguros, tomando esta categoria de distribuidor como padrão de referência ou modelo de regulação daquela matéria.

No quadro desta técnica, o artigo 36º indica, do leque de disposições definidas para os mediadores de seguros, quais as aplicáveis aos mediadores de resseguros. Em virtude de termos já analisado as citadas disposições, remetemos para os comentários então efetuados.

ARTIGO 37º - Deveres da empresa de seguros

1 - Sem prejuízo de outros deveres fixados ao longo do presente regime, são deveres da empresa de seguros:

a) Não utilizar serviços de distribuição de seguros de pessoa que não esteja registada ou autorizada para esse efeito, nem se encontre abrangida pela exclusão prevista no nº 2 do artigo 2º;

b) Não utilizar serviços de distribuição de seguros em desrespeito do âmbito de atividade em que o mediador de seguros, resseguros ou seguros a título acessório está autorizado a exercer;

c) Atuar com lealdade para com os distribuidores de seguros com os quais se relaciona;

d) A pedido do cliente, prestar informação sobre o montante concreto da remuneração que o distribuidor de seguros receberá pela prestação do serviço de distribuição;

e) Dispor de um documento aprovado pelo órgão de administração no qual se descreva, de forma detalhada, o programa de formação a cumprir pelos agentes de seguros e mediadores de seguros a título acessório ao seu serviço, que lhes permita deter um conhecimento adequado da sua oferta de produtos bem como dos procedimentos aplicáveis ao relacionamento com os clientes;

f) Divulgar a política de tratamento e função responsável pela gestão de reclamações junto dos agentes de seguros e mediadores de seguros a título acessório ao seu serviço;

g) Comunicar de imediato à ASF qualquer facto que chegue ao seu conhecimento e que possa determinar a suspensão ou o cancelamento do registo de um mediador de seguros ou de um mediador de seguros a título acessório;

h) Comunicar anualmente à ASF a identificação dos mediadores de seguros e mediadores de seguros a título acessório que distribuíram os seus produtos de seguros, bem como das pessoas que distribuíram os produtos de seguros ao abrigo do nº 2 do artigo 2º, e as remunerações pagas pela distribuição de seguros, nos termos definidos em norma regulamentar emitida por aquela autoridade.

2 - Sem prejuízo de outros deveres fixados ao longo do presente regime, são deveres específicos da empresa de seguros no exercício da atividade de distribuição de seguros:

a) Assegurar que os membros do órgão de administração responsáveis pela atividade de distribuição de seguros cumprem os requisitos de qualificação adequada, nos termos do previsto no nº 1 do artigo 13º;

b) Assegurar que as pessoas diretamente envolvidas na atividade de distribuição de seguros ao seu serviço:

i) Cumprem os requisitos de qualificação adequada, nos termos do previsto no nº 1 do artigo 13º;

ii) Cumprem os requisitos de idoneidade previstos no artigo 14º;

iii) Mantêm um nível adequado de desempenho mediante o cumprimento dos requisitos de formação e aperfeiçoamento profissional contínuo, nos termos do artigo 25º;

c) Comunicar ao cliente, com a devida antecedência em relação à celebração de um contrato de seguro, a natureza da remuneração recebida pelos seus trabalhadores no respeitante a esse contrato de seguro;

d) Se o cliente tiver de fazer pagamentos ao abrigo do contrato de seguro após a sua celebração, distintos dos prémios regulares e dos pagamentos calendarizados, comunicar ao cliente a natureza da remuneração recebida pelos seus trabalhadores no respeitante a cada um desses pagamentos distintos;

e) Caso não seja o produtor dos produtos que distribua, adotar uma política de distribuição de produtos de seguros, estabelecendo medidas adequadas para obter todas as informações pertinentes sobre o produto de seguro e a respetiva política de conceção e aprovação e compreender as características e o mercado alvo identificado de cada produto de seguro;

f) Informar os clientes da política de tratamento e da função responsável pela gestão de reclamações, bem como dos procedimentos previstos no artigo 76º, que permitem aos clientes e a outras partes interessadas apresentarem reclamações, e dos procedimentos extrajudiciais de reclamação e recurso referidos no artigo 52º

3 – Os deveres previstos na alínea *c*), *d*), *e*), *h*), *i*), *j*) e *o*) a *r*) do nº 1 do artigo 24º, no nº 1 do artigo 27º, na alínea *e*) do artigo 29º, nas alíneas *a*), *b*), *c*), *d*) e *f*) do nº 1 do artigo 30º, nas alíneas *a*) e *b*) do nº 1, na alínea *b*) do nº 2 e nos nºs 4, 6, 7 e 8 do artigo 31º, nos artigos 32º e 33º e nas alíneas *a*), *b*), *d*) e *e*) do nº 1 e no nº 2 do artigo 34º são aplicáveis, com as devidas adaptações, à atividade de distribuição de seguros por empresas de seguros.

4 – As empresas de seguros devem aprovar, aplicar e rever periodicamente políticas e procedimentos internos adequados para garantir o cumprimento dos deveres previstos nas alíneas *a*) e *b*) do nº 2, designando a função na sua estrutura encarregue de assegurar a correta aplicação dessas políticas e procedimentos, bem como o respetivo responsável, o qual é sujeito a registo nos termos do artigo 43º do regime jurídico de acesso e exercício à atividade seguradora e resseguradora, constante do anexo I da Lei nº 147/2015, de 9 de setembro.

5 – As empresas de seguros devem manter registos atualizados dos documentos pertinentes relativos ao cumprimento das políticas e procedimentos mencionados no número anterior.

6 – As empresas de seguros que exerçam a atividade de distribuição de produtos de investimento com base em seguros devem ainda observar o disposto na subsecção II.

7 – O disposto na alínea *e*) do nº 2 não se aplica à distribuição de produtos de seguros que visem a cobertura de grandes riscos.

ANOTAÇÃO (*Francisco Luís F. Ribeiro Alves*)

A maior parte deste preceito é novo. Os deveres anteriormente previstos no artigo 37º do RJMS correspondem aos deveres previsto no atual nº 1, tendo sido alterada a previsão da alínea *h*) para incluir as pessoas que distribuíram os produtos de seguros ao abrigo do nº 2 do artigo 2º. Os números 2 a 7 são previsões totalmente novas e justificam-se devido ao facto de as empresas de seguros serem consideradas distribuidores de seguros para efeitos do regime legal.

Por essa razão, têm que cumprir diversas obrigações de forma similar aos mediadores de seguros e outras de forma adaptada, atendendo à sua natureza diferente e às obrigações que já são cumpridas decorrentes do RJASR.

No nº 1 temos previsões relacionadas com a legalidade e boa fé, apenas devendo as empresas de seguros colaborar com entidades que cumpram os requisitos legais. Nesse sentido deve, anualmente, ser reportada à ASF a identificação e remunerações das entidades em causa. A novidade está no reporte relativamente às entidades abrangidas na previsão do artigo 2º, nº 2. No âmbito da colaboração com os outros distribuidores devem as empresas de seguros garantir a existência de formação, conforme decorre da previsão de existência de um programa de formação, e divulgar a política de tratamento e de gestão de reclamações. Este último aspeto já decorria do previsto nos artigos 154º e 157º do RJASR, complementados pelas previsões da Norma Regulamentar nº 10/2009-R, de 25 de junho (na sua versão atual), pelo que consideramos que seria desnecessária tal previsão. Com efeito, o artigo 154º do RJASR e os artigos 4º, nº 3, alínea *c*), e 10º da Norma Regulamentar nº 10/2009, já obrigam a que exista divulgação ao público.

O dever de informação previsto na alínea *d*) do nº 1, quanto à remuneração recebida pelo distribuidor, é um elemento que também pode ser solicitado ao próprio, nos termos do artigo 31º, nº 1, alínea *j*).

Quanto aos deveres previstos nas alíneas *a*) e *b*) do nº 2, está em causa a qualificação adequada dos membros do órgão de administração responsáveis pela atividade de distribuição de seguros e das pessoas diretamente envolvidas na atividade de distribuição. Para estas últimas cumulam ainda as obrigações relativas à idoneidade e formação contínua. Note-se que os membros dos órgãos de administração já estão sujeitos a obrigações de idoneidade nos termos do artigo 68º do RJASR, aprovado pela Lei nº 147/2015, de 9 de setembro, e não ficam sujeitos ao cumprimento dos requisitos de formação e aperfeiçoamento profissional contínuo.

Quando a qualificação adequada seja adquirida por curso, nos termos do artigo 13º, nº 1, alínea *a*), deste regime, tal terá que cumprir o conteúdo do seu anexo, pelo que as entidades formadoras tiveram que certificar os seus cursos junto da ASF, nos termos previstos em norma regulamentar.

A alínea *c*) do nº 2 impõe que a empresa de seguros divulgue a natureza da remuneração recebida pelos seus trabalhadores, no respeitante a esse contrato de seguro. Estando em causa a sua natureza não se terá que referir o valor concreto da remuneração, mas, apenas, a tipologia de remuneração, como por exemplo, se recebe uma comissão que incida sobre o prémio do contrato de seguro. Mesmo quando não seja recebido um valor concreto, relativamente a cada contrato de seguro, será mais cauteloso referir que não se recebe qualquer remuneração.

A obrigação de comunicação da natureza da remuneração aplica-se também aos outros pagamentos, ao abrigo do contrato de seguro, que sejam distintos dos prémios regulares e dos pagamentos calendarizados, conforme se refere na alínea *d*) do nº 2.

O dever previsto na alínea *e*) do nº 2, embora não tenha uma redação clara, revela que é possível que uma empresa de seguros distribua produtos que não foram produzidos por si e diríamos de que nem tão pouco são coprodutores, o que permitiria concluir pela possibilidade de uma empresa de seguros distribuir produtos de outras empresas de seguros. Nestas situações, a empresa de seguros deve adotar uma política de distribuição de produtos de seguros de modo similar à obrigação prevista para os mediadores de seguros referidos no artigo 24º, nº 1, alínea *n*), deste regime.

A alínea *f*) do nº 2, prevê uma obrigação para a empresa de seguros que, pelo menos parcialmente, já decorre de outros regimes. Com efeito esta alínea *f*) impõe que as empresas de seguros informem os clientes da política de tratamento e da função responsável pela gestão de reclamações e dos respetivos procedimentos que permitem aos clientes e a outras partes interessadas apresentarem reclamações. Ora, como já se referiu, a obrigação e divulgação pública da política de tratamento e da função responsável pela gestão de reclamações já decorre das previsões dos artigos 154º e 157º do RJASR, e da Norma Regulamentar nº 10/2009-R, de 25 de junho (na sua versão atual), pelo que essas informações constam dos sítios de internet das empresas de seguros.

Quanto à informação sobre os procedimentos extrajudiciais de reclamação e recurso, referidos no artigo 52º, atendendo ao previsto no artigo 18º da Lei nº 144/2015, de 8 de setembro, as empresas de seguros já se encontravam sujeitas a essa obrigação, pelo que deverá constar nos seus sítios de internet a possibilidade de recurso a instância de resolução alternativa de litígios e na documentação contratual é, pelo menos, feita remissão para essas informações.

O nº 3 faz remissão para inúmeros deveres dos mediadores de seguros, "com as devidas adaptações", o que em situações mais duvidosas, poderá levantar problemas na aplicação de sanções contraordenacionais, pelo que teria sido preferível que existisse um elenco próprio, devidamente adaptado, dos deveres aplicáveis.

O nº 4 impõe a obrigação de aprovar e rever periodicamente uma política e procedimentos internos, que se justificam pela nova qualidade jurídica da empresa de seguros como distribuidor. Tal como nos caso dos mediadores, cuja instrução do pedido de registo à ASF é efetuado pela empresa de seguros, pretende-se garantir que, também neste caso, existam mecanismos para garantir que a verificação dos requisitos é feita internamente por cada empresa de seguros, devendo, nos termos do nº 5, ser mantida documentação relativos ao cumprimento dos mesmos.

Esta Política deve aplicar procedimentos internos que garantam o cumprimento dos deveres previstos nas alíneas *a*) e *b*) do nº 2, ou seja, em matéria de qualificação adequada dos membros de órgãos de administração responsáveis pela atividade de distribuição e das pessoas diretamente envolvidas na atividade de distribuição, bem como, quanto a estas últimas a verificação dos requisitos de idoneidade. A designação da função e da pessoa responsável na sua estrutura encarregue de assegurar a correta aplicação dessas políticas e procedimentos permite que essa pessoa seja o interlocutor junto da ASF, para tratar destas matérias e dar resposta às questões que surjam.

O registo obrigatório leva a que seja apreciada a sua idoneidade e qualificação para efeitos do artigo 43º do regime jurídico de acesso e exercício à atividade seguradora e resseguradora. Diremos que mesmo que a pessoa já esteja registada enquanto pessoa que dirige efetivamente a empresa, a fiscaliza, ou seja responsável por uma função-chave, deve ser dada essa informação à ASF para que seja o interlocutor perante a mesma.

Quantos aos últimos dois números, o nº 6 é uma remissão, que se repete no artigo 46º, pelo que uma das referências seria desnecessária e o nº 7 é uma mera menção de que a política referida na alínea *e*) do nº 2 não se aplica aos seguros de grandes riscos, o que poderia desde logo ter sido mencionado na própria alínea em causa.

ANOTAÇÃO (*João Pinto Monteiro*)

O nº 1 deste artigo reforça substancialmente os deveres das empresas de seguros perante os mediadores de seguros com que se relacione (o artigo 24º já impunha alguns deveres a estas empresas, como contraponto aos direitos lá atribuídos aos mediadores).

O legislador emprega por vezes a expressão "distribuidor de seguros" nesta norma, mas, segundo definição da Directiva (UE) 2016/97 do Parlamento Europeu e do Conselho, de 20 de janeiro de 2016, um mediador de seguros é aquele "*que inicie ou exerça, mediante remuneração, a atividade de distribuição de seguros*". Por outras palavras, o conceito de "distribuidor" é utilizado enquanto sinónimo de "mediador" de seguros.

A particular importância da relação entre as empresas de seguros e os mediadores é evidenciada pela prescrição de um dever de aquelas actuarem "*com lealdade*" para com estes (al. *c*) do nº 1), espelhando a conduta leal que, em sentido inverso, o artigo 29º impõe aos mediadores de seguros.

Para além deste dever geral de lealdade, o artigo responde a preocupações manifestadas amiúde nesta Lei (já exibidas pela própria Directiva (UE) 2016/97) e respeitantes, primeiro, à influência que a remuneração da actividade do mediador de seguros poderá ter nos produtos por este oferecidos e aconselhados, e, segundo, aos conhecimentos, qualificações e idoneidade desses mediadores.

Estas preocupações têm em vista a protecção dos interesses dos clientes, tanto perante os mediadores de seguros (como vimos nos artigos 24º e 30º a 32º), como em face das próprias empresas de seguros. É impondo deveres, tanto àqueles mediadores, como a estas empresas, que o legislador garante uma protecção alargada da posição do cliente.

E é neste quadro que se sujeita a empresa de seguros ao dever de prestar informação ao cliente "*sobre o montante concreto da remuneração*" que o mediador receberá pelo seu serviço (al. *d*) do nº 1); ao dever de comunicar informações ao cliente relativas à natureza da remuneração "*recebida pelos seus trabalhadores*", respeitantes ao contrato de seguro em negociação (al. *c*) do nº 2); ao dever de proporcionar um mínimo de formação dos mediadores de seguros que empregue, através da criação e de um programa de formação "*que lhes permita deter um conhecimento adequado da sua oferta de produtos bem como dos procedimentos aplicáveis ao relacionamento com os clientes*" (al. *e*) do nº 1); e, por último, à imposição, como condições necessárias, de um leque adequado de conhecimentos, de um comportamento idóneo, e de um contínuo aperfeiçoamento profissional, das pessoas que estas empresas empregam no sentido da distribuição de seguros (al. *b*) do nº 2).

ANOTAÇÃO *(José Vasques)*

I. Cfr. art. 37º do regime jurídico da mediação de seguros e de resseguros.

II. Cfr. arts. 1º, 10º, 18º, 19º e 25º da Diretiva (UE) 2016/97.

III. As disposições do nº 1 do artigo sob anotação correspondem substancialmente ao previsto pelo revogado regime jurídico da mediação de seguros e de resseguros (art. 37º); as restantes disposições resultam do alargamento subjetivo do âmbito operado pelo presente regime jurídico (cfr. a nossa anotação ao art. 1º), através do qual as *empresas de seguros* passam a ser qualificados como *distribuidores de seguros* [art. 4º, al. *b)*].

Estabelece-se que a *empresa de seguros* tem o dever de não utilizar serviços de distribuição de seguros de *pessoa que não esteja registada ou autorizada para esse efeito, nem se encontre abrangida pela exclusão prevista no nº 2 do artigo 2º* [nº 1, al. *a)*].

Com a referência a *pessoa registada* e a [pessoa] *autorizada* pretende aludir-se, respetivamente, às pessoas que se encontrem *registadas* junto da ASF ou em outros Estados-membros da União Europeia como *mediadores de seguros, de resseguros* ou *de seguros a título acessório* [art. 8º, nº 1, als. *a)* e *b)*], e às pessoas [mais propriamente, *às entidades*] que, não estando sujeitas ao registo de *mediadores de seguros, de resseguros* ou *de seguros a título acessório* junto da ASF, devem, no entanto, por se tratar de *empresas de seguros* ou *de resseguros*, estar *autorizadas* para o exercício da atividade seguradora e resseguradora [art. 8º, nº 1, al. *c)*, embora a expressão – que é também usada pelo art. 114º, nº 1, als. *a)* e *b)* – pareça mal empregue pelo art. 24º, nº 1, al. *o)*], uma vez que apenas umas e outras podem exercer a atividade de distribuição de seguros ou de resseguros (art. 8º, nº 1, proémio).

À primeira vista, a segunda parte do nº 1, alínea *a)*, *nem se encontre abrangida pela exclusão prevista no nº 2 do artigo 2º* [que é replicada, substituindo *prevista* por *referida*, no art. 114º, nº 1, al. *b)*] parece, no entanto, contradizer, não só o disposto na al. *h)* do mesmo número, como a previsão, pelo nº 3 do artigo sob anotação, da aplicabilidade à atividade de distribuição de seguros por *empresas de seguros* do artigo 24º, nº 1, al. *p)*; o nº 1, al. *h)*, determina que as *empresas de seguros* devem *comunicar anualmente à ASF a identificação* [...] *das pessoas que distribuíram os produtos de seguros ao abrigo do nº 2 do artigo 2º*, e o artigo 24º, nº 1, al. *p)*, estabelece a possibilidade do recurso pelo *mediador de seguros* às pessoas referidas no artigo 2º, nº 2.

Cumpre dilucidar essa aparente contradição: na realidade, o objetivo da referida alínea é impor às *empresas de seguros* que não utilizem serviços de distribuição de quem não esteja registado ou autorizado e por quem não esteja abrangido pela exclusão do artigo 2º, nº 2, parafraseável como as *empresas de seguros* apenas podem recorrer aos serviços de distribuição de seguros de pessoas que estejam registadas ou autorizadas ou de pessoas que estejam abrangidas pela exclusão do artigo 2º, nº 2; trata-se, portanto, de uma conjunção correlativa aditiva negativa: «não utilizar serviços de distribuição de pessoa não registada ou autorizada» e «não utilizar serviços de distribuição de pessoa não abrangida pela exclusão do artigo 2º, nº 2».

Parece, porém, importante eliminar quaisquer dúvidas sobre a bondade desta interpretação, designadamente por se tratar de alteração significativa relativamente ao *regime jurídico da mediação de seguros*, cujo artigo 37º, alínea *a)*, determinava ser dever das empresas de seguros *não utilizar serviços de mediação de seguros de pessoas que não se encontrem registadas para esse efeito num Estado membro da União Europeia ou sejam abrangidas pelo disposto no nº 2 do artigo 3º* (o referido nº 2 do artigo 3º corresponde, ainda que não completamente, ao atual art. 2º, nº 2).

Efetivamente, a imposição do dever de a *empresa de seguros* não utilizar serviços de distribuição de seguros de pessoa abrangida pela exclusão prevista no nº 2 do artigo 2º, colocaria injustificadamente as *empresas de seguros* em desvantagem relativamente aos *mediadores de seguros* [arts. 24º, nº 1, al. *p)*, e 34º, nº 1, al. *g)*], violando a obrigação que impende sobre os Estados-membros de *que seja garantida a igualdade de tratamento a todas as pessoas que exerçam ou sejam autorizadas a exercer atividades de distribuição de seguros e de resseguros* [art. 1º, nº 6, 2º §, da Diretiva (UE) 2016/97 – v., também considerando (5)]; acresce que aquele dever contraria frontalmente o artigo 1º, nº 4, proémio, que determina:

> 4 – *Os Estados-Membros asseguram que a empresa de seguros ou o mediador de seguros, ao exercer uma atividade de distribuição por intermédio de um mediador de seguros a título acessório que esteja isento da aplicação da presente diretiva nos termos do nº 3, garanta que:* [segue-se a enunciação de condições semelhantes às previstas sob o art. 24º, nº 1, al. *p)*, do regime sob anotação]

O sentido e alcance da lei não poderá ter sido outro que não o de que o legislador nacional não quis desrespeitar o disposto na Diretiva (UE) 2016/97 e, observou o *princípio da interpretação conforme* ou *princípio do efeito vertical* (v. a nossa anotação ao art. 1º), impondo apenas o dever de a *empresa de seguros* (tal como o *mediador de seguros*), quando utilizar serviços de distribuição de seguros de pessoa abrangida pela exclusão prevista no nº 2 do artigo 2º, garantir que [art. 24º, nº 1, al. *p)*, *ex* 37º, nº 3]:

a) as *condições de isenção* se encontram preenchidas;

b) são disponibilizadas ao cliente, antes da celebração do contrato, informações sobre a sua identidade e o seu endereço, e sobre a política de tratamento dos tomadores de seguros, segurados, beneficiários e terceiros lesados, e sobre a instituição de uma função responsável pela gestão de reclamações;

c) são estabelecidos mecanismos apropriados e proporcionados para assegurar o cumprimento do disposto relativamente a remunerações, vendas associadas, publicidade, atuação em conformidade com os melhores interesses dos clientes e que as informações são comunicadas com clareza, exatidão e de forma compreensível e não enganosa para o cliente [arts. 24º, nº 1, als. *q)*, *r)* e *s)*, 31º, nº 1, al. *a)*, e 33º, nº 1, al. *b)*], e para ter em conta as exigências e as necessidades do cliente antes de o contrato lhe ser proposto;

d) o documento de informação sobre o produto de seguros é entregue ao cliente antes da celebração do contrato;

e) essas pessoas cooperam com a ASF no âmbito dos seus poderes de supervisão;

f) é conferido à *empresa de seguros* e à ASF acesso efetivo aos dados relativos ao exercício da atividade de distribuição; e

g) a ASF tem acesso livre às instalações dessas pessoas.

Sobre este ponto v., também, a nossa anotação ao artigos 1º, 2º, nº 2, 4º, 8º e 24º.

O dever de *prestar informação sobre o montante concreto da remuneração que o distribuidor de seguros receberá pela prestação do serviço de distribuição* [nº 1, al. *d)*] relaciona-se diretamente com o dever de o *mediador de seguros* informar o cliente do direito de solicitar informação sobre o montante da remuneração que o *mediador de seguros* receberá pela prestação do serviço de distribuição [art. 31º, nº 1, al. *j)*].

Embora a *empresa de seguros* tenha o dever específico de comunicar ao cliente, com a devida antecedência em relação à celebração de um contrato de seguro, a *natureza da remuneração* recebida pelos seus trabalhadores no respeitante a esse contrato de seguro [nº 2, al. *c)*, disposição similar à que prevê idêntico dever de informação do mediador de seguros, cfr. art. 31º, nº 1, al. *g)*], inexiste disposição expressa prevendo que a *empresa de seguros* tem o dever de informar o cliente do direito de solicitar informação sobre o montante da remuneração que os seus trabalhadores receberão pela prestação do serviço de distribuição; ainda que o nº 1, al. *d)*, imponha à *empresa de seguros*, a pedido do cliente, *prestar informação sobre o montante concreto da remuneração que o <u>distribuidor</u> de seguros receberá* (sublinhado adicionado), essa disposição não se aplica aos seus trabalhadores, uma vez que a definição de *distribuidor de seguros* abrange apenas os *mediadores de seguros*, os *mediadores de seguros a título acessório* e as *empresas de seguros*, mas não aos trabalhadores destes [art. 4º, al. *b)*].

Admite-se que a *empresa de seguros* distribua produtos de que não é o *produtor* [nº 2, al. *e)*], caso em que deverá adotar uma *política de distribuição de produtos de seguros*, estabelecendo medidas adequadas para obter todas as informações pertinentes sobre o produto de seguro e a respetiva *política de conceção e aprovação de produtos* e compreender as caraterísticas e o *mercado-alvo* identificado de cada produto de seguro – esta descrição genérica do que deva entender-se por *política de distribuição* há de ser objeto de norma regulamentar da ASF estabelecendo as regras gerais a respeitar pelos distribuidores de seguros no domínio das políticas de distribuição [art. 13º, al. *p)*, da Lei preambular, ainda que o nº 3 do artigo sob anotação não determine a aplicação às *empresas de seguros* do art. 24º. nº 1, al. *n)*, a referência do aludido art. 13º, al. *p)*, aos *distribuidores de seguros* parece induzir a sua aplicação, o que é confirmado pela contraordenação grave, prevista pelo art. 113º, al. *j)*, que resulta do *incumprimento por disitribuidores de seguros do dever de definir uma política de distribuição de produtos de seguros, nos termos da alínea* n) *do nº 1 do art. 24º e da alínea* e) *do nº 2 do artigo 37º e respetiva regulamentação*]; sobre este ponto v. a nossa anotação aos artigos 8º e 10º

Sobre o conceito de *produtor* v. a nossa anotação ao artigo 33º

Prevê-se neste artigo a adoção ou divulgação de várias *políticas* (ou *documentos*):

a) dispor de um documento aprovado pelo órgão de administração no qual se descreva, de forma detalhada, o programa de formação a cumprir pelos agentes de seguros e mediadores de seguros a título acessório ao seu serviço, que lhes permita deter um conhecimento adequado da sua oferta de produtos bem como dos procedimentos aplicáveis ao relacionamento com os clientes [nº 1, al. *e)*];

b) divulgar a política de tratamento (dos tomadores de seguros, segurados, beneficiários e terceiros lesados) e função responsável pela gestão de reclamações junto dos agentes de seguros e mediadores de seguros a título acessório ao seu serviço [nº 1, al. *f)*];

c) caso não seja o produtor dos produtos que distribua, adotar uma política de distribuição de produtos de seguros [nº 2, al. *e)*];

d) informar os clientes da política de tratamento (dos tomadores de seguros, segurados, beneficiários e terceiros lesados) [nº 2, al. *f)*];

e) aprovar, aplicar e rever periodicamente políticas e procedimentos internos adequados para garantir o cumprimento dos requisitos de qualificação adequada pelos membros dos órgãos de administração e pelas pessoas diretamente envolvidas na atividade de distribuição de seguros (nº 4), mantendo registos atualizados dos documentos pertinentes relativos ao seu cumprimento (nº 5); e

f) adotar e implementar políticas de prevenção, comunicação e tratamento de conflitos de interesses (nº 6, e art. 43º, nº 1).

Além dos deveres expressamente referidos no artigo sob anotação, o nº 3 estabelece a aplicação de um conjunto de outros, através da correspondente remissão.

A exclusão prevista pelo nº 7 filia-se no propósito da Diretiva (UE) 2016/97 de que as disposições que *regulam as regras de conduta da atividade dos mediadores de seguros ou de outros vendedores de produtos de seguros, aplicam-se apenas às relações «empresa-consumidor»* [considerando (43) e arts. 22º, nº 1, 25º, nº 4].

Sobre as *pessoas diretamente envolvidas na atividade de distribuição de seguros ou de resseguros* v. a nossa anotação ao artigo 4º

A habilitação específica da ASF para adotar a regulamentação prevista no nº 1, al. *h)*, do artigo sob anotação resulta do artigo 13º, alínea *u)*, da Lei preambular.

IV. Disposições relacionadas: art. 13º, al. *p)*, da Lei preambular, e arts.1º, 2º, nº 2, 4º, al. *b)*, 8º, 10º, 24º, nº 1, als. *n)*, *o)*, *p)*, *r)* e *s)*, 31º, nº 1, al. *a)*, 33º, nº 1, als. *b)*, *g)* e *j)*, 34º, nº 1, al. *g)*, 43º, nº 1, 113º, als. *j)*, *k)* e *u)*, e 114º, nº 1, als. *a)* e *b)*.

ANOTAÇÃO (*Luís Poças*)

I. O artigo em análise tem por base o artigo 37º do DL 144/2006, cujo regime, em substância, incorpora no seu nº 1. Porém, como melhor veremos, o âmbito do presente artigo estende-se para além das fronteiras do anterior preceito. Acolhe-se, desde logo, a previsão de deveres muito heterogéneos do segurador (configurado como "produtor de seguros"): (*i*) deveres, fundados no contrato de mediação de seguros, para com os distribuidores que atuem por sua conta, como o dever de lealdade previsto no nº 1/*c*)); (*ii*) deveres para com os tomadores de seguros que sejam suas contrapartes (por exemplo, o dever de informação sobre o montante da remuneração que o distribuidor receberá, previsto no nº 1/*d*)); e (*iii*) deveres para com a ASF, fundados no interesse público inerente a atividade de controlo e supervisão desta entidade (por exemplo, os deveres de informação e reporte previstos no nº 1/*g*)/*h*)).

Para além destes, porém, o segurador fica também adstrito ao cumprimento de vários deveres na qualidade de *distribuidor de seguros*, no que é um dos aspetos mais controversos da DDS e, consequentemente, do RJDSR. Sempre será, do nosso ponto de vista, discutível, no plano teórico, a adoção da terminologia "produtor de seguros" para designar o predisponente do clausulado contratual, "produto de seguros" para nomear o contrato de seguro e "distribuidor de seguros" para significar o intermediário no processo de contratação. Mais discutível ainda será a identificação do segurador como distribuidor, em plano equivalente, por exemplo, ao dos mediadores de seguros. Neste contexto, são ainda definidos vários deveres, previstos nos nºs 2 a 7.

II. Começando pelos deveres previstos no nº 1, os mesmos seguem, no essencial, o teor do artigo 37º do DL 144/2006 (de onde se decalca a própria epígrafe do artigo em análise). Assim, as alíneas *a)*, *b)*, *c)*, *d)*, *e)*, *f)*, *g)* e *h)* do nº 1 do presente artigo acompanham, respetivamente, as alíneas *a)*, *b)*, *d)*, *e)*, *f)*, *g)*, *h)* e *j)* do artigo homónimo do DL 144/2006.

A generalidade destes deveres não suscita dúvidas interpretativas, havendo apenas a ressalvar o seguinte: na alínea *e)*, sobre o dever de dispor de um programa de formação destinado a agentes e mediadores a título acessório ao serviço do segurador, são dadas pistas sobre o conteúdo de tal programa – o qual deve possibilitar um conhecimento adequado da oferta de produtos do segurador bem como dos procedimentos aplicáveis ao relacionamento com os clientes –, diversamente do que sucedia na redação da anterior alínea *f*)).

Constitui contraordenação simples, nos termos das alíneas *f*), *l*), *m*) e *n*) do artigo 112º, o incumprimento, respetivamente, das alíneas *c*), *e*), *f*) e *g*) do nº 1. Por seu turno, constitui contraordenação grave, nos termos das alíneas *rr*) e *ss*) do artigo 113º, o incumprimento das alíneas *d*) e *h*) do nº 1 do artigo em análise.

III. Conforme referimos, o nº 2 do presente artigo apresenta conteúdo inovador, incidindo já sobre deveres específicos do segurador enquanto *distribuidor de seguros*.

Assim, e desde logo (alíneas *a*) e *b*)/*i*)), deve o segurador garantir que, quer os membros do órgão de administração responsáveis pela atividade de distribuição de seguros, quer as pessoas diretamente envolvidas na atividade de distribuição de seguros ao seu serviço, cumprem os requisitos de qualificação adequada, nos termos do previsto no artigo 13º/1. Nos termos do artigo 9º/4 da L 7/2019, o prazo para o segurador garantir o cumprimento de tal dever correspondia a 23 de fevereiro de 2019, presumindo-se, até lá, que as pessoas que tivessem estado diretamente envolvidas na atividade de distribuição de seguros *no ano anterior ao da entrada em vigor da referida lei* cumpriam os requisitos em matéria de qualificação adequada. Quanto ao critério assinalado a itálico – atento o caráter muito dúbio da redação do preceito – pensamos que o mesmo se terá por verificado se as pessoas em causa tiverem estado, de forma continuada, diretamente envolvidas na atividade de distribuição de seguros durante o período de 12 meses que precedeu a data de entrada em vigor da lei (a qual, não obstante o teor do respetivo artigo 16º, quanto à data de produção de efeitos, corresponderá, nos termos conjugados dos artigos 5º/2 do CC e 2º/2 da L 74/98, e na falta de disposição especial da L 7/2019, ao quinto dia após a publicação da mesma). O incumprimento do referido dever constitui, relativamente aos membros do órgão de administração, uma contraordenação simples (artigo 112º/*o*)) e, quanto às pessoas diretamente envolvidas na atividade de distribuição, uma contraordenação grave (artigo 113º/*tt*)).

Relativamente às pessoas diretamente envolvidas na atividade de distribuição ao serviço do segurador, deve o mesmo garantir que, nos termos do nº 2/*b*)/*ii*)/*iii*), as mesmas, respetivamente, cumprem os requisitos de idoneidade previstos no artigo 14º, e que mantêm um nível adequado de desempenho mediante o cumprimento dos requisitos de formação e aperfeiçoamento profissional contínuo, nos termos do artigo 25º. O incumprimento deste dever constitui uma contraordenação grave, nos termos do artigo 113º/*tt*).

As alíneas *c*) e *d*) do nº 2 estabelecem deveres de informação, perante o cliente, quanto à natureza da remuneração recebida pelos trabalhadores do segurador relativamente ao contrato de seguro, correspondendo o respetivo incumprimento a uma contraordenação grave, nos termos, respetivamente, das alíneas *uu*) e *vv*) do artigo 113º.

A alínea *e*), por seu turno, configura um caso cuja verificação será pouco frequente: o de o segurador atuar, relativamente a alguns contratos, *estritamente como distribuidor*, isto é, de distribuir seguros cujo "produtor" seja outro segurador. Neste caso, deve o segurador adotar uma política de distribuição de produtos de seguros estabelecendo medidas adequadas para obter todas as informações pertinentes sobre o seguro e a respetiva política de conceção e aprovação e compreender as características e o mercado alvo identificado de cada produto de seguro. O incumprimento deste dever – que não se aplica à distribuição de seguros que visem a cobertura de grandes riscos (nº 7) – constitui contraordenação grave, nos termos do artigo 113º/*j*).

Por fim, o incumprimento do dever contido no nº 2/*f*) – dever de informação aos clientes sobre a política de tratamento e a função responsável pela gestão de reclamações, bem como os procedimentos extrajudiciais de reclamação e recurso – constitui uma contraordenação grave, nos termos do artigo 113º/*ww*).

IV. O nº 3 do artigo em análise estende, com as necessárias adaptações, à atividade de distribuição de seguros desenvolvida por seguradores, um leque de deveres definidos, noutras disposições, para os mediadores de seguros, tomados como modelos paradigmáticos da atividade de distribuição de seguros.

V. O nº 4 do presente artigo estabelece o dever de o segurador aprovar, aplicar e rever periodicamente políticas e procedimentos internos adequados para garantir o cumprimento dos deveres previstos nas alíneas *a*) e *b*) do nº 2 (garantia de cumprimento dos requisitos de qualificação adequada pelos membros do órgão de administração responsáveis pela atividade de distribuição de seguros e pelas pessoas diretamente envolvidas na atividade de distribuição de seguros ao seu serviço e, quanto a estas, também dos requisitos de idoneidade e de formação e aperfeiçoamento profissional contínuo).

Para o efeito, deve o segurador designar a função na sua estrutura encarregue de assegurar a correta aplicação das referidas políticas e procedimentos, bem como o respetivo responsável. Previamente à designação (ou como condição suspensiva da produção de efeitos da mesma) é o responsável sujeito a registo junto da ASF, nos termos do artigo 43º do RJASR, à semelhança do que sucede com as pessoas que dirigem efetivamente a empresa, a fiscalizam ou são responsáveis por funções-chave. Neste contexto, deve a pessoa designada observar, designadamente, os requisitos de qualificação adequada e de idoneidade previstos nos artigos 67º e 68º do RJASR, *ex vi* do artigo 43º/1.

O incumprimento do referido dever constitui contraordenação simples, nos termos do artigo 112º/*p*).

Por outro lado, dispõe o nº 5 do artigo em análise que o segurador deve manter registos atualizados dos documentos pertinentes respeitantes ao cumprimento das políticas e procedimentos mencionados no nº 4, constituindo o incumprimento deste dever uma contraordenação simples, nos termos do artigo 112º/*p*).

VI. Finalmente, dispõe o nº 6 do artigo em análise que, quando o segurador exerça a atividade de distribuição de produtos de investimento com base em seguros, deve ainda observar o disposto na subsecção II (artigos 40º ss.), como igualmente resulta, de forma expressa, do artigo 46º.

ARTIGO 38º – Deveres da empresa de resseguros

1 – Às empresas de resseguros é correspondentemente aplicável, com as devidas adaptações, o disposto nas alíneas *a*), *b*), *c*), *g*) e *h*) do nº 1, nas alíneas *a*) e *b*) do nº 2 e nos nºs 4 e 5 do artigo anterior.

2 – Às empresas de resseguros é aplicável, com as devidas adaptações, o previsto nas alíneas *c*), *d*), *e*), *h*), *i*), *j*), *o*), *p*) e *u*) do nº 1 do artigo 24º e nas alíneas *a*), *b*), *d*) e *e*) do nº 1 e no nº 2 do artigo 34º

ANOTAÇÃO (*João Pinto Monteiro*)

Esta norma tem uma função exclusiva de remissão, indicando quais os deveres da empresa de seguros (artigo 37º), por um lado, e os deveres do mediador de seguros – tanto de índole geral (artigo 24º), como os que lhe são impostos para com a ASF (artigo 34º) –, por outro lado, que serão extensíveis às empresas de resseguros.

ANOTAÇÃO (*José Vasques*)

I. Cfr. art. 38º do regime jurídico da mediação de seguros e de resseguros.

II. Não resulta da transposição da Diretiva (UE) 2016/97.

III. *Empresa de resseguros* é a *empresa que tenha recebido uma autorização administrativa para o exercício da atividade resseguradora*, isto é, para exercer *a atividade que consiste na aceitação de riscos cedidos por uma empresa de seguros ou de resseguros* [art. 4º, al. *d*), e art. 5º, nºs 1, als. *d)* e *g)*, primeira parte, do *regime jurídico de acesso e exercício da atividade seguradora e resseguradora*].

Os *deveres das empresas de resseguros* são estabelecidos por *remissão*, equiparando situações distintas, aplicando a uma (*deveres da empresa de seguros*) o regime de outra (*deveres das empresas de seguros*).

Uma vez que o artigo 37º, nº 2, alínea *e)*, não é aplicável às *empresas de resseguros*, ao contrário do que sucede com as *empresas de seguros*, não poderão aquelas distribuir produtos de outras *empresas de resseguros*.

IV. Disposições relacionadas: art. 4º, al. *d)*, e art. 5º, nºs 1, als. *d)* e *g)*, primeira parte, do *regime jurídico de acesso e exercício da atividade seguradora e resseguradora*.

ANOTAÇÃO (*Luís Poças*)

I. O presente artigo tem por antecedente legislativo o artigo homónimo do DL 144/2006, que continha idêntica epígrafe. À semelhança da dupla qualidade assumida agora pelas empresas de seguros, também as de resseguros estão, no quadro do RJDSR, sujeitas a deveres enquanto "produtoras" de "produtos de resseguros" (era este o âmbito dos deveres anteriormente estabelecidos no artigo 38º do DL 144/2006) e enquanto distribuidoras dos mesmos.

Neste contexto, a extensão, com as necessárias adaptações, dos deveres elencados em várias alíneas do artigo 37º/1, respeita à qualidade de "produtor" assumida pelo ressegurador. Já a extensão dos demais deveres, quer respeitantes ao artigo 37º/1/4/5, quer àqueles para onde se remete no nº 2 do artigo em análise, respeitam à qualidade de distribuidor.

II. Pode suscitar-se a questão de saber se o ressegurador pode assumir a qualidade de distribuidor de resseguros "produzidos" por outro ressegurador ou até de seguros "produzidos" por empresas de seguros (em que, portanto, o ressegurador em causa não seja parte).

Ora, entre as remissões efetuadas pelo artigo 38º nenhuma é feita para o artigo 37º/2/*e*), que tem por previsão os casos em que o distribuidor «não seja o produtor dos produtos que distribua». Para esses casos, estabelece essa alínea o dever de o segurador-distribuidor adotar uma política de distribuição de produtos de seguros estabelecendo medidas adequadas para obter todas as informações pertinentes sobre o produto de seguro e a respetiva política de conceção e aprovação e compreender as características e o mercado alvo identificado de cada produto de seguro.

Nada parecendo impedir, em tese, que os serviços comerciais do ressegurador pudessem também distribuir seguros ou resseguros alheios, a admissibilidade legal dessa situação implicaria que a razão de ser do dever estabelecido no artigo 37º/2/*e*) fosse extensível também ao ressegurador. Ora, porque o nº 1 do artigo em análise não remete para aquele dever, parece ter o legislador excluído a hipótese de o ressegurador distribuir "produtos" de resseguros ou de seguros alheios.

ARTIGO 39º – Direitos e deveres dos mediadores de seguros a título acessório

O previsto no artigo 23º, nas alíneas *a*) a *j*), *n*) e *q*) a *t*) do nº 1 e nos nºs 2 e 3 do artigo 24º, no artigo 29º, nos nºs 1 e 3 do artigo 30º, nas alíneas *a*), *b*), *e*), *f*), *g*), *h*), *l*) e *m*) do nº 1 e nos nºs 2 a 8 do artigo 31º e nos artigos 32º, 33º e 34º é aplicável, com as devidas adaptações, à atividade de distribuição de seguros por mediadores de seguros a título acessório.

ANOTAÇÃO (*José Vasques*)

I.

II. Não resulta da transposição da Diretiva (UE) 2016/97.

III. Os *direitos e deveres dos mediadores de seguros a título acessório* são estabelecidos por *remissão*, aplicando-lhes, com as devidas adaptações, as disposições relativas aos direitos do *mediador de seguros* (art. 23º), aos deveres gerais do mediador de seguros [art. 24º, nºs 1, als. *a*) a *j*), *n*) e *q*) a *t*), 2 e 3], aos deveres do mediador de seguros para com as empresas de seguros e outros mediadores de seguros (art. 29º), dos deveres do mediador de seguros para com os clientes (art. 30º, nºs 1 e 3), aos deveres de informação em especial [art. 31º, nºs 1, als. *a*), *b*), *e*), *f*), *g*), *h*), *l*) e *m*), e 2 a 8], às condições de informação (art. 32º), ao documento de informação sobre o produto de seguros (art. 33º) e aos deveres do mediador de seguros para com a ASF (art. 34º).

Sobre os *mediadores de seguros a título acessório* v. também, a nossa anotação ao artigo 9º

IV. Disposições relacionadas: além dos mencionados no artigo, arts. 112º, als. *d)* e *h)*, 113º, als. *d), e), g), l), m), n), o), p), q), r), s), t), u), v), w), x), y), aa), dd), ee), ff), gg), hh), ii), kk), ll), yy), zz), ddd), eee), fff), ggg), jjj), ooo), ppp), qqq), rrr)*, e 114º, als. *c), o)* e *p)*.

ANOTAÇÃO (*Luís Poças*)

Como referimos já em comentário ao artigo 36º, o RJDSR adotou como técnica legislativa a de definir detidamente, nos artigos 23º ss., os direitos e deveres dos mediadores de seguros, tomando esta categoria de distribuidor como padrão de referência ou modelo de regulação daquela matéria.

No quadro desta técnica, o artigo 39º – que, em parte, segue o teor do artigo 21º da DDS – especifica, de entre as disposições definidas para os *mediadores de seguros*, quais as aplicáveis, com as devidas adaptações, aos *mediadores de seguros a título acessório*. Em virtude de termos já analisado as citadas disposições, remetemos para os comentários então efetuados.

SUBSECÇÃO II
REQUISITOS ADICIONAIS PARA A ATIVIDADE DE DISTRIBUIÇÃO DE PRODUTOS DE INVESTIMENTO COM BASE EM SEGUROS

ARTIGO 40º - Deveres de informação em especial

1 – O mediador de seguros deve prestar ao cliente ou a potenciais clientes, com antecedência suficiente em relação à celebração do contrato de seguro, todas as informações adequadas, designadamente:

a) Recomendações e avisos sobre os riscos associados aos produtos de investimento com base em seguros ou a determinadas estratégias de investimento propostas;

b) Informação relativa aos custos e encargos associados, designadamente o custo do aconselhamento prestado quando aplicável, o custo do produto de investimento com base em seguros proposto e as formas de pagamento à disposição do cliente, incluindo pagamentos recebidos de terceiros;

c) Quando for prestado aconselhamento, se será entregue ao cliente uma avaliação periódica da adequação do produto de investimento com base em seguros aconselhado, nos termos do disposto no artigo 41º

2 – Para os efeitos da alínea *b*) do número anterior, as informações sobre os custos e encargos, incluindo os associados à distribuição do produto de investimento com base em seguros, que não sejam devidos à ocorrência de um risco de mercado subjacente, devem ser apresentadas de forma agregada de modo a permitir ao cliente conhecer o custo global, bem como o seu efeito cumulativo sobre o retorno do investimento, sem prejuízo de o cliente poder solicitar que os referidos custos e encargos sejam apresentados de forma discriminada.

3 – As informações referidas na alínea *b*) do nº 1 devem ser transmitidas ao cliente, pelo menos, uma vez por ano, durante o ciclo de vida do investimento.

4 – O mediador de seguros deve disponibilizar ao cliente relatórios periódicos sobre o serviço prestado, tendo em conta o tipo e a complexidade dos produtos de investimento com base em seguros envolvidos e a natureza dos serviços prestados, e devem incluir, sempre que aplicável, os custos das transações e serviços executados em nome do cliente.

ANOTAÇÃO (*Francisco Luís F. Ribeiro Alves*)

Tem por base o artigo 29º da Diretiva e deve-se atender ao previsto nos artigos 9º a 19º do Regulamento Delegado 2017/2359, que se aplicam diretamente. Este preceito impõe a obrigação de prestação de informação pré-contratual, sendo que os elementos referidos nas alíneas *a*) e *b*) do nº 1 já a integram, fazendo parte do Documento de Informação Fundamental (DIF), que foi criado pelo Regulamento PRIIPs. Há que ter presente que o conceito de produto de investimento com base em seguros é, no essencial, comum no Regulamento PRIIPs (artigos 2º e 4º/2) e neste regime (artigo 4º/*r*). A alínea *c*) do nº 1 apenas se aplica quando é prestado aconselhamento, no sentido de o cliente ser informado, previamente, se será entregue, ao longo da vigência do contrato, uma avaliação periódica, nos termos do nº 6 do artigo 41º.

Note-se que o distribuidor deve informar previamente o cliente se presta ou não aconselhamento, nos termos do artigo 31º, nº 2, alínea *b*), aplicável também às empresas de seguros, por remissão do artigo 37º, nº 3 deste regime.

O nº 2 é mero complemento da alínea *b*) do nº 1, constando a informação em causa no DIF. Atendendo à obrigação de transmitir essa informação uma vez por ano, nos termos do nº 3, pode ser remetido ao cliente as atualizações dos DIFs. Em alternativa ao envio em papel, consideramos que poderá ser admissível que se disponibilize um link, anualmente, quando o cliente tenha fornecido um e-mail, com um alerta de que deverá consultar a informação atualizada.

Os relatórios periódicos, referidos no nº 4, não são uma novidade, pois já decorriam do Regulamento nº 2/2012 da CMVM, entretanto parcialmente revogado pelos artigos 18º e 20º do Regulamento da CMVM nº 8/2018. De notar que, a competência de supervisão destes produtos cabe agora à ASF, nos termos do artigo 2º, alínea *c*), do anexo II da Lei nº 35/2018, de 20 de julho. Estes relatórios são, pelo menos, anuais, nos termos do artigo 18º, nº 3, do Regulamento Delegado 2017/2359. O seu nº 1 refere também que o mediador de seguros, ou a empresa de seguros, devem fornecer ao cliente um relatório periódico, num suporte duradouro, sobre os serviços prestados e as transações efetuadas em seu nome. O nº 2 deste artigo 18º dispõe ainda que deve ser apresentada uma análise imparcial e equilibrada dos serviços prestados e das transações efetuadas em nome do cliente durante o período de relato e incluir, se for caso disso, os custos totais associados a esses serviços e transações, bem como o valor de cada um dos ativos de investimento subjacentes.

ANOTAÇÃO (*Francisco Rodrigues Rocha*)

I. Preceito novo.

II. Nos artigos 40º e ss. dispôs o legislador requisitos *adicionais* para a distribuição de produtos de investimento com base em seguros (PIBS). Adicionais (epígrafe da subsecção II) porque acrescem sobretudo aos gerais que os antecedem (artigos 23º-39º).

Os PIBS são, para efeito deste diploma, produtos de seguros que oferecem prazos de vencimento ou valores de resgate, sempre que estes se encontrem total ou parcialmente expostos de forma directa ou indirecta a flutuações de mercado, com exclusão de: *i*) produtos de seguros dos ramos não-vida; *ii*) produtos de seguro do ramo vida, cujas prestações contratualmente previstas sejam exclusivamente pagas por morte ou incapacidade causada por acidente, doença ou invalidez; *iii*) produtos de pensões, que sirvam a proporcionar ao investidor um rendimento na reforma e lhe confiram o direito a perceber determinadas prestações; *iv*) produtos de pensões profissionais oficialmente reconhecidos; e *v*) produtos individuais de pensões de reforma, em relação aos quais se exija uma contribuição do empregador e não possa o empregado escolher o produto nem o prestador (artigo 4º *r*) do RJDSR, na senda do 2º/17 da DDS que segue a definição introduzida no artigo 2º/12 da DMS pelo artigo 91º da DMIF 2).

O nº 1, seguindo os dizeres do artigo 29º/1 da DDS, aplica-se tanto a "clientes" como a "potenciais clientes" (cf. também os artigos 2º/1 *c*) e *d*) "potenciais tomadores" e "potenciais tomadores de seguros ou de resseguros", 30º/1 "clientes ou potenciais clientes", 41º/1 e 2 "cliente ou potencial cliente", 42º/1-4 *idem*, 114º/1 *f*), *i*) e *k*) *idem*). Trata-se pela referência temporal do nº 1 ("com antecedência suficiente em relação à celebração do contrato") de informações pré-contratuais. Elas são, porém, estendidas ao período de vigência do contrato (cf. os nºs 3 e 4). O legislador não especifica aquilo em relação ao qual é apurada a suficiência da antecedência das informações. Julgamos, porém, que a bitola da suficiência será o tempo de que o cliente necessite para estar devidamente informado em relação ao produto de seguro em questão.

O elenco do nº 1 estabelece uma tipicidade exemplificativa. Importante é que o mediador de seguros preste *todas* as informações adequadas (ainda que não estabeleça no nº 1 por referência ao quê: vd. porém o nº 1 do artigo 41º).

A al. *a*) obriga a que o mediador de seguros mais do que informe transmita ao cliente recomendações e avisos sobre os riscos associados aos PIBS ou a determinadas estratégias de investimento propostas. A ideia base é a de que o mediador alerte o cliente para os perigos ou riscos associados aos PIBS, de maneira a que este tome a sua decisão ciente dos mesmos, evitando situações conhecidas do passado recente em relação a este tipo de produtos.

Pela al. *b*) manifesta-se outro desiderato normativo em relação aos PIBS: que o cliente conheça *todos* os custos e encargos associados. A tónica na palavra *todos*, que, apesar de omissa da versão portuguesa da al. *c*) do nº 1 do artigo 29º da DDS, não o está nas das demais línguas que consultámos (cf. a redacção alemã da DDS "sämtliche

Kosten und verbundene Gebühren", francesa "tous les coûts et frais liés", a inglesa "all costs and related charges", a italiana "tutti i costi e gli oneri relativi", a castelhana "todos los costes y gastos", a holandesa "alle kosten en bijbehorende lasten"), é relevante. Pretende-se que o cliente não seja *a posteriori* confrontado com uma situação em que o produto tenha a final rendido consideravelmente menos do que o esperado devido à combinação de custos e encargos, muitas vezes de cálculo complexo, incompreensíveis ou escondidos, e com que por isso não contava (cf. o ponto 3.6.1 do parecer do CESE). Este desiderato bem se manifesta no nº 2, que impõe a apresentação da informação sobre tais custos e encargos *de forma agregada* (seguindo-se a sua explicação, talvez dispensável num enunciado normativo: "de modo a permitir ao cliente conhecer o custo global") bem como o seu – entenda-se: de tais custos e encargos – *efeito* sobre o retorno do investimento. A derrogação desta "forma de apresentação" da informação só pode ser feita se o cliente a solicitar de forma discriminada. A circunstância de o legislador não ter optado pela cláusula de estilo mais frequente ("sem prejuízo de convenção em contrário", "salvo convenção em contrário" ou análoga) levam-nos a crer dever esta solicitação constar, pelo menos, de documento autónomo em relação ao contrato. O elenco de tipos de custos e encargos associados que se segue a "designadamente" na al. *b*) do nº 1 é meramente exemplificativo: custo do aconselhamento prestado, custo do PIBS proposto, formas de pagamento à disposição do cliente, incluindo pagamentos recebidos de terceiros. Esta obrigação de informar não se esgota na fase precontratual, manifestando-se ao invés "durante o ciclo de vida do investimento", para usar a expressão "biológica" (tendo presente o sentido etimológico do termo) do artigo 40º/3 do RJDSR na esteira do 29º/1, § 2º da DDS, pelo menos uma vez por ano.

Pelo nº 4 do artigo sob anotação o mediador tem o *dever de disponibilizar* ao cliente, em suporte duradouro, *relatórios periódicos* sobre o serviço prestado, com uma análise imparcial e equilibrada, que devem incluir os custos das transacções e serviços executados em nome do cliente, e, havendo-os, os custos totais associados e o valor de cada um dos activos de investimento subjacentes (cf. tb. o artigo 18º/1 do citado Regulamento Delegado 2017/2359). A 2ª parte do nº 4 apresenta uma redacção, digamos, que pode soar estranha. A primeira parte até "natureza dos serviços prestados" compreende-se: o mediador deve disponibilizar ao cliente *relatórios periódicos* sobre o serviço prestado – portanto, já após a celebração do contrato. Mas o sujeito de "devem incluir" mal se compreende: para ser omitido é em princípio porque é o mesmo da anterior oração, o que rapidamente se constata não ser o caso pois é-o "[o] mediador de seguros" e este está no singular. Isto significa que o sujeito tem de ser "relatórios periódicos", o que é estranho porque, quando há alteração do sujeito numa oração subsequente, ele normalmente não é omitido; por outro lado, pode também parecer ao leitor que o "devem incluir" é forma mais tipicamente usada para sujeitos pessoas, não relatórios.

A al. *c*) do nº 1 obriga o mediador a informar se será entregue ao cliente uma avaliação periódica da adequação do PIBS aconselhado, para o que remete para o artigo 41º onde é tal matéria regulada.

ANOTAÇÃO (*João Pinto Monteiro*)

Estão em causa os deveres de informação a cargo do mediador de seguros no âmbito da distribuição de *produtos de investimento com base em seguros*. Nestas situações tais deveres são preenchidos por um conteúdo próprio, que responde a problemas específicos.

A venda de produtos de investimento com base em seguros pode ser acompanhada de aconselhamento e avaliação da adequação do produto. Nesse caso, acrescerão aos deveres do mediador os requisitos do artigo 41º. Caso contrário – venda sem aconselhamento –, será de aplicar o artigo 42º.

As informações que o mediador deve prestar ao cliente na venda de produtos de investimento com base em seguros são delineadas de forma particularmente generosa – "*todas as informações adequadas*" –, e devem ser prestadas sempre com "*antecedência suficiente em relação à celebração do contrato de seguro*" (nº 1).

Para concretizar aquele conceito de adequação informativa é previsto um elenco não taxativo do que se entende adequado, que inclui recomendações e avisos por parte do mediador ao cliente sobre os "*riscos associados aos produtos de investimento com base em seguros*" ou a determinadas estratégias de investimento propostas (al. *a*) do nº 1) – com a periodicidade fixada no nº 3; e informações relativas aos custos e encargos associados (al. *b*) do nº 1), a prestar nos termos do nº 2.

Ademais, o legislador, antecipando-se à norma seguinte, preceitua que se o mediador prestar aconselhamento na venda destes produtos, este deverá ser actualizado (al. *c*) do nº 1); actualização esta que abrangerá relatórios que o mediador de seguros deve disponibilizar ao cliente, nos termos do nº 4, e que incluirão, "*sempre que aplicável, os custos das transações e serviços executados em nome do cliente*".

ANOTAÇÃO (*José Vasques*)

I.

II. Cfr. arts. 29º e 30º da Diretiva (UE) 2016/97, Regulamento (EU nº 1286/2014 do Parlamento Europeu e do Conselho de 26 de novembro de 2014, sobre os documentos de informação fundamental para pacotes de produtos de investimento de retalho e de produtos de investimento com base em seguros (PRIIPs), Regulamento Delegado (UE) nº 2017/653 da Comissão, de 8 de março de 2017 que complementa o Regulamento (UE) nº 1286/2014 do Parlamento Europeu e do Conselho sobre os documentos de informação fundamental para pacotes de produtos de investimento de retalho e de produtos de investimento com base em seguros (PRIIP), estabelecendo normas técnicas de regulamentação no que diz respeito à apresentação, ao conteúdo, ao reexame e à revisão dos documentos de informação fundamental, bem como às condições para o cumprimento do requisito de fornecer esses documentos, e Regulamento Delegado (UE) nº 2017/2359 da Comissão, de 21 de setembro de 2017, que complementa a Diretiva (UE) 2016/97 do Parlamento Europeu e do Conselho no que diz respeito aos requisitos em matéria de informação e às normas de conduta aplicáveis à distribuição de produtos de investimento com base em seguros.

III. Esta subsecção (arts. 40º a 45º) estabelece requisitos adicionais a observar pelos *mediadores de seguros* na atividade de distribuição de *produtos de investimento com base em seguros*, sendo esses requisitos igualmente aplicáveis às *empresas de seguros* (art. 47º); aqueles requisitos materializam-se fundamentalmente em deveres de informação (arts. 40º a 42º, e 43º, nºs 4 e 5) e nas condições em que devem ser prestadas essas informações (art. 45º), na adoção de políticas de prevenção, comunicação e tratamento de conflitos de interesses (art. 43º) e na fixação das condições em que podem ser efetuados pelos distribuidores daqueles produtos pagamentos a ou recebimentos de terceiros (art. 44º).

Além desta subsecção, o diploma refere-se também aos *produtos de investimento com base em seguros* nos arts. 4º, als. *d)*, subal. *iv)*, e *r)*, 30º, nº 2, 37º, nº 6 (disposição aparentemente redundante face ao art. 46º), e, direta ou indiretamente, no artigo 114º, nºs 1, alíneas *d) a n)*, e 2, bem como no anexo.

O conceito de *produto de investimento com base em seguros* foi enunciado pelo artigo 4º, alínea 2), do Regulamento (EU) nº 1286/2014, sobre os documentos de informação fundamental para pacotes de produtos de investimento de retalho e de produtos de investimento com base em seguros (PRIIPs), em termos substancialmente idênticos aos do artigo 4º, alínea *r)*, do diploma sob anotação:

Art. 4º, al. 2) do Regulamento (EU) nº 1286/2014	Art. 4º, al. *r)*, do diploma sob anotação
«Produto de investimento com base em seguros», um produto de seguros que oferece um valor de vencimento ou resgate total ou parcialmente exposto, direta ou indiretamente, às flutuações do mercado;	*«Produto de investimento com base em seguros», um produto de seguros que oferece um prazo de vencimento ou valor de resgate, sempre que esse prazo de vencimento ou esse valor de resgate se encontre total ou parcialmente exposto, de forma direta ou indireta, a flutuações de mercado [...]*

A definição do artigo 4º, alínea *r)*, é complementada pela enunciação dos produtos não incluídos nesse conceito; mas a diferença, no entanto, é mais aparente que real, uma vez que o Regulamento (EU) nº 1286/2014, utilizando uma técnica diferente, excluía do seu âmbito de aplicação os mesmos produtos que a definição da Diretiva (UE) 2016/97 enuncia como nela não incluídos:

a) produtos de seguro dos ramos Não-vida constantes do artigo 8º do *regime jurídico de acesso e exercício da atividade seguradora e resseguradora* – artigo 2º, nº 2, alínea *a)*, do Regulamento (EU) nº 1286/2014, que determina a sua não aplicação aos *produtos de seguros não vida enumerados no Anexo I da Diretiva 2009/138/CE*;

b) produtos de seguro do ramo Vida em que as prestações previstas no contrato são exclusivamente pagas por morte ou incapacidade causada por acidente, doença ou invalidez – artigo 2º, nº 2, alínea *b)*, do Regulamento (UE) nº 1286/2014, que excluía do seu âmbito de aplicação os *contratos de seguros de vida em que as prestações previstas no contrato sejam exclusivamente pagas por morte ou incapacidade causada por acidente, doença ou invalidez*;

c) produtos de pensões que têm como objetivo principal proporcionar ao investidor um rendimento na reforma e que conferem ao investidor o direito a receber determinadas prestações – artigo 2º, nº 2, alínea *e)*, do Regulamento (UE) nº 1286/2014, de que resulta a não aplicação aos *produtos de pensões que, ao abrigo do direito nacional, são reconhecidos como tendo por principal objetivo proporcionar aos investidores um rendimento na reforma e que lhes conferem o direito de receber determinadas prestações*;

d) produtos de pensões profissionais oficialmente reconhecidos, abrangidos pelo âmbito da Diretiva nº 2003/41/CE, do Parlamento Europeu e do Conselho, de 3 de junho de 2003, ou da Diretiva nº 2009/138/CE, do Parlamento Europeu e do Conselho, de 25 de novembro de 2009 – artigo 2º, nº 2, al. *f)*, do Regulamento (UE) nº 1286/2014, não aplicável aos planos de pensões profissionais oficialmente reconhecidos abrangidos pelo âmbito de aplicação da Diretiva 2003/41/CE do Parlamento Europeu e do Conselho ou da Diretiva 2009/138/CE; nem

e) produtos individuais de pensões de reforma relativamente aos quais se exige uma contribuição do empregador e o empregado não pode escolher nem o produto nem o prestador – artigo 2º, nº 2, alínea *g)*, do Regulamento (UE) nº 1286/2014, quando se refere aos *produtos de pensões individuais relativamente aos quais o direito nacional exija uma contribuição financeira da entidade patronal e em que a entidade patronal ou o empregado não possam escolher o produto nem o prestador.*

Melhor esclarecimento se obtém, no entanto, do *regime jurídico dos pacotes de produtos de investimento de retalho e de produtos de investimento com base em seguros*, o qual, quando define [art. 2º, al. *c)*] as autoridades competentes para a supervisão do cumprimento dos deveres impostos por esse regime, bem como pelo Regulamento (UE) nº 1286/2014, e ainda para o processamento dos ilícitos de mera ordenação social, a aplicação de coimas e sanções acessórias e para a aplicação de medidas administrativas, determina que as competências da ASF são relativas a:

a) operações e contratos de seguros ligados a fundos de investimento (*unit-linked*), que incluem os seguro de vida em caso de morte, em caso de vida, misto e em caso de vida com contrasseguro, e as rendas, quando ligados a um fundo de investimento [art. 8º, al. *c)*, do *regime jurídico de acesso e exercício da atividade seguradora e resseguradora*], e as *operações de capitalização ligadas a fundos de investimento*, que abrangem as operações de poupança, baseada numa técnica atuarial, que se traduza na assunção de compromissos determinados quanto à sua duração e ao seu montante, como contrapartida de uma prestação única ou de prestações periódicas previamente fixadas, e expressas em unidades de conta [arts. 8º, al. *d)*, do *regime jurídico de acesso e exercício da atividade seguradora e resseguradora*, e 208º, nº 2, do *regime jurídico do contrato de seguro*];

b) operações e aos produtos de seguro de vida com participação nos resultados financeiros, excluindo a participação nos resultados estritamente relativos à gestão dos riscos biométricos ou à gestão não financeira da empresa de seguros, bem como outros produtos de seguro de vida, com exceção daqueles em que as prestações previstas no contrato são exclusivamente pagas por morte ou incapacidade causada por acidente, doença ou invalidez; e

c) produtos semelhantes aos previstos nas alíneas anteriores e que não se encontrem excluídos do âmbito de aplicação do Regulamento (UE) nº 1286/2014.

A utilização do substantivo *produto* tem vindo a generalizar-se, mas afigura-se pouco preciso, uma vez que, em rigor, os seguros (e as *operações de capitalização*) são *serviços* e não *produtos*, na medida em que as noções de *produção* e de *produto* estão ligadas aos bens materiais e não aos bens imateriais ou *serviços*; a extensão do conceito de *produto* aos *serviços* e aos *serviços financeiros* em especial parece ficar a dever-se à estratégia de criar uma referência materializada; não legitima a utilização da expressão *produtos de seguros* o facto de, a coberto da sua neutralidade, com ele se pretenderem referir os *seguros ligados a fundos de investimento* e as *operações de capitalização ligadas a fundos de investimento*, dado que as referidas *operações* não são qualificáveis como *seguros* (isto é, nem são *produtos* nem são *seguros*), pese embora a definição de *contrato de seguro* adotada pelo *regime jurídico da distribuição de seguros e de resseguros*: *«Contrato de seguro» os contratos de seguro e as operações de capitalização celebrado por empresas de seguros autorizadas a operar no território português* [art. 4º, al. *u)*].

Sobre a inclusão das *operações de capitalização* no âmbito do ramo Vida v., também, a nossa anotação ao artigo 10º

As *informações adequadas*, previstas no nº 1, devem ser fornecidas com o formato e conteúdo previstos no Regulamento (UE) nº 1286/2014 e no Regulamento Delegado (UE) nº 2017/653.

Sob a designação genérica de *informações adequadas*, o artigo sob anotação refere-se a realidades distintas (nº 1):

recomendações e avisos	informação relativa aos custos e encargos	avaliação periódica da adequação do produto
recomendações e avisos sobre os riscos associados aos produtos de investimento com base em seguros ou a determinadas estratégias de investimento propostas	informação relativa aos custos e encargos associados, designadamente o custo do aconselhamento prestado quando aplicável, o custo do produto de investimento com base em seguros proposto e as formas de pagamento à disposição do cliente, incluindo pagamentos recebidos de terceiros	[quando for prestado aconselhamento] informação sobre se será entregue ao cliente uma avaliação periódica da adequação do produto de investimento com base em seguros aconselhado

Estas *informações adequadas*, que têm a natureza de *informação pré-contratual*, devem ser fornecidas ao cliente com antecedência suficiente em relação à celebração do contrato de seguro (nº 1, proémio) e distinguem-se da informação, que deve ser disponibilizada durante a vigência do contrato, contida nos relatórios periódicos sobre o serviço prestado, tendo em conta o tipo e a complexidade dos *produtos de investimento com base em seguros* envolvidos e a natureza dos serviços prestados (nº 4).

As *informações sobre os custos e encargos*, incluindo os associados à distribuição do produto de investimento com base em seguros, além de serem fornecidas antes da celebração do contrato [nº 1, al. *b)*], devem também ser apresentadas, pelo menos uma vez por ano, durante o ciclo de vida do investimento (nº 3), de forma agregada de modo a permitir ao cliente conhecer o custo global, bem como o seu efeito cumulativo sobre o retorno do investimento (nº 2).

Sem prejuízo dessas informações, as relativas aos custos e encargos em que o cliente possa incorrer devido à ocorrência de um risco de mercado subjacente, em resultado de estes produtos de seguros terem associados outros instrumentos de cuja evolução depende, total ou parcialmente, a sua rendibilidade, sendo o risco do investimento assumido, ainda que só em parte, pelo cliente (art. 206º, nº 1, parte final, do *regime jurídico do contrato de seguro*), e que incluem, designadamente, a evolução do valor de referência e a composição da carteira de investimentos, devem ser prestadas ao cliente com a regularidade e a periodicidade que sejam fixadas na apólice [art. 206º, nº 3, als. *c)* e *d)*, do *regime jurídico do contrato de seguro*].

Além, das informações a que vem de aludir-se, o *mediador de seguros* deve ainda disponibilizar ao cliente relatórios periódicos sobre o serviço prestado, tendo em conta o tipo e a complexidade dos *produtos de investimento com base em seguros* envolvidos e a natureza dos serviços prestados, os quais devem incluir, sempre que aplicável, os custos das transações e serviços executados em nome do cliente (nº 4).

O incumprimento pelas *empresas de seguros* ou *mediadores de seguros* do dever de prestar ao cliente todas as informações adequadas em relação ao *produto de investimento com base em seguros* (nºs 1 e 3) ou do dever de disponibilizar ao cliente relatórios periódicos sobre os serviços prestados (º 4), constituem contraordenações muito graves [art. 114º, nº 1, als. *e)* e *f)*].

IV. Disposições relacionadas: arts. 4º, als. *d)*, *r)* e *u)*, 10º, 30º, nº 2, 37º, nº 6, 40º a 47º e 114º, nº 1, als. *d)* a *n)*, arts. 8º, als. *c)* e *d)*, do *regime jurídico de acesso e exercício da atividade seguradora e resseguradora*, e arts. 206º, nºs 1, parte final, e 3, als. *c)* e *d)*, 208º, nº 2, do *regime jurídico do contrato de seguro.*

ANOTAÇÃO *(Paulo Câmara)*

1. Fontes
2. Os produtos de investimento com base em seguros
3. Deveres jurídicos na distribuição e deveres de gestão dos produtos
4. Deveres informativos gerais e deveres informativos especiais relativos aos produtos de investimento com base em seguros
5. Recomendações genéricas e aconselhamento
6. Informação sobre custos
7. Relatórios de avaliação periódica de adequação
8. O relatório periódico sobre o serviço prestado

1. A Subseção II da Seção I do Capítulo III da LDS é dedicada aos produtos de investimento com base em seguros, ocupando os Artigos 40º a 46º da Lei. De acordo com a estrutura de multi-estratificação de fontes subjacente à regulação financeira europeia atual, na interpretação e aplicação destes dispositivos devemos igualmente ter presentes as regras de nível 2 e as orientações de nível 3. As primeiras são fontes legislativas europeias, sob a forma de regulamentos delegados ou regulamentos de execução, ao passo que as recomendações da Autoridade Europeia sobre Seguros e Fundos de Pensões (EIOPA) constituem tão-só os destinatários no dever de promover os melhores esforços no sentido do seu cumprimento, como decorre do Artigo 16º, nº 3 do Regulamento (UE) 1094/2010 do Parlamento Europeu e do Conselho, de 24 de novembro de 2010.

Retenha-se, assim, que o regime dos produtos de investimento com base em seguros decorre da transposição dos Artigos 26º-30º DDS. Em termos de regras de nível 2, o acervo normativo é complementado através do Regulamento Delegado (UE) 2017/2359 da Comissão, de 21 de setembro de 2017 e do Regulamento (UE) 1286/2014 do Parlamento Europeu e do Conselho, de 26 de novembro de 2014 (PRIIPs). No plano das fontes de nível 3, deve ter-se em consideração as Orientações da EIOPA sobre produtos de investimento com base em seguros complexos (EIOPA-17/65, de 4 de outubro de 2017) e as respostas ao Q&A sobre estes produtos disponível no sítio Internet da EIOPA, e atualizadas periodicamente. Por fim, a atenção deve ser prestada ainda ao Parecer Técnico da EIOPA ao desenvolvimento de nível 2 à DDS (EIOPA-17/48, de 1 de fevereiro de 2017) e ainda a orientações avulsas da EIOPA, como sucede com o Q&A sobre o alerta a incluir no documento de informação fundamental (Key Information Document: KID) relativo a estes produtos (EIOPA-BoS-17/375, de 19 de dezembro de 2017) e a opinião sobre benefícios (EIOPA-BoS 17/295, de 11 de dezembro de 2017).

2. Os produtos de investimento com base em seguros (*insurance-based Investment products* ou IBIPs) constituem uma figura relativamente recente do direito segurador. A sua regulação consta não apenas da DDS, LDS e fontes complementares, mas também do regime jurídico dos PRIIPS, tratado no Regulamento (UE) 1286/2014 do Parlamento Europeu e do Conselho, de 26 de novembro de 2014, e fontes normativas complementares.

A autonomização desta categoria de produtos seguradores significa o reconhecimento legislativo da proximidade ou equivalência funcional de alguns produtos seguradores com os instrumentos financeiros tratados na Diretiva europeia relativa à intermediação em instrumentos financeiros (Diretiva 2014/65/EU, do Parlamento Europeu e do Conselho, de 15 de maio de 2014, conhecida por DMIF II) e, entre nós, no Código de Valores Mobiliários. Esta proximidade ou equivalência funcional determinou uma aproximação legislativa – não total, mas parcial – entre o regime segurador e o direito dos valores mobiliários.

O reflexo mais tangível desta aproximação legislativa cifra-se em que muitos dos quadros jurídicos do regime dos IBIPs são importados da DMIF II, embora sofram adaptações (como se demonstra nomeadamente no regime dos deveres de adequação e dos benefícios: Artigos 41º-42º e 44º LDS).

O conceito de produto de investimento com base em seguro encontra-se delimitado no Artigo 4º r) LDS através de uma técnica mista, que combina uma delimitação positiva e uma delimitação negativa. Quanto à primeira, em termos estruturais os IBIPs são caracterizados como produtos de seguros que oferecem um prazo de vencimento ou valor de resgate, sempre que esse prazo de vencimento ou esse valor de resgate se encontre total ou parcialmente exposto, de forma direta ou indireta, a flutuações de mercado. Por seu turno, no plano da delimitação negativa, são excluídos desta categoria os seguintes produtos:

i) «Produtos de seguro dos ramos Não Vida», constantes do artigo 8º do regime jurídico de acesso e exercício da atividade seguradora e resseguradora;

ii) «Produtos de seguro do ramo Vida», em que as prestações previstas no contrato são exclusivamente pagas por morte ou incapacidade causada por acidente, doença ou invalidez;

iii) «Produtos de pensões, que têm como objetivo principal proporcionar ao investidor um rendimento na reforma e que conferem ao investidor o direito a receber determinadas prestações;

iv) «Produtos de pensões profissionais oficialmente reconhecidos», abrangidos pelo âmbito da Diretiva 2003/41/CE do Parlamento Europeu e do Conselho, de 3 de junho de 2003, ou da Diretiva 2009/138/CE do Parlamento Europeu e do Conselho, de 25 de novembro de 2009;

v) «Produtos individuais de pensões de reforma», relativamente aos quais se exige uma contribuição do empregador e o empregado não pode escolher nem o produto nem o prestador.

A partir desta delimitação, pode inferir-se que os produtos de investimento com base em seguros são formalmente seguros do ramo Vida, mas substancialmente consubstanciam produtos direcionados para o aproveitamento de oportunidades de investimento. Com efeito, estes produtos envolvem atribuições patrimoniais dos clientes às seguradoras para investimento em ativos por estas selecionados em vista do recebimento de frutos futuros. Sucede que, em caso de depreciação dos ativos investidos, os mencionados produtos implicam a possibilidade de perdas relativamente ao valor inicialmente investido. É revelador que no recorte conceitual destes produtos não se estabeleça uma exigência mínima de imputação à cobertura do risco Vida. Por seu turno, estes produtos distinguem-se dos valores mobiliários por não assentarem em documentos transmissíveis em mercado (Artigo 1º CVM). Como consequência, o investimento nestes produtos não beneficia da proteção assegurada pelo Sistema de Indemnização aos Investidores (DL 222/99, de 22 de junho).

A lei resiste à apresentação de uma tipologia exemplificativa destes produtos, para que a mesma não se desatualize rapidamente. Ainda assim, como exemplos de produtos de investimento com base em seguros podemos indicar os seguros unit-linked, os seguros equity-linked, os seguros de capitalização, os PPR com base em seguros e os fundos de pensões que não se subsumam ao elenco aqui descrito do Artigo 4º r) LDS.

3. As fontes aqui consideradas apenas cuidam dos deveres jurídicos na distribuição destes produtos e não dos deveres de gestão diligente dos mesmos por parte dos respetivos produtores, nomeadamente na seleção e avaliação de ativos investidos. Disso se encarregam as regras prudenciais vigentes – recordando-se nomeadamente o Artigo 132º da Diretiva Solvência II e a Orientações da EIOPA sobre Sistema de Governação (nº 32) – devidamente complementadas através das regras sobre governação de produtos (Artigo 153º, nºs 2 e 3 LAASR e Regulamento Delegado (UE) 2017/2358 da Comissão, de 21 de setembro de 2017). A atuação das autoridades de supervisão na fiscalização do cumprimento destas regras assume relevo decisivo.

4. O Artigo 40º LDS estabelece um núcleo adicional de deveres de informação a prestar pelo mediador, seja em termos pré-contratuais (nºs 1 e 2), seja para vigorarem ao longo da execução do contrato (nºs 3 e 4). Neste último caso, a informação dirige-se a clientes; a informação pré-contratual, por seu turno, é transmitida quer a clientes quer a potenciais clientes.

Os deveres de informação fixados no Artigo 40º são especiais, por se dirigirem apenas aos produtos de investimento com base em seguros.

São ainda aplicáveis aos produtos de investimento com base em seguros os deveres de informação relativos aos PRIIPS, decorrentes do Regulamento (UE) 1286/2014, do Regulamento Delegado UE 2017/653 (antecedência do KID) e da Lei nº 35/2018. A rígida matriz informativa dos PRIIPS conduz a concluir não ser aplicáveis a estes produtos as regras em matéria de formato da informação sobre seguros estabelecidas no Artigo 33º LDS e no Regulamento de Execução (UE) 2017/1469, de 11 de agosto de 2017.

5. A informação pré-contratual a prestar inclui recomendações e avisos sobre riscos associados (Artigo 40º, 1 a)). Importa por isso distinguir entre, de um lado, esta informação e, de outro lado, o aconselhamento prestado ao abrigo do Artigo 41º LDS. As recomendações e avisos sobre riscos correspondem a informação genérica e não têm em atenção a situação particular do cliente: por esse motivo tal obrigação de prestação de informação deve ser cumprida, mesmo que não haja aconselhamento. Ao invés, o aconselhamento regulado no Artigo 41º LDS pode ou não ser prestado consoante o que for contratado com o cliente; em todo o caso, deve ter em atenção a situação particular de cada cliente a quem este serviço é prestado, incluindo a sua situação financeira e os objetivos de investimento (Artigo 41º, nº 2 b) e c)). Tal extrai-se com meridiana clareza do conceito de aconselhamento definido no Artigo 4º q) LDS, que nos remete para uma recomendação "pessoal".

6. Os custos e encargos podem afetar decisivamente a rendibilidade dos produtos de investimento com base em seguros, pelo que são um elemento importante nas escolhas dos clientes e nomeadamente na comparação de produtos semelhantes. Por esse motivo, a lei obriga a prestar informação pré-contratual sobre custos e encargos, o que deve incluir: o custo do produto de investimento com base em seguros proposto; as formas de pagamento à disposição do cliente; os pagamentos recebidos de terceiros; custo do aconselhamento prestado (quando aplicável) e outros custos e encargos associados à distribuição do produto de investimento com base em seguros, que não sejam devidos à ocorrência de um risco de mercado subjacente (Artigo 40º, nº 2).

As informações devem ser apresentadas de forma agregada de modo a permitir ao cliente conhecer o custo global, bem como o seu efeito cumulativo sobre o retorno do investimento. Admite-se, porém, que o cliente possa, pontual ou sistematicamente, solicitar que os referidos custos e encargos sejam apresentados de forma discriminada (Artigo 40º, nº 2) – o que consubstancia um modelo de *unbundling* facultativo.

Estas informações sobre custos e encargos devem ser atualizadas pelo menos uma vez por ano, durante o ciclo de vida do produto de investimento (Artigo 40º, nº 3 LDS e Artigo 29º, nº 1 DDS).

7. A lei obriga ainda a informar sobre a periodicidade dos relatórios de avaliação periódica de adequação durante a vigência do contrato. Estes relatórios periódicos não são obrigatórios (no que se diferenciam dos relatórios do serviço tratados no nº 4 do mesmo Artigo 40º LDS), mas se o mediador informar que irá prestar adequação periódica, deve cumprir a sua obrigação contratualmente assumida.

8. A LDS impõe, por fim, a que o mediador disponibilize um relatório periódico sobre o serviço prestado (Artigo 40º, nº 5). A razão deste dever informativo prende-se com a circunstância de o valor do produto de investimento com base em seguros variar em regra sensivelmente ao longo do tempo do contrato.

O Artigo 18º do Regulamento Delegado 2017/2359 impõe uma periodicidade mínima anual na prestação desta informação, mas não firma deveres de informação imediatos ao cliente em caso de desvalorizações significativas do produto.

ANOTAÇÃO (*Pedro Romano Martinez*)

Diferentemente do disposto na subsecção anterior, os artigos 40º e seguintes referem-se a requisitos adicionais relativos ao dever geral de informação, porquanto se exige mais e melhor informação quando está em causa a distribuição de seguros qualificados como produtos de investimento.

Para além dos deveres gerais de informação e de atuação segundo parâmetros de boa fé na distribuição da generalidade dos contratos de seguro, nomeadamente nos artigos 29º e seguintes, sendo o seguro qualificado como produto de investimento acrescem deveres de informação, identificados como especiais. Esta maior exigência – no âmbito da interligação entre produtos bancários e de seguros – deve-se às especificidades e complexidade destes regimes contratuais.

Não sendo exclusivo desta subsecção, o legislador nacional, por influência da diretiva transposta, recorre a termos sem a adequada conotação jurídica no âmbito dos seguros. Sem carácter exaustivo, veja-se a utilização de "produto de investimento", "venda" ou "tolerância ao risco".

ARTIGO 41º – Venda com aconselhamento e avaliação da adequação

1 – Sem prejuízo do disposto nos atos delegados, normas técnicas de regulamentação ou de execução da Comissão Europeia em desenvolvimento da Diretiva (UE) 2016/97 do Parlamento Europeu e do Conselho, de 20 de janeiro de 2016, quando preste aconselhamento, o mediador de seguros deve assegurar que o produto de investimento com base em seguros aconselhado é o mais adequado às preferências, aos objetivos, ao nível de tolerância ao risco e à capacidade do cliente ou potencial cliente para suportar perdas.

2 – Por forma a avaliar a adequação do produto de investimento com base em seguros nos termos do número anterior, o mediador de seguros deve solicitar ao cliente ou potencial cliente:

a) Informações sobre os seus conhecimentos e experiência em matéria de investimento relevantes para o tipo específico de produto ou serviço em questão;

b) Informações sobre a sua situação financeira, designadamente a capacidade para suportar perdas; e

c) Objetivos de investimento, designadamente o seu nível de tolerância ao risco.

3 – O mediador de seguros deve fornecer ao cliente, antes da celebração do contrato, uma declaração de adequação, que especifique o aconselhamento prestado e o modo como este respeita às preferências, objetivos e outras características do cliente.

4 – Caso o contrato seja celebrado utilizando um meio de comunicação à distância que não permita o envio da declaração de adequação antes da vinculação do cliente, o mediador de seguros pode:

a) Em caso de consentimento expresso do cliente, entregar a declaração de adequação após a celebração do contrato, sem demora injustificada; ou

b) Acordar com o cliente o adiamento da celebração do contrato, a fim de este receber a declaração de adequação com antecedência.

5 – Nas situações em que um produto de investimento com base em seguros seja distribuído em conjunto com outros produtos, nos termos do previsto no artigo 26º, o mediador de seguros deve avaliar a adequação global dos produtos.

6 – Caso o mediador de seguros tenha informado, nos termos da alínea *c*) do nº 1 do artigo anterior, que entregaria ao cliente uma avaliação periódica da adequação do produto de investimento com base em seguros aconselhado, deve emitir uma declaração atualizada sobre o modo como esse produto corresponde às preferências, objetivos e outras características do cliente, a qual deve integrar o relatório previsto no nº 4 do artigo anterior.

ANOTAÇÃO (*Francisco Luís F. Ribeiro Alves*)

Tem por base os artigos 29º e 30º da Diretiva e deve-se atender aos artigos 9º a 14º do Regulamento Delegado 2017/2359, que se aplicam diretamente.

Sendo o aconselhamento uma recomendação pessoal, o distribuidor tem obrigações acrescidas. O artigo 31º, nº 2, alínea *c*), obriga o mediador a informar se baseia ou não o aconselhamento prestado numa análise imparcial e pessoal, nos termos do nº 5 do mesmo artigo, ou seja, a prestar o aconselhamento num número suficientemente elevado e diversificado, quanto ao distribuidor e ao tipo de contratos de seguro disponíveis no mercado que lhe permita fazer uma recomendação, de acordo com critérios profissionais, quanto ao contrato de seguro mais adequado às necessidades do cliente, não se limitando aos contratos de seguro de um distribuidor com quem o mediador de seguros tenha relações estreitas. Assim, poderemos ter um aconselhamento simples ou um aconselhamento numa base comparativa.

Corresponde à forma de venda mais exigente, já que o mediador de seguros deve assegurar que o produto de investimento com base em seguros, aconselhado, é o mais adequado em função de um conjunto de elementos mais vasto. Enquanto na venda sem aconselhamento apenas se aferem os conhecimentos e experiência para determinar se o produto é apropriado ao cliente, tal como podem ser outros dez produtos, na venda com aconselhamento deve ser aconselhado o produto mais adequado, o que tem consequências contraordenacionais, caso não o seja.

Assim, na venda com aconselhamento, à aferição dos conhecimentos e experiência somam-se a informação sobre a situação financeira e os objetivos de investimento, o que poderá originar questionários mais longos e menor margem na recomendação de produtos. Este questionário dá, posteriormente, origem à declaração de adequação emitida nos termos do nº 3, especificando o aconselhamento prestado e o modo como respeita às preferências, objetivos e características do cliente.

Na venda com aconselhamento, no que diz respeito a seguros de grupo, o artigo 13º do Regulamento Delegado obriga adicionalmente a estabelecer e aplicar uma política por escrito que determine quem deve ser objeto de uma avaliação da adequação, no caso de um contrato de seguro ser celebrado em nome de um grupo de membros e cada membro do grupo não poder tomar uma decisão de subscrição a título individual. Refere este artigo 13º do Regulamento Delegado que a "política deve igualmente conter normas sobre o modo como esta avaliação será feita na prática, incluindo junto de quem serão recolhidas as informações sobre os conhecimentos e a experiência, a situação financeira e os objetivos de investimento".

O nº 4 dá a possibilidade, quando a contratação ocorra à distância (o que se deverá conciliar com os requisitos do Decreto-Lei 95/2006, de 29 de maio) de o mediador ou a empresa de seguros, caso tenha o consentimento expresso do cliente, enviar a declaração após a contratação ou acordarem o adiamento da celebração do contrato. Esta última não é qualquer faculdade dada pela lei. Já estava na disponibilidade das partes, pelo que seria desnecessária a sua menção. Recebendo, posteriormente, a declaração de adequação, o cliente poderá sempre fazer uso do seu direito de livre resolução, ao abrigo do artigo 118º, nº 1, do Regime Jurídico do Contrato de Seguro, pelo que terá 30 dias para resolver o contrato.

O nº 5 apenas reafirma a regra das vendas associadas prevista no artigo 26º, no sentido de a declaração de adequação contemplar a globalidade dos produtos associados.

Por fim, o nº 6 funciona por referência ao artigo 40º, nº 1, alínea *c*), de modo a que quando o distribuidor informe que entrega uma avaliação periódica, deva entregar uma declaração de adequação atualizada.

ANOTAÇÃO (*Francisco Rodrigues Rocha*)

I. Preceito novo.

II. O artigo 41º transpõe as soluções constantes do artigo 30º da DDS no que às "vendas" com aconselhamento concerne. Por *aconselhamento* entende-se a formulação de uma recomendação pessoal a um cliente, a seu pedido ou por iniciativa do distribuidor, em relação a um contrato de seguro (artigos 2º/1/15 da DDS e 4º, *q*) do RJDSR).

Assim, o mediador tem o *dever de assegurar que o PIBS é o mais adequado* às preferências, objectivos, nível de tolerância ao risco e capacidade do cliente ou potencial cliente para suportar perdas (artigo 41º/1).

A avaliação da adequação do PIBS, para cumprimento do referido dever, é feita por referência a uma série de informações, que o mediador deve solicitar ao cliente ou potencial cliente, de forma adequada ao tipo específico de produto ou serviço: *a*) sobre os seus conhecimentos e experiência em matéria de investimento relevantes para o tipo de produto ou serviço em questão; *b*) sobre a sua situação financeira, designadamente a sua capacidade para suportar perdas (incluindo, se for o caso, informações sobre a fonte e a importância dos seus rendimentos regulares, activos, incluindo os líquidos, investimentos e activos imobiliários, bem como compromissos financeiros periódicos); e *c*) objectivos de investimento, designadamente o seu nível de tolerância ao risco (incluindo informações sobre o período pelo qual pretende conservar o investimento, preferências relativamente à assunção de riscos, perfil de risco e objectivos do investimento) (artigos 30º/1 da DDS, artigo 9º/2 do Regulamento Delegado 2017/2359 e 41º/2 do RJDSR). As informações relativas aos conhecimentos e experiência do cliente no domínio de investimento relevante devem incluir, em termos proporcionais à natureza do cliente, à natureza, tipo, complexidade e riscos do produto: *a*) os tipos de serviços, transacções, PIBS ou instrumentos financeiros com que se encontra familiarizado; *b*) a natureza, volume e frequência das suas transacções com PIBS ou instrumentos financeiros e o período durante o qual foram realizadas; *c*) o nível de habilitações e profissão actual e, quando pertinente, a anterior (artigo 17º/1 do Regulamento Delegado 201'/2359). O mediador ou segurador não deve basear-se nas informações prestadas, se tiver ou dever ter conhecimento de que as informações estão manifestamente desactualizadas, incxactas ou incompletas (artigo 17º/3 do mesmo Regulamento Delegado). As informações coligidas devem garantir que a recomendação personalizada dirigida ao cliente ou potencial cliente satisfaça cumulativamente os seguintes critérios: *a*) corresponde aos seus objectivos de investimento, incluindo a sua tolerância ao risco; *b*) correspondc à sua situação financeira, incluindo a sua capacidade para suportar perdas; *b*) é elaborada de forma a garantir que este dispõe da experiência e conhecimentos necessários no domínio de investimento relevante abrangido pelo tipo específico de produto ou serviço (artigo 9º/2 do Regulamento Delegado 2017/2359). Sempre que não obtenham as informações do artigo 30º/1 da DDS, o mediador ou segurador não deve prestar aconselhamento sobre PIBS (artigo 9º/5 do Regulamento Delegado 2017/2359). Se concluir não serem os produtos adequados ao cliente ou potencial cliente, não deve o mediador ou segurador formular recomendação alguma (artigo 9º/6 do Regulamento Delegado 2017/2359). Quando o aconselhamento implique uma mudança de activos de investimento subjacentes, os mediadores e seguradores devem também recolher as informações necessárias sobre tais activos do cliente e os novos activos recomendados, procedendo a uma análise dos custos e benefícios antecipados de tal mudança (artigo 9º/7 do referido Regulamento Delegado).

O mediador ou segurador deve adoptar medidas que assegurem a *fiabilidade das informações* recolhidas sobre os clientes, as quais podem consistir em assegurar que: *a*) estejam cientes da importância de prestar informações exactas e actualizadas; *b*) todos os instrumentos usados no processo de avaliação da adequação se adaptem à respectiva finalidade e sejam correctamente concebidos para ser usados com os seus clientes; *c*) as perguntas colocadas no âmbito do processo sejam inteligíveis para os clientes e reflictam com exactidão os seus objectivos e as suas necessidades e recolham as informações necessárias à avaliação da adequação; *d*) sejam coerentes as informações prestadas pelo cliente, analisando nomeadamente se contêm erros manifestos (artigo 10º do citado Regulamento Delegado). Os mediadores ou seguradores não devem criar ambiguidades ou equívocos quanto às suas "responsabilidades" – aqui não num sentido de dever secundário de indemnizar, mas no de deveres primários de prestar e correlatos ónus – no processo de avaliação da adequação dos PIBS (artigo 11º do citado Regulamento Delegado).

Tratando-se de um *seguro de grupo*, o mediador ou segurador devem estabelecer por escrito e aplicar uma política que determine quem deve ser objecto da avaliação de adequação, na hipótese de um seguro ser celebrado em nome de um grupo de membros e cada membro não poder tomar uma decisão de subscrição a título individual (artigo 13º do Regulamento Delegado).

O mediador tem o *dever precontratual* (nos termos da lei: "antes da celebração do contrato") *de entregar* (nos dizeres da lei "fornecer"; mas é verbo usualmente não usado neste contexto na linguagem jurídica: cf. do CC os artigos 316º "comidas ou bebidas que forneçam", 317º a) e b) "forneçam alojamento" e "fornecimento de mercadorias", 739º a) "fornecimentos de sementes", 747º/1 b) "fornecimentos destinados à produção agrícola", 1078º/2 "fornecimento de bens ou serviços", 1093º/3 "forneça alimentos", 1167º a) "fornecer ao mandatário os meios necessários", 1210º ep. e 1 "fornecimento dos materiais e utensílios" e "Os materiais e utensílios (...) fornecidos pelo empreiteiro", 1212º/1 e 2 "materiais fornecidos" e "fornece os materiais", 1396º "fornecer (...) água") uma *declaração de adequação* que especifique o aconselhamento prestado e o modo como (o "este" é dispensável) respeita às (mas no artigo 30º/5, § 2º, da DDS: "as"; na versão francesa "répondent aux", na italiana "responda alle", na inglesa "meets", na alemão "entspricht", castelhana "se adapta a") preferências, objectivos e outras características do cliente. O artigo 41º/3 transpõe deste modo a solução constante do artigo 30º/5, § 2º, da DDS. A declaração de adequação deve ter o seguinte conteúdo: *a*) resumo do aconselhamento prestado; *b*) informações sobre o modo como a recomendação prestada é adequada ao cliente, nomeadamente no que concerne: *i*) aos seus objectivos de investimento, incluindo a sua tolerância ao risco; *ii*) à sua situação financeira, incluindo a sua capacidade para suportar perdas; *iii*) aos conhecimentos e experiência do cliente; *c*) advertência de que os PIBS recomendados podem requerer que o cliente reveja periodicamente as suas modalidades (artigo 14º/1-2 do Regulamento Delegado 2017/2359).

Das avaliações de adequação devem mediadores e seguradores manter um registo (artigo 19º/1-4 do citado Regulamento Delegado).

O nº 4 do artigo 41º do RJDSR, por sua vez, transpõe a solução do artigo 30º/5, § 3º, da DDS, prevendo duas alternativas para o caso em que o contrato haja sido celebrado por meio de comunicação à distância que não tenha permitido o *envio da declaração de adequação* antes da celebração do contrato (nos dizeres do artigo 41º/4 "antes da vinculação do cliente"; nos da versão portuguesa do 30º/5, § 3º, da DDS: "o cliente ter ficado vinculado por um acordo"): *a*) a entrega da declaração após a celebração do contrato, sem demora injustificada (a completar com o "imediatamente depois do corpo do § 3º do artigo 30º/5 da DDS que não foi vertido pelo legislador nacional), caso o cliente expressamente consinta; ou *b*) acordar com o cliente o adiamento da celebração do contrato (o segmento seguinte "a fim de este receber a declaração de adequação com antecedência", embora conste também do artigo 30º/5, § 3º *b*) da DDS, era desnecessário por resultar já do corpo do nº 4). O artigo 30º/5, § 3º *b*) da DDS prevê duas condições que tornam possível o envio imediatamente depois da celebração do contrato celebrado por meios de comunicação à distância, mas o artigo 41º/4, diversamente, prevê duas alternativas exclusivas, ambas mais exigentes do que cada uma das als. do artigo 30º/5, § 3º da DSS isoladamente consideradas (a al. *a*) da DDS não prevê seja o consentimento expresso, e a *b*) não prevê um acordo mas sim que ao cliente seja concedida a opção pelo adiamento).

No caso de "vendas" associadas (artigo 26º) de PIBS, o mediador ou segurador deve também avaliar a adequação *global* dos produtos (artigo 41º/5; igual o 42º/2, com excepção de "nos termos previstos" em lugar de "nos termos do previsto").

Caso o mediador haja informado o cliente de que realizará avaliações periódicas da adequação do PIBS, deve emitir uma *declaração actualizada*, a integrar no *relatório periódico* sobre o serviço prestado (artigo 40º/4, para cuja anotação se remete) sobre o modo como o produto corresponde às preferências, objectivos e outras características (artigos 30º/5, § 4º da DDS e 41º/6 do RJDSR). Tal declaração actualizada pode circunscrever-se às alterações aos serviços prestados ou activos de investimento subjacentes ou à situação do cliente, sem repetição de todos os elementos inclusos na primeira declaração (artigo 14º/3 do Regulamento Delegado 2017/2359, que aligeirou assim este dever). No caso de prestação de serviços de avaliação periódica da adequação, deve proceder-se a um reexame com periodicidade mínima anual da adequação dos PIBS recomendados (artigo 14º/4 do mesmo Regulamento Delegado).

ANOTAÇÃO (*João Pinto Monteiro*)

Se o mediador *prestar aconselhamento e avaliação da adequação* de produtos de investimento com base em seguro, "*deve assegurar que o produto de investimento com base em seguros aconselhado é o mais adequado*" às preferências, aos objetivos, ao nível de tolerância ao risco e à capacidade do cliente ou potencial cliente para suportar perdas (nº 1). Na elaboração desse juízo de adequação, o mediador recolherá as informações e restantes elementos mencionados pelo nº 2 junto do cliente ou potencial cliente.

Feito o juízo de adequação, o mediador de seguros transmitirá ao cliente uma declaração de adequação, antes da celebração do contrato, "*que especifique o aconselhamento prestado e o modo como este respeita às preferências, objetivos e outras características do cliente*" (nº 3). A importância de a declaração de adequação ser comunicada antes da celebração do contrato é vincada pelo número seguinte.

Em suma: tratando-se de uma venda de produto de investimento com base em seguros acompanhada de aconselhamento e avaliação da adequação, o mediador deverá recolher elementos junto do cliente, com base nos quais aconselhará um produto, que será o mais adequado.

ANOTAÇÃO (*José Vasques*)

I.

II. Cfr. arts. 24º e 28º a 30º da Diretiva (UE) 2016/97, e arts. 9º a 14º e 17º a 19º do Regulamento Delegado (UE) nº 2017/2359.

III. O artigo sob anotação começa por convocar a aplicação dos atos delegados, normas técnicas de regulamentação ou de execução da Comissão Europeia em desenvolvimento da Diretiva (UE) 2016/97 – sobre este ponto v. a nossa anotação ao artigo 1º

O *regime jurídico da distribuição de seguros e de resseguros* prevê que a venda de *produtos de investimento com base em seguros* se possa fazer com *aconselhamento* (artigo sob anotação) ou sem *aconselhamento* (art. 42º), cabendo aos *mediador de seguros* e às *empresas de seguros* o dever de indicar ao cliente se prestam ou não *aconselhamento* [arts. 31º, nº 2, al. *b)*, e 37º, nº 3], os *corretor de seguros*, quando prestem aconselhamento, devem fazê-lo com base numa análise imparcial e pessoal [art. 35º, al. *d)*].

Quando preste *aconselhamento*, o *mediador de seguros* ou a *empresa de seguros* deve efetuar um *teste de adequação do produto*, isto é, obter junto dos clientes todas as informações que sejam necessárias para que possa compreender os factos essenciais relativos a estes últimos e dispor de elementos suficientes para garantir que a recomendação personalizada que dirigem ao cliente é a mais adequada (nº 1), nomeadamente [nº 2; v., também, art. 9º, nºs 1 e 2, e 17º, nº 1, do Regulamento Delegado (UE) nº 2017/2359]:

a) informações sobre os seus conhecimentos e experiência em matéria de investimento relevantes para o tipo específico de produto ou serviço em questão, devendo incluir os tipos de serviços, transações, produtos de investimento com base em seguros ou instrumentos financeiros com os quais o cliente ou cliente potencial se encontra familiarizado (art. 17º, nº 2, al. *a)*, do Regulamento Delegado (UE) nº 2017/2359);

b) informações sobre a sua situação financeira, designadamente a capacidade para suportar perdas; e

c) objetivos de investimento, designadamente o seu nível de tolerância ao risco.

Com base nas informações obtidas do cliente, o *mediador de seguros* ou a *empresa de seguros* deve fornecer-lhe, antes da celebração do contrato, uma *declaração de adequação*, especificando o aconselhamento prestado e o modo como este respeita às preferências, objetivos e outras características do cliente (nº 3); a *declaração de adequação* deve incluir (art. 14º, nºs 1 e 2, do Regulamento Delegado (UE) nº 2017/2359):

a) um resumo do aconselhamento prestado;

b) informações sobre o modo como a recomendação prestada é adequada para o cliente, nomeadamente no que respeita: *i)* aos objetivos de investimento do cliente, incluindo a sua tolerância ao risco, *ii)* à situação financeira do cliente, incluindo a sua capacidade para suportar perdas e *iii)* aos conhecimentos e à experiência do cliente;

c) informações sobre o facto de os *produtos de investimento com base em seguros* recomendados serem suscetíveis de exigir que o cliente solicite uma revisão periódica das suas modalidades.

O artigo sob anotação é omisso sobre o dever que impende sobre o *mediador de seguros* quando, em função das informações obtidas do cliente, nenhum dos produtos que distribui se mostre adequado para esse cliente em concreto; no mínimo, e tal como previsto quanto à venda sem aconselhamento (art. 42º, nº 3), o cliente deve ser advertido desse facto. A EIOPA, no *Technical Advice on possible delegated acts concerning the Insurance Distribution Directive*, EIOPA-17/048, de 1 de fevereiro de 2017, produzia a seguinte recomendação (a tradução é da nossa responsabilidade):

11. *When providing the advice, an insurance intermediary or the insurance undertaking shall not make a recommendation where none of the products are suitable for the customer.*	11. Ao prestar aconselhamento, o mediador de seguros ou a empresa de seguros não devem fazer uma recomendação quando nenhum dos produtos for adequado para o cliente.

O Regulamento (UE) 2017/2358 considera que, sem prejuízo de garantir informações adequadas ou o aconselhamento devido aos clientes, tal [considerando (9), 2ª parte]:

> [...] *não deverá, no entanto, impedir que os distribuidores de seguros distribuam produtos de seguros a clientes não pertencentes ao mercado-alvo em causa, desde que a avaliação individual no ponto de venda fundamente a conclusão de que os produtos em questão correspondem às exigências e às necessidades dos referidos clientes e, se for caso disso, os produtos de investimento com base em seguros são adequados ou apropriados para esses clientes.*

O *aconselhamento* não deverá sofrer influência da *remuneração* ou de *objetivos de vendas* relativamente aos *melhores interesses dos clientes* – v. a nossa anotação aos arts 23º e 24º.

O artigo sob anotação inclui ainda disposições específicas para os casos em que o contrato é celebrado à distância (nº 4) ou é distribuído em conjunto com outros produtos (*vendas associadas*, cfr. nº 5).

Quando o contrato seja celebrado através de um meio de comunicação à distância que não permita o envio da declaração de adequação antes da vinculação do cliente, o mediador de seguros, alternativamente, entrega aquela declaração após a celebração do contrato, sem demora injustificada, ou adia a celebração do contrato, a fim de este receber a declaração de adequação com antecedência, em ambos os casos com o consentimento ou o acordo do cliente.

O aconselhamento financeiro por meios totalmente automatizados (*fully automated tools*) ou semiautomatizados (*hybrid advisory tools*), nos quais a intervenção humana é substituída, total ou parcialmente, por sistemas automáticos (*robo-advice*), que utilizam algoritmos para processar grandes quantidades de dados, sofreu um importante incremento com a designada *FinTech* (de *Financial Services Technology*); nas vendas com aconselhamento e avaliação da adequação, a responsabilidade de o *mediador de seguros* ou a *empresa de seguros* [art. 47º; o *mediador de seguros a título acessório* não pode distribuir *produtos de investimento com base em seguros*, cfr. art. 4º, al. *d)*, subal. *iv)*] proceder à avaliação da adequação não deve ser limitada pelo facto de o aconselhamento relativo a *produtos de investimento com base em seguros* ser, no todo ou em parte, prestado através de um sistema automatizado ou semiautomatizado [art. 12º do Regulamento Delegado (UE) 2017//2359].

Nas *vendas associadas* (nº 5) envolvendo *produtos de investimento com base em seguros*, o *mediador de seguros* ou a *empresa de seguros* [art. 46º; o *mediador de seguros a título acessório* não pode distribuir *produtos de investimento com base em seguros*, cfr. art. 4º, al. *d)*, subal. *iv)*], deve avaliar a adequação global dos acordos ou pacotes; sobre as *vendas associadas* v. a nossa anotação ao artigo 26º

Um dos *deveres de informação em especial* que impende sobre o mediador de seguros é o de, quando preste aconselhamento, informar o cliente se lhe será entregue uma avaliação periódica da adequação do produto de investimento com base em seguros aconselhado [art. 40º, nº 1, al. *c)*], caso em que deve emitir uma declaração atualizada sobre o modo como esse produto corresponde às preferências, objetivos e outras características do cliente, a qual deve integrar o relatório previsto no nº 4 do artigo anterior.

Embora remeta o tratamento de dados para o *Regulamento Geral de Proteção de Dados* (art. 11º da Lei preambular), nem o artigo sob anotação nem qualquer outra disposição do *regime da distribuição de seguros e de resseguros* estabelecem regras acerca do tratamento dos dados obtidos do cliente para efeitos do *teste de adequação* (ou do *teste* ou *avaliação do caráter apropriado do produto*); a este propósito, o princípio geral contido no já referido *Technical Advice on possible delegated acts concerning the Insurance Distribution Directive* da EIOPA é o seguinte (a tradução é da nossa responsabilidade):

1. Without prejudice to the application of the Regulation (EU) 2016/679 of the European Parliament and of the Council of 27 April 2016 (General Data Protection Rules), the insurance intermediary or insurance undertaking shall keep orderly records of information obtained where the insurance intermediary or the insurance undertaking is required to produce a suitability statement or the customer information obtained to assess appropriateness.	1. Sem prejuízo da aplicação do Regulamento (UE) 2016/679 do Parlamento Europeu e do Conselho, de 27 de abril de 2016 (Regulamento Geral sobre a Proteção de Dados), o mediador ou a empresa de seguros devem manter registos adequados das informações obtidas quando o mediador de seguros ou a empresa deverem apresentar uma declaração de adequação ou das informações obtidas do cliente para avaliar o caráter apropriado do produto.

O *Regulamento Geral de Proteção de Dados* estabelece que o tratamento de dados é lícito, entre outras situações, se *o titular dos dados tiver dado o seu consentimento para o tratamento dos seus dados pessoais para uma ou mais finalidades específicas* ou se *for necessário para a execução de um contrato no qual o titular dos dados é parte, ou para diligências pré-contratuais a pedido do titular dos dados* [art. 6º, nº 1, als. *a)* e *b)*].

Quanto aos deveres do *mediador de seguros* ou da *empresa de seguros* relativamente àqueles registos, o *Technical Advice* refere:

2. The insurance intermediary or the insurance undertaking shall at least: *(a) maintain adequate recording and retention arrangements to ensure orderly and transparent record keeping regarding the suitability assessment, including any advice provided, the result of the suitability assessment and all changes to the underlying investment assets; in order to not prevent competent authorities from fulfilling their supervisory objectives with particular reference to the detection of failures;* *(b) ensure that records kept are accessible for the relevant persons within the insurance intermediary or insurance undertaking, and for competent authorities; and* *(c) have adequate processes to mitigate any shortcomings or limitations of the record keeping arrangements.* *3. The insurance intermediary or the insurance undertaking shall record all relevant information about the suitability assessment, such as information about the customer, and information about insurance based investment products recommended to the customer or purchased on the customer's behalf. Those records shall include:* *(a) any changes made by the insurance intermediary or the insurance undertaking regarding the suitability assessment, in particular any change to the customer's risk tolerance;* *(b) the recommended insurance based investment products that fit that profile and the rationale for the individual assessment, as well as any changes and the reasons for them.*	2. O mediador de seguros ou a empresa de seguros deve, pelo menos: (a) manter procedimentos adequados de registo e retenção para assegurar a manutenção de registos ordenada e transparente em relação à avaliação de adequação, incluindo qualquer recomendação fornecida, o resultado da avaliação da adequação e todas as alterações nos ativos de investimento subjacentes; a fim de não impedir as autoridades competentes de cumprirem os seus objetivos de supervisão, com especial referência à deteção de falhas; b) garantir que os registos mantidos sejam acessíveis às pessoas relevantes do mediador ou empresa de seguros e às autoridades competentes; e (c) ter processos adequados para mitigar quaisquer deficiências ou limitações dos procedimentos de manutenção de registos. 3. O mediador de seguros ou a empresa de seguros deve registar todas as informações relevantes sobre a avaliação da adequação, tais como informações sobre o cliente e informações sobre produtos de investimento com base em seguros recomendados ao cliente ou comprados em nome do cliente. Esses registos devem incluir: a) quaisquer alterações introduzidas pelo mediador de seguros ou pela empresa de seguros relativamente à avaliação da adequação, em especial qualquer alteração da tolerância do cliente ao risco; (b) os produtos de investimento com base em seguro recomendados que se encaixam nesse perfil e a justificação da avaliação individual, bem como quaisquer alterações e as razões para tal avaliação.

Ainda que não resulte do que precede qualquer segregação, em função de a venda se ter concretizado ou não, do dever manter registos adequados das informações obtidas quando o mediador de seguros ou a empresa apresentam uma declaração de adequação ou das informações obtidas do cliente para avaliar o caráter apropriado do produto, não parecem restar dúvidas de que esse registo e manutenção deverá ocorrer quando o contrato de seguro seja celebrado, destinando-se esses dados a demonstrar a adequação ou caráter apropriado do produto que o cliente adquiriu (o objetivo último da Diretiva é o de *evitar casos de venda inadequada*); quando a venda não se concretizou, o distribuidor deverá estar em condições de demonstrar que os procedimentos do processo de venda incluem a avaliação da adequação (e o mesmo vale para a *avaliação do caráter apropriado do produto*), independentemente de não registar e manter necessariamente as informações obtidas do cliente para esse efeito.

O incumprimento, pelas *empresas de seguros* ou *mediadores de seguros*, do dever de recomendar ao cliente ou potencial cliente o *produto de investimento com base em seguros* mais adequado às preferências, objetivos e outras características do cliente ou potencial cliente (nºs 1 e 2), do dever de entregar ao cliente uma declaração de adequação (nºs 3 e 4), bem como do dever de avaliar a adequação global dos produtos (nº 5) constituem contraordenações muito graves [art. 114º, nº 1, als. *f)*, *g)* e *h)*].

IV. Disposições relacionadas: arts. 4º, al. *d)*, subal. *iv)*, 23º, 24º, 26º, 31º, nº 2, al. *b)*, 35º, al. *d)*, 37º, nº 3, e 40º, nºs 1, al. *c)*, e 4, 46º, e 114º, nº 1, als. *f)*, *g)* e *h)*, e arts. 9º, nºs 1 e 2, proémio, e 17º, nº 2, al. *a)*, do Regulamento Delegado (UE) nº 2017/2359.

ANOTAÇÃO *(Paulo Câmara)*

1. Fontes
2. As opções sistemáticas de fundo; crítica
3. Natureza dual dos deveres de adequação
4. O dever de avaliação de adequação: conteúdo e sub-deveres jurídicos associados
5. O relatório de avaliação de adequação
6. A auto-vinculação de avaliação periódica de adequação
7. Aspetos do dever de adequação não tratados no regime segurador
8. Adequação e governação do produto
9. Conservação de registos relativos à avaliação de adequação

1. Este dispositivo decorre da transposição do Artigo 30º DDS e é complementado através dos Artigos 9º-14º e 17º-19º do Regulamento Delegado (UE) 2017/2359 da Comissão, de 21 de setembro de 2017.

2. Os Artigos 41º e 42º formam um díptico normativo, em que o primeiro dispositivo cuida da "venda com aconselhamento", ao passo que o segundo regula a "venda sem aconselhamento".

Neste contexto, falar de "venda" representa uma impropriedade técnica patente. Não se vislumbra neste contexto a celebração de nenhum contrato de compra e venda; haverá antes mediação na celebração de contratos de seguro ou um contrato de consultoria relativo a seguros, ou um contrato misto que agregue uma combinação de ambos. Na formulação legislativa nacional, melhor seria remeter para o conceito de distribuição, e distinguir consoante esta ocorra com ou sem aconselhamento. É certo que este lapso técnico é herdado da Diretiva, que se expressa nestes termos (cfr. nomeadamente Artigos 24º e 25º, nº 1 DDS). Porém, transpor uma Diretiva europeia não significa transcrever para o Diário da República o enunciado do diploma europeu, pelo que havia ampla margem para evitar esta rudeza técnica e este desacerto terminológico.

Importa, todavia, sublinhar o relevo da autonomização do aconselhamento como serviço financeiro relativo a produtos de investimento com base em seguros. Recorde-se que o conceito de distribuição (Artigo 4º a) LDA) inclui o aconselhamento. Assim, a prestação de conselhos relativos a seguros, é incluída – no novo regime da LDS – na atividade material de distribuição de seguros.

Nestes termos, além da "venda com aconselhamento" e da "venda sem aconselhamento", a lei deveria cuidar igualmente de determinar autonomamente o regime do "aconselhamento sem venda", isto é, do aconselhamento prestado sem estar associado à apresentação de propostas de celebração de seguros. Trata-se de um ponto relevante porquanto é frequente e natural deparar com sociedades de consultoria para investimento (disciplinadas pelo DL nº 357-B/2007) interessadas em alargar o objeto da consultoria por si prestada aos produtos de investimento com base em seguros. Sucede que os requisitos autorizativos dos mediadores não estão ajustados aos consultores que se dediquem exclusivamente à consultoria, não tendo intenção alguma de promover a celebração de contratos de seguro (veja-se, como caso paradigmático, o seguro-caução ou garantia bancária relativos a fundos recebidos de clientes: Artigo 18º, nº 1, *d*) LDS).

Num derradeiro ponto, as opções sistemáticas subjacentes a este díptico normativo são passíveis de crítica. É que a articulação entre distribuição com e sem aconselhamento deve ser entendida de modo a compreender que o regime-regra é a distribuição sem aconselhamento. A prestação de aconselhamento (conceito definido no Artigo 4º, *q*) LDS) é eventual (opera como um *plus* lógico e contratual), pelo que deveria ser tratada como tal, a seguir à apresentação do regime da distribuição sem aconselhamento (e não antes deste). Um reflexo prático desta deficiente sistematização encontra-se no Artigo 41º, nº 1 LDS: deste dispositivo não resulta claro que o juízo de adequação também envolve uma análise dos conhecimentos e experiência do cliente (o que explica a alínea *a*) do nº 2 do mesmo Artigo 41º e é clarificado no Artigo 9º, nº 1, *c*) do Regulamento Delegado (UE) 2017/2359), e não apenas dos objetivos de investimento e situação financeira.

3. Os deveres de adequação do produto distribuído ao perfil do cliente e às suas preferências e situação do cliente apresentam, como se vê, natureza dual.

O regime jurídico segurador distingue dois grupos distintos de deveres: *i*) os deveres de avaliação do caráter apropriado (*appropriateness duties*), quando haja distribuição sem aconselhamento (Artigos 42º LDS e 15º-16º do Regulamento Delegado (UE) 2017/2359); e *ii*) os deveres de avaliação de adequação (*suitability duties*), nas situações em que ocorra distribuição com aconselhamento (Artigo 41º LDS e 9º-14º do Regulamento Delegado (UE) 2017/2359).

4. Nos deveres de adequação a avaliação do perfil do cliente é mais profunda, implicando uma análise, não apenas dos conhecimentos e experiência do cliente, mas também dos objetivos de investimento e da sua situação financeira, incluindo a sua capacidade para suportar perdas. Além disso, aqui se faltar informação solicitada ou se o produto não se revelar adequado, o mediador não o deve recomendar: Artigo 9º, nºs 5 e 6 do Regulamento Delegado (UE) 2017/2359.

O dever de avaliação de adequação assume natureza complexa e desdobra-se em diversos deveres jurídicos complementares: o dever de recolha de informação (Artigo 9º, nºs 1-4 do Regulamento Delegado (UE) 2017/2359); o dever de controlo do caráter confiável da informação recolhida (Artigo 10º do Regulamento Delegado (UE) 2017/2359); o dever de avaliação de adequação *stricto sensu* (Artigo 41º, nº 1 LDS); o dever de preparação de relatório de adequação (Artigo 41º, nº 3 LDS); o dever de abstenção de recomendação em caso de insuficiência de informação (Artigo 9º, nºs 5 e 6 do Regulamento Delegado (UE) 2017/2359); e o dever de registo das informações recolhidas (Artigo 19º do Regulamento Delegado (UE) 2017/2359).

Sublinhe-se que o dever de adequação se manifesta com contornos adaptados se houver pacotes de produtos de investimento, devendo neste caso haver uma avaliação global dos produtos (cfr., para os mediadores em geral, o artigo 41º, nº 5 LDS e, para as seguradoras, Artigo 258º, nº 1 e) do Regulamento Delegado (UE) 2015/35).

Por fim, tenha-se presente que subjaz a esta matéria o dever de formação dos colaboradores, que devem estar preparados para conduzir tal avaliação de adequação (Artigo 25º LDS).

Para cumprimento das prescrições relativas à recolha de informação sobre situação financeira e objetivos de investimento, os mediadores devem proceder à preparação de um questionário de adequação adaptado a estes produtos. Não pode, neste contexto, ser replicado sem mais o modelo subjacente à DMIF II – devendo ao invés haver um direcionamento claro para os produtos de investimento seguradores.

Na colocação geral desta matéria deve, por fim, anotar-se que os deveres de adequação são ampliados nas situações em que o aconselhamento seja prestado com base numa análise imparcial e pessoal (Artigo 31º, nº 5 LDS). Nestas situações, a recomendação deve basear-se numa análise comparativa de um número suficientemente alargado e diversificado de produtos, não se podendo limitar aos produtos de seguradoras com os quais o mediador tenha relações estreitas.

5. O serviço de aconselhamento implica, como notado, o dever de preparação de relatório de adequação (*suitability statement*: Artigo 41º, nº 3 LDS). Este relatório cumpre uma tripla finalidade: i) de um lado, documenta o aconselhamento transmitido; ii) de outro lado, justifica o modo como o aconselhamento prestado é adequado e corresponde ao perfil do cliente em termos de conhecimentos, experiência, situação financeira e objetivos de investimento; iii) por último, o relatório serve ainda para alertar o cliente para a necessidade de revisão dos contratos em vigor – nomeadamente alterando as modalidades de exposição ao risco ínsito, se o produto o previr (como sucede usualmente em seguros unit-linked) (Artigo 14º, nº 2 Regulamento Delegado (UE) 2017/2359).

6. Os produtos de investimento com base em seguros assentam em contratos que são tipicamente de longa duração. Por esse motivo, a LDS admite a possibilidade de o mediador preparar um relatório periódico de adequação dos produtos sob aconselhamento (Artigo 41º, nº 6 LDS). Não se trata de um dever de fonte legal, mas antes de uma auto-vinculação que o mediador pode, ou não, assumir. A informação pré-contratual ao cliente deve refletir se esta avaliação de adequação periódica será ou não realizada (Artigo 40º, nº 1 c) LDS).

7. A DDS revela maior contenção no volume de materiais normativos e no nível prescritivo do que a DMIF II. Um dos reflexos principais deteta-se no regime dos deveres de adequação e de avaliação do caráter apropriado dos produtos.

A um tempo, a Autoridade Europeia do Mercado de Capitais (ESMA) complementou o regime da diretiva dos mercados financeiros através de orientações interpretativas muito pormenorizadas (ESMA, *Guidelines on Suitability Requirements* (2018)), exemplo que não foi seguido pela EIOPA. Um dos relevantes pontos que não é objeto de tratamento pela EIOPA respeita aos casos em que o seguro é contratado por uma pessoa coletiva: neste caso, a ESMA recomenda que a avaliação de conhecimentos e experiência tenha como referência o representante do cliente (§ 61), indicação que pode ser utilizada por analogia para a área da distribuição de produtos de investimento com base em seguros.

A ESMA preconiza igualmente que o tema seja tratado através de uma política de adequação do distribuidor dos produtos: embora seja permitido e até aconselhável fazê-lo, tal de modo algum pode ser tido como imposto na área seguradora.

A outro tempo, a DMIF II obriga a uma atualização periódica dos testes de adequação enquanto dura a relação de clientela (Artigo 54º, nº 7 do Regulamento Delegado (UE) 2017/565), o que não encontra paralelo direto no regime segurador. Note-se, porém, que alguns produtos de investimento com base em seguros implicam decisões a cargo dos clientes posteriores à decisão originária de contratação. Por esse motivo, a EIPOA considera que a atualização da informação deve ocorrer com a periodicidade que o mediador entender, no seu juízo, como a mais adequada, tendo como critério o cumprimento do interesse do cliente (Q&A 1623).

Anote-se, por fim, que o regime segurador impõe a adoção de suporte duradouro para a transmissão das advertências relativas à falta de informação recolhida ou à inadequação do produto (Artigo 45º), ao passo que o regime dos instrumentos financeiros obriga a que as advertências devem observar forma escrita (artigo 314º, nº 2 e 3 CVM). O regime segurador obriga ao registo das advertências (Artigo 19º, nº 3, *b*) e *c*) do Regulamento Delegado (UE) 2017/2359), como adiante se retoma.

8. Os deveres de adequação, personalizados em função das características de cada cliente, são complementados através dos deveres relativos à governação de produto (Artigo 153º, nºs 2 e 3 LAASR e Regulamento Delegado (UE) 2017/2358 da Comissão, de 21 de setembro de 2017), dirigidos aos produtores e distribuidores de seguros. Estes deveres, por seu turno, visam assegurar a defesa dos interesses dos clientes em todos os ciclos dos produtos (*life cycle management*): desdobram-se, por isso, em deveres de conceção, de aplicação, de fiscalização e de revisão periódica de políticas de governação de produtos. O conceito operativo decisivo é o conceito de mercado-alvo, que recorta o perímetro de clientes a que o produto segurador se pode destinar, de modo a assegurar que os produtos apenas são distribuídos caso tal seja do interesse do cliente (Artigo 5º do Regulamento Delegado (UE) 2017/2358).

Ao invés da avaliação individualizada própria dos deveres de adequação, os deveres relativos à governação do produto implicam uma macro-delimitação do ajustamento dos produtos seguradores ao respetivo público-alvo. No seu Parecer Técnico, a EIOPA identificou os seguintes critérios relevantes para a delimitação do público-alvo dos produtos de investimento com base em seguros: idade, situação profissional, nível de risco tolerado, situação financeira e horizonte temporal de investimento (cfr. EIPOA, *Technical advice on possible delegated acts concerning the Insurance Distribution Directive* (EIOPA-17/48, de 1 de fevereiro de 2017), 17-18).

9. O Artigo 19º do Regulamento Delegado (UE) 2017/2359 comina um amplo acervo de deveres de registo e de conservação de registos relativos à informação recolhida relativa à avaliação de adequação e do caráter apropriado, às advertências transmitidas e ao contrato estabelecido com o cliente – aqui incluindo alterações aos ativos de investimento subjacentes (Artigo 19º, nº 2 do Regulamento Delegado (UE) 2017/2359).

Estes registos devem estar disponíveis para consulta pela ASF (Artigo 19º, nº 4 do Regulamento Delegado (UE) 2017/2359) e devem ser conservados pelo menos durante a vigência do contrato celebrado com o cliente (Artigo 19º, nº 1 do Regulamento Delegado (UE) 2017/2359).

ANOTAÇÃO (*Pedro Romano Martinez*)

Em relação a produtos de investimento, além das informações especiais previstas no artigo 40º, sobre o mediador de seguros pode impender um dever de aconselhamento. A previsão desta norma, ainda que sem o mencionar, encontra um precedente no artigo 22º da Lei do Contrato de Seguro, sobre o dever especial de esclarecimento, aplicável ao segurador sempre que a complexidade da cobertura e o montante do prémio a pagar ou do capital seguro o justifiquem. Os termos previstos para o aconselhamento, mormente por via das estatuições do nº 2, vão além do dever de esclarecimento mencionado, porquanto impõe ao mediador uma ponderação do seguro em função de aspetos específicos do potencial cliente, em que se inclui o conhecimento da sua situação financeira.

Para o aconselhamento, o mediador tem de ter acesso a dados sensíveis do potencial cliente, sendo de ter em conta o regime geral de proteção de dados, tanto na recolha de tais dados como no seu tratamento. O referido aconselhamento pode ainda apresentar-se problemático em sede de concorrência, mormente na comparação de seguros que o mediador tenha de fazer (*vd.* nomeadamente o artigo 43º).

O aconselhamento não é, porém, imperativo, podendo o mediador optar por "vender o produto" sem aconselhamento, nos termos do artigo 42º, sendo um modo de atuação menos exigente para o mediador de seguros.

ARTIGO 42º – Venda sem aconselhamento

1 – Sem prejuízo do disposto nos atos delegados, normas técnicas de regulamentação ou de execução da Comissão Europeia em desenvolvimento da Diretiva (UE) 2016/97 do Parlamento Europeu e do Conselho, de 20 de janeiro de 2016, e do cumprimento do disposto nas alíneas *b*) e *c*) do nº 1 do artigo 30º, os mediadores de seguros que distribuam produtos de investimento com base em seguros sem prestar aconselhamento devem, ainda assim, solicitar ao cliente ou potencial cliente informações sobre os seus conhecimentos e experiência no domínio do investimento relevante para o tipo específico de produto ou serviço oferecido ou solicitado, com o objetivo de verificar se esse produto ou serviço é apropriado para o cliente ou potencial cliente.

2 – Nas situações em que um produto de investimento com base em seguros seja distribuído em conjunto com outros produtos, nos termos previstos no artigo 26º, os mediadores de seguros devem avaliar o caráter apropriado global dos produtos.

3 – Os mediadores de seguros devem advertir o cliente ou potencial cliente quando, com base nas informações disponibilizadas ao abrigo do nº 1, considerem que o produto de investimento com base em seguros não é apropriado para o cliente ou potencial cliente.

4 – No caso de o cliente ou potencial cliente não prestar ou prestar informação insuficiente sobre os seus conhecimentos e experiência, os mediadores de seguros devem adverti-lo para o facto de não se encontrarem em posição de efetuar a avaliação do caráter apropriado do produto.

ANOTAÇÃO (*Francisco Luís F. Ribeiro Alves*)

A venda sem aconselhamento é também possível nos produtos de investimento, permitindo verificar se um produto é apropriado, tal como podem existir outros, e não o "mais" adequado. Neste sentido, é um tipo de venda menos exigente para o distribuidor de seguros.

Ainda assim, o legislador português poderia ter aproveitado a possibilidade de dispensar a avaliação do caráter apropriado, nos termos do artigo 30º, nº 3, da Diretiva da Distribuição de Seguros, desde que estivessem preenchidos um conjunto de requisitos como, resumidamente: os contratos só preverem a exposição a instrumentos financeiros considerados não complexos; a distribuição do seguro realizar-se por iniciativa do cliente (o que seria útil nas contratações pela internet); serem cumpridas as regras dos conflitos de interesses; e o cliente ou potencial cliente ter sido claramente informado de que, no exercício desta atividade de distribuição de seguros, não é exigido ao mediador ou à empresa de seguros que avalie a adequação do produto de investimento com base em seguros ou da atividade de distribuição de seguros fornecidos ou propostos, e que o cliente ou potencial cliente não beneficia da proteção das normas de conduta da atividade relevantes.

Para efeitos do nº 1 deste artigo, os conhecimentos e experiência são aferidos nos termos do artigo 17º do Regulamento Delegado nº 2017/2359, o qual menciona que, se for caso disso, na medida em tal seja adequado em função da natureza do cliente, e da natureza e do tipo de produto ou serviço proposto, se devem solicitar as informações seguintes (transversais ao caráter apropriado ou adequação):

a) Os tipos de serviços, transações, produtos de investimento com base em seguros ou instrumentos financeiros com os quais o cliente ou cliente potencial se encontra familiarizado;
b) A natureza, o volume, o valor e a frequência das transações do cliente ou cliente potencial com produtos de investimento com base em seguros ou instrumentos financeiros e o período durante o qual estas transações foram realizadas;
c) O nível de habilitações, a profissão ou, caso pertinente, a anterior profissão do cliente ou cliente potencial.

A exigência do nº 2 deste artigo equivale à prevista no artigo 41º, nº 5, deste regime, para que quando o seguro seja vendido num pacote com outro produto, seja à mesma aferido o caráter apropriado global dos produtos.

Os nºs 3 e 4 dispõem sobre duas advertências ao cliente diferentes, a saber:

a) Na situação prevista no nº 3, o cliente ou potencial cliente forneceu todas as informações requeridas, mas concluindo-se que o produto não é apropriado deve ser advertido relativamente a esse facto;
b) Na situação prevista no nº 4, o cliente ou potencial cliente não presta ou presta informação insuficiente sobre os seus conhecimentos e experiência, pelo que deve ser advertido para o facto de o distribuidor não se encontrar em posição de efetuar a avaliação do caráter apropriado do produto.

Para prova de qualquer uma destas advertências deve ser emitido documento ou ser utilizado qualquer outro meio de que fique prova. Na prática, tal tem como consequência a emissão de uma declaração do distribuidor sobre a avaliação do caráter apropriado, embora este artigo 42º não lhe faça diretamente menção, tal como o faz o artigo 41º, nº 3, a propósito da declaração de adequação. No entanto, tal resulta diretamente do previsto no artigo 19º, nº 3, do Regulamento Delegado quanto às obrigações de conservação de registos.

Por outro lado, esta disposição do nº 4, não se encontra prevista no artigo 41º, relativamente à venda com aconselhamento, quanto à não resposta ao questionário ou resposta insuficiente, mas por maioria de razão com o previsto para a avaliação do caráter apropriado, o potencial cliente deve ser informado que o distribuidor está impossibilitado de proceder à avaliação da adequação e recomendar qualquer produto.

ANOTAÇÃO (*Francisco Rodrigues Rocha*)

I. Preceito novo.

II. O artigo 41º transpõe as soluções constantes do artigo 30º da DDS no que às vendas sem aconselhamento concerne.

O legislador português optou por separar em artigos diferentes o regime das "vendas" – nas epígrafes dos artigos 41º e 42º do RJDSR num sentido atécnico – com e sem aconselhamento, conjuntamente reguladas, no que aos PIBS concerne, no artigo 30º. A DDS não obriga os Estados-membros a impor a obrigatoriedade do aconselhamento (artigo 29º/3, § 3º).

Os mediadores que distribuam PIBS sem prestar aconselhamento têm o *dever de solicitar ao cliente* ou potencial cliente *informações* sobre os seus conhecimentos e experiência "no domínio do investimento relevante" (no 41º/2 *a*) está diversamente "em matéria de investimento relevantes") para o tipo específico de produto ou serviço (artigo 42º/1), e o *dever de*, verificando o carácter apropriado do produto ao cliente (o legislador distingue *avaliação da adequação* na distribuição com aconselhamento de *avaliação do carácter apropriado* na distribuição sem aconselhamento: cf. tb. a epígrafe da secção 3 do Regulamento Delegado 2017/2359), *adverti-lo* quando, com base nas informações disponibilizadas, considerem não ser o PIBS apropriado (artigos 30º/2, § 2º da DDS e 42º/3 do RJDSR). As informações relativas aos conhecimentos e experiência do cliente no domínio de investimento relevante devem incluir, em termos proporcionais à natureza do cliente, à natureza, tipo, complexidade e riscos do produto: *a*) os tipos de serviços, transacções, PIBS ou instrumentos financeiros com que se encontra familiarizado; *b*) a natureza, volume e frequência das suas transacções com PIBS ou instrumentos financeiros e o período durante o qual foram realizadas; *c*) o nível de habilitações e profissão actual e, quando pertinente, a anterior (artigo 17º/1 do Regulamento Delegado 2017/2359). O mediador ou segurador não deve basear-se nas informações prestadas, se tiver ou dever ter conhecimento de que as informações estão manifestamente desactualizadas, inexactas ou incompletas (artigo 17º/3 do mesmo Regulamento Delegado).

Das avaliações do carácter apropriado devem mediadores e seguradores manter um registo (artigo 19º/1-4 do citado Regulamento Delegado).

O mediador ou segurador deve fornecer ao cliente um relatório periódico, em suporte duradouro, dos serviços prestados e transacções efectuadas em seu nome, com uma análise imparcial e equilibrada, incluindo, havendo-os, os custos totais associados e o valor de cada um dos activos de investimento subjacentes (artigo 18º/1 do citado Regulamento Delegado).

Como consequência de o cliente não prestar informação acerca dos seus conhecimentos e experiência ou prestá-la de forma insuficiente, constitui-se o mediador no *dever de adverti-lo* de que não se encontra em condições de avaliar o carácter apropriado do produto (artigos 30º/2, § 3º da DDS e 42º/4 do RJDSR).

Sobre o nº 2 do artigo 42º, igual ao 41º/5, vd. supra anotação ao artigo 41º.

O legislador nacional não fez uso da faculdade prevista no artigo 30º/3 da DDS de derrogação, em caso de distribuição de PIBS sem aconselhamento, dos deveres de obtenção de informações e de advertência, reunidas as condições aí previstas nas als. *a*) a *d*) (com a regulamentação, no que concerne ao conceito de PIBS não complexos da al. *a*) do artigo 30º/3 da DDS, dada pelo artigo 16º do Regulamento Delegado 2017/2359 (não obstante, vd. os comentários da APB à PL 138/XII no sentido de que a postergação da opção do artigo 30º/3 da DDS, a que subjazeu o interesse em que não se criassem por via meramente regulatória vantagens para certos produtos com características alternativas, e que é análoga na substância à solução prevista no artigo 314º-D do CVM, deixa por acautelar a propalada neutralidade regulatória, tendo em consequência sugerido o aditamento de um nº 5 ao artigo 42º; a mesma APB sugeriu também o aditamento de um nº 6 com o intento de alinhar o tratamento conferido aos PIBS com o dos demais instrumentos financeiros, por ex. por força do artigo 312º-H/2 do CVM). Evitam-se assim, e bem, controvérsias sobre a interpretação e verificação *in casu* dos requisitos relativos à isenção, que se conhecem do passado recente (por ex. relativa aos conceitos de comercialização e investidor não profissional do Regulamento da CMVM 2/2012, mantidos no Regulamento da CMVM 8/2018, sobre deveres informativos e de comercialização relativos a PRIIPs).

ANOTAÇÃO (*João Pinto Monteiro*)

Nos casos em que a venda de produtos de investimento com base em seguro *não é acompanhada de aconselhamento*, o mediador de seguros, previsivelmente, não terá de aconselhar um produto que seja o mais adequado ao cliente. Nestes casos há já um produto ou serviço oferecido ou solicitado; mas a atitude do mediador também não deve ser neutra: ele deve, ainda assim, fazer um juízo de adequação do produto ou serviço.

Com este fim em mente, o mediador de seguros tem o dever de solicitar ao cliente "*informações sobre os seus conhecimentos e experiência no domínio do investimento relevante para o tipo específico de produto ou serviço*" (nº 1).

Feito o juízo de adequação, se o mediador de seguros concluir que o produto não é apropriado para o cliente ou potencial cliente deve adverti-lo desse facto (nº 3). O cliente poderá continuar a querer adquirir o produto, mas neste caso fá-lo-á ciente de que, segundo o mediador, *o produto não lhe é adequado.*

Pode suceder que o mediador não receba do cliente ou potencial cliente informação suficiente sobre os seus conhecimentos e experiência. Aqui deve o mediador avisá-lo de não se encontrar *"em posição de efetuar a avaliação do caráter apropriado do produto"* (nº 4). Também aqui poderá o cliente continuar a querer adquirir o produto, mas neste caso saberá que o fará *podendo ele ser, ou não, adequado.*

ANOTAÇÃO *(José Vasques)*

I. Sem correspondência no regime anterior.

II. Arts. 20º, 24º, 28º, 29º e 30 da Diretiva (UE) 2016/97, e arts. 15º e 17º a 18º do Regulamento Delegado (UE) nº 2017/2359, e *Orientações ao abrigo da Diretiva sobre a distribuição de seguros relativas aos produtos de investimento com base em seguros que incorporem uma estrutura que torne difícil ao cliente compreender o risco envolvido* (EIOPA-17/651), de 4 de outubro de 2017, da EIOPA.

III. À semelhança do anterior, o artigo sob anotação começa por convocar a aplicação dos atos delegados, normas técnicas de regulamentação ou de execução da Comissão Europeia em desenvolvimento da Diretiva (UE) 2016/97 – sobre este ponto v. a nossa anotação ao artigo 1º

Quando, no âmbito dos deveres de informação em especial, o *mediador de seguros* ou a *empresa de seguros* [sobre a prestação de *aconselhamento* pelos *corretores de seguros* e pelas *empresas de seguros* v. anotações ao artigo anterior e aos arts. 35º, al. *c)*, e 46º] tenha indicado ao cliente que não presta *aconselhamento* [art. 31º, nº 2, al. *b)*], essa indicação dispensa-o de efetuar o *teste de adequação do produto* (cfr. artigo anterior), mas fica, ainda assim, obrigado a realizar um *teste* ou *avaliação do caráter apropriado do produto*, solicitando-lhe informações sobre os seus conhecimentos e experiência no domínio do investimento relevante para o tipo específico de produto ou serviço oferecido ou solicitado – sem prejuízo do dever de realizar o designado *teste de exigências e necessidades* do cliente, cfr. artigo 30º, nº 1, alínea *c)*.

Com base naquelas informações o *mediador de seguros* ou a *empresa de seguros* deve verificar se o produto ou serviço é apropriado para o cliente (*teste* ou *avaliação do caráter apropriado do produto*) e, quando considere que o *produto de investimento com base em seguros* não é apropriado, deve adverti-lo desse facto (nº 3); caso as informações fornecidas pelo cliente sejam insuficientes ou este não tenha querido prestá-las, o *mediador de seguros* deve adverti-lo de que não pode efetuar a avaliação do caráter apropriado do produto (nº 4).

Conjugando, quanto ao tema do *aconselhamento*, os artigos 31º, 41º e 42º, pode completar-se o esquema incluído na nossa anotação ao artigo 31º, da seguinte forma:

<table>
<tr><td></td><td colspan="3">aconselhamento, sentido amplo</td></tr>
<tr><td></td><td colspan="2">presta aconselhamento, sentido restrito</td><td>não presta aconselhamento</td></tr>
<tr><td></td><td>presta aconselhamento imparcial e pessoal</td><td>não baseia o aconselhamento numa análise imparcial e pessoal</td><td>indica ao cliente que não presta aconselhamento</td></tr>
<tr><td rowspan="2">todos os seguros</td><td colspan="3">especifica as exigências e necessidades do cliente (teste de exigências e necessidades)</td></tr>
<tr><td>recomendação baseada na análise de um número suficientemente elevado e diversificado, quanto ao distribuidor e ao tipo de contratos de seguro disponíveis no mercado que lhe permita fazer uma recomendação, de acordo com critérios profissionais, quanto ao contrato de seguro mais adequado às necessidades do cliente, não se limitando aos contratos de seguro de um distribuidor com quem o mediador de seguros tenha relações estreitas</td><td>recomendação personalizada, ajustada de acordo com o tipo de cliente, às informações por ele fornecidas e à complexidade do contrato de seguro recomendado, especificando, no mínimo, as respetivas exigências e necessidades e as razões que nortearam o aconselhamento prestado quanto a um determinado produto</td><td>presta informações objetivas, e propõe ou pratica outros atos preparatórios da celebração de contratos de seguro, de acordo com as respetivas exigências e necessidades e as razões que nortearam as informações</td></tr>
<tr><td>produtos de investimento</td><td colspan="2">obtém junto dos clientes todas as informações que sejam necessárias para que possam compreender os factos essenciais relativos a estes últimos e dispor de elementos suficientes para garantir que a recomendação personalizada que dirigem ao cliente é a mais adequada (teste de adequação do produto), nomeadamente:
a) informações sobre os seus conhecimentos e experiência em matéria de investimento relevantes para o tipo específico de produto ou serviço em questão, devendo incluir os tipos de serviços, transações, produtos de investimento com base em seguros ou instrumentos financeiros com os quais o cliente ou cliente potencial se encontra familiarizado;
b) informações sobre a sua situação financeira, designadamente a capacidade para suportar perdas; e
c) objetivos de investimento, designadamente o seu nível de tolerância ao risco</td><td>solicita ao cliente informações sobre os seus conhecimentos e experiência no domínio do investimento relevante para o tipo específico de produto ou serviço oferecido ou solicitado (teste ou avaliação do caráter apropriado do produto)</td></tr>
</table>

O legislador português não previu quaisquer derrogações às disposições que determinam que, em relação a *vendas sem aconselhamento*, os *mediadores de seguros* ou as *empresas de seguros* peçam que o cliente ou potencial cliente lhes preste informações sobre o seu conhecimento e a sua experiência no domínio de investimento relevante para o tipo específico de produto ou serviço oferecidos ou solicitados, a fim de lhes permitir avaliar se esse serviço ou produto de seguros é apropriado para o cliente [art. 30º, nº 2, da Diretiva (UE) 2016/97, e nº 1 do artigo sob anotação]; refira-se a este propósito a exposição de motivos da Proposta de Lei nº 138/XIII:

> [...] *a natureza específica do setor segurador e a compreensão típica de um produto de seguros justifica que a venda deste tipo de produtos careça de uma interação prévia com o cliente, não se exercendo, por isso, a opção prevista na Diretiva sobre a distribuição de seguros de possibilitar a venda de produtos de investimento com base em seguros em regime de mera execução.*

Não admite, portanto, o *regime jurídico da distribuição de seguros e de resseguros* a designada *venda numa base de mera execução*, em que a transação é executada sem qualquer aconselhamento ou avaliação da situação pessoal do cliente; aquelas derrogações dependeriam sempre da verificação de determinadas condições [art. 30º, nº 3, da Diretiva (UE) 2016/97], ainda que a possibilidade desse tipo de vendas apenas exista quando estejam em causa *produtos de investimento com base em seguros* que proporcionem exposição de investimento a instrumentos financeiros considerados *não complexos* [art. 30º, nº 3, al. *a)*, subal. *i)*] ou *produtos de investimento com base em seguros* não complexos [art. 30º, nº 3, al. *a)*, subal. *ii)*].

A avaliação dos *produtos de investimento com base em seguros* opera-se nos termos das condições já mencionadas no parágrafo anterior, bem como nos que resultam do artigo 16º do Regulamento Delegado (UE) 2017/2359, e nos das *Orientações ao abrigo da Diretiva sobre a distribuição de seguros relativas aos produtos de investimento com base em seguros que incorporem uma estrutura que torne difícil ao cliente compreender o risco envolvido* (EIOPA-17/651), de 4 de outubro de 2017, da EIOPA, adotadas ao abrigo da Diretiva (UE), 2016/97 (art. 30º, nºs 7 e 8), detalhando essas *Orientações*, sobretudo, a identificação de estruturas ou características contratuais que possam dificultar ao cliente a compreensão dos riscos do produto de investimento com base em seguros (nº 1.5 das *Orientações*).

Não tendo o legislador previsto quaisquer derrogações às disposições que determinam que, em relação a *vendas sem aconselhamento*, e não admitindo, portanto, o regime jurídico da distribuição de seguros e de resseguros a *venda numa base de mera execução*, as disposições contidas no Regulamento Delegado e nas *Orientações* mencionadas no parágrafo anterior não são, consequentemente, aplicáveis no ordenamento jurídico português.

O regime jurídico sob anotação refere-se explicita ou implicitamente aos conceitos de *mercado-alvo* [arts. 24º, nº 1, al. *n)*, 37º, nº 2, al. *e)*, e art. 153º do regime jurídico de acesso e exercício da atividade seguradora e resseguradora, alterado pelo art. 3º da Lei preambular], [teste de] *exigências e necessidades* (arts. 31º, nºs 3 e 6), [teste de] *adequação* (art. 41º, nºs 1 e 2) e [teste ou avaliação do] *caráter apropriado do produto* (art. 42º, nºs 1, 3 e 4), esses conceitos, que estão ligados à *política de conceção e aprovação de produtos* e ao *processo de venda*, relacionam-se entre si, como reconhece a EIOPA no *Final Report on Consultation Paper no. 16/006 on Technical Advice on possible delegated acts concerning the Insurance Distribution Directive* (EIOPA 17/049), de 1 de fevereiro de 2017, respetivamente a págs. 12 e 79:

[...] the identification of the target market has to be distinguished from the individual assessment whether an insurance product is consistent with the demands and needs, and where applicable, whether the insurance product is suitable and appropriate for the individual customer at the point of sale. [...]	[...] a identificação do mercado alvo deve distinguir-se da avaliação individual se um produto de seguro é consistente com as exigências e necessidades, e se aplicável, se o seguro produto é adequado e apropriado para o cliente individual no ponto de venda. [...]
The identification of the target market is undertaken on an abstract level, but not individual level as at the point of sale.	A identificação do mercado alvo é realizada a um nível abstrato, e não a um nível individual como no ponto de venda.
EIOPA appreciates that there is a close relationship between the "demands and needs" test [...] and the suitability/appropriateness assessment [...].	A EIOPA reconhece que existe uma relação estreita entre o teste de "exigências e necessidades" [...] e a avaliação da adequação/caráter apropriado [...].

O Regulamento Delegado (UE) 2017/2359 assume igualmente, ainda que indiretamente, o relacionamento e eventual sobreposição dos aludidos conceitos, designadamente quando determina que, se as informações solicitadas ao cliente para efeitos do *teste de adequação* ou do *teste* ou *avaliação do caráter apropriado do produto* (art. 30º, nºs 1 e 2, da Diretiva (UE) 2016/97) já tiverem sido obtidas no âmbito do *teste de exigências e necessidades* (art. 20º da Diretiva (UE) 2016/97), os *mediadores de seguros* e as *empresas de seguros* não devem solicitá-las uma vez mais ao cliente (art. 17º, nº 3, do Regulamento Delegado).

O Regulamento (UE 2017/2358 distingue o *mercado-alvo* do *teste de exigências e necessidades* nos seguintes termos [considerando (5)]:

A identificação do mercado-alvo pelo produtor deve ser entendida no sentido de uma descrição de um grupo de clientes com características comuns, a um nível geral e abstrato, de modo a permitir que o produtor adapte as carac-

terísticas do produto às necessidades, caraterísticas e objetivos desse grupo de clientes. Deve ser distinta da apreciação individual, feita no ponto de venda, para determinar se um produto de seguros satisfaz as exigências e as necessidades de um cliente individual ou potencial e, se for caso disso, se um produto de investimento com base em seguros é adequado ou apropriado para esse cliente ou cliente potencial.

Independentemente do que precede, parece importante a visão de conjunto do alinhamento comparativo do mercado-alvo e dos mencionados testes, a qual é fornecida pelo quadro que se segue:

mercado-alvo	*teste de exigências e necessidades*	*teste de adequação*	*teste* ou *avaliação do caráter apropriado do produto*
identificação abstrata do segmento da população a que o produto é dirigido, a um nível suficientemente pormenorizado, tendo em consideração as características, o perfil de risco, a complexidade e a natureza do produto de seguros; em especial no que diz respeito aos *produtos de investimento com base em seguros*, devem ser identificados os grupos de clientes cujas necessidades, características e objetivos não são, em geral, compatíveis com o produto de seguros	informações obtidas do cliente que permitam identificar o contrato ou os contratos de seguro mais convenientes à transferência de risco ou ao investimento	obtém do cliente: *a)* informações sobre os seus conhecimentos e experiência em matéria de investimento relevantes para o tipo específico de produto ou serviço em questão; *b)* informações sobre a sua situação financeira, designadamente a capacidade para suportar perdas; e *c)* objetivos de investimento, designadamente o seu nível de tolerância ao risco que permitam assegurar que o produto é adequado para o cliente	obtém do cliente informações sobre os seus conhecimentos e experiência no domínio do investimento relevante para o tipo específico de produto ou serviço oferecido ou solicitado, que permitam avaliar se o produto é apropriado para o cliente

Nas *vendas associadas* (nº 2) envolvendo *produtos de investimento com base em seguros*, o *mediador de seguros* ou a *empresa de seguros* [art. 46º; o *mediador de seguros a título acessório* não pode distribuir *produtos de investimento com base em seguros*, cfr. art. 4º, al. *d)*, subal. *iv)*] deve avaliar a adequação global dos produtos; quando se trate de outros seguros integrados em acordos ou pacotes o *distribuidor de seguros* (já incluindo o *mediador de seguros a título acessório* relativamente aos produtos que pode distribuir) tem apenas a obrigação de fornecer ao cliente uma descrição adequada dos diferentes componentes do acordo ou pacote (art. 26º, nºs 1 e 2); sobre as *vendas associadas* v. a nossa anotação ao artigo 26º

O *aconselhamento* não deverá sofrer influência da *remuneração* ou de *objetivos de vendas* relativamente aos *melhores interesses dos clientes* – v. a nossa anotação aos arts. 23º e 24º

Sobre o tratamento dos dados obtidos do cliente para efeitos do *teste* ou *avaliação do caráter apropriado do produto*, v. a nossa anotação ao artigo anterior.

O incumprimento, pelas *empresas de seguros* ou *mediadores de seguros*, do dever de verificar se um *produto de investimento com base em seguros* é apropriado ao cliente ou potencial cliente (nº 1), do dever de avaliar o caráter apropriado global dos produtos (nº 2) ou dos deveres de advertir os clientes ou potenciais clientes (nºs 3 e 4), constituem contraordenações muito graves [art. 114º, nº 1, als. *i), j) e k)*].

IV. Disposições relacionadas: arts. 1º, 23º, 24º, 26º, nºs 1 e 2, 30º, nº 1, al. *c)*, 31º, nºs 2, al. *b)*, 3 e 6, 35º, al. *c)*, 37º, nº 2, al. *e)*, 41º, 46º e 114º, nº 1, als. *i), j)* e *k)*, e arts. 9º, nºs 1 e 2, proémio, e 17º, nº 2, al. *a)*, do Regulamento Delegado (UE) nº 2017/2359.

ANOTAÇÃO *(Paulo Câmara)*

1. Fontes
2. O dever de avaliação do caráter apropriado
3. O dever de recolha de informação
4. O dever de emissão de advertência por inadequação ou insuficiência da informação
5. O regime de execução estrita, requisitos e o seu não-acolhimento no direito português

1. Este dispositivo decorre da transposição do Artigo 30º DDS e é complementado através dos Artigos 15º-19º do Regulamento Delegado (UE) 2017/2359 da Comissão, de 21 de setembro de 2017.

2. O dever de avaliação do caráter apropriado representa uma manifestação do dever geral de lealdade do mediador (Artigo 30º, nº 1 a) LDS), estando fundado na preocupação de proteção dos interesses do cliente.

O dever de avaliação do caráter apropriado dos produtos é, contudo, mais específico: reporta-se ao dever de o mediador analisar se o produto distribuído é apropriado para o cliente, tendo em vista os conhecimentos e experiência deste (Artigo 15º do Regulamento Delegado (UE) 2017/2359 da Comissão, de 21 de setembro de 2017).

Este dever revela contornos adaptados se os produtos de investimento com base em seguros são distribuídos em pacote, o que abrange igualmente as recomendações emitidas em pacote sobre um portfolio de produtos. Neste caso, o juízo de avaliação deve cobrir globalmente todos os produtos distribuídos (Artigo 42º, nº 2 LDS).

3. Em caso de insuficiência de informação recolhida ou de falta de adequação do produto aos conhecimentos e experiência do cliente, as consequências são mais ligeiras do que as previstas em caso de aconselhamento. Neste último caso, o aconselhamento não deve ser prestado (Artigo 9º, nºs 5 e 6 do Regulamento Delegado (UE) 2017/2359). Ao invés, na avaliação do caráter apropriado em caso de inadequação ou de falta de informação o mediador deve enviar uma advertência ao cliente ou potencial cliente informando-o respetivamente de o produto não ser apropriado para o cliente (Artigo 42º, nº 3 LDS) ou de não estar em posição de efetuar a avaliação do caráter apropriado do produto (Artigo 42º, nº 4 LDS).

4. A DDS prevê no Artigo 30º, nº 3 a possibilidade de os Estados-membros derrogarem os deveres de avaliação do caráter apropriado dos produtos de investimento com base em seguros caso não haja aconselhamento e estejam verificados os requisitos para o serviço de execução estrita (*execution-only*). Trata-se de uma solução inspirada na DMIF II [cfr. entre nós o Artigo 314º-D CVM e sobre o tema, Paulo Câmara, *Manual de Direito dos Valores Mobiliários*, 4ª edição, (2018), 458-462; e António Barreto Menezes Cordeiro, *Os deveres de adequação dos intermediários financeiros*, RDFMC nº 1].

Ao abrigo da diretiva seguradora, para que tal derrogação ocorra, devem estar preenchidos quatro requisitos cumulativos: i) estarem em causa produtos não complexos (ver sobre conceito, remete-se para o Artigo 16º do Regulamento Delegado UE 2017/2359 da Comissão, de 21 de setembro de 2017; e sobre o tema importa ainda consultar as Orientações da EIOPA sobre produtos de investimento com base em seguros complexos: EIOPA-17/65, de 4 de outubro de 2017); ii) a atividade de distribuição de seguros ser exercida por iniciativa do cliente; iii) haver informação ao cliente ou potencial cliente da não realização de avaliação do caráter apropriado dos produtos e de que o mesmo não beneficia da proteção das normas de conduta da atividade relevantes; e iv) ser dado cumprimento às regras gerais sobre conflito de interesses.

Sucede que o legislador português optou por não acolher esta possibilidade, forçando com isto a que o dever de avaliação do caráter apropriado seja sempre aplicado. Tal significa que ainda que os requisitos da Diretiva estejam todos reunidos, o dever de avaliação do caráter apropriado deve ainda assim ser cumprido.

Esta constitui uma orientação legítima à luz da Diretiva (Artigo 30º, nº 3 DDS) e que nivela por cima o grau de proteção dispensado a este título aos clientes. Todavia, suspeita-se que não seja esta a opção legislativa mais acertada, ao distanciar-se de um modelo regulatório mais granular e ao tratar do mesmo modo produtos de investimento com base em seguros complexos e produtos de investimento com base em seguros não complexos.

ARTIGO 43º – Conflitos de interesses

1 – Sem prejuízo do disposto nos atos delegados, normas técnicas de regulamentação ou de execução da Comissão Europeia em desenvolvimento da Diretiva (UE) 2016/97 do Parlamento Europeu e do Conselho, de 20 de janeiro de 2016, o mediador de seguros deve adotar e implementar políticas de prevenção, comunicação e tratamento de conflitos de interesses, utilizando mecanismos organizativos e administrativos eficazes destinados a evitar que conflitos de interesses prejudiquem os interesses dos clientes.

2 – As políticas referidas no número anterior devem ser proporcionais à atividade desenvolvida, aos produtos de seguros distribuídos e ao tipo de distribuidor.

3 – As políticas referidas no nº 1 devem ser adequadas para identificar conflitos de interesses que surjam no decurso da atividade de distribuição de seguros entre o mediador de seguros e empresas de seguros, designadamente entre administradores, trabalhadores, colaboradores ou qualquer pessoa que lhes esteja, direta ou indiretamente, ligada por uma relação de controlo, e os seus clientes, ou entre os próprios clientes.

4 – Caso as políticas adotadas para os efeitos do nº 1 não sejam suficientes para evitar, com um grau de certeza razoável, o risco de os interesses dos clientes serem prejudicados, o mediador de seguros deve informar claramente o cliente, com a devida antecedência em relação à celebração do contrato de seguro, da natureza genérica ou fontes do conflito de interesses identificado.

5 – As informações a prestar, para o efeito do número anterior, devem ser disponibilizadas num suporte duradouro e ser suficientemente detalhadas para permitir ao cliente, tendo em consideração a sua natureza, tomar uma decisão informada relativamente à atividade de distribuição de seguros em cujo contexto surge o conflito de interesses.

ANOTAÇÃO (*Francisco Luís F. Ribeiro Alves*)

O Regulamento Delegado (UE) 2017/2359 vem complementar esta matéria, nos termos do nº 1 deste artigo, sendo aplicável à distribuição de seguros relacionada com a venda de produtos de investimento com base em seguros.

O nº 1 obriga à elaboração de uma Política, a qual nos termos do nº 2 deve ser proporcional à atividade desenvolvida, aos produtos e ao tipo de distribuidor. Cada distribuidor terá as suas questões mais sensíveis e relações de negócio que podem ter diferente impacto nos interesses dos clientes, como seja o próprio interesse que tinha nos ativos que fazem parte do produto. De acordo com o nº 3, é suposto que a Política permita identificar conflitos de interesses entre pessoas relevantes entre si, da empresa de seguros e do mediador, bem como na relação com o cliente.

O artigo 3º do Regulamento Delegado refere-se à identificação de conflitos de interesses por parte dos distribuidores (e pessoas relevantes relacionadas), fornecendo dois critérios para o efeito:

a) O interesse ser distinto do interesse do cliente ou do potencial cliente;

b) Poder, potencialmente, influenciar o resultado das atividades de distribuição em detrimento do cliente.

Como critérios mínimos, os distribuidores devem ainda atender ao seguinte:

- Se pode vir a obter um ganho financeiro ou evitar uma perda financeira, em detrimento do cliente;
- Se existe um incentivo financeiro ou de outra natureza, no sentido de privilegiar os interesses de um cliente ou grupo de clientes em detrimento do interesse de outros;
- Se o distribuidor, ou pessoa relevante, participa ativamente na gestão ou no desenvolvimento de produtos de investimento, em especial quando essa pessoa exerce uma influência na fixação dos preços desses produtos ou dos respetivos custos de distribuição.

No artigo 4º consta a obrigação de o distribuidor estabelecer, aplicar e manter uma Política em matéria de Conflitos de Interesses, que deve ser revista, pelo menos, anualmente (artigo 7º).

Sendo a empresa de seguros membro de um grupo, deverá também atender-se aos conflitos de interesse que podem derivar de outros membros do grupo, devendo incluir, nos termos do nº 2, o seguinte:

a) Em relação às atividades específicas de distribuição de seguros realizadas, as circunstâncias que suscitam ou possam suscitar um conflito de interesses que implique o risco de lesar os interesses de um ou mais clientes;
b) Os procedimentos a seguir e as medidas a tomar, a fim de gerir esses conflitos e evitar que estes prejudiquem os interesses do cliente.

Relativamente a esta alínea *b*) versa todo o artigo 5º indicando, sinteticamente, os procedimentos e medidas quanto: (*i*) à troca de informações; (*ii*) à supervisão distinta das pessoas relevantes; (*iii*) à eliminação de qualquer relação direta entre os pagamentos desembolsados a pessoas relevantes e os pagamentos a pessoas relevantes que exerçam principalmente uma outra atividade; (*iv*) a impedir ou limitar o exercício de qualquer influência inadequada; (*v*) a impedir ou controlar a participação simultânea ou consecutiva de pessoa relevante em diferentes atividades de distribuição e seguros (se comprometer a gestão adequada dos conflitos de interesses); e (*vi*) uma política em matéria de presentes e benefícios que determine as condições em que tal é possível.

Quanto à obrigação prevista no nº 4 deste artigo 43º, na informação ao cliente sobre os conflitos de interesse identificados, o artigo 6º do Regulamento Delegado prevê que se deve evitar o recurso excessivo de divulgação de conflitos de interesses aos clientes, devendo existir medidas organizativas para os prevenir. No entanto, quando se divulgue, devem ser cumpridos quatro requisitos:

(*i*) Descrever especificamente o conflito de interesses em causa;
(*ii*) Explicar a natureza genérica e as fontes de conflitos de interesses;
(*iii*) Explicar os riscos suscitados pelos conflitos de interesses para o consumidor e as medidas para atenuar esses riscos;
(*iv*) Indicar que os mecanismos implementados não são suficientes para garantir, com um grau de certeza razoável, que os riscos de lesar os interesses dos clientes serão evitados.

Estas informações, nos termos do nº 5 deste artigo 43º, devem ser disponibilizadas em suporte duradouro, o que já resultaria do artigo 45º e também do artigo 32º relativo às condições de informação.

O objetivo final é o de que o potencial cliente tome uma decisão informada quanto a todos os riscos em que incorre, o que também se traduzirá na maior ou menor confiança que toda a documentação e informação lhe gera.

Deve ainda proceder-se ao registo das situações em que ocorreu conflito de interesses (art. 7º) e os quadros superiores do distribuidor devem receber, de forma frequente, e, pelo menos, anualmente, relatórios escritos sobre essas situações.

ANOTAÇÃO (*Francisco Rodrigues Rocha*)

I. Preceito novo.

II. O artigo 43º do RJDSR transpõe os artigos 27º e 28º da DDS, que congrega assim, com proveito, num só artigo.

Os nºs 1 e 2 seguem o artigo 27º, 1ª e 2ª prts., da DSS. Assim, tem o mediador de seguros o dever de adoptar e implementar *políticas de prevenção, comunicação e tratamento de interesses* em detrimento dos interesses dos clientes, usando para o efeito mecanismos organizacionais e administrativos eficazes (artigos 27º, 1ª prt., da DDS, 4º/1 do Regulamento Delegado 2017/2359 e 43º/1 do RJDSR). Tais políticas devem ser proporcionais à actividade desenvolvida, aos produtos de seguros distribuídos e ao tipo de distribuidor (artigos 27º, 2ª prt., da DDS, 4º/1 do Regulamento Delegado 2017/2359 e 43º/2 do RJDSR), e devem incluir: *a*) as circunstâncias que suscitam ou suscitem um conflito de interesses que crie risco de lesão dos interesses de um ou mais clientes; *b*) os procedimentos a seguir e as medidas a tomar para gerir tais conflitos e evitar que prejudiquem os interesses do cliente (artigo 4º/2 *a*) e *b*) do Regulamento Delegado 2017/2359; o conteúdo dos procedimentos é estabelecido no artigo 5º do mesmo diploma). Se o mediador ou segurador pertencer a um grupo, a política terá igualmente em conta circunstâncias que são ou deveriam ser do conhecimento do mediador ou do segurador e que possam suscitar conflitos de interesses, em resultado da estrutura e actividades comerciais doutros membros do grupo (artigo 4º/1, § 2º, do Regulamento Delegado 2017/2359).

A política de conflitos de interesses deve ser objecto de *avaliação* e *revisão anual*, corrigindo-se eventuais deficiências (artigo 7º/1 do Regulamento Delegado citado). Dos conflitos de interesses deve ser mantido e periodicamente actualizado um *registo* (artigo 7º/2, § 1º, do Regulamento Delegado citado). Os quadros superiores do mediador ou segurador devem receber de forma frequente e, pelo menos, uma vez por ano – a ser assim, preferível teria sido o legislador pura e simplesmente ter definido o prazo de um ano, em lugar de consignar que deve ser "de forma frequente" – *relatórios escritos* sobre as situações ocorridas e eventuais de conflitos de interesses (artigo 7º/2, § 2º, do Regulamento Delegado citado).

O nº 3, que transpõe o nº 1 do artigo 28º da DDS, repete desnecessariamente a finalidade das políticas de conflitos de interesses já expressa no nº 1 do mesmo artigo (evitar que tais conflitos prejudiquem os interesses dos clientes). O seu fim primário é sim identificar os protagonistas ou *sujeitos de tais conflitos*: mediadores e seguradores entre si, o que inclui os administradores, trabalhadores, colaboradores ou qualquer pessoa que lhes – aos mediadores e seguradores – esteja directa ou indirectamente ligada por uma relação de controlo; e mediadores e seguradores e os seus clientes; ou entre os próprios clientes de mediadores e seguradores.

Para identificação dos tipos de conflitos de interesses no decurso da distribuição de PIBS, os mediadores e seguradores devem avaliar se qualquer um dos sujeitos acabados de referir tem um *interesse no resultado* da distribuição: *a*) distinto do do cliente ou potencial cliente; *b*) que possa ("pode potencialmente" é redundante) influenciar o resultado das actividades de distribuição em detrimento do cliente (artigo 3º/1 *a*) e *b*) do Regulamento Delegado 2017/2359). Para avaliar tais conflitos, devem ser consideradas, pelo menos, as seguintes situações: *a*) o mediador ou o segurador, pessoa relevante ou outra que lhes esteja, directa ou indirectamente, ligada por uma relação de controlo pode vir a obter um ganho financeiro ou evitar uma perda financeira, em detrimento do cliente; *b*) os mesmos sujeitos dispõem de um incentivo financeiro ou doutra natureza que faça privilegiar os interesses doutro cliente ou grupo de clientes em detrimento do cliente em causa; *c*) os mesmos sujeitos participam activamente na gestão ou desenvolvimento de PIBS, em especial quando tal pessoa exerça uma influência na fixação dos preços desses produtos ou dos respectivos custos de produção (artigo 3º/2 *a*) a *c*) do Regulamento Delegado 2017/2359).

O mediador tem o *dever de informar* claramente *o cliente*, com a devida antecedência em relação ao contrato a celebrar, em suporte duradouro e de forma suficientemente detalhada que permita uma decisão informada, *da natureza genérica ou fontes do conflito de interesses identificado*, se as políticas não forem suficientes para evitar, com razoável grau de certeza, o risco de serem os interesses dos clientes prejudicados (artigo 43º/ /4-4). Este dever de informação ou divulgação (assim chamada pelo artigo 6º do Regulamento Delegado 2017/2359, mas menos bem, porque associada no direito português a divulgação pública, o que não parece o caso) constitui uma medida de último recurso. O conteúdo da informação a transmitir é detalhado no artigo 6º/2 do Regulamento Delegado 2017/2359: *a*) descrição específica do conflito de interesses em causa; *b*) explicação da natureza genérica e fontes dos conflitos de interesses; *c*) explicação dos riscos suscitados pelos conflitos de interesses para o consumidor e mediadas tomadas para os atenuar; *c*) indicação clara de que os mecanismos organizacionais e administrativos estabelecidos pelo mediador ou segurador para prevenir tais conflitos não são, com razoável grau de certeza, suficientes para o efeito.

ANOTAÇÃO *(José Vasques)*

I.

II. Cfr. arts. 27º e 28º da Diretiva (UE) 2016/97, e arts. 2º a 8º do Regulamento Delegado (UE) 2017/2359.

III. A lógica subjacente a este artigo é a de que os *conflitos de interesses* devem ser objeto de políticas destinadas a que sejam identificados (nº 3), evitados (nº 4) e, quando se revelem insuficientes, informados aos clientes (nºs 4, segunda parte, e 5).

A política em matéria de *conflitos de interesses* deve incluir, nomeadamente:

a) em relação às atividades específicas de distribuição de seguros realizadas, as circunstâncias que suscitam ou possam suscitar um conflito de interesses que implique o risco de lesar os interesses de um ou mais clientes; e

b) os procedimentos a seguir e as medidas a tomar, a fim de gerir esses conflitos e evitar que estes prejudiquem os interesses do cliente [art. 4º, nº 2, do Regulamento Delegado (UE) 2017/2359].

O *conflito de interesses* relativo à atividade de distribuição de seguros e de resseguros resulta da divergência entre os interesses dos clientes e os interesses dos *mediadores de seguros*, das *empresas de seguros* ou de qualquer pessoa que a eles esteja ligada, direta ou indiretamente, por uma *relação de controlo*, e que:

a) seja distinto do interesse do cliente ou do potencial cliente no resultado das atividades de distribuição de seguros; e

b) potencialmente, possa influenciar o resultado das atividades de distribuição em detrimento do cliente.

A relevância dos conflitos de interesses deve ser avaliada tendo em vista, no mínimo, os seguintes critérios [art. 3º, nº 2, do Regulamento Delegado (UE) 2017/2359]:

a) o mediador de seguros ou a empresa de seguros, uma pessoa relevante ou qualquer pessoa que lhes esteja, direta ou indiretamente, ligada por uma relação de controlo pode vir a obter um ganho financeiro ou evitar uma perda financeira, em detrimento do cliente;

b) o mediador de seguros ou a empresa de seguros, uma pessoa relevante ou qualquer pessoa que lhes esteja, direta ou indiretamente, ligada por uma relação de controlo, dispõe de um incentivo financeiro ou de outra natureza no sentido de privilegiar os interesses de um outro cliente ou grupo de clientes em detrimento do interesse do cliente;

c) o mediador de seguros ou a empresa de seguros, uma pessoa relevante ou qualquer pessoa que lhes esteja, direta ou indiretamente, ligada por uma relação de controlo a um mediador de seguros ou a uma empresa de seguros participa ativamente na gestão ou no desenvolvimento de *produtos de investimento com base em seguros*, em especial quando essa pessoa exerce uma influência na fixação dos preços desses produtos ou dos respetivos custos de distribuição.

Os procedimentos a seguir e as medidas a tomar, a fim de gerir os conflitos de interesses e evitar que estes prejudiquem os interesses do cliente devem incluir [art. 5º, nº 1, 2º §, do Regulamento Delegado (UE) 2017/2359]:

a) procedimentos eficazes para impedir ou controlar a troca de informações entre pessoas relevantes envolvidas em atividades que impliquem um risco de conflito de interesses, sempre que a troca dessas informações possa lesar os interesses de um ou mais clientes;
b) a supervisão distinta das pessoas relevantes cujas funções principais envolvam a realização de atividades em nome de clientes cujos interesses possam entrar em conflito, ou a prestação de serviço aos mesmos, ou quando estes representem interesses diferentes suscetíveis de entrar em conflito, incluindo os do mediador de seguros ou da empresa de seguros;
c) a eliminação de qualquer relação direta entre os pagamentos, incluindo a remuneração, desembolsados a pessoas relevantes que exercem uma dada atividade e os pagamentos, incluindo a remuneração, desembolsados a pessoas relevantes distintas que exercem principalmente uma outra atividade, sempre que possa vir a surgir um conflito de interesses em relação a essas atividades;
d) medidas destinadas a impedir ou a limitar o exercício por parte de qualquer pessoa de uma influência inadequada na forma como são desenvolvidas as atividades de distribuição de seguros pelo mediador de seguros ou pela empresa de seguros, ou pelos respetivos gestores e empregados, ou por qualquer pessoa direta ou indiretamente a eles ligados por uma relação de controlo;
e) medidas destinadas a impedir ou a controlar a participação simultânea ou consecutiva de uma pessoa relevante em diferentes atividades de distribuição de seguros, quando essa participação possa comprometer a gestão adequada dos conflitos de interesses;
f) uma política em matéria de presentes e benefícios que determine claramente em que condições é possível aceitar ou conceder os mesmos e as medidas a tomar quando são aceites ou concedidos.

As políticas de prevenção, comunicação e tratamento de conflitos de interesses devem identificar os conflitos verticais (*entre o mediador de seguros e empresas de seguros, designadamente entre administradores, trabalhadores, colaboradores ou qualquer pessoa que lhes esteja, direta ou indiretamente,ligada por uma relação de controlo, e os seus clientes*) e os conflitos horizontais (*entre os próprios clientes*).

Ainda que o objetivo das referidas políticas seja evitar os conflitos de interesses, o mediador de seguros ou a empresa de seguros deve informar o cliente, em suporte duradouro [art. 4º, al. *x)*] e de forma suficientemente detalhada (nº 5), da natureza genérica ou fontes do conflito de interesses identificado (nº 4), por forma a que o cliente possa tomar uma decisão informada.

O incumprimento pelas *empresas de seguros* ou *mediadores de seguros* do dever de adotar políticas de prevenção, comunicação e sanação de *conflitos de interesses* (nºs 1 a 3) ou do dever de informar o cliente da natureza e fonte do *conflito de interesses* identificado (nºs 4 e 5), constituem contraordenações muito graves [art. 114º, nº 1, als. *l)* e *m)*].

IV. Disposições relacionadas: arts. 4º, al. *x)*, e 114º, nº 1, als. *l)* e *m)*, e arts. 3º, nº 2, e 5º, nº 1, 2º §, do Regulamento Delegado (UE) 2017/2359.

ANOTAÇÃO *(Paulo Câmara)*

1. Fontes
2. Fundamento
3. O dever de preparação de política de conflito de interesses
4. Conteúdo da política (nºs 2 e 3)
5. Deveres de informação adicionais (nºs 4 e 5)
6. Forma

1. Este dispositivo decorre da transposição dos Artigos 27º e 28º DDS e é complementado através dos Artigos 3º-6º do Regulamento Delegado (UE) 2017/2359 da Comissão, de 21 de setembro de 2017.

2. Usualmente, os mediadores de seguros desenvolvem um amplo espetro de atividades – sobretudo no caso de mediadores polifuncionais, como o são nomeadamente as instituições de crédito. A probabilidade de ocorrência de conflito de interesses revela-se nessa medida como natural, o que explica o catálogo de regras destinado a identificar, a prevenir, a gerir ou a comunicar conflitos de interesses no âmbito da distribuição de seguros.

Neste contexto, o conflito de interesses manifesta-se sob a forma da interferência de um interesse do mediador, da seguradora ou de terceiro em relação à esfera do interesse do cliente e que com este seja incompatível, ou seja, que pode potencialmente influenciar o resultado das atividades de distribuição em detrimento do cliente (Artigo 3º, nº 1 do Regulamento Delegado (UE) 2017/2359 da Comissão, de 21 de setembro de 2017). A lei qualifica como conflito de interesses típicos os conflitos de interesses que surjam no decurso da atividade de distribuição de seguros entre o mediador de seguros e empresas de seguros, designadamente entre administradores, trabalhadores, colaboradores ou qualquer pessoa que lhes esteja, direta ou indiretamente, ligada por uma relação de controlo, e os seus clientes, ou entre os próprios clientes (Artigo 43º, nº 3 LDS).

Estes conflitos devem ser identificados pelos mediadores (Artigos 3º, nº 1 do Regulamento Delegado (UE) 2017/2359).

3. Os mediadores de seguros estão sujeitos ao dever de adotar e implementar políticas de identificação, prevenção, comunicação e tratamento de conflito de interesses.

Esta abordagem regulatória implica uma devolução para os mediadores do dever de preparação de linhas orientadoras internas que cumpram o que a lei dispõe a este propósito. Na sua preparação das políticas, os distribuidores estão sujeitos a dois princípios jurídicos: proporcionalidade e efetividade.

O princípio de proporcionalidade das políticas (Artigo 43º, nº 2 LDS e Artigos 5º, nº 1 do Regulamento Delegado (UE) 2017/2359 da Comissão, de 21 de setembro de 2017) obriga a que o seu conteúdo tenha em conta a sua adequação à atividade, escala, complexidade, aos produtos distribuídos, à dimensão e ao tipo do distribuidor e ao risco de prejuízo para os clientes.

Por seu turno, a politica deve ainda ser efetiva, sendo adotada por toda a organização em termos contínuos, ao servir de base a uma cultura de cumprimento eficaz e transversal (Artigo 27º DDS). Esta efetividade da política é reforçada, em termos dinâmicos, através do dever da sua avaliação e revisão pelo menos com periodicidade anual, de acordo com o Artigo 7º, nº 1 do Regulamento Delegado (UE) 2017/2359.

Frise-se que o dever de preparação de política de conflito de interesses deve ser assumido por cada mediadora em termos autónomos, o que vale identicamente para as mediadoras ligadas a apenas uma (ou algumas) seguradora(s) [assim também o reconheceu a EIOPA, no seu Q&A, 1622].

4. A política deve incluir não apenas a identificação dos riscos mais comuns de conflito de interesses como também os modos de prevenção, comunicação e tratamento de conflito de interesses.

Do conteúdo da política de conflito de interesses cuidam os Artigos 5º e 6º do Regulamento Delegado (UE) 2017/2359 que obrigam a que a mesma inclua:

a) Procedimentos eficazes para impedir ou controlar a troca de informações entre pessoas relevantes envolvidas em atividades que impliquem um risco de conflito de interesses, sempre que a troca dessas informações possa lesar os interesses de um ou mais clientes;

b) A supervisão distinta das pessoas relevantes cujas funções principais envolvam a realização de atividades em nome de clientes cujos interesses possam entrar em conflito, ou a prestação de serviço aos mesmos, ou quando estes representem interesses diferentes suscetíveis de entrar em conflito, incluindo os do mediador de seguros ou da empresa de seguros;

c) A eliminação de qualquer relação direta entre os pagamentos, incluindo a remuneração, desembolsados a pessoas relevantes que exercem uma dada atividade e os pagamentos, incluindo a remuneração, desembolsados a pessoas relevantes distintas que exercem principalmente uma outra atividade, sempre que possa vir a surgir um conflito de interesses em relação a essas atividades;

d) Medidas destinadas a impedir ou a limitar o exercício por parte de qualquer pessoa de uma influência inadequada na forma como são desenvolvidas as atividades de distribuição de seguros pelo mediador de seguros ou pela empresa de seguros, ou pelos respetivos gestores e empregados, ou por qualquer pessoa direta ou indiretamente a eles ligados por uma relação de controlo;

e) Medidas destinadas a impedir ou a controlar a participação simultânea ou consecutiva de uma pessoa relevante em diferentes atividades de distribuição de seguros, quando essa participação possa comprometer a gestão adequada dos conflitos de interesses.

f) Uma política em matéria de presentes e benefícios que determine claramente em que condições é possível aceitar ou conceder os mesmos e as medidas a tomar quando são aceites ou concedidos.

A concreta conformação destas medidas é da responsabilidade de cada distribuidor, de acordo com os princípios de proporcionalidade e de efetividade atrás enunciados.

5. Caso as políticas de conflito de interesses não sejam suficientes para evitar, com um grau de certeza razoável, o risco de os interesses dos clientes serem prejudicados, são constituídos deveres de informação adicionais. Nesta circunstância, o mediador de seguros deve informar claramente o cliente, com a devida antecedência em relação à celebração do contrato de seguro, da natureza genérica ou fontes do conflito de interesses identificado (Artigo 43º, nº 2 LDS). Refira-se que o mediador não se encontra, naturalmente, obrigado a identificar o titular do interesse contraposto ao do cliente: basta indicar genericamente a natureza ou fonte do conflito.

No seu Parecer Técnico, a EIOPA sempre sustentou que estes deveres de informação deveriam desempenhar uma função subsidiária, não podendo constituir a primeira linha de defesa contra situações de conflito de interesses (cfr. EIPOA, *Technical advice on possible delegated acts concerning the Insurance Distribution Directive* (EIOPA-17/48, de 1 de fevereiro de 2017), 35). Não surpreende, assim, que o Artigo 6º, nº 1 do Regulamento Delegado (UE) 2017/2359 estabeleça que a divulgação de situações de conflito de interesses deva constituir uma medida de último recurso a utilizar apenas se as medidas adotadas pelo mediador ou seguradora não sejam suficientes para garantir, com um grau de certeza razoável, que os riscos de lesar os interesses do cliente serão evitados.

6. Um exame ao tema da forma da política deteta uma diferença de pormenor entre o regime da Lei 7/2019 e o regime de nível 2. Segundo a LDS, as políticas de conflito de interesses devem ser fixadas em suporte duradouro (Artigo 43º, nº 5 LDS), como é aliás regra na informação em geral facultada a clientes (Artigo 45º LDS). Por seu turno, o Artigo 4º, nº 1 do Regulamento Delegado (UE) 2017/2359 da Comissão prescreve que a mesma deve revestir forma escrita, o que pode apontar para uma formulação mais restrita (v. sobre este ponto a anotação ao Artigo 45º LDS).

ARTIGO 44º – Pagamentos a terceiros ou por parte de terceiros

Sem prejuízo do disposto nos atos delegados, normas técnicas de regulamentação ou de execução da Comissão Europeia em desenvolvimento da Diretiva (UE) 2016/97 do Parlamento Europeu e do Conselho, de 20 de janeiro de 2016, o mediador de seguros apenas pode pagar ou receber honorários ou comissões, fornecer ou ser destinatário de benefícios pecuniários ou não pecuniários associados à distribuição de um produto de investimento com base em seguros ou à prestação de um serviço acessório, a terceiros ou por parte de terceiros, excluindo pessoas que atuem em nome do cliente, nos casos em que o pagamento ou o benefício:

_a_) Não tenha um efeito prejudicial na qualidade do serviço prestado ao cliente; e

_b_) Não interfira com a obrigação de agir de forma honesta, correta e profissional, de acordo com os melhores interesses do cliente.

ANOTAÇÃO (*Francisco Rodrigues Rocha*)

I. Preceito novo.

II. O artigo 44º segue a solução do muito debatido artigo 29º/2 da DDS (que colheu, de resto, inspiração no 24º/9 da DMIF 2), que, todavia, não consta autonomizada num artigo próprio (acrescente-se, com uma epígrafe que, à primeira vista, pouco diz do conteúdo das normas e que, a manter-se, ganharia com uma simplificação, por ex., em

"Pagamentos a ou por terceiros"; por outro lado, o artigo em apreço não se limita a pagamentos no sentido de cumprimento de obrigações pecuniárias: cf. a referência a "benefícios (...) não pecuniários"). A nível sistemático, está o artigo 44º oportunamente posicionado depois do 43º relativo aos conflitos de interesses, que é também do que aqui se trata. O artigo 44º não prejudica a aplicação das regras gerais – como decorre da natureza especial ou adicional da subsecção em que se insere –, designadamente do artigo 31º/1 *g*), *h*) e *k*), aplicável a seguradores pelo 37º/3, que estabelece deveres de informação sobre a natureza da remuneração (cf. a definição do artigo 4º *i*)) em relação ao contrato de seguro, sobre o tipo de remuneração que aufere por referência ao contrato de seguro, e sobre se tem o cliente de efectuar pagamentos ao abrigo do contrato de seguro após a sua celebração distintos dos prémios regulares e pagamentos calendarizados, bem como da natureza e montante de cada um desses pagamentos.

O artigo 44º concretiza em matéria de PIBS o artigo 24º/1, *q*), que, em transposição do artigo 17º/3 da DDS, estabelece o *dever geral* do mediador de não ser remunerado, nem remunerar ou avaliar o desempenho dos seus colaboradores, de um modo que colida com o dever de agir conforme os melhores interesses do cliente, não devendo, em particular, recorrer a mecanismos de remuneração (definida no artigo 4º *i*)), objectivos de vendas ou doutro tipo, que o incentive a si ou aos seus trabalhadores à recomendação de determinado produto de seguros a um cliente, quando poderia propor um diferente que correspondesse melhor às necessidades deste (dispensáveis as repetições "produto de seguros" e "desse cliente" na oração final do artigo 24º/1 *q*) que se compreendem numa versão – traduzida? – duma directiva, mas não num acto normativo nacional). O artigo 44º, posto que não o proíba (é essa porém, diversamente, a solução base do 24º/9 da DMIF 2), limita o direito à remuneração do mediador quando comparado com o 24º/1 *q*), pois *apenas* o admite *quando* o pagamento ou benefício, *cumulativamente*: *a*) não tenha um efeito prejudicial na qualidade do serviço prestado ao cliente (não precisa por conseguinte de ter um efeito benéfico: vd., porém, o 24º/9 da DMIF 2); e *b*) não interfira com o dever de agir de forma honesta, correcta e profissional. A redacção do artigo 44º na esteira do 29º/2 da DDS visa abranger qualquer tipo de remuneração (a forma como exteriorizou este desiderato suscita, todavia, reservas: "fornecer (...) benefícios"?). A referência a "terceiros" afere-se em função de um contrato. O "cliente" não é terceiro para este efeito, de acordo com a lógica que preside à limitação do artigo 29º/2 da DDS e 44º do RJDSR, *i. e.* proteger os interesses do cliente (als. *a*) e *b*)), e porque é excluso aquele que em nome do cliente actue; terceiro parece ser para o efeito todo aquele que seja pessoa distinta do cliente (assim também o cons. 57 da DDS). A concretização dos dois requisitos cuja verificação determina a licitude da remuneração foi remetida para acto delegado da Comissão (artigo 29º/4 da DSS), mais tarde aprovado sob o Regulamento 2017/2359. Assim, ao abrigo deste diploma, consideram-se prejudiciais à qualidade do serviço prestado ao cliente os incentivos (definido no artigo 2º/2 do Regulamento Delegado 2017/2359 como qualquer remuneração, comissão, benefício não pecuniário "fornecido" (*sic*) ou recebido por mediador ou segurador relacionado com a distribuição de um PIBS ou "fornecido" (*sic*) ou recebido por qualquer terceiro distinto do cliente que participe na operação em causa ou qualquer pessoa que actue em nome desse cliente) ou regimes de incentivos (definido no artigo 2º/3 do mesmo Regulamento Delegado) que assumam uma natureza e escala que incentive a realização de actividades de distribuição de seguros de forma não consentânea com a obrigação de actuar de forma honesta, correcta e profissional, em conformidade com os melhores interesses dos clientes (artigo 8º/1 do Regulamento Delegado 2017/2359; o "seus", apesar de o nome em cuja vez está estar omisso, parece referir-se a mediadores e seguradores). Para avaliar da prejudicialidade de um incentivo, devem os mediadores e seguradores levar a cabo uma *análise global* que tenha em conta todos os factores relevantes para o efeito e as medidas organizativas tomadas pelo mediador ou segurador no exercício da actividade de distribuição para evitar o risco de um impacto prejudicial, considerando os seguintes critérios: *a*) se o incentivo ou regime de incentivos é susceptível de incentivar o mediador ou o segurador a propor ou recomendar determinado produto de seguros ou serviço ao cliente, não obstante poderem propor um diferente que melhor corresponda às necessidades deste; *b*) se o incentivo ou regime de incentivos se baseia exclusiva ou essencialmente em critérios comerciais quantitativos ou se tomam em consideração critérios qualitativos adequados que reflictam o cumprimento da regulamentação aplicável, a qualidade dos serviços prestados aos clientes e a satisfação da clientela; *c*) o valor do incentivo pago ou recebido em relação ao valor do produto e dos serviços prestados; *d*) se o incentivo é inteira ou principalmente pago no momento da celebração do contrato de seguro ou se se prolonga durante a vigência do contrato; *e*) a existência de mecanismos adequados à restituição do incentivo, caso o produto tenha caducado ou resgatado em fase inicial, ou os interesses do cliente tenham sido lesados; *f*) a existência de patamares variáveis ou condicionais ou outro tipo de "acelerador" de valor desencadeado na "consecução" de um objectivo com base no volume ou valor de vendas (artigo 8º/2 do Regulamento Delegado 2017/2359).

Supressa a referência a seguradores (artigo 29º/2 da DDS) que consta no RJDSR do artigo 46º, o sujeito da oração principal do artigo 44º, mediador de seguros, parece muito restrito para a vocação originária da norma.

ANOTAÇÃO *(José Vasques)*

I.

II. Cfr. art. 29º, nºs 2, 4 e 5, da Diretiva (UE) 2016/97, e art. 8º do Regulamento Delegado (UE) 2017/2359.

III. Sem prejuízo do direito de receber atempadamente das *empresas de seguros* as remunerações respeitantes aos contratos de seguros, bem como outros montantes que lhe sejam devidos nos termos contratuais [art. 23º, al. *c)*] e de descontar, no momento da prestação de contas com as *empresas de seguros*, as remunerações relativas aos prémios cuja cobrança tenha efetuado e esteja autorizado a cobrar [arts. 23º, al. *d)*, 29º, al. *d)*, 31º, nº 1, al. *e)*, e 51º, nº 1], o pagamento ou recebimento de honorários ou comissões, bem como o fornecimento ou recebimento de benefícios pecuniários ou não pecuniários associados à distribuição de um *produto de investimento com base em seguros* ou à prestação de um serviço acessório, a terceiros ou por parte de terceiros, depende de deles não resultar um efeito prejudicial na qualidade do serviço prestado ao cliente, nem interferir com a obrigação de agir de forma honesta e profissional, de acordo com os melhores interesses do cliente.

> *Considera-se que um incentivo ou um regime de incentivos prejudicam a qualidade do serviço prestado ao cliente, quando assumem uma natureza e escala de molde a incentivar a realização de atividades de distribuição de seguros de uma forma que não é consentânea com a obrigação de atuar de forma honesta, correta e profissional, em conformidade com os melhores interesses dos seus clientes* [art. 8º, nº 1, do Regulamento Delegado (UE) 2017/ /2359].

O Regulamento Delegado (UE) 2017/2359 define *incentivo* e *regime de incentivos* da seguinte forma [art. 2º, als. 2) e 3)]:

> *a)* *incentivo* será qualquer remuneração, comissão ou qualquer benefício não pecuniário fornecido ou recebido por um mediador ou empresa relacionado com a distribuição de um produto de investimento com base em seguros, ou fornecido ou recebido por qualquer terceiro distinto do cliente que participe na operação em causa ou qualquer pessoa que atue em nome desse cliente;
>
> *b)* *regime de incentivos* será um conjunto de regras que regem o pagamento de incentivos, incluindo as condições em que os incentivos são pagos.

A avaliação da eventual prejudicialidade dos *incentivos* para a qualidade do serviço prestado ao cliente resulta de uma análise global que tenha em conta todos os fatores relevantes suscetíveis de aumentar ou diminuir o risco de efeitos prejudiciais na qualidade do serviço prestado ao cliente, e quaisquer medidas organizativas tomadas pelo mediador de seguros ou pela empresa de seguros no exercício das atividades de distribuição destinadas a evitar o risco de um impacto prejudicial [art. 8º, nº 2, 1º §, do Regulamento Delegado (UE) 2017/2359].

O Regulamento Delegado (UE) 2017/2359 fornece uma lista não exaustiva de critérios considerados relevantes para a apreciação de eventuais efeitos negativos [considerando (6) e art. 8º, nº 2, 2º §], devendo, assim ser considerado:

a) se o *incentivo* ou *regime de incentivos* são suscetíveis de incentivar o *mediador de seguros* ou a *empresa de seguros* a propor ou a recomendar um determinado produto de seguros ou um determinado serviço ao cliente, não obstante o facto de o mediador de seguros ou a empresa de seguros poderem propor um produto ou serviço de seguros diferente que corresponda melhor às necessidades desse cliente;

b) se o *incentivo* ou *regime de incentivos* se baseiam exclusiva ou essencialmente em critérios comerciais quantitativos ou se tomam em consideração critérios qualitativos adequados, que refletem o cumprimento da regulamentação aplicável, a qualidade dos serviços prestados aos clientes e a satisfação da clientela;

c) o valor do *incentivo* pago ou recebido em relação ao valor do produto e dos serviços prestados;

d) se o *incentivo* é inteira ou principalmente pago no momento da celebração do contrato de seguro ou se prolonga durante toda a vigência do contrato;

e) a existência de um mecanismo adequado para a restituição do *incentivo*, no caso de o produto ter caducado ou ter sido resgatado numa fase inicial, ou no caso de os interesses do cliente terem sido lesados; e

f) a existência de qualquer tipo de patamar variável ou condicional ou qualquer outro tipo de acelerador de valor que é desencadeado na consecução de um objetivo com base no volume ou valor das vendas.

O pagamento ou recebimento, pelas *empresas de seguros* ou *mediadores de seguros*, de honorários ou comissões, benefícios pecuniários ou não pecuniários a terceiros ou por parte de terceiros fora dos casos previstos nas alíneas *a)* e *b)* do nº 1, constitui contraordenação muito grave [art. 114º, nº 1, al. *n)*].

IV. Disposições relacionadas: arts. 23º, als. *c)* e *d)*, 29º, al. *d)*, 31º, nº 1, al. *e)*, e 51º, nº 1, e 115º, nº 1, al. *n)*, e arts. 2º, nºs 2 e 3, 8º, nºs 1 e 2, 1º e 2º §§, do Regulamento Delegado (UE) 2017/2359.

ANOTAÇÃO *(Paulo Câmara)*

1. Fundamento e finalidade das regras sobre benefícios (Inducements)
2. Âmbito dos benefícios abrangidos
3. Os requisitos de admissibilidade

4. Os deveres de informação sobre os benefícios
5. Diferenças em relação à DMIF II; implicações

1. Este dispositivo decorre da transposição do Artigo 29º, nº 2 DDS e é complementado através dos Artigos 2º e 8º do Regulamento Delegado (UE) 2017/2359 da Comissão, de 21 de setembro de 2017 e da opinião sobre benefícios (EIOPA-BoS 17/295, de 11 de dezembro de 2017).

2. É frequente que os mediadores de seguros sejam remunerados, não apenas através dos seus clientes, mas também através de comissões recebidas de seguradoras – de que constituem exemplos os denominados *rebates* pagos por seguradoras aos mediadores em caso de subscrição de produtos pelos seus clientes.

Deste ponto de vista, o regime dos benefícios (*inducements*) procura salvaguardar que tais formas de remunerações provindas de terceiros, a existirem, não coloquem em causa o dever de lealdade e de respeito pelos interesses do cliente (Artigo 30º, nº 1 a) LDS) e que sejam divulgadas em termos transparentes.

2. O conceito de benefício ou incentivo aqui tido em conta é bastante amplo, abarcando os benefícios atribuídos e os benefícios recebidos de terceiros. O Artigo 2º do Regulamento Delegado (UE) 2017/2359 define «Incentivo» como "*qualquer remuneração, comissão ou qualquer benefício não pecuniário fornecido ou recebido por um mediador ou empresa relacionado com a distribuição de um produto de investimento com base em seguros, ou fornecido ou recebido por qualquer terceiro distinto do cliente que participe na operação em causa ou qualquer pessoa que atue em nome desse cliente*".

Assim, não estão apenas em causa pagamentos em numerário, mas são também incluídos outros benefícios tais como a participação em conferências ou seminários, envio de relatórios de research sobre emitentes de ativos investidos, despesas de hospitalidade e outros equivalentes.

3. O Artigo 44º impõe um duplo requisito como critério de admissibilidade dos benefícios pagos a terceiros ou recebidos de terceiros. Estes benefícios: *i*) não podem ter um efeito prejudicial na qualidade do serviço prestado ao cliente; e *ii*) não podem interferir na obrigação do distribuidor de agir de forma honesta e profissional, de acordo com os melhores interesses do cliente.

Para efeitos do primeiro requisito, segundo o Artigo 8º, nº 1 do Regulamento Delegado (UE) 2017/2359, os incentivos prejudicam a qualidade do serviço prestado ao cliente, quando assumem uma natureza e escala de molde a incentivar a realização de atividades de distribuição de seguros de uma forma que não é consentânea com a obrigação de atuar de forma honesta, correta e profissional, em conformidade com os melhores interesses dos seus clientes. Esta formulação revela uma certa circularidade, porquanto reconduz o exame de fundo ao teste de correspondência com os deveres de lealdade.

Para cumprimento destas exigências, os mediadores de seguros e as empresas de seguros devem realizar uma análise global que tenha em conta todos os fatores relevantes suscetíveis de aumentar ou diminuir o risco de efeitos prejudiciais na qualidade do serviço prestado ao cliente, e quaisquer medidas organizativas tomadas pelo mediador de seguros ou pela empresa de seguros no exercício das atividades de distribuição destinadas a evitar o risco de um impacto prejudicial (Artigo 8º, nº 2 do Regulamento Delegado (UE) 2017/2359). O mesmo dispositivo adita os seguintes critérios:

a) Se o incentivo ou regime de incentivos são suscetíveis de incentivar o mediador de seguros ou a empresa de seguros a propor ou a recomendar um determinado produto de seguros ou um determinado serviço ao cliente, não obstante o facto de o mediador de seguros ou a empresa de seguros poderem propor um produto ou serviço de seguros diferente que corresponda melhor às necessidades desse cliente;

b) Se o incentivo ou regime de incentivos se baseiam exclusiva ou essencialmente em critérios comerciais quantitativos ou se tomam em consideração critérios qualitativos adequados, que refletem o cumprimento da regulamentação aplicável, a qualidade dos serviços prestados aos clientes e a satisfação da clientela;

c) O valor do incentivo pago ou recebido em relação ao valor do produto e dos serviços prestados;

d) Se o incentivo é inteira ou principalmente pago no momento da celebração do contrato de seguro ou se prolonga durante toda a vigência do contrato;

e) A existência de um mecanismo adequado para a restituição do incentivo, no caso de o produto ter caducado ou ter sido resgatado numa fase inicial, ou no caso de os interesses do cliente terem sido lesados;

f) A existência de qualquer tipo de patamar variável ou condicional ou qualquer outro tipo de acelerador de valor que é desencadeado na consecução de um objetivo com base no volume ou valor das vendas.

4. O regime segurador dos benefícios impõe ainda que os benefícios recebidos de terceiros sejam objeto de informação aos clientes, previamente à prestação do serviço (Artigo 40º, nº 1, *b*) LDS). Além de tal solução se fundar nas regras em matéria de conflito de interesses, foi igualmente reforçada através da Opinião expressa pela EIOPA nesta matéria (EIOPA, *Opinion on monetary incentives and remuneration between* *asset management services and insurance undertakings*, EIOPA-BoS 17/295, de 11 de dezembro de 2017, 5.2.2.).

5. O regime analisado é inspirado pela DMIF II, embora apresente consideráveis diferenças em comparação com a disciplina resultante da diretiva dos mercados financeiros.

A título central, a DMIF II exibe uma componente proibitiva mais acentuada e uma densidade prescritiva mais elevada do que a DDS, nomeadamente quanto aos critérios legitimadores dos benefícios. A esse propósito, cabe sublinhar que no regime segurador o benefício apenas não é admitido se *prejudicar* a qualidade do serviço (*quality decrease test*) – ao passo que os benefícios mobiliários apenas são admitidos se for demonstrado que *melhoram* a qualidade do serviço (*quality enhancement test*). Deste ponto de vista, o regime dos instrumentos financeiros apresenta-se como bastante mais restritivo. Na densificação dos critérios no âmbito segurador mostrou-se decisiva a orientação imprimida pela EIOPA na preparação das regras de nível 2, de claro distanciamento em relação à formulação da DMIF II, ainda que não fosse esse o sentido do mandato que lhe foi conferido pela Comissão Europeia, que apontava para uma consistência regulatória entre DDS e DMIF II [v. a propósito EIPOA, *Technical advice on possible delegated acts concerning the Insurance Distribution Directive* (EIOPA-17/48, de 1 de fevereiro de 2017), 43-49; Elisabete Ramos, *Distribuição de seguros, proteção do cliente e arbitragem regulatória*, Revista C&R nº 36 (out.-dez. 2018), 71-76; sobre o regime de inducements na DMIF II, Paulo Câmara, *Manual de Direito dos Valores Mobiliários*, 4ª edição, (2018), 433-439].

Anote-se ainda que a DMIF II acrescenta previsões particulares (e sujeitas a restrições adicionais) para os benefícios no âmbito da consultoria prestada de forma independente e do research, matizadas no caso de prestações não monetárias não significativas – o que não encontra paralelo no regime segurador.

Três consequências principais devem extrair-se destas constatações. De um lado, os distribuidores de produtos financeiros e seguradores deverão ajustar em termos claros o seu regime contratual de incentivos a esta clivagem de tratamento regulatório entre produtos de investimento baseados ou não baseados em seguros: não é de afastar a possibilidade de celebração de contratos-quadro para a prestação de serviços de consultoria multi-produto, desde que as diferenças entre o regime segurador e o regime mobiliário dos benefícios estejam devidamente acauteladas. De outro lado, também aqui estamos distanciados da simetria regulatória (*regulatory consistency*, na expressão da Comissão, ou *level playing field*) entre produtos financeiros (entenda-se: entre produtos seguradores e mobiliários) que o mandato da Comissão Europeia procurava originariamente salvaguardar. Por fim, o motivo desta assimetria regulatória não pode atribuir-se a uma falha do regime segurador. Com efeito, não é insensato preconizar que uma evolução futura do regime dos benefícios no direito financeiro possa passar por uma aproximação do direito dos valores mobiliários ao direito segurador, já que este se revela mais enxuto do ponto de vista legislativo e se encontra a salvo do sobrepeso regulatório atualmente detetado na regulação dos serviços relativos a instrumentos financeiros.

ARTIGO 45º - Condições de informação

As informações prestadas ao cliente ao abrigo da presente subsecção devem ser efetuadas em suporte duradouro, nos termos dos nºs 1, 2 e 4 do artigo 32º

ANOTAÇÃO (*Francisco Luís F. Ribeiro Alves*)

Este artigo 45º determina que informações a prestar ao cliente, ao abrigo da subsecção relativa aos requisitos adicionais na venda de produtos de investimento, devem ser efetuadas em suporte duradouro.

O artigo 19º do Regulamento Delegado 2017/2359 obriga ainda à conservação do registo das avaliações da adequação ou do caráter apropriado. Estes registos devem incluir as informações obtidas junto do cliente e quaisquer documentos acordados com o cliente, incluindo os documentos que estabelecem os direitos de ambas as partes, bem como as demais condições em que o mediador de seguros ou a empresa de seguros prestarão serviços ao cliente. Estes registos devem ser conservados durante, pelo menos, a vigência da relação entre o mediador de seguros, ou a empresa de seguros, e o cliente e são diferentes consoante esteja, ou não, em causa o aconselhamento. Quando existe aconselhamento os registos devem ainda incluir o seguinte:

a) O resultado da avaliação da adequação;
b) A recomendação feita ao cliente e a declaração apresentada em conformidade com o artigo 14º, nº 1, do Regulamento;
c) Quaisquer alterações introduzidas pelo mediador de seguros ou pela empresa de seguros no que diz respeito à avaliação da adequação, em particular, qualquer alteração quanto à tolerância de risco do cliente;
d) Quaisquer alterações introduzidas nos ativos de investimento subjacentes.

Quando não existe aconselhamento, nos termos do artigo 19º, nº 3, do Regulamento Delegado, o registo deve ainda incluir o seguinte:

a) O resultado da avaliação do caráter apropriado;

b) Qualquer advertência transmitida ao cliente, quando o produto de investimento com base em seguros tiver sido avaliado como potencialmente inapropriado para o cliente, a indicação de o cliente ter solicitado ou não proceder com a celebração do contrato apesar dessa advertência e, se for caso disso, se o mediador de seguros ou a empresa de seguros acederam ou não ao pedido do cliente no sentido de proceder com a celebração do contrato;

c) Qualquer advertência transmitida ao cliente, quando este último não tiver prestado informações suficientes para permitir ao mediador de seguros ou à empresa de seguros avaliarem a adequação (enquanto caráter apropriado) do produto de investimento com base em seguros, a indicação de o cliente ter solicitado ou não proceder com a celebração do contrato, apesar dessa advertência, e, se for caso disso, se o mediador de seguros ou a empresa de seguros acederam, ou não, ao pedido do cliente no sentido de proceder com a celebração do contrato.

ANOTAÇÃO (*Francisco Rodrigues Rocha*)

I. Preceito novo.

II. Cf. a anotação ao artigo 32º para que remete o 45º. O artigo 35º tem na sua base o artigo 23º da DDS, aplicável também aos PIBS, ainda que deslocado do respectivo capítulo. A epígrafe refere "Condições de informação" para se referir – aqui de forma diferente por ex. de quando se fala no RJDSR de condições de acesso – ao seu suporte (a expressão contrasta com "Modalités d'information" da versão francesa da DDS, com "Modalità dell'informazione" da italiana, com "Modalidades de transmisión de la información" da castelhana, com "Einzelheiten der Auskunftserteilung" da alemã; alinhou-se assim, mas menos bem, com a inglesa "Information conditions"). Entende-se por suporte duradouro para efeito do RJDSR qualquer instrumento que permita ao cliente armazenar informações que lhe sejam pessoalmente dirigidas, de tal forma que possam ser posteriormente consultadas durante um período adequado aos fins a que se destinam, e de forma a que se permita a reprodução exacta das informações armazenadas (artigo 4º, *x*)).

O artigo 45º só prevê sejam as informações prestadas ao cliente em suporte duradouro, não através de página ou sítio electrónico, como se extrai da omissão da remissão para o nº 3 do artigo 32º. A ser assim, o legislador português foi mais exigente do que o da UE, em benefício dos consumidores, como de resto, tratando-se de uma directriz de harmonização mínima, podia ter sido. A ser assim, a remissão para o nº 4 do artigo 32º aplica-se apenas no que à prestação de informação em suporte duradouro diferente do papel concerne.

ANOTAÇÃO *(José Vasques)*

I. Arts. 5º, al. *r*), e 33º do *regime jurídico da mediação de seguros e de resseguros.*

II. Cfr. art. 30º da Diretiva (UE) 2016/97.

III. O *regime jurídico da distribuição de seguros e de resseguros* define *suporte duradouro* como *qualquer instrumento que permita ao cliente armazenar informações que lhe sejam dirigidas pessoalmente, de tal forma que possam ser consultadas posteriormente durante um período adequado aos fins a que se destinam, e que permita a reprodução exata das informações armazenadas* [art. 4º, al. *x*)].

A remissão para o artigo 32º, nºs 1, 2 e 4, permite maior clarificação sobre o que deve entender-se por *suporte duradouro*:

a) o papel e, quando tenha sido dada ao cliente a opção de escolher entre a apresentação das informações em papel ou outro suporte duradouro em causa, tendo o cliente escolhido este último suporte;

b) um sítio na *internet,*

1) sendo as informações dirigidas pessoalmente ao cliente, designadamente através da criação de uma área pessoal, ou

2) a prestação da informação seja apropriada no contexto da relação comercial entre o mediador de seguros e o respetivo cliente, o qual tenha dado o seu consentimento à prestação da informação através de um sítio na *internet* e tenha sido foi notificado eletronicamente do endereço do sítio na *Internet* e do local nesse sítio na *internet* onde a informação pode ser consultada, e seja assegurado que a informação permanece acessível no sítio na *internet* por um período razoável para consulta do cliente, tendo em conta designadamente o período de vigência do contrato e a atualidade da informação;

c) outro tipo de *suporte duradouro,* se a sua utilização for apropriada no contexto da relação comercial entre o *mediador de seguros* e o respetivo cliente

Além da definição [art. 4º, al. *x*)], o *regime jurídico da distribuição de seguros e de resseguros* não esclarece quais sejam os possíveis suportes duradouros suscetíveis de ser utilizados, não tendo mantido a listagem exemplificativa oferecida pelo *regime jurídico da mediação de seguros e de resseguros*; sem prejuízo do risco de obsolescência, podem identificar-se como *suportes duradouros,* nomeadamente, os CD (*compact disc*), DVD (*digital versatile disc*), *pen drives* (dispositivos de memória com ligação tipo USB), cartões de memória, discos rígidos externos, discos óticos e as redes de computadores.

Apesar de o *regime jurídico da distribuição de seguros e de resseguros* parecer distinguir entre *suporte duradouro* (art. 32º, nº 2) e a área pessoal num sítio da *internet* (art. 32º, nº 3), afigura-se que esta última pode, também e desde que predicada nos termos legais, ser considerada um *suporte duradouro* – era, aliás, esse o entendimento do anterior *regime* quando elencava entre os *suportes duradouros* os sítios na *internet* quando estes *permitissem ao cliente armazenar informações que lhe sejam dirigidas pessoalmente, de tal forma que possam ser consultadas posteriormente durante um período adequado aos fins dessas informações e que permita uma reprodução exata das informações armazenadas.*

IV. Disposições relacionadas: arts. 4º, al. *x)*, e 32º

ANOTAÇÃO *(Paulo Câmara)*

1. Fundamento e finalidade de exigência de suporte duradouro
2. Conceito de suporte duradouro
3. O regime simétrico no direito bancário e no direito dos valores mobiliários

1. A exigência de que as informações prestadas ao cliente sejam efetuadas em suporte duradouro funda-se, por um lado, na necessidade de acesso fácil à informação por parte do cliente, seja em fase pré-contratual seja em subsequentes consultas e, por outro lado, na possibilidade de reprodução fidedigna e de conservação de registos da informação transmitida.

2. O conceito de suporte duradouro encontra-se estabelecido no artigo 4º, *x)* LDS, que o define como "qualquer instrumento que permita ao cliente armazenar informações que lhe sejam dirigidas pessoalmente, de tal forma que possam ser consultadas posteriormente durante um período adequado aos fins a que se destinam, e que permita a reprodução exata das informações armazenadas". Deve entender-se que o envio por correio eletrónico cumpre estes requisitos de acessibilidade e possibilidade de reprodução a todo o tempo. De princípio, o mesmo não se dirá da simples remissão para o sítio Internet, cujo conteúdo pode ser alterado. Em todo o caso, a formulação legislativa é suficiente aberta para permitir que os suportes do conteúdo da informação admitidos se alarguem em razão de futuros desenvolvimentos tecnológicos.

3. Merece comparar, a final, o regime segurador com o vigente em outras sub-áreas do direito financeiro.

A legislação bancária também admite que o suporte à informação transmitida aos clientes possa ser em papel ou em outro suporte duradouro (Artigo 77º, nº 2 RGICSF, Artigos 6º, nº 2, 7º, nº 2, 8º, nº 3, 23º, nº 2 e 3 e 25º, nº 1, *b)* do DL nº 133/2009 e Artigos 12º, 13º, nº 3, 20º, nº 5 e 22º, nº 1 do DL nº 74-A/2017). O conceito de suporte duradouro utilizado nestes diplomas (Artigo 4º, nº 1, *n)* do DL nº 133/2009 e Artigo 4º, nº 1, *r)* do DL nº 74-A/2017) é coincidente com o utilizado na LDS.

Por seu turno, o direito dos valores mobiliários recorre ao conceito de documento escrito (Artigo 312º, nº 4 CVM); todavia, é equiparada a forma escrita ao suporte em papel ou outro suporte duradouro (Artigo 312º, nº 5 CVM, Artigo 4º, nº 1, ponto 62, da Diretiva 2014/65/UE e Artigo 3º, nº 1 do Regulamento Delegado (UE) 2017/565). Além disso, o Código dos Valores Mobiliários equipara o suporte em papel a "outro suporte ou por outro meio de identificação que assegurem níveis equivalentes de inteligibilidade, de durabilidade e de autenticidade" (Artigo 4º CVM).

ARTIGO 46º - Empresas de seguros

O disposto na presente subsecção é aplicável às empresas de seguros no exercício da atividade de distribuição de produtos de investimento com base em seguros.

ANOTAÇÃO (*Francisco Luís F. Ribeiro Alves*)

A remissão efetuada por este preceito repete a efetuada pelo artigo 37º, nº 6, deste regime. A preparação dos sistemas informáticos e documentação emitida pelos mesmos cabe, na prática e na maioria das situações, às empresas de seguros, que, para além de venderem diretamente, também disponibilizam os questionários e declarações a serem emitidas. Por essa razão, esta matéria tem um forte envolvimento das empresas de seguros.

ANOTAÇÃO (*Francisco Rodrigues Rocha*)

I. Preceito novo.

II. O artigo 46º transpõe o 26º *b*) da DDS segundo o qual as regras que estabelecem requisitos adicionais relativos aos PIBS se aplicam seja a sua distribuição feita por mediadores ou seguradores. É esta de resto uma das inovações da DDS e consequentemente do RJDSR: a de abranger tanto a distribuição indirecta como a directa, adoptando um conceito amplo de distribuição e de distribuidor, que abrange seguradores e resseguradores (artigos 2º/1/1 e 8 da DDS e 4º, *a*) e *b*) do RJDSR).

Pelo artigo 46º, são os artigos 40º a 45º, que estabelecem requisitos adicionais para a distribuição de produtos de investimento com base em seguros, aplicáveis à distribuição directamente por seguradores, ou seja, dum prisma subjectivo, aos próprios seguradores.

Apartado dos restantes, o artigo 46º permite assim uma redacção menos verbosa e, a nosso ver, mais inteligível do que a reiterada alusão a seguradores nos artigos 40º a 45º.

ANOTAÇÃO *(José Vasques)*

I.

II. Cfr. art. 26º da Diretiva (UE) 2016/97.

III. O artigo sob anotação duplica, aparentemente, o art. 37º, nº 6, o qual estabelece que:

......

6 – As empresas de seguros que exerçam a atividade de distribuição de produtos de investimento com base em seguros devem ainda observar o disposto na subsecção II.

......

IV. Disposições relacionadas: art. 37º, nº 6

ANOTAÇÃO *(Paulo Câmara)*

1. O princípio de equiparação
2. Fundamento
3. Limitações
4. A extensão às sociedades gestoras de fundos de pensões

1. O Artigo 46º LDS confirma o teor do Artigo 37º, nº 2 LDS e estabelece o princípio de equiparação no regime de distribuição de seguros, ao estender às seguradoras os deveres jurídicos aplicáveis aos mediadores em matéria de comercialização de produtos de investimento com base em seguros.

Semelhante princípio encontra acolhimento também no Artigo 3º LDS, quanto à distribuição de seguros em geral, e, no tocante aos produtos de investimento com base em seguros, no Regulamento Delegado (UE) 2017/2359, ao dirigir-se identicamente não apenas aos mediadores mas também às empresas de seguros (cf. nomeadamente o Artigo 1º).

2. Ao princípio de equiparação subjaz um duplo fundamento. De um lado, resulta da abordagem da DDS, que é uma Diretiva que regula atividades de distribuição de seguros, independentemente das entidades que promovam a distribuição: apresenta-se como uma Diretiva "de serviços" e não "de instituições".

De outro lado, tal princípio funda-se na circunstância de que quer as seguradoras, quer os agentes e corretores são distribuidores de seguros.

Na apresentação tradicional, as seguradoras são responsáveis pela conceção do produto e pela sua introdução no mercado, ao passo que aos mediadores incumbe distribuir os produtos seguradores disponíveis. Esta colocação clássica do tema deve, porém, ser ajustada, dado que o Artigo 3º, nºs 1 e 2 do Regulamento Delegado (UE) 2017/2358 admite que quer as seguradoras quer os mediadores possam ser produtores de seguros, apelando ao critério de capacidade decisória. Tal significa, em última análise, que serão qualificados como produtores de seguros os mediadores que gozarem de capacidade decisória sobre o processo de colocação originária de produtos seguradores no mercado.

O estatuto jurídico de produtor, por seu turno, acarreta as devidas consequências em termos de governação de produto dos produtores, estabelecidas nos Artigos 4º-9º do Regulamento Delegado (UE) 2017/2358.

3. Não pode, porém, esquecer-se que as seguradoras são distribuidores de seguros que operam tendencialmente através de arquitetura fechada, ao passo que os distribuidores de seguros podem ser estruturar o seu circuito de distribuição em arquitetura aberta ou fechada. Tal nomeadamente reduz (embora não anule) para as seguradoras a probabilidade de ocorrência dos riscos associados aos temas de Inducements (cf. Artigo 44º LDS).

4. Dado que o conceito de produtos de investimento com base em seguros pode abranger alguns fundos de pensões (salvo as exclusões fixadas no Artigo 4º r) LDS), o princípio de equiparação deveria estender-se igualmente às sociedades gestoras de fundos de pensões, sempre que distribuam produtos de investimento com base em seguros.

SECÇÃO II
DO EXERCÍCIO DA ATIVIDADE

ARTIGO 47º – Intervenção de vários mediadores de seguro e de mediador de seguros a título acessório no contrato de seguro

1 – O agente de seguros apenas pode recorrer a outros mediadores de seguros ou mediadores de seguros a título acessório para distribuir o produto de seguros junto do cliente caso exista autorização da empresa de seguros para o efeito.

2 – O mediador de seguros a título acessório não pode recorrer a outros mediadores de seguros ou mediadores de seguros a título acessório para distribuir o produto de seguros junto do cliente.

3 – O recurso por mediador de seguros a outros mediadores de seguros ou mediadores de seguros a título acessório para distribuir o produto de seguros

junto do cliente depende de contrato escrito previamente celebrado, regulando a intervenção dos vários mediadores no contrato.

4 – Caso intervenham, num mesmo contrato de seguro, vários mediadores de seguros ou um mediador de seguros a título acessório e um ou vários mediadores de seguros, todos são solidariamente responsáveis perante os segurados, os tomadores de seguros e as empresas de seguros pelos atos de distribuição praticados.

5 – Nos casos previstos no número anterior, os contratos de seguro integram a carteira do mediador de seguros que os coloque na empresa de seguros.

6 – Por acordo com o tomador do seguro, o disposto no nº 4 pode ser afastado nos casos de cosseguro.

ANOTAÇÃO (*Francisco Luís F. Ribeiro Alves*)

Tem por base o artigo 39º do anterior regime, sendo de destacar os nºs 1 e 2, que são novos. Do nº 1 decorre agora que o agente de seguros precisa da autorização da empresa de seguros para distribuir os seus produtos através de outros mediadores de seguros. Atendendo a que a categoria de agente de seguros, nos termos do artigo 9º, nº 1, alínea *a*), é aquela em que o mediador exerce a atividade de distribuição de seguros "em nome e por conta de uma ou mais empresas de seguros", é suposto que quem representa a empresa de seguros tenha a sua autorização.

Na prática, esta limitação poderia já decorrer do contrato de mediação entre o segurador e o mediador, mas caso nada se preveja sobre esta situação, tem agora natureza legal. Admite-se, no entanto, que também no contrato de mediação as partes prevejam e regulem de modo diferente esta imposição.

Deve-se notar que este nº 1 apenas menciona o agente de seguros e o que nº 2 exclui desta possibilidade os mediadores de seguros a título acessório, mas nada refere relativamente aos corretores de seguros que ficam, assim, libertos e mais independentes, atendendo à natureza da sua categoria, tal como decorre do artigo 9º, nº 1, alínea *b*), deste regime.

Quando o mediador de seguros (agente ou corretor de seguros) recorra a outros mediadores ou mediadores de seguros a título acessório é necessário que exista um contrato por escrito regulando a respetiva intervenção. O incumprimento deste dever constitui contraordenação grave nos termos do previsto no artigo 113º, alínea *ddd*).

O nº 4 impõe a responsabilidade solidária de todos os mediadores envolvidos no contrato de seguro perante os clientes e as empresas de seguros, pelo que não pode um dos mediadores alegar que não teve qualquer responsabilidade, por exemplo, numa incorreta informação prestada ao cliente, caso ocorra a não entrega de um documento à empresa de seguros ou o não cumprimento de um procedimento interno. Tal regra só pode ser afastada, no termos do nº 6, desde que exista acordo com o tomador do seguro nos casos em que o contrato de seguro tenha cosseguro (V. artigo 62º do Regime Jurídico do Contrato de Seguro, aprovado pelo Decreto-Lei nº 72/2008, de 16 de abril).

De todo o modo, os contratos de seguro apenas podem integrar a carteira de um mediador, sendo imputado o contrato ao mediador que o coloque junto da empresa de seguros.

ANOTAÇÃO (*Inês Oliveira Martins*)

1. O artigo tem por antecedente o artigo 39º do Regime Jurídico da Mediação, do qual se afasta, porém, em alguns aspectos. Em primeiro lugar, faz-se necessária autorização do segurador para que o mediador possa recorrer a outros mediadores (nº 1). Em segundo lugar, desaparece a norma relativa ao mediador de seguros ligado, surgindo em contrapartida um regime específico para o mediador de seguros a título acessório. A nova norma proíbe apenas que o próprio mediador de seguros a título acessório recorra ele próprio a outros mediadores para distribuir o contrato de seguro junto do cliente (nº 2), sendo ele já um sujeito que apenas em complemento à sua actividade procede à distribuição de seguros. Ao contrário do que acontecia em relação ao mediador de seguros ligado, o mediador a título acessório pode já intervir ao lado de outros mediadores – desde que, a julgar pela letra do novo nº 3, não sejam também eles mediadores a título acessório.

2. O regime dos nºs 3, 4, 5 (este contido no nº 1 do anterior art. 39º), transita já do Regime Jurídico da Mediação.

ANOTAÇÃO (*José Alves de Brito*)

I. *Considerandos da DDS*: sem menção particular.

II. *Origem da disposição*: Corresponde, com modificações, ao artigo 39º da LMS. *Vide* o artigo 49º do anexo I do Projeto ASF (Versão Preliminar) e o artigo 47º do anexo a que se refere o nº 2 do artigo 1º da Proposta de Lei nº 138/XIII/3ª (Gov.).

III. *Novo regime*: o texto da lei coincide apenas parcialmente com o pretérito regime da LMS e com o preceituado no Projeto ASF, contendo uma arrumação formal das matérias mais lógica.

O agente de seguros apenas pode recorrer a (*i*) outros mediadores de seguros (incluindo, assim sugeriria a letra da lei, um corretor de seguros) ou (*ii*) a um mediador de seguros a título acessório caso exista autorização da empresa de seguros para o efeito. Uma vez que o agente de seguros exerce profissionalmente a atividade de distribuição de seguros, de certo modo parece cercear-se a possibilidade de designar auxiliares para o cumprimento da obrigação, *vis-à-vis* a empresa de seguro. Esta deve sempre autorizar o recurso a outros mediadores nos termos do contrato que tenha estabelecido com o agente de seguros (cfr. artigo 16º, nº 1, al. *a*) da LDSR). De todo o modo, o artigo 8º, nº 1, al. *d*) da Norma Regulamentar nº 17/2006-R, de 29 de dezembro, publicada como Regulamento nº 16/2007, estatui que o conteúdo mínimo do contrato de agente de seguro deve mencionar «a possibilidade, ou não, do agente de seguros colaborar com outros mediadores de seguros», lendo-se no contrato de mediação reproduzido em Fernando Gilberto, *Manual Prático da Mediação de Seguros*, Lisboa, 2009, p. 46, o seguinte: «O segundo Outorgante poderá, no exercício da sua atividade junto da primeira Outorgante, receber a colaboração de outros mediadores de seguros, mediante expressa e pontual autorização dada por escrito pela Primeira Outorgante, estando-lhe vedado prestar a sua colaboração a outros mediadores de seguros». O preceituado no nº 3, e a exigência de um contrato escrito regulando a intervenção dos vários mediadores no contrato, não parece impor um contrato *a latere* do contrato firmado *ab initio* com a empresa de seguros. Note-se que mor por do artigo 16º, nº 1, al. *a*) da LDSR o contrato celebrado pelo agente com a(s) empresa(s) de seguros deve também ser reduzido a escrito.

A regra vertida no nº 2 é nova, não se encontrando, assim, disposição similar no artigo 39º da LMS. Tendo em vista que o mediador aqui tido em vista exerce a atividade numa base acessória a colaboração ("recurso") a outros mediadores de seguros, *v.g.*, agentes de seguros, poderia, ao que parece, fazer perigar os requisitos identitários deste específico sujeito da distribuição de seguros. Outras preocupações, mormente no que concerne à movimentação de fundos, poderão ter sido sopesadas. Seja como for, diversamente do nº 1, a autorização da empresa de seguro ao mediador de seguros a título acessório é, neste particular, inoperante. O Projeto ASF dispunha ainda que «em qualquer caso, em cada contrato de seguro apenas pode intervir um mediador de seguros a título acessório», mas este trecho já não se encontra na Proposta de Lei nº 138/XIII/3ª (Gov.) e, consequentemente, no texto da LDSR.

Caso num mesmo contrato de seguro intervenham vários mediadores de seguros a lei estabelece um caso de responsabilidade solidária (artigo 513º do CC) perante os segurados, os tomadores de seguros e as empresas de seguros pelos actos de distribuição praticados, o que, sobretudo, tutela tomadores e segurados de forma mais eficaz (*vide* também nº 6). Fica, porém, na sombra a questão de saber se implicitamente se reconhece aqui a possibilidade de uma responsabilização direta e autónoma do mediador de seguros perante os tomadores de seguros e segurados, independentemente da sua consideração como o sujeito que a empresa de seguros utiliza para o cumprimento da obrigação.

Se num mesmo contrato intervierem vários mediadores de seguro é questionável em que carteira de seguros (artigo 53º ss. da LDSR) se inserirá esse contrato. O nº 5 explicita que o(s) contrato(s) de seguro integrará(ão) a carteira do mediador que o(s) coloque na empresa de seguros.

ANOTAÇÃO *(José Vasques)*

I. O art. 39º do *regime jurídico da mediação de seguros* permitia, em regra, a intervenção de vários mediadores de seguros num mesmo contrato, fizendo-a depender da celebração de contrato entre eles, ainda que o contrato integrasse a carteira de seguros do mediador que o colocasse na empresa de seguros; e inibia a participação de outros mediadores nos contratos em que interviesse um *mediador de seguros ligado*, salvo nos casos de cosseguro.

II. Não resulta da transposição da Diretiva (UE) 2016/97.

III. O artigo sob anotação estabelece as condições em que um *mediador de seguros* pode recorrer a outro *mediador de seguros* ou a um *mediador de seguros a título acessório* para distribuir o produto de seguros junto do cliente, o que depende sempre de contrato escrito entre eles previamente celebrado (nº 3) e também, quando seja um *agente de seguros* a recorrer a outro *mediador de seguros* ou a um *mediador de seguros a título acessório*, de autorização da *empresa de seguros* para o efeito (nº 1), isto é, os *corretores de seguros* podem recorrer a outros *mediadores de seguros* ou a *mediadores de seguros a título acessório*, sem que para tal seja necessária a autorização da *empresa de seguros*, embora devam celebrar entre si um contrato escrito.

Quando intervenham num mesmo contrato de seguro vários *mediadores de seguros* ou um *mediador de seguros a título acessório* e um ou vários *mediadores de seguros*, caso em que todos são solidariamente responsáveis perante os segurados, os tomadores de seguros e as empresas de seguros pelos atos de distribuição praticados (nº 4), devendo o tomador do seguro ser informado dos *mediadores de seguros* que intervêm no contrato, bem como do regime de responsabilidade solidária [art. 31º, nº 1, al. *m*)], salvo nos casos de *cosseguro* em que esse regime tenha sido afastado por acordo com o tomador do seguro (nº 6); sobre o *cosseguro*, isto é, a cobertura conjunta de um risco por vários seguradores, denominados cosseguradores, de entre os quais um é o líder, sem solidariedade entre eles, através de um contrato de seguro único, com as mesmas garantias e idêntico período de duração e com um prémio global, v. artigo 62º e segs. do *regime jurídico do contrato de seguro*.

O quadro seguinte compara o artigo sob anotação com o que lhe correspondia no *regime da mediação de seguros e de resseguros*, evidenciando os seus comentários as alterações introduzidas (para facilitar a comparação, a ordem das disposições do art. 39º do anterior regime foi alterada):

Artigo 39º *Intervenção de vários mediadores no contrato de seguro.*	*Artigo 48º* *Intervenção de vários mediadores de seguro e de mediador de seguros a título acessório no contrato de seguro* *1 – O agente de seguros apenas pode recorrer a outros mediadores de seguros ou mediadores de seguros a título acessório para distribuir o produto de seguros junto do cliente caso exista autorização da empresa de seguros para o efeito.*

O recurso pelo agente de seguros a outros mediadores de seguros (isto é, agentes ou corretores de seguros) ou mediadores de seguros a título acessório depende de autorização da empresa de seguros para o efeito (nº 1).

3 – Salvo nos casos de co-seguro, nos contratos de seguro em que intervenha um mediador de seguros ligado não pode intervir qualquer outro mediador de seguros.	*2 – O mediador de seguros a título acessório não pode recorrer a outros mediadores de seguros ou mediadores de seguros a título acessório para distribuir o produto de seguros junto do cliente.*

O *mediador de seguros a título acessório* não pode recorrer a outros *mediadores de seguros* ou *mediadores de seguros a título acessório* para distribuir o produto de seguros junto do cliente (nº 2), o que configura situação semelhante à do *mediador de seguros ligado*, o qual, no entanto, podia intervir juntamente com outro *mediador de seguros* em casos de co-seguro.

2 – Os agentes que promovam a celebração de contratos por intermédio de outros mediadores de seguros devem fazê-lo nos termos de contrato escrito previamente celebrado, regulando a intervenção de ambos.	*3 – O recurso por mediador de seguros a outros mediadores de seguros ou mediadores de seguros a título acessório para distribuir o produto de seguros junto do cliente depende de contrato escrito previamente celebrado, regulando a intervenção dos vários medidores no contrato.*

A lei admite o recurso do mediador de seguros e outros mediadores de seguros ou mediadores de seguros a título acessório (configurando esta última situação inversa à prevista pelo nº 2) para distribuir o produto de seguros junto do cliente, fazendo-

-o depender, tal como sucedia com o anterior regime, de contrato escrito previamente celebrado, regulando a intervenção dos vários mediadores no contrato (nº 3); por contraposição com o previsto para os agentes de seguros (nº 1), os corretores de seguros podem recorrer a outros mediadores de seguros ou a mediadores de seguros a título acessório sem que para tanto necessitem de autorização da empresa de seguros.

1 – Caso intervenham, num mesmo contrato de seguro, vários mediadores de seguros, estes são solidariamente responsáveis perante os segurados, os tomadores de seguro e as empresas de seguros pelos actos de intermediação praticados, integrando esse contrato de seguro a carteira do mediador que o coloque na empresa de seguros.	*4 – Caso intervenham, num mesmo contrato de seguro, vários mediadores de seguros ou um mediador de seguros a título acessório e um ou vários mediadores de seguros, todos são solidariamente responsáveis perante os segurados, os tomadores de seguros e as empresas de seguros pelos atos de distribuição praticados.* *5 – Nos casos previstos no número anterior, os contratos de seguro integram a carteira do mediador de seguros que os coloque na empresa de seguros.*
4 – Por acordo com o tomador do seguro, o disposto no nº 1 pode ser afastado nos casos de co-seguro.	*6 – Por acordo com o tomador do seguro, o disposto no nº 4 pode ser afastado nos casos de cosseguro.*

Continua a prever-se um regime de solidariedade perante os segurados, os tomadores de seguros e as empresas de seguros pelos atos de distribuição praticados (nº 4), embora esse regime possa ser afastado nos casos de cosseguro, desde que com o acordo do tomador (nº 6); mantem-se igualmente a integração dos contratos na carteira do mediador que os coloque na empresa de seguros (nº 5).

A violação do disposto nos nºs 1, 2, 3 ou 5 constitui contraordenação grave [art. 113º, als. *xx)* a *zz)*].

IV. Disposições relacionadas: art. 113º als. *xx)* a *zz)*.

ANOTAÇÃO (*Luís Poças*)

I. O artigo em análise tem por antecedente o artigo 39º do DL 144/2006 – e encontra também afinidades normativas no artigo 16º da DDS – regulando a intervenção de vários mediadores de seguros ou de mediadores de seguros a título acessório na distribuição do produto de seguros junto do cliente.

Essa intervenção colaborativa será promovida por um mediador de seguros – chamemos-lhe, por analogia com a terminologia do cosseguro, *mediador-líder* –, por conta de quem atuam os vários intervenientes, devendo, no entanto, observar-se o seguinte:

a) Se o *mediador-líder* for um corretor, poderá livremente recorrer a outros mediadores (corretores ou agentes) ou mediadores de seguros a título acessório (nº 1, *a contrario*);

b) Se o *mediador-líder* for um agente, apenas poderá recorrer a outros mediadores, ou mediadores de seguros a título acessório, caso exista autorização para o efeito por parte do segurador por conta do qual o mediador-líder atua (cfr. nº 1). A autorização deverá ser apenas deste segurador (e não de cada um dos seguradores por conta de quem atuam os vários intervenientes, como parece sugerir-se no artigo 51º/4), em virtude de ser apenas sobre este que incidem os riscos da intervenção colaborativa. Esta interpretação decorre também literalmente do singular (*empresa* de seguros) utilizado na formulação do nº 1 do presente artigo. Na ausência de autorização do segurador, a intervenção colaborativa constitui uma contraordenação grave, nos termos do artigo 113º/*xx*);

c) O mediador de seguros a título acessório não pode assumir a posição de *mediador-líder* e recorrer, portanto, a outros mediadores ou mediadores de seguros a título acessório (nº 2), sem prejuízo da possibilidade da sua intervenção colaborativa por conta de um *mediador-líder* no quadro do nº 1. O incumprimento do nº 2 constitui uma contraordenação grave, nos termos do artigo 113º/*yy*).

II. Como resultava já anteriormente do artigo 39º/2 do DL 144/2006, a intervenção colaborativa, por conta de um *mediador-líder*, dos vários mediadores ou mediadores de seguros a título acessório na distribuição do produto de seguros junto do cliente deve ser regulada por *contrato escrito* previamente celebrado (nº 3).

Embora a disposição aluda, textualmente, a «contrato escrito [...] regulando a intervenção dos vários mediadores», pensamos que, intervindo uma pluralidade de mediadores, será indiferente que a intervenção colaborativa seja regulada num único contrato multilateral acordado entre todos, ou em contratos bilaterais firmados entre o *mediador-líder* e cada um dos intervenientes, desde que, neste último caso, os regimes dos vários contratos sejam compatíveis entre si. Esta última solução será até de mais simples implementação, permitindo uma mais fácil adesão ou exclusão posteriores de mediadores da intervenção colaborativa.

O preceito utiliza a expressão «depende de contrato escrito», podendo suscitar-se dúvidas quanto ao alcance da mesma. Ora, sendo certo que referida intervenção colaborativa requer uma disciplina contratual mínima que regule aspetos como, por exemplo, a remuneração dos intervenientes, o desrespeito pela exigência legal de forma escrita tem por consequência, nos termos do artigo 220º do CC, a nulidade de tal contrato. Ademais, o recurso, pelo *mediador-líder*, à referida intervenção sem contrato escrito constitui contraordenação grave, nos termos do artigo 113º/*xx*).

III. O nº 4 do artigo em análise – na esteira de igual solução contida no artigo 39º/1 do DL 144/2006 – estabelece a responsabilidade solidária de todos os mediadores, ou mediadores de seguros a título acessório, que intervenham nos termos acima definidos, perante os segurados, os tomadores de seguros e os seguradores, pelos atos de distribuição praticados. Mesmo que não haja contrato firmado entre o(s) lesado(s) e os distribuidores intervenientes, estará em causa o regime da responsabilidade obrigacional (artigos 798º ss. do CC, implicando uma presunção de culpa dos distribuidores), em virtude da violação de deveres no âmbito de uma relação análoga ao contrato.

A redação do nº 4 – «caso intervenham, num mesmo contrato de seguro, *vários* mediadores de seguros *ou um* mediador de seguros a título acessório *e um ou vários* mediadores de seguros» – também consentânea com a epígrafe do artigo – «intervenção de *vários* mediadores de seguro *e de mediador* de seguros a título acessório no contrato de seguro» – pode suscitar a dúvida sobre se a intervenção colaborativa apenas pode abranger *um* mediador de seguros a título acessório ou se poderá abranger *vários*. Cremos que a dúvida resultará de uma transição titubeante e pouco assertiva do regime anterior do artigo 39º/3 do DL 144/2006 – cuja solução o legislador não importou para o RJDSR – onde se dispunha que «nos contratos de seguro em que intervenha um mediador de seguros ligado não pode intervir qualquer outro mediador de seguros». Em qualquer caso, a redação dos nºs 2 e 3 do artigo em análise logo desmente a sugestão de que apenas poderia ser envolvido um mediador a título acessório, não se vendo também razão objetiva para tal restrição.

O nº 6, por seu turno, afasta a responsabilidade solidária nos casos de cosseguro quando haja acordo com o tomador do seguro. A *ratio* da disposição, que literalmente se refere ao cosseguro (artigo 62º ss. do RJCS) como contrato de seguro distribuído por meio da intervenção colaborativa, não é inteiramente clara.

IV. O nº 5 estabelece que, nos casos previstos no *número* anterior (atinente, como vimos, ao regime de responsabilidade solidária), os contratos de seguro integram a carteira do mediador de seguros que os coloque na empresa de seguros. Cremos que se terá tratado de um lapso de escrita – sem dúvida decorrente de uma importação pouco cuidada do artigo 39º/1 do DL 144/2006 (onde a possibilidade de intervenção colaborativa, o regime de responsabilidade solidária e a regra de contabilização do seguro na carteira eram previstos num único preceito) –, e que o legislador pretenderia referir-se *aos números anteriores* (ou à primeira parte do número anterior). Com efeito, a teleologia da norma residirá no propósito de definir a que carteira pertencerá o contrato de seguro, e não, naturalmente, que tal surja associado ao regime imperativo da responsabilidade solidária.

A solução quanto à contabilização do contrato de seguro numa carteira de seguros – já anteriormente prevista, como referimos, no artigo 39º/1 do DL 144/2006) – não é evidente. A lógica da intervenção colaborativa pareceria levar a que o contrato pertencesse à carteira do *mediador-líder* (o que recorre à intervenção dos demais e que, consequentemente, colocaria o contrato no segurador). Porém, não é essa a solução que resulta do nº 5, onde se estabelece que os contratos de seguro integram a carteira do *mediador de seguros que os coloque no segurador* (o que não corresponderá necessariamente ao *mediador-líder*). Esta interpretação é confirmada pelo artigo 113º/*zz*), onde se dispõe que constitui contraordenação grave a contabilização de um contrato de seguro na carteira de um mediador de seguros *ou de um mediador de seguros a título acessório* em violação do disposto no nº 5 do artigo 47º. Assim, não podendo o mediador de seguros a título acessório assumir a posição de *mediador-líder* (nº 2), fica claro que qualquer dos intervenientes poderá colocar o contrato no segurador e, consequentemente, contabilizá-lo na sua carteira. Em qualquer caso, esta será matéria regulada no contrato de intervenção colaborativa a que se alude no nº 3.

V. Verificando-se a intervenção colaborativa, deve o mediador de seguros, nos termos do artigo 31º/1/*m*), informar o cliente, com a devida antecedência em relação à celebração de qualquer contrato de seguro, do nome dos mediadores que intervêm no mesmo, bem como do regime de responsabilidade solidária acima referido.

ARTIGO 48º – Direito a escolha ou recusa de mediador de seguros ou de seguros a título acessório

1 – O tomador do seguro tem o direito de escolher livremente o mediador de seguros ou de seguros a título acessório para os seus contratos.

2 – As empresas de seguros têm o direito de recusar a colaboração de um mediador de seguros ou de um mediador de seguros a título acessório.

3 – Sem prejuízo do disposto no nº 1, o tomador do seguro pode, na data aniversária do contrato ou, no caso dos contratos renováveis na data da sua renovação, nomear ou dispensar o mediador de seguros ou de seguros a título acessório, devendo, para o efeito, comunicar a sua intenção à empresa de seguros com a antecedência mínima de 30 dias relativamente àquelas datas.

4 – O tomador do seguro pode, ainda, na data aniversária do contrato ou, no caso dos contratos renováveis na data da sua renovação, substituir o mediador de seguros ou de seguros a título acessório por outro mediador de seguros ou de seguros a título acessório, devendo, para o efeito, comunicar essa sua intenção à empresa de seguros com a antecedência mínima de 60 dias relativamente àquelas datas.

5 – Nos casos de nomeação ou de mudança de mediador de seguros ou de seguros a título acessório previstos nos números anteriores, e no prazo de 20 dias contados da data de receção da comunicação neles referida, a empresa de seguros deve notificar a sua recusa ao tomador do seguro, por carta registada ou outro meio do qual seja realizado registo escrito, sem o que se considera aceite o mediador de seguros ou de seguros a título acessório indicado.

6 – No caso de aceitação do mediador de seguros indicado, a empresa de seguros deve, até à data aniversária do contrato de seguro ou, no caso dos contratos renováveis, até à data da sua renovação, informar o mediador de seguros ou de seguros a título acessório dispensado ou substituído.

7 – Nos casos de substituição a que se refere o nº 4, a recusa pela empresa de seguros não é admissível sempre que o medidor de seguros ou de seguros a título acessório esteja por si autorizado a distribuir os produtos de seguros em causa.

ANOTAÇÃO (*Inês Oliveira Martins*)

1. O artigo em causa retira consequências do facto de que cada mediador dá cumprimento a seu modo aos deveres que lhe incumbem, procurando distinguir-se dos demais mediadores e granjear a preferência dos tomadores.

Tal manifesta-se logo aquando da celebração do contrato de seguro, podendo o tomador escolher livremente o mediador que o assessore (nº 1). E manifesta-se ainda no correr da relação, através dos direitos de nomeação e substituição do mediador (nºs 3 e 4).

Dá-se neste segundo aspecto relevo ao facto de os deveres do mediador se poderem estender para além do momento inicial da contratação, sendo esteio de uma relação de confiança entre ele e o tomador. Tal justifica que o tomador possa ter interesse, no correr dos contratos de seguro existentes, em substituir o mediador a eles associado. Desde logo, porque o mediador que o tenha assessorado na contratação pode não estar vinculado a prestar assistência ao longo da execução do contrato de seguro (art. 31º, nº 1, *f*)), preferindo o tomador obter também assessoria neste período. Ainda num plano abstracto, porque o tomador pode estar interessado em substituir um mediador que actue por conta do segurador por um corrector de seguros, que actuará por conta do tomador e estará mesmo vinculado a aconselhá-lo em matéria de gestão do risco (art. 35º, *a*)). E, por último, como se começou por dizer, porque o concreto modo como um mediador dê cumprimento aos seus deveres pode diferenciá-lo de outros profissionais, tornando-o preferível ao tomador.

2. No plano do conteúdo, o art. retoma o anterior art. 40º do Regime Jurídico da Mediação, aditando-lhe porém o que resulta do nº 7. Este esclarece o que já decorreria de uma devida interpretação do nº 2, à luz dos direitos que o artigo confere ao tomador nos demais números. O segurador não poderá injustificadamente obviar ao exercício, pelo tomador, dos direitos que a lei lhe confere, sob pena de estes se verem despidos de toda a eficácia.

O disposto no nº 7 não deixa, porém, de suscitar estranheza, já que não é claro por que haveria a recusa de não ser admissível nesses casos quando se tratasse de substituição de mediador, nos termos do nº 4, para que a norma em exclusivo remete, e ser já admissível quando se tratasse de nomeação de mediador (vg., nos casos previstos nos arts. 53º a 55º).

ANOTAÇÃO *(José Vasques)*

I. Cfr. art. 40º do regime jurídico da mediação de seguros.

II. Não resulta da transposição da Diretiva (UE) 2016/97.

III. O artigo sob anotação é substancialmente idêntico ao artigo 40º do *regime jurídico da mediação de seguros e de resseguros.*

Estabelecem-se neste artigo o direito de o tomador do seguro escolher livremente o *mediador de seguros* ou *de seguros a título acessório* para os seus contratos (nº 1), podendo também nomeá-los ou dispensá-los na data aniversária desses contratos (nº 3), data em que poderá ainda substituí-los (nº 4), e o direito de estas escolhas, nomeações e substituições poderem ser recusadas pelas *empresas de seguros* (nº 2).

As nomeações, dispensas e substituições devem ser comunicadas à *empresa de seguros* com uma antecedência mínima de 30 dias, ou de 60 dias no caso das substituições (nº 4), relativamente à data aniversária do contrato (nº 3), dispondo a *empresa de seguros* de 20 dias contados da receção da comunicação para notificar o tomador do seguro da sua recusa, sem o que se considera aceite o *mediador de seguros* ou *de seguros a título acessório* indicado (nº 5), caso em que a *empresa de seguros*, até à data aniversária do contrato de seguro ou, no caso dos contratos renováveis até à data da sua renovação, deverá informar o *mediador de seguros* ou *de seguros a título acessório* dispensado ou substituído (nº 6).

A regra segundo a qual as empresas de seguros podem recusar a colaboração de um mediador de seguros ou mediador de seguros a título acessório (nº 2), não se aplica aos casos de substituição pelo tomador do seguro quando se trate de mediador de seguros ou mediador de seguros a título acessório que estejam autorizados por essa empresa de seguros para distribuir os produtos em causa (nº 7).

Sobre a cessação voluntária de funções do *mediador de seguros* ou do *mediador de seguros a título acessório*, e sobre a cessação dos contratos celebrados pelos mediadores de seguros ou pelos mediadores de seguros a título acessório v. anotações aos arts. 49º e 55º

A limitação, por qualquer via, do direito do cliente de escolher livremente o mediador de seguros ou de seguros a título acessório para os seus contratos e o incumprimento pelas *empresas de seguros* do procedimento relativo à recusa ou aceitação do *mediador de seguros* ou *mediadores de seguros a título acessório* constituem contraordenações graves [art. 113º, als. *aaa)* e *bbb)*].

Sobre as regras de contagem de prazos previstos nos nºs 3 a 5 v. a nossa anotação ao artigo 7º da Lei preambular.

IV. Disposições relacionadas: art. 7º da Lei preambular, e arts. 49º, 55º, 113º, als. *aaa)* e *bbb)*.

ANOTAÇÃO (*Luís Poças*)

I. O artigo em análise – consagrado ao regime da escolha, nomeação, substituição e dispensa de mediador pelo tomador do seguro, e respetiva aceitação ou recusa pelo segurador – constitui um decalque quase integral da disciplina anteriormente prevista no artigo 40º do DL 144/2006. Assim, com a ressalva de que, no presente artigo, as referências anteriormente feitas ao mediador de seguros são agora também feitas ao mediador de seguros a título acessório (referir-nos-emos a ambos, indistintamente, por *mediador*), o regime estabelecido nos nºs 1 a 6 é, em substância, idêntico ao dos números homónimos do artigo 40º do DL 144/2006. Só o nº 7 do presente artigo não encontra precedente no diploma revogado.

II. No essencial, apesar de o contrato de mediação ter por partes o segurador e o mediador de seguros, é ao tomador do seguro que cabe a escolha do mediador, traduzida na nomeação, substituição e dispensa. Não se trata, porém – diversamente do que é sugerido pela redação do nº 1 –, de um direito potestativo, exceto quanto à dispensa, ou à nomeação de (ou substituição por) medidor de seguros ou de seguros a título acessório que esteja já autorizado pelo segurador a distribuir os seguros em causa (nº 7).

Excluindo esses casos, o cliente apenas poderá *propor* ao segurador a nomeação de um mediador, ou a substituição por um mediador, cabendo então ao segurador o direito potestativo de aceitação ou recusa de tal proposta. Já nos casos referidos de dispensa, ou de nomeação (ou substituição) relativamente a medidor autorizado pelo segurador a distribuir os seguros em causa, ao direito potestativo do tomador corresponde uma posição de sujeição do segurador (e não um direito, como é sugerido no nº 2 e desmentido no nº 7).

Aliás, o nº 7, que literalmente se atém aos casos de substituição a que se refere o nº 4, abrangerá também, por aplicação analógica, os de nomeação a que se reporta o nº 3.

III. Como resulta dos nºs 3 e 4, a dispensa, nomeação na vigência do contrato, ou substituição do mediador, produz efeito: (*i*) nos contratos com prazo fixo de duração superior a um ano (como é o caso típico dos seguros de vida), na respetiva data aniversária; e (*ii*), nos contratos anuais renováveis (como é o caso da generalidade dos seguros não vida), na data de renovação do contrato.

Em termos processuais, os trâmites a observar serão os seguintes:

a) Quanto à *dispensa* de mediador anteriormente nomeado, o tomador informa o segurador com, pelo menos, 30 dias de antecedência relativamente à data de efeito (nº 3), passando o contrato a *direto*. Neste caso, portanto, fica a atividade de distribuição de seguros, com o conteúdo previsto no artigo 4º/*a*), a cargo do próprio segurador, devendo este informar o mediador dispensado até à data de efeito da dispensa (nº 6).

b) Quanto à *nomeação* de mediador durante a vigência de um seguro que, à data, se encontre na situação de *direto* (isto é, sob a atividade de distribuição de seguros do próprio segurador), o tomador informa o segurador com, pelo menos, 30 dias de antecedência relativamente à data de efeito (nº 3). Se o mediador estiver já autorizado pelo segurador a distribuir os seguros em causa, este é obrigado a aceitar a nomeação (nº 7, por analogia). Não sendo esse o caso, o segurador, se pretender exercer o direito de recusa da nomeação, deverá notificar do facto o tomador, por carta registada ou outro meio do qual seja realizado registo escrito, no prazo de 20 dias contados da data de receção da comunicação deste, mantendo-se então o contrato como *direto*. Não o fazendo o segurador, considera-se aceite o mediador nomeado (nº 5), caso em que, quando aplicável, o segurador terá de celebrar com este o necessário contrato de mediação (ou a alteração de contrato já existente, no sentido de autorizar a distribuição dos seguros em causa).

c) Quanto à *substituição* de um mediador, anteriormente nomeado, por outro, o tomador informa o segurador com, pelo menos, 60 dias de antecedência relativamente à data de efeito (nº 4). Se o mediador indicado estiver já autorizado pelo segurador a distribuir os seguros em causa, este é obrigado a aceitar a substituição (nº 7). De outra forma, o segurador, se pretender exercer o direito de recusa da substituição, deverá notificar do facto o tomador, por carta registada ou outro meio do qual seja realizado registo escrito, no prazo de 20 dias contados da data de receção da comunicação deste. O tomador não poderá já substituir o mediador na data de efeito pretendida, mas poderá ainda dispensá-lo (nº 3) nos termos acima referidos. Se o segurador não recusar a substituição no prazo mencionado, considera-se a mesma aceite (nº 5), caso em que, quando aplicável, o segurador terá de celebrar com o mediador indicado o necessário contrato de mediação (ou a alteração de contrato já existente, no sentido de autorizar a distribuição dos seguros em causa). O segurador deverá ainda informar o mediador substituído até à data de efeito da substituição (nº 6).

IV. Embora o artigo em análise nada refira na matéria, a vontade do mediador de seguros indicado pelo tomador para efeitos de nomeação ou substituição não haverá de ser um elemento neutro na equação normativa. Assim, do mesmo modo que o mediador pode pretender cessar funções quanto a um contrato de seguro (cfr. artigo 49º), também poderá – até por maioria de razão – recusar a nomeação ou substituição proposta.

É certo que os trâmites previstos não contemplam esta circunstância, mas afigura-se exequível, como solução pragmática para o caso, que a nomeação ou substituição fique subordinada à condição resolutiva de recusa, por parte do mediador indicado, a ser exercida no prazo de 20 dias (por analogia com a solução prevista no nº 5) a contar daquele em que tome conhecimento da indicação feita pelo tomador.

V. Como resulta do artigo 113º/*aaa*), constitui contraordenação grave a limitação, por qualquer via, do direito do cliente de escolher livremente o mediador de seguros ou de seguros a título acessório para os seus contratos. Por seu turno, nos termos do artigo 113º/*bbb*), constitui contraordenação grave o incumprimento pelas empresas de seguros do procedimento relativo à recusa ou aceitação do mediador de seguros ou de seguros a título acessório, previsto no artigo 48º/5/6.

ARTIGO 49º – Cessação de funções do mediador de seguros ou de seguros a título acessório

1 – O mediador de seguros ou de seguros a título acessório pode, na data aniversária do contrato de seguro ou, no caso dos contratos renováveis, na data da sua renovação, deixar de exercer a sua atividade relativamente a um ou mais contratos da sua carteira, desde que comunique tal intenção ao tomador do seguro e à empresa de seguros com a antecedência mínima de 60 dias em relação àquelas datas.

2 – Obtido o acordo expresso, por forma escrita, do tomador de seguro, o mediador de seguros ou de seguros a título acessório pode cessar funções a todo o tempo.

3 – O acordo previsto no número anterior deve ser comunicado pelo mediador de seguros ou de seguros a título acessório à empresa de seguros com a antecedência mínima de 30 dias relativamente à data da cessação.

ANOTAÇÃO (*Francisco Luís F. Ribeiro Alves*)

Este preceito tem por base o anterior artigo 41º e tem como novidade o referido nos nºs 2 e 3. Permite ao mediador de seguros ou de seguros a título acessório desvincular-se do contrato de seguro, o que apenas poderá fazer com efeitos à data aniversária ou, nos contratos renováveis, à data da renovação. Embora, por princípio, exista interesse do mediador em continuar com a mediação de um determinado contrato, para que receba a respetiva remuneração, pode a relação entre mediador e cliente ter-se degradado. Assim, o regime jurídico prevê esta possibilidade. Como existia a limitação da data aniversária ou da renovação para cessar funções, o que seria mais gravoso em situações em que mediador e cliente pretendessem cessar antecipadamente a relação, o legislador prevê que, mediante acordo escrito, aquelas datas possam ser antecipadas. Como condição o regime prevê uma obrigação de notificação à empresa de seguros, por parte do mediador de seguros, com a antecedência de 30 dias face à data da cessação.

Embora a regra pareça ser a de o mediador de seguros recolher o acordo expresso do tomador do seguro, para posteriormente informar a empresa de seguros, parecem estar igualmente preenchidas as condições previstas neste artigo se for o tomador do seguro a pedir, por escrito, a cessação da mediação do contrato para uma data com pelo menos 30 dias de antecedência face à data pretendida, desde que o mediador também notifique a empresa de seguros, por escrito, da aceitação dessa pretensão.

ANOTAÇÃO (*Inês Oliveira Martins*)

1. Cura-se aqui das hipóteses de cessação da relação jurídica entre o mediador e os tomadores, por facto voluntário do mediador. Esta cessação pode dizer respeito a um ou mais contratos compreendidos na sua carteira (no limite, à sua totalidade).

O artigo trata, no nº 1, as hipóteses de denúncia, tutelando a liberdade do mediador, perante a longevidade do vínculo de mediação, decorrente do carácter duradouro dos contratos de seguro a que se refere. Retoma, no seu conteúdo, o que constava já do art. 41º do Regime Jurídico da Mediação. Os nºs 2 e 3, sem paralelo no regime anterior, tratam, por sua vez, a cessação do vínculo por acordo entre o tomador e o mediador, a qual pode ocorrer a todo o tempo.

2. Nos casos de denúncia, a tutela da posição do segurador e dos tomadores afectados é feita através de pré-aviso de 60 dias, deixando estes últimos em condições de exercer os seus direitos de nomeação de novo mediador. Nos casos de cessação por acordo, a tutela do segurador é feita mediante pré-aviso de 30 dias.

ANOTAÇÃO *(José Vasques)*

I. Cfr. art. 41º do regime jurídico da mediação de seguros.

II. Não resulta da transposição da Diretiva (UE) 2016/97.

III. A cessação de funções na data aniversária do contrato era já prevista pelo artigo 41º do *regime jurídico da mediação de seguros e de resseguros* em termos substancialmente idênticos.

O artigo sob anotação vem prever a possibilidade da cessação de funções a todo o tempo, desde que o *mediador de seguros* ou o *mediador de seguros a título acessório* tenha obtido, por escrito, o acordo expresso do tomador de seguros (nº 2), devendo tal acordo ser comunicado pelo *mediador de seguros* ou pelo *mediador de seguros a título acessório* à *empresa de seguros* com a antecedência mínima de 30 dias relativamente à cessação (nº 3).

Sobre a possibilidade de o tomador do seguro dispensar ou substituir o *mediador de seguros* ou o *mediador de seguros a título acessório* em outra data que não a data aniversária do contrato v. a nossa anotação ao artigo anterior.

A cessação de funções de *mediador de seguros* em data diversa da data aniversária do contrato, sem que haja acordo escrito do tomador do seguro, ou o incumprimento pelo *mediador de seguros* ou *mediador de seguros a título acessório* dos deveres de comunicação às empresas de seguros daquela cessação constituem contraordenações graves [art. 113º, als. *ccc)* e *ddd)*].

Sobre as regras aplicáveis à contagem dos prazos previstos nos nºs 1 e 3, v. a nossa anotação ao artigo 7º da Lei preambular.

IV. Disposições relacionadas: art. 7º da Lei preambular, e arts. 113º, als. *ccc)* e *ddd)*

ANOTAÇÃO *(Luís Poças)*

I. Em estrita articulação com o regime previsto no artigo 48º, o artigo em análise regula as situações em que seja o mediador a pretender desvincular-se da atividade de distribuição de seguros relativamente a um ou vários contratos de seguro da sua carteira. Este artigo segue literalmente, no seu nº 1, a solução que já se encontrava anteriormente prevista no artigo 41º do DL 144/2006. Os nºs 2 e 3, porém, comportam conteúdo inovador.

II. A cessação de funções por iniciativa unilateral e discricionária do mediador de seguros, prevista no nº 1, corresponde a um direito potestativo do mesmo e opera por declaração de vontade, dirigida, simultaneamente, ao tomador do seguro e ao segurador, com, pelo menos, 60 dias de antecedência relativamente à data de efeito, a saber: (*i*) a data aniversária do seguro, nos contratos com prazo fixo de duração superior a um ano; e (*ii*) a data de renovação do seguro, nos contratos anuais renováveis.

III. Os nºs 2 e 3 estabelecem uma outra causa de cessação de funções do mediador relativamente a um ou vários contratos de seguro da sua carteira: a cessação por mútuo acordo. O acordo de vontades entre o mediador e o tomador deve ser expresso e formalizado por escrito, sob cominação de nulidade (artigo 220º CC).

Por outro lado, a cessação por mútuo acordo produz efeitos a todo o tempo, não tendo de ser alinhada com a data aniversária ou de renovação do contrato de seguro (nº 2). Em qualquer caso, terá tal acordo de ser comunicado pelo mediador ao segurador com a antecedência mínima de 30 dias relativamente à data da cessação. A comunicação extemporânea terá por consequência que os efeitos da cessação só se produzam, perante o segurador, no termo do referido prazo.

Com a cessação de funções, passará o contrato de seguro a direto (ficando a atividade de distribuição de seguros a cargo do segurador), sem prejuízo da possibilidade de escolha e nomeação de novo mediador pelo tomador do seguro, nos termos e prazos previstos no artigo 48º.

IV. Nos termos do artigo 113º/*ccc*), constitui uma contraordenação grave a cessação de funções do mediador em data diversa da estipulada no artigo 49º/1, sem que haja acordo para esse efeito nos termos do nº 2 do mesmo artigo. Por seu turno, nos termos do artigo 113º/*ddd*), constitui igualmente uma contraordenação grave o incumprimento pelo mediador dos deveres de comunicação ao segurador previstos no artigo 49º/1/3.

ARTIGO 50º – Poderes de representação

Para efeitos do nº 2 do artigo 31º do regime jurídico do contrato de seguro, aprovado pelo Decreto-Lei nº 72/2008, de 16 de abril, na sua redação atual, considera-se que o agente de seguros e o mediador de seguros a título acessório atuam em nome e com poderes de representação do segurador, independentemente de este lhes ter conferido expressamente os poderes para celebrar contratos em seu nome.

ANOTAÇÃO (*José Alves de Brito*)

I. *Considerandos da DDS*: sem menção particular.

II. *Origem da disposição*: Artigo novo. *Vide* nos trabalhos preparatórios do novo regime o artigo 52º do anexo I do Projeto ASF (Versão Preliminar) e o artigo 50º do anexo a que se refere o nº 2 do artigo 1º da Proposta de Lei nº 138/XIII/3ª (Gov.).

III. *Novo regime*: se bem se compreende o pano de fundo que terá, porventura, estado na origem desta disposição, importa destacar que as empresas de seguros devem ser criteriosas na escolha dos agentes de seguros e mediadores de seguros a título acessório eleitos para o exercício da distribuição dos seguros (cfr., por exemplo, o vazado no artigo 29º da LDSR), contudo, o exercício do poder contraordenacional compete à ASF (cfr., por exemplo, artigo 113º, al. *g*) da LDSR). A presente disposição coloca o acento tónico do exercício da atividade da distribuição de seguros no âmbito da relação empresa de seguros/mediador, e concede aos agentes de seguros e mediadores de seguro a título acessório certos poderes representativos do *segurador* (a lei não menciona, aqui, a «empresa de seguros»), independentemente de este lhes ter conferido expressamente poderes para celebrar contratos em seu nome.

A atribuição de poderes representativos tida em vista no preceito deve ser objeto de uma delimitação cuidadosa. Efetivamente, não está em causa uma representação em que um sujeito (o representante) celebre um contrato de seguro em nome de outrem (o representado), porquanto o artigo 24º, nº 1, al. *a*) da LDSR recorda (em manifesta continuidade com o disposto no artigo 29, al. *a*) da LMS) que o mediador só pode celebrar contratos em nome da empresa de seguros quanto esta lhe tenha conferido, por escrito, os necessários poderes. Para além disso, note-se que os agentes de seguros e o mediador de seguros a título acessório atuam em nome e com poderes de representação para efeitos do nº 2 do artigo 31º da LCS (releva, para o que ora se discute, sobretudo a designada representação passiva), e portanto, circunscritamente às comunicações, à prestação de informações e à entrega de documentos a que aquele nº 2 (por remissão do nº 1) respeita.

O ponto ganha todavia nova complexidade tomando em consideração que entre a documentação entregue pelo tomador ao mediador (artigo 31º, nº 2 da LCS) pode contar-se a proposta de seguro (assim, Eduarda Ribeiro, «Art. 31º», *in Lei do Contrato de Seguro Anotada*, 3ª ed., Coimbra, 2016, pp. 207 e 208); ora, como o mediador agente de seguros e o mediador de seguros a título acessório passam a ser titulares, *ex vi legis*, de poderes de representação do segurador, verificados os requisitos do artigo 27º da LCS não se vê como obstar à possibilidade de conclusão do contrato de seguro pelo silêncio (*vide* artigo 27º da LCS; note-se que também o artigo 88º, nº 1 da LCS prevê a concretização da adesão de um segurado pessoa singular a um seguro de grupo após a receção da proposta de adesão pelo tomador que seja simultaneamente mediador com poderes de representação). Em resumo, pese embora os poderes representativos restritos aqui atribuídos, segue-se uma conclusão iniludível: «Havendo mediador, torna-se fundamental saber se este tem poderes de representação do segurador. Tendo-os, ele está em condições de celebrar o contrato. As diversas regras relativas à conclusão do contrato, incluindo os deveres de informar e as consequências do silêncio perante a proposta do tomador, têm aqui aplicação, só que reportadas ao mediador (cfr. Menezes Cordeiro, *Direito dos Seguros*, 2ª ed., Coimbra, 2016, p. 710). No sentido que julgaríamos preferível, *vide*, porém, Mafalda Miranda Barbosa, «Diretiva de Distribuição de Seguros: os Sujeitos», in *Revista de Direito Comercial 2018-09-21*, p. 1154, em cujo entender está em causa «a atribuição de poderes de representação em caso de comunicações efetuadas através de o mediador de seguros, que não se confunde com a problemática da atuação em nome de outrem no tocante à celebração do contrato de seguro. Quanto a esse continua a aplicar-se o regime da tutela da aparência previsto no artigo 30º DL nº 72/2008».

O preceito traz, por fim, a necessidade de retomar o conceito de "representante" do segurador que se encontra na LCS (por exemplo, artigos 24º, nº 3, al. *d*) e 25º, nº 4); mesmo entendendo que "representante", para efeitos dessas regras, é apenas aquele a quem foram atribuídos voluntariamente poderes representativos para a celebração do contrato, certo é que será necessário considerar a atribuição de poderes representativos (restritos, é certo) decorrentes da lei (artigo 50º da LDSR) em conjugação com o artigo 31º, nº 2 da LCS. O contrato pode ter-se por concluído pelo silêncio nos termos acima explanados havendo assim que ponderar se, nesse caso, o representante do segurador (o mediador) tinha conhecimento do facto inexato ou omitido.

ANOTAÇÃO *(José Vasques)*

I. Sem correspondência no anterior *regime jurídico da mediação de seguros e de resseguros*, mas v. art. 8º, als. *a)* e *b)*.

II. Não resulta da transposição da Diretiva (UE) 2016/97.

III. O *regime jurídico da mediação de seguros e de resseguros* determinava já que os *mediadores de seguros ligados* e os *agentes de seguros* agiam em nome e por conta das *empresas de seguros* [art. 8º, als. *a)* e *b)*].

O artigo 31º, nº 2, do *regime jurídico do contrato de seguro* estabelece que:

Artigo 31º

Comunicações através de mediador de seguros

......

2 – Quando o mediador de seguros atue em nome e com poderes de representação do segurador, os mesmos atos realizados pelo tomador do seguro, ou a ele dirigidos pelo mediador, produzem efeitos relativamente ao segurador como se fossem por si ou perante si diretamente realizados.

Os *atos realizados pelo tomador do seguro, ou a ele dirigidos pelo mediador* a que a disposição reproduzida se refere são *as comunicações, a prestação de informações e a entrega de documentos* (art. 31º, nº 1, do *regime jurídico do contrato de seguro*), pelo que a atuação *em nome e com poderes de representação do segurador*, que o artigo sob anotação vem agora estabelecer, está limitada àqueles atos, continuando na disponibilidade das partes convencionar sobre a amplitude de outros poderes, designadamente para celebração de contratos em nome da empresa de seguros [cfr. parte final do artigo sob anotação e art. 24º, nº 1, al. *a)*].

O artigo sob anotação vem distinguir os *agentes de seguros* e os *mediadores de seguros a título acessório* dos *corretores de seguros*, considerando que os primeiros atuam em nome e com poderes de representação do segurador.

Resulta claramente desta disposição a distinção entre atuar em nome e com poderes de representação do segurador (art. 258º do Código Civil) e ter-lhe este último conferido expressamente poderes para celebrar contratos em seu nome, isto é, quando o mediador seja mandatário com poderes de representação (art. 1178º do Código Civil).

Convém recordar que o contrato de seguro que o *mediador de seguros*, agindo em nome da *empresa de seguros*, celebre sem poderes específicos para o efeito é ineficaz em relação a esta, se não for por ela ratificado, o que se considera ocorrer se a *empresa de seguros*, logo que tenha conhecimento da sua celebração e do conteúdo do mesmo, não manifestar ao tomador do seguro de boa-fé, no prazo de cinco dias a contar daquele conhecimento, a respetiva oposição, sem prejuízo da eficácia do contrato no caso de *representação aparente*, isto é, se tiverem existido razões ponderosas, objetivamente apreciadas, tendo em conta as circunstâncias do caso, que justifiquem a confiança do tomador do seguro de boa-fé na legitimidade do mediador de seguros, desde que a *empresa de seguros* tenha igualmente contribuído para fundar a confiança do tomador do seguro (art. 30º do *regime jurídico do contrato de seguro*).

Sobre o conteúdo dos contratos celebrados entre os *mediadores de seguros* e as *empresas de seguros* para as quais exercem a atividade de mediação de seguros v. a nossa anotação aos arts. 16º e 20º

Na realidade, o artigo sob anotação vem modificar a natureza do artigo 31º, nº 2 do *regime jurídico do contrato de seguro*, que esse mesmo regime qualificava como supletiva (art. 11º), tornando-a imperativa (*considera-se que*), ainda que com as limitações referidas nos parágrafos anteriores.

Mas o que precede suscita também a questão de saber se o artigo sob anotação configura ele próprio uma regra de caráter supletivo ou imperativo; em regra, o caráter imperativo ou supletivo das regras legais resulta das próprias disposições (por qualificação legal) ou da interpretação dessas disposições; a qualificação legal de uma disposição como imperativa ou supletiva pode constatar-se a partir de uma disposição que enumere as disposições predicadas de certa natureza (como sucede no *regime jurídico do contrato de seguro*) ou da ocorrência na disposição em questão de quaisquer dos elementos de que tradicionalmente resulta o caráter supletivo ou imperativo (*salvo convenção em contrário, na falta de estipulação das partes* ou, em sentido contrário, *não admitindo convenção em sentido diverso, não pode ser convencionada* ou outras semelhantes); na susência destes últimos elementos, a qualificação há de resultar da interpretação da disposição segundo os critérios da essencialidade da norma para o regime em causa e do seu contexto sistemático.

Ora, o *regime jurídico da distribuição de seguros e de resseguros* não recorreu à técnica, usada pelo *regime jurídico do contrato de seguro*, de identificar, ainda que não taxativamente, as suas disposições que devam considerar-se imperativas ou, na falta dessa indicação, supletivas (cfr. arts. 11º a 13º), nem a disposição sob anotação contém elementos de que se resulte a sua natureza, pelo que esta só pode resultar da avaliação da sua essencialidade e interpretação sistemática; não sendo este o local próprio para mais longa disquisição, alinham-se apenas os elementos que, antecipando, parecem apontar para o caráter imperativo da disposição: em primeiro lugar, o artigo sob anotação dispõe claramente num determinado sentido, que compara com a alternativa *quando o mediador de seguros atue* [ou não atue] *em nome e com poderes de representação do segurador*, contida no artigo 31º, nº 2, do *regime jurídico do contrato de seguro* e, em segundo lugar, a atuação em nome e com poderes de representação é a que melhor corresponde à proteção dos interesses dos clientes de seguros, designadamente face às questões suscitadas pela *representação aparente* (art. 30º do *regime jurídico do contrato de seguro*), afigurando-se essencial a tal objetivo.

IV. Disposições relacionadas: arts. 16º, 20º e 24º, nº 1, als. *a)* e *b)*, arts. 11º a 13º, 30º e 31º, nº 2, do *regime jurídico do contrato de seguro*, e arts. 258º e 1178º do Código Civil.

ANOTAÇÃO (*Luís Poças*)

I. O presente artigo do RJDSR constitui uma das disposições mais controversas deste regime. As razões para tal controvérsia não são, porém, inteiramente novas. Já do DL 144/2006 resultava a sugestão de que o agente e o mediador de seguros ligado eram, *por inerência* (isto é, por natureza e necessariamente) representantes do segurador. Tal advinha, nomeadamente das referências do artigo 8º/a)/b), segundo as quais os mediadores atuavam *em nome* e *por conta* do segurador, ou as referências a *representação* e a *mandato* constantes do artigo 17º/1/a). Esta sugestão, incoerente no plano técnico-jurídico, parecia confundir a "representação comercial" (sinónimo de contrato de agência ou distribuição comercial) com a representação em sentido técnico, sendo fonte de dúvida, incerteza e – logo – de insegurança jurídica.

II. Existe representação em sentido técnico-jurídico quando alguém, *na prática de negócios jurídicos* (a mera gestão material dos interesses de outrem não constitui verdadeira representação em sentido técnico), age legitimamente – isto é, dotado de *poderes de representação* – *em nome* (atribuição da autoria da declaração) e, em regra, *por conta* (no interesse) de outrem. Há, assim, por via da representação, uma divergência entre quem atua negocialmente (o declarante/representante) e quem fica vinculado (o contraente/representado) – artigo 258º do CC. Em suma, por via da representação, os efeitos do ato jurídico praticado pelo representante são imputados à esfera do representado, vinculando-o, de forma *direta* ou *automática* e *imediata*.

O fundamento jurídico e verdadeiro pressuposto da representação consiste, portanto, na atribuição de poderes representativos, pelo que aquela só produz efeitos *nos limites de tais poderes*. Quanto à fonte destes, a representação pode assumir duas modalidades: a representação legal, onde a legitimidade do representante resulta da lei; e a representação voluntária, onde a mesma resulta de uma *procuração* (nº 1 do artigo 262º do CC).

Relativamente à representação legal, ela constitui um mecanismo de suprimento da incapacidade, destinado a integrar os incapazes no tráfego jurídico negocial (prescindindo-se, por desnecessária e insuscetível de ser prestada, da vontade do representado). Para tanto, a lei atribui ao representante poderes funcionais cuja delimitação atende aos interesses do incapaz. O âmbito da representação legal encontra-se, assim, definido pelas normas jurídicas que a preveem.

A representação voluntária, por seu turno, é a que decorre da vontade do representado manifestada através de uma procuração, mediante a qual o representado atribui ao representante poderes de representação para praticar negócios jurídicos em nome do primeiro.

III. Face ao exposto, para que se verificasse, no quadro do DL 144/2006, representação "por inerência", haveria este diploma de configurar uma situação especial de representação legal (em que, sendo a própria lei a fonte de atribuição dos poderes de representação, não estivesse em causa a necessidade de assegurar aos incapazes a participação no tráfico jurídico, mas um qualquer outro fundamento sem precedentes no nosso ordenamento). Ora, o DL 144/2006 não delimita nem concretiza o âmbito de quaisquer poderes representativos nem consagra expressamente qualquer vínculo de representação (veja-se, por contraste, a consagração de poderes de representação legal nos artigos 1878º/1, 1881º, 124º, 1901º/1, 1921º, 139º e 145º, todos do CC).

Pelo contrário, as referências a poderes de representação no DL 144/2006 são feitas no quadro da representação voluntária. De facto, tanto no caso dos mediadores de seguros ligados como no dos agentes de seguros (respetivamente, artigos 15º e 17º/a) do DL 144/2006) a celebração de um contrato escrito com o segurador (contrato de mediação de seguros) obedecia ao conteúdo mínimo estipulado pelo artigo 4º da Norma Regulamentar nº 17/2006-R, de 29/12, da ASF, aí figurando, entre outros elementos, a *referência à outorga, ou não, de poderes para celebrar contratos de seguro em nome da empresa de seguros* (alínea *d*) do nº 1). Em ambos os casos, portanto, os poderes para celebrar contratos de seguro em nome e por conta do segurador resultam do negócio gestório (o contrato de mediação de seguros) e não de uma *procuração* materialmente autónoma. De resto, também o artigo 29º/*a*) do DL 144/2006 era inequívoco ao estabelecer que era dever geral do mediador de seguros a celebração de contratos de seguro em nome do segurador *apenas quando este lhe tivesse conferido, por escrito, os necessários poderes.*

Em suma, no DL 144/2006 não se verificava a consagração de uma representação por inerência do segurador pelo mediador de seguros ligado ou pelo agente de seguros, antes se apelando para a representação voluntária se e na medida em que a autonomia da vontade do segurador tivesse efetivamente conferido poderes de representação ao mediador. Inexistindo poderes de representação, a atuação em nome e por conta de outrem consubstancia, na verdade, um caso de gestão de negócios (artigo 464º do CC).

IV. A clarificação da dúvida e incerteza gerados pelo DL 144/2006 veio a caber ao RJCS. Sem prejuízo de outras disposições também clarificadoras (por exemplo, o artigo 88º/1/2), refere o nº 2 do artigo 31º do RJCS que «*quando o mediador de seguros atue em nome e com poderes de representação do segurador*, os mesmos atos realizados pelo tomador do seguro, ou a ele dirigidos pelo mediador, produzem efeitos relativamente ao segurador como se fossem por si ou perante si diretamente realizados». Do trecho assinalado a itálico logo resulta que o mediador pode atuar ou não em nome e com poderes de representação do segurador, isto é, que *não é* um representante *por inerência* do segurador (só sendo representante se e na medida em que o segurador lhe confira expressamente poderes para o efeito).

A solução do artigo 31º/2 do RJCS está, de resto, em sintonia com a do nº 1 do mesmo artigo, segundo a qual, quando o mediador atue em nome e com poderes de representação do tomador, as comunicações, a prestação de informações e a entrega de documentos ao segurador, ou pelo segurador ao mediador, produzem efeitos como se fossem realizadas pelo tomador ou perante este, salvo indicação sua em contrário.

V. Em retrocesso técnico e normativo face à clarificação proporcionada pelo RJCS, o RJDSR veio retomar a anterior sugestão de que o agente de seguros e o mediador de seguros a título acessório são representantes por inerência do segurador. A sugestão resulta de um uso abundante do termo "representação" (artigos 16º/1/*a*); 20º/1/*a*); 89º/2/*f*); 94º/2/*f*); 114º/1/*c*)), que não é utilizado em sentido técnico-jurídico, mas no sentido impróprio de *representação comercial*. Resulta também do recurso impróprio ao termo "mandato" (artigos 16º/1/*a*) e 20º/1/*a*)) e à expressão "atuação em nome e por conta do segurador" (artigos 9º/1/*a*)/2; 16º/1/*a*)/*c*); 20º/1/*a*)/*c*); e 31º/2/*a*)).

O contributo mais evidente para esse retrocesso, porém, decorre precisamente do artigo 50º, onde parece pretender-se neutralizar o efeito clarificador que resultava do artigo 31º/2 do RJCS.

VI. Contextualizado o percurso que nos traz até ao artigo em análise e enquadrada a problemática que o envolve, é o momento para interpretá-lo. Recorde-se, para tanto, que: (*i*) a atribuição de poderes representativos é o fundamento da representação e seu pressuposto necessário; e (*ii*) atento o escopo da representação (a prática de negócios jurídicos, e não de atos materiais), o negócio jurídico que tipicamente será objeto de poderes de representação no caso da mediação de seguros será a celebração do contrato de seguro em nome do representado.

Neste quadro, a uma primeira leitura, o artigo 50º desafia o princípio da não contradição: o que o preceito parece afirmar é que o agente de seguros e o mediador de seguros a título acessório *são representantes do segurador mesmo que não tenham poderes de representação*.

Ora, embora possa ser propósito do legislador o de estabelecer uma representação por inerência no caso dos agentes de seguros e mediadores de seguros a título acessório, a mesma não é tecnicamente admissível nem exequível no plano prático: os poderes do representante sempre teriam de ser concretizados e delimitados e, não o fazendo a lei (representação legal), essa delimitação teria de ser necessariamente feita pela vontade do representado.

Assim, a interpretação que resulta de uma primeira leitura do artigo 50º é insustentável por impossibilidade teórica, lógica e prática. Qual então o sentido útil da disposição em análise?

O artigo 50º delimita o seu âmbito de aplicação: *para efeitos do 31º/2* (e apenas para estes), equiparam-se as situações em que não existem poderes de representação àquelas em que tais poderes existem. Em suma o sentido útil é o da extensão do nº 2 do artigo 31º a *todos* os mediadores, independentemente de terem ou não poderes de representação.

Portanto, resulta do artigo 50º que, independentemente de quaisquer poderes representativos, as comunicações, a prestação de informações e a entrega de documentos realizados pelo tomador do seguro ao agente ou mediador de seguros a título acessório, ou àquele dirigidos por estes, produzem efeitos relativamente ao segurador como se fossem por si ou perante si diretamente realizados.

A solução do artigo 31º do RJCS assentava no vínculo de representação, onde encontrava o seu sentido, e o seu justo equilíbrio (atenta a reflexa solução entre o nº 1 e o nº 2 deste artigo). Já a do artigo 50º, ao tratar do mesmo modo os casos em que haja representação e aqueles em que a mesma não exista, subverte a lógica, a *ratio* e o equilíbrio normativo da regra. É, portanto, uma solução enviesada e tecnicamente muito duvidosa.

ANOTAÇÃO (*Mafalda Miranda Barbosa*)

I. Podemos descortinar no regime jurídico vigente até agora duas notas de efetiva aproximação entre a mediação de seguros e o contrato de agência: a previsão da possibilidade de atribuição de uma indemnização de clientela ao agente de seguros, nos termos do artigo 45º DL nº 144/2006, em moldes similares aos que resultam da lei do contrato de agência; a possibilidade de, em caso de atuação do agente de seguros sem poderes de representação, ser tutelada a aparência gerada, nos termos dos artigos 30º Anexo DL nº 72/2008, em moldes também próximos aos que resultam do artigo 23º LCA. É certo que a previsão pontual de tais soluções pode depor no sentido da necessidade de intervenção legislativa específica, quanto ao ponto, por não ser aplicável o regime da agência; mas, por outro lado, e se nos orientarmos por uma interpretação dogmática e teleológica, que nos remeta os institutos jurídicos quer para o restante sistema jurídico, quer para a consideração dos fins que, *ab initio*, predicam a intencionalidade jurídica, poderemos chegar à conclusão de que a solução dispensada pelo legislador só faz sentido por a atividade dos agentes de seguros comungar de características que foram pensadas em geral para a agência. A previsão das referidas soluções, em certa medida, desonera o julgador, oferecendo-lhe um critério de solução para problemas que outrora estavam envoltos em controvérsia. Mas, não sendo a categoria dos mediadores uniforme, a solução não é líquida no tocante aos corretores. O artigo agora em comentário oferece-nos importantes pistas de reflexão.

II. Dispõe o preceito agora em comentário que, "para efeitos do nº 2 do artigo 31º do regime do contrato de seguro, aprovado pelo DL nº 72/2008, de 16 de abril, considera-se que o agente de seguros e o mediador de seguros a título acessório atua em nome e com poderes de representação do segurador, independentemente de este lhe ter conferido os poderes para celebrar contratos em seu nome". Dispõe o citado artigo 31º/2 Anexo DL nº 72/2008 que, "quando o mediador de seguros atue em nome e com poderes de representação do segurador, os mesmos atos realizados pelo tomador do seguro, ou a ele dirigidos pelo mediador, produzem efeitos relativamente ao segurador como se fossem por si ou perante si diretamente realizados". Em causa está a atribuição de poderes de representação em caso de comunicações efetuadas através do mediador de seguros, que não se confunde com a problemática da atuação em nome de outrem no tocante à celebração do contrato de seguro. Quanto a esse continua a aplicar-se o regime da tutela da aparência previsto no artigo 30º Anexo DL nº 72/ /2008.

III. Do mesmo modo, o artigo 55º do diploma em comentário continua a prever a possibilidade de atribuição de uma indemnização de clientela. Tal mune-nos de um argumento sistemático suficientemente forte para a considerar que o agente de seguros é, para muitos efeitos, um agente em sentido próprio. Mas há que colocar a questão para as outras categorias de mediadores: é ou não o argumento extensível?

IV. Tradicionalmente, a doutrina tendia a entender que, no caso da corretagem de seguros, estaríamos diante de um contrato de mediação e não de um contrato de agência. De facto, se atentarmos na noção de contrato de agência e nos seus elementos essenciais – o contrato pelo qual uma das partes se obriga a promover por conta da outra a celebração de contratos, de modo autónomo e estável e mediante retribuição, podendo ser-lhe atribuída certa zona ou determinado círculo de clientes – e se tivermos em conta quem é, efetivamente, um corretor de seguros – pessoa que exerce a atividade de distribuição de seguros de forma independente face às empresas de seguros, baseando a sua atividade numa análise imparcial de um número suficiente de contratos de seguro disponíveis no mercado –, veremos que muito dificilmente se poderá reconduzir a atuação de um corretor ao âmbito de relevância de um contrato de agência. É que o corretor, pela natureza da sua função, não atua por conta da seguradora, agindo independentemente e baseando a sua atividade numa análise imparcial de um número suficiente de contratos disponíveis no mercado. Faltará, portanto, ao exercício da função a nota da estabilidade que é requerida pelo contrato de agência. Repare-se, ademais, que, enquanto no tocante aos agentes de seguros o artigo 16º/1, *a*), se refere expressamente ao contrato celebrado entre o agente de seguros e a seguradora como "o contrato através do qual a empresa de seguros mandata o agente para, em seu nome e por sua conta, exercer a atividade de distribuição", no caso dos corretores de seguros nenhuma referência se faz à atuação por conta alheia, donde falharia também uma das principais notas de caracterização do contrato de agência.

V. Importa, no entanto, destacar alguns pontos. Em primeiro lugar, o que caracteriza a agência é a atuação por conta de outrem, que não equivale à celebração de contratos por conta de outrem. O agente de seguros é o sujeito que exerce a atividade de distribuição de seguros em nome e por conta de um ou mais empresas de seguros ou de outro mediador, nos termos do ou dos contratos que celebre com essas entidades. Por seu turno, a distribuição é definida como qualquer atividade que consista "em prestar aconselhamento, propor ou praticar outros atos preparatórios da celebração de contratos de seguro, em celebrar esses contratos ou em apoiar a gestão e a execução desses contratos, em especial em caso de sinistro, incluindo a prestação de informações sobre um ou mais contratos de seguro, de acordo com os critérios selecionados pelos clientes através de um sítio na Internet ou de outros meios e a compilação de uma lista de classificação de produtos de seguros, incluindo a comparação de preços e de produtos ou um desconto sobre o preço de um contrato de seguro, quando o cliente puder celebrar direta ou indiretamente um contrato de seguro recorrendo a um sítio na Internet ou a outros meios". Significa isto que, em rigor, é possível estarmos diante de um agente de seguros que não celebre contratos por conta (e em nome) do segurador, apenas se limitando a prestar aconselhamento ou a propor atos preparatórios da celebração desse contrato. E, quando tal não ocorra, ou seja, quando o mediador-agente seja efetivamente mandatado para a celebração de contratos por conta do segurador, que pode, inclusivamente, outorgar-lhe poderes de representação para que aja também em seu nome, nem por isso fica descaracterizado o contrato que une o agente de seguros ao segurador como um contrato que comunga as características da agência, porquanto é possível que este apresente – para além dos seus elementos típicos essenciais – elementos acessórios que lhe oferecem uma outra fisionomia. Significa isto que a categoria "*agente de seguro*" não se apresenta como uma categoria monolítica, invariável e fixa, mas que, pelo contrário, ela pode integrar diversos esquemas negociais, consoante a conformação da relação entre as parte estabelecida ao abrigo da sua liberdade contratual, esquemas negociais esses que se unificam no denominador comum que apresentámos. Se o agente (*stricto sensu*), atuando por conta do principal, age com autonomia, não ficando dependente das suas instruções, não cumprindo um horário de trabalho e não auferindo uma remuneração fixa, como ensina Pinto Monteiro, então a possível qualificação do *agente de seguros* como agente em sentido estrito fica dependente da concreta relação que se estabeleça entre ele e o segurador. Se o agente for um trabalhador dependente, decairá a qualificação. Simplesmente, o artigo 2º/1, 3) DDS exclui do conceito de mediador o empregado da empresa seguradora, donde nenhum problema se levanta.

VI. Também a categoria de "*corretor*" não é simples. O corretor de seguros pode, por exemplo, estar ou não autorizado a cobrar prémios e a celebrar ou não contratos em nome da empresa de seguros. Simplesmente, no tocante à corretagem de seguros, faltam-nos as características típicas do contrato de agência, desde logo porque o corretor não atua por conta do segurador, mas independentemente, podendo não praticar, em relação a um dado segurador, mais do que um ato esporádico, com o que se perde a nota da estabilidade. Mas isto não significa que não se possam mobilizar as regras próprias do contrato de agência referentes à tutela da aparência. A doutrina, aliás e como sublinhado anteriormente, tem vindo a entender que o artigo 23º LCA consagra um princípio geral de âmbito mais vasto do que o do contrato de agência, que pode ser mobilizado sempre que em causa esteja, pelo menos, uma relação de distribuição. Na verdade, a disciplina da agência – em alguns dos seus pontos – assume um caráter modelar para toda a distribuição comercial, surgindo a lei do contrato de agência como um arquétipo que pode ser invocado, num juízo de pendor analógico, para além das situações em que está em causa uma relação entre o principal e o agente. Essas regras são, aliás, importadas para o mundo da mediação de seguros por via do artigo 30º Anexo DL nº 72/2008, que parece copiar a regra do artigo 23º LCA, em cujo âmbito de relevância se integram os corretores. E, no tocante à indemnização de clientela, depõe o artigo 55º do diploma em comentário. Nesse sentido, vide A. Pinto Monteiro, *Contrato de agência*, anotação, 5ª edição, Almedina, Coimbra, 2004.

ANOTAÇÃO *(Pedro Romano Martinez)*

A propósito da representação voluntária, e parecendo que atende ao regime comum deste instituto, aludindo a "Poderes de representação" em termos idênticos aos constantes dos artigos 258º e seguintes do CC, o legislador trata de uma figura intermédia, por vezes identificada como representação por inerência. A designada representação por inerência encontra previsão explícita no contrato de trabalho (artigo 115º, nº 3, do Código do Trabalho), ainda que o legislador tenha tido o cuidado técnico de mencionar que "o contrato de trabalho concede ao trabalhador os necessários poderes", sem qualificar como representação.

A referida inerência de poderes justifica-se para tutelar os que confiam naquele com quem pessoalmente contratam. Mas, tendo sido estabelecida no contrato de trabalho, não se verifica em situações similares, como no contrato de agência, onde se optou, antes, pela via da tutela da aparência (artigo 23º da Lei do Contrato de Agência). Foi essa também a solução, preferível do ponto de vista conceptual, consagrada na Lei do Contrato de Seguro (artigo 30º).

A solução agora prevista em sede de distribuição de seguros, com uma aplicação generalizada a agente de seguros e a mediador de seguros a título acessório, além de criticável do ponto de vista técnico-jurídico – confundindo representação voluntária, para a qual remete aludindo ao estabelecido no nº 2 do artigo 31º da Lei do Contrato de Seguro, com poderes inerentes a dada atividade – pode acarretar consequências perniciosas, ao vincular o segurador a múltiplos atos do distribuidor, mormente a celebração do contrato de seguro. Imagine-se que determinado agente de seguros, sem poderes de representação, durante um determinado período ajustou algumas centenas de contratos de seguro de que cobrou os respetivos prémios, sem ter comunicado ao segurador; os valores de sinistros podem ser muito superiores ao do seguro do distribuidor. A garantia conferida ao cliente supera a segurança jurídica no âmbito do seguro, podendo até fazer perigar a solvência de um segurador.

ARTIGO 51º – Movimentação de fundos relativos ao contrato de seguro

1 – O agente de seguros só pode receber prémios com vista a serem transferidos para as empresas de seguros se tal for convencionado, por escrito, com as respetivas empresas de seguros.

2 – Os prémios entregues pelo tomador do seguro ao agente de seguros autorizado a receber prémios relativos ao contrato são considerados como se tivessem sido pagos à empresa de seguros, e os montantes entregues pela empresa de seguros ao agente só são tratados como tendo sido pagos ao tomador do seguro, segurado ou beneficiário depois de este ter recebido efetivamente esses montantes.

3 – Os prémios entregues pelo tomador do seguro ao corretor de seguros são considerados como se tivessem sido pagos à empresa de seguros se o corretor entregar simultaneamente ao tomador o recibo de prémio emitido pela empresa de seguros.

4 – Os prémios entregues pelo tomador do seguro a qualquer mediador de seguros que intervenha no contrato de seguro por conta de outro mediador de seguros, autorizado a receber prémios e a colaborar com outros mediadores de seguros ou de seguros a título acessório pelas respetivas empresas de seguros, presumem-se entregues a este mediador de seguros.

5 – Qualquer mediador de seguros que movimente fundos relativos ao contrato de seguro deve depositar as quantias referentes a prémios recebidos para serem entregues às empresas de seguros e os montantes recebidos para serem transferidos para tomadores de seguros, segurados ou beneficiários em contas abertas em instituições de crédito em seu nome mas identificadas como conta «clientes».

6 – O mediador de seguros deve manter um registo detalhado e atualizado dos movimentos efetuados na conta «clientes» relativamente a cada contrato de seguro.

7 – Presume-se, para todos os efeitos legais, que as quantias depositadas em conta «clientes» não constituem património próprio do mediador de seguros,

devendo, em caso de insolvência do mediador, ser afetas, prioritariamente, ao pagamento dos créditos dos tomadores de seguros, segurados ou beneficiários.

8 – Ao mediador de seguros a título acessório aplica-se o previsto nos nºs 1, 2 e 4 a 7.

9 – Ao mediador de resseguros aplica-se, com as devidas adaptações, o previsto nos nºs 5 a 7.

10 – A ASF, no quadro dos princípios previstos nos números anteriores, define por norma regulamentar as regras a que devem obedecer as contas «clientes».

ANOTAÇÃO *(José Vasques)*

I. Cfr. art. 42º do regime jurídico da mediação de seguros.

II. Cfr. art. 10º, nº 6, als. *a)* e *c)*, da Diretiva (UE) 2016/97.

III. O recebimento de prémios para serem entregues pelo *mediador de seguros* à *empresa de seguros* depende de autorização desta, convencionada por escrito [nº 1, e arts. 23º, al. *d)*, e 31º, nº 1, al. *e)*].

Os nºs 2 a 4 dizem respeito à eficácia da entrega de prémios pelo *tomador do seguro* aos *agentes de seguros, corretores de seguros* ou *mediadores de seguros* que intervenham no contrato de seguro por conta de outro *mediador de seguros* (art. 47º) e dos montantes entregues a estes últimos pelas *empresas de seguros* para que sejam entregues aos *tomadores de seguros, segurados* ou *beneficiários*; a regra é a de que os prémios entregues aos *mediadores de seguros* são considerados como se tivessem sido pagos às *empresas de seguros* (mesmo no caso de *submediação*, dado que se presume o pagamento feito ao mediador por conta de quem o outro mediador intervém no contrato), mas, no caso dos *corretores de seguros*, apenas se estes entregarem simultaneamente ao *tomador do seguro* o recibo de prémio emitido pela *empresa de seguros* (nº 3, parte final). Estas disposições não divergem substancialmente das regras fixadas pelo *regime jurídico da mediação de seguros e de resseguros* (art. 42º, nºs 3 e 4), nem da lógica subjacente às *comunicações através de mediador de seguros*, consagrada no artigo 31º do *regime jurídico do contrato de seguro*.

O previsto no artigo sob anotação deve ser conjugado com as regras previstas no regime jurídico do contrato de seguro relativamente ao pagamento do prémio, nomeadamente nos arts. 54º e 56º

As disposições dos nºs 5 a 7, as quais regulam tecnicalidades relativas às contas «clientes» em que os *mediadores* de seguros devem depositar os prémios recebidos dos *tomadores de seguros* e os montantes recebidos das *empresas de seguros* e destinados a *tomadores de seguros, segurados* ou *beneficiários*, apresentam correspondência precisa com o anterior regime (art. 42º, nºs 5 a 7), com exceção do nº 7, onde o advérbio *prioritaria-*

mente substituiu o anterior *preferencialmente*; o incumprimento das regras relativas às contas «clientes» constitui contraordenação grave [art. 113º, al. *fff*)].

Aplica-se ao *mediador de seguros a título acessório* o disposto nos nºs 1, 2 e 4 a 7 (nº 8); aplicando-se, com as necessárias adaptações, ao *mediador de resseguros* o previsto nos nºs 5 a 7 (nº 9).

A habilitação específica da ASF para adotar a regulamentação prevista no nº 10 do artigo sob anotação resulta do artigo 13º, alínea *v*), da Lei preambular.

IV. Disposições relacionadas: art. 13º, al. *v*), da Lei preambular, e arts. 23º, al. *d*), e 31º, nº 1, al. *e*), 47º, 113º, al. *fff*), e arts. 54º e 56º do *regime jurídico do contrato de seguro.*

ANOTAÇÃO (*Luís Poças*)

I. O artigo em análise, seguindo, em substância, as soluções que já constavam do artigo 42º do DL 144/2006, visa proteger os clientes em matéria de movimentação de fundos respeitantes ao contrato de seguro (transferência do prémio para o segurador ou do montante da indemnização ou do estorno do prémio para o cliente).

II. Desde logo, o nº 1 – cuja redação é decalcada do artigo 42º/2 do DL 144/2006 – dispõe que o agente de seguros só pode receber prémios com vista a serem transferidos para o segurador se tal for convencionado, por escrito, com este. Assim, os poderes de cobrança não se presumem, devendo resultar expressamente do contrato de mediação de seguros ou de outro documento autónomo.

III. O nº 2 do artigo em análise, que adota redação idêntica à do artigo 42º/3 do DL 144/2006, dispõe que, tendo sido acordados poderes de cobrança com o agente de seguros, os prémios entregues pelo tomador ao agente são considerados como se tivessem sido pagos ao segurador, e os montantes (indemnizações, estornos de prémios, etc.) entregues pelo segurador ao agente só são tratados como tendo sido pagos ao tomador, segurado ou beneficiário depois de este ter recebido efetivamente esses montantes. Por outras palavras, conferindo o segurador poderes de cobrança ao agente, ou confiando-lhe valores para serem entregues ao tomador, segurado ou beneficiário, o risco de descaminho ou atraso na entrega dos referidos valores ao destinatário corre por conta do próprio segurador.

IV. O nº 3 do presente artigo segue a redação do artigo 42º/4 do DL 144/2006. Aí se dispõe, relativamente ao corretor, que os prémios que lhe sejam entregues pelo tomador são considerados como se tivessem sido pagos ao segurador se o corretor entregar simultaneamente ao tomador o recibo de prémio emitido pelo segurador. Assim, segue-se uma lógica e solução equivalente à do regime dos agentes: se o segurador confiou o recibo ao corretor, permitindo-lhe dar imediata quitação do recebimento do prémio em nome do segurador, então o risco de descaminho ou atraso na entrega do respetivo valor, pelo corretor ao segurador, corre por conta deste, salvaguardando-se a posição do tomador.

Para além desta solução, estabelece o artigo 18º/1/*d*) que o candidato ao acesso à categoria de corretor deve demonstrar que dispõe, ou que vai dispor à data do início da atividade, de garantia bancária ou de seguro-caução destinado a cobrir: (*i*) o pagamento de créditos dos tomadores, segurados ou beneficiários face ao corretor e que respeitem aos fundos que lhe sejam confiados com vista a serem transferidos para essas pessoas; e (*ii*) o pagamento de créditos dos clientes face ao corretor, resultantes de fundos que este receba com vista a serem transferidos para as empresas de seguros para pagamento de prémios que não se incluam no âmbito do nº 3 do artigo 51º.

V. O nº 4 do artigo em análise tem conteúdo inovador e surge articulado com o regime estabelecido, para a intervenção colaborativa, no artigo 47º. Neste quadro, estabelece-se que os prémios entregues pelo tomador a qualquer mediador que intervenha no contrato de seguro por conta de outro mediador, autorizado a receber prémios e a colaborar com outros mediadores de seguros ou de seguros a título acessório pelas respetivas empresas de seguros, presumem-se entregues a este mediador de seguros. A solução corresponde a uma extensão do regime já consagrado nos números precedentes. Com efeito, se o segurador confere poderes de cobrança a um agente e o autoriza a recorrer a outros mediadores para distribuir seguros junto do cliente, então a entrega a estes do prémio destinado ao segurador tem o mesmo efeito como se tivesse sido diretamente entregue ao próprio agente (e, por esta via, também ao segurador, nos termos do nº 2).

VI. O nº 5 – que segue redação idêntica ao número homónimo do artigo 42º do DL 144/2006 e consagra solução também prevista no artigo 10º/6/*c*) da DDS – estabelece uma outra medida de proteção do cliente: a segregação de valores por depósito em conta "clientes". Dispõe-se, assim, que qualquer mediador que movimente fundos relativos ao contrato de seguro deve depositar as quantias referentes a prémios recebidos para serem entregues ao segurador e os montantes recebidos para serem transferidos para tomadores, segurados ou beneficiários, em contas abertas em instituições de crédito em nome do próprio mediador, mas identificadas como conta "clientes".

Relativamente a esta conta, dispõe o nº 6, reproduzindo disposição com o mesmo nº do artigo 42º do DL 144/2006, que o mediador deve manter um *registo detalhado e atualizado* dos movimentos efetuados na mesma relativamente *a cada contrato de seguro*. O incumprimento pelo mediador de qualquer das regras relativas à conta «clientes» (artigo 51º/5/6) constitui uma contraordenação grave, nos termos do artigo 113º/*fff*).

Como resulta do nº 7 (também substancialmente idêntico ao artigo 42º/7 do DL 144/2006), *presume-se* (presunção ilidível), para todos os efeitos legais, que as quantias depositadas em conta "clientes" não constituem património próprio do mediador.

Por outro lado, como se estabelece na mesma disposição, em caso de insolvência do mediador, essas quantias devem ser afetas, *prioritariamente* (privilégio creditório mobiliário especial), ao pagamento dos créditos dos tomadores de seguros, segurados ou beneficiários.

Ainda em matéria de contas «clientes», compete à ASF, nos termos do nº 10 do artigo em análise (com idêntico teor ao do artigo 42º/8 do DL 144/2006), definir por norma regulamentar as regras a que as mesmas devem obedecer (cfr. também o artigo 13º/*v*) da L 7/2019).

VII. O estabelecido nas disposições citadas é parcialmente extensível a outras categorias de distribuidores. Assim, nos termos do nº 8, o previsto nos nºs 1, 2 e 4 a 7 é também aplicável ao mediador de seguros a título acessório, enquanto, nos termos do nº 9, o previsto nos nºs 5 a 7 se aplica, com as devidas adaptações, ao mediador de resseguros.

ARTIGO 52º – Resolução alternativa de litígios

1 – Sem prejuízo da possibilidade de recurso aos tribunais judiciais, em caso de litígio emergente da atividade de distribuição de seguros, incluindo litígios transfronteiriços, respeitantes a distribuidores de seguros registados em outros Estados-Membros no âmbito da atividade exercida no território português, os consumidores podem recorrer a entidades de resolução alternativa de litígios.

2 – Para os efeitos do número anterior, os distribuidores de seguros com atividade em território nacional devem promover a sua adesão a entidades que possibilitem a resolução alternativa de litígios, nos termos previstos na Lei nº 144/2015, de 8 de setembro, na sua redação atual, permitindo que situações ocorridas em momento anterior a essa adesão possam ser discutidas junto dessas entidades.

ANOTAÇÃO (*Francisco Luís F. Ribeiro Alves*)

Tem por base o anterior artigo 43º do RJMS, mas o nº 2 é novo. A menção à Lei nº 144/2015, de 8 de setembro, na sua redação atual, corresponde à redação dada pelo Decreto-Lei nº 102/2017, de 23 de agosto. O nº 1 é inócuo e é apenas informativo quanto à possibilidade de os consumidores (e não outros clientes que não encaixem na definição de consumidor) dirimirem os conflitos em entidades de resolução alternativa de litígios.

No entanto, o nº 2 foi mais longe, obrigando os distribuidores a aderir a entidades de resolução alternativa de litígios. Fazemos notar que, de acordo com o nº 1, esta obrigação apenas se aplica aos litígios emergentes da atividade de distribuição de seguros [V. conceito de distribuição de seguros – artigo 4º, al. *a*)].

No setor segurador existe uma entidade especializada na resolução alternativa de litígios, o Centro de Informação, Mediação, Provedoria e Arbitragem de Seguros, o CIMPAS, do qual já são aderentes muitos dos seguradores do mercado.

Note-se, conforme referido na anotação ao artigo 37º, que as empresas de seguros já prestam informação sobre os procedimentos extrajudiciais de reclamação e recurso referidos neste artigo 52º, atendendo ao previsto no artigo 18º da Lei nº 144/2015, de 8 de setembro, pelo que deverá constar nos seus sítios de internet a possibilidade de recursos a instância de resolução alternativa de litígios e na documentação contratual é pelo menos feita remissão para essas informações.

Quanto à adesão dos mediadores ao CIMPAS, poderá não ser a solução em todas as situações, já que esta entidade não dispõe de instalações em todo o território nacional. Por razões de proximidade, poderá ser ponderado, pelos mediadores, a opção de adesão a Centros de Arbitragem de Conflitos de Consumo.

Uma última nota para o facto de as empresas de seguros terem, há vários anos, desde as alterações Decreto-Lei nº 94-B/98, de 17 de abril, pelo Decreto-Lei nº 2/2009, de 5 de janeiro, e da Norma Regulamentar nº 10/2009-R, de 25 de junho, um sistema de gestão de reclamações interno e um provedor do cliente, o que assegura um melhor tratamento dos conflitos que possam existir e, tendencialmente, menor necessidade de recorrer a estes meios de resolução alternativos de litígios. A esta realidade há que adicionar o papel da ASF no tratamento das reclamações no mercado segurador (V. anotação ao artigo 76º). Os mediadores serão agora abrangidos, neste sistema, atendendo também às obrigações de definir uma política de tratamento e de instituir uma função responsável pela gestão de reclamações [V. artigo 24º, nº 1, alíneas *t*) e *u*)].

ANOTAÇÃO (*José Alves de Brito*)

I. *Considerandos da DDS*: *vide* considerando (38).

II. *Origem da disposição*: Corresponde, com modificações, ao artigo 43º da LMS. *Vide* o artigo 15º da DDS e, nos trabalhos preparatórios do novo regime, o artigo 54º do anexo I do Projeto ASF (Versão Preliminar) e o artigo 52º do anexo a que se refere o nº 2 do artigo 1º da Proposta de Lei nº 138/XIII/3ª (Gov.).

III. *Novo regime*: a diferença mais sensível face ao regime pretérito concerne às entidades de resolução alternativa de litígios. O preceituado na lei antiga apenas previa a possibilidade de «recorrer aos organismos de resolução extrajudicial de litígios que, para o efeito, venham a ser criadas»; na nova lei, em caso de litigio prevê-se o possibilidade de «recorrer a entidades de resolução alternativa de litígios», instando-se os distribuidores de seguros com atividade em território nacional a aderir às entidades previstas na Lei nº 144/2005, de 8 de setembro (Centros de Arbitragem de Conflitos de Consumo). Nesta senda, lê-se na *Proposta de Diretiva*, p. 10, o seguinte: «reforçar o artigo 11º da DMS I, obrigando (em vez de incentivando) a que os Estados-Membros instituam tais procedimentos e assegurem a participação nos mesmos».

Continuidade, contudo, verifica-se na menção coincidente de ambos os regimes aos sujeitos que podem recorrer às entidades de resolução alternativa de conflitos: apenas os consumidores, e não já os clientes, como resulta expressamente da DMS (cfr. artigo 11º) ou da DDS (cfr. artigo 15º). Não subsistem, porém, razões para circunscrever a possibilidade de acesso a tais entidades exclusivamente a pessoas singulares (*vide*, por exemplo, a noção de consumidor da Lei nº 144/2005). Mesmo admitindo que a diretiva apena tem em vista os clientes não profissionais (cfr. o considerando 51 e o artigo 22º, nº 1, § 2 da DDS) é claro que certos desses clientes (para o conceito *vide* o artigo 4º, nº 1, pontos 10 e 11 da Diretiva 2014/65/UE do Parlamento Europeu e do Conselho de 2014) podem ser pessoas coletivas.

ANOTAÇÃO *(José Vasques)*

I. Cfr. art. 43º do *regime jurídico da mediação de seguros.*

II. Cfr. art. 15º da Diretiva (UE) 2016/97.

III. A possibilidade do recurso a entidades de resolução alternativa de litígios visa *procurar chegar a uma resolução mais rápida e menos onerosa dos litígios entre os distribuidores de seguros e os clientes* [considerando (38) da Diretiva (UE) 2016/97].

Com aquele propósito, consagram-se no artigo sob anotação, por um lado, o direito de os consumidores de seguros, naturalmente sem prejuízo da possibilidade de recurso aos tribunais judiciais, poderem recorrer a entidades de resolução alternativa de litígios (nº 1) e, por outro, o dever de os distribuidores de seguros aderirem àquelas entidades, junto das quais deverão poder discutidas situações ocorridas antes dessa adesão (nº 2).

Os litígios aqui suscetíveis de ser submetidos às entidades de resolução alternativa são os *emergentes da atividade de distribuição de seguros*, incluindo litígios transfronteiriços, respeitantes a distribuidores de seguros registados em outros Estados membros no âmbito da atividade exercida no território português (nº 1), e não quaisquer outros, designadamente os emergentes de validade, interpretação, execução e incumprimento do contrato de seguro, que nada impede, no entanto, de serem submetidos a arbitragem (art. 122º, nº 1, do *regime jurídico do contrato de seguro*), a intervenção do provedor, recurso aos tribunais ou a mecanismos de resolução extrajudicial de litígios (art. 158º, nº 5, do *regime jurídico de acesso e exercício da atividade seguradora e resseguradora*).

O regime das entidades de resolução de litígios e os procedimentos correspondentes estão estabelecidos na Lei nº 144/2015, de 8 de setembro, sobre a resolução alternativa de litígios de consumo, estabelece o enquadramento jurídico dos mecanismos de resolução extrajudicial de litígios de consumo, com alterações posteriores.

A adesão a entidades que possibilitem a resolução alternativa de litígios não preclude o dever de o mediador de seguros de instituir uma função responsável pela gestão das reclamações dos tomadores de seguros, segurados, beneficiários e terceiros lesados relativas aos respetivos atos ou omissões [arts. 24º, nº 1, al. *u)*, e 28º].

IV. Disposições relacionadas: arts. 24º, nº 1, al. *u)*, e 28º, art. 122º, nº 1, do *regime jurídico do contrato de seguro*, e art. 158º, nº 5, do *regime jurídico de acesso e exercício da atividade seguradora e resseguradora*.

ANOTAÇÃO (*Luís Poças*)

I. O presente artigo assegura a transposição do artigo 15º da DDS, tendo por precedente normativo o artigo 43º do DL 144/2006 (ambos tendo por epígrafe *resolução extrajudicial de litígios*). O nº 1 do presente artigo conserva, no essencial, a redação do artigo revogado do DL 144/2006, com as atualizações terminológicas que se impunham.

Dispõe-se aí que, sem prejuízo da possibilidade de recurso aos tribunais judiciais, em caso de litígio emergente da atividade de distribuição de seguros, incluindo litígios transfronteiriços, respeitantes a distribuidores de seguros registados em outros Estados-Membros no âmbito da atividade exercida no território português, os consumidores podem recorrer a entidades de resolução alternativa de litígios.

Impõem-se, neste quadro, algumas precisões: desde logo, a de que o preceito se refere estritamente ao caso de *litígio emergente da atividade de distribuição de seguros*. Assim, por exemplo, quando o segurador atua simultaneamente na qualidade de "produtor" e de "distribuidor" de seguros, só esta última atividade é abrangida pelo âmbito da disposição.

Por outro lado, o nº 1 refere-se apenas à possibilidade de recurso a entidades de RAL por *consumidores*. Atendendo ao enquadramento, feito no nº 2, por remissão para a L 144/2015, haverá de buscar-se a noção de consumidor neste diploma. Aí se estabelece, no artigo 3º/*c*), que é *consumidor* «uma pessoa singular quando atue com fins que não se incluam no âmbito da sua atividade comercial, industrial, artesanal ou profissional». Desta forma, o preceito em análise não tutela a posição do tomador do seguro, segurado ou beneficiário, enquanto tal, mas apenas na medida em que qualquer deles assuma a qualidade de consumidor.

II. O teor do nº 2 do artigo em análise não tem precedente no artigo 43º do DL 144/2006. Ali se dispõe que, para os efeitos do número anterior, os distribuidores de seguros com atividade em território nacional devem promover a sua adesão a entidades que possibilitem a resolução alternativa de litígios, nos termos previstos na L 144/2015, na sua redação atual (alterações introduzidas pelo DL 102/2017), permitindo que situações ocorridas em momento anterior a essa adesão possam ser discutidas junto dessas entidades.

Como resulta do artigo 18º/1 da referida L 144/2015, os distribuidores ficam obrigados a informar os consumidores relativamente às entidades de RAL a que se encontram vinculados, por adesão ou por imposição legal decorrente de arbitragem necessária, e indicar o sítio eletrónico na Internet das mesmas. Por seu turno, como verte do nº 2 do mesmo artigo, essa informação deve ser prestada de forma clara, compreensível e facilmente acessível no sítio eletrónico na Internet do distribuidor, caso exista, bem como nos contratos de prestação de serviços entre o distribuidor e o consumidor, quando estes assumam a forma escrita ou constituam contratos de adesão, ou ainda noutro suporte duradouro.

Em qualquer caso, o próprio RJDSR estabelece deveres de informação neste domínio. Assim, o artigo 31º/1/*l*) dispõe que, com a devida antecedência em relação à celebração do seguro, o mediador deve informar o cliente dos procedimentos extrajudiciais de reclamação e recurso referidos no artigo 52º.

Também quanto aos seguradores se determina, no artigo 37º/2/*f*), que, sem prejuízo de outros deveres fixados ao longo do RJDSR, é dever específico do segurador no exercício da atividade de distribuição de seguros o de informar os clientes dos procedimentos extrajudiciais de reclamação e recurso referidos no artigo 52º. O incumprimento deste dever constitui contraordenação grave, nos termos do artigo 113º/*ww*).

SECÇÃO III
DAS CARTEIRAS DE SEGUROS

ARTIGO 53º – Transmissão de carteira a favor de mediador de seguros ou de seguros a título acessório

1 – As carteiras de seguros são total ou parcialmente transmissíveis, por contrato escrito, devendo o transmissário estar autorizado para o exercício da atividade de distribuição quanto aos referidos contratos de seguro.

2 – A intenção de transmitir carteira de seguros a favor de mediador de seguros ou de seguros a título acessório deve ser comunicada por escrito pelo transmitente à empresa de seguros, identificando o transmissário, a data de produção de efeitos pretendida para a transmissão e os contratos a transmitir.

3 – As empresas de seguros têm o direito de recusar a intervenção do transmissário nos respetivos contratos de seguro, devendo comunicar a recusa ao transmitente no prazo de 20 dias após a receção da comunicação referida no número anterior.

4 – A empresa de seguros que, sem adequada fundamentação, recuse intervenção do transmissário, nos termos do número anterior, fica sujeita ao ónus de propor ao transmitente a aquisição da carteira de seguros em causa.

5 – Caso a empresa de seguros não recuse a intenção de transmissão de carteira, o transmitente deve comunicar, por escrito, aos tomadores de seguros a referida transmissão de carteira, informando-os dos elementos referidos no nº 1 do artigo 31º quanto ao transmissário e do direito que lhes assiste de recusar a intervenção deste mediador de seguros ou de seguros a título acessório nos termos do número seguinte, bem como que mantêm o direito de escolher e nomear, nos termos legais, mediador de seguros ou de seguros a título acessório para os seus contratos.

6 – Os tomadores de seguros devem comunicar, por escrito, a recusa da intervenção do mediador de seguros ou de seguros a título acessório transmissário ao mediador de seguros ou de seguros a título acessório transmitente no prazo de 30 dias após a receção da comunicação referida no número anterior.

7 – O mediador de seguros ou de seguros a título acessório transmitente dá conhecimento à empresa de seguros da comunicação aos tomadores de seguros mencionada no nº 5, informando-a igualmente das situações de recusa da intervenção do transmissário por tomadores de seguro, no prazo máximo de 10 dias após o termo do período de 30 dias conferido no número anterior.

8 – Na falta de fixação pelas partes, no contrato que titula a transmissão da carteira, de outra data para a respetiva produção de efeitos, estes produzem-se, relativamente a cada contrato que integre a carteira, na sua data aniversária ou, no caso dos contratos renováveis, na data da sua renovação, devendo, em qualquer dos casos, essa data ser incluída na comunicação ao tomador do seguro prevista no nº 5.

ANOTAÇÃO (*Inês Oliveira Martins*)

1. Apesar da ressonância mais económica do que jurídica do termo, o conceito de carteira de seguros é jurídico, e, à semelhança do que acontecia com o Regime jurídico da mediação (RJM), vem definido pelo próprio RJDS. Designa o conjunto de contratos de seguro relativamente aos quais o mediador de seguros ou o mediador de seguros a título acessório exerce a atividade de distribuição e por virtude dos quais são criados na sua esfera jurídica direitos e deveres para com empresas de seguros e tomadores de seguros e segurados (art. 4º, *t*). O art. 53º, bem como os arts. 54º e 55º, nº 1, que o seguem, tratam todos eles hipóteses de substituição do mediador na sua posição perante os contratos de seguro.

2. O art. 53º trata a matéria que no RJM figurava no art. 44º, nºs 1 a 4, instituindo um novo procedimento para a transmissão da sua posição para um outro mediador.

O novo procedimento diverge do anterior por razões que parecem ser de economia de meios. Em ambos os casos, a transmissão da carteira opera por contrato escrito entre o anterior e o novo mediador; desta substituição, poderia resultar o prejuízo tanto dos interesses do segurador face a uma alteração dos sujeitos incumbidos de prestar assistência nos seus contratos, como do tomador que é credor das prestações do mediador no contrato de mediação.

Ora, à face do RJM, cabia ao transmitente comunicar a sua intenção de transferência, 60 dias antes de esta ter lugar, simultaneamente ao segurador e aos tomadores, sendo conferido a ambos igual prazo (30 dias) para recusarem a intervenção do mediador transmissário (44º, nºs 2 e 3). Caso o segurador recusasse injustificadamente tal intervenção, ficava então com o ónus de propor a aquisição da carteira em causa (art. 44º, nº 4). Havia, assim, a possibilidade de o tomador que esperasse vir a confrontar-se com um certo mediador (transmissário) no futuro, vir afinal a confrontar-se apenas com o segurador. É a esta possibilidade que o novo procedimento obvia, determinando que, em lugar de o segurador e os tomadores se pronunciarem em simultâneo, se pronuncia primeiro o segurador, e só depois os tomadores.

3. Assim, nos termos do novo procedimento, o transmitente comunica ao segurador, por escrito, a intenção de transmitir carteira de seguros a favor de mediador de seguros ou de seguros a título acessório, identificando o transmissário, a data de produção de efeitos pretendida para a transmissão e os contratos a transmitir (art. 53º, nº 2). O segurador dispõe então de um prazo de 20 dias contados da comunicação para recusar a intervenção do transmissário nos respetivos contratos de seguro; findo este prazo, presume-se o deferimento (nºs 3 e 5). Tal como acontecia perante o regime anterior, caso o segurador recuse injustificadamente o transmissário, fica sujeito ao ónus de propor ao transmitente a aquisição da carteira de seguros em causa (nº 4).

Apenas quando não tenha havido recusa por parte do segurador é que o mediador inicia o procedimento de comunicação aos tomadores, que dispõem de um prazo de 30 dias para transmitirem por sua vez, sendo caso disso, a respectiva recusa ao segurador. Findos estes 30 dias, disporá então de um prazo de dez dias para comunicar as situações de recusa ao segurador (nº 7).

ANOTAÇÃO *(José Vasques)*

I. Cfr. art. 44º do regime jurídico da mediação de seguros.

II. Não resulta da transposição da Diretiva (UE) 2016/97.

III. A *carteira de seguros* corresponde ao conjunto de contratos de seguro relativamente aos quais o *mediador de seguros* ou o *mediador de seguros a título acessório* exerce a atividade de distribuição e por virtude dos quais são criados na sua esfera jurídica direitos e deveres para com *empresas de seguros, tomadores de seguros* e *segurados* [art. 4º, al. *t)*]; as *carteiras de seguros*, que no caso da intervenção de vários mediadores de seguros ou mediadores de seguros a título acessório pertencem ao mediador que coloque os contratos de seguro na *empresa de seguros* (art. 47º, nº 5), são transmissíveis, por contrato, a favor de outros *mediadores de seguros* ou *mediadores de seguros a título acessório* (nºs 1 e 2) ou, por contrato ou, em caso de suspensão ou cancelamento da inscrição no registo, automaticamente, a favor de *empresas de seguros* (arts. 54º e 67º, nº 1), designadamente em caso de cessação de funções do *mediador de seguros* ou do *mediador de seguros a título acessório* (art. 49º, nº 1), presumindo-se que se mantêm quando haja alteração da categoria do distribuidor (art. 68º, nº 2).

A *transmissão de carteira* não se confunde com a *transferência de carteira*, consistindo esta última em uma *empresa de seguros*, nos termos legais e regulamentares em vigor, transferir a totalidade ou parte dos contratos da respetiva carteira para outra *empresa de seguros* (cfr. arts. 179º a 182º do *regime jurídico de acesso e exercício da atividade seguradora e resseguradora*).

Sobre a obrigação de *dispersão da carteira de seguros* dos *corretores de seguros*, o sancionamento do seu incumprimento, e as regras a de tal dispersão, a fixar pela ASF, v., respetivamente, artigos 35º, alínea *b)*, 112º, alínea *i)*, e artigo 13º, alínea *t)*, da Lei preambular.

A recusa pela *empresa de seguros* da intervenção do transmissário nos respetivos contratos de seguro deve ser adequadamente fundamentada (nº 4), admitindo-se que constitua fundamento adequado o facto de o transmissário não estar por ela autorizado a distribuir os produtos de seguros em causa (que o regime sob anotação considera fundamento admissível para que a *empresa de seguros* não aceite a substituição de *mediador de seguros* ou *mediador de seguros a título acessório*, cfr. art. 48º, nº 4 e 7); a falta de fundamento adequado sujeita a *empresa de seguros* ao ónus de propor ao transmitente a aquisição da carteira de seguros em causa.

O artigo sob anotação regula detalhadamente as comunicações (e respetivo conteúdo, nºs 5 e 8, parte final) a efetuar pelo transmitente aos tomadores de seguros (nº 5) e das eventuais recusas destes últimos (nº 6), de umas e de outras devendo o *mediador de seguros* ou o *mediador de seguros a título acessório* dar conhecimento à *empresa de seguros* (nº 7)

As *transmissões de carteira* produzem efeitos na data aniversária de cada contrato, ou na da sua renovação, salvo quando outra data tenha sido fixada pelas partes (nº 8).

O incumprimento das obrigações estabelecidas relativamente à *transmissão de carteira* constitui contraordenação grave [art. 113º, al. *ggg)*].

Sobre as regras aplicáveis à contagem dos prazos previstos nos nºs 3, 6 e 7 v. a nossa anotação ao artigo 7º da Lei preambular.

IV. Disposições relacionadas: arts. 7º e 13º, al. *t)*, da Lei preambular, e arts. 4º, al. *t)*, 35º, al. *b)*, 47º, nº 5, 48º, nºs 4 e 7, 49º, nº 1, 54º, 67º, nº 1, 68º, nº 2, 112º, al. *i)*, e 113º, al. *ggg)*.

ANOTAÇÃO (*Luís Poças*)

I. O regime da transmissão de carteira de um mediador de seguros era anteriormente regulado numa única disposição – o artigo 44º do DL 144/2006 –, independentemente da natureza do transmissário.

No RJDSR entendeu o legislador separar, em duas disposições distintas, respetivamente, a transmissão a favor de mediador de seguros ou de mediador de seguros a título acessório (objeto do artigo em análise), e a transmissão a favor de empresa de seguros (objeto do artigo 54º).

II. Nos termos do nº 1 do artigo em análise (que segue, em substância, o teor no nº 1 do artigo 44º do DL 144/2006), é legalmente admissível a transmissão, *total* ou *parcial*, das carteiras de seguros.

A carteira de seguros é definida, no artigo 4º/*t)*, como «o conjunto de contratos de seguro relativamente aos quais o mediador de seguros ou o mediador de seguros a título acessório exerce a atividade de distribuição e por virtude dos quais são criados na sua esfera jurídica direitos e deveres para com empresas de seguros e tomadores de seguros e segurados».

A transmissão dá-se mediante contrato escrito entre transmitente e transmissário. Não sendo observada a forma legalmente exigida é o contrato nulo por força do artigo 220º do CC. Para que a transmissão produza efeitos é necessário que o transmissário esteja autorizado para o exercício da atividade de distribuição relativamente aos contratos de seguro objeto da transmissão.

III. Conforme previsto no nº 2 do artigo em análise, deve o transmitente comunicar *por escrito* ao segurador a intenção de transmitir carteira de seguros a favor de mediador de seguros (ou mediador de seguros a título acessório), não se definindo, porém, qual a antecedência que a comunicação deve respeitar face à data de efeito pretendida para a transmissão. Na comunicação deve ser identificado o transmissário, a data de produção de efeitos pretendida para a transmissão e os contratos a transmitir.

A solução diverge da do nº 2 do artigo 44º do DL 144/2006, onde se previa o envio simultâneo, com a antecedência mínima de 60 dias relativamente à data da transmissão, quer ao segurador, quer aos tomadores de seguros afetados.

IV. Recebida a comunicação, dispõe o nº 3 do artigo em análise que o segurador tem a faculdade de recusar a intervenção do transmissário nos respetivos contratos de seguro, devendo, nesse caso, comunicar a recusa ao transmitente no prazo de 20 dias após a receção da comunicação referida no número anterior. Recorde-se que a solução que anteriormente resultava do artigo 44º/3 do DL 144/2006 consagrava igual direito, a ser exercido até 30 dias antes da data da transmissão.

Nos termos do nº 4 do presente artigo (com idêntica redação à do artigo 44º/3 do DL 144/2006), o segurador que, sem adequada fundamentação, recuse a intervenção do transmissário, fica sujeito ao ónus de propor ao transmitente a aquisição da carteira de seguros em causa. Esta disposição suscita algumas dúvidas interpretativas, desde logo, quanto ao que seja de considerar uma «adequada fundamentação» (expressão que parece ser utilizada como sinónimo de *justa causa*). O fundamento da recusa não deverá incidir sobre a falta de formação adequada ou sobre a falta de requisitos de idoneidade, já que, estando o transmissário autorizado a exercer a atividade de distribuição de seguros, terá já passado pelo escrutínio da autoridade de supervisão. Assim, afigura-se que os fundamentos da recusa haverão de assentar em critérios de natureza mais económica ou logística: por exemplo, o facto de o transmissário exercer a sua atividade numa área territorial pouco compatível com aquela onde se situa a carteira objeto de transmissão; ou o facto de o transmissário não possuir uma estrutura que lhe permita razoavelmente dar apoio à carteira a transferir.

Atento o disposto no artigo 48º/7, pode suscitar-se a questão de saber se, analogamente, o segurador pode recusar a transmissão quando o transmissário esteja por si autorizado a distribuir os produtos de seguros em causa. Ora, cremos que a analogia de situações não se verifica. Com efeito, no artigo 48º/4 a substituição do mediador decorre da iniciativa do tomador do seguro (e não do próprio mediador substituído). Por outro lado, o número de contratos de seguro envolvidos na substituição será, em regra (embora não necessariamente) inferior ao associado a uma transmissão (ainda que meramente parcial) de carteira. Face a estas diferenças, o legislador adotou regras claramente distintas: no caso do artigo 48º, o segurador pode discricionariamente recusar a colaboração de um mediador (48º/2), embora não possa recusar a substituição se o mediador substituto estiver por si autorizado a distribuir os seguros em causa. Já quanto ao artigo em análise, é irrelevante o facto de o transmissário estar ou não autorizado pelo segurador a distribuir os seguros que compõem a carteira. O segurador tem o direito – portanto, de exercício discricionário – de recusar a intervenção do transmissário. Porém, se não apresentar fundamentação adequada para a recusa, tem o ónus de propor ao transmitente a aquisição da carteira de seguros objeto da projetada transmissão.

Para que tal ónus tenha algum efeito prático, a proposta não deverá ficar ao arbítrio do segurador, mas corresponder, no mínimo, aos termos previstos para a indemnização de clientela (artigo 55º/4). Seria este, em qualquer causa, o desfecho do processo de transmissão, caso o segurador viesse a vetar, sistemática e sucessivamente, a intervenção dos vários transmissários pretendidos, levando à cessação (resolução com justa causa pelo mediador) do contrato de mediação entre o transmitente e o segurador, no quadro do artigo 55º.

V. Nos termos do nº 5 do artigo em análise (sem precedente no DL 144/2006), se o segurador não recusar a intenção de transmissão de carteira, o transmitente deve comunicar, por escrito, aos tomadores de seguros essa transmissão, informando-os: (*i*) do elenco de elementos, relativos ao transmissário, que integram os deveres de informação a prestar aos clientes, nos termos do artigo 31º/1; (*ii*) do direito que lhes assiste de recusar a intervenção do transmissário, nos termos do nº 6 do presente artigo; (*iii*) de que, ainda que não recusem essa intervenção, mantêm o direito de escolher e nomear, nos termos legais, mediador para os seus contratos (artigo 48º); e (*iv*) da data de efeito pretendida para a transmissão (nº 8).

Como resulta do nº 6, no prazo de 30 dias após a receção da mencionada comunicação, os tomadores devem comunicar, por escrito, ao transmitente, a recusa da intervenção do transmissário. No termo desse prazo fica precludido o direito de recusa, considerando-se que o silêncio dos tomadores tem por sentido a aceitação da intervenção do transmissário.

Em função, simultaneamente, das comunicações que haja dirigido aos tomadores (nº 5) e das respostas de recusa que haja recebido (nº 6), deve o transmitente dar conhecimento das mesmas ao segurador no prazo máximo de 10 dias após expirado o prazo de 30 dias mencionado no nº 6.

O preceito em análise não esclarece quais os efeitos da recusa, por parte do tomador, da intervenção do transmissário. Ora, do nosso ponto de vista, a transmissão da carteira implica, simultaneamente, a cessação de funções do mediador transmitente, e a consequente intervenção, para o futuro, do mediador transmissário. Neste quadro, e porque se reconhece ao mediador o direito de cessar funções, nos termos do artigo 49º, a recusa, pelo tomador, da intervenção do transmissário, não deverá ter por efeito a manutenção do contrato de seguro em causa na carteira do mediador transmitente, mas antes a passagem do mesmo a direto, ficando, quanto a este contrato, a atividade de distribuição de seguros a cargo do segurador. Esta solução não obstará, naturalmente, à possibilidade de escolha e nomeação de novo mediador pelo tomador do seguro, nos termos e prazos previstos no artigo 48º.

VI. Nos termos do nº 8 do artigo em análise (tendo por precedente o artigo 44º/7 do DL 144/2006), a data de efeito pretendida para a transmissão da carteira deve constar do contrato de transmissão. Na falta de determinação de uma data, os efeitos produzem-se supletivamente, quanto a cada contrato que integre a carteira, na sua data aniversária (tratando-se de contrato com prazo certo, não renovável) ou, no caso dos contratos renováveis, na data da sua renovação. Anteriormente, o artigo 44º/7 do DL

144/2006 estabelecia como data de efeito inderrogável da transferência, a data aniversária ou a data de renovação.

VII. Finalmente, nos termos do artigo 113º/*ggg*), constitui contraordenação grave o incumprimento pelos distribuidores de qualquer das obrigações estabelecidas no procedimento de transmissão de carteiras de seguros.

ARTIGO 54º – Transmissão de carteira a favor de empresa de seguros

1 – As carteiras de seguros são total ou parcialmente transmissíveis, por contrato escrito, a favor de empresas de seguros, desde que sejam partes em todos os contratos objeto de transmissão.

2 – A transmissão de carteira de seguros a favor de empresa de seguros deve ser precedida da comunicação ao tomador do seguro pela empresa de seguros por escrito e com a antecedência mínima de 60 dias relativamente à data da transmissão de que deixa de existir mediador de seguros ou de seguros a título acessório no contrato de seguro, mas que mantém o direito de escolher e nomear, nos termos legais, mediador de seguros ou de seguros a título acessório para os seus contratos.

3 – Na falta de fixação pelas partes, no contrato que titula a transmissão da carteira, de outra data para a respetiva produção de efeitos, estes produzem-se, relativamente a cada contrato que integre a carteira, na sua data aniversária ou, no caso dos contratos renováveis, na data da sua renovação, devendo, em qualquer dos casos, essa data ser incluída na comunicação ao tomador do seguro prevista no número anterior.

ANOTAÇÃO (*Inês Oliveira Martins*)

1. A norma substitui o anterior art. 44º, nºs 5, 6 e 7, do Regime jurídico da mediação de seguros (RJM), passando agora a matéria da transmissão da carteira de mediador de seguros a favor de empresa de seguros por contrato entre ambos a constar de artigo autónomo (quanto à transmissão de carteira entre seguradores, cfr. arts. 179º a 182º do Regime jurídico de acesso e exercício da actividade seguradora e resseguradora, Lei nº 147/2015, de 9 de Setembro). A redação da nova norma mantém, porém, quase integralmente a que vinha das antecedentes. As poucas alterações não são de fundo, vindo apenas colocar a norma de acordo com o sistema e terminologia da nova lei.

Assim, à semelhança do que acontecia no sistema anterior, a extinção da relação contratual do mediador com o tomador decorre de contrato entre mediador e segurador, não sendo necessária qualquer autorização do tomador (art. 54º, nº 1, RJDS e art.

44º, nº 5, RJM). A tutela do tomador faz-se por via informativa: o tomador é informado com antecedência de 60 dias relativamente à data da transmissão, para que possa exercer a sua faculdade de *nomeação* de mediador de seguros ou mediador a título acessório (cfr. arts. 48º, nºs 1 a 3 e 5-6 do RJDS).

A este respeito, devem ser salientados dois aspectos. Em primeiro lugar, relativamente à responsabilidade por tal comunicação: esta está a cargo do segurador, e não do mediador. Em segundo lugar, relativamente à distinção que a lei estabelece entre a transmissão e os seus efeitos: sendo a transmissão de carteira identificada com o acto jurídico que a produz – o contrato entre o mediador transmitente e o segurador transmissário –, a lei distingue a transmissão da data de produção dos seus efeitos. Assim, se a transmissão ocorre em simultâneo perante toda a carteira, a regra supletiva é de que os seus efeitos se produzem em momentos diferentes perante cada um dos contratos de seguro, protraindo-se à data aniversária, ou, nos contratos renováveis, à data da renovação de cada um. O contrato de transmissão pode, porém, estipular coisa diversa. Em qualquer caso, quer valha a regra supletiva, quer tenham transmitente e transmissário estipulado data diferente para a produção de efeitos da transmissão, deve tal data constar da comunicação ao tomador (art. 54º, nº 3, RJDS).

2. Tal substituição do mediador pelo segurador não tem que decorrer necessariamente de contrato entre ambos, sendo, sim, o resultado normal da ocorrência de factos que façam cessar a relação de mediação (art. 55º, nº 1). Apenas da primeira hipótese se ocupa, porém, este artigo.

Tal como anteriormente, apenas o segurador que seja parte em todos os contratos de seguro em causa pode assumir tal posição. A solução contrária geraria uma situação de conflito de interesses, já que o interesse do segurador-distribuidor *perante contratos de seguro em curso* seria o de conduzir os tomadores à contratação dos seus próprios seguros (diferente é o caso em que é o próprio segurador, nas vestes de distribuidor, a conduzir à contratação de contrato de seguro alheio – art. 37º, nº 2, *e*)).

Em todo o caso, o tomador deixa de contar com mediador ou mediador a título acessório associado ao seu contrato, sendo-lhe comunicado com antecedência que mantém o seu direito a nomear um mediador da sua preferência.

3. As alterações são, como se disse, de pormenor: por um lado, sincopando a anterior referência a carta registada ou outro meio do qual fique registo escrito numa referência a comunicação por escrito; por outro, adita-se a referência ao mediador a título acessório (art. 54º, nº 2).

ANOTAÇÃO (*José Vasques*)

I. Cfr. art. 44º, nºs 5 a 7, do *regime jurídico da mediação de seguros e de resseguros.*

II. Não resulta da transposição da Diretiva (UE) 2016/97.

III. O regime jurídico da distribuição de seguros regula – em termos substancialmente idênticos aos do *regime jurídico da mediação de seguros e de resseguros* – a transmissão total ou parcial de carteira a favor de empresa de seguros.

A *transmissão de carteira* não se confunde com a *transferência de carteira*, consistindo esta última em uma empresa de seguros, nos termos legais e regulamentares em vigor, transferir a totalidade ou parte dos contratos da respetiva carteira para outra empresa de seguros (cfr. arts. 179º a 182º do *regime jurídico de acesso e exercício da atividade seguradora e resseguradora*).

A *transmissão de carteira* a favor de *empresa de seguros* depende da verificação das seguintes condições:

a) contrato escrito;
b) que o mediador de seguros ou mediador de seguros a título acessório e a empresa de seguros sejam partes em todos os contratos objeto de transmissão; e
c) comunicação escrita da empresa de seguros, com a antecedência de 60 dias relativamente à data da transmissão, ao tomador de seguros, de que deixa de existir *mediador de seguros* ou *mediador de seguros a título acessório* no contrato de seguro, mas que se mantém o seu direito de escolher e nomear outro.

O incumprimento das obrigações estabelecidas relativamente à transmissão de carteira constitui contraordenação grave [art. 113º, al. *ggg)*].

Sobre as regras aplicáveis à contagem do prazo previsto no nº 2, v. a nossa anotação ao artigo 7º da Lei preambular.

IV. Disposições relacionadas: art. 7º da Lei preambular, e art. 113º, al. *ggg).*

ANOTAÇÃO (*Luís Poças*)

I. Como referimos em comentário ao artigo 53º, o regime contido no presente artigo integrava anteriormente o artigo 44º do DL 144/2006 (nºs 5 a 7). O regime ganha particular pertinência, quanto a alguns dos seus aspetos, na medida em que o RJDSR autonomiza, relativamente ao segurador, uma atividade de distribuição de seguros, admitindo mesmo (artigo 37º/2/*e*)) que o segurador possa distribuir seguros dos quais não seja o "produtor" (isto é, relativamente a riscos cobertos por outros seguradores), podendo, portanto suscitar-se a questão de saber se estes seguros são passíveis de transmissão a favor do segurador.

Neste quadro, o nº 1 do artigo em análise (com idêntica redação ao artigo 44º/5 do DL 144/2006) clarifica que as carteiras de seguros são total ou parcialmente transmissíveis, por contrato escrito, a favor de empresas de seguros, *desde que estas sejam partes em todos os contratos objeto de transmissão*. Segue-se também a exigência de forma escrita para o contrato de transmissão, sob cominação de nulidade do mesmo (artigo 220º CC).

II. Nos termos do nº 2 do artigo em análise (que encontra precedente no artigo 44º/6 do DL 144/2006), a transmissão de carteira de seguros a favor do segurador deve ser precedida da comunicação, por este, ao tomador do seguro, por escrito e com a antecedência mínima de 60 dias relativamente à data da transmissão. Abandona-se a exigência de carta registada ou outro meio do qual fique registo escrito, constante do referido artigo 44º/6, subsistindo, na prática, um problema de ónus da prova, a cargo do segurador, que recomendará a continuidade do registo.

Para além de indicar a data de efeito da transmissão, a referida comunicação destina-se a informar o tomador de que o seguro deixa de ter mediador de seguros (ou mediador de seguros a título acessório) – passando, portanto, a direto – mas que o tomador mantém o direito de escolher e nomear, nos termos legais (artigo 48º), mediador para os seus contratos.

III. Quanto à produção de efeitos da transmissão, o nº 3 do artigo em análise segue solução idêntica à da transmissão a favor de mediador (solução que, como vimos em nota ao artigo 53º, se afasta da prevista no artigo 44º/7 do DL 144/2006). Assim, podem as partes (transmitente e transmissário), no próprio contrato de transferência, definir a dada de efeito pretendida para a mesma. Na falta de determinação de uma data, os efeitos produzem-se, supletivamente, quanto a cada contrato que integre a carteira, na sua data aniversária (tratando-se de contrato com prazo certo, não renovável) ou, no caso dos contratos renováveis, na data da sua renovação.

IV. Diversamente do que a lei prevê quanto à transmissão a favor de mediador, o tomador do seguro não pode opor-se à transmissão a favor do segurador, sem prejuízo, como referimos, do seu direito à nomeação de novo mediador.

V. Como resulta do artigo 113º/*ggg*), constitui contraordenação grave o incumprimento pelos distribuidores de seguros de qualquer das obrigações estabelecidas no procedimento de transmissão de carteiras de seguros.

ARTIGO 55º – Cessação dos contratos com as empresas de seguros

1 – No caso de cessação dos contratos referidos na alínea *a*) do nº 1 do artigo 16º e na alínea *a*) do nº 1 do artigo 20º, os contratos de seguro passam a diretos, devendo as empresas de seguros comunicar, no prazo de cinco dias a par-

tir do conhecimento da cessação, essa circunstância aos tomadores de seguros e informá-los que mantêm o direito de escolher e nomear, nos termos legais, mediador de seguros ou de seguros a título acessório para os seus contratos.

2 – No caso referido no número anterior e sem prejuízo de qualquer outra indemnização a que haja lugar, o mediador de seguros ou de seguros a título acessório tem direito a uma indemnização de clientela, desde que tenha angariado novos clientes para a empresa de seguros ou aumentado substancialmente o volume de negócios com clientela já existente e a empresa de seguros venha a beneficiar, após a cessação do contrato, da atividade por si desenvolvida.

3 – Em caso de cessação do contrato por morte do mediador de seguros ou de seguros a título acessório, a indemnização de clientela pode ser exigida pelos herdeiros ou legatários.

4 – A indemnização de clientela é fixada em termos equitativos, mas não pode ser inferior ao valor equivalente ao dobro da remuneração média anual do mediador de seguros ou de seguros a título acessório nos últimos cinco anos, ou do período de tempo em que o contrato esteve em vigor, se inferior.

5 – Não é devida indemnização de clientela quando:

a) O contrato tenha sido resolvido por iniciativa do mediador de seguros ou de seguros a título acessório sem justa causa ou por iniciativa da empresa de seguros com justa causa;

b) O mediador de seguros ou de seguros a título acessório tenha cedido a sua posição contratual com o acordo da empresa de seguros.

6 – O ónus da prova da existência de justa causa na cessação cabe à parte que faz cessar o contrato.

7 – Sem prejuízo de outras situações livremente previstas no contrato, considera-se justa causa o comportamento da contraparte que, pela sua gravidade e consequências, torne imediata e praticamente impossível a subsistência da relação contratual.

ANOTAÇÃO (*Inês Oliveira Martins*)

1. O regime constante do nº 1 encontrava-se antes tratado nos arts. 45º, nº 1, e 44º, nº 6, do RJM, fixando o regime geral para os casos de cessação do contrato *entre o segurador e o mediador que actua por conta do segurador*: o agente ou o mediador a título acessório. A consequência da cessação da relação jurídica de agência é a de o seguro passar a directo (nº 1).

2. A cessação da relação jurídica com o segurador acarreta a cessação da relação com os tomadores, sendo necessário levar tal facto ao seu conhecimento, para que possam exercer o seu direito de nomeação de novo mediador. Tanto o regime anterior, como o actual, colocam tal dever de comunicação a cargo do segurador. Porém, ao passo que as normas anteriores determinavam que tal comunicação devia ser feita com antecedência de 60 dias face à data da transmissão, o regime actual determina que a comunicação se faz *a posteriori*, no prazo de 5 dias após o conhecimento da cessação. A alteração é justificada, pensadas as hipóteses em que a cessação ocorre em data e por facto que era imprevisível para o segurador (*maxime*, morte do mediador, ou mesmo resolução injustificada do contrato por parte deste); porém, quando a cessação ocorre em data previsível para o segurador, (maxime, por provir de acordo entre segurador e o mediador), deve este comunicá-la ao tomador a partir do momento em que tem disso conhecimento.

3. Os nºs 2 e seguintes do artigo tratam a matéria da indemnização de clientela devida ao mediador-agente. O regime continua a amoldar-se sobre as normas gerais em matéria de indemnização de clientela consagradas para o contrato de agência, e não se afasta do que já vinha do seu antecessor. Vale a pena, pois, aqui anotar não a mudança, mas a permanência, já que é questionável que o critério geral estabelecido para determinar se há direito a indemnização seja o mais adequado para enquadrar este direito quando a actividade de angariação diga respeito a contratos de seguro.

Trata-se aqui sobretudo (não totalmente, pensada a interferência do regime das causas de cessação do contrato de agência sobre o direito à indemnização, nos termos do nº 5) de compensar uma vantagem conseguida pelo mediador-agente para o principal, com que este se continuará a beneficiar uma vez findo o contrato de agência e pela qual o agente não será já remunerado.

O critério seguido é idêntico ao usado na norma geral sobre agência, determinando que o mediador-agente tem direito a uma indemnização de clientela, desde que tenha *angariado novos clientes para a empresa de seguros ou aumentado substancialmente o volume de negócios com clientela já existente* e a empresa de seguros venha a beneficiar, após a cessação do contrato, da atividade por si desenvolvida (cfr. art. 33º do Regime do contrato de agência, Decreto-Lei nº 178/86, de 3 de Julho). Este critério geral identifica, pois, a vantagem conseguida pelo mediador-agente com a *angariação de novos clientes* ou o *aumento substancial do volume de negócios com clientela já existente*. É de fácil apreensão a sua lógica, quando pensada a vantagem conseguida para um principal que seja um vendedor de bens: nestas hipóteses, importa sobretudo angariar novos clientes que plausivelmente no futuro celebrarão repetidamente novos negócios com o principal (no comum dos casos, far-lhe-ão novas encomendas dos bens fornecidos); e o mesmo é de esperar quando o agente consiga gerar um aumento substancial do volume das encomendas destes fornecedores. Por isso, o ganho que o agente gera para o principal é a chance desses contratos futuros com clientes novos, ou clientes já existentes mas que alargaram o volume dos negócios que celebram com o principal.

As coisas não se passam, porém, do mesmo modo num contrato duradouro, como é o contrato de seguro. Aqui, não é pelo facto de um sujeito se ter tornado tomador-cliente do segurador que irá no futuro plausivelmente celebrar repetidamente novos contratos com ele. A vantagem de que o segurador continua a beneficiar depois da cessação do contrato com o seu agente consiste nos prémios que continuarão a ser pagos por contratos que o agente angariou – face aos quais, por sua vez, o mediador cessante deixará de receber as comissões que lhes estão associadas.

Vale a pena, pois, cotejar o critério nacional com o alemão, que adapta a regra geral da indemnização de clientela para as hipóteses de mediação(-agenciamento) de seguros, determinando que é relevante que o mediador-agente traga, em vez de novos clientes, novos contratos, ou então que da sua actuação decorra a ampliação do conteúdo de um contrato pré-existente, quando esta seja de molde a equivaler economicamente à angariação de um novo contrato (§89b, 5), do *Handelsgesetzbuch*). O direito à indemnização de clientela existe, pois, mesmo que o cliente que celebra o novo contrato – ou o amplia – já fosse cliente do segurador. Considera-se que, do facto de um sujeito celebrar um contrato destinado à cobertura de um certo risco, não decorre que vá normalmente celebrar outros contratos com o mesmo segurador. Será necessária nova actividade de persuasão, com idêntico dispêndio de recursos de intermediação para esses efeitos; por isso, a remuneração diz respeito ao aumento do número dos contratos celebrados, ainda que com clientes pré-existentes.

ANOTAÇÃO *(José Vasques)*

I. Cfr. art. 45º do regime jurídico da mediação de seguros e de resseguros.

II. Não resulta da transposição da Diretiva (UE) 2016/97.

III. O artigo sob anotação corresponde quase integralmente ao artigo 45º do *regime jurídico da mediação de seguros e de resseguros.*

As consequências da *cessação dos contratos* que os *mediadores de seguros* ou os *mediadores de seguros a título acessório* tenham celebrado com as *empresas de seguros* para as quais exerciam a atividade de distribuição de seguros, são substancialmente idênticas às associadas à *transmissão de carteira* a favor de *empresa de seguros* (artigo anterior): os contratos de seguros passam a diretos e as *empresas de seguros* devem, no prazo de cinco dias a partir do conhecimento da cessação comunicá-la aos tomadores de seguros, informando-os de que mantém o direito de escolher e nomear mediador de seguros ou mediador de seguros a título acessório para os seus contratos.

No caso de cessação dos contratos, porém, o *mediador de seguros* ou *mediador de seguros a título acessório* (ou os seus herdeiros ou legatários, no caso de cessação do contrato por morte, cfr. nº 3) terá direito, para além de outra indemnização a que haja lugar, designadamente em função de previsão nos contratos cessantes, a uma *indemnização de clientela*, desde que se verifiquem cumulativamente as seguintes condições:

a) tenha angariado novos clientes para a *empresa de seguros* ou aumentado substancialmente o volume de negócios com a clientela já existente;
b) a *empresa de seguros* venha a beneficiar, após a essação do contrato, da atividade desenvolvida pelo *mediador de seguros* ou *mediador de seguros a título acessório*; e
c) o contrato tenha sido resolvido por iniciativa do *mediador de seguros* ou *mediador de seguros a título acessório* com justa causa ou por iniciativa da *empresa de seguros* sem justa causa (nº 5, *a contrario*).

Naturalmente, não haverá lugar a *indemnização de clientela* quando tenha havido cessão da posição contratual a que a *empresa de seguros* tenha dado o seu acordo [nº 5, al. *d)*, e art. 53º, nºs 2 e 3].

A *indemnização de clientela* não pode ser inferior ao equivalente ao dobro da remuneração média anual do *mediador de seguros* ou do *mediador de seguros a título acessório* nos últimos cinco anos ou no período que o contrato tenha estado em vigor, se inferior (nº 4), mas as partes podem determiná-la equitativamente.

As partes são livres de definir livremente no contrato as situações que constituem justa causa de cessação, mas considerar-se-á sempre justa causa o comportamento da contraparte que, pela sua gravidade e consequências, torne imediata e praticamente impossível a subsistência da relação contratual (nº 7).

O incumprimento das obrigações de comunicação (nº 1) ou de atribuição de *indemnização de clientela* constituem contraordenações graves [arts. 114º, als. *hhh)* e *iii)*].

Sobre as regras aplicáveis à contagem do prazo previsto no nº 1 v. a nossa anotação ao artigo 7º da Lei preambular.

IV. Disposições relacionadas: 114º, al. *hhh)* e *iii)*.

ANOTAÇÃO (*Luís Poças*)

I. O artigo em análise tem como precedente normativo o artigo 45º do DL 144/ /2006, cujo teor segue, em substância e com poucas alterações, conservando a própria epígrafe.

O nº 1 do presente artigo tem uma redação mais clara e precisa do que a do artigo 45º/1 do DL 144/2006, dispondo que, com a cessação dos contratos de mediação celebrados entre o segurador e o mediador (cfr. artigos 16º/1/*a*) e 20º/1/*a*)), os contratos de seguro que compunham as inerentes carteiras passam a diretos (isto é, a carteira transmite-se automaticamente para a esfera do segurador).

Como se estabelece na mesma disposição, deve, nesse caso, o segurador comunicar, no prazo de cinco dias a partir do conhecimento da cessação, essa circunstância aos tomadores e informá-los de que mantêm o direito de escolher e nomear, nos termos legais (artigo 48º), mediador para os seus contratos. A comunicação deverá ser feita por escrito, conforme previsto no artigo 54º/2. Importa deixar uma nota para o prazo de 5 dias previsto, o qual se afigura bastante exíguo e – dependendo da dimensão da carteira em causa – de difícil observância.

O tomador não pode, em suma, opor-se à passagem dos contratos a diretos, mas pode nomear novo mediador.

II. Entre as causas de cessação do contrato de mediação encontramos a caducidade (por exemplo, no termo de um prazo não sujeito a renovação, ou por morte do mediador pessoa singular ou extinção da pessoa coletiva); a cessação por mútuo acordo (acordo revogatório); a denúncia, com aviso prévio, por iniciativa discricionária de uma das partes; ou a resolução fundamentada em justa causa.

III. O nº 2 do artigo em análise, decalcando a letra do artigo 45º/2 do DL 144/2006, consagra, no caso de cessação do contrato de mediação, o direito a uma indemnização de clientela cumulável com qualquer outra indemnização a que haja lugar (nomeadamente indemnização por danos resultantes de eventual incumprimento, nos termos do artigo 801º/2 do CC).

O direito à indemnização de clientela constitui-se, portanto, por efeito da cessação do contrato de mediação, embora dependa da verificação dos seguintes pressupostos: (*i*) o mediador deverá ter angariado novos clientes para o segurador ou aumentado substancialmente o volume de negócios com clientela já existente; e (*ii*) o segurador deverá vir a beneficiar, após a cessação do contrato, da atividade desenvolvida pelo mediador.

Os pressupostos materiais da atribuição da indemnização de clientela seguem, assim, os definidos para o contrato de agência (artigo 33º do DL 178/86).

IV. O nº 2 do presente artigo parece conferir o direito à indemnização de clientela ao mediador de seguros (agente ou corretor) e ao mediador de seguros a título acessório. Porém, como resulta clarificado no nº 1, esse direito verifica-se apenas em caso de cessação dos contratos referidos nos artigos 16º/1/*a*) e 20º/1/*a*): contratos de mediação celebrados entre o segurador e, respetivamente, o agente de seguros, e o mediador de seguros a título acessório.

Desta forma, ainda que cesse um qualquer protocolo da distribuição celebrado entre o segurador e um corretor, não se produzem os efeitos previstos no presente artigo. Assim, a independência do corretor de seguros relativamente ao segurador exclui-o deste regime.

V. O nº 3 do artigo em análise regula especificamente – como o faz também o regime do contrato de agência (artigo 33º/2 do DL 178/86) e o artigo 45º/3 do DL 144/2006 – a atribuição da indemnização de clientela no caso de morte do mediador. Assim, sendo o contrato de mediação celebrado *intuitu personae*, a morte do mediador não tem por efeito a transmissão *mortis causa* da sua posição contratual, mas a extinção, por caducidade, do contrato.

Neste caso, dispõe o preceito que a indemnização de clientela *pode ser exigida pelos herdeiros ou legatários*. De uma forma pragmática mas pouco rigorosa, o legislador supera a dificuldade colocada pelo facto de a indemnização de clientela não ser, neste caso, atribuída ao próprio mediador, já que a mesma resulta da sua morte, facto extintivo da personalidade. Assim, o direito à indemnização de clientela não nasce na esfera jurídico-patrimonial do mediador falecido, nem se transmite, consequentemente, aos herdeiros por via sucessória. Na verdade, o direito nascerá diretamente na esfera dos herdeiros ou legatários.

Pode questionar-se, ademais, qual o próprio sentido da referência aos legatários (que não encontramos no artigo 33º/2 do DL 178/86). O sentido útil dessa referência haveria de residir na possibilidade de o mediador atribuir a indemnização de clientela como legado, cabendo então ao legatário o direito a reclamá-la do segurador, com preferência sobre os outros legatários e os próprios herdeiros. Esta hipótese parece, porém, bulir tecnicamente com o facto de a indemnização de clientela, decorrente da própria morte, não constituir, portanto, um direito do mediador, do qual ele pudesse, assim, dispor por morte.

Em suma, reconhece-se a consagração de um direito próprio dos herdeiros do mediador a reclamarem conjuntamente do segurador a indemnização de clientela. Quando o mediador tenha determinado a titularidade de tal direito por via equivalente à da atribuição de um legado, o direito do "legatário" afastará o dos herdeiros.

VI. O nº 3 não soluciona outras situações de caducidade, como a da extinção do mediador que seja pessoa coletiva.

VII. O nº 4 do presente artigo – que adota idêntica redação à do artigo 45º/4 do DL 144/2006 – define os parâmetros a que deve obedecer a determinação da indemnização de clientela. Assim, esta deverá ser fixada em termos equitativos, não podendo, porém, ser inferior ao valor equivalente ao dobro da remuneração média anual do mediador nos últimos cinco anos, ou do período de tempo em que o contrato esteve em vigor, se inferior.

VIII. No nº 5 do artigo em análise (que segue a redação anteriormente acolhida no artigo 45º/4 do DL 144/2006) estabelecem-se as circunstâncias em que não é devida indemnização de clientela.

As mesmas verificam-se quando: (*i*) o contrato tenha sido resolvido por iniciativa do mediador sem justa causa ou por iniciativa do segurador com justa causa; (*ii*) o mediador tenha cedido a sua posição contratual com o acordo do segurador.

A *ratio* de cada uma destas circunstâncias, excludentes da indemnização de clientela, revela-se relativamente clara: no primeiro caso, ela reside no facto de a cessação ser imputável ao mediador; no segundo caso, ao facto de, tendo havido uma transmissão de carteira por efeito de uma cessão de posição contratual – que deverá ter tido caráter oneroso – o mediador transmitente ter já sido compensado pela perda da carteira, que continuará a ser assistida pelo transmissário.

IX. Como resulta da alínea *a*) do nº 5 do artigo em análise, é conferida especial relevância à resolução como modalidade de cessação do contrato de mediação, sem paralelo quanto a outras modalidades de cessação. Neste contexto, a referida disposição é complementada pelos nºs 6 e 7 do mesmo artigo (cuja redação, em ambos os casos, segue igualmente as dos números homónimos do artigo 45º do DL 144/2006).

Quanto ao nº 6, o mesmo clarifica que a quem invoca uma justa causa de resolução do contrato cabe o ónus da prova da existência da mesma. O nº 7, por seu turno, esclarece que, sem prejuízo de previsão contratual que estabeleça circunstâncias cuja ocorrência configure fundamentos de resolução, considera-se *justa causa* o comportamento da contraparte que, pela sua gravidade e consequências, torne imediata e praticamente impossível a subsistência da relação contratual.

A solução deverá ter-se por extensivamente aplicável às situações de denúncia por iniciativa do mediador, já que a teleologia do preceito abrange igualmente esta situação. Com efeito, neste caso é o mediador que dá causa (ainda que licitamente) à cessação, não resultando esta da ocorrência de um facto jurídico *stricto sensu* ou de iniciativa do segurador.

X. Como referimos, a indemnização de clientela teve a sua origem, entre nós, na regulação do contrato de agência (DL 178/86), tendo por preocupação a de disciplinar os casos em que o principal transfere para o agente riscos económicos de prospeção do mercado e captação de clientela, mantendo, não obstante, o controlo da distribuição comercial e beneficiando igualmente da marca como polo fixador de clientela. Desta forma, a indemnização de clientela não consubstancia uma verdadeira indemnização, já que não tem por fim o ressarcimento de danos, mas a compensação do agente pelos benefícios que o principal venha a ter com a cessação do contrato de agência.

Para a generalidade da doutrina, a *ratio* do estabelecimento da indemnização de clientela para o contrato de agência torna defensável a sua aplicabilidade analógica à generalidade dos contratos de distribuição comercial, na medida em que se verificarem, em concreto, os requisitos de facto previstos para a sua atribuição no tipo de agência.

Ora, do nosso ponto de vista, haverá que ressalvar algumas diferenças entre o contrato de mediação de seguros e o de agência. Na verdade, a especial configuração da mediação de seguros – onde o mediador granjeia um especial laço de confiança com o cliente (mercê da proximidade física, do conhecimento pessoal e dos serviços prestados no âmbito da mediação) e onde a marca do segurador constitui um elemento menos relevante de fixação de clientela – justifica menos esta solução legal do que no contrato de agência.

De facto, na atividade seguradora, o mediador constitui ainda, sobretudo em pequenos centros urbanos e no interior rural, o grande polo de fixação de clientela, podendo a cessação do contrato de mediação conduzir à deslocação da inerente carteira para outro segurador com quem o mediador venha a celebrar novo contrato de mediação. Desta forma, afigura-se incoerente, perante a natureza compensatória da figura, resultante de desequilíbrio patrimonial, a diversidade de fórmulas de cálculo da indemnização entre o contrato de mediação de seguros (em que a mesma deverá ter por valor *mínimo* o *dobro* da remuneração média anual do mediador nos últimos cinco anos) e o contrato de agência (em que ela deverá ter por valor *máximo* a remuneração média anual dos últimos cinco anos). Em suma, é muito discutível a bondade da solução legislativa implementada.

XI. No plano contraordenacional, estabelece o artigo 113º/hhh) que constitui contraordenação grave o incumprimento pelo segurador do dever de comunicar no prazo previsto ao tomador do seguro a passagem dos contratos a diretos e de o informar que mantém o direito de escolher e nomear mediador para os seus contratos.

Por seu turno, dispõe o artigo 113º/iii) que constitui contraordenação grave o incumprimento pelas empresas de seguros do dever de atribuir ao mediador de seguros ou mediador de seguros a título acessório a indemnização de clientela que lhe seja legalmente devida.

ANOTAÇÃO (*Mafalda Miranda Barbosa*)

I. Cessando o contrato celebrado entre o agente de seguros e a seguradora, entendido como "o contrato através do qual a empresa de seguros mandata o agente para, em seu nome e por sua conta, exercer a atividade de distribuição", ou o contrato celebrado entre o mediador de seguros a título acessório e a seguradora, nos termos do qual "a empresa de seguros mandata o mediador de seguros a título acessório para, em seu nome e por sua conta, exercer a atividade de distribuição, devendo aquele contrato delimitar os termos desse exercício", os contratos passam a diretos. Quer isto dizer que passam a ser parte no contrato a empresa de seguros e o tomador de seguros, operando-se por via da disposição legal uma cessão da posição contratual.

II. No tocante às relações entre o mediador de seguros ou o mediador a título acessório, o artigo prevê o pagamento de uma indemnização de clientela. Apesar de o número 2 falar de mediador de seguros ou de mediador a título acessório, porque o artigo 16º se refere aos contratos celebrados entre o agente e a empresa de seguros, e pela natureza própria da atividade de corretagem, parece que os corretores ficam de fora da atribuição de uma indemnização de clientela.

III. Relativamente ao fundamento da indemnização de clientela, há que considerar diversas posições (cfr. Carolina Cunha, *A indemnização de clientela do agente comercial*, Coimbra Editora, Coimbra, 2003, 364 s.). Uma primeira posição associa a indemnização de clientela a uma ideia de proteção da parte mais fraca (cfr. Rui Pinto Duarte, *Tipicidade e atipicidade dos contratos*, Almedina, Coimbra, 2000, 189; Mariana Soares David, "A aplicação analógica do regime jurídico da cessação do contrato de agência aos contratos de concessão comercial: tradição ou verdadeira analogia?", *Revista da Ordem dos Advogados*, ano 71, nº 3, 2011, 885 s.; Menezes Leitão, *A indemnização de clientela no contrato de agência*, Almedina, Coimbra, 2006, 82 s.). A cabal escalpelização da ideia contida no simples enunciado não é compaginável com a intencionalidade de um trabalho desta índole. Refira-se, apenas, que, pese embora ela possa ser percetível à luz da relevância que a causa de cessação do contrato tem na atribuição da indemnização de clientela, não se harmoniza com os requisitos predispostos pelo legislador pátrio para a sua atribuição, designadamente com a exigência de angariação de novos clientes para o principal ou de aumento substancial do volume de negócios com a clientela já existente e de a outra parte vir a beneficiar consideravelmente, após a cessação do contrato, da atividade desenvolvida pelo agente (cfr. Carolina Cunha, *A indemnização de clientela*, 378). Uma segunda perspetiva procura aproximar a indemnização de clientela do instituto da responsabilidade civil. Ela serviria para compensar o agente dos danos sofridos com a cessação do contrato. Simplesmente, esta conceção enfrenta dificuldades várias. Desde logo, fica por perceber onde se encontra o dano, pressuposto indispensável para que haja ressarcimento. Do mesmo modo, não se descortina a ilicitude do ato. *In fine*, porque o artigo 32º da lei do contrato de agência prevê um direito à indemnização, percebe-se mal por que razão se duplicaria a tutela ressarcitória. Carolina Cunha aduz, ainda, que, de acordo com esta posição, perceber-se-ia mal a exigência da angariação de clientes e a subsistência de vantagens para o principal (cfr. Carolina Cunha, *A indemnização de clientela*, 386 s. e 388). O acento tónico parece, portanto, não ser colocado no eventual dano sofrido pelo agente, mas nos benefícios que são proporcionados ao principal. Nessa medida, a disciplina pátria da indemnização de clientela aproxima-se, segundo alguns autores, de uma ideia de enriquecimento sem causa (cfr. Pinto Monteiro, *O contrato de agência*, anotação, 8ª edição, Almedina, Coimbra, 2017, 133). Carolina Cunha mostra-se particularmente crítica desta perspetiva: existe uma causa legitimadora do alegado enriquecimento, que é o próprio contrato de agência; não se explica por que razão não há aquisição do direito nos casos em que a cessação seja imputável ao agente (cfr. Carolina Cunha, *A indemnização de clientela*, 384, nota 763); não se vislumbra qualquer desequilíbrio carecido de correção; e o enriquecimento não ocorre juridicamente à custa do agente (cfr. Carolina Cunha, *A indemnização de clientela*, 383). Repare-se, contudo, que o que está em causa não é propriamente o enriquecimento sem causa na sua pureza dogmática, mas uma ideia de enriquecimento injustificado que existiria caso os serviços prestados pelo agente não fossem retribuídos, no momento da cessação do contrato, pela indemnização de clientela (A. Pinto Monteiro, *Denúncia de um contrato de concessão comercial*, Coimbra Editora, Coimbra, 1998, 81 s.). Nessa medida, a perspetiva enunciada entender-se-ia paredes-meias com aqueloutra que apresenta para a indemnização de clientela um figurino próximo de uma ideia de remuneração pelos benefícios proporcionados pelo agente. Sobre esta, explica Carolina Cunha que há uma perceção de que o principal se enriquece com o contrato e que o termo do mesmo acarreta uma forma de espoliação do agente. Nas suas palavras, "é essa estrutura, tipificada e legitimada pelo legislador, que conduz ao resultado percebido como inequitativo. Parece então forçoso concluir que semelhante estrutura carece de um corretivo. E o momento indicado para a atuação desse mecanismo corretor é o fornecido pela extinção do vínculo (...). A autonomia postula que as despesas e custos da promoção de negócios fiquem a cargo do agente; o condicionamento da retribuição à efetiva celebração e cumprimento dos negócios promovidos faz sobre ele recair o risco económico-financeiro da atividade de desenvolvimento e angariação de clientela para a empresa do principal. É, portanto, das coordenadas essenciais do tipo contratual da agência que parece arrancar o resultado final como pouco equitativo. E o dilema reside justamente aqui: corrigir tais coordenadas conduziria a desvirtuar o tipo contratual da agência e a esvaziá-lo de qualquer interesse prático em sede de organização do canal distributivo (...). Daí que o momento escolhido para a intervenção corretora (que se pressente necessária) seja o da extinção do vínculo, e que a perspetiva adotada tenda a configurar-se como retrospetiva. (...) De algum mogo, a atribuição patrimonial efetuada pelo principal em vida do contrato não foi suficiente para compensar a atribuição patrimonial globalmente realizada pelo agente. Compete, então, à indemnização de clientela operar o ajuste de contas" (cfr. Carolina Cunha, *A indemnização de clientela*, 396/7). Num certo sentido, entende-se que "a indemnização de clientela surge como um sucedâneo legal das comissões que o agente deveria continuar a auferir enquanto os clientes fiéis que angariou continuassem a celebrar negócios com o principal, mas às quais, em virtude da cessação da agência, deixa efetivamente de ter direito" (cfr. Carolina CUNHA, *A indemnização de clientela*, 398). De acordo com Carolina Cunha, a conceção não pode ser admitida, quer porque choca com os dados de direito positivo (designadamente por não se entender por que razão o direito à comissão por novas encomendas tem natureza dispositiva e, findo o contrato, o agente tem direito a receber um sucedâneo de toda as comissões pelas novas encomendas; e por não se conseguir explicar por que razão é que pode não ter havido direito à comissão por novas encomendas, por não se ter conquistado um novo cliente, e ainda assim exigir-se uma indemnização de clientela, pelo aumento do volume de negócios do principal) (cfr. Carolina CUNHA, *A indemnização de clientela*, 398), quer porque "deixa em aberto a razão pela qual se haveria de subtrair às partes que livremente se vincularam por intermédio de negócio válido e eficaz a faculdade de arbitrarem elas próprias o caráter equivalente das prestações a que se obrigam" (cfr. Carolina CUNHA, *A indemnização de clientela*, 398). Temos dúvidas acerca da concludência dos argumentos aduzidos por Carolina Cunha. Na verdade, o artigo 18º da lei do contrato de agência conjugado com o artigo 809º CC parece tornar pouco líquida a solução da natureza dispositiva do direito à comissão, ao que acresce o facto de a retribuição ser um elemento essencial do tipo negocial em causa. O artigo 16º LCA, aliás, é explícito ao afirmar que o agente tem direito a uma comissão pelos contratos que promoveu e pelos contratos concluídos com clientes por si angariados, donde se incluem neste direito as novas encomendas. O certo é que, verdadeiramente, não está aqui um sucedâneo de um direito à comissão. A leitura do artigo 16º/3 da lei do contrato de agência torna-o claro. O mesmo resulta do artigo 17º LCA que disciplina o problema da sucessão de agentes no tempo. Simplesmente, as doutrinas em causa não se reduzem a esta perspetiva empobrecida. A própria autora o reconhece, ao lançar mão do conceito alemão de *Ausgleichsanspruch*. O que está em causa é, tão-só, a compensação pelo aumento de valor económico que a atuação do agente trouxe ao principal. E por isso é que a questão não pode ser reconduzida, na sua pureza, ao enriquecimento sem causa, porque o enriquecimento de que se fala é só percetível em termos económicos e não em termos de transferência patrimonial (cfr. Carolina CUNHA, *A indemnização de clientela*, 402 s.). Nem por isso, porém, podemos falar de um princípio de aplicação genérica. A compensação do valor económico só faz sentido no quadro de um contrato de distribuição que implique a estreita colaboração entre as partes, no qual uma das partes (o principal) controla uma atividade de angariação de clientes, suportando a outra parte (o agente) integralmente o risco económico. Nas palavras de Carolina Cunha, o ordenamento jurídico reage no momento da cessação do contrato, porque para o resultado obtido "concorreu uma atividade económica prefigurada, orientada e fiscalizada pelo sujeito que não suportou o concomitante risco". Mais concretamente, o principal utiliza a atividade do agente para conseguir garantir a correta distribuição dos produtos ou serviços, retribuindo-o por isso. Mas todo o risco é assumido pelo agente. No final da vigência do contrato, o agente não aproveita a clientela como valor fundamental que é, porque ele necessita "absolutamente daquele vínculo jurídico para poder aceder ao aproveitamento do excedente produtivo gerado pelo fluxo de trocas com a clientela que angariou e desenvolveu", já que é o principal que domina os aspetos maioritariamente responsáveis pela fixação desse valor (cfr. Carolina Cunha, *A indemnização de clientela*, 419 s.). Quer isto dizer que, embora não possamos falar de um princípio de aplicação genérica, podemos dar como segura a existência de um princípio fundamental em matéria de distribuição comercial, o que quer dizer que a figura da indemnização de clientela não tem de ficar confinada aos limites da agência, antes se podendo aplicar a outros congéneres distributivos, desde que o fundamento da sua previsão se verifique em concreto. Ora, tal permite-nos concluir que a disciplina da agência – em alguns dos seus pontos – assume um caráter modelar para toda a distribuição comercial. Estamos, assim, em condições de afirmar que a lei do contrato de agência surge como um arquétipo que pode ser mobilizada, num juízo de pendor analógico, para além das situações em que está em causa uma relação entre o principal e o agente.

IV. A previsão expressa de uma indemnização de clientela a atribuir aos agentes de seguros ou aos mediadores a título acessório justifica-se, portanto, pela similitude entre a atividade por exercida por estes sujeitos e os agentes a que se refere a LCA, e pode significar que o legislador pretendeu tratar uns e outros como verdadeiros agentes, até porque a formulação legal é equivalente à do artigo 33º LCA. Dúvidas podem colocar-se no tocante aos corretores.

V. Requisitos imprescindíveis para que seja atribuída uma indemnização de clientela são a angariação de novos clientes para a empresa de seguros ou o aumento substancial do volume de negócios com clientela já existente; o benefício que a empresa de seguros venha a ter, após a cessão do contrato, com a atividade desenvolvida pelo distribuidor. Os requisitos justificam-se para se comprovar se a intencionalidade que preside à atribuição de uma indemnização de clientela se verifica ou não em concreto (cfr. A. Pinto Monteiro, *Contrato de Agência*, 143, colocando a questão e respondendo afirmativamente).

VI. Dúvidas colocam-se no que respeita ao primeiro requisito quando o agente se tenha limitado a manter o nível de clientela, numa conjuntura muito desfavorável, de tal modo que, sem o seu trabalho, teria havido um decréscimo daquela (cfr. A. Pinto Monteiro, *Contrato de Agência*, 143).

VII. Dúvidas colocam-se, também, por referência ao segundo requisito do nº 2 do preceito. De acordo com a posição de Pinto Monteiro, "não se mostra necessário que eles tenham já ocorrido, bastando que, de acordo com um juízo de prognose, seja bastante provável que eles se venham a verificar, isto é, que a clientela angariada pelo cliente constitua, em si mesma uma chance para o principal. Por outro lado, não se exige que seja o próprio principal a explorar diretamente o mercado, podendo conseguir esses benefícios através de outro agente, de um concessionário, de uma filial". Cf. A. Pinto Monteiro, *Contrato de agência*, 143.

VIII. Não se exige o requisito consagrado na alínea *c)* do nº 1 do artigo 33º LCA. Contudo, tendo em conta a intencionalidade subjacente à indemnização de clientela, deve entender-se que deixa de se justificar esta compensação, caso o agente receba alguma retribuição por contratos negociados ou concluídos, após a cessação do contrato, com os novos clientes angariados.

IX. Deixa de haver lugar à indemnização de clientela quando o contrato tenha sido resolvido por iniciativa do agente de seguros ou do mediador de seguros a título acessório sem justa causa ou por iniciativa da empresa de seguros com justa causa; ou quando o mediador tenha cedido a sua posição contratual com o acordo da empresa de seguros. Contudo, se o contrato for declarado nulo ou anulável, parece que não se afeta o direito do agente ou do mediador a título acessório à indemnização de clientela (cfr. A. Pinto Monteiro, *Contrato de Agência*, 146).

X. A indemnização de clientela é fixada em termos equitativos, mas não pode ser inferior ao valor equivalente ao dobro da remuneração média anual do mediador de seguros ou de seguros a título acessório nos últimos cinco anos, ou do período de tempo em que o contrato esteve em vigor, se inferior. O legislador afasta-se aqui do critério consagrado para a agência em geral no artigo 34º LCA. Dispõe-se aí que a indemnização é fixada equitativamente, mas não pode exceder um valor equivalente a uma indemnização anual, calculada a partir da média anual das remunerações recebidas pelo agente durante os últimos cinco anos ou à média do período em que o contrato esteve em vigor, se for inferior.

CAPÍTULO IV
REGISTO
SECÇÃO I
DISPOSIÇÕES GERAIS

ARTIGO 56º – Autoridade responsável pelo registo

1 – A ASF é a autoridade responsável pela criação, manutenção e atualização permanente do registo eletrónico dos mediadores de seguros, de resseguros e de seguros a título acessório residentes ou cuja sede social se situe em Portugal.

2 – O registo referido no número anterior deve ser facilmente acessível através do sítio da ASF na Internet.

3 – A ASF define, por norma regulamentar, a forma de organização do registo e os elementos referentes a cada mediador de resseguros e de seguros a título acessório que devem constar do registo.

ANOTAÇÃO *(José Vasques)*

I. Cfr. art. 46º do regime jurídico da mediação de seguros.

II. Cfr. art. 3º da Diretiva (UE) 2016/97.

III. O artigo sob anotação refere-se expressamente ao *registo eletrónico dos mediadores de seguros, de resseguros e de seguros a título acessório residentes ou cuja sede social se situe em Portugal* (nº 1), donde resulta que a atividade de distribuição de seguros e de resseguros pelas *empresas de seguros* e *de resseguros*, e de fundos de pensões pelas *entidades gestoras de fundos de pensões* (quer se trate de *sociedades gestoras de fundos de pensões* quer de *empresas de seguros* autorizadas para o exercício da sua atividade no âmbito do ramo Vida) não carece de inscrição no registo de mediadores junto da ASF; o que é confirmado pela Diretiva (UE) 2016/97, quando estabelece que *as empresas de seguros ou de resseguros e os respetivos empregados não são obrigados a registar-se ao abrigo da presente diretiva*. (art. 3º, nº 1, 2º §) – sem prejuízo da sua inscrição no *registo das empresas de seguros e de resseguros*, mantido e atualizado pela ASF (art. 42º do *regime jurídico do acesso e exercício à atividade seguradora e resseguradora.*

À semelhança do que ocorre já na vigência do *regime jurídico da mediação de seguros e de resseguros*, o *registo eletrónico dos mediadores de seguros, de resseguros e de seguros a título acessório residentes ou cuja sede social se situe em Portugal* deverá poder ser facilmente acedido através do sítio da ASF na *internet* (nº 2).

A habilitação específica da ASF para adotar a regulamentação prevista no nº 3 do artigo sob anotação resulta do artigo 13º, alínea *w)*, da Lei preambular.

IV. Disposições relacionadas: art. 13º, al. *w)*, da Lei preambular, art. 3º, nº 1, 2º §, da Diretiva (UE) 2016/97, e art. 42º do *regime jurídico do acesso e exercício à atividade seguradora e resseguradora.*

ARTIGO 57º – Articulação com o registo eletrónico único da EIOPA

1 – A ASF presta à Autoridade Europeia dos Seguros e Pensões Complementares de Reforma (EIOPA) todas as informações relevantes para o registo eletrónico único implementado por esta autoridade europeia, que contém o registo dos mediadores de seguros, de resseguros e de seguros a título acessório que tenham notificado a sua intenção de exercer atividade transfronteiras em conformidade com o capítulo vi.

2 – A ASF mantém uma hiperligação no respetivo sítio na Internet para o registo eletrónico único publicado no sítio da EIOPA na Internet.

3 – A ASF tem o direito de alterar os dados armazenados no registo eletrónico único por iniciativa própria ou a solicitação dos titulares dos dados.

ANOTAÇÃO *(José Vasques)*

I.

II. Cfr. art. 3º da Diretiva (UE) 2016/97.

III. As informações a prestar à EIOPA pela ASF são apenas as relativas aos mediadores de seguros, de resseguros e de seguros a título acessório que tenham notificado a ASF da sua intenção de exercer atividades transfronteiras (nº 1), sem prejuízo da hiperligação do sítio na *internet* da ASF ao registo único publicado no sítio na *internet* da EIOPA (nº 2).

A Diretiva (UE) 2016/97 estabelece que, além das autoridades competentes (no caso de Portugal, a ASF, cfr. nº 3), a EIOPA tem o direito de alterar os dados do registo eletrónico único, e que os titulares cujos dados pessoais sejam armazenados no registo e partilhados têm o direito de aceder a esses dados armazenados e de ser devidamente informados (art. 3º, nº 4, 2º §); nos termos do nº 3, a ASF pode alterar os dados armazenados no registo eletrónico único por iniciativa própria ou a solicitação dos titulares dos dados.

IV. Disposições relacionadas: art. 11º da Lei preambular.

ARTIGO 58º – Certificado de registo

1 – A ASF emite um certificado de registo a favor do mediador de seguros, de resseguros ou de seguros a título acessório inscrito no registo.

2 – O certificado de registo do mediador de seguros, de resseguros ou de seguros a título acessório deve conter, no mínimo, as seguintes informações:

a) Identidade e endereço do mediador de seguros, de resseguros ou de seguros a título acessório;

b) De que se encontra inscrito no registo junto da ASF, da data da inscrição e dos meios de que o interessado dispõe se pretender confirmar essa inscrição;

c) O ramo ou ramos de seguros nos quais o mediador de seguros, de resseguros ou de seguros a título acessório está autorizado a exercer atividade;

d) No caso de pessoas coletivas, o nome dos membros do órgão de administração responsáveis pela atividade de distribuição.

3 – No caso de mediador de seguros, o certificado de registo deve, adicionalmente, identificar a categoria em que o mediador de seguros se encontra inscrito.

4 – Ao certificado de registo são averbados os elementos previstos no artigo 64º

ANOTAÇÃO (*Ana Raquel Gonçalves Moniz*)

1. O certificado de registo corresponde ao ato de execução da estatuição autoritária em que o ato administrativo de aceitação de inscrição no registo se corporiza. Trata-se de um exemplo de ato de natureza certificativa, que se caracteriza precisamente por se limitar a verificar um facto (ou a avaliar uma situação), correspondendo a uma manifestação de ciência com relevância jurídica. Por esse motivo, é a titularidade do certificado que comprova a inscrição no registo como mediador de seguros, resseguros ou de seguros a título acessório.

2. O conjunto de menções constantes do certificado de registo revela-se claramente demonstrativo da sua natureza jurídica e da respetiva finalidade última. O legislador indica um conjunto de informações *mínimas* (a indiciar que, ao abrigo da sua discricionariedade regulatória, a ASF pode incluir outros elementos), respeitantes à identificação integral do mediador (incluindo a identidade, o endereço, e, tratando-se de pessoas coletivas, o nome dos membros do órgão de administração responsáveis pela atividade de distribuição), bem como ao âmbito (temporal e objetivo) da autorização para o exercício da atividade (data do registo, ramo ou ramos em que se encontra autorizado a exercer a sua atividade, a categoria em que se encontra inscrito, e meios de que o interessado dispõe para confirmar tal inscrição). Ainda com o propósito de cumprir plenamente a sua função certificativa, impõe-se que seja averbada a este certificado qualquer alteração ao registo, em especial, a extensão da atividade do mediador de seguros, de resseguros ou de seguros a título acessório, e a identificação do(s) Estado(s)-Membro(s) da União Europeia em que o mediador registado em Portugal exerce a sua atividade, através de sucursal ou em regime de livre prestação de serviços (cf. artigos 58º, nº 4, e 64º).

ANOTAÇÃO *(José Vasques)*

I. Cfr. art. 47º do *regime jurídico da mediação de seguros e de resseguros.*

II. Não resulta da transposição da Diretiva (UE) 2016/97.

III. Determina-se neste artigo a existência de um *certificado de registo* emitido pela ASF a favor de cada um dos mediadores de seguros, de resseguros e de seguros a título acessório inscritos no registo (nº 1), fixando-se o seu conteúdo (nºs 2 e 3), bem como o averbamento de eventuais extensões da atividade e identificação de Estados-membros onde exerça a sua atividade em regime de estabelecimento ou de livre prestação de serviços (nº 3 e art. 64º).

IV. Disposições relacionadas: art. 64º

ARTIGO 59º – Acesso à informação

1 – Cabe à ASF implementar os meios necessários para que qualquer interessado possa aceder, de forma fácil e rápida, à informação proveniente do registo dos mediadores de seguros, de resseguros ou de seguros a título acessório, designadamente através de mecanismos de consulta pública através da Internet.

2 – A ASF define, em norma regulamentar, a informação a disponibilizar aos interessados, que deve incluir, no mínimo, os elementos referidos nos nºs 2 a 4 do artigo anterior.

ANOTAÇÃO *(José Vasques)*

I. Cfr. art. 48º do regime jurídico da mediação de seguros.

II. Não resulta da transposição da Diretiva (UE) 2016/97.

III. A ASF disponibiliza já no seu sítio na *internet* o acesso a informação proveniente do registo dos mediadores de seguros, de resseguros e de seguros a título acessório, estabelecendo o artigo sob anotação que a informação a disponibilizar deverá incluir, pelo menos, os elementos que constam do certificado de registo (nº 2).

A habilitação específica da ASF para adotar a regulamentação prevista no nº 2 do artigo sob anotação resulta do artigo 13º, alínea *x)*, da Lei preambular.

IV. Disposições relacionadas: art. 13º, al. *x)*, da Lei preambular.

SECÇÃO II
ALTERAÇÕES

ARTIGO 60º – Comunicação de alterações

1 – As alterações aos elementos relevantes para aferição das condições de acesso previstas nas secções II e III do capítulo II devem ser comunicadas sem demora à ASF pelo mediador de seguros, de resseguros ou de seguros a título acessório, em qualquer caso num prazo nunca superior a 15 dias a contar da sua ocorrência.

2 – Conforme a respetiva natureza, as alterações comunicadas podem dar lugar à alteração dos elementos registados, a averbamento ao registo, à sua suspensão ou ao seu cancelamento.

ANOTAÇÃO (*Irene Girão*)

Nº 1

Insere-se a presente disposição no âmbito da regulamentação do registo dos mediadores de seguros e resseguros junto da ASF, registo esse que, nos termos do art. 8º, constitui condição para o exercício da atividade de distribuição pelas várias categorias de distribuidores. Visa, neste contexto, disciplinar o dever do mediador de comunicar ao organismo de supervisão, simultaneamente responsável pela concessão de autorização para o exercício da correspondente atividade e pela criação, manutenção e atualização permanente do registo eletrónico de mediadores de seguros, de resseguros e de seguros a título acessório, a alteração de qualquer dos elementos relevantes para aferição das condições comuns de acesso à atividade de mediação e das condições de acesso específicas de cada uma das categorias de mediadores, tal como vêm fixadas nas secções II e III do Capítulo II deste anexo. Ou seja, segundo dispõe o nº 1, tais alterações devem ser comunicadas à ASF pelo mediador de seguros, num prazo nunca superior a quinze dias após a sua ocorrência. E compreende-se tal obrigação, pois se a lei faz depender o acesso aos canais de distribuição, mormente à atividade de mediação de seguros e de resseguros, de um conjunto de condições de cuja análise, em cada caso, faz depender a inscrição no registo e com ela a legitimação para o exercício da correspondente atividade, qualquer alteração desses elementos deve convocar pelo menos uma nova aferição dessas condições de acesso e, por isso, ter implicações, mais ou menos profundas, no próprio registo e na correspondente autorização para o desempenho da atividade de mediação. Daí a obrigação de comunicação da alteração desses elementos, indispensável para que a ASF possa dela tomar conhecimento e desencadear os mecanismos e procedimentos adequados, nesta matéria, às suas competências de supervisão. Está, pois, consabidamente, em causa nesta complexa disciplina da distribuição de seguros e de resseguros o móbil de assegurar um correto e regular funcionamento deste mercado, a igualdade de condições entre distribuidores e, através disso, garantir a proteção dos tomadores e beneficiários, sendo que, o acompanhamento permanente pela autoridade de supervisão das condições entendidas como relevantes para o acesso e manutenção da atividade de mediação constitui um importante mecanismo na consecução desse propósito.

Quanto ao seu âmbito, o dever de comunicação abrange a alteração de todo e qualquer elemento, desde que relevante para apreciação das condições de acesso, previstas e reguladas na presente lei. Tais condições, constantes dos artigos 8º a 22º, subdividem-se, desde logo, em condições de acesso comuns a todas as categorias de mediadores de seguros e de resseguros e de seguros a título acessório, diferenciando-se estas conforme o mediador seja uma pessoa singular (art. 11º) ou coletiva (art. 12º), e condições específicas relativamente a cada categoria de mediadores, ou seja, consoante se trate de agente, corretor, ou mediador de seguros a título acessório.

Nas condições comuns exige-se, designadamente, capacidade, qualificação adequada e reconhecida idoneidade para o exercício da atividade de distribuição, além de não poder haver qualquer das incompatibilidades previstas no art. 15º. Tratando-se de pessoa singular, tais condições devem verificar-se relativamente a todas as pessoas diretamente envolvidas na atividade de distribuição. Se se tratar de pessoa coletiva, essas condições estendem-se aos membros do órgão de administração responsáveis pela distribuição de seguros ou resseguros, além de que os restantes membros do conselho de administração devem apresentar reconhecida idoneidade para o exercício da referida atividade, não podendo, também, relativamente a eles verificar-se nenhuma das previstas incompatibilidades.

Ora, tem-se em conta que qualquer das mencionadas condições, cujos elementos de que depende a sua apreciação foram verificados no momento da autorização pela ASF e do correspondente registo, podem sofrer alterações. Basta pensar-se na mudança das pessoas diretamente envolvidas na atividade do mediador ou nas alterações relativamente aos membros dos órgãos de administração da sociedade mediadora.

Face ao exposto, é por demais evidente que tais alterações devam ser comunicadas para se poder proceder à apreciação das condições referidas relativamente aos novos envolvidos na atividade de distribuição, ou aos novos membros dos órgãos de administração da pessoa coletiva.

Quanto à apreciação da idoneidade, a lei (art. 14º) fá-la depender de um conjunto de circunstâncias que podem sofrer alterações após o registo, devendo por isso ser comunicadas á ASF, como por exemplo: no caso de ter sobrevindo uma situação de recusa, cancelamento ou cessação de registo, autorização, admissão ou licença para o exercício de uma atividade comercial, empresarial ou profissional, por outra entidade de supervisão ou ordem profissional, destituição do exercício de um cargo por entidade pública, relativamente ao próprio mediador, pessoas diretamente envolvidas na distribuição ou membros dos órgãos de administração; proibição, relativamente a qualquer deles, por autoridade judicial, autoridade de supervisão, ordem profissional ou organismo com funções análogas, de agir na qualidade de administrador ou gerente de uma sociedade civil ou comercial ou de nela desempenhar funções; superveniente inclusão de menções de incumprimento na central de responsabilidade de crédito ou noutros registos de natureza análoga; declaração, posterior ao registo, de insolvência pessoal; superveniência de ação cível ou outros processos que possam ter impacto relevante sobre a solidez financeira do avaliado; superveniente acusação, pronúncia, ou condenação por crimes contra o património, crimes de falsificação e falsidade, entre outros; destituição judicial, ou confirmação judicial dela, por justa causa, de membro de órgão de administração de qualquer sociedade comercial; etc. Qualquer destas alterações não tem necessariamente que conduzir a um juízo de inidoneidade do mediador, ou dos membros dos órgãos de administração da sociedade mediadora, mas deverá ser apreciada ou tida em consideração numa nova avaliação da exigida idoneidade da pessoa em causa, nos termos do art. 14º.

O mesmo raciocínio deve valer para a superveniência de alguma ou algumas das incompatibilidades referidas no art. 15º, nomeadamente, a circunstância de o mediador, pessoa singular, ou qualquer membro do órgão de administração da pessoa coletiva passar a pertencer aos órgãos sociais ou ao quadro de pessoal de uma empresa de seguros ou de resseguros; assim como se passar a exercer funções de gestão, regularização ou peritagem de sinistros ou passar a ser sócio ou membro de órgão de administração de sociedade que desempenhe essas funções.

Por outro lado, faz a lei referência às condições específicas de acesso relativamente a cada uma das categorias de mediadores. Quanto aos agentes e aos mediadores de seguros a título acessório que exercem a sua atividade em mais de uma empresa de seguros, exigem os artigos 16º, nº 1, *a)* e 20º, nº 1, *a)*, como condição específica de acesso à categoria de agente de seguros, para além das condições comuns previstas na secção anterior – (a secção II) –, a celebração de um contrato escrito com cada uma das empresas de seguros que vai representar, contrato esse que irá delimitar os termos do exercício da atividade de distribuição. Se supervenientemente ocorrer uma extensão da sua atividade a outra empresa de seguros ou de resseguros, basta a celebração de contrato com essa entidade, desde que esta exerça atividade que se enquadre no âmbito do ramo ou ramos nos quais o agente ou mediador a título acessório se encontre registado e por isso tenha obtido a correspondente autorização (art. 62º). Porém, estando em causa uma alteração de um elemento que constitui uma condição específica de acesso ao exercício da atividade de distribuição de seguros, tal alteração deve ser comunicada à ASF, nos termos da presente disposição.

Em conclusão, toda e qualquer alteração de elementos relevantes, nos termos da lei, para a aferição das condições de acesso, deve ser comunicada à ASF, na medida em que a manutenção da autorização para o exercício da atividade de mediação pressupõe a manutenção das condições que permitiram, aquando do respetivo acesso, o registo do mediador, além de que, mesmo quando não se trate de alterações essenciais do ponto de vista do comprometimento da continuidade da respetiva autorização, é necessário manter, em nome da transparência, que serve os interesses do mercado de distribuição de seguros e resseguros e dos seus clientes e beneficiários, uma permanente atualização dos elementos constantes do registo.

Por fim, estabelece o presente nº 1 do art. 60º que a comunicação das alterações deve ser efetuada "sem demoras", densificando tal conceito com o estabelecimento de um prazo máximo de quinze dias, contado a partir da sua ocorrência.

A comunicação deverá ser feita, tal como a completa instrução do processo de registo, através do sítio da ASF na Internet, devendo este portal dispor de recursos para facilitar a mesma. Aliás, no âmbito da respetiva competência de regulamentação, deve a ASF definir a forma de organização do registo e os elementos referentes a cada categoria de mediadores que dele devem constar, bem como estabelecer os elementos e informações que lhe devem ser comunicadas no âmbito dos próprios procedimentos relativos à alteração das condições de acesso à atividade e à suspensão e cancelamento do registo, como se estatui no art. 13º da presente lei.

Por sua vez, a não comunicação atempada das alterações referidas dará lugar, nos termos do art. 113º, al. *jjj*), a uma contraordenação grave.

Nº 2

Resulta do disposto do nº 2 do art. 60º que a comunicação das alterações supramencionadas pode dar lugar, atendendo à respetiva natureza, a consequências diversas ao nível do registo: *a*) alteração dos elementos registados, *b*) averbamento ao registo, *c*) suspensão ou cancelamento do registo, como aliás já se intuiu da análise precedente.

Ora, se está em causa uma alteração que não inviabilize a manutenção da autorização para o exercício da atividade de mediação, a consequência da sua apreciação pela ASF nunca pode traduzir-se na revogação daquela autorização mediante o cancelamento do registo ou mesmo na respetiva suspensão, mas, quando muito, na alteração correspondente dos elementos registados ou num averbamento ao registo. Pense-se, por exemplo, na extensão da atividade do agente de seguros e do mediador de seguros a título acessório, prevista no art. 62º, uma das alterações a ser comunicada à ASF que poderá dar tão somente lugar a uma modificação dos elementos constantes do registo. Tratando-se de uma alteração não substancial no *status* do agente ou do mediador de seguros, desde logo, porque a atividade a exercer na outra empresa de seguros onde pretende operar se enquadra no mesmo ramo ou ramos relativamente aos quais se encontra já autorizado, não se releva sequer necessário um averbamento ao registo, ao contrário do que sucede nas hipóteses previstas no art. 64º. No fundo, após a comunicação feita pelo agente ou mediador de seguros a título acessório à ASF, esta entidade deve apenas proceder às correspondentes atualizações do registo.

Outros casos haverá que nem alteração dos elementos registados porventura implicarão. Pense-se numa eventual mudança das pessoas diretamente envolvidas na atividade do mediador ou na mudança dos membros dos órgãos de administração da sociedade mediadora. Tais alterações devem ser comunicadas para se poder proceder à apreciação da capacidade, qualificação e idoneidade relativamente aos novos envolvidos na atividade de distribuição, ou aos novos membros dos órgãos de administração da pessoa coletiva, no entanto, só se a identificação dos envolvidos for definida pela ASF como um dos elementos que devam constar do registo é que este sofrerá, em virtude daquele facto, retificação.

Por sua vez, uma das hipóteses em a comunicação de alterações resulta em averbamento ao registo é a que vem regulada no art. 61º, ou seja, a extensão da atividade a ramo ou ramos de seguros diferentes daquele para que inicialmente foi concedida autorização. Basta que preenchendo e comprovando as condições de qualificação adequada para o exercício da sua atividade no novo ramo, requeira o averbamento da correspondente autorização da ASF. Compreende-se, aliás, que tal extensão de atividade conste de um averbamento ao registo, na medida em que, sendo uma informação relevante para os terceiros, nomeadamente tomadores e beneficiários de seguros, não só deva constar do certificado de registo, nos termos do art. 58º, nº 4, como ser um dos elementos do registo acessíveis aos interessados, nomeadamente através de consulta pública, o que o art. 59º, nº 2, desde logo, garante. Assim como se garante, e pelas mesmas razões, a inclusão no certificado de registo, bem como no conjunto dos elementos acessíveis aos interessados, da identificação do Estado-Membro ou dos Estados-Membros da União Europeia em que o mediador de seguros, de resseguros ou de seguros a título acessório registado em Portugal exerce a sua atividade, através de sucursal ou em regime de livre prestação de serviços, igualmente configurada como averbamento ao registo pelo art. 64º, *b*).

Alterações de outra natureza, que de algum modo põem em causa, ainda que a título transitório, a manutenção da autorização para o exercício da atividade de mediação, darão lugar à suspensão do registo. Em virtude dela o mediador de seguros, de resseguros ou de seguros a título acessório deverá interromper temporariamente o exercício da sua atividade até à cessação do facto ou circunstância que lhe deu causa, tal como o disposto no art. 65º, para onde se remete. Precisamente, uma dessas alterações, referida na alínea *b*) do nº 1 deste artigo 65º, diz respeito à superveniente ocorrência de incompatibilidades entre o exercício da atividade de distribuição e outras funções que os distribuidores venham a desempenhar ou até já desempenhem.

A este propósito o art. 15º, onde se encontra tratada esta matéria, estabelece um conjunto de situações de incompatibilidade, sem prejuízo, porém, de outras legalmente previstas, nomeadamente, a que resulta de o mediador, pessoa singular, ou qualquer membro do órgão de administração da pessoa coletiva passar a pertencer aos órgãos sociais ou ao quadro de pessoal de uma empresa de seguros ou de resseguros; assim como se passar a exercer funções de gestão, regularização ou peritagem de sinistros ou passar a ser sócio ou membro de órgão de administração de sociedade que desempenhe essas funções, ou ainda passar a pertencer aos órgãos ou quadro de pessoal da ASF, entre outras. Nestes casos, aliás, a lei exige que nos trinta dias anteriores à ocorrência do facto determinante de incompatibilidade deve o mediador requerer ao organismo de supervisão a suspensão da sua inscrição.

Outra causa de suspensão da inscrição no registo encontra-se consagrada na alínea *d*) do nº 1 do art. 65º: a declaração de insolvência do mediador de seguros, de resseguros ou de seguros a título acessório. E, atenta a preocupação de assegurar a solvabilidade económica e financeira dos vários protagonistas intervenientes no mercado de distribuição de seguros, que constitui, nos termos da Lei nº 147/2015, requisito necessário para o acesso e exercício da atividade seguradora (art. 16º e ss da Lei nº 147/2015), e se encontra igualmente plasmado nas alíneas *e*), *f*), *g*) e *h*) do art. 4º desta lei da distribuição, compreende-se que o legislador tenha efetivamente erigido a superveniente insolvência do mediador como uma das causas de suspensão da inscrição no registo.

Finalmente, pode a superveniência de determinados factos e a sua obrigatória comunicação conduzir à revogação da autorização para o exercício da atividade de mediação e, nessa medida, ao próprio cancelamento do registo. É o que sucede, nomeadamente e em conformidade com o disposto no art. 66º, com a sobrevinda falta de alguma das condições de acesso ou de exercício da atividade de distribuição, bem como com a morte do mediador de seguros, de resseguros e de seguros a título acessório, a liquidação do estabelecimento comercial de responsabilidade limitada, ou a dissolução da sociedade mediadora.

ANOTAÇÃO *(José Vasques)*

I. Cfr. art. 49º do regime jurídico da mediação de seguros.

II. Cfr. art. 3º da Diretiva (UE) 2016/97.

III. Todas as alterações aos elementos subjacentes às condições de acesso (arts. 11º a 22º) devem ser comunicadas pelo *mediador de seguros, de resseguros* ou *de seguros a título acessório* à ASF, em prazo num superior a 15 dias a contar da sua ocorrência.

As alterações comunicadas podem dar lugar à alteração dos elementos registados, a averbamento ao registo (art. 64º), à sua suspensão (art. 65º e 67º) ou ao seu cancelamento (arts. 66º e 67º).

A não comunicação ou a comunicação intempestiva dos elementos previstos no nº 1, constitui contraordenação grave [art. 113º, al. *jjj)*].

A comunicação à ASF (nº 1) deverá incluir os elementos e informações que venham a ser estabelecidos pela regulamentação prevista no artigo 13º, alínea *y)*, da Lei preambular.

Sobre as regras aplicáveis à contagem do prazo previsto no nº 1 v. a nossa anotação ao artigo 7º da Lei preambular.

IV. Disposições relacionadas: art. 13º, al. *y)*, da Lei preambular, e arts. 11º a 22º, 64º a 67º.

ARTIGO 61º – Extensão da atividade a outro ramo ou ramos de seguros

1 – A extensão da atividade a ramo ou ramos de seguros distintos daquele que o mediador de seguros, de resseguros ou de seguros a título acessório está autorizado a exercer depende apenas do preenchimento e comprovação da condição de qualificação adequada às características da atividade de distribuição que pretende exercer.

2 – À instrução e à tramitação do pedido de averbamento ao registo da extensão, pelo mediador de seguros ou mediador de seguros a título acessório, é aplicável, com as devidas adaptações, o regime previsto para a inscrição no registo de cada categoria de mediadores.

ANOTAÇÃO (*Irene Girão*)

Nº 1

Nos termos dos artigos 8º e seguintes do presente anexo, as pessoas singulares ou coletivas podem registar-se como mediadores de seguros ou de resseguros, numa determinada categoria (agente de seguros, corretor de seguros ou mediador de seguros a título acessório) e com essa inscrição exercer a atividade de mediação nos termos definidos para essa categoria e dentro de um determinado âmbito, também ele estabelecido e definido no próprio registo. Com efeito, estabelece o art. 10º que o registo é realizado alternativa ou cumulativamente no âmbito do ramo Vida, no âmbito do ramo Vida com exclusão de produtos de investimento com base em seguros, ou no âmbito dos ramos Não Vida.

Ora, o que precisamente disciplina o art. 61º é a hipótese de inscrito o mediador de seguros de resseguros ou de seguros a título acessório num determinado âmbito, relativamente ao qual está autorizado a operar, ele poder estender a respetiva atividade a outro ramo ou ramos de seguros diverso daquele em que se encontra registado.

Repare-se que, ao contrário do que sucede com o registo numa determinada categoria, que é incompatível com o registo em qualquer outra (art. 15º, nº 2) e por isso a alteração de categoria implica o prévio cancelamento do registo anterior (art. 68º), a lei permite não só a inscrição inicial cumulativa em ramos diferentes, autorizando o exercício da atividade de mediação nesse âmbito alargado, como também o alargamento posterior a outros ramos, fazendo depender esse desiderato apenas do preenchimento e comprovação da condição de qualificação adequada às caraterísticas do novo ramo onde pretende operar. É que a lei, em termos de exigências de qualificação do mediador, das pessoas diretamente envolvidas na atividade de mediação, ou dos membros do órgão de administração responsáveis pela atividade de distribuição de seguros, impõe, no artigo 13º, a adequação da qualificação ao exercício da respetiva atividade, definindo, inclusivamente, no anexo a que se referem a alínea *a*) do nº 1 e a alínea *a*), do nº 3 dessa disposição, os conteúdos mínimos para os cursos onde o interessado assenta ou fundamenta a qualificação exigida, distinguindo precisamente esse conteúdo conforme se trate de seguros dos ramos Não Vida (previstos no art. 8º da Lei nº 147/2015), ou de seguros do ramo Vida (art. 9º da Lei nº 147/2015) Assim, há que comprovar, como condição da referida extensão de atividade que os conteúdos versados no curso ou cursos em que baseia a sua qualificação correspondem aos exigidos para o exercício da sua atividade no novo ramo ou ramos de seguros em que se pretende registar.

Nº 2

Preenchendo e comprovando as condições de qualificação adequada para o exercício da sua atividade no novo ramo, é necessário, nos termos do nº 2, o requerimento do averbamento da correspondente extensão. É que, uma das informações que, nos termos do artigo 58º, deve constar do certificado de registo diz respeito ao ramo ou ramos de seguros nos quais o mediador está autorizado a exercer a sua atividade, pelo que se compreende que a extensão da atividade a outros ramos conste de um averbamento a esse registo, nos termos do art. 64º.

Nessa medida, sendo uma informação relevante para terceiros, nomeadamente tomadores e beneficiários de seguros, não só deve constar do certificado de registo, nos termos do art. 58º, nº 4, como ser um dos elementos constantes do registo, acessível aos interessados, nomeadamente através de consulta pública, o que o art. 59º, nº 2, desde logo, garante, ao estabelecer como conteúdo mínimo da informação a disponibilizar, todos os elementos referidos nos números 2 a 4 do artigo precedente, onde se inclui o referido averbamento.

Acrescenta ainda o nº 2 da presente disposição que à instrução e tramitação do pedido de averbamento ao registo da extensão a outros ramos de seguros é aplicável, com as devidas adaptações, o regime previsto para a inscrição no registo de cada categoria de mediadores, o que nos remete para o disposto nos artigos 17º (processo de inscrição no registo na categoria de agente de seguros), 19º (processo de inscrição no registo na categoria de corretor) e 21º (processo de inscrição no registo de mediador se seguros a título acessório). Ora, feito o cotejo das referidas disposições, salta desde logo à vista uma diferença relevante nos processos de inscrição do agente e mediador de seguros a título acessório, por um lado, e o processo de inscrição no registo do corretor, por outro. Essa diferença traduz-se na circunstância de quanto às duas primeiras categorias de mediadores ser da responsabilidade da empresa de seguros que tenha celebrado contrato com o agente ou com o mediador a título acessório a verificação da instrução do processo e o seu envio para a ASF, através do sítio desta na Internet, enquanto que, quanto ao corretor, e dado o seu estatuto de mediador independente, é o próprio que deve instruir o processo e proceder ao seu envio para o respetivo portal. O que significa, que quanto ao averbamento da extensão deve valer o mesmo procedimento, sendo nos primeiros casos a empresa de seguros, que opere também no âmbito relativamente ao qual deve valer a extensão, e com a qual o agente ou mediador a título acessório tenha celebrado contrato, que deve verificar a instrução do processo de averbamento e remetê-lo para a ASF, enquanto que sendo o corretor a pretender estender a sua atividade, deve ser ele a efetuar e enviar o pedido de averbamento da respetiva extensão.

Em tudo o mais nos parece idêntica a tramitação do processo, independentemente da categoria de mediador. Por isso, adaptando as respetivas disposições ao pedido de averbamento da extensão de atividade, poderemos afirmar que, relativamente a qualquer dos mediadores que o requeiram, compete à ASF verificar o preenchimento das condições de qualificação exigidas para a extensão da atividade a outros ramos, podendo solicitar diretamente ao mediador, ou através da empresa de seguros proponente, quaisquer esclarecimentos ou elementos que considere úteis.

Por outro lado, dando a ASF provimento ao pedido de averbamento da extensão de atividade, deve notificar o requerente, que, a partir desse momento, passará a poder atuar no âmbito mais alargado previsto na extensão. Se a decisão da ASF, que deve ser fundamentada, se traduzir na recusa do averbamento, deverá a respetiva notificação efetuar-se, segundo uma das formas do art. 6º, no prazo de 60 dias a contar da receção do pedido de averbamento, ou a contar da receção dos esclarecimentos ou elementos solicitados ao requerente.

ANOTAÇÃO *(José Vasques)*

I. Cfr. art. 50º do *regime jurídico da mediação de seguros e de resseguros.*

II. Não resulta da transposição da Diretiva (UE) 2016/97.

III. Sobre o âmbito da atividade v. as nossas anotações aos artigos 10º e 15º

O processo de inscrição no registo dos *mediadores de seguros* nas categorias de *agente de seguros* e de *corretor de seguros*, e dos *mediadores de seguros a título acessório* é regulado pelos arts. 17º, 19º e 21º

A extensão da atividade do *mediadores de seguros* e do *mediadores de seguros a título acessório* é averbada ao registo [art. 64º, al. *a)*].

IV. Disposições relacionadas: arts. 10º, 15º 17º, 19º, 21º e 64º

ARTIGO 62º – Extensão da atividade de agente de seguros e mediador de seguros a título acessório a outra empresa de seguros

Desde que a empresa de seguros com a qual o agente de seguros ou o mediador de seguros a título acessório pretende operar exerça atividade que se enquadre no âmbito do ramo ou ramos relativamente aos quais esteja autorizado a exercer a atividade, a extensão de atividade depende apenas da celebração do contrato nos termos, respetivamente, da alínea *a*) do nº 1 do artigo 16º ou da alínea *a*) do nº 1 do artigo 20º

ANOTAÇÃO (*Filipe Albuquerque Matos*)

Neste preceito, regulam-se as hipóteses de extensão da atividade do agente de seguros e do mediador a título acessório a uma outra empresa de seguros cuja atividade se enquadra no(s) ramo(s) para os quais estes se encontravam autorizados a exercer as respetivas funções.

Em causa está o exercício pelos agentes de seguros ou pelos mediadores de seguros ou pelos mediadores de seguros a título acessório, que já ajam em nome e por conta de uma empresa de seguros, numa outra empresa de seguros, revelando-se uma tal situação perfeitamente lícita, em face das condições de acesso à atividade de distribuição de seguros e de resseguros previstas no capítulo II (secção I). Na verdade, nos termos do art. 9º, nº 1), os mediadores de seguros e os mediadores de seguros a título acessório podem exercer a sua atividade de distribuição como agentes, sendo que aos agentes é permitido atuar "em nome e por conta de uma ou mais empresas de seguros ou de outras mediações de seguros" (art. 9º, nº 1, *a*)).

Quando os agentes ou os mediadores de seguros a título acessório exercem a sua atividade em mais de uma empresa de seguros, exige o artigo 16º, nº 1, *a*) como condição específica de acesso à categoria de agente de seguros, para além das condições comuns previstas na secção anterior – (a secção II) –, a celebração de um contrato escrito com cada uma das empresas de seguros que vai representar, contrato esse que irá delimitar os termos do exercício da atividade de distribuição. Através desse contrato, o agente passa em nome e por conta da empresa de seguros a exercer as respetivas funções de distribuição, impondo-se idêntica condição aos mediadores a título acessório no art. 20º, nº 1, *a*). Razão pela qual, no final do art. 62º se estatua que a "extensão da atividade se encontra dependente apenas da celebração do contrato nos termos, respetivamente, da alínea *a*) do nº 1 do art. 16º ou da alínea *a*) do nº 1 do art. 20º.

Estando em causa uma alteração de um elemento que constitui uma condição específica de acesso ao exercício da atividade de distribuição de seguros, tal alteração deve ser comunicada à ASF, nos termos exigidos no art. 60º, nº 1, ou seja, uma tal alteração deve ser comunicada sem demora e, apesar da formulação ampla utilizada pelo legislador neste preceito, especificou-se, no entanto, que tal comunicação nunca pode ser efetivada, em qualquer caso, num prazo superior a quinze dias depois da sua ocorrência.

A extensão da atividade do agente de seguros e do mediador de seguros a título acessório, prevista neste preceito, poderá dar tão somente lugar a uma alteração dos elementos constantes do registo, mas não ao averbamento da mesma, muito menos à suspensão ou ao cancelamento daquele. Como resulta do disposto do nº 2 do art. 60º, as alterações relacionadas com a atividade dos agentes ou mediadores a título acessório podem dar lugar, atenta a respetiva natureza, a consequências diferentes a nível do registo: *a*) alteração dos elementos registados, *b*) averbamento ao registo, *c*) suspensão ou cancelamento do registo.

Tratando-se de uma alteração não substancial no *status* do agente ou do mediador de seguros, desde logo, porque a atividade a exercer na outra empresa de seguros onde pretende operar se enquadra no mesmo ramo ou ramos relativamente aos quais se encontra já autorizado, não se releva, então, necessário levar a cabo um averbamento tal como sucede nas hipóteses previstas no art. 61º. Na verdade, tratando-se de uma hipótese sujeita a averbamento ao registo, a mesma deveria encontrar-se prevista no art. 64º, tal como sucede a propósito das aludidas situações de extensão da atividade dos agentes e mediadores a outros ramos que se encontram regulados no art. 61º. Bem vistas as coisas, a ligação do agente ou do mediador, a título acessório, a uma outra empresa de seguros tem o seu âmbito circunscrito à relação contratual entre o dito distribuidor e a seguradora em nome e por conta de quem pretende passar a operar, razão pela qual a relatividade desta relação escapa às exigências próprias do registo. Uma tal conclusão parece encontrar, de resto, respaldo na própria letra da lei quando refere que "(...) a extensão da atividade depende apenas da celebração do contrato (...)". No fundo, após a comunicação feita pelo agente ou mediador de seguros a título acessório à ASF, esta entidade reguladora deve proceder às correspondentes atualizações no registo. Importa ainda, nesta sede, recordar, a propósito do enquadramento da atividade do agente em determinado ramo do seguro, a relevância do princípio da tipicidade dos ramos de atividade, a nível do Direito institucional dos seguros, sendo que, no plano do direito dos contratos, não deve vigorar a regra do *numerus clausus* das modalidades ou tipos de seguros.

ANOTAÇÃO *(José Vasques)*

I. Cfr. art. 52º do *regime jurídico da mediação de seguros e de resseguros.*

II. Não resulta da transposição da Diretiva (UE) 2016/97.

III. Sobre o âmbito da atividade v. a nossa anotação ao artigo 10º

IV. Disposições relacionadas: art. 10º

ARTIGO 63º – Controlo das participações qualificadas

1 – Às alterações verificadas quanto a participações qualificadas detidas em corretor de seguros ou em mediador de resseguros é aplicável, com as devidas

adaptações, o regime constante dos artigos 162º, 163º, 165º, 170º, 171º e 172º do regime jurídico de acesso e exercício da atividade seguradora e resseguradora, constante do anexo I da Lei nº 147/2015, de 9 de setembro.

2 – A ASF pode determinar a inibição do exercício dos direitos de voto em corretor de seguros ou em mediador de resseguros, nos termos dos artigos 168º e 169º do regime jurídico de acesso e exercício da atividade seguradora e resseguradora, constante do anexo I da Lei nº 147/2015, de 9 de setembro.

3 – Para efeitos de controlo das participações qualificadas, a ASF estabelece em norma regulamentar os elementos e informações que lhe devem ser comunicados.

ANOTAÇÃO (*Filipe Albuquerque Matos*)

Nº 1

Neste preceito da lei da distribuição, o legislador teve como objetivo proceder ao controlo das participações qualificadas detidas em corretores de seguros ou em mediadores de resseguros. Esta preocupação de controlo de participações qualificadas regista-se, de resto, genericamente no âmbito da atividade exercida pelas seguradoras e pelas resseguradoras, razão pela qual a lei que regula as condições de acesso e de exercício à atividade seguradora (lei nº 147/2015) defina participação qualificada no nº 1 do art. 6º f), e estatua nos artigos 162º e ss. uma disciplina específica para esta matéria.

Subjacente a este controlo parece estar a necessidade de indagar se uma qualquer pessoa singular ou coletiva, em virtude de aquisições de posições sociais em empresas de seguro e resseguros, passa a obter uma posição dominante, em termos tais que as ditas empresas participadas venham a assumir a posição de verdadeiras filiais. Sendo certo que relativamente às filiais de empresas de seguros e resseguros se deve observar um conjunto de exigências regulativas, então cumpre aquilatar se por via do reforço da posição societária por parte das pessoas singulares ou coletivas que adquiram ou fortaleçam a sua participação qualificada, não se estarão verdadeiramente a contornar um conjunto de normas legais incontornáveis.

Uma análise teleológica do regime do contrato das participações qualificadas permite-nos identificar entre as razões para a sua consagração a tentativa de evitar que eventuais abusos propiciados pela posição dominante permitida pelo fenómeno da participação qualificada possam pôr em causa as mais elementares regras de gestão sã e prudente das empresas de seguros e resseguros, preocupação essa claramente refletida na disciplina estatuída no art. 172º da lei nº 147/2015.

Tendo em conta todas estas considerações gerais em torno do regime das participações qualificadas fixado nos artigos 162º e ss. da lei nº 147/2015, não admira que os nºs 1 e 2 do art. 63º remetam expressamente para uma tal disciplina legal. Importa questionar a razão pela qual se verifica uma circunscrição do controlo das participações qualificadas ao corretor de seguros e aos mediadores de resseguros e, bem vistas as coisas, parecem existir motivos justificativos que apontam nesse sentido, atentas as particulares características destes dois canais de distribuição de seguros.

Não podemos, na verdade, ignorar que os corretores são uma categoria de distribuidores caracterizados pela nota da independência face às empresas de seguros (art. 9º, nº 1, b)). Desta feita, a existência de participações qualificadas ou o reforço de tais participações em corretores de seguros têm de ser alvo de um particular escrutínio, na medida em que a falta de atenção aos índices qualitativos referidos no art. 162º, nº 1, da lei nº 147/2015, pode determinar o esmagamento da independência ou da autonomia que constituem a marca de água desta categoria de distribuidores. Em face deste perigo, a ASF poderá, nos termos do art. 163º da lei de acesso e de exercício da atividade seguradora, opor-se ao projeto de detenção ou reforço de participação qualificada. De igual modo, também a lei da distribuição dos seguros estabelece um conjunto de exigências específicas no nº 6 do art. 18º para garantir a aptidão dos detentores de participação qualificada, tornando assim possível uma gestão sã e prudente da sociedade.

Na eventualidade, porém, de não se registar oposição a tal tipo de projeto, cumpre ter particular atenção ao cumprimento das regras de uma gestão sã e prudente (art. 172º da lei nº 147/2015), onde se revelam como nucleares as questões de adequação e da influência favorável do requerente na operação em causa e a solidez financeira do projeto de aquisição.

No tocante à particular atenção dedicada no art. 63º às alterações decorrentes da detenção ou reforço de participação qualificada em mediadores de resseguros, importa explicitar que o ressegurador face aos distribuidores dos seguros deve ser perspetivado como pessoa singular ou coletiva autónoma, uma vez que, por via de um contrato de resseguro (art. 72º da lei do contrato de seguro), as empresas de seguros cedem aos primeiros os riscos cuja cobertura foi assegurada coma celebração do contrato de seguro.

Razão pela qual a ASF, em face de um projeto de detenção ou reforço de participação qualificada em mediador de resseguro ou de um projeto de participação que envolva uma diminuição de um dos canais de distribuição de seguros, tenha de observar devidamente o regime constante no art. 162º (comunicação prévia do projeto de detenção de participação qualificada), no art. 163º (apreciação pela ASF do projeto de participação qualificada), no art. 165º (comunicação subsequente de participação qualificada), no art. 170º (diminuição de participação qualificada), no art. 171º (comunicação pelas empresas de seguros e resseguros à ASF de participação qualificada), e no art. 172º (gestão sã e prudente), sendo tais disposições igualmente atendíveis quando se verificarem estas situações a propósito dos corretores de seguros, tal como resulta expressamente da remissão prevista no art. 63º, nº 1.

Importa ainda referir que as considerações acerca da necessária autonomia da posição do distribuidor de resseguros face aqueloutros que procedem à distribuição de seguros encontram, de resto, respaldo no art. 15º, nº 3, da lei nº 7/2019.

Nº 2

No nº 2 do art. 63º a remissão é efetuada para a disciplina contida nos artigos 168º e 169º a propósito da inibição do exercício de direitos de voto, revelando-se este expediente jurídico como fundamental para reagir contra situações de projetos de detenção ou reforço de participações qualificadas consideradas irregulares. Porém, a inibição do exercício dos direitos de voto apenas será admitida na medida necessária para evitar que os perigos coenvolvidos nas participações qualificadas se concretizem, assumindo-se desta forma como uma medida sancionatória particularmente relevante, conquanto apenas seja suscetível de contender minimamente com a liberdade de agir das pessoas singulares ou coletivas que atuam no mercado segurador.

Nº 3

Do ponto de vista procedimental, o nº 3 do art. 63º faz depender o controlo das participações qualificadas de disposições regulamentares a emanar pela ASF, nas quais se indiquem os "elementos e informações que lhe devam ser comunicadas". A atribuição de competência à ASF para emitir normas regulamentares sobre os processos de controlo das participações qualificadas parece constituir um corolário lógico dos poderes de supervisão atribuídos a uma tal entidade, entidade esta que naturalmente se afigura como particularmente qualificada para definir os elementos ou informações que lhe devem ser comunicados e que pela mesma vão, de resto, ser apreciados.

No âmbito do procedimento legislativo que culminou na publicação da lei da distribuição dos seguros, a ASF considerou que no art. 63º se deveria fazer uma expressa remissão para os nºs 2 e 3 do art. 164º do RJASR. Desta feita, sempre que o requerente do pedido respeitante a participação qualificada for uma entidade autorizada pelo Banco de Portugal ou pela Comissão do Mercado de Valores mobiliários, a decisão da ASF deveria ser precedida do parecer dessas entidades.

ANOTAÇÃO (*José Vasques*)

I. Cfr. art. 53º do *regime jurídico da mediação de seguros e de resseguros.*

II. Não resulta da transposição da Diretiva (UE) 2016/97.

III. O controlo das alterações verificadas quanto a participações qualificadas detidas (nº 1), bem como a inibição do exercício dos direitos de voto em corretor de seguros ou em mediador de resseguros (nº 2) são moldados sobre o regime jurídico de acesso e exercício da atividade seguradora e resseguradora, constante do anexo I da Lei nº 147/ /2015, de 9 de setembro.

A habilitação específica da ASF para adotar a regulamentação prevista no nº 3 do artigo sob anotação resulta do artigo 13º, alínea *z)*, da Lei preambular; enquanto não for adotada esta regulamentação, por força do art. 14º da Lei preambular, mantêm--se em vigor as disposições do art. 38º e do anexo V, da Norma Regulamentar nº 17/ /2006-R, de 29 de dezembro, publicada como Regulamento nº 16/2007, no *Diário da República*, 2ª série, nº 20, de 29 de janeiro de 2007, com alterações posteriores, da ASF.

IV. Disposições relacionadas: art. 13º, al. *z)*, da Lei preambular.

ARTIGO 64º - Averbamentos ao registo

É averbada ao registo:

a) A extensão da atividade do mediador de seguros, de resseguros ou de seguros a título acessório, nos termos do artigo 61º; e

b) A identificação do Estado-Membro ou dos Estados-Membros da União Europeia em que o mediador de seguros, de resseguros ou de seguros a título acessório registado em Portugal exerce a sua atividade, através de sucursal ou em regime de livre prestação de serviços.

ANOTAÇÃO CONJUNTA (*Filipe Albuquerque Matos* e *Irene Girão*)

Uma análise cuidada deste preceito implica necessariamente uma referência a um artigo precedente desta mesma secção II do capítulo IV – o art. 60º, nº 2. Com efeito, esta secção tem como epígrafe "Alterações", reportando-se tais alterações ao registo da qualidade de distribuidor de seguros e de resseguros junto da ASF. Ora, no nº 2 deste art. 60º preveem-se precisamente o tipo de consequências práticas a que podem conduzir as alterações comunicadas pelos distribuidores à ASF, a saber: *a*) alteração dos elementos registados, *b*) averbamento ao registo, *c*) suspensão ou "cancelamento do registo".

Por seu turno, no art. 64º consagra-se uma disciplina específica dedicada aos averbamentos ao registo, fazendo-se aí indicação das hipóteses em que o mesmo se revela exigível: na alínea *a*) deste preceito é feita menção à extensão da atividade de mediador de seguros, de resseguros ou de seguros a título acessório que ocorra nos termos do art. 61º, e na alínea *b*) impõe-se que seja averbada ao registo a identificação do Estado-Membro ou dos Estados-Membros da União Europeia onde o mediador de seguros, de resseguros ou de seguros a título acessório registado em Portugal exerça a sua atividade, seja ao abrigo da liberdade de estabelecimento, seja de acordo com o regime da Liberdade de Prestação de Serviços.

Desta feita, se algumas destas categorias de distribuidores de seguros ou de resseguros passar a exercer a sua atividade noutro Estado-Membro da União europeia que não conste do respetivo registo, então proceder-se-á ao correspondente averbamento. Como resulta *expressis verbis* do nº 2 do art. 60º, as alterações relevantes para apreciação dos requisitos de acesso à atividade seguradora e resseguradora são objeto de um tratamento diverso, consoante a respetiva natureza. Ora, o legislador entendeu que as situações previstas no art. 61º, bem como aqueloutras acabadas de mencionar, devem ser alvo de um averbamento.

Dedicando a lei da distribuição dos seguros uma disciplina específica à matéria da suspensão do registo (art. 65º) e à temática do cancelamento do registo (art. 66º), e atenta a expressa indicação das hipóteses em que se deve proceder ao averbamento, então parece-nos que em causa está uma enumeração taxativa. Em abono deste entendimento resulta ainda a circunstância de noutras disposições (art. 61º, nº 2) a lei da distribuição objeto da nossa análise alertar para a circunstância da instrução e tramitação dos processos de averbamento dever obedecer ao mesmo regime que se encontra previsto para a inscrição no registo dos vários distribuidores de seguros. Uma tal exigência legislativa permite-nos, então, concluir que as alterações objeto do averbamento se revestem de uma maior complexidade, complexidade essa que será refletida em correspetivas exigências de natureza procedimental.

Desta análise articulada entre o art. 64º e o art. 60º, nº 2, podemos então concluir que haverá lugar tão somente à atualização do registo das várias categorias de distribuidores através de uma correção ou alteração dos elementos registados, quando não se verificarem as hipóteses taxativamente enunciadas de averbamento (art. 64º), de suspensão (art. 65º) ou de cancelamento de registo (art. 66º), configurando-se assim este expediente de simples retificação do registo como o procedimento supletivo no âmbito das alterações dos elementos relevantes para aferição das condições de acesso à atividade de distribuidor de seguros.

Os averbamentos ao registo, contendo informação relevante para terceiros, nomeadamente tomadores e beneficiários de seguros, não só devem constar do certificado de registo, nos termos do art. 58º, nº 4, como constituírem elementos acessíveis aos interessados, nomeadamente através de consulta pública, o que o art. 59º, nº 2, desde logo, garante, ao estabelecer como conteúdo mínimo da informação a disponibilizar, todos os elementos referidos nos números 2 a 4 do artigo precedente e onde se incluem os averbamentos.

ANOTAÇÃO (*José Vasques*)

I. Cfr. art. 54º do *regime jurídico da mediação de seguros e de resseguros.*

II. Cfr. art. 3º da Diretiva (UE) 2016/97.

III. Sobre o âmbito da atividade do *mediador de seguros, de resseguros* ou *de seguros a título acessório* v. a nossa anotação ao artigo 10º; sobre a atividade transfronteiras no território de outro Estado-membro por mediador de seguros, de resseguros ou de seguros a título acessório v. artigos 89º a 100º

IV. Disposições relacionadas: art. 13º, al. *y)*, da Lei preambular, e arts. 61º e 89º a 100º

SECÇÃO III
SUSPENSÃO E CANCELAMENTO

ARTIGO 65º – Suspensão do registo

1 – A inscrição no registo do mediador de seguros, de resseguros ou de seguros a título acessório é suspensa:

_a_) A pedido expresso do mediador de seguros, de resseguros ou de seguros a título acessório, dirigido à ASF, através de carta registada, correio eletrónico ou plataformas informáticas com acesso restrito, quando pretenda interromper temporariamente o exercício desta atividade, por período, contínuo ou interpolado, não superior a dois anos;

_b_) Quando o mediador de seguros, de resseguros ou de seguros a título acessório passe a exercer funções incompatíveis, nos termos da lei, com o exercício da atividade de distribuição, caso em que deve, nos 30 dias anteriores à ocorrência do facto determinante da impossibilidade do exercício da atividade de distribuição de seguros ou resseguros, requerer à ASF a suspensão da sua inscrição;

_c_) A título de sanção acessória, de acordo com o disposto no artigo 116º, ou por decisão judicial;

_d_) Quando seja declarada a insolvência do mediador de seguros, de resseguros ou de seguros a título acessório.

2 – Para os efeitos da alínea *d*) do número anterior, e sem prejuízo de conhecimento oficioso pela ASF, o órgão competente para declarar a insolvência deve comunicar esse facto à ASF.

3 – A decisão de suspensão é notificada ao mediador de seguros, de resseguros ou de seguros a título acessório.

4 – Para além do disposto no número anterior, cabe à ASF dar à decisão de suspensão a publicidade adequada.

5 – No caso de o mediador de seguros, de resseguros ou de seguros a título acessório exercer a sua atividade no território de outro Estado ou Estados-Membros da União Europeia, a ASF informa da suspensão da inscrição no registo as respetivas autoridades competentes.

6 – A cessação do facto que gerou a suspensão da sua inscrição deve ser comunicada pelo mediador de seguros, de resseguros ou de seguros a título acessório à ASF no prazo máximo de 30 dias após a sua ocorrência.

ANOTAÇÃO CONJUNTA (*Filipe Albuquerque Matos* e *Irene Girão*)

Importa, antes de proceder à anotação deste preceito, efetuar o confronto com a norma imediatamente seguinte, onde se encontra prevista a disciplina das situações de cancelamento do registo. O traço essencialmente distintivo entre as hipóteses de suspensão e aqueloutra de cancelamento radica na natureza transitória das primeiras e no carácter definitivo das segundas: enquanto na suspensão do registo, o mediador de seguros, de resseguros ou de seguros a título acessório interrompe temporariamente o exercício da sua atividade, no âmbito do cancelamento de registo encontramo-nos já perante a cessação do exercício de funções por tais distribuidores.

Reportando-nos ao âmbito objetivo do art. 65º, podemos distinguir basicamente dois grupos de situações, em que se pode/deve requerer à ASF a suspensão da inscrição do registo do mediador de seguros, de resseguros ou de seguros a título acessório. Com efeito, na alínea *a*) do nº 1 deste preceito, encontram-se previstas hipóteses de interrupção voluntária de exercício da atividade, conquanto uma tal interrupção não ultrapasse o período de dois anos, sejam esses dois anos contínuos ou interpolados.

Distintas são as situações disciplinadas na alínea *b*) do nº 1 deste artigo 65º, onde estão em causa incompatibilidades entre o exercício da atividade de distribuição e outras funções que os distribuidores venham a desempenhar ou até já desempenhem. A este propósito importa convocar o regime contido no art. 15º, onde se encontra tratada a matéria das incompatibilidades: "funções incompatíveis, nos termos da lei, com o exercício da atividade de distribuição (...)" – art. 65º, nº 1, *b*), pois a lei da distribuição dos seguros com o propósito de garantir a idoneidade e a qualificação dos vários canais de distribuição estabelece naquele preceito uma grelha de situações de incompatibilidade, sem prejuízo, porém, de outras incompatibilidades legalmente previstas (...) no art. 15º, nº 1.

Ao invés de quanto sucede no âmbito da alínea *a*) do art. 65º, na alínea *b*) do mesmo preceito, a suspensão da inscrição no registo não depende da vontade dos distribuidores, uma vez que as incompatibilidades decorrem da lei, conquanto mediatamente o exercício da atividade por parte do distribuidor radique num ato voluntário. Porém, a vontade do distribuidor não se revela nesta sede decisiva, pois do que dela dependesse muito provavelmente os mediadores de seguros, de resseguros ou de seguros a título acessório continuariam a exercer ambas as atividades.

A lei exige que nos trinta dias anteriores à ocorrência do facto determinante de incompatibilidade o distribuidor deve requerer à ASF a suspensão da sua inscrição, mas, apesar da suspensão se encontrar dependente do requerimento do distribuidor, certo é que, como atrás tivemos ocasião de explicitar, a situação de incompatibilidade se revela coercitiva ou independente da sua vontade.

Na alínea *c*) do nº 1 do art. 65º, encontra-se consagrada a suspensão do registo a título de sanção acessória em virtude da prática dos ilícitos previstos nos artigos 112º a 114º (contraordenações simples, contraordenações graves e contraordenações muito graves), ilícitos esses que constituem fundamento para a aplicação das coimas aí estabelecidas, e aos quais podem ser igualmente aplicáveis as sanções acessórias indicadas no art. 116º para o qual o art. 65º, nº 1, *c*) expressamente remete.

A última causa de suspensão da inscrição no registo encontra-se consagrada na alínea *d*) do nº 1 do art. 65º: a declaração de insolvência do mediador de seguros, de resseguros ou de seguros a título acessório, sendo que estas hipóteses de insolvência devem ser comunicadas à ASF pela entidade competente para as declarar, sem prejuízo da possibilidade de a ASF conhecer *ex officio* tais situações, tal como resulta do nº 2 deste preceito.

Não admira que o legislador tenha eleito a declaração de insolvência como uma das causas de suspensão da inscrição no registo, porquanto na Lei nº 147/2015 se considera como requisito necessário para o acesso e exercício da atividade seguradora a garantia da solvabilidade económica e financeira de quem pretende exercer tal atividade (art. 16º e ss. da Lei nº 147/2015), requisitos esses igualmente plasmados nas alíneas *e*), *f*), *g*) e *h*) do art. 4º desta lei da distribuição.

Atenta a profunda relevância desta garantia de solvabilidade económica e financeira dos vários protagonistas intervenientes no mercado de distribuição de seguros, há quem discorde da integração da insolvência no instituto da suspensão do registo. De acordo com a proposta da ASF no âmbito deste procedimento legislativo, a insolvência deveria figurar antes como causa de cancelamento do registo, fazendo incluir no art. 66º mais uma alínea – alínea *h*) do art. 66º –, em virtude de a declaração de insolvência implicar um forte potencial lesivo para os interesses dos clientes do sector. Pensamos que uma tal sugestão deveria ter sido acolhida pela lei da distribuição dos seguros.

Acerca da notificação e da publicidade das decisões de suspensão do registo, cumpre ter em conta a disciplina fixada nos números 3 e 4 deste preceito, onde resulta clara a competência da ASF para levar a cabo tal tipo de operações. Com efeito, sendo a ASF a entidade competente para decidir acerca da suspensão do registo, cabe-lhe, então, notificar tais decisões ao mediador de seguros de resseguros ou de seguros a título acessório (nº 3 do art. 65º), notificações essas que hão de obedecer à forma prevista no art. 6º.

No tocante à publicidade da decisão de suspensão do registo (nº 4 do art. 65º), o legislador confere igualmente competência à ASF e atribui poder discricionário a esta entidade para decidir acerca da forma considerada mais adequada para conferir eficácia de tal tipo de decisões relativamente a terceiros. Nesta sede, podemos convocar, com as devidas adaptações o disposto no art. 27º. Uma tal exigência de publicidade pode revelar-se particularmente importante para evitar a ocorrência de hipóteses de representação aparente que apesar de previstas no art. 30º da lei do contrato de seguro, não deixam de levantar particulares dificuldades práticas. Dificuldades essas não dissuadidas, mas antes acentuadas, pela ambígua redação do art. 50º da lei da distribuição dos seguros.

À semelhança do previsto no art. 59º relativo ao acesso à informação proveniente do registo, a ASF, no âmbito dos trabalhos preparatórios, sugere que do nº 4 deste preceito constasse a exigência de que o acesso devesse ser assegurado através do sítio da ASF na internet. Uma tal solução reduziria claramente o âmbito da intervenção discricionária da entidade reguladora dos seguros quanto à modalidade de publicação a adotar nas hipóteses de suspensão de registo. Não se pode, porém, ignorar que a opção pela publicidade através do sítio da internet da ASF implicaria a necessidade de observância de particulares cautelas em matéria de proteção de dados pessoais, razão pela qual a adoção desta solução em termos gerais poderá ser considerada excessiva.

Prevê-se no nº 5 do art. 65º a obrigação da ASF informar as autoridades congéneres de outros Estados-Membros da União Europeia onde os mediadores de seguros, de resseguros ou de seguros a título acessório exerçam a sua atividade, da situação da suspensão da inscrição. Rigorosamente este preceito representa uma concretização da obrigação genérica de cooperação prevista no art. 73º e da relevância da troca de informações disciplinada no art. 74º.

Expressão manifesta da natureza transitória do instituto da suspensão do registo encontra-se no preceituado no nº 6º do art. 65º, onde está previsto o dever do mediador de seguros, de resseguros ou de seguros a título acessório comunicar à ASF a cessação do facto que gerou a suspensão, no prazo máximo de trinta dias após a sua ocorrência. Na verdade, cessada a causa que determinou a impossibilidade temporária do exercício de funções, os distribuidores de seguros poderão voltar a desenvolver a sua respetiva atividade.

ANOTAÇÃO *(José Vasques)*

I. Cfr. art. 55º do *regime jurídico da mediação de seguros e de resseguros.*

II. Cfr. art. 33º da Diretiva (UE) 2016/97.

III. Regula-se no artigo sob anotação a suspensa voluntária [nº 1, als. *a)* e *b)*] ou compulsiva [nº 1, als. *c)* e *d)*] da inscrição no registo do *mediador de seguros, de resseguros* ou *de seguros a título acessório*; a suspensão voluntária deverá ser comunicada à ASF no prazo de 30 dias após a sua ocorrência (nº 6), ou nos 30 dias anteriores nos casos em que o facto que gera a suspensão é a incompatibilidade com funções que passe supervenientemente a exercer [nº 1, al. *b)*, segunda parte]; a insolvência é comunicada à ASF pelo órgão competente para a declarar (nº 2).

A suspensão é notificada ao *mediador de seguros, de resseguros* ou *de seguros a título acessório* pela ASF (nº 3), que lhe dará publicidade adequada (nº 4) e informará as autoridades competentes dos Estados-membros, quando neles seja exercida atividade transfronteiras (nº 5).

Sobre os efeitos da *suspensão* v. artigo 67º

Sobre as regras aplicáveis à contagem dos prazos previstos nos nºs 1, al. *b)*, e 6, v. a nossa anotação ao artigo 7º da Lei preambular.

IV. Disposições relacionadas: art. 12º, al. *y)*, da Lei preambular.

ARTIGO 66º – Cancelamento do registo

1 – Sem prejuízo de outras sanções que ao caso couber, o registo do mediador de seguros, de resseguros ou de seguros a título acessório é cancelado quando se verifique algum dos seguintes fundamentos:

a) **Pedido expresso do mediador de seguros, de resseguros e de seguros a título acessório, dirigido à ASF, através de carta registada, correio eletrónico ou plataformas informáticas com acesso restrito;**

b) **Morte do mediador de seguros, de resseguros e de seguros a título acessório, liquidação do estabelecimento individual de responsabilidade limitada ou dissolução do mediador de seguros, de resseguros ou de seguros a título acessório que seja uma pessoa coletiva;**

c) A inscrição no registo ter sido obtida por meio de declarações falsas ou inexatas;

d) Falta superveniente de alguma das condições de acesso ou de exercício da atividade de distribuição;

e) Impossibilidade, por um período de tempo superior a 90 dias, de a ASF contactar o mediador de seguros, de resseguros ou de seguros a título acessório, nomeadamente por via eletrónica ou postal;

f) A título de sanção acessória, de acordo com o disposto no artigo 116º;

g) No caso do corretor de seguros, se não cumprir o dever de dispersão de carteira.

2 – A decisão de revogação é fundamentada e notificada ao mediador de seguros, de resseguros e de seguros a título acessório.

3 – No caso de o paradeiro do mediador de seguros, de resseguros ou de seguros a título acessório ser desconhecido, a notificação da decisão de revogação, bem como dos respetivos atos preparatórios, é efetuada por publicação de edital no sítio da ASF na Internet.

4 – Para além do disposto nos números anteriores, cabe à ASF dar à decisão de revogação a publicidade adequada e adotar as providências para o imediato encerramento dos estabelecimentos do mediador de seguros ou de resseguros.

5 – No caso de o mediador de seguros, de resseguros ou de seguros a título acessório exercer a sua atividade no território de outro Estado ou Estados-Membros da União Europeia, a ASF informa do cancelamento da inscrição no registo as respetivas autoridades competentes.

ANOTAÇÃO CONJUNTA (*Filipe Albuquerque Matos* e *Irene Girão*)

Nº 1

O cancelamento do registo de mediador de seguros, de resseguros ou de seguros a título acessório é qualificado pelo legislador como uma sanção, uma vez que na primeira parte deste preceito pode ler-se "sem prejuízo das outras sanções (...)". Salvo melhor opinião, uma tal tomada de posições peca por ser demasiadamente genérica. Na verdade, uma breve análise dos fundamentos para o cancelamento do registo, permite-nos concluir que em várias hipóteses não se tem em vista reagir contra uma atitude reprovável de qualquer uma das categorias de distribuidores atrás mencionadas. Basta tomar em conta o cancelamento por solicitação do mediador de seguros, de resseguros ou de seguros a título acessório (alínea *a*) do nº 1 do art. 66º), bem como aqueloutro causado por morte de qualquer um destes distribuidores (alínea *b*) do nº 1 deste preceito), para podermos constatar o acerto das conclusões precedentes.

De igual modo, à liquidação do estabelecimento individual de responsabilidade limitada ou à dissolução de mediador de seguros, de resseguros ou de seguros a título acessório, a que esta mesma alínea *b*) se reporta, não têm de corresponder necessariamente comportamentos censuráveis ou reprováveis dos distribuidores.

Já ao invés, as hipóteses previstas nas alíneas *c*) – a inscrição no registo ter sido obtida por meio de declarações falsas ou inexatas; a maioria das situações indicadas na alínea *d*) – falta superveniente de alguma das condições de acesso ou de exercício da atividade de distribuição; na alínea *e*) – impossibilidade da ASF contactar os distribuidores de seguros por período superior a 90 dias; na alínea *f*) – a prática de contraordenações para que remete o art. 116º; e na alínea *g*) – não cumprimento pelo corretor do dever de dispersão, parecem ter subjacente uma sanção a um comportamento.

À semelhança de quanto se encontra previsto no art. 65º, nº 1, *a*), a propósito da suspensão, também no art. 66º, nº 1, *a*) se encontra regulado o cancelamento por iniciativa ou a pedido do mediador de seguros, de resseguros a título acessório. Também ligado à esfera do mediador de seguros, de resseguros ou de seguros a título acessório, mas independentemente da sua vontade, nos deparamos com o cancelamento do registo por morte (art. 66º, nº 1, *b*)). Já no âmbito de liquidação do estabelecimento de responsabilidade limitada ou da dissolução do mediador de seguros, de resseguros ou de seguros a título acessório que seja uma pessoa coletiva, podemos encontrar situações díspares onde, por vezes, se descortina um ato voluntário dos distribuidores e outras vezes o cancelamento por estes motivos poder ser determinado por razões alheias à vontade daqueles.

Com vista a reagir contra condutas ilícitas das várias categorias de distribuidores que temos vindo a mencionar, a alínea *c*) determina o cancelamento do registo nas hipóteses de a inserção ter sido obtido por meio de declarações falsas ou inexatas. Regime próximo, mas com consequências diversas (anulabilidade do contrato de seguro ou a sua manutenção com alterações), é previsto nos artigos 25º e 26º da Lei do Contrato de Seguro a propósito das inexatidões e omissões no âmbito das declarações iniciais de risco.

Tendo em conta o interesse público subjacente ao exercício da atividade de distribuição de seguros e de resseguros, que transcende claramente o plano das relações contratuais que aí possam estar envolvidas entre os distribuidores e as seguradoras, compreende-se que se determine aqui o cancelamento imediato do registo, fugindo-se, assim, de soluções situadas no âmbito dos vícios da vontade ou do território da culpa. De igual modo, a falta superveniente de algum requisito respeitante ao acesso ou ao exercício da atividade de seguro conduz ao cancelamento e já não à invalidade do registo.

A impossibilidade de a ASF contactar por período superior a 90 dias o mediador de seguros, de resseguros ou de seguros a título acessório, seja por via eletrónica, seja por via postal (art. 66º, nº 1 e)), constitui causa justificativa do cancelamento do registo, revelando, assim, claramente a importância dos fluxos informativos entre os distribuidores de seguro e a ASF para conseguir garantir uma eficaz supervisão, e assim alcançar uma efetiva tutela da posição dos tomadores de seguros e beneficiários dos seguros num universo onde os contratos celebrados são caracterizados como contratos de *uberrima fides*.

Neste preceito, consagra-se verdadeiramente uma presunção *iure et de iure* de cancelamento de registo, verificada que seja esta hipótese de incontactabilidade do distribuidor de seguros, resseguros ou de seguros a título acessório.

No tocante à al. *g*) do nº 1 deste preceito e estando o corretor obrigado à dispersão da sua carteira, uma vez que o mesmo concorre a todo o mercado, então é natural que a falta deste traço essencialmente característico da sua categoria determine necessariamente o cancelamento do registo.

Tal como se encontra previsto no nº 3 do art. 65º, também no nº 2 do art. 66º, se prevê a obrigatoriedade de notificação da decisão de cancelamento do registo aos mediadores de seguros, de resseguros ou de seguros a título acessório, acrescentando-se que a decisão de revogação (leia-se, de cancelamento de registo) tem de ser fundamentada. Estando em causa a prática pela ASF de atos administrativos, compreende-se a exigência da respetiva fundamentação, e apesar do preceito paralelo do nº 3 do art. 65º não fazer essa expressa menção, a mesma deve ter-se como pressuposta. Aliás, torna-se absolutamente relevante a fundamentação dos tipos de atos mencionados, para efeitos de reclamação e impugnação judicial por parte de quem pelos efeitos dos mesmos seja atingido ou visado.

A propósito da notificação, o nº 3 deste preceito adita ao nº 2, a obrigação da ASF proceder à publicação edital, caso a normal notificação pessoal falhar. Esta exigência vai de encontro à necessidade especial de proteção da confiança dos tomadores e beneficiários de seguro.

O preceituado na primeira parte do nº 4 deste preceito é muito próximo da disciplina estatuída no mesmo número do preceito anterior, sendo que neste artigo acrescenta-se como dever da ASF a adoção das providências para o imediato encerramento dos estabelecimentos do mediador de seguros ou de resseguros, uma vez que o corolário lógico do cancelamento do registo é precisamente o encerramento do estabelecimento.

Importa salientar a simetria entre o regime consagrado entre o nº 5 deste preceito com o nº 5 da norma anterior, para as hipóteses do mediador de seguros, de resseguros e de seguros a título acessório exercer a sua atividade no território de outro Estado ou Estados-membros da União Europeia.

Segundo entendimento manifestado pela ASF durante os trabalhos preparatórios da lei da distribuição de seguros, a decisão definitiva de cancelamento do registo deveria ser publicitada no sítio da internet da ASF, de modo a permitir o mais fácil acesso à informação por todos os interessados, salvo quando tais medidas ponham em causa a estabilidade dos mercados financeiros. Uma tal opção, que constitui uma reprodução do considerando 63º da Diretiva 2016/97, permitiria alcançar um desejável efeito dissuasor, pois ao publicitar-se deste modo a decisão de cancelamento, estar-se-ia a publicitar com mais eficiência informações sobre comportamentos prejudiciais para o mercado segurador, comportamentos esses aos quais se associa a sanção particularmente pesada do cancelamento. Desta forma, os interessados ficariam dissuadidos de adotar comportamentos a que se associam consequências jurídicas nefastas.

Importa a este propósito sublinhar que a adoção de uma tal solução intimidatória terá de ser conciliada com o respeito imposto à ASF pelo regime do regulamento de proteção de dados, e de modo especial pela regra da minimização dos dados. Ora, o respeito devido a este princípio poderá implicar uma certa neutralização deste efeito dissuasor.

ANOTAÇÃO *(José Vasques)*

I. Cfr. art. 56º do regime jurídico da mediação de seguros.

II. Cfr. arts. 3º e 33º da Diretiva (UE) 2016/97.

III. Regula-se no artigo sob anotação o *cancelamento* da inscrição no registo de *mediadores de seguros, de resseguros* e *de seguros a título acessório.*

Embora o artigo pareça associar o *cancelamento* a *outras sanções que ao caso couber*, nem todos os fundamentos de *cancelamento* nele enunciados correspondem a ilícitos, designadamente quando resulte de *pedido expresso* ou morte *do mediador de seguros, de resseguros e de seguros a título acessório* [nº 1, als. *a)* e *b)*], da falta superveniente de alguma das condições de acesso ou exercício da atividade de distribuição [nº 1, al. *d)*] ou da impossibilidade, por um período de tempo superior a 90 dias, de a ASF contactar o *mediador de seguros, de resseguros e de seguros a título acessório* [nº 1, al. *e)*], uma vez que apenas a obtenção da inscrição no registo por meio de declarações falsas ou inexatas [nº 1, al. *c)*] e o incumprimento pelo corretor de seguros do dever de dispersão da carteira [nº 1, al. *g)*] constituem contraordenações [previstas, respetivamente, pelos arts. 114º, nº 1, al. *t)*, e 112º, al. *i)*], além do caso em que o cancelamento constitua sanção acessória [art. 116º, nº 1, al. *f)*].

Além dos casos previstos no artigo sob anotação, o novo regime jurídico prevê o *cancelamento* no caso de *alteração de categoria* do distribuidor de seguros (art. 68º).

O *cancelamento* é notificado ao *mediador de seguros, de resseguros* ou *de seguros a título acessório* pela ASF (nº 2 e 3), que lhe dará publicidade adequada e adotará providências para o imediato encerramento do estabelecimento do *mediador de seguros* ou *de ressegu-*

ros (nº 4) e informará as autoridades competentes dos Estados-membros, quando neles seja exercida atividade transfronteiras (nº 5).

Sobre os efeitos do *cancelamento* v. artigo 67º

IV. Disposições relacionadas: art. 13º, al. *y)*, da Lei preambular, e arts. 67º, 112º, al. *i)*, 114º, nº 1, al. *t)*., e 116º, nº 1, al. *f)*.

ARTIGO 67º – Efeitos da suspensão e do cancelamento

1 – A suspensão ou o cancelamento da inscrição no registo tem como efeito a transmissão automática dos direitos e deveres sobre os contratos em que interveio o mediador de seguros, de resseguros ou de seguros a título acessório para as empresas de seguros que deles sejam partes, devendo as empresas de seguros comunicar, no prazo de 10 dias, essa circunstância aos tomadores de seguros e informá-los que mantêm o direito de escolher e nomear, nos termos legais, mediador de seguros ou de seguros a título acessório para os seus contratos.

2 – O mediador de seguros, de resseguros ou de seguros a título acessório retoma os direitos e deveres relativos à carteira na data em que seja levantada pela ASF a suspensão da inscrição, salvo nos casos em que o tomador do seguro tenha entretanto escolhido outro mediador de seguros, ou de resseguros ou de seguros a título acessório.

ANOTAÇÃO CONJUNTA (*Filipe Albuquerque Matos* e *Irene Girão*)

Em virtude da suspensão e cancelamento do registo, prescreve-se no nº 1 do art. 67º, o efeito da transmissão automática dos direitos e deveres relativos aos contratos em que interveio o mediador de seguros, de resseguros e de seguros a título acessório para as empresas de seguros relativamente às quais aqueles se encontram ligados por força de acordos com as mesmas celebrados. Em rigor, tal como a lei refere, as empresas de seguros são partes destes contratos, uma vez que se encontram vinculados aos resultados da atuação dos distribuidores nos termos dos acordos com elas celebrados, acordos esses que definem o enquadramento da atividade destes últimos.

Em virtude da transmissão dos direitos e dos deveres sobre os contratos em que interveio mediador de seguros, de resseguros ou de seguros a título acessório para a empresa de seguros, consegue-se compreender a razão justificativa dos deveres de informar/comunicar a cargo das seguradoras previstos na 2ª parte do nº 1 do art. 67º.

Compete às seguradoras comunicar aos tomadores de seguros que os contratos que celebraram com os mediadores de seguros, de resseguros ou de seguros a título acessório se mantêm em vigor, e para além deste dever que deve ser cumprido no prazo de 10 dias após a ocorrência da suspensão ou cancelamento do registo, recai ainda sobre as empresas de seguro a obrigação de informar os tomadores de seguros que apesar de tais mudanças subjetivas, estes conservam o direito de escolher e nomear nos termos previstos na lei, o mediador de seguros ou de seguros a título acessório.

Na hipótese de levantamento da suspensão da inscrição no registo, o nº 2 do art. 67º prevê o ressurgimento dos direitos ou deveres relativos à carteira do mediador de seguros, de resseguros ou de seguros a título acessório. Uma tal solução encontra a sua razão justificativa na circunstância da suspensão do registo da inscrição dos mediadores constituir uma hipótese de impossibilidade temporária de exercício das respetivas funções. Desta feita, uma vez verificada juridicamente a cessação dessa hipótese de suspensão, o que ocorre com o respetivo levantamento, então deverá repor-se a situação que existia ao tempo da suspensão.

Uma tal solução fica apenas excecionada quando o tomador de seguros, na sequência das informações transmitidas nos termos do art. 67º, nº 1 (2ª parte), tenha procedido à escolha de outro mediador de seguros, de resseguros ou de seguros a título acessório (art. 67º, nº 2, 2ª parte), o que nos leva a configurar este direito como um direito potestativo. E, ao afirmarmos a existência de um direito potestativo pessoal à escolha do mediador de seguros, de resseguros ou de seguros a título acessório, estamos a querer explicitar apenas que a seguradora não se pode opor à escolha por parte do tomador de seguro de um outro mediador, tendo, antes pelo contrário, que acatar essa nova indicação.

Apenas será permitido à empresa de seguros afastar-se do sentido da livre escolha efetuada pelo tomador, quando o mediador por este indicado se encontrar por qualquer razão justificativa impedido de exercer a sua atividade. Com efeito, nenhum direito é suscetível de permitir ao seu titular um exercício em termos ilimitados, nem mesmo quando nos encontramos perante aqueles que não admitem a sua violação por terceiros, tal como sucede com os direitos potestativos. Os direitos potestativos, tal como quaisquer outros direitos, podem estar sujeitos à observância de certos pressupostos ou requisitos, para que o respetivo exercício possa ser qualificado como lícito.

A ressalva contida na parte final do nº 2 do art. 67º não deve, porém, prevalecer em termos ilimitados sobre o direito de livre escolha do tomador do seguro, podendo assim revelar-se possível a manutenção do vínculo contratual com o mediador de seguros, de resseguros ou de seguros a título acessório cuja suspensão da inscrição tenha sido, entretanto, levantada. Uma tal opção pela manutenção pelo vínculo pode, no entanto, implicar alguns encargos para o tomador, sobretudo quando os termos contratados que enquadram a atuação do mediador entretanto escolhido não permitam a denúncia imediata da relação negocial, razão pela qual a decisão pelo ressurgimento do vínculo com o anterior mediador pode implicar uma indemnização pelos prejuízos causados, seja na esfera do mediador entretanto escolhido, seja na esfera da seguradora.

Pensamos que uma tal solução se revela a mais adequada, conquanto permite conciliar a tutela do direito à livre escolha do mediador pelo tomador do seguro com o respeito devido à situação contratual criada entre o novo mediador e o tomador, na sequência da suspensão do registo do anterior mediador.

ANOTAÇÃO *(José Vasques)*

I. Cfr. art. 57º do *regime jurídico da mediação de seguros e de resseguros.*

II. Não resulta da transposição da Diretiva (UE) 2016/97.

III. A *suspensão* ou o *cancelamento* determinam a *transmissão da carteira* do *mediador de seguros, de resseguros* ou *de seguros a título acessório* para as *empresas de seguros* em que os contratos de seguro tenham sido colocados, as quais devem comunicar, no prazo de 10 dias, essa circunstância aos tomadores de seguros, informando-os de que mantêm o direito de escolher e nomear, nos termos legais, *mediador de seguros* ou *de seguros a título acessório* para os seus contratos.

Decorrido o prazo de *suspensão* – que não poderá exceder o período máximo de dois anos, cfr. art. 116º, nº 1, al. *d)* – o *mediador de seguros, de resseguros* ou *de seguros a título acessório* retoma os direitos e deveres relativos à carteira, salvo nos casos em que o tomador tenha escolhido e nomeado outro *mediador de seguros, de resseguros* ou *de seguros a título acessório* (nº 2).

Sobre as regras aplicáveis à contagem do prazo previsto no nº 1, v. a nossa anotação ao artigo 7º da Lei preambular.

IV. Disposições relacionadas: art. 7º da Lei preambular, e art. 116º, nº 1, al. *d).*

ARTIGO 68º – Alteração de categoria

1 – A alteração da categoria de distribuidor de seguros dá origem ao cancelamento do registo anterior e a um novo pedido de registo.

2 – Presume-se que o distribuidor de seguros mantém a carteira de seguros em vigor à data da alteração de categoria de distribuidor de seguros desde que res-

peite os requisitos inerentes à nova categoria, incluindo os vínculos necessários para o efeito às empresas de seguros em causa.

ANOTAÇÃO CONJUNTA (*Filipe Albuquerque Matos* e *Irene Girão*)

Neste preceito encontram-se disciplinados os efeitos das modificações subjetivas ocorridas na posição dos distribuidores de seguros, mutações essas designadas na lei por alteração de categoria. Uma correta delimitação do âmbito da norma em análise implica uma ineliminável referência ao art. 9º, onde se faz indicação das duas categorias em que podem registar-se as entidades habilitadas a exercer a atividade de distribuição de seguros e de resseguros mencionadas no art. 8º: *a*) os agentes de seguros, *b*) os corretores de seguros.

Existindo requisitos específicos para o acesso a cada uma das referidas categorias de distribuidores (art. 16º – agentes de seguros e art. 18º – corretores de seguros), e processos específicos que obedecem a uma tramitação distinta para se efetivar a inscrição nas ditas categorias (art. 17º – agentes de seguros, art. 19º – corretores de seguros), compreende-se bem a razão pela qual o legislador faz corresponder à alteração do *status* do distribuidor o efeito do cancelamento do registo na categoria em que deixou de exercer a atividade e a exigibilidade de se proceder a um novo registo – art. 68º, nº 1.

Cumpre ainda fazer uma menção ao art. 20º da lei da distribuição, do qual constam as condições específicas para efetuar o registo de medidor a título acessório, que apesar de não configurar uma categoria autónoma, ao lado das outras duas indicadas no art. 9º, (desde logo, em virtude do carácter meramente acessório ou instrumental de exercício da atividade seguradora) não deixa de lhe corresponder um perfil específico para efeitos de registo junto à ASF. Desta feita, a transição do status de mediador de seguros a título acessório para uma qualquer das categorias referidas no art. 9º – agentes ou corretores de seguros – implica um cancelamento de registo anterior e a realização de um registo novo.

Estabelece-se no nº 2 do art. 68º uma presunção *tantum iuris* de conservação ou manutenção da carteira de seguros existente na titularidade do distribuidor que mude de categoria à data da respetiva alteração, presunção essa cuja aplicação se encontra dependente do distribuidor preencher os requisitos inerentes á nova categoria, destacando-se no rol de tais requisitos, os "vínculos necessários para o efeito às empresas de seguros em causa" (art. 68º, nº 2, última parte). Nesta sede, importa ter em conta o disposto no art. 16º, nº 1, *a*) a propósito das condições específicas de acesso à categoria de agentes de seguro, no qual se refere a exigibilidade de um vínculo contratual entre a seguradora e o agente com certas características, entre as quais se destaca a definição convencional dos específicos termos responsáveis pelo enquadramento da atividade seguradora.

ANOTAÇÃO *(José Vasques)*

I. Art. 36º da Norma da ASF nº 17/2006-R, de 29 de dezembro de 2006, sobre mediação de seguros.

II. Não resulta da transposição da Diretiva (UE) 2016/97.

III. O cancelamento motivado pela alteração da categoria do distribuidor de seguros acresce aos fundamentos de *cancelamento* enunciados no artigo 66º, nº 1.

A alteração da categoria de distribuidor de seguros implica a devolução imediata do certificado de registo [art. 34º, nº 1, al. *f)*], uma vez que tal alteração determina o cancelamento do registo anterior (nº 1).

Embora a alteração dê origem a um novo registo (nº 1, parte final), o distribuidor mantem a *carteira de seguros* (art. 53º) e os vínculos necessários às empresas de seguros em causa inerentes ao anterior registo.

IV. Disposições relacionadas: arts. 34º, nº 1, al. *f)*, 53º e 66º, nº 1.

CAPÍTULO V
SUPERVISÃO
SECÇÃO I
DISPOSIÇÕES GERAIS RELATIVAS À SUPERVISÃO

ARTIGO 69º – Poderes gerais da ASF

Sem prejuízo dos outros poderes previstos neste regime e no respetivo Estatuto, a ASF, no exercício da atividade de supervisão, dispõe dos poderes e meios para:

***a)* Verificar a conformidade técnica, financeira e legal da atividade dos distribuidores de seguros ou de resseguros;**

***b)* Verificar as condições de funcionamento e a qualidade técnica dos cursos sobre seguros, a que se referem a alínea *a)* do nº 1 e a alínea *a)* do nº 3 do artigo 13º, ministrados para efeitos de acesso ou exercício da atividade de distribuição de seguros ou de resseguros, podendo, em casos devidamente fundamentados, retirar um curso da lista dos cursos reconhecidos;**

***c)* Verificar o cumprimento dos requisitos mínimos pelas entidades formadoras aptas a ministrar ações de formação e aperfeiçoamento profissional contínuo,**

podendo, em casos devidamente fundamentados, retirar uma entidade formadora da lista das entidades reconhecidas pela ASF;

d) Obter informações pormenorizadas sobre a atividade de distribuição de seguros ou de resseguros, incluindo a exercida pelas pessoas abrangidas pela exclusão prevista no nº 2 do artigo 2º, através, nomeadamente, da recolha de dados ou da exigência de documentos relativos ao exercício da atividade de distribuição;

e) Proceder a inspeções nas instalações do distribuidor, bem como nas instalações das pessoas abrangidas pela exclusão prevista no nº 2 do artigo 2º;

f) Adotar, em relação aos distribuidores de seguros ou de resseguros, seus sócios ou membros dos seus órgãos de administração, todas as medidas adequadas e necessárias para garantir que as suas atividades observam as disposições legais e regulamentares aplicáveis e para evitar ou eliminar qualquer irregularidade que possa prejudicar o interesse dos tomadores de seguros, segurados ou beneficiários ou, se aplicável, das próprias empresas de seguros ou de resseguros;

g) Garantir a aplicação efetiva das medidas referidas na alínea anterior, se necessário mediante o recurso às instâncias judiciais;

h) Estabelecer as regras de contabilidade aplicáveis à atividade de distribuição de seguros ou de resseguros;

i) Emitir instruções e recomendações para sanação das irregularidades que detete.

ANOTAÇÃO (*Ana Raquel Gonçalves Moniz*)

1. O artigo 69º elenca alguns dos poderes gerais da ASF, enquanto entidade reguladora e de supervisão no âmbito do regime da atividade de distribuição de seguros. Este preceito centraliza a ação da ASF em torno de dois aspetos essenciais: por um lado, a formação, incidindo quer sobre as entidades formadoras [cf. alínea *c)*], quer sobre as ações de formação ou os cursos sobre seguros [cf. alínea *b)*], cuja definição e reconhecimento também cabem ao regulador [cf. artigo 13º, nºs 4 e 5]; por outro lado, e mais especificamente, o exercício da atividade de distribuição de seguros, supervisionando os distribuidores sob os pontos de vista técnico, financeiro e legal [cf. alínea *a)*], incluindo o respeito pelas normas emanadas pela própria ASF [desde logo, em matéria de contabilidade – cf. alínea *h)*], detendo, para este efeito relevantes poderes (instrutórios) de recolha de informação [cf. alínea *d)*], realização de vistorias e inspeções [cf. alínea *e)*] e, em geral, de adoção e garantia da efetividade de *quaisquer medidas* que assegurem a observância dos regimes aplicáveis [cf. alíneas *g)* e *f)*], revistam elas uma das formas de ação administrativa (designadamente, ato administrativo) ou constituam simples atuações informais, como as recomendações [cf. alínea *i)*].

2. Os relevantes poderes conferidos à ASF, quer por este artigo 69º, quer por outros preceitos (cf., paradigmaticamente, a extensão dos poderes normativos previstos pelo artigo 13º da Lei nº 17/2019) traduz a mutação de sentido do princípio da legalidade administrativa inerente ao Direito Administrativo da Regulação. E se o novo regime atribui às entidades competentes poderes verdadeiramente devastadores em matéria de fiscalização e sanção (sobretudo, no plano das sanções acessórias), interessam-nos, a propósito do dispositivo em análise, dois aspetos essenciais: a existência de a discricionariedade regulatória no âmbito da decisão de aceitação (ou de recusa) do registo e, em geral, de todas as medidas destinadas a garantir a observância das normas aplicáveis; e os significativos poderes normativos ou regulamentares.

O conceito de discricionariedade regulatória pretende reportar-se às decisões das entidades reguladoras, que, nos termos da lei (*rectius*, mercê da abertura propositada da habilitação legal[10]), são dotadas de uma liberdade de conformação e de prerrogativas de avaliação, caracterizados pela necessidade de realização de juízos técnicos e de prognose, polarizados em decisões estratégicas, cuja repetição se revela insuscetível em sede de controlo jurisdicional, o qual assumirá, por consequência, uma feição muito atenuada[11].

Encontramos uma manifestação, por excelência, da discricionariedade regulatória no momento da apreciação da conformidade técnica e financeira da atividade da distribuição dos seguros e, sobretudo, da avaliação do requisito da idoneidade, constante do artigo 14º do *Regime*. Na verdade, embora o legislador fixe alguns aspetos a ter em conta para apreciação daquele requisito, o juízo administrativo permanece discricionário, remetendo-se a Administração para a realização de valorações. A tal conclusão conduz, desde logo, a descrição geral da "avaliação da idoneidade" (presente no nº 1, conjugado com a parte final nº 3), que consiste, afinal, numa ponderação sobre o modo como a pessoa gere habitualmente os negócios (profissionais

[10] Acentuando as especificidades das normas habilitantes quando estão em causa atuações da Administração reguladora, cf. Danwitz, «Was ist eigentlich Regulierung?», cit., p. 981.

[11] *V.* Attendorn, «Das "Regulierungsermessen" – Ein Deutscher "Sonderweg" bei der Gerichtlichen Kontrolle TK-rechtlicher Regulierungsentscheidungen?», in: *Multimedia und Recht*, 2009, p. 238; Schmidt-Assmann, *Das Allgemeine Verwaltungsrecht...*, cit., p. 141.
A amplitude desta discricionariedade regulatória e a deferência jurisdicional não deixam de se revelar preocupantes, podendo estar na base, segundo alguns, do aumento da corrupção e da economia paralela – assim, Johnson/Kaufmann/Zoido-Lobatón, «Regulatory Discretion and the Unofficial Economy», in: *The American Economic Review*, fasc. 2, vol. 88, maio 1998, pp. 387 e ss..

ou pessoais) ou exerce a profissão, em especial nos aspetos que revelem a sua capacidade para decidir de forma ponderada e criteriosa, ou a sua tendência para cumprir pontualmente as suas obrigações ou deter comportamentos compatíveis com a preservação da confiança no mercado, de modo a fundar um juízo de prognose sobre a atuação do candidato no exercício da atividade de distribuição de seguros. Mas a mesma conclusão (no sentido da discricionariedade do juízo aqui inerente) decorre também da apreciação da gravidade das situações (pressuposta nos nºs 2 e 4), e ainda da densificação da densificação de algumas das circunstâncias a ter em conta (considere-se, por exemplo, a existência de "indícios de que a pessoa não agiu de forma transparente ou cooperante nas suas relações com quaisquer autoridades de supervisão ou regulação," ou também a verificação de "circunstâncias que, atento o caso concreto, possam ter um impacto significativo sobre a solidez financeira da pessoa em causa").

O grau da discricionariedade revela-se ainda mais significativo se atendermos ao enunciado normativo da alínea *f)* deste artigo 69º, quando confere à ASF o poder para "adotar, em relação aos distribuidores de seguros ou de resseguros, seus sócios ou membros dos seus órgãos de administração, *todas as medidas* adequadas e necessárias para garantir que as suas atividades observam as disposições legais e regulamentares aplicáveis e para evitar ou eliminar qualquer irregularidade que possa prejudicar o interesse dos tomadores de seguros, segurados ou beneficiários ou, se aplicável, das próprias empresas de seguros ou de resseguros" (itálico nosso). Na verdade, estamos de uma manifestação da "destipicização dos atos administrativos"[12], limitado-se o legislador a fixar os objetivos ou os fins a atingir (garantir a observância dos regimes aplicáveis e a tutela dos interesses dos tomadores de seguros, segurados ou beneficiários ou mesmo das próprias empresas de seguros ou de resseguros), assumindo-se como uma simples habilitação formal, remetendo a modelação dos efeitos dos atos para a ASF. Naturalmente, tal não fará perigar a subordinação administrativa à juridicidade, já que, mesmo (*rectius*, sobretudo) quando discricionária, a atividade da Administração encontra-se sempre limitada pelos princípios – algo que o artigo 69º reconhece, porquanto menciona, *ex professo* (e, acrescentamos, sem prejuízo do respeito por outros princípios), o respeito pelo princípio da proporcionalidade ("todas as medidas *adequadas e necessárias*").

Importa, por último, aludir aos significativos poderes paralegislativos nesta matéria. Nos termos do artigo 13º da Lei nº 7/2019, e considerando o mesmo horizonte

[12] Cf. Pedro Gonçalves, «Direito Administrativo da Regulação», in: *Estudos em Homenagem ao Professor Doutor Marcello Caetano no Centenário do Seu Nascimento*, vol. II, Faculdade de Direito da Universidade de Lisboa/Coimbra Editora, Coimbra, 2006, pp. 558 e ss..

problemático (o exercício de poderes no quadro do regime de acesso à atividade), encontram-se cometidas à atuação normativa da ASF, a exercer mediante a emanação de regulamentos administrativos, por exemplo: a definição dos requisitos a preencher pelos cursos sobre seguros, assim como o procedimento necessário ao respetivo reconhecimento pelo regulador, cursos esses que funcionam como requisito para que os sujeitos disponham da "qualificação adequada" exigida como condição de acesso à atividade; a definição do o conteúdo mínimo do contrato a celebrar entre o agente de seguros e a empresa de seguros ou entre o mediador de seguros a título acessório e a empresa de seguros (cf. artigos 16º, nº 2, ou 20º, nº 2); a definição dos requisitos em matéria de organização técnica, comercial, administrativa e contabilística própria e estrutura económico-financeira adequadas à dimensão e natureza da sua atividade; ou a definição das condições mínimas do seguro de responsabilidade civil profissional, assim como a revisão periódica dos seus montantes.

Estamos, pois, perante regulamentos que desempenham o que vimos designando como função de *dinamização legislativa* ou mesmo de *dinamização da ordem jurídica*[13]. Na primeira hipótese, a lei admite a uma fonte jurídica hierarquicamente inferior que se assuma como um seu *complemento*. No segundo caso, a habilitação para a emissão regulamentar é efetuada mediante uma lei que se limita a enunciar os princípios gerais e a dispor quais as normas fundamentais sobre a disciplina jurídica de uma matéria, deixando para o regulamento o seu desenvolvimento (quase) completo, tendo como pano de fundo toda a ordem jurídica. Neste domínio, a lei acaba, muitas vezes, por consubstanciar uma "fonte sobre a produção", encontrando-se a função de regulação normativa cometida ao regulamento administrativo[14]. A alocação do poder normativo a estas entidades serve, sobretudo, finalidades relacionadas com a especificidade das funções às mesmas cometidas, caracterizadas pela elevada tecnicidade e/ou especialidade, cuja disciplina não se situa ao alcance do legislador, nem mesmo quando este se identifica com o Governo. Neste sentido, o exercício do poder regulamentar com tal alcance pelas entidades reguladoras corresponde ao desempenho de uma «função normativa», traduzindo o cumprimento da obrigação jurídica de regular (também

[13] Sobre estas funções dos regulamentos, cf. as nossas obras *A Recusa de Aplicação de Regulamentos com Fundamento em Invalidade: Contributo para a Teoria dos Regulamentos*, Almedina, Coimbra, 2012, pp. 110 e ss., e *Estudos sobre os Regulamentos Administrativos*, 2ª ed., Almedina, Coimbra, 2016, pp. 339 e ss..

[14] Cf. Foà, *I Regolamenti delle Autorità Amministrative Indipendenti*, Giapplichelli Editore, Torino, 2002, pp. 106 e s.; entre nós, Pedro Gonçalves, «Direito...», cit., p. 555. *V.* também Luís Guilherme Catarino, *Regulação e Supervisão dos Mercados de Instrumentos Financeiros*, Almedina, Coimbra, 2010, pp. 369 e ss..

através de normas) os setores económicos que lhes estão confiados[15]. Claro está que o reconhecimento desta função não prescinde do respeito pelo princípio da legalidade (*stricto sensu*), não apenas na vertente da precedência de lei, mas também da preeminência da lei e da reserva de lei.

Ora, sob esta perspetiva, alguns problemas se podem suscitar na matéria que analisamos: considere-se, *v. g.*, o poder para a emissão de normas destinadas à definição dos requisitos em matéria de organização técnica, comercial, administrativa e contabilística própria e estrutura económico-financeira adequadas à dimensão e natureza da atividade do mediador. Eis-nos diante de uma temática que tangencia questões delicadas atinentes aos direitos, liberdades e garantias (por exemplo, a liberdade de escolha de profissão), com todos os problemas que tal implica sobre a delimitação entre atuação normativa de densificação ou de restrição dos direitos, sendo que esta última integra matéria de reserva de lei.

ARTIGO 70º – Supervisão da publicidade

1 – A supervisão do cumprimento das disposições legais, regulamentares ou administrativas, gerais ou especiais, aplicáveis em matéria de publicidade compete à ASF.

2 – Relativamente à publicidade que não respeite as disposições previstas no artigo 27º, e sem prejuízo das sanções aplicáveis, a ASF pode:

***a*) Ordenar as modificações necessárias para pôr termo às irregularidades;**

***b*) Ordenar a suspensão das ações publicitárias em causa;**

***c*) Determinar a imediata publicação pelo responsável de retificação apropriada.**

3 – Em caso de incumprimento das determinações previstas na alínea *c*) do número anterior, pode a ASF, sem prejuízo das sanções aplicáveis, substituir-se aos infratores na prática do ato.

ARTIGO 71º – Participação de infrações à ASF

1 – Qualquer pessoa que tenha conhecimento de factos, provas ou informações relativos a infrações ao presente regime e respetiva regulamentação, bem como ao previsto em atos delegados, normas técnicas de regulamentação ou de execução da Comissão Europeia adotados em desenvolvimento da Diretiva (UE)

[15] Cf. Politi, «Regolamenti delle Autorità Amministrative Indipendenti», in: *Enciclopedia Giuridica*, Istituto della Enciclopedia Italiana Treccani, Roma, 2001, vol. XXVI, p. 4.

2016/97, do Parlamento Europeu e do Conselho, de 20 de janeiro de 2016, pode fazer uma participação à ASF.

2 – A ASF deve garantir a existência de procedimentos específicos para a receção e análise de participações, bem como a proteção dos dados pessoais do denunciante e do suspeito da prática da infração.

3 – É garantida a confidencialidade sobre a identidade do denunciante da prática da infração até ao momento em que a informação sobre a identidade do denunciante seja exigida para salvaguarda dos direitos de defesa dos visados pela denúncia, no âmbito das investigações a que a mesma dê lugar ou de processos administrativos ou judiciais subsequentes.

4 – Sem prejuízo do disposto no artigo 26º do regime processual aplicável aos crimes especiais do setor segurador e dos fundos de pensões e às contraordenações cujo processamento compete à ASF, constante do anexo II da Lei nº 147/2015, de 9 de setembro, é igualmente garantida a confidencialidade sobre a identidade do suspeito da prática da infração em todas as fases do procedimento, exceto se essa informação for exigida no âmbito das investigações a que a mesma dê lugar ou de processos administrativos ou judiciais subsequentes.

5 – As participações efetuadas ao abrigo do disposto nos números anteriores não podem, por si só, dar origem ou integrar retaliações, discriminações e outro tipo de tratamento injusto do autor da participação, bem como servir de fundamento à instauração pelo distribuidor de seguros e de resseguros de qualquer procedimento disciplinar, civil ou criminal relativamente ao mesmo, exceto se aquelas forem deliberadas e manifestamente infundadas.

6 – A ASF pode aprovar a regulamentação necessária para assegurar a implementação dos requisitos previstos nos números anteriores.

SECÇÃO II
SIGILO PROFISSIONAL, COOPERAÇÃO E TROCA DE INFORMAÇÕES

ARTIGO 72º – Sigilo profissional

1 – Os membros dos órgãos da ASF, as pessoas que nele exerçam ou tenham exercido uma atividade profissional, bem como os auditores e peritos mandatados por esta autoridade, estão sujeitos ao dever de sigilo relativamente aos factos relacionados com a atividade de distribuição de seguros ou de resseguros cujo conhecimento lhes advenha exclusivamente pelo exercício das suas funções.

2 – O dever de sigilo profissional referido no número anterior implica que qualquer informação confidencial recebida no exercício da atividade profissional não pode ser comunicada a nenhuma pessoa ou autoridade, exceto de forma sumária ou agregada, e de modo a que os distribuidores de seguros e de resseguros não possam ser individualmente identificados, ou nos termos da lei penal ou processual penal.

3 – Sempre que um distribuidor de seguros ou de resseguros seja declarado insolvente ou seja decidida judicialmente a sua liquidação, as informações confidenciais que não digam respeito a terceiros implicados nas tentativas de recuperação podem ser divulgadas no âmbito do processo.

ANOTAÇÃO (*Filipe Albuquerque Matos*)

Este artigo integra-se numa secção II do capítulo IV, que tem como epígrafe "sigilo profissional, cooperação e troca de informação", versando concretamente sobre uma vertente ou faceta dos circuitos informativos desencadeados no âmbito da atuação da ASF: a vertente negativa ou de abstenção, que impõe a esta entidade reguladora o dever de não comunicar a terceiros os factos relacionados com a distribuição de seguros e de resseguros cujo conhecimento advenha exclusivamente do exercício das suas funções de supervisão, dever esse comummente designado por sigilo profissional (nº 1 do art. 71º).

O dever de sigilo consagrado no nº 1 deste preceito tem um âmbito subjetivo particularmente extenso, abrangendo genericamente, quer os membros dos órgãos da ASF, quer as pessoas que aí exerçam uma atividade profissional, e a propósito destas últimas não se cinge apenas a quem tenha no presente um vínculo com a instituição, reportando-se, antes, a todos quantos no passado já exerceram, aí, a sua atividade. Relativamente a estes últimos, podemos falar com propriedade de um dever de sigilo pós-contratual, dever esse apenas compreensível à luz dos cânones da relação obrigacional complexa ou da relação obrigacional sem deveres primários de prestação, atenta a manutenção de obrigações mesmo após a cessação da relação contratual.

No leque dos factos relacionados com a atividade de distribuição de seguros e de resseguros de que os vários sujeitos indicados neste preceito tenham conhecimento no exercício das suas funções de supervisão, contam-se naturalmente os dados pessoais recolhidos pela ASF, referidos no art. 11º da lei nº 7/2019, de 16 de janeiro.

A regra que impõe o sigilo profissional constante do nº 1 deste preceito não se afirma ilimitadamente, conhecendo antes algumas derrogações. Com efeito, no nº 2 do artigo em análise, após se proibir *expressis verbis* a comunicação de toda e qualquer informação confidencial a terceiros, (configuram-se estes como pessoas singulares ou pessoas coletivas, investidas ou não em poderes de autoridade), admite-se excecionalmente a transmissão de informações de forma sumária ou agregada.

Uma adequada compreensão desta norma implica uma imprescindível referência ao art. 74º, que tem como epígrafe *Troca de Informações*, artigo este que constitui, por seu turno, uma concretização do artigo precedente (art. 73º), onde se impõe à ASF a obrigação de cooperar com as autoridades congéneres de outros Estados-Membros da União Europeia. Desta feita, a transmissão de informações de forma sumária ou agregada deve ser efetuada pela ASF no cumprimento das mais elementares exigências de cooperação.

O legislador socorre-se de uma fórmula ampla ("de forma sumária e agregada") para enunciar a derrogação ao dever de sigilo profissional. Porém, com o objetivo de melhor explicitar o modo como se revela admissível a transmissão de informações, o nº 2 do art. 72º clarifica que a ASF apenas pode transmitir informações a outras entidades de forma tal que não permita a identificação individual dos visados pelas mesmas. Para além desta forma legítima de divulgação das informações, o legislador admite ainda aquela que seja efetuada nos termos previstos na lei penal ou processual penal.

Ao descodificar a fórmula genérica da divulgação da informação de forma sumária ou agregada, o legislador tentou evitar a ocorrência de arbitrariedades e abusos da autoridade de supervisão, concretizando, assim, de algum modo, a diretriz genérica constante neste nº 2.

No nº 3 deste preceito, prevê-se um regime especial de derrogação ao sigilo profissional no âmbito de processos de insolvência ou de liquidação. Consideram-se pressupostos de admissibilidade da divulgação de informações a circunstância dos dados transmitidos não dizerem respeito a terceiros implicados nas tentativas de recuperação, bem como a limitação da difusão das informações no âmbito do próprio processo. Atenta esta última limitação, não se permite a livre divulgação de informações relativas a processos de insolvência e recuperações a todo e qualquer terceiro, ou seja, a todos quantos forem estranhos a estes processos.

Na verdade, a liberdade de transmissão das informações faz-se sentir no contexto do processo de insolvência relativamente a quem nele esteja envolvido e tenha um interesse legítimo no acesso aos dados. Porém, a possibilidade de divulgação de dados confidenciais presente neste preceito não se estende àquelas pessoas que estiveram diretamente coenvolvidas nas tentativas de recuperação do distribuidor de seguros ou de resseguros, ou seja, "a terceiros implicados nas tentativas de recuperação".

ARTIGO 73º – Cooperação com outras autoridades competentes

1 – Para efeitos do exercício da supervisão da atividade de distribuição de seguros ou de resseguros, a ASF coopera com as autoridades congéneres de outros Estados-Membros da União Europeia.

2 – No âmbito desta cooperação, a ASF:

a) Comunica à autoridade competente do Estado-Membro de origem a aplicação de uma das sanções previstas no capítulo VII ou a adoção de uma medida ao abrigo dos artigos 82º ou 86º, bem como procede à troca de informações nos termos do artigo seguinte;

b) Procede à partilha regular de informações relativas à idoneidade e qualificação adequada dos distribuidores de seguros ou resseguros, em especial para efeitos de registo;

c) Comunica às autoridades congéneres a sujeição de um distribuidor de seguros ou de resseguros a uma sanção ou medida equivalente suscetível de conduzir ao cancelamento do registo.

ANOTAÇÃO (*Ana Raquel Gonçalves Moniz*)

A circunstância de, nos termos da Diretiva (UE) 2016/97, o ato de registo produzir efeitos transnacionais implica, como consequência, a consagração de uma teia complexa de relações, pautadas pelo princípio da cooperação, entre as entidades reguladoras dos Estados-membros, no que tange (já não ao acesso, mas) ao exercício da atividade de distribuição de seguros.

Desde logo, a entidade competente do Estado de origem é responsável por garantir o cumprimento das obrigações constantes da Diretiva (UE) 2016/97, assumindo a ASF o dever de informar a primeira de qualquer violação dessas obrigações ocorrida no território nacional. A interferência direta da ASF apenas ocorrerá quando a entidade competente do Estado de origem não adotar as medidas adequadas ou suficientes. Não estamos diante de uma cooperação cega, que abstraia das diferenças que, não obstante a harmonização, ainda possam subsistir entre as legislações nacionais. Eis o que decorre de a Diretiva (UE) 2016/97 prever que, quando um mediador de seguros se estabeleça no território de um Estado-membro com o objetivo de se furtar ao cumprimento de requisitos mais exigentes em vigor noutro Estado-membro (no qual, aliás, desenvolve a sua atividade, pelo menos a título principal), pode este tomar medidas preventivas, quando tal se revele adequado ao bom funcionamento do mercado de seguros.

O artigo 73º corresponde a uma concretização deste princípio da cooperação, pressupondo a colaboração entre a ASF e os reguladores dos demais Estados-Membros.

A cooperação envolve a existência não só de deveres (recíprocos) de partilha regular de informações [cf. nº 2, alínea *b)*], mas também de deveres pontuais de comunicação no âmbito de procedimentos de natureza sancionatória [cf. nº 2, alíneas *a)* e *c)*].

ANOTAÇÃO (*Filipe Albuquerque Matos*)

Nº 1

Com vista a garantir uma eficaz supervisão pela ASF da atividade de distribuição de seguros e de resseguros, o legislador consagra neste preceito uma genérica obrigação de cooperação entre a nossa entidade reguladora dos seguros e dos fundos de pensões e as outras autoridades congéneres dos demais Estados-Membros da União Europeia. Expressão da necessidade de intensificar a cooperação entre as várias entidades de supervisão europeias, encontra-se com alguma clareza na criação a nível europeu da EIOPA (*European Insurance and Occupational Pensions Authorithy*) pelo Regulamento 1094/2010, de 24 de setembro. Este organismo internacional foi constituído na sequência da mais recente crise financeira e apesar de não exercer funções de supervisão no mercado dos seguros, não deixa de ter surgido com o propósito de tornar este universo da atividade económico-financeira mais seguro.

Com efeito, a atribuição à EIOPA de competências para o estudo, investigação e coordenação de projetos a nível dos seguros, (devendo tais projetos, por seu turno, ser submetidos à apreciação da comissão), representa um importante instrumento para tentar reforçar a solidez e a credibilidade do Mercado europeu dos seguros.

Cumpre, a este propósito, ainda sublinhar que a EIOPA integra o Comité conjunto das Autoridades Europeias de Supervisão, juntamente com a Autoridade Bancária Europeia e a Autoridade Europeia dos Valores Mobiliários e dos Mercados e as autoridades de supervisão nacionais. Desta feita, apesar da falta de específicos poderes de supervisão, a importância da EIOPA neste domínio específico revela-se incontestável.

A proclamação, em termos genéricos, da obrigação de cooperação feita neste primeiro número do art. 73º, tem de ser alvo de uma análise conjugada com os demais preceitos deste artigo, nos quais existe um manifesto propósito de densificar aquela regra geral através da enumeração de particulares deveres que recaiam sobre a ASF, para que deste modo a importante obrigação de cooperação a cargo da nossa entidade de supervisão não se traduza numa afirmação meramente platónica. Cumpre ainda explicitar que a obrigação de cooperação consagrada neste nº 1 do art. 73º representa um manifesto afloramento do princípio da Boa-Fé, princípio este com uma influência regulativa incontornável nas relações intersubjetivas entre as várias entidades reguladoras dos seguros no espaço da União Europeia.

Tendo em conta que a cooperação entre a ASF e outras entidades congéneres da União Europeia assenta no princípio da Boa-Fé, cuja força vinculativa se faz sentir no âmbito das relações de interferência intersubjetiva, então não temos quaisquer dúvidas em afirmar que tais ditames se fazem sentir igualmente sobre as entidades de supervisão dos demais Estados-Membros da união europeia face à ASF, resultando tais exigências com toda a clareza da Diretiva comunitária sobre a distribuição de seguros e de resseguros (Diretiva 2016/97). De resto, uma tal conclusão revela-se inevitável, em virtude do reconhecimento da valência bilateral do princípio da Boa-Fé, ao qual anda associada a ideia ou o valor da reciprocidade relacional. Tais considerações encontram, de resto, respaldo na epígrafe do art. 74º, na qual expressamente se alude à "troca de informações", indicando-se logo de seguida nas várias alíneas do seu nº 1 as diversas entidades com quem a ASF tem o dever de transmitir informações e o correspondente direito de as receber.

Na verdade, importa sublinhar que as exigências de um correto proceder tanto podem ter por fonte o acordo contratual, como a lei de onde emergem os deveres de conduta, tudo isto sem obviamente querer cercear as mais amplas possibilidades regulativas do princípio da Boa-Fé.

Nº 2

Uma breve análise dos específicos deveres de cooperação elencados nas várias alíneas deste número do art. 73º permitem-nos identificar uma *ratio* comum, traduzida basicamente na necessidade de assegurar uma harmonização mínima das disposições nacionais dos Estados-Membros em matéria de distribuição de seguros e de resseguros (de acordo com o considerando nº 3 da Diretiva 2016/97), de modo a que os consumidores possam beneficiar do mesmo nível de proteção no âmbito dos mais diversos canais de distribuição (conforme o disposto no considerando 6º da Diretiva 2016/97).

Impondo-se à ASF os deveres de comunicar às demais entidades congéneres a aplicação das sanções previstas no capítulo VII ou das medidas indicadas nos artigos 82º e 86º (alínea *a*) do nº 2 do art. 73º), ou na aplicação ao distribuidor de uma sanção determinada do cancelamento do registo (alínea *c*)) e da exigência de partilhar de modo regular as informações relativas à idoneidade e qualificação adequada dos distribuidores de seguros e de resseguros (alínea *b*)), então não temos quaisquer dificuldades de identificar uma clara preocupação legislativa em garantir um funcionamento regular e qualificado do mercado de distribuição de seguros e resseguros, em ordem a permitir uma proteção adequada aos tomadores e beneficiários de seguros.

Esta preocupação revela-se particularmente evidente na alínea *b*) deste preceito, ao impor à ASF uma partilha regular de informações relativas à idoneidade (art. 13º) e à qualificação adequada (art. 14º) dos distribuidores de seguros e resseguros, na medida em que a efetivação destas exigências de qualificação profissional redundam necessariamente numa maior proteção dos tomadores ou beneficiários dos seguros, que, por regra, têm a posição mais frágil de consumidores.

No tocante à alínea *a*) do nº 2 do art. 73º, importa sublinhar a preocupação de garantir um mercado único de seguros na união Europeia, onde seja assegurada uma efetiva liberdade de prestação de serviços e de estabelecimento dos distribuidores de seguros e de resseguros, tal como claramente decorre do disposto nos artigos 82º (liberdade de prestação de serviços) e 86º (liberdade de estabelecimento).

A imposição de uma obrigação de cooperação com este alcance, através da remissão para os artigos 82º a 86º, demonstra que não se pretende alcançar uma liberdade de prestação de serviços e de estabelecimento a qualquer custo, visando-se antes a construção de um mercado único de seguros particularmente qualificado, permitindo-se assim à ASF adotar as medidas adequadas para reprimir ou prevenir situações irregulares ocorridas em virtude dos Estados-Membros de origem da distribuição de seguros e de resseguros não disporem de medidas idóneas e suficientes para evitar essas irregularidades (art. 82º, nº 2 e 86º, nº 3), chegando ao ponto de permitir à nossa autoridade de supervisão impedir os infratores estrangeiros de iniciarem novas operações no território português.

ARTIGO 74º – Troca de informações

1 – Sem prejuízo da sujeição das informações ao dever de sigilo profissional nos termos do artigo 72º, a ASF pode proceder à troca de informações necessárias ao exercício da supervisão da atividade de distribuição de seguros ou de resseguros com:

***a*) As autoridades competentes dos outros Estados-Membros da União Europeia;**

***b*) As autoridades nacionais ou de outros Estados-Membros da União Europeia responsáveis pela supervisão das empresas de seguros ou de resseguros, instituições de crédito e outras sociedades financeiras ou responsáveis pela supervisão dos mercados financeiros;**

***c*) Entidades nacionais ou de outros Estados-Membros da União Europeia intervenientes na liquidação e no processo de insolvência de distribuidores de seguros ou de resseguros e noutros processos análogos;**

***d*) Entidades nacionais ou de outros Estados-Membros responsáveis pela revisão legal de contas dos distribuidores de seguros e de resseguros, das instituições de crédito, dos intermediários financeiros e de outras sociedades financeiras;**

e) Autoridades responsáveis pela supervisão das entidades referidas nas alíneas *c*) e *d*);

f) Bancos centrais do Sistema Europeu de Bancos Centrais, incluindo o Banco Central Europeu, e outras entidades com funções semelhantes enquanto autoridades monetárias;

g) Outras autoridades nacionais ou de outros Estados-Membros responsáveis pela superintendência dos sistemas de pagamento;

h) As entidades nacionais ou de outros Estados-Membros da União Europeia responsáveis pela deteção e investigação de violações ao direito das sociedades ou pessoas por estas mandatadas para o efeito.

2 – O disposto no número anterior é ainda aplicável à transmissão, pela ASF, às entidades nacionais ou de outro Estado-Membro incumbidas da gestão de processos de liquidação ou de fundos de garantia, das informações necessárias para o exercício das respetivas funções.

3 – A troca de informações com as entidades referidas nas alíneas *b*) a *g*) do nº 1 deve destinar-se exclusivamente ao exercício das funções de supervisão ou de controlo por parte das referidas entidades e deve ser na estrita medida do necessário ao exercício das mesmas.

4 – Se as informações referidas no nº 1 forem provenientes de outro Estado-Membro, só podem ser divulgadas com o acordo expresso das autoridades competentes que tiverem procedido à respetiva comunicação e, se for caso disso, exclusivamente para os fins relativamente aos quais as referidas autoridades tiverem dado o seu acordo, devendo ser-lhes comunicada a identidade e o mandato preciso das entidades a quem devem ser transmitidas essas informações.

5 – A troca de informações necessárias ao exercício da supervisão da atividade de distribuição de seguros ou de resseguros com autoridades competentes de países não membros da União Europeia ou com as autoridades ou organismos destes países, definidos nas alíneas *b*) a *e*) do nº 1 e no nº 2, está sujeita às garantias de sigilo profissional referidas no número anterior e no artigo 72º.

ANOTAÇÃO CONJUNTA (*Filipe Albuquerque Matos* e *Irene Girão*)

Neste preceito, existe um claro propósito do legislador de definir o âmbito subjetivo dentro do qual se deve operar a troca de informações, de modo a permitir à ASF, bem como às demais entidades congéneres nacionais ou de outros Estados-Membros mencionadas nas várias alíneas do nº 1, o exercício das suas atribuições de supervisão.

A remissão, feita no nº 1 para o art. 72º, "sem prejuízo da sujeição das informações ao dever de sigilo profissional nos termos do art. 72º", relembra afinal a regra do sigilo profissional consagrada neste preceito, e a necessidade da sua conciliação com as ineluctáveis exigências de circulação de informações, para que ASF e demais entidades financeiras nacionais e estrangeiras possam exercer regularmente as suas funções de supervisão na área da distribuição de seguros e de resseguros.

Para além do objetivo de identificar as entidades nacionais e estrangeiras com as quais cabe à ASF proceder a uma troca de informações, esta norma da lei da distribuição visa igualmente definir um conjunto de exigências regulativas (tal como resulta do nº 3 do art. 74º), que devem pontificar no âmbito dos circuitos informativos entretecidos entre as entidades mencionadas nas várias alíneas do nº 1.

Nº 1

Como já tivemos ocasião de sublinhar, nas várias alíneas deste preceito, faz-se indicação das entidades nacionais e estrangeiras com quem a ASF pode e deve proceder à troca das informações. Em rigor, da formulação legal apenas resulta *expressis uerbis* que a ASF "pode proceder à troca de informações necessárias...", sendo que o correto exercício das suas funções de regulação implica igualmente o dever de divulgação de dados às demais entidades congéneres. Pensamos não ser a este propósito incorreto convocar, com as particulares adaptações, a tradicional e complexa figura dos Poderes-deveres ou poderes funcionais.

Relativamente à lista de entidades indicadas neste preceito, cumpre sublinhar que não se registou uma circunscrição às entidades que exercem especificamente funções de supervisão nas áreas da distribuição dos seguros e dos resseguros. Como *expressis verbis* resulta da *b*) do nº 1 deste artigo 74º, a troca de informações estende-se ainda às instituições de crédito e outras sociedades financeiras, bem como a responsáveis pela supervisão dos mercados financeiros. Uma tal extensão do âmbito subjetivo da troca de informações prevista no art. 74º não deve causar estranheza, atenta a realidade dos conglomerados financeiros, particularmente registada na área dos seguros e resseguros e que se consubstancia na comummente designada *Assurfinance*, sobretudo quando nos encontramos perante o universo dos seguros de vida.

Este fenómeno de criação de conglomerados financeiros que operam nos sectores dos seguros, da banca e da bolsa justifica a atribuição de poderes de supervisão na área dos seguros à Comissão do Mercado de Valores Mobiliários em relação a seguros ligados a fundos de investimento (arts. 1º e 6º do RAEASR).

Cumpre sublinhar a propósito dos produtos de investimento com base em seguros que a lei da distribuição de seguros se preocupou em definir requisitos acrescidos quanto à prestação de informações sobre a adequação dos mesmos, procurando alinhar o regime reservado a este domínio específico com o previsto nas regras de comercialização de instrumentos financeiros. Com efeito, os produtos de investimento com base em seguros constituem potenciais alternativas ou substitutos dos produtos de investimento abrangidos pela Diretiva 2014/65/EU – a comummente designada DMIF 2.

De igual modo, também não admira a menção feita nas alíneas *c*) e *d*) às entidades nacionais e comunitárias cuja atividade se encontra diretamente relacionada com a orgânica da distribuição de seguros e de resseguros. Na verdade, os processos de liquidação e de insolvência constituem realidades incontornáveis neste universo, e as exigências de solvabilidade económico-financeira dos distribuidores de seguros e resseguros têm de ser alvo de um escrutínio por terceiros qualificados – os revisores legais de contas –, de modo a evitar a ocorrência das situações referidas na alínea *c*).

Desta feita, a referência na alínea *e*) deste nº 1 às autoridades responsáveis pela supervisão das entidades intervenientes na liquidação e no processo de insolvência dos distribuidores de seguros e de resseguros e aqueloutras que supervisionam os revisores oficiais de contas dos mesmos, deve considerar-se como um corolário lógico da exigência de um robustecido e credível mercado de distribuição de seguros.

A necessidade de a atividade desenvolvida no universo dos seguros ser uma atividade economicamente sustentável encontra, desde logo, respaldo na nossa lei fundamental, que realça, a propósito da estruturação legislativa do sistema financeiro (art. 101º da CRP), a necessidade de este assegurar a formação, captação e segurança das poupanças, bem como a aplicação dos meios financeiros necessários ao desenvolvimento económico e social.

A referência nas alíneas *f*) e *g*) do nº 1 do art. 73º aos bancos centrais do Sistema Europeu de Bancos centrais (incluindo o Banco Central Europeu), e às autoridades nacionais ou dos Estados-Membros responsáveis pela superintendência dos sistemas de pagamento, tem um particular significado, atenta a importante realidade da *Bancassurance*. Desta feita, e tendo em conta o amplo conceito de distribuição subjacente à lei nº 7/2019, a banca assume-se como um importante canal de distribuição dos seguros, justificando-se assim a referência às entidades bancárias de supervisão como autoridades com as quais a ASF pode e deve cooperar na troca de informações.

Na última alínea do nº 1 do art. 74º – a alínea *h*) – consta uma particular referência às entidades nacionais ou de outros Estados-Membros da União Europeia responsáveis pela deteção e investigação de violações ao direito das sociedades e das pessoas mandatadas pelas sociedades para um tal efeito. Tendo em conta que subjacente ao regime da Lei nº 7/2019 se encontra um conceito amplo de distribuição, onde se incluem também os distribuidores diretos, então o escrutínio da atividade das empresas de seguros assume uma particular acuidade. Ora, como sabemos, uma das condições de acesso e de exercício da atividade das seguradoras traduz-se precisamente na assunção por parte destas de uma modalidade societária prevista no art. 3º da Lei nº 147/2015. Razão pela qual uma eficaz supervisão da atividade de distribuição dos seguros e dos resseguros implica uma coordenação entre a atividade da ASF e a atuação das entidades mencionadas na alínea *h)* do nº 1 do art. 74º.

De acordo com o entendimento manifestado pela Comissão Nacional de Proteção de dados, no decurso dos trabalhos preparatórios da Lei nº 7/2019, a redação do art. 74º, nº 2 deveria ser mais explícita, referindo que a troca de informações se deve limitar ao estritamente necessário ao exercício das funções de supervisão, com vista a permitir assim o respeito pelos princípios da minimização de dados e da adstrição do tratamento destes às finalidades que presidem à respetiva recolha, previstas na alínea *c)* do nº 1 do art. 5º do regulamento Geral de Proteção de Dados.

Importa referir que uma tal redação, animada por um propósito particularmente restritivo, não acrescenta nada à redação que foi acolhida no nº 1 do art. 74º, uma vez que desta claramente consta a limitação da troca de informação ao cumprimento das finalidades de supervisão pelas entidades reguladoras dos seguros que operam no mercado europeu. Para além disso, o nº 2 do art. 11º da Lei nº 7/2019, *expressis verbis* vincula a ASF, quando proceder ao tratamento de dados, às exigências regulativas do regulamento 2016/679.

Desta feita, a redação aparentemente mais restritiva proposta pela Comissão Nacional de Proteção de Dados apenas poderia suscitar interpretações teleológicas que dificultariam a efetiva troca de informações entre entidades reguladoras, quando é certo que uma tal tarefa não se revela, em si mesma, fácil, em face das balizas definidas no art. 5º do RGPD.

Apesar da preponderante importância assumida pela delimitação do âmbito subjetivo da troca de informações no universo da distribuição de seguros e de resseguros, o art. 74º não se limita unicamente a esclarecer quem pode e deve assumir a posição de protagonista nestes circuitos informativos, explicitando ainda um conjunto de exigências regulativas que têm de estar presentes neste contexto. Com efeito, no nº 3 deste preceito legislativo faz-se expressa menção aos princípios da necessidade – "a troca de informações... deve destinar-se exclusivamente ao exercício das funções de supervisão...", – e da proporcionalidade em sentido estrito – "... e deve ser na estrita medida do necessário para o exercício das mesmas.", – que são precisamente convocados para sindicar a atividade de troca de informações entre as entidades nacionais e de outros Estados-Membros envolvidos na distribuição de seguros e de resseguros. Compreende-se bem a razão de ser destas restrições, uma vez que tal como consta da formulação inicial do nº 1 deste preceito, importa conciliar a disciplina relativa à troca de informações com a regra do sigilo consagrada no art. 72º.

Segundo o regime de troca de informações entre autoridades competentes de outros Estados-Membros necessárias ao exercício da supervisão, quando os dados sejam provenientes de outros Estado-Membro, a sua divulgação pela ASF a terceiras entidades encontra-se dependente de "(...) acordo expresso das autoridades competentes que tiverem procedido à respetiva comunicação (...)" (nº 4 do art. 74º). Este regime mais restritivo compreende-se atenta a origem ou a fonte da informação, uma vez que não estando em causa dados fornecidos pela ASF ou por outras entidades nacionais de supervisão, as autoridades estrangeiras têm que dar o seu acordo expresso à divulgação dos mesmos pela nossa autoridade de supervisão.

De resto, em certas circunstâncias não especificadas na lei (mas que, com toda a certeza, se encontrarão conexionadas com a natureza das matérias contidas nas informações), as restrições atrás aludidas far-se-ão sentir com maior acuidade, apenas se admitindo a divulgação das informações para os fins únicos ou exclusivos para os quais as autoridades emitentes dos dados tiverem prestado o seu acordo, e apenas relativamente às entidades que as referidas autoridades tenham indicado no dito convénio (2ª parte do nº 4 do art. 74º).

Este regime mais espartilhado é igualmente aplicado por remissão expressa do nº 5 do art. 74º em relação à troca de informações com autoridades competentes de países terceiros à União Europeia. Uma tal limitação encontrará, *a fortiori*, a sua razão de ser no critério fonte ou da origem, tendo o legislador sentido ainda a necessidade de explicitar que para além das exigências relativas ao sigilo profissional previstas no nº 4 do art. 74º, as autoridades competentes de Estados terceiros à união europeia se encontram igualmente sujeitas, à semelhança das congéneres da União Europeia, às regras do sigilo profissional previstas no art. 72º.

ARTIGO 75º – Utilização de informações confidenciais

A ASF só pode utilizar as informações confidenciais recebidas nos termos dos artigos anteriores no exercício das suas funções de supervisão e com as seguintes finalidades:

a) Para análise das condições de acesso à atividade de distribuição de seguros ou de resseguros e para facilitar a monitorização das condições de exercício da mesma;

b) Para a aplicação de sanções;

c) No âmbito de um recurso administrativo ou jurisdicional interposto das decisões tomadas no âmbito do presente regime e respetiva regulamentação complementar.

ANOTAÇÃO CONJUNTA (*Filipe Albuquerque Matos* e *Irene Girão*)

Este preceito da lei da distribuição de seguros pretende, no fundo, clarificar os termos em que deve ter lugar a necessária conciliação referida na formação inicial do nº 1 do art. 74º entre as exigências de sigilo profissional mencionadas no art. 72º com a troca de informações disciplinada no art. 74º, sendo que o texto inicial do preceito nada traz de novo a quanto já se encontra consagrado no nº 3 deste preceito. O próprio legislador faz uma remissão para os preceitos anteriores: ["(...) utilizar as informações confidenciais recebidas nos termos dos artigos anteriores (...)"].

Se na verdade a parte inicial do preceito se limita a afirmar a regra da necessidade ou da instrumentalidade do uso das informações para o exercício das funções de supervisão, o legislador nas várias alíneas deste art. 75º enuncia três domínios fundamentais em que para o exercício das funções de supervisão se revela fundamental a utilização de informações confidenciais: *a*) acesso à atividade seguradora e exercício da mesma, *b*) plano sancionatório, *c*) contencioso respeitante a decisões administrativas e jurisdicionais no contexto da lei da distribuição de seguros e resseguros e de regulamentação complementar.

Importa referir que o legislador, ao indicar expressamente nas várias alíneas do art. 75º as finalidades a que se encontra adstrita a utilização de informações confidenciais pela ASF, se refere de modo amplo e genérico a um conjunto de atividades para as quais a nossa autoridade reguladora tem competência. Com efeito, e no tocante à análise das condições de acesso e de exercício da atividade seguradora, não podemos ignorar que a ASF é, nos termos do art. 56º, nº 1, a "autoridade responsável pela criação, manutenção e atualização permanente do registo eletrónico dos mediadores de seguros, resseguros (...)". Neste contexto, torna-se ainda mister convocar a disciplina da Lei nº 147/2015, na qual esta função de tutela da ASF surge claramente afirmada pelos artigos 42º a 46º.

Relativamente ao domínio da aplicação das sanções, cumpre fazer referência ao capítulo VII da lei da distribuição de seguros, do qual resulta manifesta a competência sancionatória da ASF nos artigos 101º e ss. Basta tomar em conta o disposto no nº 1 do art. 101º e na alínea *b*) do nº 1 do art. 102º, para podermos constatar que a aplicação do regime sancionatório se encontra dependente do registo dos distribuidores dos seguros e resseguros junto da ASF, e que, por seu turno, a aplicação espacial das sanções ao agente da distribuição de seguros resulta da supervisão exercida pela ASF. Com efeito, na alínea *b*) do nº 1 do art. 102º, as disposições sancionatórias previstas neste capítulo VII apenas são aplicáveis a factos praticados no estrangeiro, quando os mesmos, atentos vários elementos de conexão estejam sujeitos à supervisão da ASF, não se colocando essas dúvidas quanto às condutas desenvolvidas em território nacional, uma vez que as mesmas se encontram naturalmente abrangida pelo manto de supervisão da entidade reguladora dos seguros nacional.

No tocante ao contencioso administrativo e jurisdicional previsto na alínea *c*) do art. 75º, cumpre ter em mente a competência da ASF para a prática de atos administrativos, dos quais cabe recurso judicial, nos termos do art. 77º. Nesta sede, revela-se ainda paradigmático o regime contido no art. 111º a propósito do processo e impugnação judicial das contraordenações e aplicação de coimas e sanções acessórias da competência da ASF. No fundo, tanto as hipóteses previstas na alínea *b*), quanto as consagradas na alínea *c*) do art. 75º se reportam ao plano sancionatório, sendo que esta última norma se encontra especialmente direcionada para o domínio do contencioso, porquanto nessas hipóteses os destinatários das sanções não se conformaram com a sua aplicação. A propósito do regime sancionatório no universo dos seguros, importa também fazer menção à disciplina contida na lei nº 147/2015, no âmbito da qual cumpre destacar o disposto nos artigos 175º a 177º e no art. 304º e ss. Na verdade, como no próprio art. 111º se refere, o regime processual atinente ao processamento das contraordenações (nº 1), bem como aqueloutro atinente à impugnação judicial das decisões da ASF relativas às contraordenações (nº 2), encontra-se regulado no Anexo II da Lei nº 147/2015.

ARTIGO 76º - Reclamações

1 – No âmbito das suas competências, cabe à ASF analisar e dar parecer sobre pedidos de informação e reclamações que não estejam pendentes noutras instâncias apresentados por clientes e respetivas associações, contra distribuidores de seguros e de resseguros.

2 – Na apreciação de reclamações, a ASF promove as diligências necessárias para a verificação do cumprimento das normas cuja observância lhe caiba zelar e adota as medidas adequadas para obter a sanação dos incumprimentos, sem prejuízo da instauração de procedimento contraordenacional sempre que a conduta das entidades reclamadas, nomeadamente pela sua gravidade ou reiteração, o justifique.

ANOTAÇÃO (*Francisco Luís F. Ribeiro Alves*)

Este artigo tem por base o artigo 65º do anterior regime, sendo o nº 2 novo. Reflete outras disposições que já existem, como as competências da ASF em matéria de resposta a pedidos de informação e resposta a reclamações. Os Estatutos da ASF, aprovados pelo Decreto-Lei nº 1/2015, de 6 de janeiro, no seu artigo 16º, nº 7, alínea *d*), têm como competência da ASF *"assegurar a análise e a resposta às reclamações apresentadas pelos tomadores de seguros, segurados, subscritores, participantes, beneficiários e lesados que se refiram a questões que não estejam pendentes noutras instâncias"*.

O nº 2 deste artigo 76º reflete a mesma redação do artigo 157º, nº 1, do Regime Jurídico de Acesso e Exercício da Atividade Seguradora e Resseguradora, aprovado pela Lei nº 147/2015, de 9 de setembro. As diligências a realizar pela ASF, para além das contraordenacionais previstas neste regime, englobam outras ações, como, por exemplo, as previstas no artigo 16º, nº 4, alíneas *c*) e *e*), dos Estatutos da ASF, que referem, respetivamente, como competências da ASF: *"Assegurar o cumprimento de qualquer orientação ou instrução emitida pela ASF ou de qualquer outro dever relacionado com o setor de atividade sob supervisão"* e *"Emitir ordens, proibições ou instruções vinculativas, para que sejam sanadas irregularidades nas entidades sujeitas à supervisão da ASF"*.

Note-se que os pedidos de informação e reclamações que aqui estão em causa, neste artigo 76º, são apenas aqueles que digam respeito à distribuição de seguros e não à típica gestão de um sinistro, que se encontra excluída da aplicação deste diploma, no termos do artigo 2º, nº 1, alínea *b*). Também o artigo 52º reduz a resolução alternativa de litígios às situações em que esteja causa a distribuição de seguros.

ARTIGO 77º – Recurso judicial dos atos da ASF

Dos atos administrativos da ASF adotados ao abrigo do presente regime e respetiva regulamentação cabe recurso contencioso, nos termos gerais de direito.

ANOTAÇÃO (*Ana Raquel Gonçalves Moniz*)

1. O artigo 77º representa uma concretização do princípio da tutela jurisdicional efetiva (consagrado no artigo 268º, nº 4, da CRP) no que respeita às atuações administrativas praticadas pela ASF, enquanto autoridade de supervisão em matéria de distribuição de seguros. Nesta medida, uma interpretação jurídico-constitucionalmente adequada deste preceito não pode abstrair que aquele princípio pressupõe, tal como decorre do nº 1 do artigo 2º do Código de Processo nos Tribunais Administrativos (CPTA), "o direito de obter, em prazo razoável, e mediante um processo equitativo, uma decisão judicial que aprecie, com força de caso julgado, cada pretensão regularmente deduzida em juízo, bem como a possibilidade de a fazer executar e de obter as providências cautelares, antecipatórias ou conservatórias, destinadas a assegurar o efeito útil da decisão". Assim, e independentemente de outras considerações, o artigo 77º não pode obliterar, por um lado, que todas as atuações (ou omissões) da ASF decorrentes de relações jurídicas administrativas podem constituir objeto de apreciação judicial, e, por outro lado, que, para além das ações declarativas principais, a tutela jurisdicional efetiva compreende também as providências cautelares e as ações executivas.

O impacto desta asserção na matéria que nos ocupa afigura-se determinante. Considere-se, *v. g.*, a hipótese de a ASF não proferir, no âmbito do procedimento de registo (como agente, corretor ou mediador a título acessório) qualquer decisão no prazo legalmente previsto; neste caso, o meio processual adequado para reagir não se reconduz à impugnação do ato (que não chegou a ser praticado), mas antes à condenação à prática de ato devido [cf. artigo 67º, nº 1, alínea *a)*, do CPTA]. Solução idêntica, *mutatis mutandis*, se seguirá quando a ASF emitir uma decisão de recusa de inscrição, considerando o(s) interessado(s) que a mesma padece de uma qualquer causa de invalidade: na verdade, a forma de reação contra os atos indeferimento não corresponde hoje à sua impugnação, mas antes ao pedido de condenação à prática de ato devido [cf. artigos 51º, nº 4, e 67º, nº 1, alínea *b)*, do CPTA].

Todavia, e como decorre de uma análise do *Regime* e do articulado da Lei nº 7/2019, os poderes cometidos, nesta matéria, à AFS não se circunscrevem à prática de atos administrativos, envolvendo igualmente relevantes poderes normativos. Embora o artigo 77º não efetue qualquer referência a esta questão, não persistirão dúvidas que os regulamentos emanados pela ASF se encontrarão sujeitos à disciplina de impugnação e condenação à emissão de normas, contemplada nos artigos 72º e seguintes do CPTA.

Por último, a remissão para o regime processual administrativo constante do preceito em análise terá de incluir também as providências cautelares adequadas. Note-se, em particular, que o direito à impugnação de atos administrativos aqui previsto não seria dotado de eficácia se não pudessem ser decretadas medidas cautelares destinadas a assegurar o efeito útil da sentença[16], em consonância com o facto de o direito a uma tutela jurisdicional efetiva (cf. artigos 20º, e 268º, nº 4, da Constituição) não

[16] *V.* Fernanda Maçãs, «Tutela Judicial Efectiva e Suspensão da Eficácia: Balanço e Perspectivas», in: *Cadernos de Justiça Administrativa*, nº 16, Julho/Agosto 1999, p. 52; salientando ainda a urgência destes processos, Olivier Dugrip (*L'Urgence Contentieuse devant les Jurisdictions Administratives*, PUF, Paris, 1991, pp. 109 e ss.) opina que tal característica se revela de primordial relevância sobretudo quando estão em causa providências destinadas à preservação dos direitos das partes, ameaçados pelo tempo durante o qual correrá o processo.

pressupor apenas o acesso à jurisdição ou um processo adequado, mas também a eficácia da sentença. É que a impugnação de um ato administrativo não suspende, em regra, automaticamente a eficácia do ato, que, se não for nulo, continua a produzir os seus efeitos e a obrigar os respetivos destinatários. Contudo, também o leque de providências cautelares não se circunscreve à suspensão da eficácia. Dando plena aplicação ao imperativo constitucional, o CPTA consagra um princípio de atipicidade das providências cautelares ou uma «universalidade dos conteúdos»[17], determinando que "quem possua legitimidade para intentar um processo junto dos tribunais administrativos pode solicitar a adoção da providência ou das providências cautelares, antecipatórias ou conservatórias, que se mostrem adequadas a assegurar a utilidade da sentença a proferir nesse processo" (cf. artigo 112º, nº 1, do CPTA), permitindo a adoção de quaisquer providências, quer de caráter conservatório (como sucede, tipicamente, com a suspensão da eficácia de atos administrativos), quer de natureza antecipatória.

Por último, este preceito também não pretenderá excluir o recurso às ações executivas, em especial, aquelas que se reportam à execução das sentenças anulatórias. A ausência de alusão a estes processos resultará da especificidade que os mesmos revestem no âmbito da Justiça Administrativa. Efetivamente, vigora no processo administrativo um conceito amplo de execução, que abrange o cumprimento voluntário da sentença judicial pela Administração e a adoção de medidas que garantam o respeito pelo julgado. Na ausência de disposições especiais sobre a matéria, devem aplicar-se as normas do CPTA relativas à execução de sentenças de anulação de atos administrativos constantes dos artigos 173º e seguintes. Os pedidos e decisões nestes processos de execução compreendem, pois, todos os atos que viabilizem a reconstituição da situação atual hipotética, podendo constituir a Administração no dever de praticar atos administrativos (incluindo, dentro de certos condicionalismos, atos com eficácia retroativa), no dever de anular, reformar ou substituir os atos consequentes, ou adotar as atuações materiais necessárias para alterar situações de facto constituídas e cuja manutenção se revele incompatível com a execução da sentença anulatória (cf., em especial, artigo 173º, nº 2, do CPTA). Tratando-se de uma sentença de condenação à prática de ato devido, a respetiva execução seguirá o processo de execução para prestação de facto, previsto nos artigos 162º e seguintes do CPTA, com destaque para o nº 2 do artigo 168º, que prevê a identificação, pelo tribunal, com respeito pelos limites da função jurisdicional (e, correspetivamente, pelo âmbito da discricionariedade administrativa), do conteúdo do(s) ato(s) que deve(m) ser adotado(s)[18].

[17] Vieira de Andrade, «Tutela Cautelar», in: *Cadernos de Justiça Administrativa*, nº 34, julho/agosto 2002, p. 47.

[18] Cf. Vieira de Andrade, *A Justiça Administrativa (Lições)*, 16ª ed., Almedina, Coimbra, 2017, pp. 380 e ss., que seguimos de perto.

2. Mesmo quando se refere à impugnação dos atos administrativos praticados pela ASF, a disposição em análise revela uma certa desatualização conceptual do legislador. Na verdade, desde a reforma da Justiça Administrativa de 2002 que a impugnação judicial de atos administrativos abandonou a designação de "recurso contencioso". Embora o meio processual para reagir, nos tribunais, contra a invalidade de atos administrativos se designasse tradicionalmente como "recurso contencioso de anulação" (no duplo pressuposto de que os tribunais administrativos não eram verdadeiros tribunais, constituindo uma instância administrativa, ainda que independente, e de que apenas se limitavam a anular os atos recorridos), essa terminologia desapareceu da Constituição com a revisão constitucional de 1997[19]. Aliás, mesmo antes disso, a doutrina já vinha defendendo a inadequação da expressão «recurso contencioso», uma vez que a existência de um recurso implica o pedido de uma nova apreciação jurisdicional de uma decisão igualmente jurisdicional (não sendo já possível ver o recurso contencioso como o pedido de uma nova apreciação administrativa de uma decisão igualmente administrativa)[20].

Em consonância com o desaparecimento do enunciado constitucional da expressão «recurso contencioso», o CPTA prescreve hoje a designação de *ação administrativa* para todos os processos que tenham por objeto litígios cuja apreciação se inscreva no âmbito da competência dos tribunais administrativos, aí se incluindo, desde logo, a impugnação de atos administrativos [cf. artigo 37º, nº 1, alínea *a)*], que visa justamente a anulação ou a declaração de nulidade desses atos (cf. artigo 50º, nº 1).

O artigo 77º carece, pois, de uma leitura interpretativa atualizada, à luz das coordenadas constitucionais e legislativas apontadas: neste sentido, o preceito pretende estabelecer que à fiscalização judicial dos atos administrativos praticados pela ASF (que não integrem o nº 2 do artigo 111º) se aplica o regime da ação administrativa definido pelo CPTA, em matéria de legitimidade, prazo, tramitação processual, poderes de cognição e decisão do juiz, providências cautelares e recursos.

3. Afastados do âmbito de aplicação deste artigo 77º estão os atos administrativos praticados no âmbito de procedimentos *contraordenacionais*, no quadro do exercício dos poderes *sancionatórios* da ASF. A esta matéria refere-se o nº 2 do artigo 111º, prevendo um regime especial.

[19] Cf. *Diário da Assembleia da República*, II Série-RC, nº 116, 08.07.1997, pp. 3423 e s..

[20] Sobre o problema, *v.* Vasco Pereira da Silva, «'O Nome e a Coisa' – A Acção Chamada Recurso de Anulação e a Reforma do Contencioso Administrativo», in: *Cadernos de Justiça Administrativa*, nº 22, julho/agosto 2000, p. 39; Jorge Miranda, «Os Parâmetros Constitucionais da Reforma do Contencioso Administrativo», in: *Cadernos de Justiça Administrativa*, nº 22, julho/agosto 2000, p. 5.

CAPÍTULO VI
ATIVIDADES TRANSFRONTEIRAS
SECÇÃO I
ATIVIDADES TRANSFRONTEIRAS EM PORTUGAL POR DISTRIBUIDORES DE SEGUROS OU DE RESSEGUROS REGISTADOS EM OUTRO ESTADO-MEMBRO
SUBSECÇÃO I
DISPOSIÇÕES COMUNS

ARTIGO 78º – Condições fundadas em razões de interesse geral a que deve obedecer o exercício da atividade de distribuição

1 – Os distribuidores de seguros ou de resseguros registados em outro Estado-Membro da União Europeia que exerçam a sua atividade no território português, em regime de livre prestação de serviços ou através de sucursal, ficam sujeitos às condições fundadas em razões de interesse geral a que deve obedecer o exercício da atividade de distribuição em território português.

2 – A ASF divulga e atualiza de forma periódica, no seu sítio na Internet, o elenco das condições referidas no número anterior, incluindo informação sobre se essas condições são mais restritivas do que as previstas na Diretiva (UE) 2016/97 do Parlamento Europeu e do Conselho, de 20 de janeiro de 2016.

3 – Sem prejuízo de outras condições divulgadas pela ASF, por norma regulamentar, são sempre consideradas como condições fundadas em razões de interesse geral a que deve obedecer o exercício da atividade de distribuição em território português as constantes das alíneas *a*) a *g*) do nº 1 do artigo 24º e das alíneas *a*) e *b*) do nº 1 do artigo 34º

4 – A ASF assegura que se as condições fundadas em razões de interesse geral a que deve obedecer o exercício da atividade de distribuição divulgadas por norma regulamentar nos termos do número anterior forem mais restritivas do que as previstas na Diretiva (UE) 2016/97 do Parlamento Europeu e do Conselho, de 20 de janeiro de 2016, o ónus administrativo decorrente dessas disposições seja proporcional em relação à proteção dos consumidores, procedendo à respetiva monitorização contínua para garantir que mantêm essa conformidade.

5 – A ASF é a autoridade responsável pela prestação de informações sobre as condições fundadas em razões de interesse geral a que deve obedecer o exercício da atividade de distribuição em vigor no território português.

6 – No âmbito da supervisão do exercício da atividade de distribuição no território português pelos distribuidores de seguros ou de resseguros referidos no

nº 1, a ASF pode solicitar-lhes informações ou exigir-lhes a apresentação de documentos necessários para esse efeito, bem como verificar os seus procedimentos e exigir as alterações necessárias para o cumprimento das condições de exercício da atividade.

7 – A ASF pode tomar medidas adequadas e não discriminatórias destinadas a penalizar a prática de atos, no território português, que infrinjam as disposições do presente regime jurídico e respetiva regulamentação relativas às condições fundadas em razões de interesse geral a que deve obedecer o exercício da atividade de distribuição, incluindo a possibilidade de impedir o início de novas operações no território português, nos termos das subsecções seguintes.

ARTIGO 79º – Poderes de supervisão

1 – A ASF pode tomar as medidas apropriadas para impedir o exercício da atividade de um distribuidor de seguros ou de resseguros registado em outro Estado-Membro que vise, a título exclusivo ou principal, exercer a sua atividade no território português, se o exercício dessa atividade tiver como único objetivo evitar as disposições legislativas que seriam aplicáveis se esse distribuidor de seguros ou de resseguros tivesse a sua residência ou sede social em Portugal, caso o exercício dessa atividade comprometa gravemente o funcionamento regular dos mercados de seguros e resseguros no território português no que respeita à proteção dos clientes.

2 – A ASF deve informar a autoridade competente do Estado-Membro de origem antes de adotar qualquer medida apropriada, ao abrigo do presente artigo, necessária para proteger os direitos dos clientes.

3 – A ASF pode remeter questões relativas a competência ou práticas de supervisão à EIOPA e solicitar a sua assistência, nos termos do artigo 19º do Regulamento (UE) nº 1094/2010, do Parlamento Europeu e do Conselho, de 24 de novembro de 2010.

4 – O disposto na presente secção não prejudica a aplicação aos distribuidores de seguros ou de resseguros, registados em outros Estados-Membros da União Europeia, do regime contraordenacional previsto no capítulo vii, no que respeita à atividade exercida no território português.

SUBSECÇÃO II
LIVRE PRESTAÇÃO DE SERVIÇOS EM PORTUGAL POR MEDIADORES DE SEGUROS, DE RESSEGUROS E DE SEGUROS A TÍTULO ACESSÓRIO REGISTADOS EM OUTRO ESTADO-MEMBRO

ARTIGO 80º – Comunicação

A ASF comunica de imediato à autoridade competente do Estado-Membro de origem a receção da comunicação dessa autoridade de que um mediador de seguros, de resseguros ou de seguros a título acessório pretende exercer, pela primeira vez, a sua atividade no território português em regime de livre prestação de serviços.

ARTIGO 81º – Início de atividade no território português

1 – O mediador de seguros, de resseguros ou de seguros a título acessório registado em outro Estado-Membro da União Europeia pode iniciar a sua atividade no território português em regime de livre prestação de serviços após a data em que tenha sido informado pela autoridade competente do Estado-Membro de origem de que a comunicação de que pretende exercer a sua atividade em território português foi recebida pela ASF.

2 – A ASF divulga no seu sítio na Internet os mediadores de seguros, de resseguros e de seguros a título acessório registados em outro Estado-Membro da União Europeia que comunicaram a intenção de exercer atividade no território português nos termos do número anterior.

ANOTAÇÃO (*Ana Raquel Gonçalves Moniz*)

1. Este preceito constitui o corolário da articulação do Direito Administrativo com o Direito da União Europeia, que se encontra subjacente a todo o *Regime de Distribuição de Seguros*, resultante da transposição da Diretiva (UE) 2016/97.

A conjugação entre direito da União Europeia e direito nacional representa um traço da instabilidade da legalidade administrativa. Esta coordenada encontra-se intimamente associada a um fenómeno mais geral, que consiste na alteração do «paradigma da pirâmide» para o «paradigma da rede»[21]: não só o modelo monista foi substituído pelo modelo pluralista (que convive com a existência de uma multiplicidade de

[21] *V.*, por excelência, Ost/Kerchove, *De la Pyramide au Réseau? Pour une Théorie Dialectique du Droit*, Publications des Facultés Universitaires Saint-Louis, Bruxelles, 2002.

ordenamentos distintos aplicáveis, em simultâneo, ao mesmo concreto problema jurídico), como também se assiste a uma progressiva desterritorialização do direito, cuja lógica de aplicação transcende o território dos Estados nacionais. Tal como sucede quando as normas harmonizadoras partem da União Europeia, estamos, também no regime da distribuição de seguros, diante de uma harmonização *top-down*, que, por força do princípio do primado, se pretende impor nos ordenamentos nacionais.

2. Em matéria de acesso à atividade de seguros, a operacionalização das liberdades de estabelecimento e de prestação de serviços demandam considerações adicionais, relacionadas com a internacionalização do Direito Administrativo – em particular, com o âmbito espacial da eficácia das atuações das administrações públicas dos Estados-Membros.

Em função da projeção dos efeitos do ato no espaço, torna-se possível distinguir entre *atos nacionais* (cujos efeitos se produzem apenas no território estadual a que pertence o autor) e *atos transnacionais*[22], consubstanciando os *atos europeus* um tipo específico destes últimos (atos transnacionais cuja eficácia se circunscreve ao território da União Europeia).

A autonomização dos atos europeus e transnacionais deve-se à progressiva «desnacionalização» do Direito Administrativo[23] e à ultrapassagem da nota da nacionalidade como característica deste ramo jurídico, em direção à respetiva europeização e internacionalização[24]. Estas tendências permitem, desde já, compreender que as especificidades suscitadas pelos atos transnacionais não se restringem apenas ao âmbito de eficácia espacial do ato administrativo, mas atingem a própria colaboração entre entidades administrativas de Estados diferentes e/ou entre entidades administrativas de um Estado e órgãos de organizações internacionais.

Ora, o registo constitui precisamente uma atuação administrativa dotada de efeito transnacional-europeu: na verdade, o registo no Estado-Membro de origem permite que os mediadores exerçam a sua atividade noutros Estados-Membros, desde que tenham seguido os procedimentos de notificação adequados entre as autoridades competentes. Eis o motivo pelo qual o artigo 81º do *Regime* estabelece como condição

[22] Sobre estes atos, *v.*, entre nós, Suzana Tavares da Silva, *Um Novo Direito Administrativo?*, Imprensa da Universidade de Coimbra, Coimbra, 2010, pp. 78 e s., e «A Nova Dogmática do Direito Administrativo: O Caso da Administração por Compromissos», in: Pedro Gonçalves (dir.), *Estudos de Contratação Pública – I*, Coimbra Editora, Coimbra, 2008, pp. 928 e s..

[23] Cassese, «Tendenze e Problemi del Diritto Amministrativo», in: *Rivista Trimestrale di Diritto Pubblico*, nº 4, 2004, p. 902.

[24] Para a contraposição entre nacionalidade e europeização/internacionalização, cf. Cassese, «Le Trasformazioni del Diritto Amministrativo dal XIX al XXI Secolo», in: *Rivista Trimestrale di Diritto Pubblico*, nº 1, 2002, pp. 31 e 34.

do início da atividade, em território português, ao abrigo da livre prestação de serviços, a simples *comunicação* (e não a um novo procedimento de registo) entre a entidade reguladora do Estado de origem e a ASF (comunicação essa depois notificada ao interessado). O mesmo se diga, *mutatis mutandis*, quando o mediador pretenda exercer a sua atividade através de sucursal, ao abrigo da liberdade de estabelecimento. Um regime espelhado, embora com as necessárias especificações, quanto à atuação da ASF, está consagrado para os casos em que os mediadores registados em Portugal pretendam exercer a atividade noutro Estado membro (cf. artigo 83º).

Como decorrência do princípio da transparência e com o propósito de assegurar o conhecimento (e a garantia) de todos os interessados, o nº 2 deste artigo 81º impõe à ASF que divulgue, no sítio oficial na Internet, os mediadores de seguros, de resseguros e de seguros a título acessório registados em outro Estado-Membro da União Europeia que comunicarem a intenção de exercer a atividade no território português.

ARTIGO 82º – Incumprimento de obrigações no exercício de livre prestação de serviços

1 – Se a ASF verificar que um mediador de seguros, de resseguros ou de seguros a título acessório registado em outro Estado-Membro da União Europeia que exerça a sua atividade no território português, em regime de livre prestação de serviços, não respeita as normas legais e regulamentares que lhe são aplicáveis, informa a autoridade competente do Estado-Membro de origem desse facto.

2 – Se, devido à inadequação, insuficiência ou inexistência de medidas tomadas pela autoridade competente do Estado-Membro de origem, o mediador de seguros, de resseguros ou de seguros a título acessório continuar a agir de forma claramente prejudicial para os interesses dos clientes ou para o regular funcionamento do mercado de seguros ou resseguros no território português, a ASF, após ter informado a autoridade competente do Estado-Membro de origem, pode adotar as medidas adequadas para reprimir as irregularidades cometidas ou prevenir novas situações irregulares, podendo, se necessário, impedir que os infratores iniciem novas operações no território português.

3 – Sem prejuízo do disposto nos números anteriores, em situações em que seja necessária uma atuação imediata para salvaguardar os direitos dos clientes, a ASF pode tomar as medidas apropriadas para prevenir ou sancionar irregularidades cometidas em território português por um mediador de seguros, de resseguros ou de seguros a título acessório que exerça a sua atividade em regime de livre prestação de serviços, incluindo impedir que esse mediador de seguros, de resseguros ou de seguros a título acessório inicie novas operações no território português.

4 – As medidas adotadas pela ASF ao abrigo do presente artigo, e respetiva fundamentação, são imediatamente comunicadas, por escrito, ao mediador de seguros, resseguros ou de seguros a título acessório interessado e imediatamente notificadas à autoridade competente do Estado-Membro de origem, à EIOPA e à Comissão Europeia.

5 – É aplicável ao presente artigo o disposto no nº 3 do artigo 79º Subsecção III Estabelecimento e exercício em Portugal por sucursais de mediadores de seguros, de resseguros e de seguros a título acessório registados em outro Estado-Membro.

SUBSECÇÃO III
ESTABELECIMENTO E EXERCÍCIO EM PORTUGAL POR SUCURSAIS DE MEDIADORES DE SEGUROS, DE RESSEGUROS E DE SEGUROS A TÍTULO ACESSÓRIO REGISTADOS EM OUTRO ESTADO-MEMBRO

ARTIGO 83º – Comunicação

1 – A ASF comunica de imediato à autoridade de supervisão do Estado-Membro de origem a receção da comunicação dessa autoridade de que um mediador de seguros, de resseguros ou de seguros a título acessório pretende exercer o direito de estabelecimento em território português mediante a criação de uma sucursal.

2 – No prazo de um mês a contar da receção da comunicação de que o mediador de seguros, de resseguros ou mediador de seguros a título acessório pretende exercer a sua atividade em território português através de sucursal, a ASF informa a autoridade competente do Estado-Membro de origem que as condições fundadas em razões de interesse geral a que deve obedecer o exercício da atividade de distribuição em território português se encontram identificadas nos sítios na Internet da ASF e da EIOPA.

ARTIGO 84º – Início de atividade no território português

1 – O mediador de seguros, de resseguros ou de seguros a título acessório registado em outro Estado-Membro da União Europeia pode iniciar a sua atividade no território português através de sucursal após a data em que tenha sido informado pela autoridade competente do Estado-Membro de origem das condições mencionadas no nº 2 do artigo anterior e de que pode dar início à sua atividade em território português.

2 – Caso a ASF não emita a comunicação mencionada no nº 2 do artigo anterior no prazo previsto, o mediador de seguros, de resseguros ou de seguros a título acessório pode estabelecer a sua sucursal e dar início à sua atividade.

3 – A ASF divulga no seu sítio na Internet os mediadores de seguros, de resseguros e de seguros a título acessório registados em outro Estado-Membro da União Europeia que comunicaram a intenção de exercer atividade no território português ao abrigo da liberdade de estabelecimento.

ARTIGO 85º – Presença permanente

A presença permanente de um mediador de seguros, de resseguros ou de seguros a título acessório no território português equivalente a uma sucursal deve ser objeto do mesmo tratamento de uma sucursal, a menos que o mediador de seguros, de resseguros ou de seguros a título acessório constitua legalmente essa presença em território nacional sob outra forma jurídica.

ARTIGO 86º – Incumprimento de obrigações no exercício de liberdade de estabelecimento

1 – A ASF pode tomar as medidas que considerar adequadas para corrigir a situação, quando verifique que um mediador de seguros, de resseguros ou de seguros a título acessório que exerça atividade no território português ao abrigo da liberdade de estabelecimento não respeita as condições de exercício à atividade previstas no presente regime em transposição dos capítulos V e VI da Diretiva (UE) 2016/97do Parlamento Europeu e do Conselho, de 20 de janeiro de 2016, sobre a distribuição de seguros.

2 – Salvo nas matérias identificadas no número anterior, se a ASF tiver motivos para considerar que um mediador de seguros, de resseguros ou de seguros a título acessório que exerça atividade no território português ao abrigo da liberdade de estabelecimento não se encontra a cumprir as normas legais e regulamentares que lhe são aplicáveis, informa a autoridade competente do Estado-Membro de origem desses factos.

3 – Se, devido à inadequação, insuficiência ou inexistência de medidas tomadas pela autoridade do Estado-Membro de origem, o mediador de seguros, de resseguros ou de seguros a título acessório continuar a agir de forma claramente prejudicial para os interesses dos clientes ou para o regular funcionamento do mercado de seguros ou resseguros em território português, a ASF, após ter infor-

mado a autoridade competente do Estado-Membro de origem, pode adotar as medidas adequadas para reprimir as irregularidades cometidas ou prevenir novas situações irregulares, podendo, se necessário, impedir que os infratores iniciem novas operações no território português.

4 – Sem prejuízo do disposto nos números anteriores, em situações em que seja necessária uma atuação imediata para salvaguardar os direitos dos clientes e quando o Estado-Membro de origem não dispuser de medidas equivalentes ou adequadas, a ASF pode, em respeito pelo princípio da não discriminação, tomar as medidas apropriadas para prevenir ou sancionar irregularidades cometidas em território português por um mediador de seguros, de resseguros ou de seguros a título acessório que exerça a sua atividade no território português em regime de liberdade de estabelecimento, incluindo impedir que esse mediador de seguros, de resseguros ou de seguros a título acessório inicie novas operações no território português.

5 – As medidas adotadas pela ASF ao abrigo do presente artigo e respetiva fundamentação são imediatamente comunicadas, por escrito, ao mediador de seguros, resseguros ou de seguros a título acessório interessado e imediatamente notificadas à autoridade competente do Estado-Membro de origem, à EIOPA e à Comissão Europeia.

6 – É aplicável ao presente artigo o disposto no nº 3 do artigo 79º

ARTIGO 87º – Acordo sobre a autoridade competente do Estado-Membro de origem

A ASF pode acordar com a autoridade competente do Estado-Membro de origem de um mediador de seguros, resseguros ou de seguros a título acessório, mas cuja atividade principal seja desenvolvida em território português, agir como autoridade competente do Estado-Membro de origem, no que respeita às disposições previstas nos capítulos IV, V, VI e VII da Diretiva (UE) 2016/97 do Parlamento Europeu e do Conselho, de 20 de janeiro de 2016, sobre a distribuição de seguros.

SUBSECÇÃO IV
EXERCÍCIO DA ATIVIDADE DE DISTRIBUIÇÃO EM PORTUGAL POR EMPRESAS DE SEGUROS REGISTADAS EM OUTRO ESTADO-MEMBRO

ARTIGO 88º – Remissão

Se a ASF verificar que uma empresa de seguros ou de resseguros registada em outro Estado-Membro da União Europeia que exerça a atividade de distribuição de seguros ou de resseguros no território português, através de sucursal ou em regime de livre prestação de serviços, não respeita as normas legais e regulamentares que lhe são aplicáveis, deve observar os procedimentos previstos nos capítulos IV, V, IX e X do título V do regime jurídico de acesso e exercício da atividade seguradora e resseguradora, constante do anexo I da Lei nº 147/2015, de 9 de setembro.

SECÇÃO II
ATIVIDADES TRANSFRONTEIRAS NO TERRITÓRIO DE OUTRO ESTADO-MEMBRO POR MEDIADORES DE SEGUROS, DE RESSEGUROS E DE SEGUROS A TÍTULO ACESSÓRIO REGISTADOS EM PORTUGAL
SUBSECÇÃO I
LIVRE PRESTAÇÃO DE SERVIÇOS NO TERRITÓRIO DE OUTRO ESTADO-MEMBRO POR MEDIADORES DE SEGUROS, DE RESSEGUROS E DE SEGUROS A TÍTULO ACESSÓRIO REGISTADOS EM PORTUGAL

ARTIGO 89º – Comunicação à ASF

1 – O mediador de seguros, de resseguros ou de seguros a título acessório registado em Portugal que tencione exercer pela primeira vez atividade, em regime de livre prestação de serviços, no território de outro ou de outros Estados-Membros da União Europeia deve comunicar previamente essa intenção à ASF, indicando o âmbito da atividade que pretende exercer.

2 – A comunicação à ASF mencionada no número anterior deve conter a seguinte informação:

a) O nome ou denominação social;

b) A morada profissional ou endereço da sede social;

c) O número de registo como mediador de seguros, resseguros ou mediador de seguros a título acessório;

d) O Estado-Membro ou Estados-Membros em que pretendem exercer a sua atividade em regime de livre prestação de serviços;

e) Em caso de mediador de seguros, a respetiva categoria;

f) A denominação social das empresas de seguros ou de resseguros representadas, se aplicável;

g) Os ramos de seguros relevantes em que pretendam exercer a sua atividade no outro Estado-Membro ou Estados-Membros.

ARTIGO 90º – Comunicação à autoridade competente do país de acolhimento

No prazo de um mês a contar da data da receção da comunicação referida no artigo anterior, a ASF transmite toda essa informação às autoridades competentes do Estado-Membro ou dos Estados-Membros em cujo território o mediador de seguros, de resseguros ou de seguros a título acessório pretenda exercer a sua atividade ao abrigo da livre prestação de serviços.

ARTIGO 91º – Início da actividade

1 – O mediador de seguros, de resseguros ou de seguros a título acessório pode iniciar a sua atividade no Estado-Membro de acolhimento logo que tenha recebido uma notificação, por escrito, da ASF a informar que a respetiva autoridade competente recebeu a comunicação referida no artigo anterior.

2 – Em simultâneo com a notificação referida no número anterior, a ASF informa o mediador de seguros, de resseguros ou de seguros a título acessório que as condições fundadas em razões de interesse geral a que deve obedecer o exercício da atividade de distribuição em território do Estado-Membro de acolhimento se encontram identificadas nos sítios na Internet da respetiva autoridade competente e da EIOPA.

ARTIGO 92º – Alterações

1 – O mediador de seguros, de resseguros ou de seguros a título acessório comunica, por escrito, à ASF, qualquer alteração que se verifique aos elementos da comunicação mencionada no artigo 90º, pelo menos um mês antes de essa alteração se tornar efetiva.

2 – A ASF informa a autoridade competente do Estado-Membro de acolhimento, com a maior brevidade possível e no prazo máximo de um mês após delas ter conhecimento, das alterações que lhe foram comunicadas ao abrigo do número anterior.

ARTIGO 93º – Incumprimento de obrigações no exercício da liberdade de prestação de serviços

1 – A ASF, após ser informada pela autoridade competente do Estado-Membro de acolhimento que um mediador de seguros, resseguros ou de seguros a título acessório a atuar nesse território, em exercício de liberdade de prestação de serviços, não está a respeitar normas legais ou regulamentares aplicáveis, deve avaliar a informação recebida e, se aplicável e logo que possível, adotar as medidas apropriadas para corrigir a situação identificada.

2 – As medidas tomadas ao abrigo do número anterior devem ser imediatamente comunicadas à autoridade competente do Estado-Membro de acolhimento.

3 – É aplicável ao presente artigo o disposto no nº 3 do artigo 79º

SUBSECÇÃO II
ESTABELECIMENTO E EXERCÍCIO DE ATIVIDADE NO TERRITÓRIO DE OUTRO ESTADO-MEMBRO POR MEDIADORES DE SEGUROS, DE RESSEGUROS E DE SEGUROS A TÍTULO ACESSÓRIO REGISTADOS EM PORTUGAL

ARTIGO 94º – Comunicação à ASF

1 – O mediador de seguros, de resseguros ou de seguros a título acessório registado em Portugal que tencione exercer a atividade em regime de liberdade de estabelecimento, criando uma sucursal no território de outro ou de outros Estados-Membros da União Europeia, deve comunicar previamente essa intenção à ASF.

2 – A comunicação à ASF mencionada no número anterior deve conter a seguinte informação:

a) O nome ou denominação social;

b) A morada profissional ou endereço da sede social;

c) O número de registo como mediador de seguros, resseguros ou mediador de seguros a título acessório;

d) O Estado-Membro ou Estados-Membros em cujo território pretende estabelecer uma sucursal;

e) Em caso de mediador de seguros, a respetiva categoria;

f) A denominação social das empresas de seguros ou de resseguros representadas, se aplicável;

g) Os ramos de seguros relevantes em que pretendam exercer a sua atividade no outro Estado-Membro ou Estados-Membros;

h) A morada no Estado-Membro de acolhimento para a qual é possível solicitar documentos;

i) O nome das pessoas responsáveis pela gestão da sucursal.

ARTIGO 95º – Comunicação à autoridade competente do país de acolhimento

1 – No prazo de um mês a contar da data da receção da comunicação referida no artigo anterior, a ASF transmite toda essa informação às autoridades competentes do Estado-Membro ou dos Estados-Membros em cujo território o mediador de seguros, de resseguros ou de seguros a título acessório pretenda exercer a sua atividade ao abrigo da liberdade de estabelecimento.

2 – A ASF informa, por escrito, o mediador de seguros, de resseguros ou de seguros a título acessório logo que tiver conhecimento que a autoridade competente do Estado-Membro de acolhimento recebeu a comunicação mencionada no número anterior.

ARTIGO 96º – Não comunicação à autoridade competente do Estado-Membro de acolhimento

1 – Caso tenha motivos para duvidar da adequação da estrutura organizativa ou da situação financeira do mediador de seguros, de resseguros ou de seguros a título acessório que tencione exercer a atividade, em regime de liberdade de estabelecimento, criando uma sucursal no território de outro ou de outros Estados-Membros da União Europeia, a ASF não transmite a comunicação referida no artigo anterior à autoridade competente do Estado-Membro de acolhimento.

2 – No prazo de um mês a contar da data da comunicação à ASF referida no nº 1 do artigo 94º, a ASF informa o mediador de seguros, de resseguros ou de seguros a título acessório em causa das razões da recusa em efetuar a comunicação à autoridade competente do Estado-Membro de acolhimento.

ARTIGO 97º – Início de actividade

1 – Logo que receba essas indicações da autoridade competente do Estado-Membro de acolhimento, a ASF comunica ao mediador de seguros, de resseguros ou de seguros a título acessório as condições fundadas em razões de interesse geral a que deve obedecer o exercício da sua atividade no território do Estado-Membro de acolhimento, informando-o que pode estabelecer a sua sucursal e dar início à sua atividade.

2 – O mediador de seguros, de resseguros ou de seguros a título acessório pode igualmente estabelecer a sua sucursal e dar início à sua atividade caso a autoridade competente do Estado-Membro de acolhimento não proceda à comunicação à ASF com as indicações previstas no número anterior, no prazo de um mês a contar da data em que recebeu a comunicação mencionada no nº 1 do artigo 95º

ARTIGO 98º – Alterações

Às alterações ao conteúdo da comunicação prevista no nº 1 do artigo 94º aplica-se, com as devidas adaptações, o regime previsto no artigo 92º

ARTIGO 99º – Incumprimento de obrigações por sucursais de mediadores de seguros, de resseguros ou de seguros a título acessório registados em Portugal

Ao exercício de atividade no território de outro Estado-Membro por sucursais de mediadores de seguros, de resseguros e de seguros a título acessório registados em Portugal aplica-se, com as devidas adaptações, o disposto no artigo 93º

ARTIGO 100º – Repartição de competências com a autoridade competente do Estado-Membro de acolhimento

1 – A ASF, enquanto autoridade competente do Estado-Membro de origem, pode acordar com a autoridade competente do Estado-Membro de acolhimento de um mediador de seguros, resseguros ou de seguros a título acessório cuja atividade principal seja desenvolvida no território desse Estado-Membro, que essa autoridade competente do Estado-Membro de acolhimento possa agir como autoridade competente do Estado-Membro de origem, no que respeita às disposições previstas nos capítulos IV, V, VI e VII da Diretiva (UE) 2016/97 do Parlamento Europeu e do Conselho, de 20 de janeiro de 2016, sobre a distribuição de seguros.

2 – A ASF comunica a existência de um acordo nos termos do número anterior ao mediador de seguros, resseguros ou de seguros a título acessório em causa e à EIOPA.

CAPÍTULO VII
SANÇÕES
SECÇÃO I
DISPOSIÇÕES GERAIS

ARTIGO 101º - Âmbito

1 – O disposto no presente capítulo é aplicável aos distribuidores de seguros ou de resseguros registados junto da ASF e aos distribuidores de seguros ou de resseguros registados em outro Estado-Membro da União Europeia no que se refere à atividade exercida no território português.

2 – O presente capítulo é ainda aplicável:

a) Às empresas de seguros, quando não atuem no exercício da atividade de distribuição de seguros ou de fundos de pensões, quanto às contraordenações previstas nas alíneas *a*), *b*), *c*), *f*), *l*), *m*) e *n*) do artigo 112º, nas alíneas *b*), *c*), *rr*), *ss*), *mmm*) e *sss*) do artigo 113º e nas alíneas *b*), *s*) e *u*) do artigo 114º;

b) Às sociedades gestoras de fundos de pensões, quando não atuem no exercício da atividade de distribuição de fundos de pensões, quanto às contraordenações previstas nas alíneas *a*), *b*), *c*), *l*), *m*) e *n*) do artigo 112º, nas alíneas *b*), *c*), *rr*), *ss*), *mmm*) e *sss*) do artigo 113º e nas alíneas *b*), *s*) e *u*) do artigo 114º;

c) Às empresas de resseguros, quando não atuem no exercício da atividade de distribuição de resseguros, quanto às contraordenações previstas nas alíneas *a*), *b*) e *c*) do artigo 112º, nas alíneas *b*), *c*), *ss*), *mmm*) e *sss*) do artigo 113º e nas alíneas *b*), *s*) e *u*) do artigo 114º;

d) Às pessoas que exercem a atividade de distribuição de seguros ou de resseguros sem estarem registadas para esse efeito num Estado-Membro, quanto à contraordenação prevista na alínea *a*) do artigo 114º;

e) Aos detentores de participações qualificadas em mediador de seguros, de resseguros ou de seguros a título acessório, quanto à contraordenação prevista na alínea *t*) do artigo 114º

ARTIGO 102º – Aplicação no espaço

1 – O disposto no presente capítulo é aplicável, salvo tratado ou convenção em contrário, independentemente da nacionalidade do agente, aos factos praticados:

a) Em território português;

b) Em território estrangeiro, desde que sujeitos à supervisão da ASF;

c) A bordo de navios ou aeronaves portugueses.

2 – A aplicabilidade do disposto no presente capítulo aos factos praticados em território estrangeiro deve respeitar, com as necessárias adaptações, os princípios enunciados nos nºs 1 e 2 do artigo 6º do Código Penal.

ARTIGO 103º – Responsabilidade

1 – Pela prática das contraordenações a que se refere o presente capítulo podem ser responsabilizadas, conjuntamente ou não, pessoas singulares e pessoas coletivas, ainda que irregularmente constituídas, bem como associações sem personalidade jurídica.

2 – É punível como autor das contraordenações a que se refere o presente capítulo todo aquele que, por ação ou omissão, contribuir causalmente para a sua verificação.

ANOTAÇÃO CONJUNTA (*Filipe Albuquerque Matos* e *Irene Girão*)

Neste preceito enuncia-se o princípio geral da responsabilidade contraordenacional das pessoas singulares e das pessoas coletivas pela prática das infrações disciplinadas no capítulo VII, revelando-se, assim, absolutamente necessário levar em linha de conta o regime previsto nos artigos 112º, 113º e 114º, onde se procede à enumeração das contraordenações qualificadas, respetivamente, como simples, graves e muito graves.

Para além da responsabilidade penal ou administrativa decorrente da prática das contraordenações, a que se reporta este preceito, pretendemos deixar expostas umas breves notas sobre a responsabilidade civil que eventualmente possa também encontrar-se aqui envolvida. Basicamente, a responsabilidade civil implicada nestas circunstâncias é de natureza contratual, porque relativamente aos tomadores de seguros, os prejuízos mais frequentes resultam do incumprimento de deveres de informação previstos nas alíneas *a*), *b*), *c*), *d*) do nº 1 do art. 30º, onde estão sobretudo em causa deveres de informação dos distribuidores que têm os tomadores de seguros como destinatários.

Detendo-nos, a título exemplificativo, sobre o dever contido na alínea *c*) do nº 1 do art. 30º, cuja infração constitui uma contraordenação grave nos termos da alínea *t*) do art. 113º, podemos claramente constatar que a violação do dever aí plasmado – o dever da seguradora informar o cliente de modo correto e pormenorizado acerca do contrato de seguro mais adequado, tendo em conta o concreto perfil do segurado – é suscetível de provocar danos ao tomador de seguro que com base nas informações prestadas tenha celebrado um contrato de seguros inadequado para cobrir os riscos pretendidos.

Em rigor, este dever de informação, apesar de ser designado enquanto tal na alínea *c*) do nº 1 do art. 30º, acaba por configurar-se antes como um autêntico dever de esclarecimento, integrando-se assim com maior propriedade no âmbito da categoria prevista no art. 22º da lei do contrato de seguro. Independentemente da complexa análise distintiva entre deveres de informação/deveres de esclarecimento, sempre se dirá que a violação deste tipo de obrigação não é, por regra, de molde a fazer emergir um ilícito extracontratual, mas sim um ilícito contratual ou pré-contratual.

Importa esclarecer a propósito da eventual responsabilidade civil em que venham a incorrer isolada ou conjuntamente as pessoas singulares e coletivas envolvidas na distribuição de seguros (tal como resulta do disposto no nº 1 do art. 103º), que a respetiva obrigação de indemnizar pode ter na base uma ação ou omissão do agente, como expressamente se prevê no art. 103º, nº 2. Na verdade, no tocante á responsabilidade por omissão, a previsão legal de deveres de informação, como aquele que se encontra consagrado no art. 30º, nº 1, *c*), permite identificar com maior facilidade a existência do ilícito contratual, uma vez que o dever de informar que constitui a base do ilícito contratual encontra respaldo na lei. Para além da referência ao requisito da ilicitude levada a cabo no nº 2 do art. 103º – "(...) aquele que, por acção ou omissão (...)"-, o legislador faz ainda uma expressa referência ao pressuposto da causalidade, uma vez que a ação ou omissão do autor terá de "contribuir causalmente para a sua verificação" (nº 2 do art. 103º). Importa então nesta sede convocar os contributos dogmáticos em torno da causalidade, manifestando-se a lição da doutrina da causalidade adequada como a mais conforme com a regra contida no art. 563º do Código Civil.

ANOTAÇÃO (*Mafalda Miranda Barbosa*)

I. O diploma prevê a cominação de coimas a quem praticar alguns dos ilícitos contraordenacionais previstos nos artigos 112º e seguintes. Podem ser sujeitos à responsabilidade contraordenacional quer as pessoas singulares, quer as pessoas coletivas, ainda que irregularmente constituídas, quer as associações sem personalidade jurídica.

II. O número 2 do artigo 103º oferece um critério de determinação da autoria do ilícito contraordenacional, considerando que é punível como autor todo aquele que, por ação ou omissão, contribuir causalmente para a sua verificação. A norma é criticável. Em primeiro lugar, estando em causa ilícitos contraordenacionais, há uma previsão típica, pelo que pode não ser possível desvelar a ilicitude alternativamente ou por via de ação ou omissão. Pense-se, por exemplo, no artigo 113º/c) e na previsão de condenação numa contraordenação daquele que omitir a entrega de documentação ou a prestação de informações requeridas pela ASF para o caso individualmente considerado. Em segundo lugar, o âmbito do ilícito contraordenacional é delimitado pelo âmbito do dever concretamente violado, donde não se percebe o alcance do preceito em comentário, pois se não é viável interpretá-lo, sob pena de se violar a intencionalidade normativa do modelo contraordenacional, no sentido do alargamento da responsabilidade a todo aquele que possa ter levado o agente à prática do ato, ele acaba por perder o sentido útil. Em terceiro lugar, a referência à causalidade ou à contribuição causal afigura-se espúria, uma vez que a maioria dos ilícitos contraordenacionais previstos apenas encerram uma ilicitude da conduta, não se exigindo um resultado.

ARTIGO 104º – Responsabilidade das pessoas colectivas

1 – As pessoas coletivas e as entidades equiparadas referidas no artigo anterior são responsáveis pelas contraordenações cometidas pelos membros dos seus órgãos sociais, mandatários, trabalhadores ou por quem as represente, atuando em seu nome e no seu interesse e no âmbito dos poderes e funções em que hajam sido investidos.

2 – A responsabilidade da pessoa coletiva é excluída quando o agente atue contra ordens ou instruções expressas daquela.

3 – A invalidade e a ineficácia jurídicas dos atos em que se funde a relação entre o agente individual e a pessoa coletiva não obstam à responsabilidade de nenhum deles.

ANOTAÇÃO (*Mafalda Miranda Barbosa*)

I. O preceito estabelece uma hipótese de responsabilidade contraordenacional das pessoas coletivas. Estas e as entidades equiparadas são responsáveis pelas contraordenações cometidas pelos membros dos seus órgãos sociais, mandatários, trabalhadores ou por quem as representa. Exige-se, para que a responsabilidade se possa afirmar, que haja atuação em nome da pessoa coletiva, no interesse da pessoa coletiva e no âmbito das funções e dos poderes em que hajam sido investidos aqueles que a representam.

II. A atuação em nome da pessoa coletiva implica que o ato a vincula como se fosse um ato próprio. Exigindo-se a representação, os efeitos jurídicos da atuação dos membros dos órgãos sociais, dos mandatários, dos trabalhadores ou de quem representa a pessoa coletiva projetar-se-ão imediatamente na esfera da própria pessoa coletiva. Percebe-se, então, que ela seja responsabilizada como se tivesse atuado por si própria, realidade que só não ocorre por força da natureza das coisas. Exige-se, ainda, a atuação no interesse da pessoa coletiva, e no âmbito das funções em que as pessoas singulares que atuam em representação dela hajam sido investidos.

III. Aparentemente, os critérios podiam parecer não distar muito dos consagrados no artigo 500º CC, relativo à responsabilidade do comitente por atos do comissário e aplicável à responsabilidade extracontratual das pessoas coletivas, nos termos do artigo 165º CC. Também aí se exige que o ato gerador de responsabilidade tenha sido levado a cabo no exercício das funções. O pressuposto justifica-se em nome da necessidade de estabelecimento de um nexo de imputação objetiva entre o comportamento causador do dano e a esfera de risco que o comitente ou a pessoa coletiva assumiram ao estabelecerem a relação de comissão com o agente, pelo que somos conduzidos a um duplo grau de imputação. Aqui, o requisito justifica-se em nome do nexo de representatividade que se exige em simultâneo: só no quadro das funções que foram cometidas ao representante é que faz sentido responsabilizar o representado, porque este responde exatamente por força dessa representação. Ademais, impõe-se a atuação no interesse da pessoa coletiva, o que, não sendo imprescindível no quadro da representação voluntária, o é no seio da representação orgânica. Percebe-se, por isso, a regra do número 2. A responsabilidade da pessoa coletiva é excluída quando o agente atue contra ordens ou instruções expressas daquela.Com isto, há um claro afastamento em relação aos critérios do artigo 500º CC. Entende-se na verdade que a pessoa coletiva responde pelos danos causados pelos seus agentes, funcionários ou titulares de órgãos mesmo quando estes atuem com dolo e contra as ordens ou instruções expressas do ente coletivo. Só não será assim, quando atuem para prosseguir interesses próprios e não interesses da pessoa coletiva e, ainda assim, haverá responsabilidade se agirem aproveitando-se da imagem de credibilidade que aquela transmite. Cf. C.A. Mota Pinto, *Teoria Geral do Direito Civil*, 4ª edição por A. Pinto Monteiro e Paulo Mota Pinto, Coimbra Editora, Coimbra, 2005.

IV. A responsabilidade da pessoa coletiva não exclui a responsabilidade individual das pessoas que ajam em nome dela e no seu interesse. Em regra, estas só poderiam ser responsabilizadas se o ilícito contraordenacional as integrasse no seu âmbito de relevância subjetivo, isto é, haverá que saber sobre quem recaía o dever de agir num determinado sentido ou não. Contudo, o artigo 105º/2 determina que "não obsta à responsabilidade dos agentes individuais que representem outrem a circunstância de a ilicitude ou o grau de ilicitude depender de certas qualidades ou relações especiais do agente e estas só se verificarem na pessoa do representado, ou de requerer que o agente pratique o ato no seu próprio interesse, tendo o representante atuado no interesse do representado". Atenta a natureza de muitos ilícitos contraordenacionais, torna-se de difícil compreensão o preceito. Pense-se, por exemplo, no facto de o distribuidor de seguros não cumprir o dever de prestar determinadas informações aos seus clientes. Sendo o distribuidor a pessoa coletiva, como responsabilizar contraordenacionalmente o funcionário que representa a pessoa coletiva, quando o dever omitido não o vincula?

V. A invalidade e a ineficácia jurídicas dos atos em que se funde a relação entre o agente individual a pessoa coletiva não obstam à responsabilidade de nenhum deles, o que significa que se dá relevância à representação mesmo quando ela não é válida.

VI. Para além da responsabilidade contraordenacional, é possível verificar-se responsabilidade civil. Esta segue os termos gerais da responsabilidade disciplinada no Código Civil. Pode, portanto, desencadear-se uma pretensão indemnizatória contra o distribuidor, que seja uma pessoa singular ou coletiva. Mas pode também ser procedente uma pretensão indemnizatória contra o próprio segurador pelos atos dos distribuidor.

VII. Contratualmente, o segurador poderá ser responsabilizado por via do artigo 800º CC. Necessário é que o segurador esteja adstrito ao cumprimento de uma obrigação. O que o artigo 800º vem esclarecer, de facto, é que a imputação dos danos ao devedor não se perde pelo simples facto de ele ter utilizado um terceiro, seu auxiliar, no cumprimento da sua obrigação. A eventual responsabilidade contratual do segurador por atos do mediador fica, deste modo, dependente da existência de uma prévia obrigação cujo cumprimento seja remetido para a atuação do terceiro, que se integra assim na esfera de influência do devedor primário. Várias são as hipóteses em que tal pode ocorrer. Desde logo, tenha-se em conta a possibilidade de o mediador ser chamado a cumprir determinados deveres no âmbito da execução de um contrato, como por exemplo, quando ocorre um sinistro. Mas pense-se, também, porque não é espúria a possibilidade de se integrar no âmbito de relevância do artigo 800º CC o incumprimento de deveres prévios à celebração do contrato, desencadeadores de responsabilidade pré-contratual, na hipótese de o mediador, atuando por conta do segurador, violar determinados deveres de informação e aconselhamento pré-contratual. Fundamental é que estes deveres onerem, em primeira linha, o segurador e que o mediador seja visto como um auxiliar deste – ainda que independente – na celebração do contrato.

VIII. Pode, ainda, haver responsabilidade do segurador nos termos do artigo 500º CC? Para tanto, seria necessário que houvesse violação de direitos absolutos ou de disposições legais de proteção de interesses alheios. Necessário, mas não bastante. O artigo 500º/1 CC prevê que "aquele que encarrega outrem de qualquer comissão responde, independentemente de culpa, pelos danos que o comissário causar, desde que sobre este recaia também a obrigação de indemnizar", restringindo o nº 2 do citado preceito a responsabilidade para as situações em que "o facto danoso for praticado pelo comissário, ainda que intencionalmente ou contra as instruções daquele, no exercício da função que lhe foi confiada". Fundamental para que o comitente responda é que a responsabilidade recaia em primeira linha sobre o comissário e que os danos tenham sido causados no exercício das funções que lhe foram confiadas. Como pressuposto básico da obrigação de indemnizar está, portanto, a relação de comissão. Tal relação de comissão, na aceção dominante na doutrina e jurisprudência pátrias (cfr., *inter alia*, Carneiro da FRADA, "A responsabilidade objetiva por facto de outrem face à distinção entre responsabilidade obrigacional e aquiliana", *Direito e Justiça*, vol. XII, tomo I, 1998, 307 s. Em sentido diverso, cf. Menezes CORDEIRO, *Tratado de Direito Civil Português*, II, *Direito das Obrigações*, tomo III, Almedina, Coimbra, 2010, 601 s.), implica uma relação de dependência ou subordinação, com o comitente a dar ordens ou instruções ao comissário. Ora, embora o agente se deva conformar com as orientações recebidas e se deva adequar à política da empresa (cfr. Pinto MONTEIRO, *O contrato de agência*, 50), a autonomia é uma das notas conformadoras do contrato de agência. Assim sendo, tanto quanto consideramos que os mediadores de seguros são agentes no sentido próprio do termo, torna-se difícil divisar a relação de comissão que nos permitiria estabelecer as bases da imputação. Repare-se, aliás, que se excluem do conceito de mediador os empregados das empresas de seguros. No tocante aos corretores, não sendo agentes em sentido próprio, a independência com que atuam impede, em regra, a conformação da relação de que se cura como uma relação de comissão, decaindo também em relação a eles a possibilidade de se responsabilizar, *ex via* artigo 500º CC, o segurador.

ARTIGO 105º – Responsabilidade das pessoas singulares

1 – A responsabilidade da pessoa coletiva e entidades equiparadas não exclui a responsabilidade individual das pessoas singulares indicadas no nº 1 do artigo anterior.

2 – Não obsta à responsabilidade dos agentes individuais que representem outrem a circunstância de a ilicitude ou o grau de ilicitude depender de certas qualidades ou relações especiais do agente e estas só se verificarem na pessoa do representado, ou de requerer que o agente pratique o ato no seu próprio interesse, tendo o representante atuado no interesse do representado.

3 – As pessoas singulares que sejam membros de órgãos de administração, de direção ou de fiscalização da pessoa coletiva incorrem na sanção prevista para o autor, especialmente atenuada, quando, conhecendo ou devendo conhecer a prática da contraordenação, não adotem as medidas adequadas para lhe pôr termo, a não ser que sanção mais grave lhe caiba por força de outra disposição legal.

ANOTAÇÃO (*Mafalda Miranda Barbosa*)

I. A responsabilidade da pessoa coletiva não exclui a responsabilidade individual das pessoas que ajam em nome dela e no seu interesse. Em regra, estas só poderiam ser responsabilizadas se o ilícito contraordenacional as integrasse no seu âmbito de relevância subjetivo, isto é, haverá que saber sobre quem recaía o dever de agir num determinado sentido ou não. Contudo, o artigo 105º/2 determina que "não obsta à responsabilidade dos agentes individuais que representem outrem a circunstância de a ilicitude ou o grau de ilicitude depender de certas qualidades ou relações especiais do agente e estas só se verificarem na pessoa do representado, ou de requerer que o agente pratique o ato no seu próprio interesse, tendo o representante atuado no interesse do representado". Atenta a natureza de muitos ilícitos contraordenacionais, torna-se de difícil compreensão o preceito. Pense-se, por exemplo, no facto de o distribuidor de seguros não cumprir o dever de prestar determinadas informações aos seus clientes. Sendo o distribuidor a pessoa coletiva, como responsabilizar contraordenacionalmente o funcionário que representa a pessoa coletiva, quando o dever omitido não o vincula?

II. Já é compreensível a solução dispensada pelo número 3 do preceito. As pessoas singulares que sejam membros de órgãos de administração, de direção ou de fiscalização da pessoa coletiva incorrem na sanção prevista para o autor, especialmente atenuada, quando, conhecendo ou devendo conhecer a prática da contraordenação, não adotem as medidas adequadas para lhe pôr termo, a não ser que sanção mais grave lhe caiba por força de outra disposição legal. A ratio encontra-se na especial relação que mantêm com a pessoa coletiva que as leva a poder conformar a sua vontade e a sua atuação.

ARTIGO 106º - Graduação da sanção

1 - A medida da coima e as sanções acessórias aplicáveis são determinadas em função da gravidade da infração, da culpa, da situação económica do agente, da sua conduta anterior e das exigências de prevenção.

2 - A gravidade da infração cometida pelas pessoas coletivas é avaliada, designadamente, pelas seguintes circunstâncias:

a) Perigo criado ou dano causado às condições de atuação no mercado segurador ou ressegurador, à economia nacional ou, em especial, aos contratantes ou beneficiários dos produtos comercializados;

b) Caráter ocasional ou reiterado da infração;

c) Atos de ocultação, na medida em que dificultem a descoberta da infração ou a adequação e eficácia das sanções aplicáveis;

d) Atos da pessoa coletiva destinados a, por sua iniciativa, reparar os danos ou obviar aos perigos causados pela infração;

e) Atos da pessoa coletiva destinados a evitar a repetição da infração.

3 - Para os agentes individuais, além das circunstâncias correspondentes às enumeradas no número anterior, atende-se ainda, designadamente, às seguintes:

a) Nível de responsabilidade e esfera de ação na pessoa coletiva em causa que implique um dever especial de não cometer a infração;

b) Benefício, ou intenção de o obter, do próprio, do cônjuge, de parente ou de afim até ao terceiro grau, direto ou por intermédio de empresas em que, direta ou indiretamente, detenham uma participação.

4 - A atenuação decorrente da reparação do dano ou da redução do perigo, quando realizadas pela pessoa coletiva, comunica-se a todos os agentes individuais, ainda que não tenham pessoalmente contribuído para elas.

5 - A coima deve, sempre que possível, exceder o benefício económico que o agente ou a pessoa que fosse seu propósito beneficiar tenham retirado da prática da infração.

6 - Se o dobro do benefício económico obtido pelo infrator for determinável e exceder o limite máximo da coima aplicável, este é elevado àquele valor, sem prejuízo do disposto na alínea *a*) do nº 1 do artigo 116º

ARTIGO 107º - Reincidência

1 - É punido como reincidente quem praticar contraordenação prevista no presente regime depois de ter sido condenado por decisão definitiva ou tran-

sitada em julgado pela prática anterior de contraordenação nele igualmente prevista, desde que não se tenham completado cinco anos sobre essa sua prática.

2 – Em caso de reincidência, os limites mínimo e máximo da coima aplicável são elevados em um terço.

ARTIGO 108º – Cumprimento do dever omitido

1 – Sempre que a contraordenação resulte de omissão de um dever, a aplicação das sanções e o pagamento da coima não dispensam o infrator do seu cumprimento, se este ainda for possível.

2 – No caso previsto no número anterior, a ASF ou o tribunal podem ordenar ao infrator que cumpra o dever omitido, dentro do prazo que lhe for fixado.

3 – Se o infrator não adotar no prazo fixado as providências legalmente exigidas, incorre na sanção prevista para as contraordenações muito graves.

ANOTAÇÃO CONJUNTA (*Filipe Albuquerque Matos* e *Irene Girão*)

Neste preceito, o legislador debruçou-se especificamente sobre ilícitos que se consubstanciam em omissões e em conformidade com a respetiva epígrafe – cumprimento do dever omitido – proclama a propósito de um tal universo a regra da prioridade do cumprimento.

Conquanto seja possível a adoção pelos distribuidores de seguros de comportamentos cuja omissão determinou o ilícito, o legislador considerou como prioritário o cumprimento, não obstante o infrator tenha procedido ao pagamento de coimas ou lhe tenham sido aplicadas outras sanções: "(...) a aplicação das sanções e o pagamento da coima não dispensam o infrator do seu cumprimento, se este ainda for possível." (art. 108º, nº 1).

Importa assim sublinhar que esta disposição legislativa representa uma manifestação da regra civilística do primado do cumprimento, porquanto o interesse público atingido com as omissões dos distribuidores, quer nas relações com a ASF, quer nos contratos com os tomadores, resulta tutelado com a aplicação de coimas e de outras sanções de natureza administrativa. Porém, e com vista a intensificar a tutela dos tomadores nas suas relações com os mediadores de seguros, de resseguros ou de seguros a título acessório, considera-se fundamental a adoção por parte destes do comportamento devido, podendo nesta sede convocar-se, com as devidas adaptações, as exigências do tradicional instituto da mora.

Na verdade, desde que ainda seja possível a realização do comportamento devido pelo infrator, presume-se o interesse da contraparte (o tomador) na respetiva adoção.

Com vista a conseguir alcançar a realização do comportamento devido pelo infrator, a ASF ou o tribunal (consoante o tipo de procedimento administrativo ou judicial em curso) têm a prerrogativa de ordenar ao infrator o cumprimento, fixando-lhe para tal um prazo. No fundo, a ASF ou o tribunal, através da fixação deste prazo, atribuem ao infrator uma derradeira oportunidade em cumprir. Socorrendo-nos aqui dos contributos do instituto da mora e convocando nesta sede o disposto no nº 2 do art. 808º, a fixação desse prazo derradeiro para o cumprimento do ato devido equivale a uma espécie de interpelação admonitória.

No nº 3 do art. 108º definem-se as sanções previstas para a falta de adoção do cumprimento do dever omitido, caso o infrator não adote as providências legalmente exigidas dentro do prazo final e essencial a que se reporta o nº 2 deste preceito. O legislador faz desencadear nestas situações sanções particularmente severas: as correspondentes às contraordenações muito graves e que constam do art. 114º, nº 1. Fazendo, mais uma vez, apelo a um discurso tributário do direito civil, sempre se poderá dizer, com as devidas adaptações, que em tais hipóteses o decurso do prazo essencial sem a realização do comportamento devido acaba por converter a mora em incumprimento definitivo.

ARTIGO 109º – Concurso de infracções

1 – Salvo o disposto no número seguinte, se o mesmo facto constituir simultaneamente crime e contraordenação, são os arguidos responsabilizados por ambas as infrações, instaurando-se, para o efeito, processos distintos a decidir pelas autoridades competentes.

2 – Sem prejuízo da responsabilidade por ambas as infrações, há lugar apenas ao procedimento criminal, quando o crime e a contraordenação tenham sido praticadas pelo mesmo arguido, através de um mesmo facto, violando interesses jurídicos idênticos, podendo o juiz penal aplicar as sanções, incluindo as acessórias, previstas para a contraordenação em causa.

3 – Nos casos previstos no número anterior, deve a ASF ser notificada da decisão que ponha fim ao processo.

4 – A ASF pode constituir-se assistente nos casos previstos no nº 2, nos termos previstos no nº 2 do artigo 5º do regime processual aplicável aos crimes do setor segurador dos fundos de pensões e às contraordenações cujo proces-

samento compete à ASF, constante do anexo II da Lei nº 147/2015, de 9 de setembro.

ARTIGO 110º – Prescrição

1 – O procedimento pelas contraordenações previstas no presente regime prescreve em cinco anos contados nos termos previstos no artigo 119º do Código Penal.

2 – Porém, nos casos em que tenha havido ocultação dos factos que são objeto do processo de contraordenação, o prazo de prescrição só corre a partir do conhecimento, por parte da ASF, desses factos.

3 – Sem prejuízo de outras causas de suspensão ou de interrupção da prescrição, a prescrição do procedimento por contraordenação suspende-se a partir da notificação do despacho que procede ao exame preliminar do recurso da decisão que aplique sanção até à notificação da decisão final do recurso.

4 – Quando se trate de contraordenação simples, a suspensão prevista no número anterior não pode ultrapassar 30 meses.

5 – Quando se trate de contraordenações graves ou muito graves, a suspensão prevista no nº 3 não pode ultrapassar os cinco anos.

6 – O prazo referido nos nºs 4 e 5 é elevado para o dobro se tiver havido recurso para o Tribunal Constitucional.

7 – O prazo de prescrição das coimas e sanções acessórias é de cinco anos a contar do dia em que a decisão administrativa se tornar definitiva ou do dia em que a decisão judicial transitar em julgado.

ARTIGO 111º – Processo e impugnação judicial

1 – O processamento das contraordenações e a aplicação das coimas e sanções acessórias previstas no presente capítulo competem à ASF, sendo aplicável o regime processual especial constante do anexo II da Lei nº 147/2015, de 9 de setembro.

2 – À impugnação judicial das decisões da ASF relativamente às contraordenações previstas e puníveis nos termos do presente capítulo é aplicável o regime processual especial constante do anexo II da Lei nº 147/2015, de 9 de setembro.

ANOTAÇÃO (*Ana Raquel Gonçalves Moniz*)

1. O artigo 111º encerra uma remissão para o *Regime processual aplicável aos crimes especiais do setor segurador e dos fundos de pensões e às contraordenações cujo processamento compete à Autoridade de Supervisão de Seguros e Fundos de Pensões*, aprovado pela Lei nº 147/2015, de 9 de setembro (cf. artigo 3º e anexo II). Estão aqui compreendidas duas tramitações diferenciadas: por um lado, o procedimento tendente à prática do ato administrativo sancionatório pela ASF (cf. artigos 7º e seguintes); por outro lado, a ação de impugnação desse ato administrativo junto dos tribunais (cf. artigos 28º e seguintes).

2. O procedimento previsto nos artigos 7º e seguintes do *Regime processual* encerra as especificidades consonantes com a sua natureza sancionatória. O legislador apresenta, pois, uma preocupação especial com a disciplina normativa relacionada com as averiguações e a instrução, assim como com as garantias de defesa do particular. Destarte, e quanto ao primeiro tema, cumpre registar a panóplia de poderes instrutórios referidos no artigo 8º e a possibilidade de, para a realização de tais diligências, a ASF obter a colaboração de outras entidades, designadamente das autoridades policiais (cf. artigo 10º). No que tange ao segundo ponto, e sem prejuízo da subordinação do processo ao segredo de justiça (cf. artigo 12º, nº 1), permite-se que, a partir da notificação para o exercício do direito de defesa, o arguido possa assistir aos atos processuais (por si ou, em certos casos, através do seu advogado) e consultar os autos, bem como obter cópias, extratos e certidões (cf. artigo 12º, nº 2), tendo ainda a faculdade de arrolar a prova (nomeadamente, testemunhal) que se revele essencial à descoberta da verdade (cf. artigo 14º, nºs 5 e 6). A circunstância de as infrações ao regime da atividade de distribuição de seguros porem em causa o mercado exige, a par destes dois cuidados, um terceiro, relacionado com o equilíbro entre a publicidade da decisão e a necessidade de salvaguarda do arguido: eis o motivo pelo qual, embora se preveja, como regra, a divulgação da decisão da ASF que condene o arguido pela prática de contraordenação, também se estabelece um conjunto de exceções (que passam por uma divulgação parcial ou mesmo pela ausência de qualquer divulgação), quando a infração seja relativamente leve ou não tenha lesado significativamente ou colocado em perigo os interesses dos tomadores dos seguros, segurados ou beneficiários dos contratos de seguros, ou ainda quando a divulgação faça perigar a estabilidade do sistema financeiro, comprometer a investigação criminal que, eventualmente, tenha lugar, ou causar danos concretos a pessoas ou entidades envolvidas, manifestamente desproporcionados em relação à gravidade dos factos imputados (cf. artigo 26º).

Importa ainda salientar que o *Regime processual* apresenta dois mecanismos que revelam uma das mais recentes tendências da regulação administrativa: referimo-nos à regulação responsiva, que aponta quer para a preferência por mecanismos de persuasão (em detrimento da aplicação de sanções), quer para a obtenção da cooperação do regulado na aplicação e na execução da sanção[25]. Corresponde a este tipo de modelo a previsão da possibilidade de, em alternativa à decisão condenatória, a ASF se limitar a advertir o agente de que o comportamento detetado é desconforme às normas aplicáveis, não devendo repetir-se, a que se poderá somar a advertência para que o agente sane a irregularidade em que incorreu (cf. artigo 11º). No mesmo sentido milita o artigo 15º, que contempla a hipótese em que a ASF pode, antes de deduzida a acusação, notificar o arguido da possibilidade de aplicação de uma admoestação ou uma coima de montante relativamente baixo, além da imposição da adoção de um determinado comportamento. Como logo se compreende, em ambas situações, e considerando a natureza da infração, a culpa do agente e (*in casu*) o seu impacto na atividade de distribuição de seguros, o legislador demonstra uma preferência por soluções que, atraindo o agente para o cumprimento da estratégia regulatória, revelem uma atitude do regulador que, na senda do equilíbrio entre persuasão e sanção, deve procurar, em primeira linha, demonstrar-se *fair* e cooperativo, atuando na base do diálogo e adotando uma justiça procedimental (*procedural justice*)[26], que visa, naturalmente, a satisfação do interesse público no quadro do direito, mas não perde de vista as preocupações dos operadores económicos e, com isso, ganha a respetiva aceitação e favorece o cumprimento das normas jurídicas.

3. Para a impugnação judicial das decisões da ASF em matéria de contraordenações é competente o Tribunal da Concorrência, Regulação e Supervisão [cf. artigo 29º do *Regime processual* aprovado pela Lei nº 147/2015, e artigo 112º, nº 1, alínea *e)*, da *Lei de Organização do Sistema Judiciário* (LOSJ)[27]]. Neste horizonte, o *Regime processual* prevê a intervenção da ASF em diversos momentos: numa fase inicial, devendo a impugnação da decisão condenatória ser deduzida junto da própria ASF, a quem caberá, em seguida, enviar a peça para o Ministério Público junto do Tribunal da Concor-

[25] Cf., por todos, Ayres/Braithwaite, *Responsive Regulation: Transcending the Deregulation Debate*, Oxford University Press, Oxford/New York, 1992. Cf. também Braithwaite, *Restorative Justice and Responsive Regulation*, Oxford University Press, Oxford, 2002. *V.* também as considerações que tecemos sobre este modelo em «A Crise », cit., *passim*.

[26] Tyler, *Why People Obey the Law*, Princeton University Press, Princeton, 2006, pp. 3 e ss., 104 e ss., 115 e ss.

[27] Lei nº 62/2013, de 26 de agosto, alterada pelas Leis nºs 40-A/2016, de 22 de dezembro, e 94/2017, de 23 de agosto, pela Lei Orgânica nº 4/2017, de 25 de agosto, pela Lei nº 23/2018, de 5 de junho, pelo Decreto-Lei nº 110/2018, de 10 de dezembro, e pela Lei nº 19/2019, de 19 de fevereiro.

rência, Regulação e Supervisão, juntando as alegações, informações ou demais elementos considerados relevantes para a correta decisão da causa (cf. artigo 28º); na fase de julgamento (quando exista), em que pode participar através de um representante (cf. artigo 31º); desde o momento da remessa dos autor até ao encerramento da audiência, participando no processo com o propósito de oferecer meios de prova (cf. artigo 28º, nº 3, segunda parte); na eventualidade de o Ministério Público pretender desistir da acusação, a qual depende sempre da concordância da ASF (cf. artigo 31º, nº 2).

Repare-se que, a *posteriori*, a competência para apreciar os recursos das decisões do Tribunal da Concorrência, Regulação e Supervisão encontra-se cometida à Relação e ao Supremo Tribunal de Justiça. Trata-se de extrair consequências da integração daquele tribunal na ordem jurisdicional comum ("tribunais judiciais").

SECÇÃO II
ILÍCITOS EM ESPECIAL

ARTIGO 112º – Contraordenações simples

Constitui contraordenação simples, punível com coima de 350 € a 30 000 € ou de 1000 € a 150 000 €, consoante seja aplicada a pessoa singular ou a pessoa coletiva:

***a*) O fornecimento de informações incompletas ou inexatas à ASF no âmbito deste regime e respetiva regulamentação;**

***b*) O incumprimento de dever de prestação ou de envio à ASF, nos termos e prazos fixados, da informação ou documentação determinada por lei ou por regulamentação, bem como da solicitada genericamente pela ASF;**

***c*) O incumprimento pelas empresas de seguros ou de resseguros de quaisquer dos deveres fixados no artigo 23º;**

***d*) O incumprimento por distribuidor de seguros ou de resseguros de qualquer dos deveres fixados nas alíneas *d*), *g*), *h*) e *i*) do nº 1 do artigo 24º;**

***e*) O incumprimento por mediador de seguros ou de resseguros do dever de publicar os documentos de prestação de contas, nos termos da alínea *v*) do nº 1 do artigo 24º;**

***f*) O incumprimento por distribuidor de seguros ou de resseguros do dever de atuar com lealdade, ao abrigo da alínea *e*) do artigo 29º ou da alínea *c*) do nº 1 do artigo 37º;**

g) O incumprimento por distribuidor de seguros ou de resseguros do dever de entregar, mediante solicitação do cliente, uma cópia em papel das informações prestadas por suporte duradouro diferente do papel ou através de sítio na Internet ou a cobrança de qualquer tipo de custo por esse serviço, nos termos do nº 5 do artigo 32º;

h) O incumprimento por mediador de seguros, resseguros ou seguros a título acessório do dever de devolver o certificado de registo em caso de alteração, suspensão ou cancelamento da inscrição, ao abrigo da alínea *f*) do nº 1 do artigo 34º;

i) O incumprimento por corretor de seguros do dever de garantir a dispersão de carteira de seguros, nos termos da alínea *b*) do artigo 35º;

j) O incumprimento por corretor de seguros ou mediador de resseguros do dever de designar um revisor oficial de contas para proceder à revisão legal das contas, nos termos da subalínea *i*) da alínea *e*) do artigo 35º;

k) O incumprimento por corretor de seguros ou mediador de resseguros do dever de enviar à ASF os elementos mencionados na subalínea *ii*) da alínea *e*) do artigo 35º;

l) O incumprimento por empresa de seguros do dever de dispor de um documento aprovado pelo órgão de administração no qual se descreva, de forma detalhada, o programa de formação a cumprir pelos agentes de seguros e mediadores de seguros a título acessório ao seu serviço, nos termos da alínea *e*) do nº 1 do artigo 37º;

m) O incumprimento por empresa de seguros do dever de divulgar a respetiva política de tratamento e função responsável pela gestão de reclamações junto dos agentes de seguros e mediadores de seguros a título acessório ao seu serviço, nos termos da alínea *f*) do nº 1 do artigo 37º;

n) O incumprimento por empresa de seguros ou de resseguros do dever de comunicar de imediato à ASF qualquer facto que tenha chegado ao seu conhecimento e que possa determinar a suspensão ou o cancelamento do registo de mediador de seguros ou de mediador de seguros a título acessório, nos termos da alínea *g*) do nº 1 do artigo 37º;

o) O incumprimento por empresa de seguros ou de resseguros do dever previsto na alínea *a*) do nº 2 do artigo 37º;

p) O incumprimento por empresa de seguros ou de resseguros do dever de aprovar, aplicar e rever periodicamente as políticas e os procedimentos mencionados no nº 4 do artigo 37º, bem como do dever de manter registos atualizados dos documentos pertinentes relativos ao cumprimento dessas políticas, nos termos do nº 5 do mesmo artigo;

q) O incumprimento ou o cumprimento deficiente de dever de informação ou esclarecimento para com os clientes consagrado no presente regime e não tipificado como contraordenação grave ou muito grave;

r) A violação dos demais preceitos imperativos deste diploma ou de regulamentação emitida em seu cumprimento e para sua execução, bem como de legislação da União Europeia emitida neste âmbito, que não seja considerada contraordenação grave ou muito grave.

ARTIGO 113º – Contraordenações graves

Sem prejuízo do disposto no artigo seguinte, constitui contraordenação grave, punível com coima de 1000 € a 500 000 € ou de 3000 € a 2 500 000 €, consoante seja aplicada a pessoa singular ou a pessoa coletiva:

a) O exercício da atividade de distribuição de seguros ou de resseguros em ramo ou ramos em que o mediador de seguros, de resseguros ou de seguros a título acessório não esteja autorizado a exercer;

b) A utilização por empresa de seguros ou de resseguros ou por mediador de seguros ou de resseguros de serviços de distribuição de seguros ou de resseguros em desrespeito do âmbito de atividade que o mediador de seguros, de resseguros ou de seguros a título acessório esteja autorizado a exercer;

c) A omissão de entrega de documentação ou de prestação de informações requeridas pela ASF para o caso individualmente considerado;

d) O exercício da atividade de distribuição de seguros ou de resseguros por mediador de seguros, resseguros ou de seguros a título acessório que incorra numa das situações de incompatibilidade referidas no artigo 15º;

e) O incumprimento superveniente por mediador de seguros, de resseguros ou de seguros a título acessório do dever de manutenção dos seguros e garantias bancárias legalmente exigidos para o exercício da atividade de distribuição de seguros ou de resseguros;

f) O exercício por corretor de seguros de atividades que não integrem o seu objeto social;

g) O incumprimento por mediador de seguros, de resseguros ou de seguros a título acessório de qualquer dos deveres referidos nas alíneas *a*), *b*), *e*), *f*) e *j*) do nº 1 do artigo 24º ou nas alíneas *a*), *b*) e *f*) do artigo 29º e respetiva regulamentação;

h) Incumprimento por mediador de seguros ou de resseguros dos deveres relativos ao cumprimento dos requisitos de formação e aperfeiçoamento profissional contínuo, previstos nas alíneas *k*) e *l*) do nº 1 do artigo 24º;

i) O incumprimento por mediador de seguros dos deveres relativos a uma política de conceção e aprovação de produtos de seguros, nos termos da alínea *m*) do nº 1 do artigo 24º;

j) Incumprimento por distribuidor de seguros do dever de definir uma política de distribuição de produtos de seguros, nos termos da alínea *n*) do nº 1 do artigo 24º e da alínea *e*) do nº 2 do artigo 37º e respetiva regulamentação;

k) O incumprimento por mediador de seguros ou empresa de seguros do dever de assegurar o disposto nas subalíneas *ii*) a *vii*) da alínea *p*) do nº 1 do artigo 24º, quando utilizem serviços de pessoas abrangidas pela exclusão prevista no nº 2 do artigo 2º;

l) O distribuidor de seguros remunerar, ser remunerado ou avaliar o desempenho dos seus trabalhadores e colaboradores de um modo que colida com o dever de agir de acordo com os melhores interesses dos clientes, nos termos da alínea *q*) do nº 1 do artigo 24º;

m) O incumprimento por distribuidor de seguros dos deveres em matéria de vendas associadas previstos no artigo 26º, nos termos da alínea *r*) do nº 1 do artigo 24º;

n) O incumprimento por mediador de seguros ou de seguros a título acessório dos deveres em matéria de publicidade previstos no artigo 27º, nos termos da alínea *s*) do nº 1 do artigo 24º;

o) O incumprimento por mediador de seguros, resseguros ou de seguros a título acessório do dever de dispor de uma política de tratamento, cujos princípios de funcionamento estejam consignados em documento escrito, que garanta o tratamento equitativo dos clientes, bem como o tratamento adequado dos seus dados pessoais e das suas reclamações, nos termos da alínea *t*) do nº 1 do artigo 24º e respetiva regulamentação;

p) O incumprimento por mediador de seguros, resseguros ou de seguros a título acessório do dever de instituir uma função responsável pela gestão de reclamações, nos termos da alínea *u*) do nº 1 do artigo 24º e respetiva regulamentação;

q) O incumprimento por mediador de seguros, resseguros ou de seguros a título acessório do dever previsto na alínea *c*) do artigo 29º, quando esse incumprimento prejudique o cliente;

r) O incumprimento por distribuidor de seguros do dever de atuar em conformidade com os melhores interesses dos clientes, de forma honesta, correta e profissional, nos termos da alínea *a*) do nº 1 do artigo 30º;

s) O incumprimento por distribuidor de seguros do dever de informar os clientes dos direitos e deveres que decorrem da celebração de contratos de seguros, nos termos da alínea *b*) do nº 1 do artigo 30º;

t) O incumprimento por distribuidor de seguros do dever de informar os clientes nos termos da alínea *c*) do nº 1 do artigo 30º;

u) A prática por distribuidor de seguros de quaisquer atos relacionados com um contrato de seguro sem informar previamente o respetivo tomador do seguro e obter a sua concordância, nos termos da alínea *d*) do nº 1 do artigo 30º;

v) O incumprimento por mediador de seguros ou de seguros a título acessório do dever de transmitir à empresa de seguros, em tempo útil, todas as informações no âmbito do contrato de seguro que o tomador do seguro solicite, nos termos da alínea *e*) do nº 1 do artigo 30º;

w) O incumprimento por distribuidor de seguros do dever de prestar ao tomador do seguro todos os esclarecimentos relativos ao contrato de seguro previamente à sua celebração, durante a sua execução e durante a pendência dos conflitos dele derivados, nos termos da alínea *f*) do nº 1 do artigo 30º;

x) O incumprimento por mediador de seguros ou de seguros a título acessório do dever de não fazer uso de outra profissão ou cargo que exerça para condicionar a liberdade negocial do cliente, nos termos da alínea *g*) do nº 1 do artigo 30º;

y) O incumprimento por distribuidor de seguros de qualquer dos deveres referidos nas alíneas *a*) e *b*) do nº 1 do artigo 31º;

z) O incumprimento por mediador de seguros de qualquer dos deveres referidos nas alíneas *c*), *d*), *i*), *j*) e *k*) do nº 1 do artigo 31º;

aa) O incumprimento por mediador de seguros ou de seguros a título acessório de qualquer dos deveres referidos nas alíneas *e*), *f*), *g*), *h*), *l*) e *m*) do nº 1 do artigo 31º;

bb) O incumprimento pelos mediadores de seguros do dever de indicar ao cliente o previsto nos nºs 2 e 3 do artigo 31º;

cc) O incumprimento pelos mediadores de seguros do previsto no nº 4 do artigo 31º, quando indiquem ao cliente que prestam aconselhamento, ou do previsto no nº 5 do artigo 31º, quando indiquem ao cliente que baseiam o seu aconselhamento numa análise imparcial e pessoal;

dd) O incumprimento pelos distribuidores de seguros do dever de especificar as exigências e necessidades do cliente e as razões que nortearam o aconselhamento prestado quanto a um determinado produto, nos termos do nº 6 do artigo 31º;

ee) O incumprimento pelos distribuidores de seguros do dever de comunicar ao cliente qualquer alteração às informações prestadas ao abrigo do nº 1 do artigo 31º, nos termos do nº 8 do artigo 31º;

ff) O incumprimento pelos distribuidores de seguros do dever de comunicar aos clientes as informações nos termos previstos nas alíneas *b*), *c*) e *d*) do nº 1 do artigo 32º;

gg) A prestação de informação ao cliente pelos distribuidores de seguros em suporte duradouro diferente do papel sem que estejam preenchidas as condições mencionadas no nº 2 do artigo 32º;

hh) A prestação de informação ao cliente pelos distribuidores de seguros através de um sítio na Internet sem que estejam preenchidas as condições mencionadas no nº 3 do artigo 32º;

ii) O incumprimento pelos distribuidores de seguros do dever de entrega ao cliente antes da celebração do contrato do documento normalizado de informação sobre produtos de seguros, nos termos do nº 1 do artigo 33º;

jj) A não elaboração ou a elaboração pelo produtor de um documento normalizado de informação sobre produtos de seguros não conforme com as características e informações mencionadas, respetivamente, nos nºs 2 a 4 do artigo 33º;

kk) O incumprimento pelos distribuidores de seguros ou de resseguros do dever de informar a ASF de todas as alterações a informações anteriormente prestadas em cumprimento de disposições legais ou regulamentares, ao abrigo da alínea *b*) do nº 1 do artigo 34º;

ll) O incumprimento pelos mediadores de seguros, resseguros ou seguros a título acessório do dever de informar a ASF de todas as alterações a circunstâncias relevantes para o preenchimento das condições de acesso, ao abrigo da alínea *c*) do nº 1 do artigo 34º;

mm) O incumprimento pelos distribuidores de seguros ou de resseguros do dever de informar a ASF da alteração dos membros do órgão de administração responsáveis pela atividade de distribuição, ao abrigo da alínea *d*) do nº 1 do artigo 34º;

nn) O incumprimento pelos distribuidores de seguros ou de resseguros do dever de reportar anualmente à ASF a listagem das pessoas diretamente envolvidas na atividade de distribuição, ao abrigo da alínea *e*) do nº 1 do artigo 34º;

oo) O incumprimento por corretor de seguros do dever de sugerir ao cliente medidas adequadas à prevenção e redução do risco, nos termos da alínea *a*) do artigo 35º;

pp) O incumprimento pelo corretor de seguros do dever de basear a sua atividade de distribuição de produtos de seguros na análise de um número suficientemente elevado e diversificado de contratos, nos termos da alínea *c*) do artigo 35º;

qq) O incumprimento pelo corretor de seguros do dever de efetuar aconselhamento com base numa análise imparcial e pessoal quando indiquem ao cliente que prestam aconselhamento, nos termos da alínea *d*) do artigo 35º;

rr) A não prestação de informação ao cliente pela empresa de seguros sobre o montante concreto da remuneração que o distribuidor de seguros recebe pela prestação do serviço de distribuição, sempre que tal seja solicitado por aquele, ao abrigo da alínea *d*) do nº 1 do artigo 37º;

ss) O incumprimento por mediador de seguros ou de resseguros ou pela empresa de seguros ou de resseguros do dever de comunicar anualmente à ASF a identificação dos distribuidores que distribuam os respetivos produtos de seguros, bem como as remunerações pagas pela prestação de serviços de distribuição, nos termos, respetivamente, da alínea *g*) do artigo 34º e da alínea *h*) do nº 1 do artigo 37º;

tt) O incumprimento pela empresa de seguros ou de resseguros do dever de assegurar que as pessoas diretamente envolvidas na atividade de distribuição de seguros ou de resseguros cumprem os requisitos de qualificação adequada, mantém um nível adequado de desempenho mediante o cumprimento dos requisitos de formação e aperfeiçoamento profissional contínuo e cumprem os requisitos de idoneidade, nos termos previstos, respetivamente, nas subalíneas *i*), *ii*) e *iii*) da alínea *b*) do nº 2 do artigo 37º;

uu) O incumprimento pela empresa de seguros do dever de comunicar ao cliente, com a devida antecedência em relação à celebração de um contrato de seguro, a natureza da remuneração recebida pelos seus trabalhadores no respeitante ao contrato de seguro, nos termos da alínea *c*) do nº 2 do artigo 37º;

vv) O incumprimento pela empresa de seguros do dever de comunicar ao cliente, após a celebração do contrato de seguro, a natureza da remuneração recebida pelos seus trabalhadores no respeitante a cada um dos pagamentos ao abrigo desse contrato distintos dos prémios regulares e dos pagamentos calendarizados, nos termos da alínea *d*) do nº 2 do artigo 37º;

ww) O incumprimento pelas empresas de seguros do dever de informar os clientes da respetiva política de tratamento e da função responsável pela gestão de reclamações, bem como dos procedimentos previstos no artigo 76º e dos procedimentos extrajudiciais de reclamação e recurso referidos no artigo 52º, nos termos da alínea *f*) do nº 2 do artigo 37º;

xx) O recurso por agente de seguros a outro mediador de seguros ou mediador de seguros a título acessório para a distribuição de produtos de seguro sem autorização da empresa de seguros para o efeito ou o recurso por mediador de seguros a outro mediador de seguros ou mediador de seguros a título acessório sem a prévia celebração de um contrato escrito que regule a intervenção de ambos nos referidos contratos, nos termos, respetivamente, dos nºs 1 e 3 do artigo 47º;

yy) O recurso por mediador de seguros a título acessório a qualquer outro mediador de seguros ou mediador de seguros a título acessório para a distribuição de produtos de seguros junto do cliente, nos termos do nº 2 do artigo 47º;

zz) A contabilização de um contrato de seguro na carteira de um mediador de seguros ou de um mediador de seguros a título acessório em violação do disposto no nº 5 do artigo 47º;

aaa) A limitação, por qualquer via, do direito do cliente de escolher livremente o mediador de seguros ou de seguros a título acessório para os seus contratos;

bbb) O incumprimento pelas empresas de seguros do procedimento relativo à recusa ou aceitação do mediador de seguros ou de seguros a título acessório, previsto nos nºs 5 e 6 do artigo 48º;

ccc) A cessação de funções de mediador de seguros em data diversa da estipulada no nº 1 do artigo 49º, sem que haja acordo para esse efeito nos termos do nº 2 do mesmo artigo;

ddd) O incumprimento por mediador de seguros ou mediador de seguros a título acessório dos deveres de comunicação às empresas de seguros previstos nos nºs 1 e 3 do artigo 49º;

eee) O recebimento por agente de seguros ou por mediador de seguros a título acessório de prémios fora dos casos legalmente previstos;

fff) O incumprimento pelo mediador de seguros ou mediador de seguros a título acessório autorizado a movimentar fundos relativos ao contrato de seguro das regras relativas à conta «clientes», nos termos dos nºs 5 e 6 do artigo 51º;

ggg) O incumprimento pelos distribuidores de seguros de qualquer das obrigações estabelecidas no procedimento de transmissão de carteiras de seguros, nos termos dos artigos 53º e 54º;

hhh) O incumprimento pelas empresas de seguros do dever de comunicar no prazo previsto ao tomador do seguro a passagem dos contratos a diretos e de os informar que mantém o direito de escolher e nomear mediador de seguros ou de seguros a título acessório para os seus contratos, nos termos previstos no nº 1 do artigo 55º e no nº 1 do artigo 67º;

iii) O incumprimento pelas empresas de seguros do dever de atribuir ao mediador de seguros ou mediador de seguros a título acessório a indemnização de clientela que lhe seja legalmente devida;

jjj) A não comunicação à ASF ou a comunicação fora do prazo previsto por mediador de seguros, resseguros ou mediador de seguros a título acessório das alterações a elementos relevantes para aferição das condições de acesso à atividade, nos termos previstos no nº 1 do artigo 60º;

kkk) O incumprimento por corretor de seguros ou mediador de resseguros das obrigações em matéria de participações qualificadas, nos termos previstos no nº 1 do artigo 63º;

lll) O desrespeito por corretor de seguros ou mediador de resseguros pela inibição do exercício de direitos de voto;

mmm) O impedimento ou a obstrução ao exercício da supervisão pela ASF, designadamente por incumprimento, nos prazos fixados, das instruções ditadas no caso individual considerado, para cumprimento da lei e respetiva regulamentação;

nnn) A violação pelo distribuidor de seguros das garantias previstas no nº 5 do artigo 71º;

ooo) O incumprimento por mediador de seguros, de resseguros ou de seguros a título acessório dos deveres de notificação à ASF previstos no nº 1 do artigo 92º e no artigo 98º;

ppp) O exercício da atividade de distribuição de seguros em desrespeito das características da categoria de mediador de seguros em que se encontre inscrito;

qqq) O exercício da atividade de distribuição de seguros em desrespeito das características previstas na lei para os mediadores de seguros a título acessório;

rrr) A divulgação de dados falsos ou incorretos relativamente a empresas de seguros, mediadores de seguros, de seguros a título acessório ou tomadores de seguros;

sss) A utilização de interpostas pessoas com a finalidade de atingir um resultado cuja obtenção direta implicaria a prática de contraordenação simples ou grave.

ARTIGO 114º – Contraordenações muito graves

1 – Constitui contraordenação muito grave, punível com coima de 3000 € a 1 000 000 € ou de 6000 € a 5 000 000 €, consoante seja aplicada a pessoa singular ou coletiva:

a) O exercício da atividade de distribuição de seguros ou de resseguros no território português por pessoa que não esteja registada ou autorizada para esse efeito, nem se encontre abrangida pela exclusão referida no nº 2 do artigo 2º;

b) A utilização por empresa de seguros ou de resseguros ou por mediador de seguros ou resseguros de serviços de distribuição de seguros ou de resseguros de pessoa que não esteja registada ou autorizada para esse efeito, nem se encontre abrangida pela exclusão referida no nº 2 do artigo 2º;

c) O incumprimento pelo agente de seguros ou mediador de seguros a título acessório do dever de celebrar um contrato escrito com as empresas de seguro que representem;

d) O incumprimento pelas empresas de seguros ou mediadores de seguros do dever de prestar ao cliente todas as informações adequadas em relação ao produto de investimento com base em seguros, nos termos dos nºs 1 a 3 do artigo 40º;

e) O incumprimento pelas empresas de seguros ou mediadores de seguros do dever de disponibilizar ao cliente relatórios periódicos sobre os serviços prestados, nos termos do nº 4 do artigo 40º;

f) O incumprimento pelas empresas de seguros ou mediadores de seguros do dever de recomendar ao cliente ou potencial cliente o produto de investimento com base em seguros mais adequados às preferências, objetivos e outras características do cliente ou potencial cliente, nos termos dos nºs 1 e 2 do artigo 41º;

g) O incumprimento pelas empresas de seguros ou mediadores de seguros do dever de entregar ao cliente uma declaração de adequação, nos termos dos nºs 3 e 4 do artigo 41º;

h) O incumprimento pelas empresas de seguros ou mediadores de seguros do dever de avaliar a adequação global dos produtos, nos termos do nº 5 do artigo 41º;

i) O incumprimento pelas empresas de seguros ou mediadores de seguros do dever de verificar se um produto de investimento com base em seguros é apropriado ao cliente ou potencial cliente, nos termos do nº 1 do artigo 42º;

j) O incumprimento pelas empresas de seguros ou mediadores de seguros do dever de avaliar o caráter apropriado global dos produtos, nos termos do nº 2 do artigo 42º;

k) O incumprimento pelas empresas de seguros ou mediadores de seguros dos deveres de advertir os clientes ou potenciais clientes previstos nos nºs 3 e 4 do artigo 42º;

l) O incumprimento pelas empresas de seguros ou mediadores de seguros do dever de adotar políticas de prevenção, comunicação e sanação de conflitos de interesses, nos termos dos nºs 1 a 3 do artigo 43º;

m) O incumprimento pelas empresas de seguros ou mediadores de seguros do dever de informar o cliente da natureza e fonte do conflito de interesses identificado, nos termos dos nºs 4 e 5 do artigo 43º;

n) O pagamento ou recebimento pelas empresas de seguros ou mediadores de seguros de honorários ou comissões, benefícios pecuniários ou não pecuniários a terceiros ou por parte de terceiros fora dos casos previstos nas alíneas *a*) e *b*) do artigo 44º;

o) O exercício de atividade por mediador de seguros, de resseguros ou de seguros a título acessório registado em Portugal no território de outro Estado-membro, ao abrigo da liberdade de prestação de serviços, sem que tenha recebido a notificação da ASF prevista no nº 1 do artigo 91º;

p) O exercício de atividade por mediador de seguros, de resseguros ou de seguros a título acessório registado em Portugal no território de outro Estado-Membro, em regime de liberdade de estabelecimento, sem que tenha sido informado pela ASF dos elementos previstos no nº 1 do artigo 97º ou sem que se verifique a situação prevista no nº 2 do mesmo artigo;

q) Os atos de gestão ruinosa praticados pelos membros dos órgãos sociais ou por quem exerça funções de mandatário geral, de mediador de seguros, de resseguros ou de seguros a título acessório;

r) A utilização de interpostas pessoas com a finalidade de atingir um resultado cuja obtenção direta implicaria a prática de contraordenação muito grave;

s) A prática pelos detentores de participações qualificadas em mediador de seguros ou de resseguros de atos que impeçam ou dificultem, de forma grave, uma gestão sã e prudente da entidade participada;

t) O fornecimento à ASF de informações falsas ou de informações inexatas suscetíveis de induzir em conclusões erróneas de efeito idêntico ou semelhante ao que teriam informações falsas sobre o mesmo objeto.

2 – Nos casos em que os produtos de seguros distribuídos são produtos de investimento com base em seguros, constitui contraordenação muito grave o previsto na alínea *g*) do artigo 112º e nas alíneas *d*), *i*), *j*), *l*), *m*), *n*), *r*), *s*), *t*), *u*), *w*), *x*), *y*), *z*), *aa*), *bb*), *cc*), *dd*), *ff*), *gg*), *hh*), *ii*), *jj*), *oo*), *uu*) e *vv*) do artigo anterior.

ARTIGO 115º – Punibilidade da negligência e da tentativa

1 – A tentativa e a negligência são sempre puníveis.

2 – A tentativa é punível com a sanção aplicável ao ilícito consumado, especialmente atenuada.

3 – Em caso de negligência, os limites máximo e mínimo da coima são reduzidos a metade.

ARTIGO 116º – Sanções acessórias

1 – Conjuntamente com as coimas previstas nos artigos 112º a 114º podem ser aplicadas as seguintes sanções acessórias:

a) Apreensão e perda, a favor do Estado, do objeto da infração e do benefício económico obtido pelo infrator através da sua prática, com observância, na parte aplicável, do disposto no regime geral das contraordenações;

b) Quando o agente seja pessoa singular, inibição do exercício de funções de administração, direção, chefia, titularidade de órgãos sociais, representação, mandato e fiscalização nas entidades sujeitas à supervisão da ASF e nas que com estas se encontrem em relação de domínio ou de grupo, por um período até 3 anos, nos casos previstos nos artigos 112º e 113º, ou de 1 a 10 anos, nos casos previstos no artigo 114º;

c) Suspensão, por um período de seis meses a três anos, do exercício do direito de voto atribuído aos detentores de participações sociais em corretor de seguros ou mediador de resseguros;

d) Suspensão do exercício de atividade de distribuição de seguros ou de resseguros pelo período máximo de dois anos;

e) Inibição de registo como mediador de seguros, de resseguros ou de seguros a título acessório pelo período máximo de 10 anos;

f) Cancelamento do registo como mediador de seguros, de resseguros ou de seguros a título acessório e inibição de novo registo pelo período máximo de 10 anos;

g) Publicação da decisão definitiva ou transitada em julgado.

2 – A publicação a que se refere a alínea *g*) do número anterior é efetuada, na íntegra ou por extrato, a expensas do infrator, num local idóneo para o cumprimento das finalidades de proteção dos clientes e do sistema financeiro, designadamente num jornal nacional, regional ou local, consoante o que, no caso, se afigure mais adequado.

ARTIGO 117º – Direito subsidiário

Às infrações previstas no presente capítulo é subsidiariamente aplicável, em tudo que não contrarie as disposições dele constantes, o regime geral dos ilícitos de mera ordenação social.

ARTIGO 118º – Comunicações

1 – A ASF informa a EIOPA de todas as decisões condenatórias divulgadas nos termos do nº 1 do artigo 26º do regime processual aplicável aos crimes do setor segurador dos fundos de pensões e às contraordenações cujo processamento compete à ASF, constante do anexo II da Lei nº 147/2015, de 9 de setembro, bem como de todas as sanções aplicadas mas não publicadas nos termos do nº 3 do mesmo artigo, incluindo qualquer recurso interposto da decisão que as aplique, bem como a sua decisão final.

2 – A ASF fornece anualmente à EIOPA informações agregadas sobre todas as sanções aplicadas nos termos do capítulo VII do presente regime.

ANEXO
Requisitos e conteúdos mínimos dos cursos de seguros
[a que se referem a alínea *a*) do nº 1 e a alínea *a*) do nº 3 do artigo 13º]

1 – Relativamente aos seguros dos ramos Não Vida, previstos no artigo 8º do regime jurídico de acesso e exercício da atividade seguradora e resseguradora, constante do anexo I da Lei nº 147/2015, de 9 de setembro, o curso de seguros deve visar os conhecimentos mínimos sobre:

a) Termos e condições das apólices oferecidas, incluindo riscos acessórios cobertos por tais apólices, nomeadamente nas seguintes matérias:

Regime jurídico do contrato de seguro, classificação dos seguros e principais modalidades de ramos Não Vida, designadamente modalidades de acidentes de trabalho, ramo doença, ramo incêndio e elementos da natureza e seguro automóvel;
Elementos formais do contrato;
Elementos pessoais ou personalizados do contrato;
Âmbito do contrato de seguro;
Capitais ou valores seguros e franquias;
Agravamentos e descontos ou bonificações;
Taxas e prémios;
Eficácia do contrato de seguro;
Características indemnizatórias/não indemnizatórias do contrato de seguro; e
Riscos cobertos, riscos excluídos, indemnizações ou prestações, regra proporcional, limite de indemnização;

b) Legislação aplicável à atividade de distribuição de produtos de seguros, nomeadamente legislação aplicável à proteção do consumidor, legislação fiscal relevante e legislação em matéria social e laboral relevante;

c) Regularização de sinistros, incluindo o preenchimento de declaração amigável de acidente automóvel e IDS – Indemnização Direta ao Segurado;

d) Tratamento de reclamações;

e) Avaliação das necessidades dos clientes;

f) Mercado segurador e ressegurador;

g) Normas de ética empresarial, incluindo gestão dos conflitos de interesses; e

h) Competência financeira.

2 – Relativamente aos seguros do ramo Vida, previstos no artigo 9º do regime jurídico de acesso e exercício da atividade seguradora e resseguradora, constante

do anexo I da Lei nº 147/2015, de 9 de setembro, o curso de seguros deve visar os conhecimentos mínimos sobre:

a) Termos, condições, benefícios garantidos e, se aplicável, coberturas complementares das apólices, nomeadamente nas seguintes matérias:

Regime jurídico do contrato de seguro, classificação das modalidades de ramo Vida;
Elementos formais do contrato;
Elementos pessoais ou personalizados do contrato;
Âmbito do contrato de seguro;
Capitais e rendas seguras;
Eficácia do contrato de seguro;
Característica não indemnizatória do seguro de vida;
Riscos cobertos, riscos excluídos;
Prémio de risco, prémio de capitalização;
Formas e prazos de pagamento dos prémios;
Noções de probabilidade, taxas de juro, encargos;
Determinação da taxa, idades, prazo do contrato;

b) Organização e benefícios garantidos pelo sistema de pensões, em concreto, em matéria de fundos de pensões, designadamente o seu enquadramento legal, tipos de fundos de pensões e de planos de pensões, direitos dos participantes e beneficiários, regime fiscal, estruturas de governação dos fundos de pensões, informação aos participantes e beneficiários e gestão e supervisão dos fundos de pensões;

c) Legislação aplicável em matéria de atividade de distribuição de contratos de seguro, proteção dos consumidores, branqueamento de capitais e financiamento do terrorismo e legislação fiscal (benefícios, deduções e penalizações fiscais), social e laboral relevante;

d) Mercados de seguros e outros mercados de serviços financeiros relevantes, incluindo o resseguro;

e) Tratamento de reclamações;

f) Avaliação das necessidades dos clientes;

g) Normas de ética empresarial, incluindo gestão dos conflitos de interesses; e

h) Competência financeira.

3 – Em complemento das matérias referidas no número anterior, relativamente a produtos de investimento com base em seguros, o curso de seguros deve visar os conhecimentos mínimos sobre:

a) Termos e condições, prémios líquidos e, se aplicável, benefícios garantidos e não garantidos;

b) Vantagens e desvantagens das diferentes opções de investimento para os tomadores de seguros;

c) Riscos financeiros assumidos pelos tomadores de seguros;

d) Apólices que cubram riscos do ramo Vida e outros produtos de poupança; e

e) Mercado de produtos de poupança.

ÍNDICE GERAL